Programmieren mit C# 3.0

3. AUFLAGE

Programmieren mit C# 3.0

Jesse Liberty und Donald Xie

*Deutsche Übersetzung von Thomas Demmig,
Jörg Staudemeyer & Dorothea Heymann-Reder*

Beijing · Cambridge · Farnham · Köln · Paris · Sebastopol · Taipei · Tokyo

Die Informationen in diesem Buch wurden mit größter Sorgfalt erarbeitet. Dennoch können Fehler nicht vollständig ausgeschlossen werden. Verlag, Autoren und Übersetzer übernehmen keine juristische Verantwortung oder irgendeine Haftung für eventuell verbliebene Fehler und deren Folgen.

Alle Warennamen werden ohne Gewährleistung der freien Verwendbarkeit benutzt und sind möglicherweise eingetragene Warenzeichen. Der Verlag richtet sich im Wesentlichen nach den Schreibweisen der Hersteller. Das Werk einschließlich aller seiner Teile ist urheberrechtlich geschützt. Alle Rechte vorbehalten einschließlich der Vervielfältigung, Übersetzung, Mikroverfilmung sowie Einspeicherung und Verarbeitung in elektronischen Systemen.

Kommentare und Fragen können Sie gerne an uns richten:
O'Reilly Verlag
Balthasarstr. 81
50670 Köln
Tel.: 0221/9731600
Fax: 0221/9731608
E-Mail: kommentar@oreilly.de

Copyright der deutschen Ausgabe:
© 2008 by O'Reilly Verlag GmbH & Co. KG
1. Auflage 2002
2. Auflage 2005
3. Auflage 2008

Die Originalausgabe erschien 2007 unter dem Titel
Programming C# 3.0, 5th Edition bei O'Reilly Media, Inc.

Die Darstellung eines Afrikanischen Kronenkranichs im Zusammenhang mit dem Thema C# ist ein Warenzeichen von O'Reilly Media, Inc.

Bibliografische Information Der Deutschen Bibliothek
Die Deutsche Bibliothek verzeichnet diese Publikation in der Deutschen Nationalbibliografie; detaillierte bibliografische Daten sind im Internet über *http://dnb.ddb.de* abrufbar.

Übersetzung und deutsche Bearbeitung: Thomas Demmig, Mannheim, Jörg Staudemeyer, Berlin & Dorothea Heymann-Reder, Bornheim
Lektorat: Alexandra Follenius, Köln
Korrektorat: Friederike Daenecke, Zülpich
Satz: Tim Mergemeier, Reemers Publishing Services GmbH, Krefeld; www.reemers.de
Umschlaggestaltung: Karen Montgomery, Sebastopol & Michael Oreal, Köln
Produktion: Andrea Miß, Köln
Belichtung, Druck und buchbinderische Verarbeitung:
Druckerei Kösel, Krugzell; www.koeselbuch.de

ISBN 978-3-89721-859-8

Dieses Buch ist auf 100% chlorfrei gebleichtem Papier gedruckt.

Inhalt

Einleitung XI

Teil I: Die Sprache C#

1 C# 3.0 und .NET 3.5 3
    Die Entwicklung von C# 3
    Die Programmiersprache C# 4
    Die .NET-Plattform 6

2 Erste Schritte: »Hello World« 8
    Klassen, Objekte und Typen 8
    Entwicklung von »Hello World« 16
    Verwendung des Visual Studio 2008-Debuggers 19

3 Grundlagen der Sprache C# 23
    Typen 23
    Variablen und Konstanten 27
    Whitespace 35
    Anweisungen 36
    Operatoren 52
    Präprozessordirektiven 62

4 Klassen und Objekte 65
    Klassen definieren 66
    Objekte erzeugen 72
    Statische Member verwenden 81
    Objekte zerstören 85

	Parameter übergeben	89
	Methoden und Konstruktoren überladen	95
	Daten durch Eigenschaften kapseln	98
	Schreibgeschützte Felder	103

5 Vererbung und Polymorphie 105

Spezialisierung und Verallgemeinerung 105
Vererbung 108
Polymorphie 109
Abstrakte Klassen 116
Die Wurzel aller Klassentypen: Object 120
Geschachtelte Klassen 122

6 Operatoren überladen 125

Das Schlüsselwort operator 125
Andere .NET-Sprachen unterstützen 126
Nützliche Operatoren erstellen 127
Logische Paare 127
Der Gleichheitsoperator 127
Konvertierungsoperatoren 128
Operatoren einsetzen 128

7 Structs 135

Structs definieren 136
Structs erzeugen 137

8 Interfaces 140

Ein Interface definieren und implementieren 140
Interface-Implementierungen überschreiben 155
Interfaces explizit implementieren 159

9 Arrays, Indexer und Collections 164

Arrays 164
Die foreach-Anweisung 170
Indexer 185
Collection-Interfaces 194
Constraints 198
List<T> 203
Queues 214
Stacks 217
Dictionaries 219

10 Strings und reguläre Ausdrücke 223
Strings 224
Reguläre Ausdrücke 238

11 Exceptions 250
Exceptions auslösen und abfangen 251
Exception-Objekte 262

12 Delegates und Events 266
Events 266
Events und Delegates 267
Anonyme Methoden 281

Teil II: C# und Daten

13 Einführung in LINQ 289
Eine Abfrage definieren und ausführen 290
LINQ und C# 296
Anonyme Typen 301
Implizit typisierte lokale Variablen 302
Extension-Methoden 303
Lambda-Ausdrücke in LINQ 308

14 Arbeiten mit XML 313
XML-Grundlagen (Eine kurze Einführung) 313
X steht für eXtensible 315
Erstellen von XML-Dokumenten 316
Suchen in XML mit XPath 323
Suchen mit dem XPathNavigator 333
XML-Serialisierung 340

15 LINQ im Einsatz 348
Einrichten der Umgebung 349
Grundlagen für LINQ to SQL 351
Der Visual Studio LINQ to SQL Designer 355
Lesen von Daten 360
Aktualisieren von Daten mit LINQ to SQL 364
Löschen relationaler Daten 370
LINQ to XML 374

16 ADO.NET und relationale Datenbanken ... 379
Relationale Datenbanken und SQL ... 380
Das Objektmodell von ADO.NET ... 384
Erste Schritte mit ADO.NET ... 386

Teil III: Programmieren mit C#

17 ASP.NET-Anwendungen programmieren ... 393
Grundlagen der Web Forms ... 393
Ein Webformular erstellen ... 398
Datenanbindung ... 404

18 WPF-Anwendungen programmieren ... 417
WPF (sehr) kurz gefasst ... 417
Die Anwendung erstellen ... 419
Was hast du gelernt, Dorothy? ... 433

19 Anwendungen mit Windows Forms programmieren ... 434
Erstellen der Anwendung ... 434

Teil IV: Die CLR und das .NET Framework

20 Attribute und Reflection ... 465
Attribute ... 465
Reflection ... 472

21 Threads und Synchronisation ... 482
Threads ... 483
Synchronisation ... 492
Race Conditions und Deadlocks ... 503

22 Streams ... 505
Dateien und Verzeichnisse ... 506
Dateien lesen und schreiben ... 518
Asynchrone Ein-/Ausgabe ... 525
Ein-/Ausgabe im Netzwerk ... 530
Webstreams ... 550
Serialisierung ... 552
Isolierte Speicher ... 561

23	Programmieren mit .NET und COM	565
	ActiveX-Steuerelemente importieren	565
	P/Invoke	574
	Zeiger	577

C#-Schlüsselwörter 584

Index 593

Einleitung

Im Jahr 2000 hat .NET die Art und Weise revolutioniert, wie Web- und Windows-Anwendungen erstellt werden. .NET 2.0 brachte eine außerordentliche Verbesserung gegenüber .NET 1.0. Dieses Buch behandelt C# 3.0 und .NET 3.5 – und diesmal sehen wir uns noch größeren Änderungen gegenüber.

C# 3.0 steht für eine neue Generation von Änderungen an einem Framework, durch die ein großer Schritt vorwärts gemacht wird und sich der Weg ändert, wie wir Windows-Anwendungen, Webservices und im gewissen Rahmen auch Webanwendungen entwickeln.

2000 schrieb ich in der ersten Auflage dieses Buches, dass Microsoft mit .NET alles auf eine Karte gesetzt hat. Es war eine gute Entscheidung. Im Jahr 2007 setzte ich bei *meiner* Karriere auf .NET, indem ich als Senior Program Manager in die Silverlight Development Division von Microsoft wechselte.

Da man Silverlight unter anderem in C# programmieren kann (meine bevorzugte Möglichkeit), habe ich die Chance, mich weiter intensiv mit dieser ausgereiften, sich aber trotzdem schnell weiterentwickelnden Sprache zu befassen. Es ist spannend mit C# – die Version 3.0 wird um eine ganze Reihe ausgesprochen nützlicher Features ergänzt, und die neuste Version des Visual Studio macht das Programmieren mit diesen Features einfacher als je zuvor.

Mein Ziel ist, Ihnen mit *Programmieren mit C# 3.0* helfen zu können – sei es, dass Sie das erste Mal mit .NET-Programmierung in Berührung kommen, oder sei es, dass Sie schon eine Weile damit arbeiten. Ich werde mit den Grundlagen beginnen und neue Merkmale der Sprache vorstellen – nicht als obskure Add-Ons, sondern als die integrierten Features, die sie sind.

Wenn Sie schon ein C#-2.0-Programmierer sind, dürfen Sie gern die Abschnitte überfliegen, die Sie schon kennen. Die neuen Features werden durch entsprechende Überschriften kenntlich gemacht, und Sie brauchen sich keine Sorgen zu machen, dass Sie sie unabsichtlich verpassen. Aber lesen Sie auf jeden Fall nochmals Kapitel 12 und die gesamten Teile II und III.

C# und .NET

Die Programmiersprache der Wahl für .NET ist C#. Sie profitiert von den Erfahrungen mit C (hohe Leistung), C++ (objektorientierte Struktur), Java™ (Garbage Collection, hohe Sicherheit) und Visual Basic (schnelle Entwicklung), wobei sie eine neue Sprache schafft, die sich ideal für die Entwicklung komponentenbasierter, n-schichtiger, verteilter Webanwendungen eignet.

C# 3.0 bringt sowohl verbesserte Features als auch eine mächtige, neue Entwicklungsumgebung mit. Es ist das krönende Ergebnis von Microsofts Investitionen in Forschung und Entwicklung. Und es ist eine verdammt coole Sache.

Über dieses Buch

Dieses Buch beschreibt sowohl C# als auch die Entwicklung von .NET-Anwendungen mit C#.

Wenn Sie ein geübter C#-2.0-Programmierer sind und nur wissen wollen, was es Neues in C# 3.0 gibt, legen Sie dieses Buch am besten beiseite, kaufen *Programming .NET 3.5* von Alex Horovitz und mir (O'Reilly) und lesen dann eine Menge über *Language-Integrated Query* (LINQ). Das wird ausreichen.

Möchten Sie jedoch Ihre C#-Kenntnisse auffrischen oder sind Sie bereits erfolgreicher Anwender einer anderen Programmiersprache wie C++ oder Java – ja sogar, wenn C# Ihre erste Programmiersprache ist –, dann ist dies ein Buch für Sie.

Beachten Sie, dass mich für diese Auflage ein zweiter Autor unterstützt: Donald Xie. Donald und ich haben in den letzten zehn Jahren schon bei einer Reihe von Büchern zusammengearbeitet. Er ist klug, gewissenhaft und sorgfältig. Ein großer Teil der Arbeit, die in dieses Buch gesteckt wurde, stammt von ihm, aber *jedes Wort* in diesem Buch kommt von mir. Donald schrieb viel von dem neuen Material, aber er tat dies mit dem Wissen, dass ich es überarbeiten würde, damit dieses Buch einen durchgängigen Stil hat. Ich denke, es ist für ein Lehrbuch notwendig, die Gedanken eines einzelnen Entwicklers (meine) an einen anderen Entwickler (Sie) mit so wenig Ablenkung wie möglich zu übermitteln.

Was Sie für dieses Buch benötigen

Um das Buch möglichst effektiv nutzen zu können, holen Sie sich bitte die neueste Version von *Visual Studio 2008*. Die Edition ist egal, es geht sogar die Express-Edition für C#.

Für Kapitel 16 werden Sie den *SQL Server* oder *SQL Server Express* installiert haben müssen (er wird normalerweise automatisch mit Visual Studio installiert), und Sie sollten die (alte) Northwind-Datenbank installieren, die für den SQL Server 2000 erstellt wurde, aber auch mit den neuesten SQL-Server-Versionen funktioniert.

Um das Beispiel zur *Windows Presentation Foundation* (WPF) aus Kapitel 18 ausführen zu können, brauchen Sie entweder Vista, oder Sie müssen die .NET-3.5-Runtime herunterladen.

All das finden Sie kostenlos auf der Website von Microsoft. Gehen Sie zu *http://www.microsoft.com*, und tippen Sie »C# Express« in das Suchfeld ein. Der erste oder zweite Link sollte Sie zur Download-Seite führen.

Den (Original-)Quellcode für jedes Beispiel in diesem Buchen erhalten Sie auf der Site von O'Reilly (*http://www.oreilly.com/catalog/9780596527433*) oder über meine Portal-Seite (*http://www.jesseliberty.com*). Bitte scrollen Sie zur Seite für dieses Buch, und klicken Sie sie an. Dort sollten Sie auch einen Link zum Quellcode finden.

Zusätzlich biete ich ein privates, freies (englischsprachiges) Support-Forum zu meinen Büchern an, das Sie ebenfalls über das Portal erreichen können.

Wie dieses Buch aufgebaut ist

Teil I konzentriert sich auf die Einzelheiten der Programmiersprache, Teil II auf die Interaktion von C# mit Daten. Teil III behandelt das Schreiben von .NET-Programmen und Teil IV die Anwendung von C# mit der *.NET Common Language Runtime* (CLR) und der *Framework Class Library* (FCL).

Teil I: Die Sprache C#

Kapitel 1, *C# 3.0 und .NET 3.5*
   Dieses Kapitel stellt die Sprache C# und die Plattform .NET 3.5 vor.

Kapitel 2, *Erste Schritte: »Hello World«*
   Dieses Kapitel dreht sich um ein einfaches Programm, das als Kontext für die folgenden Inhalte dienen soll, und führt Sie in die Entwicklungsumgebung (IDE) von Visual Studio ein. Zudem stellt es eine Reihe von Konzepten der Sprache C# vor.

Kapitel 3, *Grundlagen der Sprache C#*
   Dieses Kapitel beschreibt die Grundlagen der Sprache, von den eingebauten Datentypen bis hin zu Schlüsselwörtern.

Kapitel 4, *Klassen und Objekte*
   Klassen definieren neue Typen und ermöglichen es dem Programmierer, die Sprache so auszubauen, dass er das zu lösende Problem besser modellieren kann. Dieses Kapitel erklärt die Komponenten, die das Herzstück von C# bilden.

Kapitel 5, *Vererbung und Polymorphie*
   Klassen können komplexe Darstellungen und Abstraktionen von realen Dingen sein. Dieses Kapitel beschreibt, wie Klassen zusammenhängen und interagieren.

Kapitel 6, *Operatoren überladen*
   In diesem Kapitel erfahren Sie, wie Sie selbst definierten Typen Operatoren hinzufügen können.

Kapitel 7, *Structs*
> Dieses Kapitel stellt *Structs* vor, bei denen es sich um leichtgewichtige Objekte handelt, die stärker beschränkt sind als Klassen und weniger Anforderungen an das Betriebssystem und den Arbeitsspeicher stellen.

Kapitel 8, *Interfaces*
> Interfaces, das Thema von Kapitel 8, sind Kontakte: Sie beschreiben, wie eine Klasse arbeiten wird, damit andere Programmierer in wohldefinierter Form mit Ihren Objekten umgehen können.

Kapitel 9, *Arrays, Indexer und Collections*
> Objektorientierte Programme können zu einer Vielzahl von Objekten führen. Häufig ist es praktisch, diese Objekte in Gruppen zusammenzufassen und gemeinsam zu bearbeiten. C# bietet eine umfassende Unterstützung für Collections. Dieses Kapitel untersucht die von der FCL zur Verfügung gestellten Collection-Klassen sowie die neuen, generischen Collections. Es zeigt auch, wie Sie mithilfe der Generics eigene Collection-Typen anlegen können.

Kapitel 10, *Strings und reguläre Ausdrücke*
> Dieses Kapitel erläutert, wie Sie mit C# Text-Strings und reguläre Ausdrücke schreiben können. Die meisten Windows- und Webprogramme interagieren mit dem Benutzer, und Strings spielen eine entscheidende Rolle für die Benutzeroberfläche.

Kapitel 11, *Exceptions*
> Dieses Kapitel erklärt, wie Sie mit Exceptions umgehen. Exceptions bieten einen objektorientierten Mechanismus, um mit den Wechselfällen des Lebens fertig zu werden.

Kapitel 12, *Delegates und Events*
> Windows- und Webanwendungen sind ereignisgesteuert. In C# sind Events (Ereignisse) wichtige Bestandteile der Sprache. Dieses Kapitel erläutert, wie Events verwaltet und *Delegates* (objektorientierte, typsichere Callback-Mechanismen) genutzt werden, um das Event-Handling zu unterstützen.

Teil II: C# und Daten

Kapitel 13, *Einführung in LINQ*
> Dieses Kapitel stellt LINQ vor, eine neue Technologie in C#, um auf Daten aus beliebigen Quellen zugreifen zu können – dazu gehören relationale Datenbanken, XML, Dateien und andere, ungewöhnlichere Datenquellen.

Kapitel 14, *Arbeiten mit XML*
> Dieses Kapitel ist eine kurze Einführung in XML, die Lingua Franca der .NET-Programmierung.

Kapitel 15, *LINQ im Einsatz*
> Dieses Kapitel dreht sich wieder um LINQ und kümmert sich detaillierter um die Interaktion mit SQL- und XML-Daten in Ihren C#-Programmen.

Kapitel 16, *ADO.NET und relationale Datenbanken*
: Dieses Kapitel demonstriert die Anwendung des Objektmodells ADO.NET des .NET-Frameworks, das dazu gedacht ist, Zugriff aus Objekten auf relationale Daten zu ermöglichen.

Teil III: Programmieren mit C#

Auf der .NET-Infrastruktur baut eine Abstraktion des Betriebssystems auf hoher Ebene auf. Sie wurde dazu geschaffen, die objektorientierte Software-Entwicklung zu erleichtern. Zu dieser obersten Schicht gehören ASP.NET und Windows-Anwendungen. ASP.NET (mit AJAX) ist eine der beliebtesten Möglichkeiten, Webanwendungen zu erstellen. Auch wenn C# eine eigenständige Programmiersprache ist, gehe ich doch davon aus, dass ein Großteil der Leser dieses Buches C# lernt, um .NET-Anwendungen zu bauen.

Kapitel 17, *ASP.NET-Anwendungen programmieren*
: Dieses Kapitel zeigt, wie man eine ASP.NET-Anwendung baut und C# nutzt, um mit Events umzugehen.

Kapitel 18, *WPF-Anwendungen programmieren*
: Dieses Kapitel ist ein Crash-Kurs für das Aufbauen einer nicht-trivialen WPF-Anwendung, wobei der Schwerpunkt auf der Anwendung von C# zum Erstellen von Event-Handlern liegt.

Kapitel 19, *Anwendungen mit Windows Forms programmieren*
: Dieses Kapitel zeigt, wie Sie eine umfangreichere Anwendung mit Windows Forms erstellen und erneut C# zum Event-Handling verwenden.

Teil IV: Die CLR und das .NET Framework

Teil IV dieses Buches behandelt die Beziehung zwischen C# und der CLR sowie der FCL.

Kapitel 20, *Attribute und Reflection*
: Zu den Assemblies von .NET gehören auch umfangreiche Metadaten über Klassen, Methoden, Eigenschaften, Events und so weiter. Diese Metadaten werden in das Programm kompiliert und mittels Reflection programmiertechnisch abgerufen. In diesem Kapitel erfahren Sie, wie Sie Ihrem Code Metadaten hinzufügen, wie Sie benutzerdefinierte Attribute erzeugen und wie Sie mit Reflection auf diese Metadaten zugreifen. Danach wird erläutert, wie Sie Methoden mit spätem Binden (zur Laufzeit), also dynamisch, aufrufen.

Kapitel 21, *Threads und Synchronisation*
: Die Framework Class Library bietet eine umfassende Unterstützung für asynchronen I/O und andere Klassen, mit denen eine explizite Thread-Verarbeitung überflüssig wird. Doch auch *Threads* und *Synchronisation* werden von C#, wie in diesem Kapitel beschrieben, umfassend unterstützt.

Kapitel 22, *Streams*
> Dieses Kapitel erläutert *Streams*, einen Mechanismus, der nicht nur der Interaktion mit dem Benutzer, sondern auch zum Abruf von Daten aus dem gesamten Internet dient. Hier wird die C#-Unterstützung für *Serialisierung* ausführlich beschrieben: die Fähigkeit, einen Objektgraphen auf die Festplatte zu schreiben und dann wieder auszulesen.

Kapitel 23, *Programmieren mit .NET und COM*
> Dieses Kapitel erklärt die Interoperabilität – die Fähigkeit, mit COM-Komponenten zu interagieren, die außerhalb der gemanagten .NET-Umgebung erstellt wurden. Sie können nämlich Komponenten aus C# in COM und von COM in C# aufrufen. Wie Sie dies tun, wird in Kapitel 23 beschrieben.

Dieses Buch schließt mit einem Glossar mit Schlüsselwörtern von C#, das erstmals in *C# 3.0 in a Nutshell* von Joseph und Ben Albahari (O'Reilly) veröffentlicht wurde. Wann immer Sie sich in einem Beispiel einem Schlüsselwort gegenübersehen, das Sie nicht kennen, schauen Sie zuerst im Glossar und dann im Index nach, um weitere Informationen zu erhalten.

Leserkreis

Programmieren mit C# 3.0 ist die Übersetzung der fünften englischsprachigen Auflage und wurde für Programmierer geschrieben, die Anwendungen für die .NET-Plattform entwickeln möchten. Zweifellos haben bereits viele Leser Erfahrungen mit C++, Java oder Visual Basic (VB) gesammelt. Andere kennen vielleicht noch andere Programmiersprachen, und manch einer hat möglicherweise nicht direkt Programmiererfahrung, kennt sich aber mit HTML und anderen Webtechnologien aus. Dieses Buch ist für alle diese Leser geschrieben. Haben Sie jedoch noch überhaupt keine Programmiererfahrung, wird Ihnen das ein oder andere schwierig vorkommen.

Einen weitergehenden Exkurs in die fortgeschritteneren Sprachelemente von C#, die in diesem Buch vorgestellt werden, (insbesondere LINQ) finden Sie in *C# 3.0 in a Nutshell*. Das *C# 3.0 Cookbook* von Jay Hilyard und Steve Teilhet (O'Reilly) enthält mehr als 250 Lösungen in C# 3.0 für häufig vorkommende Programmieraufgaben, denen Sie sich in Ihrem Job sehr wahrscheinlich gegenübersehen werden, nachdem Sie dieses Buch gelesen haben.

Wenn Sie ein strukturierteres Herangehen an die Grundlagen der C#-Programmierung bevorzugen, schlage ich Ihnen vor, einen Blick auf *Learning C# 2005* von Brian MacDonald und mir selbst (O'Reilly) zu werfen. Es ist angereichert mit Quizfragen und Übungen, um Ihr Wissen abzuprüfen.

Schriftkonventionen

In diesem Buch werden folgende Konventionen verwendet:

Kursiv wird verwendet für:

- Pfad-, Datei- und Programmnamen
- Internetadressen wie z.B. Domainnamen und URLs
- neue Begriffe, wenn sie definiert werden

`Nichtproportionalschrift` wird verwendet für:

- Kommandozeilen und Optionen, die wie angegeben eingetippt werden
- Namen und Schlüsselwörter in Programmbeispielen, einschließlich der Namen von Methoden, Variablen und Klassen

`Nichtproportionalschrift kursiv` wird verwendet für:

- Elemente innerhalb von Syntaxzeilen oder Code, die ersetzt werden sollen, z.B. für Variablen und optionale Elemente

`Nichtproportionalschrift fett` dient der Hervorhebung im Programmcode.

Bitte achten Sie besonders auf die Hinweise, die durch die folgenden Symbole aus dem Text herausgehoben werden:

Dies ist ein Tipp mit nützlichen Zusatzinformationen zum Thema.

Dies ist eine Warnung, die Ihnen hilft, lästige Probleme zu lösen oder zu vermeiden.

Support

Als Autor biete ich den Lesern über meine Website auch Support zu meinen Büchern an.

Dies ist meine Portalseite:

http://www.JesseLiberty.com

Bitte scrollen Sie zum Abschnitt »Books«. Wenn Sie den entsprechenden Link anklicken, landen Sie entweder bei *LibertyAssociates.com* oder *jliberty.com* (gleiche Site). Klicken Sie dort auf »Books«, und scrollen Sie zu diesem Buch, wo Sie auf jeden Fall den Quellcode, eine Liste mit Fehlerkorrekturen (falls es denn welche gibt) und eventuell eine FAQ finden.

Auf meiner Portal-Site werden Sie auch einen Link auf mein kostenloses, privates Support-Forum erhalten. Sie dürfen dort gerne Fragen zu diesem oder anderen von mir geschriebenen Büchern stellen. Am effektivsten ist es, eine sehr genaue Frage zu stellen oder sogar ein kleines Programm zu erstellen, das Ihre Probleme oder Fragestellung darstellt. Sie sollten auch die verschiedenen Newsgroups und Diskussions-Foren im Internet besuchen. Microsoft bietet eine ganze Reihe von Newsgroups an.

Wenn Sie Fragen zu Silverlight haben, gehen Sie bitte über mein Portal zu Silverlight.net oder zu meinem Silverlight-Blog – wenn Sie Fragen zu meinen Texten bei O'Reilly haben, nutzen Sie mein Portal, um auf mein O'Reilly-Blog zuzugreifen. Und wenn Sie Fragen oder Anmerkungen zu meinen politischen Einstellungen haben, können Sie über mein Portal auch mein Politik-Blog erreichen. Indem ich so fein säuberlich trenne, bleibe ich mental gesund und halte meine Chefs bei Laune.

Jesse Liberty

Die Codebeispiele verwenden

Dieses Buch soll Ihnen helfen, Ihre Arbeit zu tun. Im Allgemeinen können Sie den Code aus diesem Buch in Ihren Programmen und Dokumentationen verwenden. Solange Sie nicht gerade einen wesentlichen Anteil des Codes wiedergeben, müssen Sie uns nicht um Erlaubnis bitten. Beispielsweise erfordert das Schreiben eines Programms, in das einige Codestücke aus diesem Buch integriert werden, keine Erlaubnis. Für das Verkaufen oder Verteilen einer CD-ROM mit Beispielen aus O'Reilly-Büchern *brauchen* Sie dagegen eine Erlaubnis. Das Beantworten einer Frage, indem dieses Buch zitiert und Beispielcode angegeben wird, erfordert keine Erlaubnis. Das Einbauen einer wesentlichen Menge von Beispielcode in die Dokumentation Ihres Produkts *erfordert* dagegen eine Erlaubnis.

Wir begrüßen Quellennennung, bestehen aber nicht darauf. Eine Nennung umfasst normalerweise den Titel, den Autor, den Verlag und die ISBN. Zum Beispiel »*Programmieren mit C# 3.0, 3. Auflage* von Jesse Liberty und Donald Xie. Copyright 2008 O'Reilly-Verlag, ISBN 978-3-89721-859-8«.

Falls Sie das Gefühl haben, dass sich Ihre Verwendung von Codebeispielen außerhalb der hier erteilten Erlaubnis bewegt, dann schreiben Sie an *kommentar@oreilly.de*.

Danksagungen

Von Jesse Liberty

Ich möchte den herausragenden technischen Lektoren danken, die an diesem Buch mitgearbeitet haben: Joe Albahari, Glyn Griffiths, Jay Hilyard, Robert McGovern und Alex Turner. Ein besonderer Dank geht an Ian Griffiths, der mir mit umfangreichen technischen Redaktionsarbeiten und Fachwissen half. Zudem gehört er zu den nettesten und pfiffigsten Menschen auf der ganzen Welt.

Dies ist bereits die fünfte (englischsprachige) Auflage von *Programming C# 3.0*, und zu viele Freunde und Leser haben mir bei der Verbesserung des Buchs geholfen, als dass ich sie alle beim Namen nennen könnte. John Osborn nahm mich für O'Reilly unter Vertrag, wofür ich ihm ewig dankbar sein werde, und Tim O'Reilly hat immer noch ein erstaunliches, unabhängiges Verlagshaus mit einem der höchsten Standards der Branche.

Und nein, die Autoren haben keinen Einfluss auf die Auswahl der Tiere auf dem Titelbild.

Eine entscheidende Person, die dieses Buch deutlich besser gemacht hat als die Version, die *ich* geschrieben habe, ist Brian MacDonald – er ist ein außerordentlich talentierter Lektor und ein ungewöhnlich geduldiger Mensch. Ohne sein Organisationstalent, seinen unerbittlichen Drang nach dem Besten und seinem immer passenden Humor wäre dieses Buch nicht umgesetzt worden. Ich muss auch herzlich meinem Koautor Donald Xie danken (der mir dabei half, herauszufinden, dass man nach Australien zwar kostenlos über Skype telefonieren kann, ein direkter Anruf von 30 Minuten aber $150 kostet!), ohne den diese Ausgabe nicht vor C# 4.0 in die Buchhandlungen gekommen wäre!

Viele haben mir geschrieben, um mich auf Druckfehler und kleinere Unstimmigkeiten in den früheren Versionen hinzuweisen, worüber ich sehr dankbar bin. Wir haben hart daran gearbeitet, all diese Fehler zu beheben, egal wie trivial sie waren. Wir haben das Buch durchforstet, um sicherzustellen, dass keine neuen Fehler hinzugekommen sind und sich jeglicher Quellcode mit Visual Studio 2008 kompilieren und ausführen lässt. Sollten Sie dennoch Fehler finden, schauen Sie bitte in die Errata-Liste auf meiner Website (*http://www.JesseLiberty.com*), und wenn der entdeckte Fehler neu ist, senden Sie mir eine E-Mail an *jliberty@jliberty.com*.

Schließlich verwenden wir in vielen unserer Beispiele den Namen Douglas Adams als Tribut an diesen wunderbaren Menschen, der der Autor der unglaublichen fünfteiligen Trilogie *Per Anhalter durch die Galaxis* (Heyne) und vieler anderer wunderbarer Bücher ist.

Von Donald Xie

Ich muss mich wirklich bei Jesse bedanken, dass er mir vor zehn Jahren C++ beigebracht hat und dass er mich dazu ermutigte, zu schreiben. Es hat sehr viel Spaß gemacht, mit Jesse zusammenzuarbeiten. Ich möchte auch den engagierten Leuten bei O'Reilly danken: John Osborn, Brian MacDonald, Sumita Mukherji und den technischen Korrektoren, die unablässig gearbeitet haben, um dieses Buch möglich zu machen.

Widmungen

Von Jesse Liberty

Dieses Buch ist denen gewidmet, die sich outen – in aller Deutlichkeit und in den unpassendsten Momenten. Irgendwann werden wir an die heutige Zeit zurückdenken und nur den Kopf schütteln können. In 49 amerikanischen Bundesstaaten dürfen gleichgeschlechtliche Paare nicht heiraten, verurteilte Straftäter aber schon. In 36 Staaten darf Ihnen eine Wohnung verweigert werden, nur weil Sie homosexuell sind. In mehr als der Hälfte der Staaten gibt es kein Gesetz, das LGBT-Kinder vor Mobbing in der Schule schützt, und die Selbstmordrate von homosexuellen Jugendlichen ist um 400 % höher als von »normalen« Kindern. Und wir schmeißen schwule Helden immer noch aus unserem Militär raus, und das, obwohl Homosexuelle sowohl in den israelischen Streitkräften als auch bei NSA, CIA und FBI voll integriert sind. Also: Ja, diese Widmung ist für alle, die sich geoutet haben und dazu stehen – immer.

Von Donald Xie

An meine Frau Iris und unsere zwei wundervollen Töchter Belinda und Clare dafür, dass sie mich so sehr unterstützen und Verständnis zeigen. Ich liebe euch alle.

TEIL I
Die Sprache C#

Kapitel 1, *C# 3.0 und .NET 3.5*
Kapitel 2, *Erste Schritte: »Hello World«*
Kapitel 3, *Grundlagen der Sprache C#*
Kapitel 4, *Klassen und Objekte*
Kapitel 5, *Vererbung und Polymorphie*
Kapitel 6, *Operatoren überladen*
Kapitel 7, *Structs*
Kapitel 8, *Interfaces*
Kapitel 9, *Arrays, Indexer und Collections*
Kapitel 10, *Strings und reguläre Ausdrücke*
Kapitel 11, *Exceptions*
Kapitel 12, *Delegates und Events*

KAPITEL 1
C# 3.0 und .NET 3.5

C# 3.0 soll eine einfache, sichere, moderne, objektorientierte, internetbasierte und leistungsfähige Sprache für die .NET-Entwicklung sein. C# ist eine voll ausgereifte Sprache und profitiert von den Erfahrungen der letzten dreißig Jahre. Wie Sie auch in Kindern die Eigenheiten und Persönlichkeitsmerkmale ihrer Eltern und Großeltern beobachten können, so sehen Sie in C# den Einfluss von Java, C++, Visual Basic (VB) und anderen Programmiersprachen, aber Sie sehen auch die Ergebnisse aus den Erfahrungen, die die Entwickler machten, seit C# erstmals vorgestellt wurde.

Dieses Buch handelt von C# 3.0 und seinem Einsatz als Programmiertool auf der .NET-Plattform, insbesondere und speziell in Zusammenhang mit Visual Studio .NET 2008.

Viele der Programme in diesem Buch sind als Konsolenanwendungen (und nicht als Windows- oder Webanwendungen) geschrieben worden, um Ihnen die Konzentration auf die Möglichkeiten der Sprache zu erleichtern und Sie nicht durch die Einzelheiten der Benutzerschnittstelle abzulenken.

Dieses Kapitel ist eine Einführung in C# und die .NET-Plattform einschließlich des .NET 3.5 Framework.

Die Entwicklung von C#

Jede Generation von C# brachte der Sprache einen deutlichen Zugewinn, wobei jeweils ein paar ganz besondere Features dazugehörten. Das in C# 2.0 vielleicht wichtigste neue Feature waren die Generics (durch die man beim Umgang mit Collections eine verbesserte Typsicherheit erhielt). Für C# 3.0 muss man an dieser Stelle die Erweiterung um die Language-Integrated Query (LINQ) erwähnen, durch die man allgemein verwendbare Datenabfragen direkt in C# vornehmen kann. Es handelt sich dabei aber nicht um die einzige Erweiterung von C#.

Andere neue Features sind:

- Lambda-Ausdrücke (anonyme Delegates – gedopt)
- Extension-Methoden

- Objekt-Initialisierer
- Anonyme Typen
- Implizit typisierte lokale Variablen
- Implizit typisierte Arrays
- Expression-Bäume
- Automatische Eigenschaften (eine kleine Erweiterung)

Die Programmiersprache C#

Die Grundlagen der Sprache C# sind von einer geradezu entwaffnenden Einfachheit: Sie hat weniger als 100 Schlüsselwörter und ein Dutzend eingebauter Datentypen. Sie ist jedoch äußerst ausdrucksfähig, wenn es um die Implementierung moderner Programmierkonzepte geht. C# bietet für die strukturierte, komponentenbasierte, objektorientierte Programmierung jede Unterstützung, die man von einer modernen, auf C++ und Java aufbauenden Sprache erwarten kann. Version 3.0 wurde an drei wichtigen Stellen erweitert:

- Vollständige Unterstützung von LINQ – Daten-Abfragen sind nun Teil der Sprache selbst.
- Vollständige Unterstützung der deklarativen Syntax der *Windows Presentation Foundation* (WPF; zum Erstellen von Windows-Anwendungen), *Work Flow* (WF) und *Silverlight* (zum Erstellen plattform- und browserübergreifender »fetter« Internet-Anwendungen).
- Viele praktische Features, die dem Programmierer dabei helfen, produktiver zu sein, und die sich gut in Visual Studio 2008 nutzen lassen

Ein bisschen Geschichte

C# wurde ursprünglich von einem kleinen Team unter der Führung der beiden herausragenden Microsoft-Ingenieure Anders Hejlsberg und Scott Wiltamuth entwickelt. Hejlsberg hatte sich bereits Meriten als Schöpfer von Turbo Pascal erworben, einer beliebten Sprache für die PC-Programmierung, sowie als Chef des Entwicklungsteams von Borland Delphi, einer der ersten erfolgreichen integrierten Entwicklungsumgebungen (IDEs) für die Client/Server-Programmierung.

C#-Features

Im Zentrum jeder objektorientierten Programmiersprache steht die Unterstützung für die Definition und den Einsatz von Klassen. Klassen definieren neue Typen, mit denen Sie die Sprache erweitern können, um das Problem, das Sie lösen wollen, besser zu modellieren. In C# gibt es Schlüsselwörter, mit denen Sie neue Klassen sowie deren Methoden und Eigenschaften deklarieren und mit denen Sie Kapselung, Vererbung und Polymorphismus – die drei Säulen der objektorientierten Programmierung – implementieren können.

In C# steht alles, was zu einer Klassendeklaration gehört, in der Deklaration selbst. Für C#-Klassendateien sind keine separaten Header-Dateien oder *Interface Definition Language-*(IDL-)Dateien notwendig. Überdies unterstützt C# die Inline-Dokumentation, was die Erstellung von Online-Dokumentationen und gedruckten Referenzdokumentationen für eine Anwendung vereinfacht.

C# unterstützt auch *Interfaces*, ein Mittel, um mit einer Klasse einen Vertrag über Dienste abzuschließen, die durch das Interface festgelegt werden. In C# kann eine Klasse zwar nur von einer einzigen Oberklasse erben, aber mehrere Interfaces implementieren. Wenn eine C#-Klasse ein Interface implementiert, gibt sie das Versprechen ab, die in diesem Interface definierte Funktionalität zu liefern.

Darüber hinaus bietet C# Unterstützung für *Structs*, ein Konzept, dessen Bedeutung sich gegenüber C++ massiv gewandelt hat. In C# ist ein Struct ein eingeschränkter, leichtgewichtiger Typ, der, wenn man ihn instanziiert, an Betriebssystem und Speicher geringere Anforderungen stellt als eine konventionelle Klasse. Ein Struct kann nicht erben oder geerbt werden, aber er kann ein Interface implementieren. Dieses Buch wird zeigen, warum ich Structs in der Welt der Generics für nicht so wichtig halte. Tatsächlich habe ich in den letzten fünf Jahren keinen einzigen Struct in meinen Programmen verwendet – außer, um zu zeigen, wie man sie nutzt.

C# bietet umfassende Unterstützung für *Delegates*, mit denen der Aufruf von Methoden über Verweise ermöglicht wird. In anderen Sprachen wie etwa C++ gibt es ähnliche Funktionalitäten (zum Beispiel Zeiger auf Member-Funktionen), aber Delegates sind typsichere Referenztypen, die Methoden mit ihrer jeweiligen Signatur und ihrem Rückgabetyp kapseln. Delegates wurden stark erweitert – erstmals in C# 2.0 und nochmals in C# 3.0. Dabei kamen zuerst die anonymen Delegates dazu und jetzt die Lambda-Ausdrücke, die eine Grundlage für LINQ bilden. Wir werden sie detailliert in den Kapiteln 13 und 15 behandeln.

C# hat auch komponentenorientierte Features wie z.B. Eigenschaften, Events und deklarative Konstrukte (wie *Attribute*). Die komponentenorientierte Programmierung wird durch die Speicherung von Metadaten mit dem Klassencode ermöglicht. Die Metadaten beschreiben die Klasse einschließlich ihrer Methoden und Eigenschaften, ihrer Sicherheitsanforderungen und anderer Attribute wie z.B. ihrer Serialisierbarkeit; der Code enthält die notwendige Logik, um ihre Funktionen auszuführen. Somit ist eine kompilierte Klasse eine abgeschlossene Einheit, und eine Host-Umgebung, die die Metadaten und den Code einer Klasse lesen kann, braucht keine weiteren Informationen, um diese Klasse zu nutzen. Mit C# und der *Common Language Runtime* (CLR) können Sie einer Klasse benutzerdefinierte Metadaten hinzufügen, indem Sie eigene Attribute definieren. In ähnlicher Weise können Sie mithilfe der CLR-Typen, die Reflection unterstützen, die Metadaten einer Klasse lesen.

Wenn Sie Ihren Code kompilieren, entsteht dabei eine Assembly. Eine *Assembly* ist eine Sammlung von Dateien, die dem Programmierer als eine einzige *Dynamic Link Library* (DLL) oder ausführbare Datei (EXE) erscheinen. In .NET ist eine Assembly die Grundeinheit für die Wiederverwendung, Versionierung, Sicherheit und Verbreitung. Die CLR stellt auch einige Klassen zur Bearbeitung von Assemblies zur Verfügung.

Abschließend sei angemerkt, dass C# auch Folgendes unterstützt:

- den direkten Zugriff auf den Arbeitsspeicher mit Zeigern im Stil von C++
- Schlüsselwörter, mit denen solche Operationen als unsicher gekennzeichnet werden
- den Hinweis an den Garbage Collector der CLR, dass Objekte, die von Zeigern referenziert werden, bis zu ihrer Freigabe nicht beseitigt werden dürfen

Ein Wort zu Zeigern: Sie *können* sie nutzen, aber Sie sollten es nicht tun. Zeiger sind wie Handgranaten. Sie wissen, wann Sie sie brauchen, aber bis dahin sollten Sie den Sicherungsstift drin lassen, sie tief in Ihrem Schrank vergraben und versuchen, nicht daran zu denken. Wenn Sie sich genötigt sehen, sie zu nutzen, rufen Sie einen Freund an, bevor Sie den Stift ziehen, und gehen Sie dann in Deckung.

Die .NET-Plattform

Als Microsoft im Juli 2000 C# ankündigte, geschah dies im Zusammenhang mit einem sehr viel größeren Ereignis: der Ankündigung der .NET-Plattform. Bei der .NET-Plattform handelt es sich in meinen Augen um ein verkleidetes objektorientiertes Betriebssystem, das auf ein bestehendes Betriebssystem aufbaut.

.NET 3.5 steht für eine erneute Weiterentwicklung dieses Frameworks, bei dem neue Wege beim Erstellen von so gut wie allem beschritten werden, gleichzeitig aber nichts von dem, was Sie bisher gelernt haben, überflüssig wird.

Sie können immer noch rein serverbasierte Webanwendungen schreiben, aber mit AJAX können Sie Steuerelemente auf der Clientseite hinzufügen (zudem kann man mit AJAX noch viel mehr machen, zum Beispiel eine automatische JSON-Kodierung und -Dekodierung). Sie können immer noch Windows Forms-Anwendungen für Windows entwickeln, aber zusätzlich Windows-Anwendungen mit mehr Funktionen mit der Hilfe von WPF erstellen, wobei eine deklarative Syntax namens XAML verwendet wird (etwas genauer wird das in Kapitel 18 erklärt). Das gleiche XAML wird beim Erstellen von WF-Anwendungen genutzt, die unter anderem als Business-Layer für Ihre Anwendungen verwendet werden können.

Eine umfassende Präsentation des neuen .NET-Frameworks finden Sie in *Programming .NET 3.5* von Jesse Liberty und Alex Horowitz (O'Reilly).

Mithilfe einer der interessantesten Ergänzungen des Frameworks können Sie das gleiche XAML verwenden, um plattformübergreifende (zum Zeitpunkt der Entstehung dieses Buches betraf das Windows, Mac und Unix) und browserübergreifende (Firefox und Safari) *Rich Internet Applications* zu schreiben – in Microsoft Silverlight.

Mehr Informationen zu Silverlight finden Sie in meinem Blog *http://silverlight. net/blogs/JesseLiberty*. Halten Sie auch Ausschau nach meinem Buch *Programming Silverlight* (O'Reilly), das 2008 erscheinen soll.

All diese Entwicklungstechnologien können C# für die Programmlogik nutzen – C# kann die Basis für die gesamte Entwicklung im Rahmen des .NET-Frameworks sein: vom Web bis zum Desktop, vom Thin Client zum Thick Client, von der Rich Internet Application zum Webservice.

KAPITEL 2
Erste Schritte: »Hello World«

Es gibt eine alte Tradition, der zufolge jedes Programmierbuch mit einem »Hello World«-Programm beginnt. Deshalb werden wir auch in diesem Kapitel ein in C# geschriebenes »Hello World«-Programm erstellen, kompilieren und ausführen. Und mit der Analyse dieses kurzen Programms werden wir einige wichtige Features von C# vorstellen.

Beispiel 2-1 zeigt die Grundelemente eines ganz einfachen C#-Programms.

Beispiel 2-1: Ein einfaches »Hello World«-Programm in C#

```
class Hello
{
    static void Main(string[] args)
    {
        // Verwende das Objekt System.Console
        System.Console.WriteLine("Hello World!");
    }
}
```

Wenn Sie diesen Code kompilieren und ausführen, erscheinen die Worte »Hello World« im Konsolenfenster. Bevor wir es kompilieren und ausführen, wollen wir uns jedoch dieses einfache Programm etwas näher ansehen.

Klassen, Objekte und Typen

Das Wesen der objektorientierten Programmierung ist es, neue Typen zu erstellen. Ein *Typ* stellt eine Sache dar. Manchmal ist es eine abstrakte Sache wie z.B. eine Tabelle oder ein Thread und manchmal auch etwas Greifbareres wie z.B. ein Button in einem Fenster. Der Typ definiert die allgemeinen Eigenschaften und Verhaltensweisen dieser Sache.

Wenn Ihr Programm drei Instanzen (Exemplare) eines Button-Typs in einem Fenster verwendet – vielleicht einen OK-, einen Abbrechen- und einen Hilfe-Button –, hat jeder Button eine Größe, wobei allerdings die Größe der einzelnen Buttons unterschiedlich sein kann. Ebenso haben alle Buttons das gleiche Verhalten (zeichnen, klicken), obwohl sich die spezifische Implementierung dieses Verhaltens unterscheiden kann. So können also die Details bei den Buttons unterschiedlich sein, aber der Typ ist der gleiche.

Wie in anderen objektorientierten Programmiersprachen wird auch in C# ein Typ durch eine *Klasse* definiert, während die einzelnen Instanzen dieser Klasse *Objekte* heißen. In späteren Kapiteln wird erklärt, dass es in C# neben den Klassen auch noch andere Typen gibt, darunter Enums, Structs und Delegates, aber vorläufig konzentrieren wir uns auf die Klassen.

Das »Hello World«-Programm deklariert einen einzigen Typ, nämlich die Klasse Hello. Um einen C#-Typ zu definieren, deklarieren Sie ihn mit dem Schlüsselwort class als Klasse, geben ihm einen Namen – in diesem Fall Hello – und definieren dann seine Eigenschaften und Verhaltensweisen. Die Definition der Eigenschaften und Verhaltensweisen einer C#-Klasse muss in geschweiften Klammern ({}) stehen.

Methoden

Eine Klasse hat sowohl Eigenschaften als auch Verhaltensweisen. Verhaltensweisen werden durch Member-Methoden definiert; die Eigenschaften werden in Kapitel 3 behandelt.

Eine *Methode* (manchmal auch als *Funktion* bezeichnet) ist eine Sammlung von Operationen, die zu Ihrer Klasse gehören. Diese Methoden definieren, was Ihre Klasse tun kann oder wie sie sich verhält. In der Regel erhalten Methoden die Namen von Aktionen wie z.B. WriteLine() oder AddNumbers(). Im hier gezeigten Fall hat die Klassenmethode jedoch den speziellen Namen Main(), der keine Aktion beschreibt, sondern CLR mitteilt, dass dies die Hauptmethode, also die erste Methode Ihrer Klasse ist.

Immer wenn Ihr Programm startet, ruft die CLR Main() auf. Main() ist der Eintrittspunkt in Ihr Programm, und jedes C#-Programm muss eine solche Main()-Methode haben.[1]

Methodendeklarationen sind ein Vertrag zwischen dem Schöpfer der Methode und ihrem Konsumenten (Benutzer). Diese beiden sind oft ein und derselbe Programmierer, aber nicht immer: Es ist z.B. möglich, dass ein Mitglied eines Entwicklungsteams eine Methode schreibt und ein anderes Mitglied sie benutzt.

Programme bestehen aus Methoden, die sich untereinander aufrufen. Wenn eine Methode eine andere Methode *aufruft*, kann sie an die aufgerufene Methode Werte übergeben. Diese Werte werden als *Argumente* oder *Parameter* bezeichnet. Die aufgerufene Methode kann zudem einen Wert an die Methode *zurückgeben*, von der sie aufgerufen wurde – der zurückgegebene Wert heißt (geschickterweise) *Rückgabewert*.

Um eine Methode zu deklarieren, spezifizieren Sie einen Rückgabewert, gefolgt von einem Identifier und einem Paar Klammern, die entweder leer sein können oder die Parameter enthalten. Zum Beispiel:

```
int myMethod(int size)
```

---

[1] Technisch kann es in C# auch mehrere Main()-Methoden geben. In diesem Fall müssen Sie C# mit dem Kommandozeilenschalter /main mitteilen, in welcher Klasse sich die Main()-Methode befindet, die als Einstieg in das Programm dienen soll. Das ist allerdings ausgesprochen unüblich und wird hier nur erwähnt, um diejenigen zum Schweigen zu bringen, die immer gern auf absonderliche Fälle hinweisen wollen, und um diejenigen zu überzeugen, die sonst keine Fußnoten lesen.

Damit wird eine Methode deklariert, die den Namen `myMethod( )` hat und einen Parameter erwartet: einen ganzzahligen Wert, auf den innerhalb der Methode als `size` zugegriffen werden kann.

Ein *Parameter* ist ein Wert, der an die Methode übergeben wird. Typischerweise wird der Wert in der Methode verändert, was entweder in dieser Methode oder in der aufgerufenen Methode von Nutzen sein kann. Es ist, als wenn Sie Ihr Hemd, einen Knopf und eine Nadel an einen Schneider übergeben. Die Nadel hilft dem Schneider beim Nähen, sie ändert sich aber nicht. Wenn Sie allerdings Glück haben, wird sich die Beziehung zwischen dem Knopf und dem Hemd geändert haben, wenn der Schneider fertig ist.

Tatsächlich gibt es zwei Möglichkeiten, einer Methode einen Parameter zu übergeben: als Wert (by value) oder als Referenz (by reference). Wenn Sie einen Parameter *by value* übergeben, reichen Sie eine Kopie weiter, und wenn die Methode abgearbeitet wurde, ist der ursprüngliche Wert (in der aufrufenden Methode) unverändert. In diesem Fall sagen Sie dem Schneider: »Nähen Sie einen Knopf wie diesen an mein Hemd.«

Wenn Sie einen Parameter *by reference* übergeben, reichen Sie den Knopf selbst weiter. Wenn die aufgerufene Methode fertig ist, kann sich der übergebene Wert geändert haben (genau der Knopf, den Sie dem Schneider gegeben haben, kann an das Hemd genäht worden sein!).

Eine Methode kann einen (einzelnen) Wert zurückgeben (»Hier ist Ihr Hemd zurück«). Bei `myMethod` wird eine Ganzzahl zurückgegeben. Der Typ des Rückgabewerts teilt dem Verwender der Methode mit, was für Daten die Methode zurückgeben wird, wenn sie fertig ist.

Manche Methoden geben gar keinen Wert zurück. Man sagt dann, sie geben `void` (ungültig) zurück, was durch das Schlüsselwort `void` definiert ist. Ein Beispiel:

```
void myVoidMethod( );
```

Hier wird eine Methode deklariert, die `void` zurückgibt und keine Parameter entgegennimmt. In C# müssen Sie immer einen Rückgabetyp oder `void` deklarieren.

Es gibt zwei Möglichkeiten, um die Einschränkung des Rückgabewerts auf einen Wert zu umgehen. Zum einen können Sie ein paar Objekte by reference übergeben und sie durch die Methode verändern lassen. Denn damit werden sie auch in der aufrufenden Methode geändert. Das wird in Kapitel 3 behandelt.

Die zweite Möglichkeit ist, ein Objekt zu übergeben, aber dieses Objekt eine Collection sein zu lassen (schlau, nicht?). Collections werden in Kapitel 9 behandelt.

Kommentare

Ein C#-Programm kann auch Kommentare enthalten. Betrachten Sie die erste Zeile hinter der öffnenden Klammer in der weiter oben gezeigten Main-Methode:

```
// Verwende das Objekt System.Console
```

Der Text beginnt mit zwei vorwärts gerichteten Schrägstrichen (//). Diese kennzeichnen einen *Kommentar*. Ein Kommentar ist ein Hinweis für den Programmierer und wirkt sich nicht auf das Programm aus. C# unterstützt drei Kommentartypen.

Der erste hier gezeigte Typ zeigt an, dass aller Text rechts vom Kommentarzeichen bis zum Zeilenende als Kommentar betrachtet wird. Man nennt ihn auch einen *Kommentar im C++-Stil*.

Der zweite Kommentartyp ist ein *Kommentar im C-Stil*. Er beginnt mit einem öffnenden Kommentarzeichen (/*) und endet mit einem schließenden Kommentarzeichen (*/). So können sich Kommentare über mehr als eine Zeile erstrecken, ohne dass am Anfang jeder Zeile die Zeichen // stehen müssten. Betrachten Sie hierzu Beispiel 2-2.

Beispiel 2-2: Mehrzeiliger Kommentar

```
class Hello
{
    static void Main()
    {
        /* Verwende das Objekt System.Console,
           wie im Text erläutert */
        System.Console.WriteLine("Hello World");
    }
}
```

Die Verwendung von Kommentaren im C-Stil ermöglicht es Ihnen auch, einen Kommentar mitten im auszuführenden Code unterzubringen, wie dies in Beispiel 2-3 zu sehen ist.

Beispiel 2-3: Ein Kommentar mitten im Code

```
class Hello
{
    static void Main()
    {
        System.Console.WriteLine  /*("Hello C# 2.0")*/ ("Hello C# 3.0");
    }
}
```

Das Ziel des Programmierers ist hier, den alten Code auszukommentieren, ihn aber aus Gründen der Bequemlichkeit stehen zu lassen. Das lässt sich kompilieren, ist aber kein gutes Vorgehen. Der Code lässt sich dadurch schlecht lesen und wird mit ziemlicher Sicherheit zu Problemen bei der Wartung führen. Der gleiche Code ließe sich deutlich besser lesen, wenn er so geschrieben wäre:

```
    class Hello
    {
        static void Main()
        {
                            /* ("Hello C# 2.0"); */
            System.Console.WriteLine  ("Hello C# 3.0");
        }
    }
```

Hier befindet sich der auskommentierte Code oberhalb (oder unterhalb oder rechts) des ausgeführten Codes.

Auch wenn Sie keine Kommentare im C++-Stil verschachteln können (//), ist es möglich, C++-Kommentare innerhalb von C-Kommentaren zu nutzen (/* */). Aus diesem Grund ist es sinnvoll, C++-Kommentare wann immer möglich zu nutzen und die C-Kommentare nur dann zu verwenden, wenn man Code-Blöcke auskommentieren will.

Die dritte und letzte Form von Kommentaren, die C# anbietet, wird verwendet, um eine externe, XML-basierte Dokumentation mit Ihrem Code zu verknüpfen.

Konsolenanwendungen

»Hello World« ist ein Beispiel für ein *Konsolenprogramm*. Ein solches Programm hat typischerweise keine grafische Benutzeroberfläche (Graphical User Interface, GUI), keine Listenfelder, Buttons, Fenster usw. Die Textein- und -ausgabe wird über die Standardkonsole abgewickelt, in der Regel über ein Kommando- oder DOS-Fenster des PCs. Wenn wir uns vorläufig auf Konsolenanwendungen beschränken, werden die ersten Beispiele in diesem Buch einfacher, und der Schwerpunkt liegt auf der Sprache selbst. In späteren Kapiteln werden wir uns Windows- und Webanwendungen zuwenden. Dann ist der Punkt erreicht, an dem wir uns auf die Oberflächenentwurfs-Tools von Visual Studio 2008 konzentrieren.

Die Main( )-Methode in diesem einfachen Beispiel schreibt lediglich »Hello World« auf den *standard output* (Standardausgabe, in der Regel ein Befehlszeilenfenster). Die Standardausgabe wird mit einem Objekt namens Console verwaltet. Das Console-Objekt hat eine WriteLine( )-Methode, die einen *String* (eine Zeichenfolge) entgegennimmt und in die Standardausgabe schreibt. Wenn Sie dieses Programm ausführen, wird ein Kommando- oder DOS-Fenster die Worte »Hello World« anzeigen.

Eine Methode rufen Sie mit dem Punkt-Operator (.) auf. Um also die Methode Console von WriteLine( ) aufzurufen, schreiben Sie Console.WriteLine(...) und übergeben den String, der ausgegeben werden soll.

Namensräume

Console ist nur ein einziger aus einer gewaltigen Anzahl nützlicher Typen, die die .NET *Framework Class Library* (FCL) für Sie bereithält. Jede Klasse hat einen Namen, und die FCL enthält Tausende von ihnen, z.B. ArrayList, Hashtable, FileDialog, DataException, EventArgs usw. Es gibt Tausende oder sogar Zehntausende solcher Namen.

Dies stellt ein Problem dar. Kein Entwickler kann sich alle Namen merken, die das .NET Framework verwendet, und früher oder später erzeugen Sie bestimmt ein Objekt und geben ihm einen Namen, der bereits vergeben worden ist. Was geschieht nun, wenn Sie eine Hashtable-Klasse von einem anderen Anbieter kaufen, nur um festzustellen, dass diese nicht mit der zu .NET gehörenden Klasse Hashtable vereinbar ist? Denken Sie daran: Jede Klasse in C# muss einen eindeutigen Namen haben, und normalerweise können Sie Klassen in fremdem Code nicht umbenennen!

Die Lösung für dieses Problem ist die Verwendung von *Namensräumen*. Ein Namensraum schränkt den Bereich eines Namens ein, so dass dieser Name nur in seinem definierten Namensraum von Bedeutung ist.

Angenommen, ich sage Ihnen, dass Jochen ein Ingenieur ist. Das Wort »Ingenieur« wird für viele Dinge verwendet und kann Verwirrung stiften. Baut der Mann Häuser? Schreibt er Software? Entwirft er Eisenbahnstrecken?

Dies könnte ich klären, indem ich z.B. sage: »Er ist Wissenschaftler« oder »Er ist Verkehrstechniker«. Ein C#-Programmierer könnte Ihnen sagen, dass Jochen ein wissenschaft.ingenieur ist und kein verkehrstechnik.ingenieur. Der Namensraum (in diesem Fall wissenschaft oder verkehrstechnik) schränkt den Bereich des auf ihn folgenden Worts ein. Er erzeugt einen »Raum«, in dem der betreffende Name eine Bedeutung hat.

Außerdem könnte es der Fall sein, dass Jochen nicht irgendein x-beliebiger wissenschaft.ingenieur ist. Vielleicht hat er ein MIT-Diplom in Software-Engineering und nicht in Bauingenieurwesen. Somit könnte man das Objekt Jochen konkreter als wissenschaft.software.ingenieur definieren. Das setzt voraus, dass der Namensraum software innerhalb des Namensraums wissenschaft von Bedeutung ist und ingenieur innerhalb des Namensraums software. Wenn Sie nun später erfahren, dass Charlotte transport.verkehrstechnik.ingenieur ist, besteht kein Zweifel mehr über ihre Fachrichtung. Die beiden Verwendungen von ingenieur können friedlich koexistieren, jede innerhalb ihres eigenen Namensraums.

Wenn nun .NET eine Hashtable-Klasse im Namensraum System.Collections hat und ich eine eigene Hashtable-Klasse im Namensraum ProgCSharp.DataStructures angelegt habe, gibt es ebenfalls keinen Konflikt, da jede Klasse in einem eigenen Namensraum definiert ist.

In Beispiel 2-1 wird der Name der Klasse Console durch den folgenden Code als zum Namensraum System gehörig identifiziert:

    System.Console.WriteLine( );

Der Punkt-Operator (.)

In Beispiel 2-1 dient der Punkt-Operator sowohl zum Zugriff auf eine Methode (und auf Daten) in einer Klasse (hier ist es die Methode WriteLine( )) als auch dazu, den Klassennamen auf einen konkreten Namensraum zu beschränken (hier handelt es sich darum, Console im Namensraum System zu finden). Das funktioniert deshalb so gut, weil wir immer tiefer nach unten gehen, um genau das zu finden, was wir benötigen. Die oberste Ebene ist der Namensraum System (der alle System-Objekte des FCL enthält). Innerhalb dieses Namensraums existiert der Typ Console mit der Member-Funktion WriteLine( ).

In vielen Fällen sind Namensräume hierarchisch aufgebaut. So enthält z.B. der Namensraum System mehrere Teilnamensräume, darunter Data, Configuration, Collections usw., und der Namensraum Collections ist auch seinerseits in mehrere Teilnamensräume aufgeteilt.

Mit Namensräumen können Sie Ihre Typen organisieren und in Gruppen aufteilen. Wenn Sie ein komplexes C#-Programm schreiben, sollten Sie eine eigene Namensraumhierarchie anlegen. Diese kann beliebig tief sein. Der Zweck von Namensräumen ist es, die »Teile und herrsche«-Strategie auf eine eigene, komplexe Objekthierarchie anzuwenden.

Die using-Direktive

Anstatt vor `Console` das Wort `System` zu setzen, könnten Sie mit der folgenden Direktive auch angeben, dass Sie Typen aus dem Namensraum `System` verwenden möchten:

```
using System;
```

Diese Direktive setzen Sie wie in Beispiel 2-4 ganz oben in das Listing.

Beispiel 2-4: Die using-Direktive

```
using System;
class Hello
{
    static void Main( )
    {
        // Console aus dem Namensraum System
        Console.WriteLine("Hello World");
    }
}
```

Beachten Sie, dass die Direktive `using System` noch vor der Klassendefinition von `Hello` steht. Visual Studio 2008 trägt bei Konsolenanwendungen standardmäßig bereits vier using-Anweisungen ein (System, System.Collections.Generic, System.Linq und System.Text).

Sie können zwar angeben, dass Sie den Namensraum `System` benutzen, aber Sie können hier nicht wie bei manchen anderen Sprachen festlegen, dass Sie das Objekt `System.Console` verwenden. Beispiel 2-5 lässt sich nicht kompilieren.

Beispiel 2-5: Code, der sich nicht kompilieren lässt (kein gültiges C#)

```
using System.Console;
class Hello
{
    static void Main( )
    {
        WriteLine("Hello World");
    }
}
```

Dies verursacht die folgende Compiler-Fehlermeldung:

```
A using namespace directive can only be applied
to namespaces; 'System.Console' is a type not a namespace
```

Wenn Sie Visual Studio 2008 verwenden, bemerken Sie den Fehler sofort: Wenn Sie using System und anschließend den Punkt schreiben, bietet Ihnen Visual Studio 2008 eine Liste aller gültigen Namensräume an, und Console befindet sich nicht darunter.

Die using-Direktive spart zwar eine Menge Tipparbeit, kann aber die Vorteile von Namensräumen dadurch unterminieren, dass viele undifferenzierte Namen den Geltungsbereich unübersichtlich machen. Das können Sie verhindern, indem Sie die Direktive using mit den eingebauten und mit Ihren eigenen unternehmensspezifischen Namensräumen verwenden, nicht jedoch mit den Komponenten von Fremdanbietern.

Groß- und Kleinschreibung

C# unterscheidet zwischen Groß- und Kleinschreibung. Das bedeutet, dass writeLine nicht dasselbe ist wie WriteLine und WriteLine nicht dasselbe wie WRITELINE. Anders als VB korrigiert C# leider keine Groß- und Kleinschreibungsfehler: Wenn Sie das gleiche Wort zweimal in unterschiedlicher Weise schreiben, bauen Sie möglicherweise einen schwer zu findenden Fehler in Ihr Programm ein.

Ein praktischer Trick: Wenn ein Name bis auf die Groß-/Kleinschreibung korrekt ist, fahren Sie mit dem Mauszeiger darüber und drücken Strg-Leertaste. Daraufhin korrigiert die automatische Wortvervollständigung von IntelliSense (AutoComplete) die Schreibweise für Sie.

Solche zeit- und kraftraubenden Fehler vermeiden Sie, indem Sie Namenskonventionen für Ihre Variablen, Funktionen, Konstanten usw. entwickeln. In diesem Buch gilt die Regel, dass Variablen in der Kamel-Notation[2] (z.B. einVariablenName) und Klassen, Namensräume, Funktionen, Konstanten und Eigenschaften in der Pascal-Notation (z.B. EineFunktion) geschrieben werden.

Der einzige Unterschied zwischen der Kamel- und der Pascal-Notation besteht darin, dass die Wörter in der Pascal-Notation mit einem Großbuchstaben beginnen.

Microsoft hat Richtlinien zum Code-Stil entwickelt, die als guter Ausgangspunkt dienen können (und häufig schon völlig ausreichend sind). Sie finden sie unter *http://msdn2.microsoft.com/en-us/library/ms229002(VS.90).aspx*.

---

2 Die Kamel-Notation wird wegen der »Höcker« im Wort, die sich durch die eingestreuten Großbuchstaben ergeben, so bezeichnet. (Anm. d. Übers.)

Das Schlüsselwort static

Die in Beispiel 2-1 gezeigte Main( )-Methode hat eine weitere Kennzeichnung. Unmittelbar vor der Deklaration des Rückgabetyps void (die bekanntlich anzeigt, dass die betreffende Methode keinen Wert zurückliefert) steht das Schlüsselwort static:

```
static void Main( )
```

Das Schlüsselwort static zeigt an, dass Sie Main( ) aufrufen können, ohne zuvor ein Objekt vom Typ Hello erzeugen zu müssen. Dieses etwas komplexe Thema wird in den nachfolgenden Kapiteln genauer erörtert. Ein Problem beim Lernen von Programmiersprachen besteht darin, dass Sie einige fortgeschrittene Features bereits anwenden müssen, ehe Sie sie voll und ganz verstehen. Vorläufig können Sie die Deklaration der Main( )-Methode als Zaubertrick betrachten.

Entwicklung von »Hello World«

Es gibt mindestens zwei Möglichkeiten, die Programme dieses Buchs einzugeben, sie zu kompilieren und auszuführen: Sie können die Visual Studio 2008 IDE oder einen Kommandozeilen-Compiler (zusammen mit ein paar weiter unten beschriebenen Kommandozeilen-Tools) verwenden.

Obwohl Sie Software auch außerhalb von Visual Studio 2008 entwickeln *können*, bietet diese IDE doch enorme Vorteile. Dazu gehören automatische Einrückungen, die Vervollständigung von Wörtern mittels IntelliSense, farbige Hervorhebungen im Code und integrierte Hilfedateien. Noch wichtiger sind der mächtige Debugger und die vielen anderen Tools der IDE.

In diesem Buch wird stillschweigend vorausgesetzt, dass Sie Visual Studio 2008 verwenden. Dennoch liegt der Schwerpunkt mehr auf der Sprache und der Plattform als auf den Tools. Sie können auch alle Beispiele in einen Editor wie Windows Notepad oder Emacs kopieren, als Textdateien mit der Erweiterung *.cs* speichern und dann mit dem C#-Kommandozeilen-Compiler kompilieren, der im *.NET Framework SDK* enthalten ist. Alternativ können Sie .NET-kompatible Werkzeuge wie *Mono* oder das *Shared Source CLI* von Microsoft verwenden. Beachten Sie, dass einige Beispiele in den späteren Kapiteln die Tools von Visual Studio 2008 zur Erstellung von *Windows Forms* und *Web Forms* nutzen, aber selbst diese Beispiele können Sie auch manuell in Notepad eingeben, wenn Sie die Dinge lieber auf die harte Tour erledigen.

Bearbeitung von »Hello World«

Um das »Hello World«-Programm in der IDE zu bearbeiten, wählen Sie im Startmenü *Visual Studio 2008* oder klicken auf ein entsprechendes Arbeitsplatzsymbol und wählen dann in der Menüleiste *File → New → Project*. Dadurch wird das Fenster *New Project* aufgerufen (eventuell auch unaufgefordert, wenn Sie Visual Studio zum ersten Mal benutzen). Abbildung 2-1 zeigt das Fenster *New Project*.

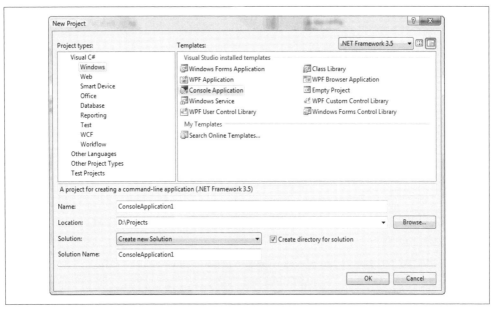

Abbildung 2-1: Erzeugen einer C#-Konsolenanwendung in Visual Studio 2008

Um Ihre Anwendung zu öffnen, wählen Sie im *Project Types*-Fenster *Visual C#* und im Vorlagenfenster *Console Application* (wenn Sie die Express Edition für Visual C# verwenden, ist dieser erste Schritt nicht erforderlich; gehen Sie in diesem Fall direkt zur *Console Application*).

Nun können Sie einen Namen für das Projekt eingeben (zum Beispiel HelloWorld) und ein Verzeichnis wählen, in das Sie Ihre Dateien speichern. Sie können auch einen Namen für die Solution eingeben, die das Projekt enthält, und auswählen, ob Visual Studio 2008 ein Verzeichnis für die neue Solution anlegen soll. Wenn Sie jetzt auf *OK* klicken, erscheint ein neues Fenster, in das Sie den Code von Beispiel 2-1 eingeben können, wie Sie es in Abbildung 2-2 sehen.

Beachten Sie, dass Visual Studio 2008 einen Namensraum mit dem Namen Ihres Projekts anlegt (Hello) und using-Direktiven für System, System.Collections.Generic, System.Linq und System.Text einträgt, weil so gut wie jedes Programm, das Sie schreiben werden, Typen aus diesen Namensräumen benötigt.

Visual Studio 2008 erzeugt eine Klasse namens Program, die Sie nach Belieben umbenennen können. Wenn Sie den Namen der Klasse ändern möchten, empfiehlt es sich allerdings, auch die Datei umzubenennen (*Class1.cs*). Denn wenn Sie der Datei einen anderen Namen geben, ändert Visual Studio automatisch den Namen der Klasse für Sie. Um beispielsweise Beispiel 2-1 zu reproduzieren, ändern Sie die (im Solution Explorer aufgeführte) Datei *Program.cs* in *hello.cs* um und anschließend den Namen von Program in Hello (wenn Sie es umgekehrt machen, benennt Visual Studio die Klasse in hello um).

Abbildung 2-2: Der Editor für Ihr neues Projekt

Zum Umbenennen klicken Sie auf den Dateinamen und warten einen Moment, oder Sie klicken ihn mit der rechten Maustaste an und wählen *Rename*.

Anschließend erzeugt Visual Studio 2008 ein Programmgerüst, mit dem Sie beginnen können. Um Beispiel 2-1 zu reproduzieren, entfernen Sie die Argumente (string[] args) aus der Methode Main( ). Danach kopieren Sie die folgenden Zeilen in den Rumpf der Methode Main( ):

```
// Verwende das Objekt System.Console
System.Console.WriteLine("Hello World");
```

Wenn Sie nicht Visual Studio 2008 verwenden, müssen Sie Notepad öffnen, den Code von Beispiel 2-1 eingeben und die Datei als Textdatei unter dem Namen *hello.cs* speichern.

»Hello World« kompilieren und ausführen

Es gibt verschiedene Möglichkeiten, das Programm »HelloWorld« in Visual Studio zu kompilieren und auszuführen. Normalerweise können Sie jede Aufgabe ausführen, indem Sie Befehle aus der Menüleiste von Visual Studio einsetzen, die Buttons verwenden und die Tastaturkürzel nutzen.

Sie können eigene Tastenfunktionen definieren, indem Sie zu *Tools* → *Options* → *Keyboard* gehen. In diesem Buch gehen wir davon aus, dass Sie die Standardeinstellungen beibehalten haben.

Sie können z.B. das Programm »Hello World« kompilieren, indem Sie auf Strg-Umschalt-B drücken oder *Build* → *Build Solution* wählen. Alternativ haben Sie aber auch die Möglichkeit, den *Build*-Button in der gleichnamigen Toolbar anzuklicken (möglicherweise müssen Sie zuvor rechts auf die Werkzeugleisten klicken, um die *Build*-Werkzeugleiste sichtbar zu machen). Die *Build*-Leiste wird in Abbildung 2-3 dargestellt; der *Build*-Button befindet sich ganz links in ihr und ist hervorgehoben.

Abbildung 2-3: Build-Werkzeugleiste

Um das Programm »Hello World« ohne den Debugger auszuführen, können Sie auf der Tastatur Strg-F5 drücken, in der IDE-Menüleiste *Debug* → *Start without Debugging* wählen oder auf den Button für das Starten ohne Debuggen in der *Build*-Symbolleiste der IDE klicken. Den Button sehen Sie in Abbildung 2-4; eventuell müssen Sie Ihre Symbolleiste anpassen, um ihn verfügbar zu machen. Sie können das Programm ausführen, ohne es zuerst explizit zu erstellen. Je nachdem, wie Ihre Optionen gesetzt sind (*Tools* → *Options*), wird die IDE die Datei speichern, erstellen und ausführen und dabei gegebenenfalls für jeden Schritt um Erlaubnis nachfragen.

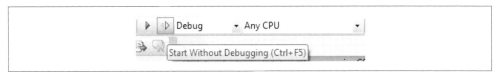

Abbildung 2-4: Starten ohne Debuggen-Button

 Wir empfehlen Ihnen nachdrücklich, die Entwicklungsumgebung Visual Studio 2008 ausführlich zu erforschen. Da sie bei der Entwicklung mit .NET Ihr wichtigstes Werkzeug ist, sollten Sie den Umgang mit ihr gründlich erlernen. Die Zeit, die Sie damit verbringen, sich mit Visual Studio vertraut zu machen, wird sich in den folgenden Monaten mehr als auszahlen. Legen Sie das Buch nun beiseite, und experimentieren Sie mit der IDE herum. Lesen können Sie später noch.

Verwendung des Visual Studio 2008-Debuggers

Der Debugger ist vielleicht der wichtigste Teil jeder Entwicklungsumgebung. Der Debugger von Visual Studio ist sehr mächtig, und jede Minute, die Sie in das Erlernen seiner Funktion investieren, zahlt sich aus. Doch die Grundlagen des Debuggings sind einfach. Sie müssen im Wesentlichen dreierlei wissen:

- wie Sie einen Haltepunkt setzen und zu diesem Haltepunkt kommen
- wie Sie in Methodenaufrufe hinein- oder über sie hinweggehen
- wie Sie die Werte von Variablen, Member-Daten usw. untersuchen

In diesem Kapitel wird nicht die gesamte Dokumentation des Debuggers wiederholt. Doch die oben aufgeführten Fähigkeiten sind wichtig genug, um einen Crash-Kurs zu machen.

Im Debugger kann man viele Dinge auf unterschiedlichen Wegen erreichen, zum Beispiel über Menüs, Buttons und so weiter.

So ist zum Beispiel ein *Haltepunkt* eine wunderbare Hilfe beim Debuggen: eine Anweisung an den Debugger, Ihre Anwendung bis zu einer bestimmten Codezeile auszuführen und dann zu stoppen. Am einfachsten setzen Sie einen Haltepunkt, indem Sie auf den linken Rand klicken. Dann markiert die IDE den Haltepunkt mit einem roten Punkt, wie Sie es in Abbildung 2-5 sehen.

```
for (int i = 0; i < 3; i++)
{
    winArray[i].DrawWindow( );
}
```

Abbildung 2-5: Ein Haltepunkt

 Den Debugger muss man anhand von Codebeispielen erklären. Der hier gezeigte Code stammt aus Kapitel 5. Sie brauchen ihn vorläufig noch nicht zu verstehen (aber wenn Sie bereits in C++ oder Java programmiert haben, werden Sie wahrscheinlich schon sehen, worum es sich handelt).

Um den Debugger auszuführen, wählen Sie *Debug* → *Start* oder drücken einfach F5. Dann wird das Programm kompiliert und bis zum Haltepunkt ausgeführt. Dort hält es an, und ein gelber Pfeil weist auf die nächste auszuführende Anweisung hin, wie Sie es in Abbildung 2-6 sehen:

```
for (int i = 0; i < 3; i++)
{
    winArray[i].DrawWindow( );
}
```

Abbildung 2-6: Der Haltepunkt wurde erreicht.

Nachdem Sie den Haltepunkt erreicht haben, können Sie leicht die Werte der diversen Objekte ermitteln. Sie können z.B. den Wert des Arrays sehen, indem Sie einfach den Mauszeiger auf es bewegen und einen Moment warten, wie es in Abbildung 2-7 gezeigt wird.

Die Debugger-IDE hat auch einige nützliche Fenster, darunter eines namens *Locals*, das die Werte aller lokalen Variablen anzeigt (siehe Abbildung 2-8).

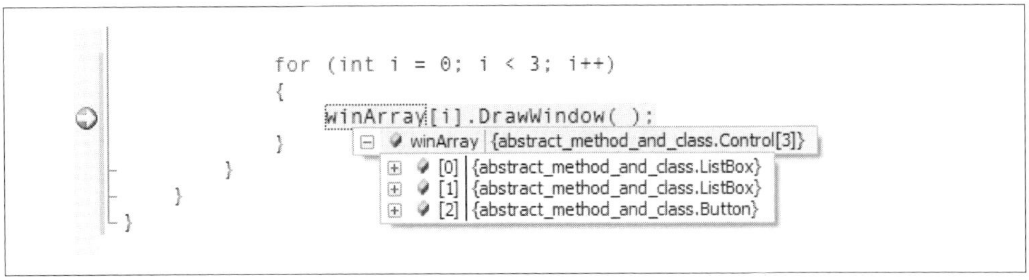

Abbildung 2-7: Einen Wert anzeigen

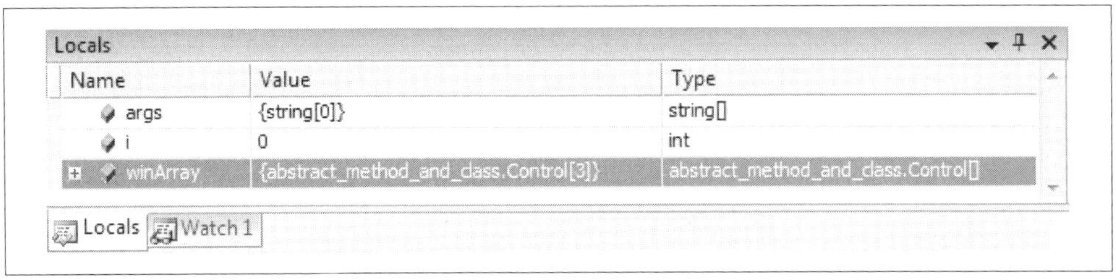

Abbildung 2-8: Das Fenster für lokale Variablen

Intrinsische Typen wie Integer zeigen einfach ihren Wert an, aber Objekte zeigen ihren Typ an und haben ein Pluszeichen (+). Sie können diese Objekte wie in Abbildung 2-9 expandieren, um ihre Daten zu sehen. In späteren Kapiteln werden Sie mehr über Objekte und ihre internen Daten erfahren.

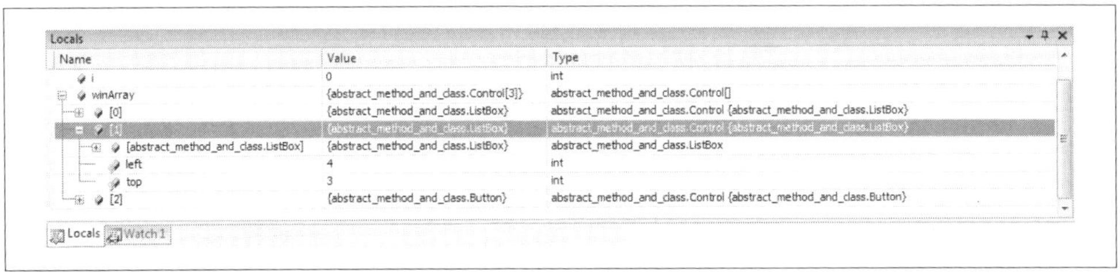

Abbildung 2-9: Ein Objekt im Locals-Fenster wird expandiert.

Wenn Sie F11 drücken, kommen Sie zur nächsten Methode. Hier gelangen Sie in die Methode DrawWindow( ) der Klasse Window, wie es in Abbildung 2-10 gezeigt wird.

Abbildung 2-10: In eine Methode eintreten

Sie können sehen, dass nun `WriteLine()` in `DrawWindow()` als nächste Anweisung zur Ausführung ansteht. Das Fenster *Autos* ist aktualisiert worden und stellt nun den aktuellen Zustand der Objekte dar.

Es gäbe noch vieles über den Debugger zu sagen, aber diese kurze Einführung sollte für den Anfang genügen. Sie können viele Fragen bezüglich der Programmierung beantworten, indem Sie kurze Demoprogramme schreiben und sie im Debugger untersuchen. In mancher Hinsicht ist ein guter Debugger der beste Lehrer für eine Programmiersprache.

KAPITEL 3
Grundlagen der Sprache C#

In Kapitel 2 haben wir ein ganz einfaches C#-Programm behandelt. Doch auch dies war schon komplex genug, um verschiedene mit ihm zusammenhängende Einzelheiten noch nicht zur Sprache kommen zu lassen. Zur Erklärung dieser Einzelheiten steigen Sie in diesem Kapitel tiefer in die Syntax und Struktur von C# ein.

In diesem Kapitel behandle ich das Typen-System in C#. Dabei geht es um eingebaute Typen, wie zum Beispiel `int` und `bool`, sowie um *benutzerdefinierte Typen* (Typen, die Sie selbst erstellen), wie zum Beispiel Klassen, Structs und Interfaces. Ich kümmere mich auch um die Grundlagen der Programmierung, wie das Erstellen und Verwenden von Variablen und Konstanten. Zudem werde ich Enumerations, Strings, Bezeichner, Ausdrücke und Anweisungen vorstellen.

Im zweiten Teil des Kapitels werde ich die Verwendung von Anweisungen zum Programmablauf vorstellen: die Anweisungen `if`, `switch`, `while`, `do...while`, `for` und `foreach`. Sie werden zudem Operatoren kennenlernen – Zuweisungs-, logische, relationale und mathematische Operatoren. Zum Abschluss werde ich eine kurze Einführung in den C#-Präprozessor geben.

Obwohl eigentlich die Erzeugung und Bearbeitung von Objekten im Mittelpunkt von C# steht, beginnen Sie am besten mit den Grundbausteinen: den Elementen, aus denen Objekte erzeugt werden. Dazu gehören die eingebauten Typen, die ein Teil von C# sind, sowie die Syntaxelemente von C#.

Typen

Jede Variable und jedes Objekt in C# hat einen »Typ«. Es gibt eingebaute Typen (zum Beispiel `int`) und Typen, die Sie selbst definieren (zum Beispiel `Employee`).

Wenn Sie ein Objekt erstellen, deklarieren Sie seinen Typ. In einer statisch typisierten Sprache wie C# wird der Compiler auf diesem Typ bestehen und Ihnen schon beim Kompilieren (und nicht erst zur Laufzeit) einen Fehler melden, wenn Sie diese Typisierung (zum Beispiel) verletzen, indem Sie versuchen, ein Employee-Objekt einer Integer-

Variablen zuzuweisen. Das ist gut so, denn die Fehlerrate wird dadurch reduziert und der Code zuverlässiger.

In so gut wie allen Fällen ist C# zudem »manifestativ« typisiert – das bedeutet, dass Sie den Typ des Objekts explizit deklarieren. Es gibt nur eine Ausnahme – die Verwendung des Schlüsselworts var (siehe Kapitel 13). Dabei ist C# dazu in der Lage, den Typ des Objekts selbst zu ermitteln, wodurch die Typfestlegung implizit abläuft.

Schließlich ist C# auch noch stark typisiert: Jede Operation, die Sie auf einem Objekt oder einer Variablen durchführen wollen, muss für diesen Typ passend sein, ansonsten erhalten Sie einen Compiler-Fehler. Auch dies ist eine gute Sache, denn man findet dabei zuverlässig Fehler schon beim Kompilieren.

Zusammengefasst können wir sagen, dass C# in den meisten Fällen statisch, manifestativ und stark typisiert ist. Nur bei der Verwendung des Schlüsselworts var ist die Sprache statisch, *implizit* und stark typisiert!

Entscheidend ist, dass alles statisch und stark typisiert ist. Sie müssen also Ihre Typen deklarieren. Dafür stellt der Compiler sicher, dass Sie Ihre Objekte korrekt bezüglich ihrer Typen verwenden.

Eingebaute Typen

C# bietet die übliche Auswahl an intrinsischen (eingebauten) Typen, die man von einer modernen Programmiersprache erwarten kann. Jeder dieser Typen wird einem zugrunde liegenden Typ zugeordnet, den die .NET-CTS unterstützt. Durch Zuordnung der Grundtypen von C# zu den .NET-Typen wird gewährleistet, dass die in C# erzeugten Objekte frei gegen die Objekte ausgetauscht werden können, die in einer anderen .NET-CTS-konformen Sprache wie zum Beispiel Visual Basic angelegt wurden.

Jeder eingebaute Typ hat eine spezifische gleich bleibende Größe. Tabelle 3-1 führt viele der von C# angebotenen eingebauten Typen auf.

Tabelle 3-1: Eingebaute Werttypen von C#

Typ	Größe (in Bytes)	.NET-Typ	Beschreibung
byte	1	Byte	Ohne Vorzeichen (Werte 0 bis 255)
char	2	Char	Unicode-Zeichen
bool	1	Boolean	true oder false
sbyte	1	SByte	Mit Vorzeichen (Werte −128 bis 127).
short	2	Int16	Mit Vorzeichen (short) (Werte −32.768 bis 32.767)
ushort	2	UInt16	Ohne Vorzeichen (short) (Werte 0 bis 65.535)
int	4	Int32	Integer-Werte mit Vorzeichen zwischen −2.147.483.648 und 2.147.483.647
uint	4	UInt32	Integer-Werte ohne Vorzeichen zwischen 0 und 4.294.967.295

Tabelle 3-1: Eingebaute Werttypen von C# (Fortsetzung)

Typ	Größe (in Bytes)	.NET-Typ	Beschreibung
float	4	Single	Gleitkommazahl; speichert Werte zwischen etwa $+/-1{,}5 * 10^{-45}$ und etwa $+/-3{,}4 * 10^{38}$ mit 7 signifikanten Ziffern
double	8	Double	Gleitkommazahl mit doppelter Genauigkeit; speichert Werte zwischen etwa $+/-5{,}0 * 10^{-324}$ und etwa $+/-1{,}8 * 10^{308}$ mit 15 bis 16 signifikanten Ziffern
decimal	16	Decimal	Dezimalzahl mit bis zu 28 Stellen und festgelegtem Dezimalkomma; wird vorwiegend für die Währungsrechnung eingesetzt; erfordert das Suffix »m« oder »M«
long	8	Int64	Integer mit Vorzeichen zwischen −9.223.372.036.854.775.808 und 9.223.372.036.854.775.807
ulong	8	UInt64	Integer ohne Vorzeichen zwischen 0 und 0xffffffffffffffff

Neben diesen einfachen Typen bietet C# zwei weitere Werttypen: enum (werden weiter hinten in diesem Kapitel behandelt) und struct (siehe Kapitel 4).

Der Stack und der Heap

Ein *Stack* (Stapel) ist eine Datenstruktur zur Speicherung von Elementen nach dem Last-in-First-out-Verfahren (was zuletzt hineingeht, wird zuerst entnommen; denken Sie an einen Tellerstapel in einem Selbstbedienungsrestaurant). *Der* Stack ist ein vom Prozessor gemanagter Speicherbereich, in dem lokale Variablen gespeichert werden.

Der *Heap* ist ein zunächst nicht eingeteilter Speicherbereich, den man über Elemente ansprechen kann, die dort platziert werden.

Variablen (die gleich behandelt werden), deren Typ einer der eingebauten Typen ist, werden normalerweise auf dem Stack platziert. Andere Variablen, die einen vom Framework bereitgestellten oder selbst definierten Typ haben, werden als *Objekte* bezeichnet und normalerweise über eine Variable auf dem Stack referenziert. Aus diesem Grund werden sie als *Referenztypen* bezeichnet.

Wenn eine Funktion aufgerufen wird, erhält sie einen Speicherbereich auf dem Stack zugewiesen, der als *Stack-Frame* bekannt ist. Wird die Funktion beendet, wird der Bereich wieder freigegeben und Objekte, die sich im Stack-Frame befanden, verlassen den Gültigkeitsbereich und werden zerstört.

Objekte auf dem Heap werden automatisch zerstört (im Rahmen der »Garbage Collection«), wenn die letzte Referenz auf sie zerstört wurde (aber nicht unbedingt sofort). Wenn Sie also eine Instanz eines benutzerdefinierten Referenztyps erstellen, wird die Variable, die darauf verweist, zerstört, wenn der Stack-Frame freigegeben wird. Wenn es sich dabei um die einzige Heap-Referenz auf das Objekt gehandelt hat, wird es durch den Garbage Collector aufgeräumt.

Einen eingebauten Typ wählen

Die Entscheidung darüber, welche Integer-Größe Sie wählen (short, int oder long), hängt von der Größe des Werts ab, den Sie darin speichern möchten. So kann z.B. ein ushort nur Werte zwischen 0 und 65.535 speichern, während ein uint Werte zwischen 0 und 4.294.967.295 aufnimmt.

Da jedoch Speicherplatz relativ billig ist und die Arbeitszeit eines Programmierers immer teurer wird, werden Sie zumeist Ihre Variablen mit dem Typ int deklarieren, sofern keine guten Gründe für einen anderen Typ sprechen.

Wenn Sie Zahlen erstellen müssen, die auch Kommastellen besitzen, können Sie zwischen float, double und decimal wählen – abhängig von der Größe und Genauigkeit, die Sie benötigen. Für die meisten kleineren Kommazahlen ist float ausreichend.

Der Compiler geht davon aus, dass jede Zahl mit einem Dezimalpunkt vom Typ double ist, sofern Sie es nicht anders angeben. Sie müssen daher die Suffixe f für einen float und m für ein decimal nutzen. Andere Suffixe für andere Typen sind allerdings nicht notwendig.

Um ein float zu erstellen, fügen Sie an die Zahl den Buchstaben f an:

```
float someFloat = 57f;
;
```

Der Typ char stellt ein Unicode-Zeichen dar. char-Literale können einfache Zeichen, Unicode-Zeichen oder Escape-Zeichen in einfachen Anführungszeichen sein. So ist z.B. A ein einfaches Zeichen und \u0041 ein Unicode-Zeichen. Escape-Zeichen sind spezielle, aus zwei Zeichen bestehende Token, die für den Compiler eine spezielle Bedeutung haben, wobei das erste Zeichen ein Backslash ist. So ist z.B. \t ein horizontaler Tabulatorschritt. Tabelle 3-2 zeigt die gebräuchlichsten Escape-Zeichen.

Tabelle 3-2: Gebräuchliche Escape-Zeichen

Zeichen	Bedeutung
\'	Einfaches Anführungszeichen
\"	Doppeltes Anführungszeichen
\\	Backslash
\0	Null
\a	Alert
\b	Rücktaste
\f	Seitenvorschub
\n	Newline
\r	Carriage Return
\t	Horizontaler Tabulatorschritt
\v	Vertikaler Tabulatorschritt

Konvertierung eingebauter Typen

Objekte eines Typs lassen sich implizit oder explizit in Objekte eines anderen Typs konvertieren. Implizite Konvertierungen finden automatisch statt: Der Compiler übernimmt das für Sie.

Implizite Konvertierungen geschehen dann, wenn Sie einer Variable einen Wert eines anderen Typs zuweisen und die Konvertierung garantiert keine Information vernichtet. Sie können zum Beispiel implizit von einem short (zwei Byte) in ein int (vier Byte) konvertieren, indem Sie den ersten Wert einer Variablen des zweiten Typs zuweisen. Egal, was für ein Wert in der short-Variablen steht, gibt es keine Verluste, wenn man ihn in ein int umwandelt:

```
// Erstellen einer short-Variablen x, die mit dem Wert 5 initialisiert wird
short x = 5;
// Erstellen einer int-Variablen y und Zuweisen von x
int y = x; // implizite Konvertierung
```

Versuchen Sie jedoch eine Konvertierung in die andere Richtung, können Sie Informationen verlieren. Wenn der Wert des int größer als 32.767 ist, wird er bei der Umwandlung abgeschnitten. Der Compiler führt keine implizite Konvertierung von int nach short durch:

```
short x;
int y = 500;
x = y;  // wird nicht kompiliert
```

Explizite Konvertierungen werden dann vorgenommen, wenn Sie einen Wert in einen anderen Typ »casten«. Die Semantik einer expliziten Konvertierung ist: »Hey! Compiler! Ich weiß, was ich tue.« Das wird manchmal als »Zuschlagen mit dem Hammer« bezeichnet und kann entweder sehr hilfreich oder sehr schmerzhaft sein – je nachdem, ob Sie den Nagel treffen oder Ihren Daumen. Sie müssen explizit mit dem cast-Operator konvertieren (Sie schreiben den gewünschten Typ in Klammern vor die Variable, die Sie konvertieren wollen):

```
short x;
int y = 500;
x = (short) y;  // Okay
```

Alle intrinsischen Typen definieren eigene Konvertierungsregeln.

Manchmal ist es praktisch, Konvertierungsregeln für Ihre eigenen Typen zu definieren. Das werde ich in Kapitel 6 behandeln.

Variablen und Konstanten

Eine *Variable* ist ein Speicherort innerhalb einer Methode. In den vorigen Beispielen sind sowohl x als auch y Variablen. Sie können Ihren Variablen Werte zuweisen und diese Werte in Ihrem Programm ändern.

> ## WriteLine( )
>
> Das .NET Framework bietet eine nützliche Methode, mit der Sie eine Ausgabe auf den Bildschirm schreiben können. Die Einzelheiten dieser Methode, System.Console.WriteLine( ), werden im Laufe des Buchs klarer, aber die Grundlagen sind ganz einfach. Sie rufen die Methode wie in Beispiel 3-1 auf und übergeben ihr den String, der auf der Konsole (der Eingabeaufforderung oder dem Shell-Fenster) ausgegeben werden soll, sowie optionale Parameter, die ersetzt werden können. Betrachten Sie folgendes Beispiel:
>
> ```
> System.Console.WriteLine("Nach der Zuweisung ist myInt: {0}", myInt);
> ```
>
> Hier wird der String "Nach der Zuweisung ist myInt:" so ausgegeben, wie er ist, und dahinter steht der Wert der Variablen myInt. Die Stelle, an der der *Substitutionsparameter* {0} steht, ist die Stelle, an der der Wert der ersten Ausgabevariablen myInt angezeigt wird – in diesem Fall am Ende des Strings. In den folgenden Kapiteln erfahren Sie noch mehr über die Methode WriteLine( ).

Erzeugen Sie eine Variable, indem Sie ihren Typ deklarieren und ihr dann einen Namen geben. Sie können die Variable bei der Deklaration gleich mit einem Wert initialisieren und ihr dann jederzeit einen neuen Wert zuweisen, indem Sie den in ihr gespeicherten Wert ändern. Dies sehen Sie in Beispiel 3-1.

Beispiel 3-1: Initialisieren und Zuweisen eines Wertes zu einer Variablen

```
using System;
using System.Collections.Generic;
using System.Text;

namespace InitializingVariables
{
 class Program
 {
    static void Main(string[] args)
    {

    int myInt = 7;
    System.Console.WriteLine("Initialisiert, myInt: {0}",
      myInt);

    myInt = 5;
    System.Console.WriteLine("Nach dem Zuweisen, myInt: {0}",
      myInt);

    }
 }
}
Ausgabe:
Initialisiert, myInt: 7
Nach dem Zuweisen, myInt: 5
```

Visual Studio erstellt einen Namensraum und `using`-Direktiven für jedes Programm. Um Platz zu sparen, habe ich diese Zeilen in den meisten Codebeispielen ausgelassen.

Hier initialisieren wir die Variable `myInt` mit dem Wert 7, zeigen diesen Wert an, weisen der Variablen dann den Wert 5 zu und zeigen sie erneut an.

Hinweis für VB6-Programmierer: Bei C# steht der Datentyp vor dem Variablennamen.

Definitive Zuweisung

C# erfordert eine definitive Zuweisung. Eine Konsequenz aus dieser Anforderung ist, dass Sie Variablen vor ihrer Verwendung initialisieren – ihnen einen Wert zuweisen – müssen. Um diese Regel zu testen, ändern Sie die Zeile, in der `myInt` in Beispiel 3-1 initialisiert wurde, wie folgt:

```
int myInt;
```

Nun speichern Sie das überarbeitete Programm, das Sie in Beispiel 3-2 sehen.

Beispiel 3-2: Verwenden einer nicht-initialisierten Variablen

```csharp
using System;

class UninitializedVariable
{
  static void Main(string[] args)
  {
    int myInt;
    System.Console.WriteLine("Nicht initialisiert, myInt: {0}", myInt);
    myInt = 5;
    System.Console.WriteLine("Zugewiesen, myInt: {0}", myInt);

  }
}
```

Wenn Sie versuchen, dies zu kompilieren, gibt der C#-Compiler eine Fehlermeldung aus, wie in Abbildung 3-1 dargestellt.

	Description	File	Line	Column	Project
⊗ 1	Use of unassigned local variable 'myInt'	UninitializedVariable.cs	7	57	Programming_CSharp

Abbildung 3-1: Fehlermeldung infolge der Verwendung einer nicht-initialisierten Variablen

Ein Doppelklick auf die Fehlermeldung führt Sie direkt zu dem Problem im Code.

Die Verwendung einer nicht-initialisierten Variablen ist in C# unzulässig. Dies bedeutet jedoch nicht, dass Sie jede Variable in einem Programm initialisieren müssen. Auf die Initialisierung können Sie auch verzichten, aber Sie müssen ihr unbedingt vor der ersten Verwendung einen Wert zuweisen. Beispiel 3-3 ist ein korrektes Programm.

Beispiel 3-3: Zuweisung ohne Initialisierung

```
using System;

class AssigningWithoutInitializing
{
  static void Main(string[] args)
  {
    int myInt;
    myInt = 7;
    System.Console.WriteLine("Zugewiesen, myInt: {0}", myInt);
    myInt = 5;
    System.Console.WriteLine("Erneut zugewiesen, myInt: {0}", myInt);

  }
}
```

Konstanten

Eine *Konstante* ist ein Objekt, dessen Wert nicht geändert werden kann. Variablen sind zwar mächtig, aber manchmal möchten Sie auch mit einem definierten Wert arbeiten, der immer konstant sein soll. Eventuell müssen Sie einmal in einem Programm, das ein chemisches Experiment simuliert, mit den Fahrenheit-Temperaturen arbeiten, bei denen Wasser seinen Gefrier- oder seinen Siedepunkt erreicht. Ihr Programm wird zwar bereits klarer, wenn Sie die Variablen, in denen Sie die Temperaturwerte speichern, FreezingPoint und BoilingPoint nennen, aber eigentlich möchten Sie nicht gestatten, dass den Variablen neue Werte zugewiesen werden. Eine solche Neuzuweisung verhindern Sie mit Konstanten.

Es gibt drei Arten von Konstanten: *Literale* und *symbolische Konstanten* sowie *Enumerationen*. Betrachten Sie folgende Zuweisung:

```
x = 32;
```

Hier ist der Wert 32 ein Konstanten-Literal. Der Wert 32 bleibt immer 32. Sie können 32 keinen anderen Wert zuweisen: Egal was Sie tun, Sie erreichen nie, dass 32 den Wert 99 darstellt.

Symbolische Konstanten weisen einem konstanten Wert einen Namen zu. Eine symbolische Konstante deklarieren Sie mit dem Schlüsselwort const und der folgenden Syntax:

```
const Typbezeichner = Wert;
```

Sie müssen eine Konstante initialisieren, wenn Sie sie deklarieren. Nachdem sie initialisiert ist, kann sie nicht mehr verändert werden. Zum Beispiel:

```
const int FreezingPoint = 32;
```

In dieser Deklaration ist 32 ein Konstanten-Literal und FreezingPoint eine symbolische Konstante vom Typ int. Beispiel 3-4 zeigt den Einsatz symbolischer Konstanten.

Beispiel 3-4: Verwenden symbolischer Konstanten

```
using System;

namespace SymbolicConstants
{
  class SymbolicConstants
  {
    static void Main(string[] args)
    {
      const int FreezingPoint = 32; // Grad Fahrenheit
      const int BoilingPoint = 212;

      System.Console.WriteLine("Gefrierpunkt von Wasser: {0}",
        FreezingPoint);
      System.Console.WriteLine("Siedepunkt von Wasser: {0}",
        BoilingPoint);

      //BoilingPoint = 212;

    }
  }
}
```

Beispiel 3-4 erzeugt zwei symbolische Integer-Konstanten: FreezingPoint und BoilingPoint. Es hat sich eingebürgert, die Namen von Konstanten entweder in Pascal-Schreibweise oder komplett in Großbuchstaben zu schreiben, aber die Sprache selbst stellt diese Anforderung nicht (siehe den Kasten »Kamel- und Pascal-Notation«).

> ## Kamel- und Pascal-Notation
>
> Die Kamel-Notation (Camel Case) heißt so, weil jedes Wort im Bezeichner ohne Leerraum zusammengefügt wird, der erste Buchstabe jedes Worts aber großgeschrieben wird. Das sieht so aus wie die Höcker eines Kamels. In der Kamel-Notation wird der erste Buchstabe des Bezeichners kleingeschrieben:
>
> ```
> myCamelNotationIdentifier
> ```
>
> Die Pascal-Notation ist identisch zur Kamel-Notation, nur wird der erste Buchstabe ebenfalls großgeschrieben:
>
> ```
> MyPascalNotationIdentifier
> ```

Diese Konstanten dienen demselben Zweck: immer den *Literal*-Wert 32 für den Gefrierpunkt und 212 für den Siedepunkt zu verwenden, wenn Ausdrücke diese Werte benötigen. Da die Konstanten jedoch sprechende Namen haben, ist ihre Bedeutung viel klarer.

Außerdem können Sie, wenn Sie das Programm auf Grad Celsius umstellen möchten, einfach die Konstanten mit den Werten 0 und 100 neu initialisieren. Der gesamte Rest des Codes müsste dann weiterhin funktionieren.

Um zu beweisen, dass die Konstante nicht erneut zugewiesen werden kann, versuchen Sie einmal, von der letzten (fett gedruckten) Zeile des Programms die Kommentarzeichen zu entfernen. Wenn Sie dann neu kompilieren, erhalten Sie den in Abbildung 3-2 dargestellten Fehler.

Abbildung 3-2: Warnung bei dem Versuch, einer Konstanten einen Wert zuzuweisen

Enumerationen

Enumerationen sind eine mächtige Alternative zu Konstanten. Eine Enumeration ist ein eigener Werttyp, der aus einer Menge von benannten Konstanten (der *Enumeratorenliste*) besteht).

In Beispiel 3-4 haben Sie zwei verwandte Konstanten erzeugt:

```
const int FreezingPoint = 32;
const int BoilingPoint = 212;
```

Vielleicht möchten Sie dieser Liste noch andere nützliche Konstanten hinzufügen:

```
const int LightJacketWeather = 60;
const int SwimmingWeather = 72;
const int WickedCold = 0;
```

Diese Vorgehensweise ist etwas umständlich, und es gibt keinen logischen Zusammenhang zwischen diesen Konstanten. Für solche Probleme stellt C# die *Enumeration* zur Verfügung.

```
enum Temperatures
{
  WickedCold = 0,
  FreezingPoint = 32,
  LightJacketWeather = 60,
  SwimmingWeather = 72,
  BoilingPoint = 212,
}
```

Jeder Enumeration liegt ein Typ zugrunde. Dieser kann jeder beliebige ganzzahlige Typ (integer, short, long usw.) sein, allerdings nicht char. Technisch ist eine Enumeration folgendermaßen definiert:

```
[Attribute] [Modifikatoren] enum Bezeichner
  [:Basistyp] {Enumerator-Liste};
```

Die optionalen Attribute und Modifikatoren werden später in diesem Buch betrachtet. Vorläufig konzentrieren wir uns auf die anderen Bestandteile dieser Deklaration. Eine Enumeration beginnt mit dem Schlüsselwort enum. Dahinter steht normalerweise ein Bezeichner wie z.B. der folgende:

```
enum Temperatures
```

Der Basistyp liegt der Enumeration zugrunde. Wenn Sie diesen optionalen Wert auslassen (was oft vorkommen wird), wird int als Standardwert gesetzt, aber Sie können nach Belieben einen anderen ganzzahligen Typ (z.B. ushort, long) einsetzen, mit Ausnahme von char. Das folgende Codefragment deklariert beispielsweise eine Enumeration von Integern ohne Vorzeichen (uint):

```
enum ServingSizes :uint
{
  Small = 1,
  Regular = 2,
  Large = 3
}
```

Beachten Sie, dass eine enum-Deklaration mit der Enumeratorenliste endet. Darin stehen, jeweils durch ein Komma getrennt, die Konstantenzuweisungen für die Enumeration.

Beispiel 3-5 ist eine Überarbeitung von Beispiel 3-4 und verwendet eine Enumeration.

Beispiel 3-5: Verwendung von Enumerationen, um Ihren Code zu vereinfachen

```
using System;

namespace EnumeratedConstants
{
  class EnumeratedConstants
  {
    enum Temperatures
    {
      WickedCold = 0,
      FreezingPoint = 32,
      LightJacketWeather = 60,
      SwimmingWeather = 72,
      BoilingPoint = 212,
    }

    static void Main(string[] args)
    {
      System.Console.WriteLine("Gefrierpunkt von Wasser: {0}",
        (int)Temperatures.FreezingPoint);
      System.Console.WriteLine("Siedpunkt von Wasser: {0}",
        (int)Temperatures.BoilingPoint);
    }
  }
}
```

Wie Sie sehen, muss eine enum durch ihre Bezeichner (z.B. Temperatures.WickedCold) qualifiziert sein. Ein Enumerationswert wird per Default mit seinem symbolischen Namen (z.B. BoilingPoint oder FreezingPoint) angezeigt. Wenn Sie den Wert einer in einer Enumeration aufgezählten Konstanten anzeigen möchten, müssen Sie die Konstante in den zugrunde liegenden Typ (int) umwandeln. Der Integer-Wert wird an WriteLine übergeben und dadurch auf dem Bildschirm angezeigt.

Jede Konstante in einer Enumeration entspricht einem numerischen Wert: in diesem Fall einem Integer. Wenn Sie nichts anderes angeben, fängt die Enumeration mit 0 an, und jeder folgende Wert ist um eins höher als der vorhergehende.

Erzeugen Sie die folgende Enumeration:

```
enum SomeValues
{
  First,
  Second,
  Third = 20,
  Fourth
}
```

Hier hat First den Wert 0, Second den Wert 1, Third den Wert 20 und Fourth den Wert 21.

Eine explizite Konvertierung ist notwendig, wenn man zwischen einem Enum-Typ und einem Integer-Typ umwandeln will.

Strings

Es ist fast unmöglich, ein C#-Programm zu schreiben, ohne Strings zu verwenden. Ein String-Objekt speichert eine Zeichenfolge.

Eine String-Variable deklarieren Sie mit dem Schlüsselwort string, so wie Sie auch jede andere Instanz anlegen:

```
string myString;
```

Ein String-Literal erstellen Sie, indem Sie eine Folge von Zeichen in doppelte Anführungszeichen setzen:

```
"Hello World"
```

Häufig wird eine String-Variable mit einem String-Literal initialisiert:

```
string myString = "Hello World";
```

Strings werden in Kapitel 10 genauer erklärt.

Bezeichner

Ein Bezeichner ist einfach der Name, den der Programmierer für die Typen, Methoden, Variablen, Konstanten, Objekte und so weiter wählt. Ein Bezeichner muss mit einem Buchstaben oder einem Unterstrich beginnen. Denken Sie daran, dass die Bezeichner

Groß- und Kleinschreibung berücksichtigen, daher wird C# someName und SomeName als zwei verschiedene Bezeichner erkennen.

Normalerweise ist es kein guter Programmierstil, zwei Variablen oder Klassen mit Namen zu erstellen, die sich nur in der Groß- und Kleinschreibung unterscheiden. Auch wenn der Compiler nicht durcheinanderkommen wird, kann dies dem Programmierer geschehen, und die Kosten, die beim Warten solch eines Programms entstehen, können sehr hoch sein.

Eine Ausnahme gibt es meist bei Member-Variablen (siehe Kapitel 4) und Eigenschaften mit dem gleichen Namen. Erstere werden oft in der Kamel-Notation geschrieben, letztere in Pascal-Notation.

Die von Microsoft vorgeschlagenen Namenskonventionen nutzen die Kamel-Notation (erster Buchstabe klein wie bei someVariable) für Variablennamen und die Pascal-Notation (erster Buchstabe groß wie bei SomeMethodOrProperty) für Methodennamen und die meisten anderen Bezeichner.

Microsoft empfielt die ungarische Notation (zum Beispiel iSomeInteger) und Unterstriche (zum Beispiel Some_Value) nicht mehr. Charles Simonyi (der am 10. September 1948 in Budapest geboren wurde) erfand bei Microsoft die ungarische Notation, die sehr nützlich war, als Sprachen nur wenige Typen zur Verfügung stellten.

Neben Unmengen an anderen interessanten Artikeln bietet Wikipedia (*http://de.wikipedia.org*) Artikel zur ungarischen Notation, zu Charles Simonyi und zu Richard Dawkins an, der den Charles-Simonyi-Lehrstuhl für *Public Understanding of Science* an der Universität Oxford innehat.

Whitespace

In C# werden Leerschritte, Tabulatoren und Newline-Zeichen als »Whitespace« (weißer Raum) betrachtet. (Der Name rührt daher, dass Sie nur das Weiß der darunter liegenden Seite sehen.) Zusätzlicher Whitespace wird in C#-Anweisungen generell übergangen. Sie können

```
myVariable = 5;
```

oder

```
myVariable       =           5;
```

schreiben. Der Compiler behandelt diese beiden Anweisungen gleich.

Der entscheidende Punkt in dieser Regel ist der »zusätzliche« Whitespace. Mancher Whitespace ist nicht zusätzlich – er ist notwendig, damit der Compiler zwischen den Wörtern unterscheiden kann. Zum Beispiel:

```
int myVariable = 5; // kein Problem
```

oder:

```
int myVariable=5; // kein Problem
```

Beides ist kein Problem, da die Leerzeichen zwischen dem Bezeichner `myVariable`, dem Zuweisungsoperator (=) und dem Literal 5 »zusätzlich« sind. Wenn Sie allerdings

```
intMyVariable=5;  // Fehler
```

schreiben, erhalten Sie einen Compilerfehler, da der Leerraum zwischen dem Schlüsselwort `int` und dem Bezeichner `myVariable` nicht zusätzlich ist, sondern notwendig.

Eine weitere Ausnahme für die Regel »Whitespace wird ignoriert« ist der Inhalt von Strings. Wenn Sie

```
Console.WriteLine("Hello  World");
```

schreiben, wird jedes Leerzeichen zwischen »Hello« und »World« als ein weiteres Zeichen im String behandelt.

Die Verwendung von Whitespace ist fast immer intuitiv. Sie setzen ihn ein, um ein Programm für Menschen leichter lesbar zu machen. Dem Compiler ist es egal.

Hinweis für VB-Programmierer: In C# hat das Zeilenende keine Sonderbedeutung. Anweisungen enden mit einem Semikolon und nicht mit einer neuen Zeile. Ein Zeilenfortsetzungszeichen gibt es nicht, weil es überflüssig wäre.

Anweisungen

In C# bezeichnet man eine vollständige Programminstruktion als *Anweisung*. Programme bestehen aus Folgen von C#-Anweisungen. So gut wie jede Anweisung endet mit einem Semikolon (;). Ein Beispiel:

```
int x; // Anweisung
x = 23; // weitere Anweisung
int y = x; // noch eine Anweisung
```

C#-Anweisungen werden der Reihe nach ausgewertet. Der Compiler beginnt am Anfang der Anweisungsliste und arbeitet sie von oben nach unten ab. Das wäre ganz einfach und schrecklich unflexibel, wenn es keine Verzweigungsanweisungen gäbe. In einem C#-Programm treten zwei Arten von Verzweigungen auf: *unbedingte* und *bedingte*.

Der Programmfluss wird auch durch Schleifen und Iterationsanweisungen beeinflusst, die durch die Schlüsselwörter `for`, `while`, `do`, `in` und `foreach` angezeigt werden. Doch zunächst werden wir die einfachen Verfahren der bedingten und der unbedingten Verzweigungen betrachten.

Unbedingte Verzweigungsanweisungen

Es gibt zwei Möglichkeiten, eine unbedingte Verzweigung anzulegen. Wenn der Compiler den Namen einer Methode findet, hält er die Ausführung der laufenden Methode an und verzweigt zur neu »aufgerufenen« Methode. Nachdem diese Methode einen Wert zurückgegeben hat, setzt der Compiler die Verarbeitung der Ursprungsmethode auf der Zeile fort, die unmittelbar auf den neuen Methodenaufruf folgt. Betrachten Sie hierzu Beispiel 3-6.

Beispiel 3-6: Aufruf einer Methode

```
using System;

namespace CallingAMethod
{
  class CallingAMethod
  {
    static void Main( )
    {
      Console.WriteLine("In Main! Aufruf von SomeMethod( )...");
      SomeMethod( );
      Console.WriteLine("Zurück in Main( ).");
    }
    static void SomeMethod( )
    {
      Console.WriteLine("Grüße aus SomeMethod!");
    }
  }
}
Ausgabe:
In Main! Aufruf von SomeMethod( )...
Grüße aus SomeMethod!
Zurück in Main( ).
```

Der Programmfluss beginnt in Main( ) und geht weiter, bis SomeMethod( ) aufgerufen wird. Dann verzweigt er in die neue Methode hinein. Ist sie abgeschlossen, nimmt er die Verarbeitung in der ersten Zeile hinter dem Methodenaufruf wieder auf.

Die zweite Möglichkeit, eine unbedingte Verzweigung anzulegen, besteht in der Verwendung der entsprechenden Schlüsselwörter goto, break, continue, return oder throw. Informationen über die ersten drei Sprunganweisungen finden Sie weiter unten in diesem Kapitel. Die return-Anweisung gibt die Kontrolle an die aufrufende Methode zurück. Die abschließende Anweisung throw wird in Kapitel 11 behandelt.

Bedingte Verzweigungsanweisungen

Eine bedingte Verzweigung wird mit einer Verzweigungsanweisung erzeugt, die durch ein Schlüsselwort wie if, else oder switch angezeigt wird. Eine bedingte Anweisung wird nur ausgeführt, wenn der Bedingungsausdruck als wahr ausgewertet wird.

Hinweis für C- und C++-Programmierer: Anders als in C und C++, die in einer Bedingung jeden beliebigen Ausdruck zulassen, fordert C#, dass die Auswertung eines Bedingungsausdrucks immer einen Booleschen Wert ergibt.

if…else-Anweisungen

if...else-Anweisungen sind auf einer Bedingung beruhende Verzweigungen. Die Bedingung ist ein Ausdruck, der oben in der if-Anweisung geprüft wird. Ist er wahr, wird die Anweisung (oder der Anweisungsblock) im Rumpf der if-Anweisung ausgeführt.

if-Anweisungen können optional eine else-Anweisung enthalten, die nur ausgeführt wird, wenn der Ausdruck im Kopf der if-Anweisung als falsch ausgewertet wird:

```
if (Ausdruck)
  Anweisung1
[else
  Anweisung2]
```

Diese Beschreibung der if-Anweisung finden Sie wahrscheinlich auch in Ihrer Compiler-Dokumentation. Sie zeigt Ihnen, dass die if-Anweisung einen *Booleschen Ausdruck* in Klammern entgegennimmt (also einen Ausdruck, der als wahr oder falsch ausgewertet werden kann) und Anweisung1 ausführt, wenn der Ausdruck wahr ergibt. Beachten Sie, dass Anweisung1 auch ein Anweisungsblock in geschweiften Klammern sein kann.

Sie sehen auch, dass die Anweisung else optional ist, da sie sich in eckigen Klammern befindet.

Eckige Klammern werden in der Dokumentation genutzt, um zu zeigen, dass der Ausdruck optional ist. Die Klammern (in der if-Anweisung) sind nicht Teil der Dokumentation, sondern gehören zum Code.

Damit haben Sie zwar schon die Syntax einer if-Anweisung, aber durch Beispiel 3-7 wird sie noch deutlicher werden.

Beispiel 3-7: if…else-Anweisung

```
using System;
class Values
{
  static void Main()
  {
    int valueOne = 10;
    int valueTwo = 20;

    if ( valueOne > valueTwo )
    {
      Console.WriteLine(
      "ValueOne: {0} größer als ValueTwo: {1}",
      valueOne, valueTwo);
    }
    else
    {
      Console.WriteLine(
      "ValueTwo: {0} größer als ValueOne: {1}",
      valueTwo,valueOne);
    }
```

Beispiel 3-7: if...else-Anweisung (Fortsetzung)

```
    valueOne = 30; // valueOne höher setzen

    if ( valueOne > valueTwo )
    {
      valueTwo = valueOne + 1;

      Console.WriteLine("\nSetzen von valueTwo auf valueOne, ");
      Console.WriteLine("und erhöhen von ValueOne.\n");
      Console.WriteLine("ValueOne: {0} ValueTwo: {1}",
        valueOne, valueTwo);
    }
    else
    {
      valueOne = valueTwo;
      Console.WriteLine("Gleichsetzen. ");
      Console.WriteLine("ValueOne: {0} ValueTwo: {1}",
        valueOne, valueTwo);
    }
  }
}
```

In Beispiel 3-7 prüft die erste `if`-Anweisung, ob `valueOne` größer als `valueTwo` ist. Die relationalen Operatoren wie z.B. größer als (>), kleiner als (<) und gleich (==) lassen sich ganz intuitiv einsetzen.

Die Überprüfung, ob `valueOne` größer als `valueTwo` ist, wird als falsch ausgewertet (da `valueOne` 10 und `valueTwo` 20 ist – also ist `valueOne` *nicht* größer als `valueTwo`). Die `else`-Anweisung wird aufgerufen und gibt die folgende Warnung aus:

```
ValueTwo: 20 ist größer als ValueOne: 10
```

Die zweite `if`-Anweisung ergibt wahr. Daher werden alle Anweisungen im `if`-Block ausgewertet und zwei Zeilen ausgegeben:

```
Setzen von valueTwo auf valueOne,
und erhöhen von ValueOne.

ValueOne: 31 ValueTwo: 30
```

Geschachtelte if-Anweisungen

Es ist möglich – und gar nicht so selten –, für komplexe Bedingungen geschachtelte `if`-Anweisungen zu verwenden. Nehmen wir z.B. an, Sie müssen ein Programm schreiben, das die Temperatur auswertet und die folgenden spezifischen Informationen zurückgibt:

- Wenn die Temperatur null Grad Celsius oder weniger beträgt, sollte eine Warnung vor Eisglätte ausgegeben werden.
- Beträgt die Temperatur genau null Grad, sollte das Programm vor überfrierender Nässe warnen.

> ## Anweisungsblöcke
>
> Sie können einen Anweisungsblock überall dort in C# einsetzen, wo eine Anweisung erwartet wird. Ein *Anweisungsblock* ist eine Reihe von Anweisungen, die von geschweiften Klammern umgeben sind.
>
> Wo Sie also
>
> ```
>     if (someCondition)
>         someStatement;
> ```
>
> schreiben können, geht auch:
>
> ```
>     if(someCondition)
>     {
>         statementOne;
>         statementTwo;
>         statementThree;
>     }
> ```

Es gibt viele gute Möglichkeiten, dieses Programm zu schreiben. Beispiel 3-8 zeigt einen Ansatz, der geschachtelte if-Anweisungen verwendet.

Beispiel 3-8: Geschachtelte if-Anweisungen

```
using System;
using System.Collections.Generic;
using System.Text;

namespace NestedIf
{
  class NestedIf
  {
    static void Main( )
    {
      int temp = 32;

      if ( temp <= 32 )
      {
        Console.WriteLine( "Warnung vor Eisglätte!" );
        if ( temp == 32 )
        {
          Console.WriteLine(
          "Temperatur um den Gefrierpunkt." );
        }
        else
        {
          Console.WriteLine( "Achtung, überfrierende Nässe! Temp: {0}", temp );
        } // end else
      } // end if (temp <= 32)
    } // end main
  } // end class
} // end namespace
```

Beispiel 3-8 testet, ob die Temperatur kleiner oder gleich null ist. Wenn ja, gibt es eine Warnung aus:

```
if (temp <= 0)
{
    Console.WriteLine("Warnung vor Eisglätte!");
```

Danach prüft das Programm, ob die Temperatur gleich null Grad ist. Wenn ja, gibt es eine Nachricht aus. Wenn nein, muss die Temperatur unter null Grad liegen, und die zweite Nachricht wird ausgegeben. Beachten Sie, dass diese zweite if-Anweisung in die erste eingeschachtelt wurde. Die Logik von else ist also: »Da klar ist, dass die Temperatur null Grad oder weniger beträgt, und da sie nicht genau null Grad beträgt, muss sie folglich unter null Grad liegen.«

Nicht alle Operatoren sind gleich

Wenn Sie die zweite if-Anweisung aus Beispiel 3-8 genauer betrachten, stellen Sie ein Problem fest, das häufig auftreten kann: Die if-Anweisung prüft, ob die Temperatur gleich 0 ist:

```
if (temp == 0)
```

In C und C++ birgt diese Art von Anweisung eine Gefahr. Häufig verwenden Programmieranfänger statt des Gleichheitsoperators den Zuweisungsoperator und geben somit folgende Anweisung:

```
if (temp = 0)
```

Dieser Fehler ist kaum zu bemerken, hat aber zur Folge, dass 0 der temp zugewiesen und auch als Wert der Zuweisungsanweisung zurückgegeben wird. Da in C und C++ jeder Wert außer null als wahr ausgewertet wird, würde die if-Anweisung falsch ergeben. Dies hätte den Nebeneffekt, dass temp immer der Wert 0 zugewiesen würde, egal ob temp diesen Wert ursprünglich hatte oder nicht. Dieser häufig vorkommende Fehler könnte leicht übersehen werden, wenn nicht die Entwickler von C# schon im Voraus daran gedacht hätten.

C# erfordert, dass if-Anweisungen nur Boolesche Werte entgegennehmen können. Der Wert 0, den die obige Zuweisung zurückgibt, ist kein Boolean (sondern ein Integer), und in C# gibt es keine automatische Konvertierung von 0 in false. Somit würde dieser Fehler beim Kompilieren auffallen. Das ist sehr gut und bedeutet einen großen Fortschritt gegenüber C++, allerdings muss man dafür in Kauf nehmen, dass implizite Konvertierungen von Integern in Boolesche Werte in C# unzulässig sind.

Achtung, C++-Programmierer: Da der falsche Zuweisungsoperator schon beim Kompilieren bemerkt wird, ist es nicht länger notwendig, folgende unintuitive Syntax zu nutzen:

```
if ( 32 == temp )
```

So zumindest ließ sich bei C++ das Problem umgehen.

Switch-Anweisungen als Alternative zu geschachtelten ifs

Verschachtelte `if`-Anweisungen können schwierig zu lesen sein, wenn man sie denn überhaupt richtig programmiert hat. Beim Debuggen sind exzessive Verschachtelungen auch schlecht.

Wenn Sie komplexe Entscheidungen treffen müssen, bietet die `switch`-Anweisung eine lesbarere Alternative. Ihre Logik besteht darin, einen passenden Wert herauszufiltern und sich entsprechend zu verhalten.

```
switch (Ausdruck)
{
    case Konstantenausdruck:
        Anweisung
        Sprunganweisung
    [default: Anweisung]
}
```

Wie Sie sehen, wird der Ausdruck genau wie eine `if`-Anweisung im Kopf der `switch`-Anweisung in Klammern gesetzt. Jede `case`-Anweisung erfordert dann einen Konstantenausdruck, also eine literale oder symbolische Konstante oder eine Enumeration. Wenn eine `case`-Alternative mit dem Wert des Ausdrucks übereinstimmt, wird die damit zusammenhängende Anweisung ausgeführt. Die Sprunganweisung ist in der Regel ein `break`, womit die Ausführung wieder aus der `switch`-Anweisung heraus verlagert wird. Alternativ können Sie auch eine `goto`-Anweisung einsetzen, um zu einem anderen Fall (case) zu springen, wie es Beispiel 3-9 zeigt, das sich auf die amerikanische Parteienlandschaft bezieht:

Beispiel 3-9: Die switch-Anweisung

```
using System;
class SwitchStatement
{
    enum Party
    {
        Democrat,
        ConservativeRepublican,
        Republican,
        Libertarian,
        Liberal,
        Progressive,
    };
  static void Main(string[] args)
    {
        Party myChoice = Party.Libertarian;

        switch (myChoice)
        {
            case Party.Democrat:
                Console.WriteLine("Sie haben Democrat gewählt.\n");
                break;
            case Party.ConservativeRepublican: // fällt durch
```

Beispiel 3-9: Die switch-Anweisung (Fortsetzung)

```
            //Console.WriteLine(
            //"Konservative Republicans wählen Republican\n");
            case Party.Republican:
                Console.WriteLine("Sie haben Republican gewählt.\n");
                break;
            case Party.Liberal:
                Console.WriteLine(" Liberal ist jetzt Progressive");
                goto case Party.Progressive;
            case Party.Progressive:
                Console.WriteLine("Sie haben Progressive gewählt.\n");
                break;
            case Party.Libertarian:
                Console.WriteLine("Libertarians wählen jetzt Democratic");
                goto case Party.Democrat;
            default:
                Console.WriteLine("Sie haben keine gültige Wahl getroffen.\n");
                break;
        }

        Console.WriteLine("Danke, dass Sie gewählt haben.");
    }
}
```

In diesem nicht ganz ernst gemeinten Beispiel werden Konstanten für diverse politische Parteien angelegt. Danach wird der Variablen myChoice ein Wert (Libertarian) zugewiesen und nach diesem Wert ausgewählt. Ist myChoice gleich Democrat, wird eine entsprechende Nachricht ausgegeben. Beachten Sie, dass dieser Fall mit einem break endet, einer Sprunganweisung, die uns aus der switch-Anweisung heraus und zur ersten Zeile hinter dem switch führt, auf der »Danke, dass Sie gewählt haben.« ausgegeben wird.

Hinweis für VB6-Programmierer: Das Gegenstück zur switch-Anweisung in C# ist in VB6 die Select Case-Anweisung. Während Sie bei VB6 in einer einzigen Case-Anweisung auf einen ganzen Bereich von Werten testen können, hat die C#-Syntax für diesen Fall nichts zu bieten. Die folgenden beiden Case-Anweisungen sind in VB6 korrekt:

```
Case Is > 100
Case 50 to 60
```

In C# sind diese Anweisungen jedoch nicht gültig. Sie können in C# nur gegen einen einzelnen konstanten Ausdruck testen. Um gegen einen Bereich zu testen, müssen Sie auf jeden einzelnen Wert testen und dann in einen gemeinsamen case-Block »durchfallen«.

Unter dem Wert ConservativeRepublican steht keine auszugebende Nachricht: Er fällt zur nächsten Anweisung, Republican, durch. Wenn der Wert ConservativeRepublican oder Republican lautet, werden die Anweisungen zu Republican ausgeführt. Es ist nur möglich, auf diese Weise nach unten durchzufallen, wenn die Anweisung leer ist. Und wenn Sie die Kommentarzeichen zu WriteLine() unterhalb von LiberalRepublican entfernen, wird dieses Programm nicht kompiliert.

Hinweis für C- und C++-Programmierer: Sie können nur zum nächsten Fall durchfallen, wenn die case-Anweisung leer ist. Folgendes können Sie also schreiben:

```
case 1: // fällt durch (keine Anweisung für case 1)
case 2:
```

Folgendes dürfen Sie jedoch nicht schreiben:

```
case 1:
  TakeSomeAction( );
    // fällt nicht durch, case 1 ist nicht leer
case 2:
```

Hier enthält case 1 eine Anweisung, was das Durchfallen unmöglich macht. Wenn Sie möchten, dass case 1 zu case 2 durchfällt, müssen Sie explizit goto benutzen:

```
case 1:
  TakeSomeAction( );
   goto case 2; // fällt explizit durch
case 2:
```

Wenn Sie zwar eine Anweisung benötigen, aber einen anderen Fall ausführen möchten, verwenden Sie die goto-Anweisung wie im Fall Liberal:

```
goto case Progressive;
```

Das goto muss nicht auf den unmittelbar folgenden Fall verweisen. Im nächsten Beispiel hat auch die Libertarian ein goto, aber dieses Mal springt es wieder ganz nach oben zum Fall Democrat. Da unser Wert auf Libertarian gesetzt war, tritt auch genau dies ein. Wir geben die Nachricht zum Fall Libertarian aus, gehen zum Fall Democrat, geben die dortige Nachricht aus und treffen dann auf das break, das uns aus dem switch heraus zur letzten Anweisung bringt. Die Ausgabe ist:

```
Libertarians wählen jetzt Democrat.
Sie haben Democrat gewählt.

Danke, dass Sie gewählt haben.
```

Betrachten Sie nun den Fall default aus Beispiel 3-9:

```
default:
    Console.WriteLine(
      "Sie haben keine gültige Wahl getroffen.\n");
```

Trifft keine der Fallanweisungen zu, wird der default-Fall aufgerufen, der den Benutzer auf Fehler hinweist.

Switch für String-Anweisungen

Im obigen Beispiel war der Switch-Wert eine integrale Konstante. C# bietet die Möglichkeit, auf einen string umzustellen, so dass Sie auch Folgendes schreiben dürfen:

```
case "Libertarian":
```

Wenn die Strings übereinstimmen, wird die case-Anweisung ausgeführt.

Iterationsanweisungen

C# bietet eine große Auswahl an Iterationsanweisungen, darunter for-, while- und do...while-Schleifen sowie auch foreach-Schleifen (die in der C-Familie neu, aber für VB-Programmierer alte Bekannte sind). Außerdem unterstützt C# Sprunganweisungen mit goto, break, continue und return.

Die goto-Anweisung

Die goto-Anweisung ist die Mutter aller Iterationsanweisungen. Doch leider ist sie eine Rabenmutter, die den Code durcheinanderbringt und endlose Verwirrung stiftet. Die meisten erfahrenen Programmierer meiden die goto-Anweisung, aber der Vollständigkeit halber wird ihre Verwendung hier gezeigt:

1. Lege ein Label an.
2. Gehe mit goto zu diesem Label.

Das Label (Etikett) ist ein Bezeichner mit einem Doppelpunkt dahinter. Der goto-Befehl wird normalerweise an eine Bedingung gebunden, wie Sie es in Beispiel 3-10 sehen.

Beispiel 3-10: Verwendung von goto

```
#region Using directives

using System;
using System.Collections.Generic;
using System.Text;

#endregion

namespace UsingGoTo
{
  class UsingGoTo
  {
    static void Main( string[] args )
    {
      int i = 0;
      repeat: // das Label
      Console.WriteLine( "i: {0}", i );
      i++;
      if ( i < 10 )
        goto repeat; // die schändliche Tat
      return;
    }
  }
}
```

Wenn Sie den Kontrollfluss eines Programms nachzeichnen müssten, das viele goto-Anweisungen verwendet, könnte das Ergebnis der einander überschneidenden und überlappenden Linien wie ein Knäuel Nudeln aussehen; daher spricht man auch von »Spaghetti-Code«. Dieses Phänomen gab daher Anlass dazu, nach Alternativen wie z.B. der while-Schleife zu suchen. Viele Programmierer sind der Ansicht, dass goto in einem Programm, das mehr als nur ein triviales Beispiel ist, zu Verwirrung und wartungsunfreundlichem Code führt.

Die while-Schleife

Die Semantik der while-Schleife besagt: »Solange diese und jene Bedingung wahr ist, machst du diese und jene Arbeit.« Sie hat folgende Syntax:

> **while** (*Ausdruck*) Anweisung

Wie immer ist ein Ausdruck jedwede Anweisung, die einen Wert zurückgibt. While-Anweisungen erfordern einen Ausdruck, der als Boolescher (true/false-)Wert ausgewertet wird. Diese Anweisung kann natürlich auch ein Anweisungsblock sein. Beispiel 3-11 versieht Beispiel 3-10 mit einer while-Schleife.

Beispiel 3-11: Eine while-Schleife verwenden

```
#region Using directives

using System;
using System.Collections.Generic;
using System.Text;

#endregion

namespace WhileLoop
{
  class WhileLoop
  {
    static void Main( string[] args )
    {
      int i = 0;
      while ( i < 10 )
      {
        Console.WriteLine( "i: {0}", i );
        i++;
      }
      return;
    }
  }
}
```

Der Code in Beispiel 3-11 hat die gleichen Ergebnisse wie der Code in Beispiel 3-10, aber seine Logik ist klarer. Die while-Anweisung ist hübsch abgeschlossen und lässt sich in folgenden deutschen Satz übersetzen: »Solange (while) i kleiner als 10 ist, gibst du diese Nachricht aus und inkrementierst i.«

Beachten Sie, dass die while-Schleife den Wert von i *vor* der Schleifenanweisung testet. So gewährleisten Sie, dass die Schleife nicht ausgeführt wird, wenn die Bedingung als falsch ausgewertet wird. Wenn i mit 11 initialisiert wird, wird die Schleife nie ausgeführt.

Die do … while-Schleife

Es kann passieren, dass eine while-Anweisung niemals ausgeführt wird, wenn die getestete Bedingung false liefert. Möchten Sie jedoch sicher sein, dass Ihre Anweisung mindestens einmal durchlaufen wird, verwenden Sie eine do...while-Schleife:

```
do statement while (expression);
```

Ein *Ausdruck* ist jede Anweisung, die einen Wert zurückgibt. Beispiel 3-12 zeigt die do...while-Schleife.

Beispiel 3-12: Die do...while-Schleife

```
#region Using directives

using System;
using System.Collections.Generic;
using System.Text;

#endregion

namespace DoWhile
{
  class DoWhile
  {
    static int Main( string[] args )
    {
      int i = 11;
      do
      {
        Console.WriteLine( "i: {0}", i );
        i++;
      } while ( i < 10 );
      return 0;
    }
  }
}
```

Hier wird i mit 11 initialisiert, und der while-Test schlägt fehl. Das geschieht allerdings erst, nachdem der Rumpf der Schleife einmal ausgeführt wurde.

Die for-Schleife

Betrachten Sie die while-Schleife in Beispiel 3-11 einmal gründlich, erkennen Sie ein Muster, das oft in Iterationsanweisungen auftritt: Sie initialisieren eine Variable (i = 0), testen sie (i < 10), führen eine Reihe von Anweisungen aus und inkrementieren dann die Variable (i++). Die for-Schleife ermöglicht es Ihnen, alle diese Schritte in einer einzigen Schleifenanweisung zusammenzufassen:

```
for ([Initialisierer]; [Ausdruck]; [Iteratoren]) Anweisung
```

Die for-Schleife sehen Sie in Beispiel 3-13.

Beispiel 3-13: Die for-Schleife

```
using System;
using System.Collections.Generic;
using System.Text;


namespace ForLoop
{
  class ForLoop
  {
    static void Main( string[] args )
    {
      for ( int i = 0; i < 100; i++ )
      {
        Console.Write( "{0} ", i );

        if ( i % 10 == 0 )
        {
          Console.WriteLine( "\t{0}", i );
        }
      }
      return ;
    }
  }
}

Ausgabe:
0 0
1 2 3 4 5 6 7 8 9 10 10
11 12 13 14 15 16 17 18 19 20 20
21 22 23 24 25 26 27 28 29 30 30
31 32 33 34 35 36 37 38 39 40 40
41 42 43 44 45 46 47 48 49 50 50
51 52 53 54 55 56 57 58 59 60 60
61 62 63 64 65 66 67 68 69 70 70
71 72 73 74 75 76 77 78 79 80 80
81 82 83 84 85 86 87 88 89 90 90
91 92 93 94 95 96 97 98 99
```

Diese for-Schleife verwendet den weiter unten in diesem Kapitel beschriebenen Modulo-Operator. Der Wert von i wird so lange ausgegeben, bis i ein Vielfaches von 10 ist.

```
    if ( i % 10 == 0)
```

Danach wird ein Tabulator mit einem Wert dahinter ausgegeben. Also werden die Zehner (20, 30, 40 usw.) auf der rechten Seite der Ausgabe aufgeführt.

Hinweis für VB6-Programmierer: Bei C# werden die Schleifenvariablen innerhalb des Kopfes der for- oder der foreach-Anweisung (und nicht vor dem Beginn der Anweisung) deklariert. Dies bedeutet, dass sich ihr Geltungsbereich innerhalb des Blocks befindet und Sie außerhalb der Schleife nicht auf sie zugreifen können. Die foreach-Anweisung wird in Kapitel 9 detailliert behandelt.

Die einzelnen Werte werden mit `Console.Write()` ausgegeben, einer Anweisung, die `WriteLine()` ähnelt, aber kein Newline-Zeichen einfügt, wodurch die nachfolgenden Schreibvorgänge auf derselben Zeile stattfinden können.

Noch einige weitere Punkte gibt es anzumerken. In einer `for`-Schleife wird die Bedingung geprüft, bevor die Anweisungen ausgeführt werden. So wird in diesem Beispiel `i` mit null initialisiert und dann daraufhin geprüft, ob es kleiner als 100 ist. Da `i < 100` den Wert `true` zurückgibt, werden die Anweisungen in der `for`-Schleife ausgeführt. Nach der Ausführung wird `i` inkrementiert (`i++`).

Beachten Sie, dass die Variable `i` nur innerhalb der `for`-Schleife *gültig* (sichtbar) ist. Beispiel 3-14 lässt sich daher nicht kompilieren.

Beispiel 3-14: Geltungsbereich von Variablen, die in einer for-Schleife deklariert sind

```csharp
#region Using directives

using System;
using System.Collections.Generic;
using System.Text;

#endregion

namespace ForLoopScope
{
  class ForLoopScope
  {
    static void Main( string[] args )
    {
      for ( int i = 0; i < 100; i++ )
      {
        Console.Write( "{0} ", i );

        if ( i % 10 == 0 )
        {
          Console.WriteLine( "\t{0}", i );
        }
      }
      Console.WriteLine( "\n Endwert von i: {0}", i );
    }
  }
}
```

Die fett gedruckte Zeile scheitert, da die Variable `i` außerhalb der `for`-Schleife nicht sichtbar ist.

Die foreach-Anweisung

Die `foreach`-Anweisung ist neu in der Familie der C-Sprachen. Sie dient dazu, die Elemente eines Arrays oder einer Collection zu durchlaufen. Diese ungemein nützliche Anweisung wird in Kapitel 9 genauer erklärt.

> ### Leerzeichen und Klammern
>
> Über Leerzeichen im Programmcode gibt es oft Meinungsverschiedenheiten. So kann man die `for`-Schleife
>
> ```
> for (int i=0;i<100;i++)
> {
>   if (i%10 == 0)
>   {
>     Console.WriteLine("\t{0}", i);
>   }
> }
> ```
>
> ganz gut auch mit etwas mehr Platz zwischen den Operatoren schreiben:
>
> ```
> for ( int i = 0; i < 100; i++ )
> {
>   if ( i % 10 == 0 )
>   {
>     Console.WriteLine("\t{0}", i);
>   }
> }
> ```
>
> Das ist im Wesentlichen Geschmackssache. Bei Visual Studio können Sie unter *Tools* → *Options* → *TextEditor* → *C#* → *Formatting* → *Spacing* diverse Optionen setzen, um die Verwendung von Leerzeichen entsprechend Ihren persönlichen Vorlieben einzustellen.

Die Anweisungen continue und break

Es kann vorkommen, dass Sie zum Beginn einer Schleife zurückkehren möchten, ohne dass die restlichen Anweisungen der Schleife ausgeführt werden. Die Anweisung `continue` tut genau dies: Sie überspringt die übrigen Schritte innerhalb einer Schleife.

Es gibt aber auch den Fall, dass Sie ganz aus der Schleife ausbrechen und die weitere Verarbeitung der Schleifenanweisungen sofort beenden möchten. Dafür gibt es die `break`-Anweisung.

Beispiel 3-15 zeigt, wie `continue` und `break` funktionieren. Das Programm stammt von einem unserer technischen Gutachter und stellt ein System zur Verarbeitung von Verkehrssignalen dar. Die Signale werden durch Eingabe von Zahlen und Großbuchstaben auf einer Tastatur erzeugt. Dazu verwenden wir die Methode `Console.ReadLine()`, die eine Textzeile aus der Tastatur liest.

Der Algorithmus ist einfach: Wird eine 0 (null) empfangen, bedeutet dies, dass die Bedingungen normal sind. Lediglich das Event wird aufgezeichnet, andere Aktionen erübrigen sich. (In diesem Fall schreibt das Programm nur eine Nachricht auf die Konsole, während eine echte Anwendung eher einen Datenbankeintrag mit einem Zeitstempel erzeugen würde.) Wird das Signal »Abbrechen« empfangen (hier mit einem großen »A« simuliert), wird das Problem aufgezeichnet und der Prozess beendet. Für jedes andere Event wird eine Warnung ausgegeben und eventuell die Polizei benachrichtigt. (Natürlich alarmiert dieses Beispiel die Polizei – trotz der alarmierenden Nachricht auf der Konsole – nicht wirklich.) Wenn das Signal »X« auftritt, wird Alarm gegeben und außerdem die while-Schleife beendet.

Beispiel 3-15: Verwendung von continue und break

```
#region Using directives

using System;
using System.Collections.Generic;
using System.Text;

#endregion

namespace ContinueBreak
{
  class ContinueBreak
  {
    static void Main( string[] args )
    {
      string signal = "0"; // Initialisiere als neutral
      while ( signal != "X" ) // X bedeutet anhalten
      {
        Console.Write( "Geben Sie ein Signal ein: " );
        signal = Console.ReadLine( );

        // Hier wird etwas getan, ganz gleich welches Signal
        // empfangen wurde
        Console.WriteLine( "Empfangen: {0}", signal );

        if ( signal == "A" )
        {
          // Fehlerhaft - Signalverarbeitung abbrechen
          // Protokolliere das Problem, und brich ab
          Console.WriteLine( "Fehler! Abbruch\n" );
          break;
        }

        if ( signal == "0" )
        {
          // Verkehr läuft normal
          // Protokolliere, und mach weiter
          Console.WriteLine( "Alles in Ordnung.\n" );
          continue;
        }


        // Problem. Unternimm etwas, protokolliere dann das Problem,
        // und mach weiter
        Console.WriteLine( "{0} -- Alarm geben!\n",
          signal );
      } // end while
    } // end main
  } // end class
} // end namespace
```

Beispiel 3-15: Verwendung von continue und break (Fortsetzung)

```
Ausgabe:
Geben Sie ein Signal ein: 0
Empfangen: 0
Alles in Ordnung.

Geben Sie ein Signal ein: B
Empfangen: B
B -- Alarm geben!

Geben Sie ein Signal ein: A
Empfangen: A
Fehler! Abbruch
```

Daran sehen Sie Folgendes: Wird das Signal A empfangen, wird die Aktion in der if-Anweisung ausgeführt, und dann bricht das Programm mit break aus der Schleife aus, ohne Alarm zu geben. Ist das Signal 0, so ist ein Alarm ebenfalls nicht wünschenswert, und daher fährt das Programm mit continue am Schleifenanfang fort.

Operatoren

Ein *Operator* ist ein Symbol, das C# zu einer Aktion veranlasst. Die Grundtypen von C# (z.B. int) unterstützen einige Operatoren, darunter die Zuweisung, die Inkrementierung und einige mehr.

Der Zuweisungsoperator (=)

Das Symbol = sorgt dafür, dass der Operand auf der linken Seite des Operators seinen Wert von dem erhält, was sich auf der rechten Seite des Operators befindet. Anweisungen, die einen Wert ergeben, werden als *Ausdrücke* bezeichnet. Sie sind vielleicht überrascht, wie viele Anweisungen tatsächlich zu einem Wert führen. So ist zum Beispiel eine Anweisung wie:

```
myVariable = 57;
```

auch ein Ausdruck – er liefert den zugewiesenen Wert zurück, in diesem Fall also 57.

Beachten Sie, dass die vorige Anweisung den Wert 57 der Variablen myVariable zuweist. Der Zuweisungsoperator (=) prüft nicht auf Gleichheit, stattdessen weist er alles, was sich rechts befindet (57) dem zu, was links steht (myVariable).

Hinweis für VB-Programmierer: C# unterscheidet zwischen Gleichheit (zwei Gleichheitszeichen) und Zuweisung (ein Gleichheitszeichen).

Da myVariable = 57 (liest sich als: »Weise den numerischen Wert 57 der Variablen zu, deren Name myVariable lautet.«) ein Ausdruck ist, der 57 ergibt, kann er als Teil eines weiteren Zuweisungsoperators dienen, wie zum Beispiel:

```
mySecondVariable = myVariable = 57;
```

In dieser Anweisung wird das Literal 57 der Variablen `myVariable` zugewiesen. Der Wert dieser Zuweisung (57) wird dann wiederum der zweiten Variablen `mySecondVariable` zugewiesen. Daher erhalten beide Variablen den Wert 57.

Der Wert 57 wird als *Literal* bezeichnet (im Gegensatz zu einem *symbolischen* Wert). Ein symbolischer Wert ist einer, der in einer Variablen, einer Konstanten oder einem Ausdruck aufbewahrt wird. Ein Literal ist der Wert selbst, ganz klassisch geschrieben.

Sie können daher eine beliebige Zahl von Variablen in einer Anweisung mit dem gleichen Wert versehen:

```
a = b = c = d = e = 20;
```

Mathematische Operatoren

C# verwendet fünf mathematische Operatoren: vier für die Grundrechenarten und den fünften, um den Rest einer ganzzahligen Division zurückzugeben. Die folgenden Abschnitte beschreiben, wie diese Operatoren verwendet werden.

Einfache arithmetische Operatoren (+, –, *, /)

C# hat Operatoren für die Grundrechenarten Addition (+), Subtraktion (-), Multiplikation (*) und Division (/). Diese Operatoren arbeiten so, wie Sie es erwarten, ausgenommen vielleicht bei der ganzzahligen Division.

Wenn Sie zwei ganze Zahlen dividieren, werden eventuell vorhandene Bruchteile verworfen. Das bedeutet, dass eine Division von 17 durch 4 den Wert 4 ergibt (17/4 = 4, Rest 1). C# hat den Modulo-Operator (%), um den Divisionsrest abzurufen. Dieser Operator wird im nächsten Abschnitt beschrieben.

Beachten Sie jedoch, dass C# sehr wohl die Bruchteile zurückgibt, wenn Sie `float`-, `double`- und `decimal`-Werte teilen.

Der Modulo-Operator (%) für Divisionsreste

Den Rest einer ganzzahligen Division rufen Sie mit dem Modulo-Operator (%) ab. Die Anweisung 17%4 gibt z.B. 1 zurück, den Rest, der bei der Integer-Division hinter dem Komma steht.

Der Modulo-Operator ist nützlicher, als Sie anfangs vielleicht denken. Wenn Sie mit einer Zahl, die ein Vielfaches von *n* ist, Modulo n ausführen, ist das Ergebnis null. Daher gilt 80%10 = 0, denn 80 ist glatt durch 10 teilbar. Dank dieser Tatsache sind Schleifen möglich, in denen eine Aktion bei jedem *n*-ten Schleifendurchlauf stattfindet. Dazu fragen Sie einen Zähler ab, um zu schauen, ob %n gleich null ist. Diese Strategie ist ganz praktisch für die weiter oben in diesem Kapitel beschriebene `for`-Schleife. Die Auswirkungen einer Division von Integern, Floats, Doubles und Decimals sehen Sie in Beispiel 3-16.

Beispiel 3-16: Division und Modulo

```
#region Using directives

using System;
using System.Collections.Generic;
using System.Text;

#endregion

namespace DivisionModulus
{
  class DivisionModulus
  {
    static void Main( string[] args )
    {
      int i1, i2;
      float f1, f2;
      double d1, d2;
      decimal dec1, dec2;

      i1 = 17;
      i2 = 4;
      f1 = 17f;
      f2 = 4f;
      d1 = 17;
      d2 = 4;
      dec1 = 17;
      dec2 = 4;
      Console.WriteLine( "Integer:\t{0}\nfloat:\t\t{1}",
        i1 / i2, f1 / f2 );
      Console.WriteLine( "double:\t\t{0}\ndecimal:\t{1}",
        d1 / d2, dec1 / dec2 );
      Console.WriteLine( "\nModulo:\t{0}", i1 % i2 );

    }
  }
}

Ausgabe:
Integer:    4
float:      4.25
double:     4.25
decimal:    4.25

Modulo:     1
```

Betrachten Sie nun die folgende Zeile aus Beispiel 3-16:

```
Console.WriteLine("Integer:\t{0}\nfloat:\t\t{1}",
  i1/i2, f1/f2);
```

Am Anfang steht ein Aufruf von `Console.Writeline()`, bei dem der folgende Teil-String übergeben wird:

```
"Integer:\t{0}\n
```

Dies gibt die Zeichen `Integer:` aus, gefolgt von einem Tabulator (\t), gefolgt von dem ersten Parameter ({0}), gefolgt von einem Newline-Zeichen (\n). Der nächste Teil-String ist ganz ähnlich:

```
float:\t\t{1}
```

Dies gibt `float:` aus, gefolgt von zwei Tabulatoren (wegen der Ausrichtung), dem Inhalt des zweiten Parameters ({1}) und einem weiteren Newline-Zeichen. Beachten Sie auch die nachfolgende Zeile:

```
Console.WriteLine("\nModulo:\t{0}", i1%i2);
```

Diesmal beginnt der String mit einem Newline-Zeichen. Dadurch wird eine Zeile übersprungen, ehe der String `Modulo:` ausgegeben wird. Die Ausgabe zeigt, wie sich dies auswirkt.

Inkrementierungs- und Dekrementierungsoperatoren

Oft müssen Sie den Wert einer Variablen durch Addition oder Subtraktion oder eine andere mathematische Operation verändern und ihr dann den neuen Wert wieder zuweisen. Eventuell weisen Sie das Ergebnis auch einer ganz anderen Variablen zu. Die folgenden beiden Abschnitte beschreiben diese Fälle.

Operatoren zur Berechnung und Neuzuweisung

Angenommen, Sie möchten die Variable `mySalary` um 5.000 erhöhen. Das tun Sie wie folgt:

```
mySalary = mySalary + 5000;
```

Die Addition findet vor der Zuweisung statt. Es ist absolut zulässig, ihr Ergebnis der Originalvariablen wieder zuzuweisen. Also haben Sie, wenn diese Operation abgeschlossen ist, die Variable `mySalary` um 5.000 erhöht. Diese Art von Zuweisung können Sie mit jedem beliebigen mathematischen Operator vornehmen:

```
mySalary = mySalary * 5000;
mySalary = mySalary - 5000;
```

und so weiter.

Die Notwendigkeit, Variablen zu inkrementieren oder zu dekrementieren, ergibt sich so häufig, dass es in C# spezielle Operatoren für die Selbstzuweisung gibt. Darunter sind die Operatoren +=, -=, *=, /= und %=, die eine Addition, Subtraktion, Multiplikation, Division oder Modulo-Operation jeweils mit einer Selbstzuweisung kombinieren. Sie können die obigen Beispiele also alternativ auch folgendermaßen schreiben:

```
mySalary += 5000;
mySalary *= 5000;
mySalary -= 5000;
```

Dadurch wird im ersten Fall `mySalary` um 5.000 erhöht, im zweiten Fall mit 5.000 multipliziert, und im dritten Fall wird 5.000 von `mySalary` abgezogen.

Da das Inkrementieren und Dekrementieren um 1 sehr oft benötigt wird, bietet C# (ebenso wie C und C++ vor ihm) zwei Spezialoperatoren dafür. Für das Inkrementieren um 1 verwenden Sie ++, und für das Dekrementieren um 1 verwenden Sie --.

Wenn Sie also die Variable myAge um 1 inkrementieren möchten, schreiben Sie:

```
myAge++;
```

Die Präfix- und Postfix-Operatoren

Um die Dinge noch ein wenig komplizierter zu machen, inkrementieren Sie nun eine Variable und weisen das Ergebnis einer anderen Variablen zu:

```
firstValue = secondValue++;
```

Hier stellt sich die Frage: Soll die Zuweisung vor oder nach der Inkrementierung stattfinden? Mit anderen Worten: Wenn secondValue den Anfangswert 10 hat, möchten Sie dann, dass firstValue und secondValue am Ende beide gleich 11 sind, oder möchten Sie, dass firstValue gleich 10 (dem Originalwert) und secondValue gleich 11 ist?

C# hat (wie C und C++) zwei Arten von Inkrementierungs- und Dekrementierungsoperatoren: *Präfix* und *Postfix*. Sie schreiben also entweder Folgendes:

```
firstValue = secondValue++;   // Postfix
```

Hier findet zuerst die Zuweisung und dann die Inkrementierung statt (firstValue=10, secondValue=11). Oder Sie schreiben:

```
firstValue = ++secondValue;   // Präfix
```

Hier findet zuerst die Inkrementierung und dann die Zuweisung statt (firstValue=11, secondValue=11).

Es ist wichtig, die unterschiedlichen Auswirkungen von *Präfix* und *Postfix* zu verstehen, die in Beispiel 3-17 dargestellt sind.

Beispiel 3-17: Präfix- versus Postfix-Inkrementierung

```
#region Using directives

using System;
using System.Collections.Generic;
using System.Text;

#endregion

namespace PrefixPostfix
{
  class PrefixPostfix
  {
    static void Main( string[] args )
    {
      int valueOne = 10;
      int valueTwo;
      valueTwo = valueOne++;
```

Beispiel 3-17: Präfix- versus Postfix-Inkrementierung (Fortsetzung)

```
      Console.WriteLine( "Nach Postfix: {0}, {1}", valueOne,
        valueTwo );
      valueOne = 20;
      valueTwo = ++valueOne;
      Console.WriteLine( "Nach Präfix: {0}, {1}", valueOne,
        valueTwo );

    }
  }
}
```

```
Ausgabe:
Nach Postfix: 11, 10
Nach Präfix: 21, 21
```

Relationale Operatoren

Relationale Operatoren vergleichen zwei Werte und geben dann einen Booleschen Wert (true oder false) zurück. Der Größer-als-Operator gibt z.B. true zurück, wenn der Wert links von ihm größer als der Wert rechts von ihm ist. So gibt 5 > 2 den Wert true zurück, aber 2 > 5 den Wert false.

Die relationalen Operatoren für C# finden Sie in Tabelle 3-3. Diese Tabelle geht von zwei Variablen aus: bigValue und smallValue, wobei bigValue den Wert 100 und small-Value den Wert 50 zugewiesen bekam.

Tabelle 3-3: Relationale Operatoren in C# (bigValue = 100 und smallValue = 50)

Name	Operator	Bei dieser Anweisung	ergibt der Ausdruck
Gleichheit	==	bigValue == 100 bigValue == 80	true false
Ungleichheit	!=	bigValue != 100 bigValue != 80	false true
Größer als	>	bigValue > smallValue	true
Größer oder gleich	>=	bigValue >= smallValue smallValue >= bigValue	true false
Kleiner als	<	bigValue < smallValue	false
Kleiner oder gleich	<=	smallValue <= bigValue bigValue <= smallValue	true false

Jeder relationale Operator verhält sich erwartungsgemäß. Dennoch sollten Sie auf den Gleichheitsoperator (==) achten, der aus zwei aufeinanderfolgenden Gleichheitszeichen (=) in einer Zeile (ohne Zwischenraum dazwischen) besteht. Dieses Paar wird vom C#-Compiler als nur ein Operator betrachtet.

Der Gleichheitsoperator von C# (==) testet, ob die Objekte beiderseits des Operators gleich sind. Er gibt einen Booleschen Wert (true oder false) aus. Somit wird der folgende Ausdruck

```
myX == 5;
```

genau dann als true ausgewertet, wenn myX eine Variable mit dem Wert 5 ist.

Logische Operatoren mit Bedingungen verwenden

If-Anweisungen (siehe weiter oben in diesem Kapitel) prüfen, ob eine Bedingung wahr ist. Oft möchten Sie jedoch wissen, ob zwei Bedingungen beide wahr sind oder nur eine von beiden oder gar keine. C# stellt dafür die in Tabelle 3-4 aufgeführten logischen Operatoren zur Verfügung. Die Tabelle geht von den beiden Werten x und y aus, wobei x den Wert 5 und y den Wert 7 hat.

Tabelle 3-4: Logische Operatoren von C# (wenn x = 5, y = 7)

Name	Operator	Bei dieser Anweisung	ergibt der Ausdruck
und	&&	(x == 3) && (y == 7)	false
oder	||	(x == 3) || (y == 7)	true
nicht	!	! (x == 3)	true

Der Und-Operator (&&) prüft, ob beide Anweisungen wahr ergeben. Die erste Zeile in Tabelle 3-4 enthält ein Beispiel zur Veranschaulichung des Und-Operators:

```
(x == 3) && (y == 7)
```

Da die eine Seite (x == 3) falsch ist, wird der gesamte Ausdruck als falsch ausgewertet.

Bei dem Oder-Operator (||) muss eine Seite von beiden oder müssen beide Seiten wahr sein. Der Ausdruck ist nur dann falsch, wenn beide Seiten falsch sind. Im Beispiel aus Tabelle 3-4

```
(x == 3) || (y == 7)
```

ist also der Ausdruck insgesamt wahr, da eine Seite (y==7) wahr ist.

Bei einem Nicht-Operator (!) ist die Anweisung wahr, wenn der Ausdruck falsch ist, und umgekehrt. In unserem Beispiel

```
! (x == 3)
```

ist folglich der gesamte Ausdruck wahr, da der geprüfte Ausdruck (x==3) falsch ist. (Die Logik lautet: »Es ist wahr, dass es nicht wahr ist, dass x gleich 3 ist.«)

Operatorpräzedenz

Der Compiler muss wissen, in welcher Reihenfolge er eine Reihe von Operatoren auswerten soll. Wenn ich z.B.

```
myVariable = 5 + 7 * 3;
```

> ### Abgekürzte Auswertung
>
> Die abgekürzte Auswertung ermöglicht es Ihnen, die erste Hälfte eines Ausdrucks zu testen und die zweite Hälfte nicht auszuwerten, wenn sie keinen logischen Einfluss mehr auf das Ergebnis hat. Im Fall des UND-Ausdrucks wird die rechte Hälfte des Ausdrucks nicht ausgewertet, wenn die linke schon false ist.
>
> Betrachten Sie folgenden Codeausschnitt:
>
> ```
> if ( (x != null) && (x.IstGrossUndFurchterregend ) )
> ```
>
> Die gesamte `if`-Anweisung befindet sich in Klammern, wobei zwei Bedinungen geprüft werden. Alles innerhalb der äußeren Klammern muss true ergeben, damit der Gesamtausdruck true wird. Daher müssen beide inneren Ausdrücke true sein. Aber hier kommt der Trick: Der Compiler garantiert, dass er die beiden inneren Ausdrücke von links nach rechts auswertet. Daher wird x *zuerst* auf null geprüft. Wenn dies zutrifft, wird der zweite Ausdruck nicht mehr geprüft (was hier sehr gut ist, denn der Zugriff auf die Eigenschaft eines Null-Objekts löst eine Exception aus).
>
> Man könnte auch schreiben:
>
> ```
> If ( x ! = null )
> {
>    if (x.IstGrossUndFurchterregend )
>    {
>       // tue etwas
>    }
> }
> ```
>
> Sie können eine abgekürzte Auswertung auch mit einem ODER-Ausdruck erreichen. In dem Fall muss die rechte Seite nicht mehr getestet werden, wenn die linke schon true ist, da der gesamte Ausdruck dann true wird, wenn *eine* der beiden Seiten true ist. Sie können also Ihre Prüfung auch so vornehmen:
>
> ```
> if ( (x == null) || (x.IstGrossUndFurchterregend) )
> ```
>
> Die Logik der ersten Anweisung war: »x muss nicht null sein UND es muss Groß und Furchterregend sein. Wenn es also null ist, brich die Auswertung ab, und führe die Aktion nicht durch.«
>
> Die Logik der zweiten abgekürzten Anweisung ist: »x kann null sein ODER es kann Groß und Furchterregend sein. Wenn x null ist, sind wir fertig, mach dann einfach weiter. Wenn nicht, prüfe, ob es Groß und Beängstigend ist. Wenn das der Fall ist, mache auch weiter.«
>
> Diese Tests sind nicht ganz gleich (im ersten Fall werden die folgenden Anweisungen bei einem x mit Inhalt null nicht ausgeführt), aber beide schützen Sie davor, zu prüfen, ob x Groß und Furchterregend ist, wenn es null ist.

schreibe, muss der Compiler drei Operatoren auswerten (=, + und *). Er könnte z.B. von links nach rechts vorgehen und `myVariable` den Wert 5 zuweisen, dann 7 zu den 5 addieren (ergibt 12) und dies mit 3 multiplizieren (ergibt 36) – doch dann würde er natürlich die 36 verwerfen, was gewiss nicht von Ihnen beabsichtigt ist.

Die Präzedenzregeln sagen dem Compiler, welche Operatoren er zuerst auswerten soll. Wie es auch in der Algebra der Fall ist, gilt »Punktrechnung vor Strichrechnung«. So hat die Multiplikation eine höhere Präzedenz als die Addition (5 + 7 * 3 ergibt 26 und nicht 36). Sowohl Addition als auch Multiplikation haben eine höhere Präzedenz als die Zuweisung, so dass der Compiler zuerst die mathematischen Operationen erledigt und danach erst das Ergebnis der Variablen myVariable zuweist.

In C# ändern Sie wie in der Algebra die Präzedenz mithilfe von Klammern. Sie können das Ergebnis also ändern, indem Sie Folgendes schreiben:

```
myVariable = (5+7) * 3;
```

Wenn Sie die Elemente der Zuweisung auf diese Weise zusammenfassen, addiert der Compiler als Erstes 5 + 7, multipliziert das Ergebnis dann mit 3 und weist den Ergebniswert (36) myVariable zu. Tabelle 3-5 fasst die Operatorpräzedenz in C# zusammen, wobei die Operatoren mit der höchsten Präzedenz vor denen mit niedrigerer aufgeführt werden.

Tabelle 3-5: Operatorpräzedenz

Kategorie	Operatoren
Primäre	(x) x.y x->y f(x) a[x] x++ x-- new typeof sizeof checked unchecked stackalloc
Unäre	+ - ! ~ ++x --x (T)x *x &x
Multiplikative	* / %
Additive	+ -
Shift-Operatoren	<< >>
Relationale	< > <= >= is as
Gleichheit	== !=
Logisches UND	&
Logisches XODER	^
Logisches ODER	|
Bedingungs-UND	&&
Bedingungs-ODER	||
Bedingungsoperator	?:
Zuweisung	= *= /= %= += -= <<= >>= &= ^= |=

Bei manchen komplexen Gleichungen müssen Sie die Klammern schachteln, um die richtige Reihenfolge der Operationen zu gewährleisten. Angenommen, ich möchte wissen, wie viel Zeit eine fiktionale Familie jeden Morgen benötigt. Die Erwachsenen brauchen allmorgendlich 20 Minuten zum Kaffeetrinken und 10 Minuten zum Zeitunglesen. Die Kinder brauchen 30 Minuten zum Herumtrödeln und 10 Minuten zum Streiten. Mein Algorithmus sieht wie folgt aus:

```
(((minDrinkingCoffee + minReadingNewspaper )* numAdults ) +
((minDawdling + minArguing) * numChildren)) * secondsPerMinute)
```

Das funktioniert zwar, ist aber schwer zu lesen und zu durchschauen. Viel einfacher geht es mit Zwischenvariablen:

```
wastedByEachAdult = minDrinkingCoffee + minReadingNewspaper;
wastedByAllAdults = wastedByEachAdult * numAdults;
wastedByEachKid = minDawdling + minArguing;
wastedByAllKids = wastedByEachKid * numChildren;
wastedByFamily = wastedByAllAdults + wastedByAllKids;
totalSeconds = wastedByFamily * 60;
```

Das zweite Beispiel benötigt zwar viel mehr Zwischenvariablen, ist aber auch viel leichter zu lesen, zu verstehen und (wichtiger noch) zu debuggen. Wenn Sie dieses Programm in Ihrem Debugger durcharbeiten, können Sie die Zwischenwerte sehen und dafür sorgen, dass sie richtig sind.

Der ternäre Operator

Die meisten Operatoren benötigen zwar nur einen Term (z.B. meinWert++) oder zwei Terme (z.B. a+b), aber es gibt auch einen Operator, der auf drei Werten arbeitet: den ternären (dreiteiligen) Operator (?:).

Bedingungsausdruck ? *Ausdruck1* : *Ausdruck2*

Dieser Operator prüft einen *bedingten Ausdruck* (einen Ausdruck, der einen Wert des Typs bool zurückgibt) und liefert dann entweder den Wert von expression1 zurück, wenn der bedingte Ausdruck true ist, oder den Wert von expression2, wenn der bedingte Ausdruck false ist. Die Logik ist: »Wenn das stimmt, gib das Erste zurück, sonst das Zweite.« Beispiel 3-18 macht dies deutlich.

Beispiel 3-18: Der ternäre Operator

```
using System;
using System.Collections.Generic;
using System.Text;

namespace TernaryOperator
{
  class TernaryOperator
  {
    static void Main( string[] args )
    {
      int valueOne = 10;
      int valueTwo = 20;

      int maxValue = valueOne > valueTwo ? valueOne : valueTwo;

      Console.WriteLine( "ValueOne: {0}, valueTwo: {1}, maxValue: {2}",
        valueOne, valueTwo, maxValue );

    }
  }
}
```

Beispiel 3-18: Der ternäre Operator (Fortsetzung)

```
Ausgabe:
ValueOne: 10, valueTwo: 20, maxValue: 20
```

In Beispiel 3-18 wird mit dem ternären Operator getestet, ob `valueOne` größer als `valueTwo` ist. Ist dies der Fall, wird der Wert von `valueOne` der Integer-Variablen `maxValue` zugewiesen, andernfalls wird `maxValue` der Wert von `valueTwo` zugewiesen.

Präprozessordirektiven

In den bisherigen Beispielen haben Sie jedes Mal, wenn Sie irgendeinen Programmteil kompilierten, gleich das gesamte Programm kompiliert. Gelegentlich ist es aber besser, nur einen Teil des Programms zu kompilieren, z.B. je nachdem, ob Sie gerade debuggen oder Ihren Produktionscode erstellen.

Bevor Ihr Code kompiliert wird, läuft ein anderes Programm namens *Präprozessor* ab und bereitet Ihr Programm für den Compiler vor. Der Präprozessor untersucht Ihren Code auf spezielle Präprozessordirektiven hin, die alle mit dem Rautezeichen (#) beginnen. Diese Direktiven ermöglichen es Ihnen, Bezeichner zu definieren und dann zu testen, ob sie bereits vorhanden sind.

Bezeichner definieren

`#define DEBUG` definiert einen Präprozessorbezeichner namens `DEBUG`. Während andere Präprozessordirektiven an beliebigen Stellen Ihres Codes stehen dürfen, müssen die Bezeichner vor jeglichem weiteren Code, also auch vor den `using`-Anweisungen, definiert werden.

Hinweis für C- und C++-Programmierer: Der C#-Präprozessor implementiert nur eine Teilmenge der Fähigkeiten des C++-Präprozessors und unterstützt keine Makros.

Ob `DEBUG` definiert wurde, testen Sie mit der `#if`-Anweisung. Sie können also Folgendes schreiben:

```
#define DEBUG

//... normaler Code, wird vom Präprozessor nicht beeinflusst

#if DEBUG
    // Dieser Code wird beim Debugging eingebunden
#else
    // Dieser Code wird eingebunden, wenn kein Debugging erfolgt
#endif

//... normaler Code, wird vom Präprozessor nicht beeinflusst
```

Wenn der Präprozessor läuft, sucht er die #define-Anweisung und merkt sich den Bezeichner DEBUG. Er überspringt den normalen C#-Code und findet dann den #if - #else - #endif-Block.

Die #if-Anweisung testet auf den Bezeichner DEBUG. Da dieser vorhanden ist, wird der Code zwischen #if und #else in Ihr Programm kompiliert, der Code zwischen #else und #endif hingegen *nicht*. Letzterer Code taucht in Ihrer Assembly überhaupt nicht auf: Es ist, als sei er in Ihrem Quellcode gar nicht vorhanden.

Wenn die #if-Anweisung gescheitert wäre, d.h., wenn Sie auf einen nicht vorhandenen Bezeichner getestet hätten, würde der Code zwischen #else und #endif kompiliert und der Code zwischen #if und #else nicht.

Code, der nicht zwischen #if und #endif steht, bleibt vom Präprozessor unberührt und wird in Ihr Programm kompiliert.

Bezeichnerdefinitionen aufheben

Mit #undef heben Sie die Definition eines Bezeichners auf. Da der Präprozessor den Code von oben nach unten durcharbeitet, bleibt der Bezeichner ab der #define-Anweisung so lange definiert, bis entweder eine #undef-Anweisung auftritt oder das Programm endet. Wenn Sie also Folgendes schreiben:

```
#define DEBUG

#if DEBUG
    // Dieser Code wird kompiliert
#endif

#undef DEBUG

#if DEBUG
    // Dieser Code wird nicht kompiliert
#endif
```

hat das erste #if Erfolg (DEBUG ist definiert), aber das zweite scheitert (DEBUG wurde zwischenzeitlich wieder aufgehoben).

#if, #elif, #else und #endif

Für den Präprozessor gibt es zwar keine switch-Anweisung, aber die Direktiven #elif und #else bieten ebenfalls eine große Flexibilität. Die #elif-Direktive ermöglicht eine Else-if-Logik in der Art: »Wenn DEBUG, dann Aktion eins, ansonsten, wenn TEST, Aktion zwei, ansonsten Aktion drei.«

```
#if DEBUG
    // Kompiliere diesen Code, wenn DEBUG definiert ist
#elif TEST
    //Kompiliere diesen Code, wenn zwar DEBUG nicht definiert ist,
```

```
      // aber TEST definiert ist
   #else
      // Kompiliere diesen Code, wenn weder DEBUG noch TEST
      // definiert ist
   #endif
```

In diesem Beispiel testet der Präprozessor zuerst, ob der Bezeichner DEBUG definiert ist. Wenn ja, wird der Code zwischen #if und #elif kompiliert, der Rest des Codes bis #endif jedoch nicht.

Wenn (und zwar genau dann, wenn) DEBUG nicht definiert ist, schaut der Präprozessor als Nächstes nach, ob TEST definiert ist. Beachten Sie, dass der Präprozessor nur dann nach TEST schaut, wenn DEBUG nicht definiert ist. Ist TEST definiert, wird der Code zwischen den Direktiven #elif und #else kompiliert. Stellt sich heraus, dass weder DEBUG noch TEST definiert ist, wird der Code zwischen den Anweisungen #else und #endif kompiliert.

KAPITEL 4
Klassen und Objekte

In Kapitel 3 habe ich viele verschiedene Typen vorgestellt, die in C# schon eingebaut sind, wie zum Beispiel int, long und char. Leib und Seele von C# ist aber die Möglichkeit, neue, komplexe, vom Programmierer definierte Typen zu erstellen, die gut zu den Objekten passen, die in Ihrem Problembereich liegen. Zudem können Sie auf die durch Microsoft im Framework bereitgestellten Typen zugreifen, durch die Sie Anwendungen erstellen können, ohne das Rad immer wieder neu erfinden zu müssen, wenn es um die Interaktion mit dem Benutzer, mit Datenbanken, Websites und so weiter geht.

Genau diese Fähigkeit, neue, mächtige Typen zu erstellen, ist charakteristisch für eine objektorientierte Programmiersprache. Sie spezifizieren einen neuen Typ in C#, indem Sie eine *Klasse* definieren. (Sie können Typen auch mit Interfaces definieren, wie Sie in Kapitel 8 sehen werden.) Instanzen einer Klasse werden *Objekte* genannt. Objekte werden im Speicher erzeugt, wenn Ihr Programm ausgeführt wird.

Der Unterschied zwischen einer Klasse und einem Objekt ist der gleiche wie zwischen dem Konzept eines Hundes und dem ganz bestimmten Hund, der gerade neben Ihnen liegt, während Sie dieses Buch lesen. Sie können mit dem Begriff des Hundes nicht Hol-das-Stöckchen spielen, sondern nur mit einem konkreten Hund (einer Hund-Instanz).

Die Klasse Hund beschreibt, wie Hunde aussehen: Sie haben ein Gewicht, eine Größe, Augenfarbe, Fellfarbe, Wesenszüge usw. Sie können auch Aktionen ausführen, z.B. fressen, laufen, (fressen,) bellen (noch mehr fressen) und schlafen. Ein ganz bestimmter Hund (Jesses Hund Milo) hat ein bestimmtes Gewicht (62 Pfund), eine bestimmte Größe (58 Zentimeter), eine Augenfarbe (schwarz), eine Fellfarbe (gelb), ein Wesen (sanft) usw. Er kann zwar die gleichen Aktionen wie jeder Hund ausführen, aber kennt man ihn, könnte man glauben, Fressen sei die einzige Methode, die er implementiert.

Der große Vorteil von Klassen in der objektorientierten Programmierung besteht darin, dass sie die Charakteristika und Möglichkeiten einer Entity in eine einzige unabhängige, in sich geschlossene *Codeeinheit* einkapseln. Wenn Sie z.B. den Inhalt der Instanz eines Listenfeld-Steuerelements in Windows sortieren möchten, weisen Sie das Listenfeld an, sich selbst zu sortieren. Wie es das tut, geht niemanden etwas an außer denjenigen, der das Listenfeld-Steuerelement schreibt. *Dass* das Listenfeld sortiert werden kann, ist alles, was andere Programmierer wissen müssen. Kapselung (die Idee, dass ein Objekt alles Notwendige enthält), Polymorphie und Vererbung (die gleich erklärt werden) sind die drei Hauptprinzipien der objektorientierten Programmierung.

Ein alter Programmiererwitz lautet: Wie viele objektorientierte Programmierer braucht man, um eine Glühbirne zu wechseln? Keinen, man sagt einfach der Glühbirne, sie solle sich selbst auswechseln.

Dieses Kapitel stellt die Features von C# vor, die genutzt werden, um durch neue Klassen neue Typen zu erstellen. Es wird zeigen, wie durch Methoden das Verhalten der Klasse definiert wird und wie auf den Zustand der Klasse über *Eigenschaften* zugegriffen werden kann. Diese Eigenschaften verhalten sich gegenüber dem Entwickler der Klasse wie Methoden, für die Anwender der Klasse sehen sie aber wie Feld-Elemente aus. Die Elemente der Klasse – ihr Verhalten und ihre Eigenschaften – werden zusammen als *Klassen-Member* bezeichnet.

Klassen definieren

Um eine neue Klasse zu erstellen, deklarieren Sie sie zunächst, um dann ihre Methoden und Felder zu definieren. Die Klasse wird mithilfe des Schlüsselworts class deklariert. Die vollständige Syntax sieht so aus:

```
[Attribute] [Zugriffsmodifikatoren] class Bezeichner [:Basisklasse[,Interface(s)]]
{Klassenrumpf}
```

Das ist ein formales Definitionsdiagramm. Lassen Sie sich davon nicht einschüchtern. Die Elemente in eckigen Klammern sind optional.

Sie können das Diagramm so lesen: »Eine Klasse wird definiert durch ein optionales Set von Attributen, gefolgt von einem optionalen Set von Zugriffsmodifikatoren, gefolgt vom (nicht-optionalen) Schlüsselwort class, gefolgt vom (nicht-optionalen) Bezeichner (dem Klassennamen).«

»Dem Bezeichner folgt optional der Name der Basisklasse oder, wenn es keine Basisklasse gibt, der Name des ersten Interfaces (wenn es eines gibt). Wenn es eine Basisklasse oder ein Interface gibt, wird vor den ersten dieser Bezeichner ein Doppelpunkt geschrieben. Wenn es eine Basisklasse und ein Interface gibt, werden diese durch ein Komma getrennt, wie dies auch bei weiteren Interfaces geschieht.«

»Nach all dem folgt eine öffnende geschweifte Klammer, der Rumpf der Klasse und eine schließende geschweifte Klammer.«

Das kann verwirrend klingen, daher ist hier ein Beispiel angebracht:

```
public class Dog : Mammal
{
    // Klassenrumpf
}
```

In diesem kleinen Beispiel ist public der Zugriffsmodifikator, Dog der Bezeichner und Mammal, also Säugetier, die Basisklasse.

Attribute werden in Kapitel 8 erläutert, Zugriffsmodifikatoren im nächsten Abschnitt. (Normalerweise verwendet Ihre Klasse das Schlüsselwort public als Zugriffsmodifikator.) Der *Bezeichner* ist der Name der Klasse, den Sie angeben. Die optionale *Basisklasse* wird in Kapitel 5 erläutert. Die Member-Definitionen, die den *Klassenrumpf* bilden, werden von öffnenden und schließenden geschweiften Klammern eingeschlossen ({}).

Anmerkung für C- und C++-Programmierer: Eine C#-Klassendefinition endet *nicht* mit einem Semikolon. Wenn Sie aber dennoch eines einfügen, wird das Programm trotzdem kompiliert.

In C# geschieht alles innerhalb einer Klasse. Bisher haben wir aber noch keine Instanzen dieser Klasse erstellt.

Wenn Sie eine Instanz einer Klasse erstellen, *instanziieren* Sie die Klasse. Mit dem Instanziieren einer Klasse erstellen Sie eine Instanz dieser Klasse, die als *Objekt* bezeichnet wird.

Was ist der Unterschied zwischen einer Klasse und einer Instanz dieser Klasse (dem Objekt)? Zur Beantwortung dieser Frage wollen wir die Unterscheidung zwischen dem *Typ* int und einer *Variablen* vom Typ int heranziehen. Sie könnten zwar schreiben:

```
int myInteger = 5;
```

aber nicht:

```
int = 5;   // lässt sich nicht kompilieren
```

Einem Typ kann man keinen Wert zuweisen. Stattdessen weisen Sie den Typ einem Objekt dieses Typs zu (in diesem Fall einer Variablen des Typs int).

Wenn Sie eine neue Klasse deklarieren, definieren Sie die Eigenschaften und das Verhalten aller Objekte dieser Klasse. Sind Sie z.B. gerade dabei, eine Windowing-Umgebung zu erzeugen, möchten Sie vielleicht auch Bildschirm-Widgets zur Verfügung stellen – in der Windows-Programmierung sind diese unter der Bezeichnung Steuerelemente bekannter –, um die Benutzerinteraktion mit Ihrer Anwendung zu vereinfachen. Ein interessantes Steuerelement könnte z.B. das Listenfeld sein, das für die Präsentation einer Liste mit Auswahlmöglichkeiten sehr nützlich ist und es dem Anwender ermöglicht, etwas aus der Liste auszuwählen.

Listenfelder haben zahlreiche Charakteristika, die als *Eigenschaften* (*Properties*) bezeichnet werden – z.B. Höhe, Breite, Position und Textfarbe. Programmierer erwarten auch ein bestimmtes Verhalten von einem Listenfeld, das über *Methoden* definiert ist: Es kann geöffnet werden, geschlossen, sortiert usw.

Die objektorientierte Programmierung ermöglicht es Ihnen, einen neuen Typ mit dem Namen ListBox zu erzeugen, der diese Charakteristika und Fähigkeiten umfasst. Solch eine Klasse kann zum Beispiel Eigenschaften namens Height, Width, Location und TextColor haben sowie Member-Methoden namens Sort( ), Add( ), Remove( ) und so weiter.

Sie können der Klasse `ListBox` keine Daten zuweisen. Zunächst müssen Sie ein Objekt dieses Typs erzeugen:

```
ListBox myListBox;  // instanziiert ein ListBox-Objekt
```

Nachdem Sie eine Instanz von `ListBox` erstellt haben, können Sie ihr über ihre Eigenschaften Daten zuweisen und ihre Methoden aufrufen:

```
myListBox.Height = 50;
myListBox.TextColor = "Black";
myListBox.Sort();
```

Stellen Sie sich nun eine Klasse vor, die die Tageszeit verfolgt und anzeigt. Der interne Zustand der Klasse muss in der Lage sein, das aktuelle Jahr, den Monat, den Tag, die Stunde, die Minute und die Sekunde anzuzeigen. Sie möchten vielleicht auch, dass die Klasse die Zeit in verschiedenen Formaten anzeigt. Sie könnten eine solche Klasse implementieren, indem Sie eine einzelne Methode und sechs Variablen definieren, wie Sie es in Beispiel 4-1 sehen.

Beispiel 4-1: Eine einfache Zeitklasse

```
#region Using directives

using System;
using System.Collections.Generic;
using System.Text;

#endregion

namespace TimeClass
{
  public class Time
  {
    // private Variablen
    int Year;
    int Month;
    int Date;
    int Hour;
    int Minute;
    int Second;

    // öffentliche Methoden
    public void DisplayCurrentTime()
    {
      Console.WriteLine(
      "Stub für DisplayCurrentTime" );
    }
  }

  public class Tester
  {
    static void Main()
    {
```

Beispiel 4-1: Eine einfache Zeitklasse (Fortsetzung)
```
      Time t = new Time();
      t.DisplayCurrentTime();
    }
  }
}
```

 Wenn Sie diese Klasse kompilieren, erhalten Sie die Warnung, dass die Member-Variablen von Time (Year, Month usw.) nie verwendet werden. Ignorieren Sie diese Warnungen bitte erst einmal (obwohl es im Allgemeinen keine gute Idee ist, Warnungen zu ignorieren, wenn Sie nicht sicher sind, was sie bedeuten und warum sie ignoriert werden können). In diesem Fall benutzen wir die Klasse Time nur *als Beispiel*; wenn es eine wirkliche Klasse wäre, würden wir in anderen Methoden von den Member-Variablen Gebrauch machen.

Die einzige Methode, die in der Klassendefinition Time deklariert ist, ist DisplayCurrentTime(). Der Rumpf der Methode ist in der Klassendefinition selbst definiert. Im Gegensatz zu anderen Programmiersprachen (wie C++) ist es in C# nicht erforderlich, Methoden zu deklarieren, bevor sie definiert werden. Die Sprache unterstützt auch nicht das Platzieren der Deklarationen in einer Datei und des Codes in einer anderen. (C# hat keine Header-Dateien.) Alle C#-Methoden sind inline definiert, wie Sie es in Beispiel 4-1 bei DisplayCurrentTime() sehen.

Die Methode DisplayCurrentTime() ist so definiert, dass sie void zurückgibt, d.h., sie wird einer aufrufenden Methode keinen Wert zurückgeben. Der Rumpf der Methode wurde vorerst ausgeblendet. Die Time-Klassendefinition endet mit der Deklaration einer Reihe von Member-Variablen: Year, Month, Date, Hour, Minute und Second.

Hinter der schließenden Klammer ist eine zweite Klasse namens Tester definiert. Tester enthält die mittlerweile bekannte Methode Main(). In Main() wird eine Instanz von Time erzeugt und ihre Adresse dem Objekt t zugewiesen. Da t eine Instanz von Time ist, kann Main() die Methode DisplayCurrentTime() nutzen, die den Objekten dieses Typs zur Verfügung steht, und sie aufrufen, um die Zeit anzuzeigen:

```
      t.DisplayCurrentTime();
```

Zugriffsmodifikatoren

Ein Zugriffsmodifikator bestimmt, welche Klassenmethoden anderer Klassen eine Member-Variable oder Methode innerhalb dieser Klasse sehen und verwenden kann. Tabelle 4-1 fasst die Zugriffsmodifikatoren von C# zusammen.

Tabelle 4-1: Zugriffsmodifikatoren

Zugriffsmodifikator	Beschränkung
public	Keine Beschränkungen. Member, die mit public gekennzeichnet sind, sind für alle Methoden aller Klassen sichtbar.
private	Auf die Member in der Klasse A, die als private gekennzeichnet sind, können nur Methoden der Klasse A zugreifen.
protected	Auf die Member der Klasse A, die als protected gekennzeichnet sind, können nur Methoden der Klasse A und Methoden von Klassen zugreifen, die von der Klasse A *abgeleitet* sind.
internal	Auf die Member der Klasse A, die mit internal gekennzeichnet sind, können Methoden jeder Klasse der Assembly von A zugreifen.
protected internal	Auf die Member der Klasse A, die als protected internal gekennzeichnet sind, können Methoden der Klasse A sowie Methoden der von A abgeleiteten Klassen und Klassen der Assembly von A zugreifen. Das bedeutet im Grunde protected ODER internal. (Das Konzept protected UND internal existiert nicht.)

Im Allgemeinen ist es wünschenswert, die Member-Variablen einer Klasse als private zu kennzeichnen. Das bedeutet, dass nur Member-Methoden dieser Klasse auf ihren Wert zugreifen können. Da private die Standardzugriffsebene ist, müssen Sie es nicht explizit angeben, aber ich empfehle es Ihnen trotzdem. Daher hätten die Deklarationen der Member-Variablen in Beispiel 4-1 so geschrieben werden sollen:

```
// Private Variablen
private int Year;
private int Month;
private int Date;
private int Hour;
private int Minute;
private int Second;
```

Die Klasse Tester und die Methode DisplayCurrentTime() sind beide als public deklariert, so dass jede andere Klasse sie nutzen kann.

Es ist guter Programmierstil, den Zugriff auf alle Methoden und Member Ihrer Klasse explizit festzulegen. Sie können sich zwar darauf verlassen, dass Klassen-Member standardmäßig als private deklariert sind, die explizite Angabe des Zugriffsmodifikators zeigt aber eine bewusste Entscheidung an und ist selbstdokumentierend.

Argumente zu Methoden

Methoden können beliebig viele Parameter[1] entgegennehmen. Die Parameterliste folgt dem Methodennamen und steht in Klammern, wobei jedem Parameter sein Typ voraus-

---

1 Die Begriffe »Argument« und »Parameter« werden häufig synonym verwendet, obwohl einige Programmierer auf einer Unterscheidung zwischen der Parameterdeklaration und den Argumenten bestehen, die übergeben werden, wenn die Methode aufgerufen wird.

geht. Die folgende Deklaration definiert z.B. eine Methode mit dem Namen MyMethod(), die void zurückgibt (d.h. die keinen Wert zurückgibt) und zwei Parameter entgegennimmt: einen Integer und einen Button:

```csharp
void MyMethod (int firstParam, Button secondParam)
{
  // ...
}
```

Innerhalb des Methodenrumpfs fungieren die Parameter als lokale Variablen, als ob Sie sie im Methodenrumpf deklariert und mit den Werten initialisiert hätten, die der Methode übergeben wurden. Beispiel 4-2 zeigt, wie Sie Werte an eine Methode übergeben – in diesem Fall Werte des Typs int und float.

Beispiel 4-2: Werte an SomeMethod() übergeben

```csharp
#region Using directives

using System;
using System.Collections.Generic;
using System.Text;

#endregion

namespace PassingValues
{
  public class MyClass
  {
    public void SomeMethod( int firstParam, float secondParam )
    {
      Console.WriteLine(
        "Hier sind die empfangenen Parameter: {0}, {1}",
        firstParam, secondParam );
    }
  }

  public class Tester
  {
    static void Main( )
    {
      int howManyPeople = 5;
      float pi = 3.14f;
      MyClass mc = new MyClass( );
     mc.SomeMethod( howManyPeople, pi );
    }
  }
}
```

Die Methode SomeMethod( ) nimmt einen int und einen float entgegen und zeigt sie mit Console.WriteLine( ) an. Die Parameter, die firstParam und secondParam heißen, werden innerhalb von SomeMethod( ) als lokale Variablen behandelt.

Anmerkung für VB6-Programmierer: Man kann zu C#-Methoden keine optionalen Argumente deklarieren. Stattdessen können Sie mittels Methodenüberladung Methoden anlegen, in denen unterschiedliche Kombinationen von Argumenten deklariert sind. Mehr dazu finden Sie unter »Methoden und Konstruktoren überladen« weiter unten in diesem Kapitel.

In der aufrufenden Methode (Main) werden zwei Variablen (howManyPeople und pi) erzeugt und initialisiert. Diese Variablen werden als Parameter an SomeMethod übergeben. Der Compiler ordnet howManyPeople firstParam zu und pi secondParam. Er orientiert sich dabei an ihren relativen Positionen in der Parameterliste.

Objekte erzeugen

In Kapitel 3 wurde zwischen Werttypen und Referenztypen unterschieden. Die elementaren C#-Typen (int, char usw.) sind Werttypen und werden im Stack erzeugt; Objekte hingegen sind Referenztypen und werden im Heap erzeugt. Dies funktioniert mit dem Schlüsselwort new, wie in dem folgenden Befehl gezeigt:

```
Time t = new Time( );
```

t enthält nicht wirklich den Wert des Objekts Time; es enthält die Adresse dieses (unbenannten) Objekts, das im Heap erzeugt wurde. t selbst ist einfach eine Referenz auf das Objekt.

Hinweis für VB6-Programmierer: Der Performance-Nachteil, den es in VB6 bei der Verwendung der Schlüsselwörter Dim und New in derselben Zeile gab, wurde in C# überwunden. Es ist also kein Nachteil damit verbunden, wenn Sie das Schlüsselwort new bei der Deklaration einer Objektvariablen verwenden.

Konstruktoren

Beachten Sie in Beispiel 4-1, dass die Anweisung, die das Time-Objekt erzeugt, aussieht, als würde sie eine Methode aufrufen:

```
Time t = new Time( );
```

Im Grunde *wird* immer dann eine Methode aufgerufen, wenn Sie ein Objekt instanziieren. Diese Methode wird *Konstruktor* genannt, und Sie müssen einen solchen Konstruktor entweder als Teil Ihrer Klassendefinition definieren oder die CLR einen für Sie angeben lassen. Ein Konstruktor soll das Objekt erzeugen, das von einer Klasse angegeben wurde, und es in einen *gültigen* Zustand versetzen. Bevor der Konstruktor ausgeführt wird, ist das Objekt nur undifferenzierter Speicherplatz, doch nachdem der Konstruktor abgeschlossen ist, enthält der Speicher eine gültige Instanz der Klasse type.

Die Klasse Time aus Beispiel 4-1 definiert keinen Konstruktor. Wenn kein Konstruktor deklariert ist, stellt der Compiler einen für Sie zur Verfügung. Der Standardkonstruktor erzeugt das Objekt, führt aber keine andere Aktion durch. Member-Variablen werden mit harmlosen Werten initialisiert (Integer mit 0, Strings mit `null` usw.).[2] Tabelle 4-2 listet die Standardwerte auf, die den elementaren Typen zugewiesen sind.

Tabelle 4-2: Elementare Typen und ihre Standardwerte

Typ	Standardwert
numeric (int, long usw.)	0
bool	false
char	'\0' (null)
enum	0
reference	null

Normalerweise sollten Sie Ihre eigenen Konstruktoren definieren und sie mit Argumenten beliefern, damit der Konstruktor den Anfangszustand für Ihr Objekt setzen kann. Gehen Sie in Beispiel 4-1 davon aus, dass Sie das aktuelle Jahr, den Monat, den Tag usw. übergeben möchten, um das Objekt mit sinnvollen Daten zu erzeugen.

Um einen Konstruktor zu definieren, deklarieren Sie eine Methode, die genauso heißt wie die Klasse, in der er deklariert ist. Konstruktoren haben keinen Rückgabetyp und sind normalerweise als `public` deklariert. Wenn Argumente zu übergeben sind, definieren Sie eine Argumenteliste, wie Sie es für jede andere Methode tun würden. Beispiel 4-3 deklariert einen Konstruktor für die Klasse Time, der ein einzelnes Argument entgegennimmt, nämlich ein Objekt des Typs DateTime.

Beispiel 4-3: Einen Konstruktor deklarieren

```
#region Using directives

using System;
using System.Collections.Generic;
using System.Text;

#endregion

namespace DeclaringConstructor
{
  public class Time
  {

    // Private Member-Variablen
    int Year;
    int Month;
    int Date;
```

---

[2] Wenn Sie einen eigenen Konstruktor schreiben, werden Sie feststellen, dass diese Werte vor der Ausführung des Konstruktors initialisiert werden. Es gibt gewissermaßen zwei Schritte bei der Erzeugung neuer Objekte – etwas Zauberei auf der CLR-Ebene, die alle Felder mit Nullen füllt und auch alles ansonsten Notwendige ausführt, um das Ding zu einem gültigen Objekt zu machen, und dann die Ausführung des von Ihnen geschriebenen Konstruktors (sofern Sie einen geschrieben haben).

Beispiel 4-3: Einen Konstruktor deklarieren (Fortsetzung)

```
  int Hour;
  int Minute;
  int Second;

  // Öffentliche Zugriffsmethoden
  public void DisplayCurrentTime()
  {
    System.Console.WriteLine( "{0}.{1}.{2} {3}:{4}:{5}",
      Month, Date, Year, Hour, Minute, Second );
  }

  // Konstruktor
  public Time( System.DateTime dt )
  {

    Year = dt.Year;
    Month = dt.Month;
    Date = dt.Day;
    Hour = dt.Hour;
    Minute = dt.Minute;
    Second = dt.Second;
  }
}

public class Tester
{
  static void Main()
  {
    System.DateTime currentTime = System.DateTime.Now;
    Time t = new Time( currentTime );
    t.DisplayCurrentTime();
  }
 }
}
```

```
Ausgabe:
16.11.2007 16:21:40
```

In diesem Beispiel nimmt der Konstruktor ein DateTime-Objekt entgegen und initialisiert alle Member-Variablen auf Grundlage der Werte in diesem Objekt. Wenn der Konstruktor fertig ist, existiert das Time-Objekt, und die Werte wurden initialisiert. Wird DisplayCurrentTime() in Main() aufgerufen, werden die Werte angezeigt.

Kommentieren Sie eine der Zuweisungen aus, und lassen Sie das Programm erneut laufen. Sie werden feststellen, dass die Member-Variable vom Compiler mit dem Wert 0 initialisiert wurde. Integer-Member-Variablen werden auf 0 gesetzt, wenn Sie sie nicht zuweisen. Denken Sie daran, dass Werttypen (z.B. Integer) nicht *uninitialisiert* sein können; wenn Sie dem Konstruktor nicht sagen, was zu tun ist, wird er irgendetwas Harmloses versuchen.

In Beispiel 4-3 wird das `DateTime`-Objekt in der `Main()`-Methode von `Tester` erzeugt. Dieses Objekt, das von der `System`-Bibliothek geliefert wird, bietet eine Reihe von öffentlichen Werten – `Year`, `Month`, `Date`, `Hour`, `Minute` und `Second` –, die direkt den privaten Member-Variablen des `Time`-Objekts entsprechen. Außerdem bietet das `DateTime`-Objekt eine statische Member-Eigenschaft namens `Now`, die eine Referenz auf eine Instanz eines `DateTime`-Objekts ist und mit der aktuellen Zeit initialisiert wurde.

Sehen Sie sich die hervorgehobene Zeile in `Main()` an, in der das `DateTime`-Objekt durch das Aufrufen der statischen Property `Now` erzeugt wird. `Now` erzeugt einen `DateTime`-Wert, der in diesem Fall in die `currentTime`-Variable auf dem Stack kopiert wird.

Die `currentTime`-Variable wird als Parameter an den `Time`-Konstruktor übergeben. Der `Time`-Konstruktorparameter `dt` ist eine Kopie eines `DateTime`-Objekts.

Initialisierer

Man kann Member-Variablen mit einem *Initialisierer* einen Anfangswert zuweisen; dann muss man dies nicht in jedem Konstuktor tun. Sie erzeugen einen Initialisierer, indem Sie einem Klassen-Member einen Anfangswert zuweisen:

```
private int Second = 30;   // Initialisierer
```

Angenommen, die Semantik unseres `Time`-Objekts ist so ausgelegt, dass die Sekunden immer mit 30 initialisiert werden, egal wie spät es ist. Wir könnten die `Time`-Klasse so überarbeiten, dass sie einen Initialisierer verwendet, damit der Wert von `Second` unabhängig von dem aufgerufenen Konstruktor immer initialisiert wird, entweder explizt vom Konstruktor oder implizit vom Initialisierer. Sehen Sie sich Beispiel 4-4 an.

 Beispiel 4-4 verwendet einen *überladenen* Konstruktor. Dies bedeutet, dass es zwei Versionen dieses Konstruktors gibt, die sich bei Anzahl und Typ der Parameter unterscheiden. Das Überladen von Konstruktoren wird später in diesem Kapitel detailliert erklärt.

Beispiel 4-4: Einen Initialisierer verwenden

```
#region Using directives

using System;
using System.Collections.Generic;
using System.Text;

#endregion

namespace Initializer
{
  public class Time
  {
    // Private Member-Variablen
    private int Year;
    private int Month;
```

Beispiel 4-4: Einen Initialisierer verwenden (Fortsetzung)

```csharp
    private int Date;
    private int Hour;
    private int Minute;
    private int Second = 30; // Initialisierer

    // Öffentliche Zugriffsmethoden
    public void DisplayCurrentTime()
    {
      System.DateTime now = System.DateTime.Now;
      System.Console.WriteLine(
      "\nDebug\t: {0}.{1}.{2} {3}:{4}:{5}",
      now.Day, now.Month, now.Year, now.Hour,
        now.Minute, now.Second );

      System.Console.WriteLine( "Zeit\t: {0}.{1}.{2} {3}:{4}:{5}",
        Date, Month, Year, Hour, Minute, Second );
    }

    // Konstruktoren
    public Time( System.DateTime dt )
    {

      Year = dt.Year;
      Month = dt.Month;
      Date = dt.Day;
      Hour = dt.Hour;
      Minute = dt.Minute;
      Second = dt.Second; //explizite Zuweisung

    }

    public Time( int Year, int Month, int Date, int Hour, int Minute )
    {
      this.Year = Year;
      this.Month = Month;
      this.Date = Date;
      this.Hour = Hour;
      this.Minute = Minute;
    }

  }

  public class Tester
  {
    static void Main()
    {
      System.DateTime currentTime = System.DateTime.Now;
      Time t = new Time( currentTime );
      t.DisplayCurrentTime();

      Time t2 = new Time( 2007, 11, 18, 11, 45 );
      t2.DisplayCurrentTime();
```

Beispiel 4-4: Einen Initialisierer verwenden (Fortsetzung)

```
      }
   }
}

Ausgabe:
Debug : 27.11.2007 7:52:54
Zeit  : 27.11.2007 7:52:54

Debug : 27.11.2007 7:52:54
Zeit  : 18.11.2007 11:45:30
```

Wenn Sie keinen bestimmten Initialisierer angeben, wird der Konstruktor jede Integer-Member-Variable mit null (0) initialisieren. In dem gezeigten Fall wird der Member Second aber mit 30 initialisiert:

```
    private int Second = 30; // Initialisierer
```

Wurde für Second kein Wert übergeben, wird ihr Wert auf 30 gesetzt, wenn t2 erzeugt wird:

```
    Time t2 = new Time(2007,11,18,11,45);
    t2.DisplayCurrentTime( );
```

Wird Second aber ein Wert zugewiesen, wie es im Konstruktor der Fall ist (dieser nimmt ein DateTime-Objekt entgegen, das hier in fetter Schrift dargestellt ist), überschreibt dieser Wert den initialisierten Wert.

Beim ersten Aufruf von DisplayCurrentTime() rufen wir den Konstruktor auf, der ein DateTime-Objekt entgegennimmt, und die Sekunden werden mit 54 initialisiert. Wenn wir die Methode zum zweiten Mal aufrufen, setzen wir die Zeit explizit auf 11:45 (ohne Sekundenangabe), und dann tritt der Initialisierer in Aktion.

Hätte das Programm keinen Initialisierer und würde Second auch anderweitig keinen Wert zuweisen, würde der Wert vom CLR mit null initialisiert.

 Anmerkung für C++-Programmierer: C# kennt keinen Copy-Konstruktor, und die Semantik des Kopierens wird mithilfe des Interfaces ICloneable bewerkstelligt.

Das Interface ICloneable

Das .NET Framework definiert ein Interface namens ICloneable, mit dem das Konzept des Copy-Konstruktors unterstützt wird. (Interfaces werden in Kapitel 8 ausführlich behandelt.) Das Interface enthält eine einzige Methode: Clone(). Wenn Klassen so etwas wie einen Copy-Konstruktor unterstützen sollen, müssen sie ICloneable implementieren, und zwar entweder in Form einer flachen Kopie (durch einen Aufruf von MemberwiseClone) oder als tiefe Kopie (d.h. durch Aufruf des Copy-Konstruktors und manuelles Kopieren aller Member).

```
class SomeType: ICloneable
{
  public Object Clone()
  {
    return MemberwiseClone(); // Flache Kopie
  }
}
```

Objekt-Initialisierer

Eine Alternative zum Aufruf des Konstruktors, um die privaten Member der Klasse `Time` zu initialisieren, ist die Verwendung eines neuen Features in C# 3.0 namens *Objekt-Initialisierer*. Der Objekt-Initialisierer ermöglicht es Ihnen, Objekte zu initialisieren, ohne explizit einen Konstruktor zu verwenden. Sie brauchen nicht einmal einen Konstruktor definiert zu haben, der die Objekt-Eigenschaften initialisiert. Sie müssen nur die Werte aller öffentlichen Eigenschaften im Objekt-Initialisierer festlegen, wie dies in Beispiel 4-5 zu sehen ist.

Beispiel 4-5: Objekt-Initialisierer

```
using System;

namespace ObjectInitializer
{
  public class Time
  {
    // private Member-Variable
    public int Year;
    public int Month;
    public int Date;
    public int Hour;
    public int Minute;
    public int Second = 30; // Initialisierer

    public void DisplayCurrentTime()
    {
      System.Console.WriteLine("Zeit\t: {0}/{1}/{2} {3}:{4}:{5}",
                  Month, Date, Year, Hour, Minute, Second);
    }
  }

  public class Tester
  {
    static void Main()
    {
      Time t = new Time {
        Year = 2009, Month = 7, Date = 10, Hour = 11, Minute = 15 };
      t.DisplayCurrentTime();
    }
  }
}
```

Beispiel 4-5: Objekt-Initialisierer (Fortsetzung)

Ausgabe:
Zeit : 7/10/2009 11:15:30

Die folgende Objekt-Initialisierung:

```
Time t = new Time {
Year = 2009, Month = 7, Date = 10, Hour = 11, Minute = 15 };
```

entspricht der Erstellung des Objekts:

```
Time t = new Time();
```

und dem anschließenden Zuweisen der Werte an seine öffentlichen Member:

```
t.Year = 200;
t.Month = 7;
t.Date = 10;
t.Hour = 11;
t.Minute = 15;
```

Die Member-Werte Year, Month, Date, Hour und Minute würde normalerweise als privat deklariert und nur über Eigenschaften veröffentlicht werden, wie dies weiter unten noch beschrieben wird.

Das Schlüsselwort this

Das Schlüsselwort this bezieht sich auf die aktuelle Instanz eines Objekts. Die this-Referenz (manchmal auch als this-*Zeiger*[3] bezeichnet) ist ein verborgener Zeiger, der jeder nicht-statischen Methode einer Klasse übergeben wird. Jede Methode kann durch die this-Referenz auf die anderen Methoden und Variablen des Objekts verweisen.

Die this-Referenz wird üblicherweise auf verschiedene Arten verwendet. Die erste besteht darin, Instanzen-Member zu qualifizieren, die andernfalls von Parametern verborgen sind:

```
public void SomeMethod (int hour)
{
  this.hour = hour;
}
```

In diesem Beispiel nimmt SomeMethod() einen Parameter (hour) entgegen, der genauso heißt wie eine Member-Variable der Klasse. Die this-Referenz wird verwendet, um die Namenszweideutigkeit aufzulösen. Während this.hour auf die Member-Variable verweist, verweist hour auf den Parameter.

---

3 Ein Zeiger ist eine Variable, die die Adresse eines Objekts im Speicher enthält. C# verwendet bei managed Objekten keine Zeiger. Manche C++-Programmierer haben sich so daran gewöhnt, von einem this-Zeiger zu sprechen, dass sie diesen Begriff (unkorrekterweise) auch auf C# übertragen haben. Wir benutzen lieber den Ausdruck this-Referenz und zahlen jedes Mal, wenn wir es vergessen, 25 Cent Bußgeld für wohltätige Zwecke.

Für diesen Stil spricht, dass Sie den richtigen Variablennamen auswählen und ihn sowohl für den Parameter als auch für die Member-Variable verwenden. Dagegen spricht, dass es verwirrend sein kann, den gleichen Namen für den Parameter und die Member-Variable zu verwenden.

Die zweite Verwendungsmöglichkeit der `this`-Referenz besteht darin, das aktuelle Objekt als Parameter an eine andere Methode zu übergeben, zum Beispiel:

```
class myClass
{
  public void Foo(OtherClass otherObject)
  {
    otherObject.Bar(this);
  }
}
```

Wir wollen dieses Beispiel etwas auseinandernehmen. Es gibt hier eine Methode namens myClass.Foo. Im Rumpf dieser Methode wird die Methode Bar der Instanz OtherClass aufgerufen, wobei ihr eine Referenz auf die aktuelle Instanz von myClass übergeben wird. Dies ermöglicht der Bar-Methode, auf die öffentlichen Methoden und Member der aktuellen Instanz myClass zuzugreifen.

Die dritte Verwendung von `this` nutzt Indexer, die in Kapitel 9 behandelt werden.

Die vierte Verwendung der `this`-Referenz besteht darin, einen überladenen Konstruktor aus einem anderen heraus aufzurufen, zum Beispiel:

```
class myClass
{
  public myClass(int i) { //... }
  public myClass() : this(42) { //... }
}
```

In diesem Beispiel ruft der Default-Konstruktor mithilfe des Schlüsselworts `this` den überladenen Konstruktor auf, der einen Integer-Wert erwartet.

Eine letzte Möglichkeit der Benutzung des Schlüsselworts `this` dient dazu, als eine Form der Dokumentation die Methoden und Member einer Klasse explizit aufzurufen:

```
public void MyMethod(int y)
{
   int x = 0;
   x = 7;      // einer lokalen Variablen zuweisen
   y = 8;      // einem Parameter zuweisen
   this.z = 5; // einer Member-Variablen zuweisen
   this.Draw(); // Member-Methode aufrufen
}
```

In dem dargestellten Fall ist die Verwendung der `this`-Referenz zwar überflüssig, macht aber die Absicht des Programmierers klarer und schadet nicht (wenn man von dem möglicherweise etwas unübersichtlicheren Programmcode absieht).

Statische Member verwenden

Die Member einer Klasse (Variablen, Methoden, Events, Indexer usw.) können entweder *Instanz-Member* oder *statische Member* sein. Instanz-Member sind mit Instanzen eines Typs assoziiert, während statische Member als Teil einer Klasse angesehen werden. Sie greifen auf ein statisches Member über den Namen der Klasse zu, in der es deklariert ist. Angenommen, Sie haben eine Klasse namens Button und haben Objekte dieser Klasse mit den Namen btnUpdate und btnDelete instanziiert.[4] Nehmen wir weiterhin an, dass die Klasse Button über eine statische Methode namens SomeMethod() verfügt. Um auf die statische Methode zuzugreifen, schreiben Sie

    Button.SomeMethod();

statt

    btnUpdate.SomeMethod();

In C# ist es nicht zulässig, über eine Instanz auf eine statische Methode oder Member-Variable zuzugreifen. Der Versuch führt zu einem Compiler-Fehler (C++-Programmierer, aufgepasst!).

Einige Programmiersprachen unterscheiden zwischen Klassenmethoden und anderen (globalen) Methoden, die außerhalb des Kontexts jeder Klasse zur Verfügung stehen. In C# gibt es keine globalen Methoden, nur Klassenmethoden, aber Sie können ein entsprechendes Ergebnis erzielen, indem Sie statische Methoden innerhalb Ihrer Klasse definieren.

Anmerkung für VB6-Programmierer: Verwechseln Sie nicht das C#-Schlüsselwort static mit dem Schlüsselwort Static in VB6 und VB.NET. In VB wird mit Static eine Variable deklariert, die nur in der Methode verfügbar ist, in der sie deklariert ist. Mit anderen Worten: Eine Static-Variable wird nicht von zwei Objekten ihrer Klasse gemeinsam genutzt (d.h., jede Static-Variable hat ihren eigenen Wert). Allerdings bleibt diese Variable für die Lebenszeit des Programms bestehen; dies ermöglicht es, Werte von einem Methodenaufruf zum nächsten zwischenzuspeichern.

In C# bezeichnet das Schlüsselwort static ein Klassen-Member; das dazu äquivalente Schlüsselwort in VB ist Shared.

Statische Methoden funktionieren mehr oder weniger wie globale Methoden. Sie können sie aufrufen, ohne tatsächlich eine Instanz des Objekts zur Hand zu haben. Der Vorteil von statischen Methoden gegenüber den globalen ist aber, dass ihr Name auf den Bereich ihrer Klasse beschränkt ist und daher der globale Namensraum nicht mit Unmengen von Funktionsnamen vollgestopft wird. Das kann bei der Verwaltung von höchst komplexen Programmen helfen. Der Name der Klasse ist für die statischen Methoden darin so etwas wie ein Namensraum.

---

4 Wie bereits erwähnt wurde, sind btnUpdate und btnDelete in Wirklichkeit Variablen, die auf unbenannte Instanzen auf dem Heap verweisen. Der Einfachheit halber tun wir hier so, als wären es die Namen der Objekte, behalten aber im Kopf, dass es nur Abkürzungen für »Namen von Variablen, die auf unbenannte Instanzen auf dem Heap verweisen« sind.

Außerdem können statische Methoden Instanz-Member als Parameter erhalten (oder solche Instanzen selbst innerhalb der statischen Methode erzeugen). Da sich ihr Geltungsbereich auf die Klasse bezieht und nicht global ist, haben sie auch Zugriff auf die privaten Member dieser Instanzen.

Widerstehen Sie der Versuchung, eine einzelne Klasse zu erzeugen, in die Sie Ihre diversen Methoden stopfen. Es ist möglich, aber nicht wünschenswert und untergräbt die Kapselung eines objektorientierten Entwurfs.

Statische Methoden aufrufen

Die Methode Main( ) ist statisch. Statische Methoden operieren auf einer Klasse statt auf einer Instanz der Klasse. Sie haben keine this-Referenz, da es keine Instanz gibt, auf die sie zeigen könnten.

Hinweis für Java-Programmierer: In C# ist es nicht erlaubt, statische Methoden durch Instanzvariablen aufzurufen.

Statische Methoden können nicht direkt auf nicht-statische Member zugreifen. Damit Main() eine nicht-statische Methode aufrufen kann, muss es ein Objekt instanziieren. Sehen Sie sich noch einmal Beispiel 4-2 an.

SomeMethod( ) ist eine nicht-statische Methode von MyClass. Damit Main() auf diese Methode zugreifen kann, muss es zuerst ein Objekt des Typs MyClass instanziieren und dann die Methode durch dieses Objekt aufrufen.

Statische Konstruktoren verwenden

Wenn Ihre Klasse einen statischen Konstruktor deklariert, ist garantiert, dass der statische Konstruktor läuft, ehe irgendeine Instanz Ihrer Klasse erzeugt wird.[5]

Sie können nicht genau steuern, wann ein statischer Konstruktor laufen wird, aber Sie wissen, dass es nach dem Start Ihres Programms und vor der Erzeugung der ersten Instanz geschehen wird. Daher können Sie nicht annehmen (oder festlegen), dass eine Instanz erzeugt wird.

---

5 Tatsächlich garantiert die CLR, dass der statische Konstruktor gestartet wird, bevor *irgendetwas* anderes mit Ihrer Klasse geschieht. Es wird allerdings nur garantiert, dass der statische Konstruktor *gestartet* wird, nicht aber, dass er auch *beendet* wird. Man kann durchaus einen pathologischen Fall konstruieren, in dem zwei Klassen zirkulär voneinander abhängig sind. Anstatt in einen Deadlock zu geraten, kann die CLR die Konstruktoren in unterschiedlichen Threads laufen lassen. Damit wird die minimale Garantie erfüllt, dass die beiden Konstruktoren wenigstens in der richtigen Reihenfolge gestartet werden.

Sie könnten z.B. den folgenden statischen Konstruktor aus Beispiel 4-4 zur Time-Klasse hinzufügen:

```
static Time()
{
  Name = "Zeit";
}
```

Beachten Sie, dass es vor dem statischen Konstruktor keinen Zugriffsmodifikator (z.B. public) gibt. Zugriffsmodifikatoren sind bei statischen Konstruktoren nicht zulässig. Außerdem können Sie, da dies eine statische Member-Methode ist, nicht auf nicht-statische Member-Variablen zugreifen. Daher muss Name als statische Member-Variable deklariert werden:

```
private static string Name;
```

Als letzte Veränderung wird eine Zeile wie die folgende zu DisplayCurrentTime() hinzugefügt:

```
public void DisplayCurrentTime()
{
  System.Console.WriteLine("Name: {0}", Name);
  System.Console.WriteLine("{0}.{1}.{2} {3}:{4}:{5}",
    Date, Month, Year, Hour, Minute, Second);
}
```

Sind all diese Veränderungen vorgenommen, sieht die Ausgabe so aus:

```
Name: Zeit
27.11.2007 7:52:54
Name: Zeit
18.11.2007 11:45:30
```

(Ihre Ausgabe wird abhängig davon, wann Sie diesen Code ausführen, variieren.)

Dieser Code läuft zwar, aber es ist nicht notwendig, einen statischen Konstruktor zu erzeugen, um dieses Ziel zu erreichen. Sie können stattdessen einen Initialisierer benutzen:

```
private static string Name = "Zeit";
```

Dieser erreicht das gleiche Ziel. Statische Konstruktoren sind allerdings für Setup-Aufgaben nützlich, die mit einem Initialisierer nicht erledigt werden können und nur einmal durchgeführt werden müssen.

Hinweis für Java-Programmierer: In C# tut ein statischer Konstruktor das, wofür man in Java einen statischen Initialisierer verwenden würde.

Nehmen Sie z.B. an, Sie haben ein Stück unmanaged Code in einer älteren DLL. Sie möchten für diesen Code einen Klassen-Wrapper anbieten. Sie können die Bibliothek in Ihren statischen Konstruktor laden und die Sprungtabelle im statischen Konstruktor initialisieren. Die Einbindung von Legacy-Code (»Altlasten«) und der Umgang mit unmanaged Code wird in Kapitel 22 erläutert.

Statische Klassen

In C# gibt es keine globalen Methoden oder Konstanten. Sie werden irgendwann merken, dass Sie kleine Hilfsklassen erstellen, die nur zum Speichern statischer Member dienen. Einmal abgesehen davon, ob dies ein gutes Design ist: Wenn Sie eine solche Klasse anlegen, sollen von ihr keine Instanzen erzeugt werden. Indem Sie Ihre Klasse als Static kennzeichnen, stellen Sie sicher, dass keine Instanz von der Klasse angelegt werden kann. Statische Klassen sind versiegelt, daher können Sie von einer Static-Klasse auch keine abgeleiteten Typen bilden. Beachten Sie auch, dass statische Klassen weder nicht-statische Member noch Konstruktoren haben können.

Statische Felder verwenden

Häufig werden statische Member-Variablen dazu verwendet, die Anzahl der aktuell existierenden Instanzen einer Klasse zu verfolgen. Beispiel 4-6 veranschaulicht dies.

Beispiel 4-6: Die Verwendung von statischen Feldern für das Zählen von Instanzen

```
#region Using directives

using System;
using System.Collections.Generic;
using System.Text;

#endregion

namespace StaticFields
{
  public class Cat
  {

    private static int instances = 0;

    public Cat()
    {
      instances++;
    }

    public static void HowManyCats()
    {
      Console.WriteLine( "{0} Katzen adoptiert", instances );
    }
  }

  public class Tester
  {
    static void Main()
    {
      Cat.HowManyCats();
      Cat frisky = new Cat();
      Cat.HowManyCats();
```

Beispiel 4-6: Die Verwendung von statischen Feldern für das Zählen von Instanzen (Fortsetzung)

```
      Cat whiskers = new Cat();
      Cat.HowManyCats();
    }
  }
}
```

```
Ausgabe:
0 Katzen adoptiert
1 Katzen adoptiert
2 Katzen adoptiert
```

Wir haben die Klasse Cat hier auf das absolute Minimum reduziert. In ihr wird eine statische Member-Variable namens instances erzeugt und mit null initialisiert. Beachten Sie, dass statische Member als Teil der Klasse angesehen werden und nicht als Member einer Instanz. Daher müssen Sie, wenn Sie einen statischen Member initialisieren wollen, einen expliziten Initialisierer angeben. Jedes Mal, wenn eine weitere Instanz von Cat (in einem Konstruktor) erzeugt wird, erhöht sich der Zähler.

> ### Statische Methoden zum Zugriff auf statische Felder
> Member-Daten sollten nicht public sein, auch keine statischen Member-Variablen. Eine Lösungsmöglichkeit besteht darin, den statischen Member als private zu deklarieren, wie wir es hier mit instances getan haben. Wir haben eine öffentliche Zugriffsmethode namens HowManyCats() erzeugt, um den Zugriff auf diesen privaten Member zu ermöglichen.

Objekte zerstören

Da C# eine Garbage Collection bietet, müssen Sie Ihre Objekte niemals explizit zerstören. Wenn Ihr Objekt aber unmanaged Ressourcen steuert, müssen Sie diese Ressourcen explizit freigeben, wenn Sie sie nicht mehr benötigen. Eine implizite Kontrolle über unmanaged Objekte bietet ein *Destruktor*, der vom Garbage Collector aufgerufen wird, wenn Ihr Objekt zerstört wird.

Hinweis für C- und C++-Programmierer: Ein Destruktor wird nicht unbedingt dann aufgerufen, wenn das zugehörige Objekt den Geltungsbereich verlässt, sondern wenn es vom Garbage Collector beseitigt wird (was viel später geschehen kann). Man bezeichnet dies als *nicht-deterministische Finalisierung*.

Der Destruktor sollte nur die von dem jeweiligen Objekt verwendeten Ressourcen freigeben und nicht auf andere Objekte verweisen. Beachten Sie, dass Sie keinen Destruktor benötigen und auch keinen implementieren sollten, wenn Sie nur managed Referenzen haben; Sie sollten ihn nur für die Behandlung von unmanaged Ressourcen verwenden. Da ein Destruktor auch Speicher beansprucht, sollten Sie ihn lediglich für solche Methoden implementieren, für die er erforderlich ist (d.h. für Methoden, die wertvolle unmanaged Ressourcen belegen).

Sie können den Destruktor eines Objekts nicht direkt aufrufen. Der Garbage Collector wird ihn für Sie aufrufen.

> ### Wie Destruktoren funktionieren
>
> Der Garbage Collector pflegt eine Liste von Objekten, die einen Destruktor haben. Diese Liste wird jedes Mal aktualisiert, wenn ein solches Objekt erzeugt oder zerstört wird.
>
> Wird ein Objekt auf dieser Liste zum ersten Mal eingesammelt, wird es zusammen mit anderen Objekten, die zerstört werden sollen, in eine Queue gestellt. Nachdem der Destruktor ausgeführt wurde, sammelt der Garbage Collector das Objekt ein und aktualisiert die Queue sowie seine Liste zu zerstörender Objekte.

Der C#-Destruktor

Der Destruktor von C# sieht syntaktisch einem C++-Destruktor sehr ähnlich, aber er verhält sich ganz anders. Sie deklarieren einen C#-Destruktor mit einer Tilde:

```
~MyClass(){}
```

In C# ist diese Syntax einfach eine Abkürzung für die Deklaration der Methode Finalize(), die eine Verkettung bis zur Basisklasse herstellt. Wenn Sie also

```
~MyClass()
{
    // Arbeit hier ausführen
}
```

schreiben, übersetzt es der C#-Compiler in:

```
protected override void Finalize()
{
    try
    {
        // Arbeit hier ausführen
    }
    finally
    {
        base.Finalize();
    }
}
```

Destruktoren und Dispose

Es ist nicht zulässig, einen Destruktor explizit aufzurufen. Der Destruktor wird vom Garbage Collector aufgerufen. Wenn Sie mit wertvollen unmanaged Ressourcen arbeiten (wie z.B. Datei-Handles), die Sie schließen und so schnell wie möglich verwerfen möchten, sollten Sie das Interface IDisposable implementieren.[6] (Sie werden in Kapitel 8 mehr über dieses Interface erfahren.) Das Interface IDisposable fordert von seinen Implementierern die Definition einer Methode namens Dispose(), um die Aufräumarbeiten vorzunehmen, die Sie für wichtig erachten. Dispose() bietet die Möglichkeit, Ihrem Client zu sagen: »Warte nicht darauf, dass der Destruktor aufgerufen wird, sondern tue es direkt.«

Wenn Sie eine Dispose()-Methode anbieten, sollten Sie den Garbage Collector davon abhalten, den Destruktor Ihres Objekts aufzurufen. Dafür rufen Sie die statische Methode GC.SuppressFinalize() auf und übergeben ihr den this-Zeiger auf Ihr Objekt. Ihr Destruktor kann dann Ihre Dispose()-Methode aufrufen. Sie können also Folgendes schreiben:

```
using System;
class Testing : IDisposable
{
  bool is_disposed = false;
  protected virtual void Dispose(bool disposing)
  {
    if (!is_disposed) // Nur einmal verwerfen!
    {
      if (disposing)
      {
        Console.WriteLine("Nicht im Destruktor, Referenz auf andere Objekte ist okay");
      }
      // Räume dieses Objekt auf
      Console.WriteLine("Verwirf Objekt ...");
    }
    this.is_disposed = true;
  }

  public void Dispose()
  {
    Dispose(true);
    // Weise den GC an, nichts zu finalisieren
    GC.SuppressFinalize(this);
  }

  ~Testing()
  {
    Dispose(false);
    Console.WriteLine("Im Destruktor.");
  }
}
```

---

6 Normalerweise werden Sie keine Klassen schreiben, die unmittelbar mit unmanaged Ressourcen wie Raw-Handles arbeiten. Allerdings können Sie Wrapper-Klassen wie FileStream und Socket verwenden. Diese Klassen implementieren allerdings IDisposable, und in diesem Fall sollten auch Sie Ihre Klasse IDisposable implementieren lassen (aber keinen Finalizer). Ihre Dispose-Methode muss dann bei allen verwendeten, zum Wegwerfen vorgesehenen Ressourcen Dispose aufrufen.

Die Methode Close() implementieren

Bei einigen Objekten sollten Sie Ihre Clients lieber die Methode Close( ) aufrufen lassen. (Bei Datei-Objekten ist Close() z.B. sinnvoller als Dispose().) Sie können dies implementieren, indem Sie eine private Dispose()-Methode und eine öffentliche Close()-Methode anlegen und Ihre Close()-Methode Dispose() aufrufen lassen.

Die using-Anweisung

Um den Benutzern Ihrer Klasse das Wegwerfen Ihrer Objekte zu erleichtern, bietet C# eine using-Anweisung, die sicherstellt, dass Dispose() zum frühestmöglichen Zeitpunkt aufgerufen wird. Die Vorgehensweise besteht darin, die verwendeten Objekte zu deklarieren und dann mit geschweiften Klammern einen Geltungsbereich für diese Objekte zu definieren. Wenn die schließende Klammer erreicht ist, wird automatisch die Dispose()-Methode auf dem Objekt aufgerufen, wie Sie in Beispiel 4-7 sehen.

Beispiel 4-7: Das using-Konstrukt

```
#region Using directives

using System;
using System.Collections.Generic;
using System.Drawing;
using System.Text;

#endregion

namespace usingStatement
{
  class Tester
  {
    public static void Main()
    {
      using ( Font theFont = new Font( "Arial", 10.0f ) )
      {
        // theFont benutzen

      } // Hier ruft der Compiler Dispose bei theFont auf

      Font anotherFont = new Font( "Courier", 12.0f );

      using ( anotherFont )
      {
        // anotherFont benutzen

      } // Hier ruft der Compiler Dispose bei anotherFont auf
    }
  }
}
```

Im ersten Teil dieses Beispiels wird das `Font`-Objekt in der `using`-Anweisung erzeugt. Wenn die `using`-Anweisung endet, wird `Dispose()` auf dem `Font`-Objekt aufgerufen.

Im zweiten Teil des Beispiels wird ein `Font`-Objekt außerhalb der `using`-Anweisung erzeugt. Wenn wir uns dafür entscheiden, diese Schrift zu verwenden, setzen wir sie in die `using`-Anweisung; endet diese Anweisung, wird `Dispose()` erneut aufgerufen.

Das zweite Vorgehen ist voller Gefahren. Wenn nach der Erzeugung des Objekts, aber bevor der `using`-Block begonnen worden ist, eine Exception ausgelöst wird, wird das Objekt nicht weggeworfen. Außerdem bleibt die Variable nach dem Ende des `using`-Blocks noch im Geltungsbereich, aber wenn auf sie zugegriffen wird, führt dies zu einem Fehler.

Die `using`-Anweisung schützt Sie auch vor unerwarteten Exceptions. `Dispose()` wird immer aufgerufen, egal wie die Ablaufsteuerung die `using`-Anweisung verlässt. Ein impliziter `try-catch-finally`-Block wird für Sie erzeugt. (Einzelheiten finden Sie in Kapitel 11.)

Parameter übergeben

Standardmäßig werden Werttypen *by value* (als Wert) an Methoden übergeben (siehe den Abschnitt »Argumente zu Methoden« weiter oben in diesem Kapitel). Das bedeutet, dass eine temporäre Kopie des Objekts in der Methode erzeugt wird, wenn ein Wertobjekt an eine Methode übergeben wird. Ist die Methode einmal abgeschlossen, wird die Kopie verworfen. Die Übergabe by value ist zwar der Normalfall, aber es kommt auch vor, dass Sie Wertobjekte by reference übergeben möchten. C# bietet den Parametermodifikator `ref` für die Übergabe von Wertobjekten an Methoden by reference und den Modifikator `out` für die Fälle, in denen Sie eine `ref`-Variable übergeben möchten, ohne sie vorher zu initialisieren. C# unterstützt auch den Modifikator `params`, der es einer Methode erlaubt, eine beliebige Anzahl von Parametern entgegenzunehmen. Das Schlüsselwort `params` wird in Kapitel 9 erläutert.

Übergabe by reference

Methoden können nur einen einzigen Wert zurückgeben (der allerdings auch eine Werte-Collection sein kann). Kehren wir zur Klasse `Time` zurück, und fügen wir eine `GetTime()`-Methode hinzu, die die Stunde, Minuten und Sekunden zurückgibt.

 Anmerkung für Java-Programmierer: In C# werden keine Wrapper-Klassen für Basistypen wie `int` (Integer) benötigt. Verwenden Sie stattdessen Referenzparameter.

Da wir nicht drei Werte zurückgeben lassen können, können wir vielleicht drei Parameter übergeben, die Methode die Parameter modifizieren lassen und das Ergebnis in der aufrufenden Methode untersuchen. Das Beispiel 4-8 zeigt einen ersten Versuch.

Beispiel 4-8: Werte in Parametern zurückgeben

```csharp
#region Using directives

using System;
using System.Collections.Generic;
using System.Text;

#endregion

namespace ReturningValuesInParams
{
  public class Time
  {
    // Private Member-Variablen
    private int Year;
    private int Month;
    private int Date;
    private int Hour;
    private int Minute;
    private int Second;

    // Öffentliche Zugriffsmethoden
    public void DisplayCurrentTime()
    {
      System.Console.WriteLine( "{0}.{1}.{2} {3}:{4}:{5}",
        Date, Month, Year, Hour, Minute, Second );
    }

    public int GetHour()
    {
      return Hour;
    }

    public void GetTime( int h, int m, int s )
    {
      h = Hour;
      m = Minute;
      s = Second;
    }

    // Konstruktor
    public Time( System.DateTime dt )
    {

      Year = dt.Year;
      Month = dt.Month;
      Date = dt.Day;
      Hour = dt.Hour;
      Minute = dt.Minute;
      Second = dt.Second;
    }
  }
```

Beispiel 4-8: Werte in Parametern zurückgeben (Fortsetzung)

```
public class Tester
{
  static void Main( )
  {
    System.DateTime currentTime = System.DateTime.Now;
    Time t = new Time( currentTime );
    t.DisplayCurrentTime( );

    int theHour = 0;
    int theMinute = 0;
    int theSecond = 0;
    t.GetTime( theHour, theMinute, theSecond );
    System.Console.WriteLine( "Aktuelle Zeit: {0}:{1}:{2}",
      theHour, theMinute, theSecond );
  }
}
```

Ausgabe:
17.11.2007 13:41:18
Aktuelle Zeit: 0:0:0

Beachten Sie, dass die Aktuelle Zeit in der Ausgabe 0:0:0 ist. Offensichtlich hat dieser erste Versuch nicht funktioniert. Das Problem liegt bei den Parametern. Wir übergeben drei Integer-Parameter an GetTime() und modifizieren die Parameter in GetTime(), aber wenn in Main() wieder auf die Werte zugegriffen wird, sind sie unverändert. Das liegt daran, dass Integer Werttypen sind und daher by value übergeben werden; in GetTime() wird nur eine Kopie erstellt. Wir müssen diese Werte by reference übergeben.

Es sind zwei kleine Veränderungen erforderlich. Zuerst ändern Sie die Parameter der Methode GetTime, um anzuzeigen, dass die Parameter ref-(Referenz-)Parameter sind:

```
public void GetTime(ref int h, ref int m, ref int s)
{
    h = Hour;
    m = Minute;
    s = Second;
}
```

Dann ändern Sie den Aufruf von GetTime(), um auch die Argumente by reference zu übergeben:

```
t.GetTime(ref theHour, ref theMinute, ref theSecond);
```

Wenn Sie den zweiten Schritt der Kennzeichnung der Argumente mit dem Schlüsselwort ref auslassen, wird der Compiler melden, dass das Argument nicht von einer int in eine ref int umgewandelt werden kann.

Nun zeigt das Ergebnis die korrekte Zeit. Durch die Deklaration dieser Parameter als ref-Parameter instruieren Sie den Compiler, sie by reference zu übergeben. Der Parameter in GetTime() ist keine Kopie, sondern eine Referenz auf die gleiche Variable (theHour), die in

Main() erzeugt wird. Wenn Sie diese Werte in GetTime() ändern, spiegelt sich die Veränderung in Main() wider.

Denken Sie daran, dass ref-Parameter Referenzen auf die tatsächlichen Werte sind – es ist, als würden Sie sagen: »Hier, arbeite damit.« Umgekehrt sind Wertparameter Kopien – so als würden Sie sagen: »Hier, arbeite mit einem, *der genau wie dieser ist*.«

Definitive Zuweisungen durch out-Parameter vermeiden

C# verlangt *definitive Zuweisungen*: Sie müssen allen Variablen einen Wert zuweisen, ehe sie verwendet werden. In Beispiel 4-8 wird sich der Compiler beschweren, wenn Sie theHour, theMinute und theSecond nicht initialisieren, ehe Sie sie als Parameter an GetTime() übergeben. Die Initialisierung setzt diese Werte aber nur auf 0, ehe sie an die Methode übergeben werden:

```
int theHour = 0;
int theMinute = 0;
int theSecond = 0;
t.GetTime( ref theHour, ref theMinute, ref theSecond);
```

Das Initialisieren dieser Werte erscheint überflüssig, denn sie werden ja unmittelbar als Referenzen an GetTime übergeben und dort verändert. Wenn Sie es aber nicht tun, meldet der Compiler folgende Fehler:

```
Verwendung von möglicherweise nicht zugewiesenen lokalen Variablen 'theHour'
Verwendung von möglicherweise nicht zugewiesenen lokalen Variablen 'theMinute'
Verwendung von möglicherweise nicht zugewiesenen lokalen Variablen 'theSecond'
```

C# bietet für diese Situation den Parametermodifikator out. Der out-Modifikator hebt die Regel auf, dass ein Referenzparameter initialisiert sein muss. Die Parameter von GetTime() liefern z.B. keine Informationen an die Methode, sondern sind einfach ein Mechanismus, um Informationen aus ihr herauszuholen. Wenn Sie alle drei als out-Parameter kennzeichnen, eliminieren Sie damit die Notwendigkeit, sie außerhalb der Methode zu initialisieren. Innerhalb der aufgerufenen Methode müssen die out-Parameter einem Wert zugewiesen werden, ehe die Methode zurückkehrt. Hier sehen Sie die veränderten Parameterdeklarationen für GetTime():

```
public void GetTime(out int h, out int m, out int s)
{
    h = Hour;
    m = Minute;
    s = Second;
}
```

Und dies ist der neue Aufruf der Methode in Main():

```
t.GetTime(out theHour, out theMinute, out theSecond);
```

Zusammenfassend kann man sagen, dass Werttypen an Methoden by value übergeben werden. Ref-Parameter werden benutzt, um Werttypen by reference an eine Methode zu übergeben. Dies ermöglicht es Ihnen, ihren veränderten Wert in der Aufrufmethode abzurufen. out-Parameter werden nur benutzt, um Informationen von einer Methode zurückzugeben. Beispiel 4-9 wandelt Beispiel 4-8 so ab, dass alle drei Möglichkeiten genutzt werden.

Beispiel 4-9: Die Verwendung von in-, out- und ref-Parametern

```csharp
#region Using directives

using System;
using System.Collections.Generic;
using System.Text;

#endregion

namespace InOutRef
{
  public class Time
  {
    // Private Member-Variablen
    private int Year;
    private int Month;
    private int Date;
    private int Hour;
    private int Minute;
    private int Second;

    // Öffentliche Zugriffsmethoden
    public void DisplayCurrentTime()
    {
      System.Console.WriteLine( "{0}.{1}.{2} {3}:{4}:{5}",
        Date, Month, Year, Hour, Minute, Second );
    }

    public int GetHour()
    {
      return Hour;
    }

    public void SetTime( int hr, out int min, ref int sec )
    {
        // Wenn die übergebene Zeit >= 30 ist,
        // erhöhe Minute und setze Second auf 0.
        // Lasse sie andernfalls beide unverändert.
      if ( sec >= 30 )
      {
        Minute++;
        Second = 0;
      }
      Hour = hr; // Setze auf den übergebenen Wert

      // Gib die Minute und Sekunde wieder zurück
      min = Minute;
      sec = Second;
    }
```

Beispiel 4-9: Die Verwendung von in-, out- und ref-Parametern (Fortsetzung)

```
  // Konstruktor
  public Time( System.DateTime dt )
  {
    Year = dt.Year;
    Month = dt.Month;
    Date = dt.Day;
    Hour = dt.Hour;
    Minute = dt.Minute;
    Second = dt.Second;
  }
}

public class Tester
{
  static void Main( )
  {
    System.DateTime currentTime = System.DateTime.Now;
    Time t = new Time( currentTime );
    t.DisplayCurrentTime( );

    int theHour = 3;
    int theMinute;
    int theSecond = 20;

    t.SetTime( theHour, out theMinute, ref theSecond );
    System.Console.WriteLine(
      "Wir haben jetzt: {0} Minuten und {1} Sekunden",
      theMinute, theSecond );

    theSecond = 40;
    t.SetTime( theHour, out theMinute, ref theSecond );
    System.Console.WriteLine( "Wir haben jetzt " +
      "{0} Minuten und {1} Sekunden", theMinute, theSecond );
  }
}
```

Ausgabe:
17.11.2007 14:6:24
Wir haben jetzt 6 Minuten und 24 Sekunden
Wir haben jetzt 7 Minuten und 0 Sekunden

SetTime ist zwar ein wenig an den Haaren herbeigezogen, aber es veranschaulicht die drei Parametertypen. theHour wird als Wertparameter übergeben; seine Aufgabe ist nur, die Member-Variable Hour zu setzen. Er gibt keinen Wert zurück.

Der ref-Parameter theSecond wird benutzt, um einen Wert in der Methode zu setzen. Wenn theSecond größer oder gleich 30 ist, wird die Member-Variable Second auf 0 zurückgesetzt und die Member-Variable Minute erhöht.

Wenn Sie Referenzparameter verwenden, müssen Sie ref sowohl beim Aufruf als auch am Ziel angeben.

Schließlich wird theMinute nur an die Methode übergeben, um den Wert der Member-Variablen Minute zurückzugeben. Daher wird sie als out-Parameter gekennzeichnet.

Es ist unbedingt sinnvoll, dass theHour und theSecond initialisiert werden müssen, denn ihre Werte werden benötigt und auch verwendet. Es ist jedoch nicht notwendig, theMinute zu initialisieren, da sie ein out-Parameter ist, der nur dazu dient, einen Wert zurückzugeben. Werte müssen nur initialisiert werden, wenn ihr Anfangswert von Bedeutung ist.

Methoden und Konstruktoren überladen

Häufig möchten Sie mehr als eine Funktion mit dem gleichen Namen verwenden. Das gängigste Beispiel dafür haben Sie, wenn Sie mehr als einen Konstruktor verwenden. In den bisher gezeigten Beispielen hat der Konstruktor einen einzelnen Parameter verwendet: ein DateTime-Objekt. Angenehm wäre natürlich die Möglichkeit, neue Time-Objekte auf eine beliebige Uhrzeit zu setzen, indem ihnen Werte für Jahr, Monat, Tag, Stunde, Minute und Sekunde übergeben werden. Und es wäre sogar noch angenehmer, wenn einige Clients einen Konstruktor verwenden könnten und andere Clients einen anderen Konstruktor. Für genau diese Eventualitäten ist das Überladen von Funktionen gedacht.

Die *Signatur* einer Methode ist durch ihren Namen und ihre Parameterliste definiert. Zwei Methoden unterscheiden sich in ihren Signaturen, wenn sie unterschiedliche Namen oder unterschiedliche Parameterlisten haben. Parameterlisten können sich hinsichtlich der Anzahl oder der Typen der Parameter unterscheiden. In dem folgenden Code unterscheidet sich z.B. die erste Methode von der zweiten durch die Anzahl der Parameter, und die zweite unterscheidet sich von der dritten durch die Typen der Parameter:

```
void myMethod(int p1);
void myMethod(int p1, int p2);
void myMethod(int p1, string s1);
```

Eine Klasse kann beliebig viele Methoden haben, solange sich jede Signatur von allen anderen unterscheidet.

Beispiel 4-10 stellt die Time-Klasse mit zwei Konstruktoren dar: Der eine nimmt ein DateTime-Objekt entgegen und der andere sechs Integer.

Beispiel 4-10: Überladen des Konstruktors

```
#region Using directives

using System;
using System.Collections.Generic;
using System.Text;
```

Beispiel 4-10: Überladen des Konstruktors (Fortsetzung)

```csharp
#endregion

namespace OverloadedConstructor
{
  public class Time
  {
    // Private Member-Variablen
    private int Year;
    private int Month;
    private int Date;
    private int Hour;
    private int Minute;
    private int Second;

    // Öffentliche Zugriffsmethoden
    public void DisplayCurrentTime()
    {
      System.Console.WriteLine( "{0}.{1}.{2} {3}:{4}:{5}",
        Date, Month, Year, Hour, Minute, Second );
    }

    // Konstruktoren
    public Time( System.DateTime dt )
    {
      Year = dt.Year;
      Month = dt.Month;
      Date = dt.Day;
      Hour = dt.Hour;
      Minute = dt.Minute;
      Second = dt.Second;
    }

    public Time( int Year, int Month, int Date,
      int Hour, int Minute, int Second )
    {
      this.Year = Year;
      this.Month = Month;
      this.Date = Date;
      this.Hour = Hour;
      this.Minute = Minute;
      this.Second = Second;
    }
  }

  public class Tester
  {
    static void Main()
    {
      System.DateTime currentTime = System.DateTime.Now;

      Time t1= new Time( currentTime );
      t.DisplayCurrentTime();
```

Beispiel 4-10: Überladen des Konstruktors (Fortsetzung)

```
      Time t2 = new Time( 2007, 11, 18, 11, 03, 30 );
      t2.DisplayCurrentTime( );

    }
  }
}
```

Wie Sie sehen, verfügt die Klasse Time in Beispiel 4-10 über zwei Konstruktoren. Bestände die Signatur einer Funktion nur aus dem Funktionsnamen, würde der Compiler nicht wissen, welche Konstruktoren aufgerufen werden sollen, wenn t1 und t2 konstruiert werden. Da die Signatur aber die Funktionsargumenttypen enthält, ist der Compiler in der Lage, den Konstruktoraufruf für t1 dem Konstruktor zuzuordnen, dessen Signatur ein DateTime-Objekt erfordert. Entsprechend kann der Compiler den t2-Konstruktoraufruf mit der Konstruktormethode in Verbindung bringen, deren Signatur sechs Integer-Argumente angibt.

Wenn Sie eine Methode überladen, müssen Sie die Signatur ändern (d.h. Namen, Anzahl oder Typ der Parameter). Sie können auch den Rückgabetyp ändern, aber das ist optional. Das Ändern des Rückgabetyps allein überlädt die Methode nicht. Wenn Sie zwei Methoden mit der gleichen Signatur, aber unterschiedlichen Rückgabetypen schreiben, wird ein Compiler-Fehler ausgelöst (siehe Beispiel 4-11):

Beispiel 4-11: Den Rückgabetyp von überladenen Methoden ändern

```
#region Using directives

using System;
using System.Collections.Generic;
using System.Text;

#endregion

namespace VaryingReturnType
{
  public class Tester
  {
    private int Triple( int val )
    {
      return 3 * val;
    }

    private long Triple( long val )
    {
      return 3 * val;
    }

    public void Test( )
    {
      int x = 5;
      int y = Triple( x );
      System.Console.WriteLine( "x: {0} y: {1}", x, y );
```

Beispiel 4-11: Den Rückgabetyp von überladenen Methoden ändern (Fortsetzung)

```
      long lx = 10;
      long ly = Triple( lx );
      System.Console.WriteLine( "lx: {0} ly: {1}", lx, ly );

    }
    static void Main( )
    {
      Tester t = new Tester( );
      t.Test();
    }
  }
}
```

In diesem Beispiel überlädt die Tester-Klasse die Methode Triple(). Eine Überladung nimmt einen Integer entgegen und die andere einen Long. Der Rückgabetyp für die beiden Triples()-Methoden variiert. Das ist zwar nicht erforderlich, aber in diesem Fall sehr bequem.

Daten durch Eigenschaften kapseln

Durch Eigenschaften können Clients auf den Klassenzustand zugreifen. Es sieht aus, als würden sie unmittelbar auf Member-Felder zugreifen, aber in Wirklichkeit implementieren sie diesen Zugriff über eine Klassenmethode.

Das ist ideal. Der Client will direkten Zugriff auf den Status des Objekts und möchte nicht mit Methoden arbeiten. Der Klassendesigner möchte aber den internen Status seiner Klasse in Klassen-Membern verbergen und einen indirekten Zugriff über eine Methode zur Verfügung stellen.

Durch das Trennen des Klassenzustands von der Methode, die auf diesen Zustand zugreift, kann der Designer den internen Zustand des Objekts bei Bedarf ändern. Wenn die Klasse Time zum ersten Mal erzeugt wird, kann der Wert Hour als Member-Variable gespeichert werden. Wird die Klasse neu entworfen, wird der Wert Hour vielleicht berechnet oder von einer Datenbank abgerufen. Hätte der Client einen direkten Zugriff auf die ursprüngliche Member-Variable Hour, würde er durch die Veränderung, die entsteht, weil der Wert nun berechnet ist, unbrauchbar. Da Zustand und Methode getrennt sind und der Client gezwungen wird, über eine Methode (oder Eigenschaft) zuzugreifen, kann die Time-Klasse die Weise ändern, wie sie ihren internen Zustand verwaltet, ohne den Client-Code zu beeinträchtigen.

Eigenschaften werden beiden Zielen gerecht: Sie bieten dem Client ein einfaches Interface in der Art einer Member-Variablen. Sie sind aber als Methoden implementiert und unterstützen das Verbergen von Daten, wie es sich für ein gutes objektorientiertes Design gehört. Dies sehen Sie in Beispiel 4-12.

Beispiel 4-12: Eine Eigenschaft verwenden

```csharp
#region Using directives

using System;
using System.Collections.Generic;
using System.Text;

#endregion

namespace UsingAProperty
{
  public class Time
  {
    // Private Member-Variablen
    private int year;
    private int month;
    private int date;
    private int hour;
    private int minute;
    private int second;

    // Öffentliche Zugriffsmethoden
    public void DisplayCurrentTime( )
    {
      System.Console.WriteLine(
        "Zeit\t: {0}/{1}/{2} {3}:{4}:{5}",
        date, month, year, hour, minute, second );
    }

    // Konstruktoren
    public Time( System.DateTime dt )
    {
      year = dt.Year;
      month = dt.Month;
      date = dt.Day;
      hour = dt.Hour;
      minute = dt.Minute;
      second = dt.Second;
    }

    // Erzeuge eine Eigenschaft

    public int Hour
    {
      get
      {
        return hour;
      }

      set
      {
        hour = value;
```

Beispiel 4-12: Eine Eigenschaft verwenden (Fortsetzung)

```
      }
    }
  }

  public class Tester
  {
    static void Main( )
    {
      System.DateTime currentTime = System.DateTime.Now;
      Time t = new Time( currentTime );
      t.DisplayCurrentTime( );

      int theHour = t.Hour;
      System.Console.WriteLine( "\nDie Stunde wurde abgerufen: {0}\n",
        theHour );
      theHour++;
      t.Hour = theHour;
      System.Console.WriteLine( "Die Stunde wurde aktualisiert: {0}\n", theHour );
    }
  }
}
```

Um eine Eigenschaft zu deklarieren, schreiben Sie den Eigenschaftstyp und den Namen, gefolgt von einem Paar Klammern. Innerhalb der Klammern können Sie get- und set-Zugriffsmethoden deklarieren. Keine von beiden verfügt über explizite Parameter, allerdings hat die Methode set() den impliziten Parameter value, wie Sie im Folgenden sehen.

In Beispiel 4-12 ist Hour eine Eigenschaft. Ihre Deklaration erzeugt zwei Zugriffsmethoden: get und set.

```
public int Hour
{
  get
  {
    return hour;
  }

  set
  {
    hour = value;
  }
}
```

Jede Zugriffsmethode hat einen Zugriffsmethodenrumpf, der den Eigenschaftswert abruft und setzt. Der Eigenschaftswert kann in einer Datenbank gespeichert werden (in diesem Fall würde der Zugriffsmethodenrumpf alles Notwendige tun, um mit der Datenbank zu interagieren), oder er kann einfach in einer privaten Member-Variablen gespeichert werden:

```
private int Hour;
```

Die Zugriffsmethode get

Der Rumpf der Zugriffsmethode get ähnelt einer Klassenmethode, die ein Objekt vom Typ der Eigenschaft zurückgibt. In dem Beispiel ähnelt die Zugriffsmethode für Hour einer Methode, die einen int-Wert zurückgibt. Sie liefert den Wert der privaten Member-Variablen, in der der Wert der Eigenschaft gespeichert wurde:

```
get
{
  return hour;
}
```

In diesem Beispiel wird eine lokale int-Member-Variable zurückgegeben, aber Sie könnten genauso gut einen Integer-Wert aus einer Datenbank abrufen oder ihn nebenbei berechnen.

Immer wenn Sie eine Eigenschaft lesen, wird die Zugriffsmethode get aufgerufen:

```
Time t = new Time(currentTime);
int theHour = t.Hour;
```

In diesem Beispiel wird der Wert der Eigenschaft Hour des Time-Objekts abgerufen. Dazu wird die Zugriffsmethode get aufgerufen, um die Eigenschaft zu extrahieren, die dann einer lokalen Variablen zugewiesen wird.

Die Zugriffsmethode set

Die Zugriffsmethode set setzt den Wert einer Eigenschaft und ähnelt einer Methode, die void zurückgibt. Wenn Sie eine set-Zugriffsmethode definieren, müssen Sie das Schlüsselwort value verwenden, um das Argument darzustellen, dessen Wert an die Eigenschaft übergeben und von ihr gespeichert wird.

```
set
{
  hour = value;
}
```

Hier wird wiederum eine private Member-Variable verwendet, um den Wert der Eigenschaft zu speichern, aber die Zugriffsmethode set könnte auch in eine Datenbank schreiben oder bei Bedarf andere Member-Variablen aktualisieren.

Wenn Sie der Eigenschaft einen Wert zuweisen, wird die set-Zugriffsmethode automatisch aufgerufen, und der implizierte Parameter value wird auf den Wert gesetzt, den Sie zuweisen:

```
theHour++;
t.Hour = theHour;
```

Dieses Verfahren hat zwei entscheidende Vorteile: Der Client kann mit den Eigenschaften direkt interagieren, ohne dass das Verbergen von Daten und die Kapselung geopfert werden müssen, die einem guten objektorientierten Entwurf heilig sind. Außerdem kann derjenige, der die Eigenschaft festlegt, sicherstellen, dass der eingegebene Wert gültig ist.

Modifikatoren für den Zugriff auf Eigenschaften

Es ist möglich, einen Zugriffsmodifikator zu setzen (protected, internal, private) und damit die Zugriffsmöglichkeit auf get oder set zu verändern. Wenn Sie dies tun möchten, muss die Eigenschaft beide Zugriffsmethoden (set und get) haben, und Sie können nur die eine oder die andere verändern. Außerdem muss der Modifikator restriktiver sein als die Zugriffsebene, die bereits für die Eigenschaft oder den Indexer definiert ist (Sie können also protected neben die get- oder set-Zugriffsmethode einer Eigenschaft schreiben, wenn sie öffentlich ist, aber nicht, wenn sie privat ist):

```
public string MyString
{
  protected get { return myString; }
  set { myString = value; }
}
```

In diesem Beispiel ist der Zugriff auf die get-Zugriffsmethode auf die Methoden dieser Klasse und der von dieser Klasse abgeleiteten Klassen beschränkt, während die set-Zugriffsmethode öffentlich sichtbar ist.

Beachten Sie, dass Sie in einem Interface (siehe Kapitel 8) oder in der expliziten Implementierung eines Interface-Members keinen Zugriffsmodifikator setzen können. Außerdem muss, wenn Sie eine virtuelle Eigenschaft oder einen Index überschreiben (worauf wir weiter unten eingehen), der Zugriffsmodifikator mit dem Zugriffsmodifikator der Basiseigenschaft übereinstimmen.

Automatische Eigenschaften

Sehr häufig schreibt man in seinen Klassen (wiederholt) das Folgende:

```
private int hour;

public int Hour
{
get { return hour; }
set { hour = value; }
}
```

Da dieses Muster als sehr häufig wiederkehrend erkannt wurde, ermöglicht es der C# 3.0-Compiler Ihnen nun, als Kurzform stattdessen den folgenden Code zu schreiben:

```
public int Hour { get; set; }
```

Der Effekt ist genau der gleiche: der Compiler erzeugt den gleichen zugrundeliegenden Code für Sie. Sie können die Accessors und die dahinter liegende Variable jederzeit selber mit Leben füllen, aber diese Kurzform wird viel Zeit beim Coding sparen und ist so herrlich bequem.

Beachten Sie, dass Sie automatische Eigenschaften nur nutzen können, wenn Sie sowohl einen get- als auch einen set-Accessor haben wollen und wenn die einfache Implementierung (wie gezeigt) ausreichend ist. Es gibt einen Workaround, wenn Sie nur einen get-

oder nur einen set-Accessor wollen: Sie können einen von beiden als `private` deklarieren. So erhalten Sie eine schreibgeschütze Eigenschaft:

```
public int Hour { get; private set; }
```

Und Sie können eine nur beschreibbare Eigenschaft auf diesem Weg erzeugen:

```
public int Hour { private get; set; }
```

Wenn Sie Attribute nutzen wollen oder aus anderen Gründen die einfachste Form der dahinterliegenden Variable oder der Accessors anzupassen haben, müssen Sie die normale Eigenschafts-Syntax verwenden.

Schreibgeschützte Felder

Sie möchten vielleicht eine Version der `Time`-Klasse erzeugen, die öffentliche statische Werte liefert, um die aktuelle Zeit und das Datum darzustellen. Beispiel 4-13 veranschaulicht ein einfaches Verfahren für dieses Problem.

Beispiel 4-13: Die Verwendung von statischen öffentlichen Konstanten

```
#region Using directives

using System;
using System.Collections.Generic;
using System.Text;

#endregion

namespace StaticPublicConstants
{
  public class RightNow
  {
    // Öffentliche Member-Variablen
    public static int Year;
    public static int Month;
    public static int Date;
    public static int Hour;
    public static int Minute;
    public static int Second;

    static RightNow( )
    {
      System.DateTime dt = System.DateTime.Now;
      Year = dt.Year;
      Month = dt.Month;
      Date = dt.Day;
      Hour = dt.Hour;
      Minute = dt.Minute;
      Second = dt.Second;
    }
  }
```

Beispiel 4-13: Die Verwendung von statischen öffentlichen Konstanten (Fortsetzung)

```
public class Tester
{
  static void Main( )
  {
    System.Console.WriteLine( "Dieses Jahr: {0}",
   RightNow.Year.ToString( ) );
    RightNow.Year = 2009;
    System.Console.WriteLine( "Dieses Jahr: {0}",
      RightNow.Year.ToString( ) );
  }
 }
}

Ausgabe:
Dieses Jahr: 2008
Dieses Jahr: 2009
```

Das geht so lange gut, bis jemand daherkommt und einen dieser Werte ändert. Wie das Beispiel zeigt, kann der Wert RightNow.Year z.B. in 2009 geändert werden. Das ist absolut nicht das, was wir möchten.

Wir möchten die statischen Werte als konstant kennzeichnen, aber das ist nicht möglich, da wir sie erst initialisieren, wenn der statische Konstrukor ausgeführt wird. C# bietet für genau diesen Zweck das Schlüsselwort readonly. Wenn Sie die Klassen-Member-Variablendeklaration wie folgt ändern:

```
public static readonly int Year;
public static readonly int Month;
public static readonly int Date;
public static readonly int Hour;
public static readonly int Minute;
public static readonly int Second;
```

und dann die Neuzuweisung in Main( ) auskommentieren:

```
// RightNow.Year = 2009; // Fehler!
```

wird das Programm wie erwartet kompiliert und ausgeführt.

KAPITEL 5
Vererbung und Polymorphie

Nachdem wir im vorigen Kapitel gezeigt haben, wie man durch die Deklaration von Klassen neue Typen erzeugt, untersuchen wir in diesem Kapitel die Beziehungen zwischen Objekten in der realen Welt und wie diese Beziehungen im Programm nachgebildet werden. Dabei konzentrieren wir uns auf die *Spezialisierung*, die in C# durch *Vererbung* implementiert ist. Außerdem erläutert dieses Kapitel, wie Instanzen von spezialisierten Klassentypen so behandelt werden können, als wären sie Instanzen von allgemeineren Klassentypen. Diesen Prozess nennt man *Polymorphie* (Vielgestaltigkeit). Das Kapitel endet mit der Beschreibung von *versiegelten* Klassen, bei denen eine Spezialisierung nicht möglich ist, und *abstrakten* Klassen, die nur für den Zweck der Spezialisierung existieren, sowie mit einer Erläuterung der Wurzel aller Klassen, des Klassentyps Object.

Hinweis für VB6-Programmierer: C# ist wie auch VB.NET eine vollständig objektorientierte Technologie mit Vererbung, Polymorphie und Kapselung. Für VB6-Programmierer sind dies relativ neue Themen. Da sich diese auf das gesamte Klassen- und Anwendungsdesign auswirken, sollten Sie sich gründlich mit ihnen auseinandersetzen.

Spezialisierung und Verallgemeinerung

Klassen und ihre Instanzen (Objekte) existieren nicht im luftleeren Raum, sondern vielmehr in einem Netzwerk aus gegenseitigen Abhängigkeiten und Beziehungen, so wie auch wir als soziale Wesen in einer Welt der Beziehungen und Kategorien leben.

Die *Ist-ein*-Beziehung bedeutet eine *Spezialisierung*. Wenn wir sagen, dass ein Hund *ein* Säugetier *ist*, dann meinen wir damit, dass der Hund eine spezielle Art von Säugetier ist. Er hat alle Merkmale jedes Säugetiers (bringt lebende Junge zur Welt, säugt sie mit Milch, hat Fell), aber er hat darüber hinaus spezifische Merkmale, die ihn zu einem *Canis domesticus* machen. Eine Katze ist ebenfalls ein Säugetier. Als solches erwarten wir von ihr, dass sie bestimmte Merkmale, die für Säugetiere allgemein gelten, mit dem Hund gemeinsam hat, sich aber durch solche Merkmale von ihm unterscheidet, die speziell Katzen kennzeichnen.

Die Spezialisierungs- und Verallgemeinerungsbeziehungen sind beide wechselseitig und hierarchisch. Sie sind wechselseitig, da die Spezialisierung das Gegenstück zur Verallgemeinerung ist. Daher sind Hund und Katze eine Spezialisierung von Säugetier, und Säugetier ist eine Verallgemeinerung von Hund und Katze.

Die Beziehungen sind hierarchisch, da sie einen Beziehungsbaum bilden, wobei spezialisiertere Typen von allgemeneren abzweigen. Je weiter Sie in der Hierarchie nach oben kommen, desto stärker ist die *Verallgemeinerung*. Sie bewegen sich nach oben in Richtung Säugetier, um zu verallgemeinern, dass Hunde, Katzen und Pferde lebende Junge gebären. Wenn Sie sich in der Hierarchie nach unten bewegen, spezialisieren Sie. Die Katze ist insofern eine Spezialisierung des Säugetiers, als sie Tatzen hat (ein Merkmal) und schnurrt (ein Verhalten).

Wenn Sie analog dazu sagen, dass ListBox und Button Controls *sind*, zeigen Sie an, dass es Merkmale und Verhaltensweisen von Controls gibt, die Sie von diesen beiden Typen erwarten (siehe Abbildung 5-1). Control verallgemeinert mit anderen Worten die gemeinsamen Merkmale von ListBox und Button, während jedes von beiden seine eigenen speziellen Merkmale und Verhaltensweisen aufweist.

> ## Über die Unified Modeling Language
> Die Unified Modeling Language (UML) ist eine standardisierte »Sprache« für die Beschreibung eines Systems oder Geschäfts. In diesem Kapitel verwenden wir einen Teil der UML, der es ermöglicht, Beziehungen zwischen Klassen durch Diagramme zu dokumentieren.
>
> In der UML werden Klassen als Kästen dargestellt. Oben im Kasten erscheint der Name der Klasse, und es können (optional) in separaten Abschnitten Methoden und Member aufgelistet werden. Abbildung 5-1 zeigt beispielsweise, wie man in der UML Spezialisierungsbeziehungen nachbildet. Beachten Sie, dass die Pfeilspitzen von den spezialisierteren Klassen hinauf zu den allgemeineren Klassen zeigen.

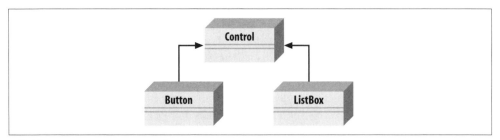

Abbildung 5-1: Eine Ist-ein-Beziehung

Häufig teilen sich zwei Klassen eine Funktionalität und lagern ihre Gemeinsamkeiten in eine gemeinsame Basisklasse aus. Dies erhöht die Wartungsfreundlichkeit und Wiederverwendbarkeit von allgemeinem Code.

Nehmen Sie z.B. an, Sie hätten eine Reihe von Objekten erstellt, wie in Abbildung 5-2 dargestellt.

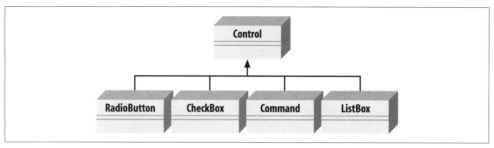

Abbildung 5-2: Von Control ableiten

Wenn Sie einige Zeit mit RadioButtons, CheckBoxes und Command-Schaltflächen gearbeitet haben, erkennen Sie, dass diese Steuerelemente bestimmte Merkmale und Verhaltensweisen gemeinsam haben, die spezieller sind als Control, aber allgemeiner als irgendeines der Einzelelemente. Sie könnten diese gemeinsamen Merkmale und Verhaltensweisen in eine allgemeine Basisklasse namens Button auslagern (man spricht auch von »faktorisieren«) und Ihre Vererbungshierarchie neu anordnen, wie Sie es in Abbildung 5-3 sehen. Dies ist ein Praxisbeispiel dafür, wie die Verallgemeinerung in der objektorientierten Entwicklung verwendet wird.

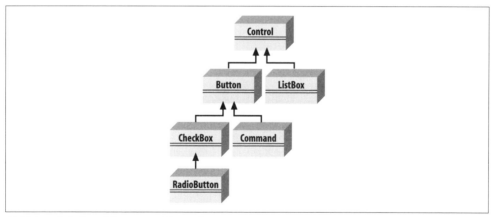

Abbildung 5-3: Eine faktorisierte Hierarchie

Dieses UML-Diagramm stellt die Beziehung zwischen den faktorisierten Klassen dar und zeigt, dass sowohl ListBox als auch Button von Control abstammen und dass Button wiederum in CheckBox und Command spezialisiert werden kann. RadioButton schließlich ist von CheckBox abgeleitet. Sie können daher sagen, dass ein RadioButton eine CheckBox ist, die wiederum ein Button ist, und dass Buttons wiederum Controls sind.

Dies ist nicht die einzige und auch nicht die beste Organisation dieser Objekte, aber es ist ein guter Anfang, um zu verstehen, wie diese Typen (Klassen) sich aufeinander beziehen.

Dies mag zwar die Organisation von einigen Widget-Hierarchien wiedergeben, aber ich bin skeptisch gegenüber jedem System, in dem das Modell nicht meine Wirklichkeitswahrnehmung widerspiegelt. Wenn ich sage, dass ein `RadioButton` eine `CheckBox` ist, muss ich lange und angestrengt darüber nachdenken, ob das auch sinnvoll ist. Ich nehme an, dass ein `RadioButton` eine Art von Kontrollkästchen *ist*. Es ist ein Kontrollkästchen, das die Darstellung von sich gegenseitig ausschließenden Wahlmöglichkeiten unterstützt. So gesehen, ist dies eine Verrenkung und kann ein Zeichen für einen zweifelhaften Entwurf sein.

Microsoft nutzt in der *Windows Presentation Foundation* ein besseres Design: `ToggleButton` dient als Basisklasse sowohl für `CheckBox` als auch für `RadioButton`. Die Klasse `ButtonBase` dient als gemeinsame Grundlage für `Button` und `ToggleButton`, wodurch die künstliche (und ziemlich bizarre) Vererbungsfolge von `RadioButton` als abgeleitet von `CheckBox` wegfällt.

Vererbung

In C# wird die Spezialisierungsbeziehung normalerweise mit Vererbung implementiert. Das ist nicht die einzige, aber die gängigste und natürlichste Möglichkeit, die Spezialisierung zu implementieren.

Wenn man sagt, dass `ListBox` von `Control` erbt (oder von ihm abstammt), zeigt das, dass es sich bei `ListBox` um eine Spezialisierung von `Control` handelt. `Control` wird als *Basisklasse* bezeichnet und `ListBox` als *abgeleitete Klasse*. Das bedeutet, dass `ListBox` seine Merkmale und Verhaltensweisen von `Control` ableitet und dann für seine eigenen Bedürfnisse spezieller definiert.

Vererbung implementieren

In C# erzeugen Sie eine abgeleitete Klasse, indem Sie hinter dem Namen der abgeleiteten Klasse einen Doppelpunkt angeben, gefolgt vom Namen der Basisklasse:

```
public class ListBox : Control
```

Dieser Code deklariert die neue Klasse `ListBox`, die von `Control` abgeleitet ist. Sie können den Doppelpunkt als »ist abgeleitet von« lesen.

Hinweis für C++-Programmierer: C# bietet keine private oder geschützte Vererbung und ermöglicht eine Mehrfachvererbung nur bei Interfaces, aber nicht bei mehreren Basistypen. Nach acht Jahren C++ und nun acht Jahren C# kann ich ehrlich sagen, dass ich in dieser Einschränkung keinen Nachteil sehe.

Die abgeleitete Klasse erbt alle Member der Basisklasse, sowohl die Member-Variablen als auch die Methoden.

Polymorphie

Die Vererbung bietet zwei mächtige Funktionalitäten; eine von ihnen ist die Wiederverwendung von Code. Wenn Sie eine `ListBox`-Klasse erzeugen, können Sie einen Teil der Logik in der Basis-(`Control`-)Klasse wiederverwenden.

Was aber zweifellos viel mächtiger ist, ist der Aspekt der Vererbung, der *Polymorphie*. *Poly* bedeutet »viel« und *morph* »Form«. Polymorphie bedeutet also, dass man in der Lage ist, viele Formen eines Typs zu verwenden, ohne sich um die Einzelheiten kümmern zu müssen.

Wenn die Telekom ein Klingelsignal an Ihr Telefon sendet, weiß sie nicht, welche Art Telefon am anderen Ende der Leitung steht. Vielleicht haben Sie noch ein altes Telefon, bei dem ein Motor die Klingel läutet, oder Sie haben ein elektronisches Telefon, das eine digitale Melodie spielt.

Soweit es die Telekom betrifft, weiß sie nur von dem »Basistyp« `Telefon` und erwartet, dass jede »Instanz« dieses Typs weiß, wie geklingelt wird. Wenn die Telekom Ihr Telefon anweist zu *klingeln*, erwartet sie vom Telefon einfach, »die Sache mit dem Klingeln auszuführen«. Die Telekom behandelt Ihr Telefon also polymorph.

Polymorphe Typen erzeugen

Da `ListBox` *ein* `Control` *ist* und `Button` *ein* `Control` *ist*, erwarten wir, dass wir in der Lage sind, einen von beiden Typen in Situationen zu verwenden, in denen ein `Window` aufgerufen wird. Unter Umständen muss z.B. ein Formular eine Sammlung aller Instanzen von `Control` speichern, die es verwendet, damit es jedes seiner `Controls` anweisen kann, sich selbst zu zeichnen, wenn das Formular geöffnet wird. Für diese Operation möchte das Formular nicht wissen, welche Elemente Listenfelder sind und welche Schaltflächen; es möchte nur seine Sammlung durchgehen und jedes Element anweisen, sich zu »zeichnen«. Das Formular möchte also alle seine `Control`-Objekte polymorph behandeln.

Polymorphe Methoden erzeugen

Um eine Methode zu erzeugen, die Polymorphie unterstützt, müssen Sie sie in ihrer Basisklasse nur als `virtual` kennzeichnen. Um z.B. anzuzeigen, dass die Methode `DrawControl()` der Klasse `Window` in Beispiel 5-1 polymorph ist, fügen Sie einfach das Schlüsselwort `virtual` zu ihrer Deklaration hinzu, wie Sie es hier sehen:

```
public virtual void DrawWindow()
```

Nun ist es jeder abgeleiteten Klasse überlassen, ihre eigene Version von `DrawWindow()` zu implementieren. Um dies zu tun, überschreiben Sie einfach die `virtual`-Methode der Basisklasse, indem Sie das Schlüsselwort `override` in der abgeleiteten Klassenmethodendefinition verwenden, und fügen dann den neuen Code für diese überschriebene Methode hinzu.

In den folgenden Auszügen aus Beispiel 5-1 (das Sie weiter unten in diesem Abschnitt finden) stammt ListBox von Control ab und implementiert seine eigene Version von DrawWindow():

```
public override void DrawWindow()
{
    base.DrawWindow();   // Rufe die Basismethode auf
    Console.WriteLine ("Schreibe String in das Listenfeld: {0}",
        listBoxContents);
}
```

Das Schlüsselwort override teilt dem Compiler mit, dass diese Klasse absichtlich die Arbeitsweise von DrawWindow() überschrieben hat. Ähnlich überschreiben Sie die Methode in einer anderen Klasse, Button, die ebenfalls von Control abgeleitet ist.

Im Rumpf von Beispiel 5-1 werden Sie zuerst drei Objekte erzeugen: ein Control, eine ListBox und einen Button. Dann rufen Sie auf jedem Objekt DrawWindow() auf:

```
Control win = new Control(1,2);
ListBox lb = new ListBox(3,4,"Selbstständiges Listenfeld");
Button b = new Button(5,6);
win.DrawWindow();
lb.DrawWindow();
b.DrawWindow();
```

Das funktioniert eigentlich so, wie Sie es erwarten. Für jedes Element wird das richtige DrawWindow()-Objekt aufgerufen. Bisher wurde nichts Polymorphes gemacht. Die wahre Kunst beginnt, wenn Sie ein Array von Control-Objekten erzeugen. (Arrays sind einfache Collections, die in Kapitel 9 behandelt werden.) Da eine ListBox *ein* Control *ist*, können Sie eine ListBox in ein Control-Array setzen. Sie können auch einen Button in ein Array von Control-Objekten setzen, da ein Button ebenfalls ein Control ist:

```
Control[] winArray = new Control[3]; // Deklariere ein Array mit 3 Controls
winArray[0] = new Control(1,2);
winArray[1] = new ListBox(3,4,"Listenfeld im Array");
winArray[2] = new Button(5,6);
```

Was geschieht, wenn Sie DrawWindow() auf jedem Objekt aufrufen?

```
for (int i = 0;i < 3; i++)
{
    winArray[i].DrawWindow();
}
```

Der Compiler weiß nur, dass er drei Control-Objekte hat und dass Sie auf jedem dieser Objekte DrawWindow() aufgerufen haben. Wenn Sie DrawWindow nicht als virtual gekennzeichnet hätten, würde dreimal die Methode DrawWindow() von Control aufgerufen. Da Sie aber DrawWindow() als virtual gekennzeichnet haben und da die abgeleitete Klasse diese Methode überschreibt, wenn Sie DrawWindow() auf dem Array aufrufen, bestimmt der Compiler den Laufzeittyp der tatsächlichen Objekte (ein Control, eine ListBox und ein Button) und ruft auf jedem die richtige Methode auf. Dies ist das Wesen der Polymorphie. Den vollständigen Code für dieses Beispiel finden Sie in Beispiel 5-1.

Beispiel 5-1: Die Verwendung von virtuellen Methoden

```csharp
using System;

namespace Using_virtual_methods
{
    public class Control
    {
        // Diese Member sind protected und daher für abgeleitete
        // Klassenmethoden sichtbar. Wir werden weiter unten in
        // diesem Kapitel darauf eingehen.
        // Zugriff/Verweis per this.Top, this.Left im restlichen Code
        protected int Top { get; set; }
        protected int Left { get; set; }
        // Konstruktor nimmt zwei Integer entgegen, um
        // den Ort auf der Konsole festzulegen
        public Control(int top, int left)
        {
            this.top = top;
            this.left = left;
        }

        // Simuliert das Zeichnen des Fensters
        public virtual void DrawWindow()
        {
            Console.WriteLine("Control: zeichne Control bei {0}, {1}",
            top, left);
        }
    }

    // ListBox stammt von Control ab
    public class ListBox : Control
    {
        private string listBoxContents; // Neue Member-Variable

        // Konstruktor fügt einen Parameter hinzu
        public ListBox(
        int top,
        int left,
        string contents) :
            base(top, left) // Rufe Basiskonstruktor auf
        {

            listBoxContents = contents;
        }

        // Überschriebene Version (beachten Sie das Schlüsselwort override),
        // da wir in der abgeleiteten Methode das Verhalten ändern
        public override void DrawWindow()
        {
            base.DrawWindow(); // Rufe die Basismethode auf
            Console.WriteLine("Schreibe String in das Listenfeld: {0}",
            listBoxContents);
        }
    }
```

Beispiel 5-1: Die Verwendung von virtuellen Methoden (Fortsetzung)

```csharp
    public class Button : Control
    {
        public Button(
        int top,
        int left) :
            base(top, left)
        {
        }


        // Überschriebene Version (beachten Sie das Schlüsselwort override),
        // da wir in der abgeleiteten Methode das Verhalten ändern
        public override void DrawWindow()
        {
            Console.WriteLine("Zeichne Schaltfläche bei {0}, {1}\n",
            top, left);
        }
    }

    class Program
    {
        static void Main(string[] args)
        {
            Control win = new Control(1, 2);
            ListBox lb = new ListBox(3, 4, "Selbstständiges Listenfeld");
            Button b = new Button(5, 6);
            win.DrawWindow();
            lb.DrawWindow();
            b.DrawWindow();

            Control[] winArray = new Control[3];
            winArray[0] = new Control(1, 2);
            winArray[1] = new ListBox(3, 4, "Listenfeld im Array");
            winArray[2] = new Button(5, 6);

            for (int i = 0; i < 3; i++)
            {
                winArray[i].DrawWindow();
            }
        }
    }
}


Ausgabe:
Control: zeichne Control bei 1, 2
Control: zeichne Control bei 3, 4
Schreibe String in das Listenfeld: Selbstständiges Listenfeld
Zeichne Schaltfläche bei 5, 6

Control: zeichne Control bei 1, 2
Control: zeichne Control bei 3, 4
```

Beispiel 5-1: Die Verwendung von virtuellen Methoden (Fortsetzung)

```
Schreibe String in das Listenfeld: Listenfeld im Array
Zeichne Schaltfläche bei 5, 6
```

Beachten Sie, dass wir im ganzen Beispiel die neu überschriebenen Methoden mit dem Schlüsselwort override gekennzeichnet haben:

```
public override void DrawWindow()
```

Der Compiler weiß nun, dass er die überschriebene Methode verwenden soll, wenn er diese Objekte polymorph behandelt. Er ist dafür verantwortlich, den wahren Typ des Objekts zu verfolgen und die »späte Bindung« zu behandeln, so dass ListBox.DrawWindow() aufgerufen wird, wenn die Control-Referenz wirklich auf ein ListBox-Objekt verweist.

Hinweis für C++-Programmierer: Sie müssen die Deklaration einer jeden Methode, die eine virtuelle Methode überschreibt, explizit mit dem Schlüsselwort override kennzeichnen.

Konstruktoren von Basisklassen aufrufen

In Beispiel 5-1 wird die neue Klasse ListBox von Control abgeleitet und hat einen eigenen Konstruktor mit drei Parametern. Dadurch, dass hinter dessen Parameterliste ein Doppelpunkt (:) und das Schlüsselwort base folgen, wird der Konstruktor des Elternobjekts (Control) aus dem Konstruktor von ListBox heraus aufgerufen:

```
public ListBox(
    int theTop,
    int theLeft,
    string theContents):
        base(theTop, theLeft)   // Rufe Basiskonstruktor auf
```

Da die Konstruktoren von Klassen nicht vererbt werden, muss eine abgeleitete Klasse ihren eigenen Konstruktor implementieren und kann den Konstruktor ihrer Basisklasse nur nutzen, indem sie ihn explizit aufruft.

Wenn die Basisklasse einen erreichbaren (zum Beispiel public) Default-Konstruktor hat, muss der Konstruktor der abgeleiteten Klasse den Konstruktor der Basisklasse nicht explizit aufrufen; stattdessen wird der Default-Konstruktor implizit aufgerufen. Verfügt die Basisklasse jedoch nicht über einen Default-Konstruktor, *muss* jeder Konstruktor einer abgeleiteten Klasse mithilfe des Schlüsselworts base explizit einen der Basisklassen-Konstruktoren aufrufen.

In Kapitel 4 haben wir darauf hingewiesen, dass der Compiler, wenn Sie selbst keinerlei eigenen Konstruktor schreiben, einen Default-Konstruktor für Sie erzeugt. Unabhängig davon, ob Sie ihn selbst schreiben oder den »defaultmäßig« vom Compiler zur Verfügung gestellten Konstruktor verwenden, ist der Default-Konstruktor immer derjenige, der keine Parameter hat. Beachten Sie jedoch, dass der Compiler keinen Default-Konstruktor mehr für Sie erzeugt, sobald Sie selbst irgendeinen Konstruktor (egal ob mit oder ohne Parameter) erstellen.

Den Zugang kontrollieren

Die Sichtbarkeit einer Klasse und ihrer Member kann mithilfe von Zugriffsmodifikatoren wie public, private, protected, internal und protected internal beschränkt werden. (Siehe Kapitel 4 zur Behandlung von Zugriffsmodifikatoren.)

Wie Sie gesehen haben, erlaubt public, dass ein Member von den Member-Methoden anderer Klassen erreicht werden kann, während private anzeigt, dass ein Member nur für die Member-Methoden der eigenen Klasse sichtbar ist. Das Schlüsselwort protected erweitert die Sichtbarkeit auf die Methoden von abgeleiteten Klassen und internal erweitert sie auf die Methoden aller Klassen in derselben *Assembly*.

Das Schlüsselwortpaar internal protected ermöglicht den Zugriff auf Member derselben Assembly (internal) *und* von abgeleiteten Klassen (protected). Sie können diese Kennzeichnung als internal *oder* protected betrachten.

Mit allen diesen Zugriffsebenen können sowohl Klassen als auch deren Member gekennzeichnet werden. Hat ein Klassen-Member eine Zugriffskennzeichnung, die von der Kennzeichnung der Klasse abweicht, wird die engere Zugriffsbeschränkung angewendet. Wenn Sie also folgendermaßen eine Klasse myClass definieren:

```
public class myClass
{
   // ...
   protected int myValue;
}
```

ist der Zugriff auf myValue protected, obwohl die Klasse selbst öffentlich (public) ist. Als *öffentliche Klasse* wird eine Klasse bezeichnet, die für alle anderen Klassen sichtbar ist, die mit ihr interagieren wollen. Häufig werden Klassen nur für den Zweck angelegt, dass sie andere Klassen innerhalb einer Assembly unterstützen. Solche Klassen sollten als internal und nicht als public gekennzeichnet werden (der Standard für Klassen ist internal, aber es ist guter Programmierstil, die Sichtbarkeit explizit anzugeben).

Versionierung mit den Schlüsselwörtern new und override

In C# wird die Entscheidung des Programmierers, eine virtuelle Methode zu überschreiben, mit dem Schlüsselwort override explizit ausgedrückt. Das hilft Ihnen, neue Versionen Ihres Codes zu veröffentlichen; Veränderungen an der Basisklasse werden bestehenden Code in den abgeleiteten Klassen nicht beeinträchtigen. Der Zwang, das Schlüsselwort override zu verwenden, hilft bei der Vermeidung dieses Problems.

Das funktioniert so: Nehmen Sie für einen Moment an, dass die Control-Basisklasse aus dem vorherigen Beispiel von Unternehmen A geschrieben wurde. Nehmen Sie weiterhin an, dass die Klassen ListBox und RadioButton von Programmierern des Unternehmens B geschrieben wurden, die dafür eine Kopie der Control-Klasse von Unternehmen A als Basis verwendeten. Die Programmierer in Unternehmen B haben nur wenig oder gar keine Kontrolle über das Design der Control-Klasse, einschließlich zukünftiger Änderungen, die Unternehmen A vornehmen möchte.

Unter diesen Voraussetzungen entscheidet sich nun einer der Programmierer von Unternehmen B, zu ListBox eine Sort()-Methode hinzuzufügen:

```
public class ListBox : Control
{
    public virtual void Sort() {...}
}
```

Dies stellt so lange kein Problem dar, bis Unternehmen A als Autor von Control die Version 2 der Control-Klasse veröffentlicht und sich herausstellt, dass die Programmierer in Unternehmen B ebenfalls eine Sort()-Methode zu ihrer öffentlichen Control-Klasse hinzugefügt haben:

```
public class Control
{
   // ...
    public virtual void Sort() {...}
}
```

In anderen objektorientierten Sprachen (wie z.B. C++) würde die neue virtuelle Sort()-Methode in Control nun als Basisklasse für die virtuelle Sort()-Methode in ListBox agieren. Der Compiler würde die Sort()-Methode in ListBox aufrufen, wenn Sie Sort() in Control aufrufen möchten. In Java würde der Klassen-Loader Sort() in ListBox als ungültige Überschreibung ansehen und den Ladevorgang abbrechen, wenn Sort() in Control einen anderen Rückgabetyp hat.

C# verhindert so ein Chaos. In C# wird eine virtuelle Funktion immer als Wurzel der virtuellen Weitergabe angesehen; das heißt, wenn C# einmal eine virtuelle Methode findet, dann sucht es in der Vererbungshierarchie nicht noch weiter oben danach. Wird eine neue virtuelle Sort()-Funktion in Control eingeführt, bleibt das Laufzeitverhalten von ListBox unverändert.

Wenn ListBox erneut kompiliert wird, erzeugt der Compiler aber eine Warnung:

```
...\class1.cs(54,24): warning CS0114: 'ListBox.Sort()' hides
inherited member 'Control.Sort()'.
To make the current member override that implementation,
add the override keyword. Otherwise add the new keyword.
```

Um diese Warnung zu eliminieren, muss der Programmierer sagen, was er vorhat. Er kann die Sort()-Methode von ListBox als new kennzeichnen, um anzuzeigen, dass es sich *nicht* um eine Überschreibung der virtuellen Methode in Control handelt:

```
public class ListBox : Control
{
    public new virtual void Sort() {...}
}
```

Durch diese Aktion wird die Warnung eliminiert. Wenn der Programmierer andererseits die Methode in Control überschreiben möchte, muss er nur das Schlüsselwort override benutzen, um diese Absicht kenntlich zu machen:

```
public class ListBox : Control
{
    public override void Sort() {...}
}
```

Zur Vermeidung einer solchen Warnung mag es verlockend sein, allen Ihren virtuellen Methoden das Schlüsselwort new hinzuzufügen. Das ist keine gute Idee. Wenn new im Code erscheint, sollte es die Versionierung von Code dokumentieren. Es verweist einen potenziellen Client auf die Basisklasse, damit er sieht, was Sie nicht überschreiben. Die unkontrollierte Verwendung von new untergräbt diese Dokumentation. Außerdem ist die Warnung dazu da, ein wirkliches Problem zu identifizieren.

Abstrakte Klassen

Jede Unterklasse von Control *sollte* ihre eigene DrawWindow()-Methode implementieren – aber es ist nicht unbedingt erforderlich. Um Unterklassen vorzuschreiben, eine Methode ihrer eigenen Basis zu implementieren, müssen Sie diese Methode als abstract kennzeichnen.

Eine abstrakte Methode verfügt über keine Implementierung. Sie erzeugt einen Methodennamen und eine Signatur, die in allen abgeleiteten Klassen implementiert werden müssen. Außerdem wird die Klasse abstrakt, wenn eine oder mehrere Methoden einer Klasse abstrakt gemacht werden.

Abstrakte Klassen sind eine Basis für abgeleitete Klassen, dürfen aber nicht selbst instanziiert werden. Deklarieren Sie einmal eine Methode als abstrakt, verhindern Sie die Erzeugung jeder Instanz dieser Klasse.

Wenn Sie also DrawWindow() in der Control-Klasse als abstract kennzeichnen würden, könnten Sie zwar von Control ableiten, aber Sie könnten keine Control-Objekte erzeugen. Jede abgeleitete Klasse müsste DrawWindow() implementieren. Würde die abgeleitete Klasse die abstrakte Methode nicht implementieren, wäre auch diese Klasse abstrakt, und es wären wiederum keine Instanzen möglich.

Sie kennzeichnen eine Methode als abstract, indem Sie das Schlüsselwort abstract an den Anfang der Methodendefinition setzen:

```
abstract public void DrawWindow( );
```

(Da die Methode keine Implementierungen haben kann, gibt es keine Klammern, sondern nur ein Semikolon.)

Wenn eine oder mehrere Methoden abstrakt sind, muss auch die Klassendefinition als abstract gekennzeichnet sein:

```
abstract public class Control
```

Beispiel 5-2 veranschaulicht die Erzeugung einer abstrakten Control-Klasse und einer abstrakten DrawWindow()-Methode.

Beispiel 5-2: Die Verwendung einer abstrakten Methode und Klasse

```
using System;

namespace abstract_method_and_class
{
    abstract public class Control
```

Beispiel 5-2: Die Verwendung einer abstrakten Methode und Klasse (Fortsetzung)

```
{
    protected int top;
    protected int left;

    // Konstruktor nimmt zwei Integer entgegen, um
    // den Ort auf der Konsole festzulegen
    protected Control(int top, int left)
    {
        this.top = top;
        this.left = left;
    }

    // Simuliert das Zeichnen des Fensters
    // Hinweis: keine Implementierung
    abstract public void DrawWindow( );

}

// ListBox stammt von Control ab
public class ListBox : Control
{
    private string listBoxContents; // Neue Member-Variable

    // Konstruktor fügt einen Parameter hinzu
    public ListBox(
    int top,
    int left,
    string contents) :
        base(top, left) // Rufe Basiskonstruktor auf
    {
        listBoxContents = contents;
    }

    // Eine überschriebene Version, die die abstrakte Methode
    // implementiert

    public override void DrawWindow( )
    {
        Console.WriteLine("Schreibe String in das Listenfeld: {0}",
        listBoxContents);
    }

}

public class Button : Control
{
    public Button(
    int top,
    int left) :
        base(top, left)
    {
    }
```

Beispiel 5-2: Die Verwendung einer abstrakten Methode und Klasse (Fortsetzung)

```
        // Implementiere die abstrakte Methode
        public override void DrawWindow()
        {
            Console.WriteLine("Zeichne eine Schaltfläche bei {0}, {1}\n",
            top, left);
        }

    }


    class Program
    {
        static void Main(string[] args)
        {
            Control[] winArray = new Control[3];
            winArray[0] = new ListBox(1, 2, "Erstes Listenfeld");
            winArray[1] = new ListBox(3, 4, "Zweites Listenfeld");
            winArray[2] = new Button(5, 6);

            for (int i = 0; i < 3; i++)
            {
                winArray[i].DrawWindow();
            }

        }
    }
}
```

In Beispiel 5-2 wurde die Control-Klasse als abstract deklariert, und daher kann sie nicht instanziiert werden. Wenn Sie den ersten Array-Member

```
    winArray[0] = new ListBox(1,2,"Erstes Listenfeld");
```

durch den Code

```
    winArray[0] = new Control(1,2);
```

ersetzen, meldet das Programm den folgenden Fehler:

```
Eine Instanz der abstrakten Klasse oder Schnittstelle 'abstractmethods.Control' konnte
nicht erstellt werden.
```

Sie können die ListBox- und Button-Objekte instanziieren, da diese Klassen die abstrakte Methode überschreiben, und so die Klassen *konkret* machen (d.h. nicht abstrakt).

Beschränkungen für abstract

Obwohl die Kennzeichnung von DrawWindow() als abstrakt alle abgeleiteten Klassen dazu zwingt, die Methode zu implementieren, ist dies eine sehr eingeschränkte Lösung für das Problem. Wenn wir eine Klasse von ListBox ableiten (z.B. DropDownListBox), zwingt nichts diese abgeleitete Klasse dazu, ihre eigene DrawWindow()-Methode zu implementieren.

Hinweis für C++-Programmierer: In C# kann `Control.DrawWindow()` keine Implementierung liefern, so dass wir nicht die allgemeinen `DrawWindow()`-Routinen nutzen können, die sonst von den abgeleiteten Klassen gemeinsam genutzt werden könnten.

Außerdem sollen abstrakte Klassen nicht nur ein Implementierungstrick sein, sondern die Idee einer Abstraktion darstellen, die einen »Vertrag« für alle abgeleiteten Klassen definiert. Mit anderen Worten: Abstrakte Klassen beschreiben die öffentlichen Methoden der Klassen, die die Abstraktion implementieren.

Die Vorstellung einer abstrakten `Control`-Klasse sollte die allgemeinen Merkmale und Verhaltensweisen von allen `Controls` enthalten, auch wenn wir niemals vorhaben, die Abstraktion `Control` selbst zu instanziieren.

Auf den Zweck einer abstrakten Klasse deutet schon das Wort »abstrakt« hin. Sie dient dazu, die Abstraktion »control« zu implementieren, die sich in den unterschiedlichen konkreten Instanzen von `Control` manifestiert, wie z.B. Browserfenster, Frame, Schaltfläche, Listenfeld oder Drop-down-Menü. Die abstrakte Klasse bestimmt, was ein `Control` ist, auch wenn wir niemals vorhaben, ein solches generisches Control zu erzeugen. Eine Alternative zur Verwendung von `abstract` ist es, ein Interface zu definieren, wie es in Kapitel 8 beschrieben wird.

Versiegelte Klassen

Im Entwurf ist *versiegelt* (sealed) das Gegenteil von abstrakt. Von einer abstrakten Klasse soll abgeleitet werden; sie soll eine Vorlage für die ihr folgenden Unterklassen sein. Demgegenüber gestattet eine versiegelte Klasse nicht, dass von ihr Klassen abgeleitet werden. Das Schlüsselwort `sealed` wird vor die Klassendeklaration gesetzt und schließt eine Ableitung aus. Klassen sind meist als `sealed` gekennzeichnet, um eine versehentliche Vererbung zu verhindern.

Hinweis für Java-Programmierer: Eine `sealed`-Klasse in C# entspricht einer `final`-Klasse in Java.

Wenn die Deklaration von `Control` im obigen Beispiel von `abstract` in `sealed` geändert wird (und auch das Schlüsselwort `abstract` aus der `DrawWindow()`-Deklaration entfernt wird), dann wird das Programm nicht kompiliert. Versuchen Sie, dieses Projekt zu erstellen, wird der Compiler die Fehlermeldung

```
'ListBox' : von der versiegelten Klasse 'Control' kann nicht geerbt werden
```

neben vielen anderen Beschwerden zurückgeben (z.B. dass Sie nicht einen neuen geschützten Member in einer versiegelten Klasse erzeugen können).

Die Wurzel aller Klassentypen: Object

Alle C#-Klassen eines jeden Typs werden behandelt, als würden sie im Endeffekt von System.Object abstammen. Interessanterweise gehören dazu auch Werttypen.

Eine Basisklasse ist der direkte »Elternteil« einer abgeleiteten Klasse. Eine abgeleitete Klasse kann die Basis zu einer weiteren abgeleiteten Klasse sein und einen Vererbungs»baum« oder eine Hierarchie erzeugen.

Eine Wurzelklasse ist die oberste Klasse in einer Vererbungshierarchie. In C# ist die Wurzelklasse Object. Die Nomenklatur ist so lange ein wenig verwirrend, bis Sie sich einen umgekehrten Baum vorstellen, dessen Wurzel nach oben zeigt, mit den abgeleiteten Klassen darunter. Daher wird die Basisklasse als »über« der abgeleiteten Klasse stehend angesehen.

> *Hinweis für C++-Programmierer:* In C# gibt es nur einfache Vererbung mit einer monolithischen Klassenhierarchie: Alle Klassen sind von der Basisklasse Object abgeleitet, und Mehrfachvererbung ist nicht möglich. Allerdings bieten die C#-Interfaces viele der Vorteile einer Mehrfachvererbung. (Mehr Informationen dazu folgen in Kapitel 8.)

Object bietet eine Reihe von virtuellen Methoden, die Unterklassen überschreiben können und das auch tun. Zu diesen gehören Equals(), um die Gleichheit zweier Objekte zu ermitteln, GetType(), um den Typ des Objekts zurückzugeben (die Methode wird in Kapitel 8 erläutert), und ToString(), um einen String zurückzugeben, der das aktuelle Objekt darstellt (diese Methode wird in Kapitel 10 erläutert). Tabelle 5-1 fasst die Methoden von Object zusammen.

Tabelle 5-1: Die Methoden von Object

Methode	Was sie tut
Equals()	Wertet aus, ob zwei Objekte äquivalent sind.
GetHashCode()	Ermöglicht es Objekten, ihre eigene Hash-Funktion für die Verwendung in Collections zu liefern (siehe Kapitel 9).
GetType()	Bietet Zugriff auf das Typ-Objekt.
ToString()	Bietet eine String-Darstellung des Objekts.
Finalize()	Bereinigt Nicht-Speicherressourcen; wird von einem Destruktor implementiert (siehe Kapitel 4).
MemberwiseClone()	Erzeugt Kopien des Objekts, sollte niemals von Ihrem Typ implementiert werden.
ReferenceEquals()	Ermittelt, ob zwei Objekte auf dieselbe Instanz verweisen.

Beispiel 5-3 veranschaulicht die Verwendung der Methode ToString(), die von Object geerbt wurde, sowie die Tatsache, dass elementare Datentypen wie z.B. int so behandelt werden können, als ob sie von Object erbten. Beachten Sie, dass die Methode DisplayValue zwar ein Objekt erwartet, aber auch mit einem Integer-Wert perfekt funktioniert.

Beispiel 5-3: Von Object erben

```csharp
using System;

namespace Inheriting_From_Object
{
    public class SomeClass
    {
        private int val;

        public SomeClass(int someVal)
        {
            val = someVal;
        }

        public override string ToString()
        {
            return val.ToString();
        }
    }

    class Program
    {
        static void DisplayValue( object o )
        {
            Console.WriteLine(
                "Der Wert des übergebenen Objekts ist {0}", o;
        }


        static void Main(string[] args)
        {

            int i = 5;
            Console.WriteLine("Der Wert von i ist: {0}", i.ToString());
            DisplayValue(i);

            SomeClass s = new SomeClass(7);
            Console.WriteLine("Der Wert von s ist {0}", s.ToString());
            DisplayValue(s);
        }
    }
}
```

Ausgabe:
Der Wert von i ist: 5
Der Wert des übergebenen Objekts ist 5
Der Wert von s ist 7
Der Wert des übergebenen Objekts ist 7

Die Dokumentation der Methode `Object.ToString()` enthüllt ihre Signatur:

```
public virtual string ToString();
```

Es ist eine öffentliche virtuelle Methode, die einen String zurückgibt und keine Parameter entgegennimmt. Alle eingebauten Typen, wie z.B. `int`, sind von `Object` abgeleitet und können daher die Methoden von `Object` aufrufen. Die Methoden `Write` und `WriteLine` von `Console` rufen automagisch die Methode `ToString()` für jedes übergebene Objekt auf.

Beispiel 5-3 überschreibt die virtuelle Funktion für `SomeClass`, was der Normalfall ist, damit die `ToString()`-Methode der betreffenden Klasse einen sinnvollen Wert zurückgeben kann. Wenn Sie die überschriebene Funktion auskommentieren, wird die Basismethode aufgerufen, was die Ausgabe wie folgt ändern wird:

```
Der Wert von s ist SomeClass
```

Das Standardverhalten besteht also darin, einen String mit dem Namen der Klasse selbst zurückzugeben.

Klassen müssen nicht explizit deklarieren, dass sie von `Object` abstammen; die Vererbung ist implizit.

Geschachtelte Klassen

Klassen haben Member, und es ist ohne Weiteres möglich, dass der Member einer Klasse ebenfalls von einem benutzerdefinierten Typ ist. So kann eine `Button`-Klasse einen Member des Typs `Location` und eine `Location`-Klasse einen Member des Typs `Point` enthalten. Außerdem kann `Point` Member des Typs `int` enthalten.

Gelegentlich ist die enthaltene Klasse nur dazu da, die äußere Klasse zu unterstützen, und es gibt keinen Grund, aus dem sie anderweitig sichtbar sein sollte. (Die enthaltene Klasse dient als Hilfsklasse.) Sie können die Hilfsklasse in der Definition der äußeren Klasse definieren. Die enthaltene, innere Klasse wird *geschachtelte* (nested) Klasse genannt, und die Klasse, die sie enthält, wird einfach *äußere* (outer) Klasse genannt.

Geschachtelte Klassen haben den Vorteil, dass sie Zugriff auf alle Member der äußeren Klasse haben. Eine Methode einer geschachtelten Klasse kann also auch auf private Member der äußeren Klasse zugreifen.

Außerdem kann eine geschachtelte Klasse vor allen anderen Klassen verborgen werden – das heißt, sie kann für die äußere Klasse privat sein.

Auf eine geschachtelte Klasse, die öffentlich ist, wird im Geltungsbereich der äußeren Klasse zugegriffen. Wenn `Outer` die äußere Klasse ist und `Nested` die (öffentliche) innere Klasse, dann verweisen Sie auf `Nested` als `Outer.Nested`, wobei die äußere Klasse (mehr oder weniger) als Namensraum oder Geltungsbereich agiert.

Hinweis für Java-Programmierer: Geschachtelte Klassen sind in etwa äquivalent zu statischen inneren Klassen; es gibt aber kein C#-Äquivalent zu den nicht-statischen inneren Klassen von Java.

Beispiel 5-4 zeigt eine geschachtelte Klasse von Fraction mit dem Namen FractionArtist auf. Die Aufgabe von FractionArtist ist es, den Bruch auf der Konsole darzustellen. In diesem Beispiel wird die Darstellung von einem Paar einfacher WriteLine( )-Anweisungen übernommen.

Beispiel 5-4: Verwendung einer geschachtelten Klasse

```
using System;

namespace Nested_Class
{
    public class Fraction
    {
        private int numerator;
        private int denominator;

        public Fraction(int numerator, int denominator)
        {
            this.numerator = numerator;
            this.denominator = denominator;
        }

        public override string ToString( )
        {
            return String.Format("{0}/{1}",
                numerator, denominator);
        }

        internal class FractionArtist
        {
            public void Draw(Fraction f)
            {
                Console.WriteLine("Zeichne den Zähler: {0}",
                    f.numerator);
                Console.WriteLine("Zeichne den Nenner: {0}",
                    f.denominator);
            }
        }
    }

    class Program
    {
        static void Main(string[] args)
        {
            Fraction f1 = new Fraction(3, 4);
            Console.WriteLine("f1: {0}", f1.ToString( ));
```

Beispiel 5-4: Verwendung einer geschachtelten Klasse (Fortsetzung)

```
            Fraction.FractionArtist fa = new Fraction.FractionArtist();
            fa.Draw(f1);

        }
    }
}
```

Die geschachtelte Klasse wird in fetter Schrift dargestellt. Die Klasse `FractionArtist` liefert nur einen einzelnen Member, die Methode `Draw()`. Besonders interessant ist, dass `Draw()` Zugriff auf die privaten Daten-Member `f.numerator` und `f.denominator` hat, auf die sie keinen Zugriff hätte, wenn es sich nicht um eine geschachtelte Klasse handeln würde.

Beachten Sie in `Main()`, dass der Typname der äußeren Klassen angegeben werden muss, um eine Instanz dieser geschachtelten Klasse zu deklarieren:

```
Fraction.FractionArtist fa = new Fraction.FractionArtist();
```

Der Geltungsbereich von `FractionArtist` liegt innerhalb der Klasse `Fraction`.

KAPITEL 6
Operatoren überladen

Ein Entwurfsziel von C# lautet: Benutzerdefinierte Klassen können die gesamte Funktionalität der eingebauten Typen haben. Angenommen, Sie haben einen Typ zur Darstellung von Brüchen definiert. Wenn diese Klasse die Funktionalität der eingebauten Typen haben soll, müssen Sie auch in der Lage sein, auf Instanzen Ihrer Brüche arithmetische Operationen durchzuführen (z.B. zwei Brüche zu addieren, zu multiplizieren usw.) und die Brüche in und aus eingebauten Typen wie z.B. Integer (int) zu konvertieren. Sie könnten natürlich auch für jede Operation Methoden implementieren und diese beispielsweise folgendermaßen aufrufen:

```
Fraction theSum = firstFraction.Add(secondFraction);
```

Das funktioniert zwar, ist aber hässlich und weicht vom Gebrauch der eingebauten Typen ab. Besser wäre es, Folgendes zu schreiben:

```
Fraction theSum = firstFraction + secondFraction;
```

Solche Anweisungen sind intuitiv und entsprechen der Weise, wie eingebaute Typen – etwa int – addiert werden.

In diesem Kapitel lernen Sie Techniken kennen, mit denen Sie Ihren benutzerdefinierten Typen Standardoperatoren hinzufügen können. Außerdem werden Sie lernen, wie Sie Konvertierungsoperatoren hinzufügen, um Ihre benutzerdefinierten Typen implizit und explizit in andere Typen umwandeln zu können.

Das Schlüsselwort operator

In C# implementieren Sie Operatoren durch statische Methoden, deren Rückgabewerte das Ergebnis der Operation darstellen und deren Parameter die Operanden sind. Wenn Sie einen Operator für eine Klasse erzeugen, spricht man von einem »überladenen« Operator. Jede Member-Methode kann überladen werden. Um den Additionsoperator (+) zu überladen, schreiben Sie Folgendes:

```
public static Fraction operator+(Fraction lhs, Fraction rhs)
```

Unsere Konvention ist es, die Parameter lhs und rhs zu nennen, wobei lhs für »lefthand side« steht und mich daran erinnert, dass der erste Parameter die linke Seite der Operation darstellt. rhs bedeutet entsprechend »righthand side«.

Die C#-Syntax für das Überladen von Operatoren besteht aus dem Schlüsselwort operator, gefolgt von dem zu überladenden Operator. Das Schlüsselwort operator ist ein Methodenmodifikator. Folglich schreiben Sie, wenn Sie den Additionsoperator überladen möchten, operator+.

Der Operator agiert dann als Methode, wobei der Rumpf der Operator-Methode die Aktionen des Operators implementiert (zum Beispiel all das tut, was Sie mit + meinen).

Wenn Sie Folgendes schreiben:

```
Fraction theSum = firstFraction + secondFraction;
```

wird der +-Operator mit dem ersten Fraction-Objekt als erstem und dem zweiten Fraction-Objekt als zweitem Argument aufgerufen. Trifft der Compiler auf folgenden Ausdruck:

```
firstFraction + secondFraction
```

übersetzt er ihn in:

```
Fraction.operator+(firstFraction, secondFraction)
```

Als Ergebnis wird der neue Bruch zurückgegeben, also in diesem Fall dem Fraction-Objekt namens theSum zugewiesen.

Hinweis für C++-Programmierer: Da Sie in C# keine nicht-statischen Operatoren erstellen können, müssen binäre Operatoren immer zwei Operanden entgegennehmen.

Andere .NET-Sprachen unterstützen

C# bietet die Fähigkeit, Operatoren für Klassen zu überladen, obwohl dies im eigentlichen Sinne nicht zur *Common Language Specification* (CLS) gehört. Andere .NET-Sprachen unterstützen das Überladen von Operatoren vielleicht nicht, und Sie müssen unbedingt sicherstellen, dass Ihre Klasse die Methoden unterstützt, die diese anderen Sprachen eventuell alternativ aufrufen, um die gleiche Wirkung zu erzielen.

Wenn Sie den Additionsoperator (+) überladen, sollten Sie daher auch eine Methode Add( ) zur Verfügung stellen, die die gleiche Arbeit tut. Das Überladen von Operatoren ermöglicht nur eine kürzere Syntax, sollte aber nicht die einzige Möglichkeit sein, mit der Ihre Objekte eine gegebene Aufgabe erledigen.

Nützliche Operatoren erstellen

Durch das Überladen von Operatoren kann Ihr Code intuitiver werden und sich besser gemäß den eingebauten Typen verhalten. Außerdem kann Ihr Code schwer verwaltbar, komplex und sperrig werden, wenn Sie sich nicht an die gebräuchlichen Verfahren zur Verwendung von Operatoren halten. Sie sollten der Versuchung widerstehen, Operatoren in neuer und völlig unüblicher Form einzusetzen.

So könnte man z.B. versucht sein, den Inkrementierungsoperator (++) für eine Angestellten-Klasse zu überladen, um eine Methode aufzurufen, die das Gehalt eines Angestellten erhöht. Doch dies kann unter den Clients Ihrer Klasse ungeheure Verwirrung stiften. Am besten setzen Sie das Überladen von Operatoren sparsam ein und nutzen es nur dann, wenn die Bedeutung klar und mit der Funktionsweise der eingebauten Klassen konsistent ist.

Logische Paare

Es ist recht üblich, den Gleichheitsoperator (==) zu überladen, um zu testen, ob zwei Objekte gleich sind (wie auch immer eine Gleichheit für Ihr Objekt definiert sein mag). In C# ist es erforderlich, dass Sie dann nicht nur den Gleichheitsoperator (==), sondern auch den Ungleichheitsoperator (!=) überladen. Ebenso können Sie die Operatoren kleiner als (<) und größer als (>) sowie kleiner gleich (<=) und größer gleich (>=) immer paarweise überladen.

Der Gleichheitsoperator

Wenn Sie den Gleichheitsoperator (==) überladen, ist es ratsam, auch die virtuelle `Equals()`-Methode von `Object` zu überschreiben und ihre Funktionalität an den Gleichheitsoperator zu verweisen. Dann kann Ihre Klasse polymorph und mit anderen .NET-Sprachen, die keine Operatoren überladen (wohl aber die Methodenüberladung unterstützen) kompatibel sein. Die .NET Framework-Klassen verwenden zwar keine überladenen Operatoren, erwarten aber von Ihren Klassen, dass sie die zugrunde liegenden Methoden implementieren. Die Objektklasse implementiert die Methode `Equals()` mit folgender Signatur:

```
public virtual bool Equals(object o)
```

Indem Sie diese Methode überschreiben, ermöglichen Sie es Ihrer `Fraction`-Klasse, mit allen anderen Objekten polymorph zu verfahren. Im Rumpf von `Equals()` müssen Sie sich vergewissern, dass Sie einen Vergleich mit einem anderen `Fraction`-Objekt durchführen. Ist dies der Fall, können Sie die Implementierung an Ihre selbst geschriebene Definition des Gleichheitsoperators weiterleiten.

```
public override bool Equals(object o)
{
    if (! (o is Fraction) )
    {
```

```
            return false;
    }
    return this == (Fraction) o;
}
```

Der Operator is prüft, ob der Laufzeittyp eines Objekts mit dem Operanden (in diesem Fall Fraction) kompatibel ist. Also wird o is Fraction als wahr ausgewertet, wenn der Typ von o tatsächlich kompatibel zu Fraction ist.

Der Compiler erwartet außerdem, dass Sie GetHashCode überschreiben. Dies wird im Folgenden erläutert.

Konvertierungsoperatoren

C# konvertiert int implizit in long und ermöglicht es Ihnen, long explizit in int zu konvertieren. Die Konvertierung von int in long ist *implizit* (sie geschieht ohne besondere Syntax). Sie ist auch sicher, weil klar ist, dass jeder int in die Speicherdarstellung eines long hineinpasst. Die umgekehrte Konvertierung von long in int muss *explizit* (mit einem Typumwandlungsoperator) geschehen, da dabei Informationen verloren gehen können:

```
int myInt = 5;
long myLong;
myLong = myInt;        // implizit
myInt = (int) myLong;  // explizit
```

Für Ihre Brüche müssen Sie die gleiche Funktionalität bieten. Wenn ein int gegeben ist, können Sie die implizite Konvertierung dieses Werts in ein Fraction-Objekt unterstützen, da jede ganze Zahl gleich dem gleichen Wert geteilt durch 1 ist (z.B. 15==15/1).

Wenn Sie ein Fraction-Objekt haben, können Sie dessen explizite Rückkonvertierung in einen Integer unterstützen. Dabei versteht es sich jedoch, dass von dem Wert etwas verloren gehen kann. Sie könnten beispielsweise 9/4 in den Integer-Wert 2 konvertieren.

Bei der Implementierung eigener Konvertierungen müssen Sie das Schlüsselwort implicit benutzen, wenn die Konvertierung garantiert keinen Informationsverlust mit sich bringt. Ansonsten verwenden Sie explicit.

Achten Sie darauf, dass Sie immer implicit schreiben, wenn Sie nicht explicit verwenden!

Operatoren einsetzen

Beispiel 6-1 zeigt, wie Sie implizite und explizite Konvertierungen implementieren, und veranschaulicht einige Operatoren der Klasse Fraction. (Ich habe zwar Meldungen, die zeigen, welche Methode gerade betreten wird, mit Console.WriteLine() ausgegeben, aber der Debugger ist eigentlich besser für diese Art von Trace-Operationen geeignet. Sie können an jede zu prüfende Anweisung einen Haltepunkt setzen, damit in den Code hineingehen und dann die Konstruktoraufrufe beobachten, wenn sie stattfinden.) Wenn Sie dieses Beispiel kompilieren, generiert es einige Warnungen, da GetHashCode( ) nicht implementiert ist (siehe Kapitel 9).

Beispiel 6-1: Konvertierungen und Operatoren für die Fraction-Klasse definieren

```
using System;

namespace Conversions
{
    public class Fraction
    {
        private int numerator;
        private int denominator;

        public Fraction(int numerator, int denominator)
        {
            Console.WriteLine("Im Fraction-Konstruktor(int, int)");
            this.numerator = numerator;
            this.denominator = denominator;
        }

        public Fraction(int wholeNumber)
        {
            Console.WriteLine("Im Fraction-Konstruktor(int)");
            numerator = wholeNumber;
            denominator = 1;
        }

        public static implicit operator Fraction(int theInt)
        {
            Console.WriteLine("In impliziter Konvertierung zu Fraction");
            return new Fraction(theInt);
        }

        public static explicit operator int(Fraction theFraction)
        {
            Console.WriteLine("In expliziter Konvertierung zu int");
            return theFraction.numerator / theFraction.denominator;
        }

        public static bool operator ==(Fraction lhs, Fraction rhs)
        {
            Console.WriteLine("Im Operator ==");
            if (lhs.denominator == rhs.denominator &&
            lhs.numerator == rhs.numerator)
            {
                return true;
            }
            // Dieser Code behandelt ungleiche Brüche
            return false;
        }
```

Beispiel 6-1: Konvertierungen und Operatoren für die Fraction-Klasse definieren (Fortsetzung)

```csharp
    public static bool operator !=(Fraction lhs, Fraction rhs)
    {
        Console.WriteLine("Im Operator !=");

        return !(lhs == rhs);
    }

    public override bool Equals(object o)
    {
        Console.WriteLine("In der Methode Equals");
        if (!(o is Fraction))
        {
            return false;
        }
        return this == (Fraction)o;
    }

    public static Fraction operator +(Fraction lhs, Fraction rhs)
    {
        Console.WriteLine("Im operator+");
        if (lhs.denominator == rhs.denominator)
        {
            return new Fraction(lhs.numerator + rhs.numerator,
            lhs.denominator);
        }

        // Vereinfachte Lösung für ungleiche Brüche
        // 1/2 + 3/4 == (1*4) + (3*2) / (2*4) == 10/8
        int firstProduct = lhs.numerator * rhs.denominator;
        int secondProduct = rhs.numerator * lhs.denominator;
        return new Fraction(
        firstProduct + secondProduct,
        lhs.denominator * rhs.denominator
        );
    }

    public override string ToString()
    {
        String s = numerator.ToString() + "/" +
        denominator.ToString();
        return s;
    }
}

class Program
{
    static void Main(string[] args)
    {
        Fraction f1 = new Fraction(3, 4);
        Console.WriteLine("f1: {0}", f1.ToString());

        Fraction f2 = new Fraction(2, 4);
        Console.WriteLine("f2: {0}", f2.ToString());
```

Beispiel 6-1: Konvertierungen und Operatoren für die Fraction-Klasse definieren (Fortsetzung)

```
            Fraction f3 = f1 + f2;
            Console.WriteLine("f1 + f2 = f3: {0}", f3.ToString());

            Fraction f4 = f3 + 5;
            Console.WriteLine("f3 + 5 = f4: {0}", f4.ToString());

            Fraction f5 = new Fraction(2, 4);
            if (f5 == f2)
            {
                Console.WriteLine("F5: {0} == F2: {1}",
                    f5.ToString(),
                    f2.ToString());
            }
        }
    }
}
```

Die Klasse Fraction beginnt mit zwei Konstruktoren. Der eine nimmt den Zähler (*numerator*) und den Nenner (*denominator*) und der andere eine ganze Zahl entgegen. Auf die Konstruktoren folgt die Deklaration der beiden Konvertierungsoperatoren. Der erste Konvertierungsoperator wandelt einen Integer in ein Fraction-Objekt um:

```
public static implicit operator Fraction(int theInt)
{
    return new Fraction(theInt);
}
```

Diese Konvertierung ist als implicit gekennzeichnet, da jede ganze Zahl (int) in ein Fraction-Objekt konvertiert werden kann, indem man den Zähler auf den int und den Nenner auf 0 setzt. Diese Aufgabe wird an den Konstruktor delegiert, der einen int erwartet.

Der zweite Konvertierungsoperator dient zur expliziten Konvertierung von Brüchen in Integer:

```
public static explicit operator int(Fraction theFraction)
{
    return theFraction.numerator /
        theFraction.denominator;
}
```

Da dieses Beispiel eine ganzzahlige Division verwendet, wird der Wert abgeschnitten. Wenn der Bruch 15/16 ist, ist der ganzzahlige Ergebniswert 0. Ein besserer Konvertierungsoperator könnte eine Rundung durchführen.

Hinter den Konvertierungsoperatoren stehen der Gleichheitsoperator und der Ungleichheitsoperator. Vergessen Sie nicht, dass Sie diese Operatoren paarweise implementieren müssen.

Sie haben die Wertgleichheit für ein Fraction-Objekt so definiert, dass sowohl Zähler als auch Nenner übereinstimmen müssen. Für diese Übung werden 3/4 und 6/8 nicht als gleich betrachtet. Auch hier würde eine bessere Implementierung solche Brüche kürzen und die Gleichheit feststellen.

Überschreiben Sie nun die Equals( )-Methode der Objektklasse, damit Ihre Fraction-Objekte mit jedem anderen Objekt polymorph verwendet werden können. Die Implementierung der Methode delegiert die Gleichheitsauswertung an den Gleichheitsoperator.

Zweifellos würde eine Fraction-Klasse alle arithmetischen Operatoren (Addition, Subtraktion, Multiplikation und Division) implementieren. Der Einfachheit halber implementieren wir nur die Addition, und auch dies nur in einer vereinfachten Fassung. Prüfen Sie, ob die Nenner gleich sind, und fügen Sie, wenn dies der Fall ist, die folgenden Zähler hinzu:

```
public static Fraction operator+(Fraction lhs, Fraction rhs)
{
    if (lhs.denominator == rhs.denominator)
    {
        return new Fraction(lhs.numerator+rhs.numerator,
            lhs.denominator);
    }
```

Wenn die Nenner ungleich sind, multiplizieren Sie über Kreuz:

```
    int firstProduct = lhs.numerator * rhs.denominator;
    int secondProduct = rhs.numerator * lhs.denominator;
    return new Fraction(
        firstProduct + secondProduct,
        lhs.denominator * rhs.denominator
    );
```

Diesen Code erläutert man am besten anhand eines Beispiels. Wenn Sie 1/2 und 3/4 addieren, können Sie den ersten Zähler (1) mit dem zweiten Nenner (4) multiplizieren und das Ergebnis (4) in firstProduct speichern. Dann multiplizieren Sie den zweiten Zähler (3) mit dem ersten Nenner (2) und speichern dieses Ergebnis in secondProduct. Diese beiden Produkte addieren Sie (6+4) und erhalten die Summe 10, die der Zähler für die Antwort ist. Dann multiplizieren Sie die beiden Nenner (2*4) und erhalten den neuen Nenner (8). Daraus ergibt sich der Bruch (10/8), der die richtige Antwort darstellt.

Schließlich überschreiben Sie ToString() so, dass Fraction seinen Wert in der Form eines Bruchs (numerator/denominator) zurückgeben kann:

```
public override string ToString()
{
    String s = numerator.ToString() + "/" +
    denominator.ToString();
    return s;
}
```

Nun können Sie dies an Ihrer Fraction-Klasse testen. Bei den ersten Tests erzeugen Sie einfache Brüche: 3/4 und 2/4:

```
Fraction f1 = new Fraction(3,4);
Console.WriteLine("f1: {0}", f1.ToString());

Fraction f2 = new Fraction(2,4);
Console.WriteLine("f2: {0}", f2.ToString());
```

Die Ausgabe besteht erwartungsgemäß aus den Konstruktoraufrufen und dem in Write-Line() ausgegebenen Wert:

```
Im Konstruktor Fraction(int, int)
f1: 3/4
Im Konstruktor Fraction(int, int)
f2: 2/4
```

Die nächste Zeile in Main() ruft den statischen operator+ auf. Dieser dient dazu, zwei Brüche zu addieren und dann die Summe als neuen Bruch zurückzugeben:

```
Fraction f3 = f1 + f2;
Console.WriteLine("f1 + f2 = f3: {0}", f3.ToString());
```

Die Ausgabe verrät, wie operator+ funktioniert:

```
Im operator+
Im Konstruktor Fraction(int, int)
f1 + f2 = f3: 5/4
```

Zuerst wird operator+ aufgerufen und dann der Konstruktor für f3, der als Parameter die beiden int-Werte hat, die den Zähler und den Nenner des resultierenden neuen Bruchs darstellen. Der nächste Test in Main() addiert einen int zum Fraction-Objekt f3 und weist den Ergebniswert dem neuen Fraction-Objekt f4 zu:

```
Fraction f4 = f3 + 5;
Console.WriteLine("f3 + 5: {0}", f4.ToString());
```

Die Ausgabe zeigt die diversen Konvertierungsschritte:

```
In impliziter Konvertierung in Fraction
Im Konstruktor Fraction(int)
Im operator+
Im Konstruktor Fraction(int, int)
f3 + 5 =  f4: 25/4
```

Beachten Sie, dass der implizite Konvertierungsoperator aufgerufen wurde, um 5 in ein Fraction-Objekt zu konvertieren. In der Rückgabeanweisung des impliziten Konvertierungsoperators wurde der Konstruktor von Fraction aufgerufen und der Bruch 5/1 erzeugt. Dieser neue Bruch wurde dann zusammen mit f3 an operator+ übergeben, und die Summe wurde an den Konstruktor für f4 übergeben. Im letzten Test wird ein neuer Bruch (f5) erzeugt. Es wird getestet, ob dieser gleich f2 ist. Wenn ja, werden die beiden Werte ausgegeben.

```
Fraction f5 = new Fraction(2,4);
if (f5 == f2)
{
    Console.WriteLine("f5: {0} == f2: {1}",
        f5.ToString(),
        f2.ToString());
}
```

Die Ausgabe zeigt die Erzeugung von f5 und den anschließenden Aufruf des *überladenen Gleichheitsoperators*:

```
Im Konstruktor Fraction(int, int)
Im Operator ==
f5: 2/4 == f2: 2/4
```

KAPITEL 7
Structs

Ein *Struct* ist ein einfacher, benutzerdefinierter Typ, der eine leichtgewichtige Alternative zu einer Klasse bietet. Structs ähneln Klassen insofern, als sie Konstruktoren, Eigenschaften, Methoden, Felder, Operatoren, geschachtelte Typen und Indexer enthalten können (siehe Kapitel 9).

Es gibt jedoch auch bedeutende Unterschiede zwischen Klassen und Structs. So unterstützen z.B. Structs keine Vererbung oder Destruktoren. Noch wichtiger: Eine Klasse ist ein Referenztyp und ein Struct ein *Werttyp*. (Weitere Informationen zu Klassen und Typen finden Sie in Kapitel 3.) Daher sind Structs nützlich, um Objekte darzustellen, die keine Referenzsemantik erfordern.

Nach vorherrschender Meinung sollten Sie Structs nur für Typen einsetzen, die klein und einfach sind und in ihrem Verhalten und ihrem Wesen den eingebauten Typen ähneln.

Hinweis für C++-Programmierer: Die Bedeutung des Struct-Konstrukts in C# unterscheidet sich stark von dem in C++. In C++ ist ein Struct genau das Gleiche wie eine Klasse; nur die standardmäßige Sichtbarkeit (public oder private) unterscheidet sich. In C# stellen Structs Werttypen dar, während Klassen Referenztypen sind. Außerdem unterliegen C#-Structs weiteren Beschränkungen, die in diesem Kapitel beschrieben werden.

In Arrays nutzen Structs den Speicher besser aus (siehe Kapitel 9). Bei der Verwendung in nicht-generischen Collections sind sie jedoch wahrscheinlich weniger effizient. Da Collections Objekte übernehmen, erwarten sie Referenzen, und Structs müssen erst durch *Boxing* gekapselt werden. Da das Boxing und Unboxing zusätzlichen Aufwand bedeutet, können Klassen in manchen großen Collections effizienter sein. Diese Sorge hat sich durch die Verwendung generischer Collections (siehe Kapitel 9) deutlich reduziert, und viele C#-Programmierer arbeiten monatelang am Code, ohne Structs überhaupt zu verwenden.

Wenn Sie andererseits eine Klasse haben, die als Member-Variablen zehn Structs statt 10 Objekte besitzt, entsteht beim Erstellen der Klasse auf dem Heap nur ein großes Objekt (die Klasse mit ihren 10 Structs) und keine elf Objekte. Damit hat der Garbage Collector deutlich weniger zu tun, wenn Ihre Hauptklasse zerstört werden soll, und das Programm wird effizienter. Wenn Sie viele solcher Klassen nutzen und sie häufig erstellen und wieder zerstören, kann sich dies durchaus in der Performance bemerkbar machen.

In diesem Kapitel werden Sie erfahren, wie Sie Structs definieren und einsetzen und wie Sie mit Konstruktoren die Werte der Structs initialisieren.

Structs definieren

Einen Struct definieren Sie mit fast der gleichen Syntax wie eine Klasse:

```
[Attribute] [Zugriffsmodifikatoren] struct Bezeichner [:Interface-Liste]
{ Struct-Members }
```

Beispiel 7-1 zeigt die Definition eines Struct. Location stellt einen Punkt auf einer zweidimensionalen Oberfläche dar. Beachten Sie, dass das Struct Location abgesehen von dem Schlüsselwort struct genau wie eine Klasse deklariert ist. Der Konstruktor von Location nimmt zwei Integer entgegen und weist ihre Werte den Instanz-Members xVal und yVal zu. Die x- und y-Koordinaten von Location sind als Eigenschaften deklariert.

Beispiel 7-1: Erzeugung eines Structs

```
using System;

namespace CreatingAStruct
{
    public struct Location
    {
        public int X { get; set; }
        public int Y { get; set; }

        public override string ToString()
        {
            return (String.Format("{0}, {1}", X, Y));
        }

    }

    public class Tester
    {
        public void myFunc(Location loc)
        {
            loc.X = 50;
            loc.Y = 100;
            Console.WriteLine("In MyFunc loc: {0}", loc);
        }
        static void Main()
        {
            Location loc1 = new Location();
            loc1.X = 200;
            loc1.Y = 300;
            Console.WriteLine("Loc1 location: {0}", loc1);
```

Beispiel 7-1: Erzeugung eines Structs (Fortsetzung)

```
            Tester t = new Tester();
            t.myFunc(loc1);
            Console.WriteLine("Loc1 location: {0}", loc1);
        }
    }
}

Ausgabe:
Loc1 location: 200, 300
In MyFunc loc: 50, 100
Loc1 location: 200, 300
```

Im Gegensatz zu Klassen unterstützen Structs keine Vererbung. Sie sind implizit von Object abgeleitet (was für alle C#-Typen einschließlich der eingebauten gilt), können aber von keiner anderen Klasse und keinem Struct erben. Structs sind außerdem implizit *versiegelt* (d.h., keine Klasse und kein Struct kann von einem Struct abgeleitet sein). Allerdings können Structs wie Klassen mehrere Interfaces implementieren. Weitere Unterschiede sind:

Structs haben keinen Destruktor und keinen benutzerdefinierten Standardkonstruktor
Structs können keine Destruktoren und keinen eigenen, parameterlosen (Standard-) Konstruktor haben – allerdings wird die CLR Ihre Struktur initialisieren und alle Felder auf null setzen, wenn Ihr Objekt wie mit einem Standard-Konstruktor aufgerufen wird (siehe Beispiel).

Keine Initialisierung
Die Instanzfelder eines Structs können nicht initialisiert werden. Daher sind folgende Zeilen unzulässig:
```
private int xVal = 50;
private int yVal = 100;
```
In einer Klasse könnte man dies jedoch problemlos schreiben.

Structs sind dazu geschaffen, einfach und leichtgewichtig zu sein. Zwar fördern private Member-Daten das Verbergen und Kapseln der Daten, aber einige Programmierer halten das in Structs für übertrieben. Sie machen die Daten öffentlich und erleichtern damit die Implementierung des Structs. Andere Programmierer sind der Meinung, dass Eigenschaften eine saubere und einfache Schnittstelle bieten und dass ein guter Programmierstil das Verbergen von Daten auch in einfachen, leichtgewichtigen Objekten erfordert.

Structs erzeugen

Sie erzeugen eine Instanz eines Structs, indem Sie – wie auch bei einer Klasse – das Schlüsselwort new in einer Zuweisungsanweisung verwenden. In Beispiel 7-1 erzeugt die Klasse Tester eine Instanz von Location wie folgt:

```
Location loc1 = new Location();
```

Hier hat die neue Instanz den Namen loc1, und die Felder werden mit 0 initialisiert. Das Beispiel nutzt dann die öffentlichen Eigenschaften, um die Werte der Felder auf 200 beziehungsweise 300 zu setzen.

Structs als Werttypen

Die Definition der Klasse Tester in Beispiel 7-1 enthält ein Location-Objekt-Struct[1] (loc1), das mit den Werten 200 und 300 erzeugt wurde. Die folgende Codezeile ruft den Location-Konstruktor auf:

```
Location loc1 = new Location(200,300);
```

Danach wird WriteLine( ) aufgerufen:

```
Console.WriteLine("Loc1 Location: {0}", loc1);
```

WriteLine( ) erwartet ein Objekt, aber Location ist natürlich ein Struct (ein Werttyp). Der Compiler umhüllt das Struct automatisch mit einem Objekt – einem Prozess, der Boxing genannt wird (wie bei jedem Wertetyp) – und übergibt dieses eingepackte Objekt dann an WriteLine( ). ToString( ) wird auf dem eingehüllten Objekt aufgerufen, und da der Struct (implizit) von object erbt, kann er polymorph reagieren und die Methode, ebenso wie jedes andere Objekt auch, überschreiben:

```
Loc1 Location: 200, 300
```

Sie können dieses Boxing vermeiden, indem Sie den obigen Programmausschnitt folgendermaßen ändern:
```
Console.WriteLine("Loc1 location: {0}",
    loc1.ToString());
```
Sie vermeiden die Boxing-Operation, indem Sie ToString bei einer Werttyp-Variablen mit überschriebenem ToString direkt aufrufen.

Structs sind jedoch Wertobjekte, und wenn man sie an eine Funktion übergibt, geschieht dies by value. Das sehen Sie in der nächsten Codezeile, in der das Objekt loc1 an die Methode MyFunc( ) übergeben wird:

```
t.MyFunc(loc1);
```

In MyFunc() werden x und y neue Werte zugewiesen, und dann werden diese Werte ausgegeben:

```
loc1 Location: 50, 100
```

Wenn Sie zur aufrufenden Funktion zurückkehren (Main( )) und WriteLine( ) erneut aufrufen, sind die Werte unverändert:

```
loc1 Location: 200, 300
```

---

[1] In diesem Buch verwende ich den Begriff *Objekt*, um Referenz- und Wertetypen zu bezeichnen. In der objektorientierten Welt gibt es eine Diskussion darüber, aber ich tröste mich damit, dass Microsoft die Werttypen so implementiert hat, als wären sie von der Wurzelklasse Object abgeleitet. (Daher kann man bei jedem Werttyp, auch bei eingebauten Typen wie int, alle Methoden von Object aufrufen.)

Das Struct wurde als Wertobjekt übergeben, und `MyFunc` hat eine Kopie davon angelegt. Versuchen Sie einmal folgendes Experiment: Ändern Sie die Deklaration wie folgt in eine Klassendeklaration um:

```
public class Location
```

Lassen Sie nun den Test erneut laufen. Hier sehen Sie die Ausgabe:

```
loc1 Location: 200, 300
In MyFunc loc: 50, 100
loc1 Location: 50, 100
```

Diesmal hat das Objekt `Location` eine Referenzsemantik. Daraus folgt: Wenn die Werte in `MyFunc()` geändert werden, werden sie auch im Ursprungsobjekt in der `Main()`-Methode geändert.[2]

---

[2] Eine andere Möglichkeit zur Lösung dieses Problems ist die Verwendung des Schlüsselworts `ref` (das wir im Abschnitt »Übergabe by reference« in Kapitel 4 erläutern). Es ermöglicht Ihnen, einen Werttyp als Referenz zu übergeben.

KAPITEL 8
Interfaces

Ein *Interface* ist eine Vereinbarung darüber, wie sich eine Klasse oder ein Struct verhält. (Ich werde im Rest des Kapitels einfach *Klasse* sagen, dabei sind immer auch Structs mit gemeint).

Wenn eine Klasse ein Interface implementiert, teilt sie damit einem potenziellen Benutzer der Klasse mit: »Ich garantiere dir, dass ich die Methoden, Eigenschaften, Events und Indexer dieses genannten Interfaces unterstütze.« (Informationen über Methoden und Eigenschaften finden Sie in Kapitel 4, über Events in Kapitel 12 und über Indexer in Kapitel 9.) Lesen Sie auch den Kasten »Abstrakte Klasse versus Interface versus Mix-Ins«.

Diese Garantie manifestiert sich durch die Verwendung des Schlüsselworts `interface`: Es deklariert einen Referenztyp, der einen Vertrag einkapselt.

Wenn Sie ein Interface festlegen, können Sie Methoden, Eigenschaften, Indexer und Events definieren, die von jeder Klasse implementiert werden müssen, die das Interface implementiert.

Hinweis für Java-Programmierer: C# unterstützt nicht die Verwendung von konstanten Feldern (Member-Konstanten) in Interfaces. Am nächsten kommt diesem die Anwendung von enumerierten Konstanten (Enums).

Dieses Kapitel beschreibt, wie Sie Interfaces erzeugen, implementieren und einsetzen. Sie werden auch erfahren, wie Sie mehrere Interfaces implementieren, wie Sie Interfaces kombinieren und erweitern und wie Sie testen, ob eine Klasse ein Interface implementiert.

Ein Interface definieren und implementieren

Dies ist die Syntax zur Definition eines Interfaces:

```
[Attribute] [Zugriffsmodifizierer] interface Interface-Name[:Basis-Liste]
{Interface-Rumpf}
```

Attribute spielen in diesem Kapitel noch keine Rolle; sie werden in Kapitel 20 behandelt.

> ## Abstrakte Klasse versus Interface versus Mix-Ins
>
> Ein Interface stellt eine Alternative zu einer abstrakten Klasse dar, wenn man Verträge zwischen Klassen und ihren Clients erstellen will. Der Unterschied liegt darin, dass abstrakte Klassen als Ausgangspunkt einer Vererbungshierarchie dienen, während Interfaces ihren Vertrag vielen verschiedenen Vererbungsbäumen hinzufügen können.
>
> Wenn Sie zum Beispiel ein Interface namens IPrintable haben (per Konvention beginnen Interface-Namen immer mit einem großen I, wie bei IPrintable, IStorable, IClaudius), definiert IPrintable alle Methoden, Events und so weiter, die eine Klasse implementieren muss, damit sie ausdruckbar ist. Dabei können beliebig viele Klassen (Notizen, Dokumente, Kalendereinträge, E-Mails, Arbeitsblätter) dieses Interface implementieren, ohne dass sie ein gemeinsames Root-Element haben müssen.
>
> Da eine Untermenge dieser IPrintable-Typen zudem auch IStorable implementiert haben kann, hilft die Verwendung von Interfaces zudem auch dabei, Ihren Vererbungsbaum aufgeräumter und übersichtlicher zu halten. Somit kann die Vererbung für eine *Ist-ein*-Beziehung genutzt werden (eine Notiz *ist ein* Dokument) und muss nicht auch noch die *Implementiert*-Beziehung abbilden (sowohl Notizen als auch E-Mails implementieren IPrintable).
>
> Geschichtlicher Hinweis an Ostküsten-Geeks: Es war einmal eine Eisdiele in Somerville, Massachusetts, in der Sie Bonbons und andere Leckereien in Ihr Lieblingseis »hineinmischen« lassen konnten. Diese Metapher gefiel einigen Pionieren der Objektorientierung vom nahe gelegenen MIT, die gerade an einer Programmiersprache namens SCOOPS arbeiteten. Sie übernahmen den Begriff »mix in«, englisch für »hineinmischen«, für Klassen, die zusätzliche Fähigkeiten beimengen. Auch C++ enthält eine Anzahl von Mix-Ins. Diese Mix-Ins oder auch Fähigkeitenklassen spielen ungefähr die gleiche Rolle wie Interfaces in C#.

Zugriffsmodifikatoren, darunter public, private, protected, internal und protected internal, wurden in Kapitel 4 beschrieben.

Hinter dem Schlüsselwort interface steht der Name des Interfaces. Es ist üblich (aber nicht Vorschrift), den Namen eines Interfaces mit einem großen I beginnen zu lassen, wie z.B. in IStorable, ICloneable, IClaudius usw.

Die Basisliste führt alle Interfaces auf, die dieses Interface erweitert. (Dies wird im folgenden Abschnitt »Mehr als ein Interface implementieren« beschrieben.)

Der Interface-Rumpf beschreibt die Methoden, Eigenschaften usw., die durch die implementierende Klasse implementiert werden müssen.

Angenommen, Sie möchten ein Interface erstellen, das die Methoden und Eigenschaften beschreibt, die eine Klasse haben muss, damit sie mit einer Datenbank oder einem anderen Speicher wie etwa einer Datei gespeichert und wieder abgerufen werden kann. Sie beschließen, dieses Interface IStorable zu nennen.

In diesem Interface könnten Sie die beiden Methoden Read( ) und Write( ) spezifizieren, die im Interface-Rumpf erscheinen:

```
interface IStorable
{
   void Read();
   void Write(object);
}
```

Der Zweck eines Interfaces ist es, die Fähigkeiten zu definieren, die Sie in einer Klasse zur Verfügung haben möchten.

Nehmen wir an, Sie erzeugen eine Klasse namens Document. Da Document-Typen in einer Datenbank gespeichert werden können, beschließen Sie, dass Document das Interface IStorable implementieren soll.

Dazu verwenden Sie die gleiche Syntax, als würde die neue Document-Klasse von IStorable erben, nämlich einen Doppelpunkt (:) mit dem Interface-Namen dahinter:

```
public class Document : IStorable
{
   public void Read() {...}
   public void Write(object obj) {...}
   // ...
}
```

Nun müssen Sie als Autor der Document-Klasse auch eine vernünftige Implementierung der Methoden von IStorable liefern. Nachdem Sie angezeigt haben, dass Document das Interface IStorable implementiert, müssen Sie alle Methoden von IStorable ebenfalls implementieren, sonst wird beim Kompilieren ein Fehler gemeldet. Dies sehen Sie in Beispiel 8-1, in dem die Document-Klasse das Interface IStorable implementiert.

Beispiel 8-1: Verwendung eines einfachen Interfaces

```
using System;

namespace SimpleInterface
{
    interface IStorable
    {
        // Keine Zugriffsmodifikatoren, die Methoden sind public
        // Keine Implementierung
        void Read();
        void Write(object obj);
        int Status { get; set; }
    }

    // Erzeuge eine Klasse, die das Interface IStorable implementiert
    public class Document : IStorable
    {
```

Beispiel 8-1: Verwendung eines einfachen Interfaces (Fortsetzung)

```
    public Document(string s)
    {
        Console.WriteLine("Erstelle Dokument mit: {0}", s);
    }

    // Implementiere die Read-Methode
    public void Read( )
    {
        Console.WriteLine(
        "Implementiere die Read-Methode für IStorable");
    }

    // Implementiere die Write-Methode
    public void Write(object o)
    {
        Console.WriteLine(
        "Implementiere die Write-Methode für IStorable");
    }

    public int Status   { get; set; }


    }

    // Teste das Interface
    public class Tester
    {

        static void Main( )
        {
            // Greife auf die Methoden des Document-Objekts zu
            Document doc = new Document("Testdokument");
            doc.Status = -1;
            doc.Read( );
            Console.WriteLine("Dokumentstatus: {0}", doc.Status);
        }
    }
}
```

```
Ausgabe:
Erstelle Dokument mit: Testdokument
Implementiere die Read-Methode für IStorable
Dokumentstatus: -1
```

Beispiel 8-1 definiert IStorable, ein Interface mit den beiden Methoden Read( ) und Write( ) und der Eigenschaft Status vom Typ integer. Beachten Sie, dass die Eigenschaftsdeklaration keine Implementierung für get und set liefert, sondern nur anzeigt, dass die Methoden get und set *vorhanden* sind:

```
    int Status { get; set; }
```

Beachten Sie außerdem, dass die Methodendeklarationen von `IStorable` keine Zugriffsmodifikatoren (z.B. `public`, `protected`, `internal`, `private`) aufführen. Wäre dies der Fall, würde sogar ein Compiler-Fehler ausgelöst. Interface-Methoden sind implizit `public`, da ein Interface einen Vertrag darstellt, der gerade dazu da ist, dass andere Klassen ihn nutzen. Sie können keine Instanz von einem Interface erzeugen, sondern Sie erzeugen eine Instanz einer Klasse, die dieses Interface implementiert.

Die Klasse, die das Interface implementiert, muss den Vertrag genau und vollständig erfüllen. `Document` muss sowohl eine `Read( )`- als auch eine `Write( )`-Methode sowie die Eigenschaft `Status` zur Verfügung stellen. Doch *wie* sie dies tut, ist ihr selbst überlassen. `IStorable` schreibt zwar vor, dass `Document` eine `Status`-Eigenschaft haben muss, aber interessiert sich nicht dafür, ob `Document` den aktuellen Status als Member-Variable speichert oder ihn in einer Datenbank nachschlägt. Diese Einzelheiten sind der implementierenden Klasse überlassen.

Mehr als ein Interface implementieren

Klassen können auch mehr als ein Interface implementieren. Wenn Ihre `Document`-Klasse z.B. nicht nur gespeichert, sondern auch komprimiert werden kann, können Sie beschließen, neben `IStorable` auch das Interface `ICompressible` zu implementieren:

```
interface ICompressible
{
    void Compress( );
    void Decompress( );
}
```

Dazu ändern Sie die Deklaration (in der Basisliste) derart, dass die Implementierung beider Interfaces darin steht. Die Interfaces werden durch ein Komma getrennt.

```
public class Document : IStorable, ICompressible
```

Nun muss die Klasse `Document` auch die Methoden des Interfaces `ICompressible` implementieren:

```
public void Compress( )
{
    Console.WriteLine("Implementiere die Compress-Methode");
}
public void Decompress( )
{
    Console.WriteLine("Implementiere die Decompress-Methode");
}
```

Interfaces erweitern

Sie können auch ein vorhandenes Interface erweitern, indem Sie neue Methoden oder Member hinzufügen oder die Funktionsweise der bestehenden Member ändern. So könnten Sie z.B. ICompressible mit dem neuen Interface ILoggedCompressible erweitern, das Methoden hinzufügt, die nachhalten, wie viele Bytes gespeichert wurden:

```
interface ILoggedCompressible : ICompressible
{
    void LogSavedBytes();
}
```

Wenn Sie ICompressible in dieser Weise erweitern, legen Sie im Endeffekt fest, dass alles, was ILoggedCompressible implementiert, auch ICompressible implementieren muss.

Nun können die Klassen nach Bedarf entweder ICompressible oder ILoggedCompressible implementieren, je nachdem, ob sie diese Zusatzfunktionalität benötigen oder nicht. Wenn eine Klasse ILoggedCompressible implementiert, muss sie alle Methoden sowohl von ILoggedCompressible als auch von ICompressible implementieren. Objekte dieses Typs können in ILoggedCompressible oder in ICompressible umgewandelt werden.

Interfaces kombinieren

In ähnlicher Weise können Sie neue Interfaces erstellen, indem Sie vorhandene Interfaces kombinieren und optional neue Methoden und Eigenschaften hinzufügen. Sie könnten z.B. ein Interface namens IStorableCompressible erzeugen. Dieses würde die Methoden der beiden anderen Interfaces kombinieren und außerdem eine neue Methode hinzufügen, die die Originalgröße des unkomprimierten Elements speichert:

```
interface IStorableCompressible : IStoreable, ILoggedCompressible
{
    void LogOriginalSize();
}
```

Beispiel 8-2 zeigt, wie Interfaces erweitert und kombiniert werden.

Beispiel 8-2: Interfaces erweitern und kombinieren

```
using System;

namespace ExtendAndCombineInterface
{
    interface IStorable
    {
        void Read();
        void Write(object obj);
        int Status { get; set; }
    }

    // Hier ist das neue Interface
    interface ICompressible
    {
        void Compress();
```

Beispiel 8-2: Interfaces erweitern und kombinieren (Fortsetzung)

```
        void Decompress( );
    }

    // Erweitere das Interface
    interface ILoggedCompressible : ICompressible
    {
        void LogSavedBytes( );
    }

    // Kombiniere die Interfaces
    interface IStorableCompressible : IStorable, ILoggedCompressible
    {
        void LogOriginalSize( );
    }

    // Noch ein Interface
    interface IEncryptable
    {
        void Encrypt( );
        void Decrypt( );
    }

    public class Document : IStorableCompressible, IEncryptable
    {

        // Speichere die Daten für die Status-Eigenschaft von IStorable
        private int status = 0;

        // Der Konstruktor von Document
        public Document(string s)
        {
            Console.WriteLine("Erstelle ein Dokument mit: {0}", s);

        }

        // Implementiere IStorable
        public void Read( )
        {
            Console.WriteLine(
            "Implementiere die Read-Methode für IStorable");
        }

        public void Write(object o)
        {
            Console.WriteLine(
            "Implementiere die Write-Methode für IStorable");
        }

        public int Status { get; set; }

        // Implementiere ICompressible
        public void Compress( )
```

Beispiel 8-2: Interfaces erweitern und kombinieren (Fortsetzung)

```csharp
        {
            Console.WriteLine("Implementiere Compress");
        }

        public void Decompress()
        {
            Console.WriteLine("Implementiere Decompress");
        }

        // Implementiere ILoggedCompressible
        public void LogSavedBytes()
        {
            Console.WriteLine("Implementiere LogSavedBytes");
        }

        // Implementiere IStorableCompressible
        public void LogOriginalSize()
        {
            Console.WriteLine("Implementiere LogOriginalSize");
        }

        // Implementiere IEncryptable
        public void Encrypt()
        {
            Console.WriteLine("Implementiere Encrypt");

        }

        public void Decrypt()
        {
            Console.WriteLine("Implementiere Decrypt");

        }
    }

    public class Tester
    {

        static void Main()
        {
            // Erzeuge ein Dokument-Objekt
            Document doc = new Document("Testdokument");
            doc.Read();
            doc.Compress();
            doc.LogSavedBytes();
            doc.Compress();
            doc.LogOriginalSize();
            doc.LogSavedBytes();
            doc.Compress();
            doc.Read();
            doc.Encrypt();
        }
```

Beispiel 8-2: Interfaces erweitern und kombinieren (Fortsetzung)

```
    }
}

Ausgabe
Erstelle Dokument mit: Testdokument
Implementiere die Read-Methode für IStorable
Implementiere Compress
Implementiere LogSavedBytes
Implementiere Compress
Implementiere LogOriginalSize
Implementiere LogSavedBytes
Implementiere Compress
Implementiere die Read-Methode für IStorable
Implementiere Encrypt
```

Polymorphie durch Interfaces

Das Problem beim bisher gewählten Ansatz ist, dass Sie eine Collection mit Objekten des Typs Document nutzen können, bei der einige Objekte IStorable implementieren, andere ICompressible, wieder andere ILoggedCompressible, manche IStorableCompressible und manche IEncryptable. Wenn Sie die Methoden der verschiedenen Interfaces aufrufen, werden Sie früher oder später eine Exception auslösen.

Lassen Sie uns solch ein Beispiel langsam aufbauen, da dieses Problem durchaus auftritt, sehr verwirrend sein kann und mit großer Wahrscheinlichkeit seltsame Fehler in Ihrem Programm verursacht, wenn Sie das Problem nicht vollständig verstehen.

Zunächst deklarieren wir die Schnittstellen wie im vorigen Beispiel (ich werde sie hier nicht wiederholen). Als Nächstes deklarieren wir keine einfache Document-Klasse, sondern eine abstrakte Document-Klasse und zwei davon abgeleitete Klassen:

```
public abstract class Document { }

public class BigDocument : Document, IStorableCompressible, IEncryptable
{
    //....
}
```

Die Implementierung von BigDocument ist identisch zur Implementierung von Document im vorigen Beispiel. Es gibt keine Änderungen, nur der Konstruktor muss nun BigDocument heißen, zudem wird die Klasse nun natürlich von unserer abstrakten Klasse abgeleitet.

Schließlich wollen wir noch eine kleinere Art von Document ableiten:

```
class LittleDocument : Document, IEncryptable
{
    public LittleDocument(string s)
    {
        Console.WriteLine("Erstelle ein Dokument mit: {0}", s);
    }
```

```csharp
    void IEncryptable.Encrypt()
    {
        Console.WriteLine("Implementiere Encrypt");
    }

    void IEncryptable.Decrypt()
    {
        Console.WriteLine("Implementiere Decrypt");
    }
}
```

Beachten Sie, dass `LittleDocument` ebenfalls von `Document` erbt, aber nur eine Schnittstelle implementiert: `IEncryptable`.

Jetzt wollen wir `Main` anpassen und eine Collection von `Documents` erzeugen:

```csharp
for (int i = 0; i < 5; i++)
{
    if (i % 2 == 0)
    {
        folder[i] = new BigDocument("Großes Dokument Nr. " + i);
    }
    else
    {
        folder[i] = new LittleDocument("Kleines Dokument Nr. " + i);
    }
}
```

Wir haben fünf Dokumente erstellt, wobei die mit gerader Nummer »groß« sind und die mit ungerader Nummer »klein«. Wenn Sie nun über den »Ordner« iterieren (das Array mit `Document`-Objekten) und versuchen, die verschiedenen Methoden des Interfaces aufzurufen, haben Sie ein Problem:

```csharp
foreach (Document doc in folder)
{
    doc.Read();
    doc.Compress();
    doc.LogSavedBytes();
    doc.Compress();
    doc.LogOriginalSize();
    doc.LogSavedBytes();
    doc.Compress();
    doc.Read();
    doc.Encrypt();
}
```

Das wird sich nicht kompilieren lassen – und sollte es auch nicht. Der Compiler kann nicht wissen, welche Art von Dokument er vor der Nase hat: ein `BigDocument` (das `Read` und `Compress` ausführen kann) oder ein `LittleDocument` (bei dem das nicht geht).

Um dieses Problem zu lösen, müssen wir herausfinden, ob das fragliche `Document` die von uns gewünschte Schnittstelle implementiert (siehe Beispiel 8-3).

Beispiel 8-3: Collection mit Dokumenten

```csharp
using System;

namespace ExtendAndCombineInterface
{
    interface IStorable
    {
        void Read();
        void Write(object obj);
        int Status { get; set; }

    }

    // Hier ist das neue Interface
    interface ICompressible
    {
        void Compress();
        void Decompress();
    }

    // Erweitern des Interfaces
    interface ILoggedCompressible : ICompressible
    {
        void LogSavedBytes();
    }

    // Kombinieren von Interfaces
    interface IStorableCompressible : IStorable, ILoggedCompressible
    {
        void LogOriginalSize();
    }

    // Noch ein Interface
    interface IEncryptable
    {
        void Encrypt();
        void Decrypt();
    }

    public abstract class Document { }

    public class BigDocument : Document, IStorableCompressible, IEncryptable
    {

        // Speichere die Daten für die Status-Eigenschaft von IStorable
        private int status = 0;

        // Der Konstruktor von Document
        public BigDocument(string s)
        {
            Console.WriteLine("Erstelle ein Dokument mit: {0}", s);

        }
```

Beispiel 8-3: Collection mit Dokumenten (Fortsetzung)

```csharp
        // Implementiere IStorable
        public void Read( )
        {
            Console.WriteLine(
            "Implementiere die Read-Methode für IStorable");
        }

        public void Write(object o)
        {
            Console.WriteLine(
            "Implementiere die Write-Methode für IStorable");
        }

        public int Status { get; set; }

        // Implementiere ICompressible
        public void Compress( )
        {
            Console.WriteLine("Implementiere Compress");
        }

        public void Decompress( )
        {
            Console.WriteLine("Implementiere Decompress");
        }

        // Implementiere ILoggedCompressible
        public void LogSavedBytes( )
        {
            Console.WriteLine("Implementiere LogSavedBytes");
        }

        // Implementiere IStorableCompressible
        public void LogOriginalSize( )
        {
            Console.WriteLine("Implementiere LogOriginalSize");
        }

        // Implementiere IEncryptable
        public void Encrypt( )
        {
            Console.WriteLine("Implementiere Encrypt");

        }

        public void Decrypt( )
        {
            Console.WriteLine("Implementiere Decrypt");

        }
    }
```

Beispiel 8-3: Collection mit Dokumenten (Fortsetzung)

```csharp
    class LittleDocument : Document, IEncryptable
    {
        public LittleDocument(string s)
        {
            Console.WriteLine("Erstelle ein Dokument mit: {0}", s);

        }
        void IEncryptable.Encrypt( )
        {
            Console.WriteLine("Implementiere Encrypt");
        }

        void IEncryptable.Decrypt( )
        {
            Console.WriteLine("Implementiere Decrypt");
        }

    }


    public class Tester
    {

        static void Main( )
        {
            Document[] folder = new Document[5];
            for (int i = 0; i < 5; i++)
            {
                if (i % 2 == 0)
                {
                    folder[i] = new BigDocument("Großes Dokument Nr. " + i);
                }
                else
                {
                    folder[i] = new LittleDocument("Kleines Dokument Nr. " + i);
                }
            }

            foreach (Document doc in folder)
            {
                // Caste das Dokument in die verschiedenen Interfaces
                IStorable isStorableDoc = doc as IStorable;
                if (isStorableDoc != null)
                {
                    isStorableDoc.Read( );
                }
                else
                    Console.WriteLine("IStorable nicht unterstützt");

                ICompressible icDoc = doc as ICompressible;
                if (icDoc != null)
                {
```

Beispiel 8-3: Collection mit Dokumenten (Fortsetzung)

```
                    icDoc.Compress( );
            }
            else
                Console.WriteLine("Compressible nicht unterstützt");

            ILoggedCompressible ilcDoc = doc as ILoggedCompressible;
            if (ilcDoc != null)
            {
                ilcDoc.LogSavedBytes( );
                ilcDoc.Compress( );
                // ilcDoc.Read( );
            }
            else
                Console.WriteLine("LoggedCompressible nicht unterstützt");

            IStorableCompressible isc = doc as IStorableCompressible;
            if (isc != null)
            {
                isc.LogOriginalSize( ); // IStorableCompressible
                isc.LogSavedBytes( ); // ILoggedCompressible
                isc.Compress( ); // ICompressible
                isc.Read( ); // IStorable

            }
            else
            {
                Console.WriteLine("StorableCompressible nicht unterstützt");
            }

            IEncryptable ie = doc as IEncryptable;
            if (ie != null)
            {
                ie.Encrypt( );
            }
            else
                Console.WriteLine("Encryptable nicht unterstützt");

        }   // end for
    }       // end main
  }         // end class
}           // end namespace
```

Ausgabe:

```
Erstelle ein Dokument mit: Großes Dokument Nr. 0
Erstelle ein Dokument mit: Kleines Dokument Nr. 1
Erstelle ein Dokument mit: Großes Dokument Nr. 2
Erstelle ein Dokument mit: Kleines Dokument Nr. 3
Erstelle ein Dokument mit: Großes Dokument Nr. 4
Implementiere die Read-Methode für IStorable
Implementiere Compress
Implementiere LogSavedBytes
```

Beispiel 8-3: Collection mit Dokumenten (Fortsetzung)

```
Implementiere Compress
Implementiere LogOriginalSize
Implementiere LogSavedBytes
Implementiere Compress
Implementiere die Read-Methode für IStorable
Implementiere Encrypt
IStorable nicht unterstützt
Compressible nicht unterstützt
LoggedCompressible nicht unterstützt
StorableCompressible nicht unterstützt
Implementiere Encrypt
Implementiere die Read-Methode für IStorable
Implementiere Compress
Implementiere LogSavedBytes
Implementiere Compress
Implementiere LogOriginalSize
Implementiere LogSavedBytes
Implementiere Compress
Implementiere die Read-Methode für IStorable
Implementiere Encrypt
IStorable nicht unterstützt
Compressible nicht unterstützt
LoggedCompressible nicht unterstützt
StorableCompressible nicht unterstützt
Implementiere Encrypt
Implementiere die Read-Methode für IStorable
Implementiere Compress
Implementiere LogSavedBytes
Implementiere Compress
Implementiere LogOriginalSize
Implementiere LogSavedBytes
Implementiere Compress
Implementiere die Read-Methode für IStorable
Implementiere Encrypt
```

Ein kurzer Blick auf die Ausgabe zeigt, dass wir drei große und zwei kleine Dokumente erstellt haben. Drei der Dokumente implementieren die Interfaces, zwei nicht. Nur Encrypt wird von allen unterstützt – genau wie erwartet.

Interface versus abstrakte Klasse

Interfaces sind den abstrakten Klassen sehr ähnlich. Die Deklaration von IStorable könnten Sie ebenso gut in die Deklaration einer abstrakten Klasse umarbeiten:

```
abstract class Storable
{
  abstract public void Read();
  abstract public void Write();
}
```

> **Der as-Operator**
>
> Beispiel 8-3 nutzt den Operator as, um zu bestimmen, ob ein Dokument das Interface implementiert, das zum Verschlüsseln notwendig ist. Der Operator as castet den linken Operanden auf den vom rechten Operanden angegebenen Typ und liefert null zurück, wenn der Cast fehlschlug.
>
> Der Operator as vereinigt zwei Operatoren in einem. In Beispiel 8-3 wird er zunächst genutzt, um zu prüfen, ob doc zum Beispiel das Interface IStorableCompressible implementiert. Wenn das der Fall ist, konvertiert er doc in eine Instanz dieses Typs.
>
> Ansonsten liefert er null zurück. Es empfiehlt sich immer zu prüfen, ob das Ergebnis (hier isc) null ist, bevor Sie es nutzen.

Document könnte nun aus Storable erben, was sich kaum von der Benutzung eines Interfaces unterscheiden würde.

Nehmen wir dagegen an, Sie kauften von einem Fremdanbieter eine List-Klasse, deren Fähigkeiten Sie mit denen von Storable kombinieren möchten. In C++ könnten Sie eine Klasse namens StorableList erzeugen, die sowohl von List als auch von Storable erbt. Doch in C# geht das nicht: Sie können nicht von der abstrakten Klasse Storable und der Klasse List erben, da C# keine Mehrfachvererbung mit Klassen gestattet.

In C# können Sie jedoch beliebig viele Interfaces implementieren und von einer Basisklasse ableiten. Wenn Sie also aus Storable ein Interface machen, können Sie sowohl aus der Klasse List als auch von IStorable erben, wie es StorableList im folgenden Beispiel macht:

```
public class StorableList : List, IStorable
{
    // Hier stehen Listenmethoden ...
    public void Read() {...}
    public void Write(object obj) {...}
    // ...
}
```

Interface-Implementierungen überschreiben

Eine implementierende Klasse kann beliebig viele Methoden, die das Interface implementieren, als virtuell markieren. Abgeleitete Klassen können diese Implementierungen mit override überschreiben und somit Polymorphie herstellen. So kann z.B. eine Document-Klasse das Interface IStorable implementieren und die Methoden Read() und Write() als virtual markieren. Das Document kann dann seinen Inhalt mit Read() und Write() in einen File-Typ schreiben oder daraus auslesen. Später kann der Entwickler von Document neue Typen wie z.B. Note oder EmailMessage ableiten und beispielsweise entscheiden, dass Note Lese- und Schreibvorgänge in einer Datenbank und nicht in einer Datei ausführt.

Beispiel 8-4 spart die Komplexität von Beispiel 8-3 aus und zeigt, wie eine Interface-Implementierung überschrieben wird. Die Methode Read( ), die als `virtual` markiert ist, wird von Document implementiert. Read( ) wird dann in einem Typ namens Note überschrieben, der von Document abgeleitet ist.

Beispiel 8-4: Eine Interface-Implementierung überschreiben

```
using System;

namespace overridingInterface
{
    interface IStorable
    {
        void Read( );
        void Write( );
    }

    // Vereinfachtes Document implementiert nur IStorable
    public class Document : IStorable
    {
        // Der Konstruktor von Document
        public Document(string s)
        {
            Console.WriteLine(
            "Erstelle Dokument mit: {0}", s);
        }

        // Read wird als virtuell markiert
        public virtual void Read( )
        {
            Console.WriteLine(
            "Document-Read-Methode für IStorable");
        }

        // NB: Ist nicht virtuell!
        public void Write( )
        {
            Console.WriteLine(
            "Document-Write-Methode für IStorable");
        }
    }

    // Leite von Document ab
    public class Note : Document
    {
        public Note(string s) :
            base(s)
        {
            Console.WriteLine(
            "Erstelle Notiz mit: {0}", s);
        }

        // Überschreibe die Read-Methode
```

Beispiel 8-4: Eine Interface-Implementierung überschreiben (Fortsetzung)

```
        public override void Read( )
        {
            Console.WriteLine(
            "Überschreibe die Read-Methode für Note!");
        }

        // Implementiere eigene Write-Methode
        public new void Write( )
        {
            Console.WriteLine(
            "Implementiere die Write-Methode für Note!");
        }
    }
    public class Tester
    {

        static void Main( )
        {
            // Lege eine Document-Referenz auf ein Note-Objekt an
            Document theNote = new Note("Test Note");
            IStorable isNote = theNote as IStorable;
            if (isNote != null)
            {
                isNote.Read( );
                isNote.Write( );
            }

            Console.WriteLine("\n");

            // Direkte Methodenaufrufe
            theNote.Read( );
            theNote.Write( );

            Console.WriteLine("\n");

            // Erzeuge ein Note-Objekt
            Note note2 = new Note("Zweiter Test");
            IStorable isNote2 = note2 as IStorable;
            if (isNote2 != null)
            {
                isNote2.Read( );
                isNote2.Write( );
            }

            Console.WriteLine("\n");

            // Direkte Methodenaufrufe
            note2.Read( );
            note2.Write( );
        }
    }
}
```

Beispiel 8-4: Eine Interface-Implementierung überschreiben (Fortsetzung)

```
Output:
Erstelle Dokument mit: Testnotiz
Erstelle Notiz mit: Testnotiz
Überschreibe die Read-Methode für Note!
Document-Write-Methode für IStorable

Überschreibe die Read-Methode für Note!
Document-Write-Methode für IStorable

Erstelle Dokument mit: Zweiter Test
Erstelle Notiz mit: Zweiter Test
Überschreibe die Read-Methode für Note!
Document-Write-Methode für IStorable

Überschreibe die Read-Methode für Note!
Implementiere die Write-Methode für Note!
```

In diesem Beispiel implementiert Document ein vereinfachtes IStorable-Interface (es wurde vereinfacht, damit das Beispiel klarer wird):

```
interface IStorable
{
    void Read();
    void Write();
}
```

Der Designer von Document hat sich dafür entschieden, die Methode Read() als virtuell zu deklarieren, nicht aber die Methode Write():

```
public virtual void Read()
```

Wenn Sie in einer echten Anwendung eine Methode als virtual markieren müssten, würden Sie dies höchstwahrscheinlich bei beiden Methoden tun. Ich habe sie hier aber unterschieden, um zu zeigen, dass der Entwickler nach Belieben auswählen kann, welche Methoden er virtuell macht.

Die Note-Klasse ist von Document abgeleitet:

```
public class Note : Document
```

Note braucht Read() nicht zu überschreiben, kann es aber tun und hat es hier auch tatsächlich getan:

```
public override void Read()
```

In Tester werden die Methoden Read und Write auf vier Arten aufgerufen:

- über die Basisklassenreferenz auf ein abgeleitetes Objekt
- über ein Interface, das mit der Basisklassenreferenz auf das abgeleitete Objekt erzeugt wurde
- über ein abgeleitetes Objekt
- über ein Interface, das von dem abgeleiteten Objekt erzeugt wurde

Für die ersten beiden Aufrufarten wird eine Referenz auf Document (die Basisklasse) erzeugt. Dann wird die Adresse eines neuen (abgeleiteten) Note-Objekts, die auf dem Heap angelegt wurde, dieser Referenz auf Document zugewiesen:

```
Document theNote = new Note("Testnotiz");
```

Eine Interface-Referenz wird erzeugt, und dann wird das Document mit dem Operator as in den Typ der IStorable-Referenz umgewandelt:

```
IStorable isNote = theNote as IStorable;
```

Nun können Sie über dieses Interface die Methoden Read( ) und Write( ) aufrufen. Die Ausgabe zeigt, dass erwartungsgemäß auf die Read( )-Methode polymorph reagiert wird, auf die Write( )-Methode hingegen nicht:

```
Überschreibe die Read-Methode für Note!
Document-Write-Methode für IStorable
```

Danach werden die Methoden Read( ) und Write( ) unmittelbar auf dem Objekt selbst aufgerufen:

```
theNote.Read();
theNote.Write();
```

Auch hier können Sie sehen, dass die polymorphe Implementierung funktioniert:

```
Überschreibe die Read-Methode für Note!
Document-Write-Methode für IStorable
```

In beiden Fällen werden die Read( )-Methode von Note und die Write( )-Methode von Document aufgerufen.

Zum Beweis dafür, dass dies ein Ergebnis der überschreibenden Methode ist, erstellen Sie nun ein zweites Note-Objekt, dem Sie diesmal eine Referenz auf ein Note zuweisen. Damit werden die letzten beiden Fälle veranschaulicht (also der Aufruf über ein abgeleitetes Objekt und der Aufruf über ein Interface, das von dem abgeleiteten Objekt aus erzeugt wurde).

```
Note note2 = new Note("Zweiter Test");
```

Auch hier wird bei einer Typumwandlung in eine Referenz die Read( )-Methode aufgerufen. Wenn Sie jedoch Methoden direkt auf dem Note-Objekt aufrufen:

```
note2.Read();
note2.Write();
```

zeigt die Ausgabe, dass Sie ein Note und kein überschriebenes Document aufgerufen haben:

```
Überschreibe die Read-Methode für Note!
Implementiere die Write-Methode für Note!
```

Interfaces explizit implementieren

In der bisherigen Implementierung erzeugt die Implementierungsklasse (in diesem Fall Document) eine Member-Methode mit der gleichen Signatur und dem gleichen Rückgabetyp, wie sie auch in der im Interface angegebenen Methode vorliegen. Sie brauchen nicht explizit anzugeben, dass dies die Implementierung eines Interfaces ist, da der Compiler dies implizit versteht.

Doch was geschieht, wenn die Klasse zwei Interfaces implementiert, von denen jedes eine Methode mit der gleichen Signatur hat? Beispiel 8-5 erzeugt zwei Interfaces: IStorable und ITalk. Das zweite implementiert eine Read( )-Methode, die ein Buch laut vorliest. Doch leider steht sie im Konflikt mit der Read( )-Methode von IStorable.

Da sowohl IStorable als auch ITalk eine Read( )-Methode haben, muss die implementierende Document-Klasse für mindestens eine dieser Methoden eine *explizite Implementierung* liefern. Mit einer solchen expliziten Implementierung identifiziert die implementierende Klasse (Document) ausdrücklich das Interface für die betreffende Methode:

```
void ITalk.Read( )
```

Das löst den Konflikt, aber es hat auch eine Reihe interessanter Nebeneffekte.

Erstens ist für die andere Methode von Read() keine explizite Implementierung mehr erforderlich:

```
public void Read( )
```

Da es keinen Konflikt gibt, kann diese wie üblich deklariert werden.

Was noch wichtiger ist: Die Methode mit der expliziten Implementierung darf keinen Zugriffsmodifikator haben:

```
void ITalk.Read( )
```

Diese Methode ist implizit öffentlich.

Eine mit expliziter Implementierung deklarierte Methode darf nicht mit den Modifikatoren abstract, virtual, override oder new deklariert werden.

Außerdem ist wichtig, dass Sie auf die explizit implementierte Methode nicht über das Objekt selbst zugreifen dürfen. Wenn Sie

```
theDoc.Read( );
```

schreiben, nimmt der Compiler an, dass Sie das implizit implementierte Interface für IStorable meinen. Die einzige Möglichkeit, auf ein explizit implementiertes Interface zuzugreifen, ist eine Typumwandlung in ein Interface:

```
ITalk itDoc = theDoc;
itDoc.Read();
```

In Beispiel 8-5 sehen Sie die explizite Implementierung.

Beispiel 8-5: Explizite Implementierung

```
using System;

namespace ExplicitImplementation
{
    interface IStorable
    {
        void Read();
        void Write();
    }
```

Beispiel 8-5: Explizite Implementierung (Fortsetzung)

```csharp
interface ITalk
{
    void Talk( );
    void Read( );
}

// Ändere Document, so dass es IStorable und ITalk implementiert
public class Document : IStorable, ITalk
{
    // Der Konstruktor von Document
    public Document(string s)
    {
        Console.WriteLine("Erstelle Dokument mit: {0}", s);

    }

    // Deklariere die Read-Methode als virtuell
    public virtual void Read( )
    {
        Console.WriteLine("Implementiere IStorable.Read");
    }

    public void Write( )
    {
        Console.WriteLine("Implementiere IStorable.Write");

    }

    void ITalk.Read( )
    {
        Console.WriteLine("Implementiere ITalk.Read");
    }

    public void Talk( )
    {
        Console.WriteLine("Implementiere ITalk.Talk");
    }
}

public class Tester
{

    static void Main( )
    {
        // Erzeuge ein Document-Objekt
        Document theDoc = new Document("Testdokument");
        IStorable isDoc = theDoc;
        isDoc.Read( );

        ITalk itDoc = theDoc;
        itDoc.Read( );
```

Beispiel 8-5: Explizite Implementierung (Fortsetzung)

```
            theDoc.Read();
            theDoc.Talk();
        }
    }
}

Ausgabe:
Erstelle Dokument mit: Testdokument
Implementiere IStorable.Read
Implementiere ITalk.Read
Implementiere IStorable.Read
Implementiere ITalk.Talk
```

Interface-Methoden selektiv offenlegen

Wenn Sie eine Klasse entwerfen, können Sie den Umstand nutzen, dass ein explizit implementiertes Interface für die Clients der implementierenden Klasse nicht sichtbar ist, es sei denn, Sie führen eine Typumwandlung durch.

Angenommen, die Semantik Ihres Document-Objekts schreibt vor, dass es das Interface IStorable implementieren muss, aber Sie möchten nicht, dass die Methoden Read() und Write() zum öffentlichen Interface Ihres Document gehören. Sie können mit der expliziten Implementierung gewährleisten, dass diese Methoden, wenn Sie keine Typumwandlung vornehmen, nicht sichtbar sind. So können Sie die öffentliche API Ihrer Document-Klasse bewahren und dennoch IStorable in ihr implementieren. Möchte Ihr Client, dass ein Objekt das Interface IStorable implementiert, kann er eine Umwandlung durchführen, aber wenn er Ihr Dokument einfach *als Dokument* benutzt, gehören Read() und Write() nicht zur API.

Da Sie mittels expliziter Implementierung auswählen können, welche Methoden Sie sichtbar machen möchten, können Sie einige implementierte Methoden von Document offen legen und andere nicht. In Beispiel 8-5 legt das Document-Objekt die Talk()-Methode als Methode von Document offen, aber die ITalk.Read()-Methode ist nur über eine Umwandlung zu bekommen. Selbst wenn IStorable keine Read-Methode hätte, könnten Sie dennoch beschließen, Read() explizit zu implementieren, wenn Sie Read() nicht als Methode von Document offen legen möchten.

Da Sie bei einer expliziten Implementierung das Schlüsselwort virtual nicht verwenden dürfen, wäre eine abgeleitete Klasse gezwungen, die Methode erneut zu implementieren. Wäre Note von Document abgeleitet, müsste es ITalk.Read() folglich neu implementieren, da die Document-Implementierung von ITalk.Read() nicht virtuell sein darf.

Verbergen von Members

Ein Interface-Member kann verborgen werden. Angenommen, Sie haben z.B. das Interface IBase mit der Eigenschaft P:

```csharp
interface IBase
{
   int P { get; set; }
}
```

Nehmen wir weiter an, Sie leiten von diesem Interface das neue Interface IDerived ab, das die Eigenschaft P mit der neuen Methode P( ) verbirgt:

```csharp
interface IDerived : IBase
{
   new int P( );
}
```

Abgesehen von der Frage, ob dies überhaupt eine gute Idee ist, haben Sie nun die Eigenschaft P im Basis-Interface verborgen. Eine Implementierung dieses abgeleiteten Interfaces erfordert mindestens ein explizites Interface-Member. Sie können die explizite Implementierung *entweder* für die Basiseigenschaft *oder* für die abgeleitete Methode verwenden, oder Sie setzen für beide die explizite Implementierung ein. Folglich wäre jede der drei nachfolgenden Versionen zulässig:

```csharp
class myClass : IDerived
{
   // Explizite Implementierung für die Basiseigenschaft
   int IBase.P { get {...} }

   // Implizite Implementierung für die abgeleitete Methode
   public int P() {...}
}

class myClass : IDerived
{
   // Implizite Implementierung für die Basiseigenschaft
   public int P { get {...} }

   // Explizite Implementierung für die abgeleitete Methode
   int IDerived.P() {...}
}

class myClass : IDerived
{
   // Explizite Implementierung für die Basiseigenschaft
   int IBase.P { get {...} }

   // Explizite Implementierung für die abgeleitete Methode
   int IDerived.P() {...}
}
```

KAPITEL 9
Arrays, Indexer und Collections

Das .NET Framework stellt eine reichhaltige Auswahl an Collection-Klassen zur Verfügung. Durch die in .NET 2.0 neu eingeführten generischen Typen sind die Collection-Klassen nun typsicher, wodurch die Programmierung insgesamt wesentlich verbessert wird. Zu diesen Klassen gehören Array, ArrayList, Dictionary, Sorted Dictionary, Queue und Stack.

Die einfachste Collection ist das Array; es ist der einzige Collection-Typ, für den C# eine eingebaute Unterstützung bietet. In diesem Kapitel werden Sie sehen, wie man mit einfachen, mehrdimensionalen und ungleichförmigen (»ausgefransten«) Arrays arbeitet. Arrays haben eingebaute Indexer, mit deren Hilfe Sie auf das *n*-te Element eines Arrays zugreifen können. In diesem Kapitel werden wir Sie außerdem mit der Erstellung eigener Indexer vertraut machen. Durch diesen syntaktischen Kunstgriff von C# können Sie genauso einfach auf den Inhalt einer Klasse zugreifen, als wäre die Klasse wie ein Array indiziert.

Das .NET Framework liefert auch eine Reihe von Interfaces wie z.B. IEnumerable und ICollection, deren Implementierung Ihnen das Standardrüstzeug für eine Interaktion mit Collections gibt. In diesem Kapitel werden Sie den Umgang mit den wichtigsten dieser Interfaces lernen. Am Ende des Kapitels machen wir eine Tour durch die gebräuchlichsten .NET-Collections, darunter List, Dictionary, Queue und Stack.

In früheren Versionen von C# waren die Collection-Objekte nicht typsicher (beispielsweise konnten Sie Strings und Integer-Zahlen in einem Dictionary vermischen). Diese nicht-typsicheren Versionen von List (ArrayList), Dictionary Queue und Stack sind aus Gründen der Abwärtskompatibilität weiterhin verfügbar. Wir werden sie jedoch in diesem Buch nicht behandeln, da sie obsolet sind und ähnlich verwendet werden können wie die generischen Versionen.

Arrays

Ein *Array* ist eine indizierte Sammlung von Objekten desselben Typs. C#-Arrays unterscheiden sich ein wenig von Arrays in C++, da sie Objekte sind. Dadurch stehen ihnen nützliche Methoden und Eigenschaften zur Verfügung.

C# verwendet eine spezielle Syntax für die Deklaration von Arrays. Was allerdings tatsächlich erzeugt wird, ist ein Objekt vom Typ System.Array.[1] So bieten Ihnen Arrays in C# das Beste aus beiden Welten: eine leicht verwendbare Syntax im C-Stil, unterlegt mit einer richtigen Klassendefinition, damit Instanzen eines Arrays Zugriff auf die Methoden und Eigenschaften von System.Array haben. Diese sind in Tabelle 9-1 aufgeführt.

Tabelle 9-1: Methoden und Eigenschaften von System.Array

Methode oder Eigenschaft	Zweck
AsReadOnly()	Öffentliche statische Methode, die eine nicht veränderbare Instanz eines Arrays zurückgibt.
BinarySearch()	Überladene öffentliche statische Methode, die ein eindimensionales, sortiertes Array durchsucht.
Clear()	Öffentliche statische Methode, die einen Bereich von Elementen im Array entweder auf null oder auf eine Null-Referenz setzt.
Clone()	Öffentliche Methode, die eine tiefe Kopie des aktuellen Arrays erzeugt.
ConstrainedCopy()	Öffentliche statische Methode, die einen Abschnitt eines Arrays in ein anderes kopiert. Diese Methode garantiert, dass das Zielarray nur dann verändert wird, wenn alle angegebenen Elemente erfolgreich kopiert wurden.
ConvertAll()	Öffentliche statische Methode, die ein Array eines Typs in ein Array eines anderen Typs konvertiert.
Copy()	Überladene öffentliche statische Methode, die einen Teil eines Arrays in ein anderes Array kopiert.
CopyTo()	Überladene öffentliche statische Methode, die den gesamten Inhalt eines Arrays in ein anderes Array kopiert.
CreateInstance()	Überladene öffentliche statische Methode, die eine neue Instanz eines Arrays anlegt.
Exists()	Überladene öffentliche statische Methode, die prüft, ob ein Array Elemente enthält, die eine Bedingung erfüllen.
Find()	Öffentliche statische Methode, die das erste Element findet, das eine Bedingung erfüllt.
FindAll()	Öffentliche statische Methode, die alle Elemente findet, die eine Bedingung erfüllen.
FindIndex()	Überladene öffentliche statische Methode, die den Index des ersten Elements zurückgibt, das eine Bedingung erfüllt.
FindLast()	Öffentliche statische Methode, die das letzte Element zurückgibt, das eine Bedingung erfüllt.
FindLastIndex()	Überladene öffentliche statische Methode, die den Index des letzten Elements zurückgibt, das eine Bedingung erfüllt.
ForEach()	Öffentliche statische Methode, die eine Aktion für alle Elemente eines Arrays durchführt.
GetEnumerator()	Öffentliche Methode, die einen IEnumerator zurückgibt.
GetLength()	Öffentliche Methode, die die Länge der angegebenen Dimension im Array zurückgibt.
GetLongLength()	Öffentliche Methode, die die Länge der angegebenen Dimension im Array als 64-Bit-Integer zurückgibt.
GetLowerBound()	Öffentliche Methode, die die Untergrenze der angegebenen Dimension im Array zurückgibt.
GetUpperBound()	Öffentliche Methode, die die Obergrenze der angegebenen Dimension im Array zurückgibt.
GetValue()	Überladene öffentliche Methode, die den Wert eines Elements des Arrays zurückgibt.

---

1 Wenn Sie mit int[] myArray = new int[5] ein Array anlegen, ist das, was Sie im IL-Code erzeugen, in Wirklichkeit eine Instanz von System.int32[]. Da diese aber von der abstrakten Basisklasse System.Array abgeleitet ist, kann man durchaus sagen, dass es sich um eine Instanz von System.Array handelt.

Tabelle 9-1: Methoden und Eigenschaften von System.Array (Fortsetzung)

Methode oder Eigenschaft	Zweck
IndexOf( )	Überladene öffentliche statische Methode, die den Index (Offset) des ersten Auftretens eines Werts in einem eindimensionalen Array zurückgibt.
Initialize( )	Initialisiert alle Werte in einem Array mit Wertetypen, indem der Standard-Konstruktor für jeden Wert aufgerufen wird. Bei Referenz-Typen werden alle Elemente im Array auf null gesetzt.
IsFixedSize	Erforderlich, weil Array das Interface ICollection implementiert. Bei Arrays wird immer true zurückgegeben (alle Arrays haben eine feste Größe).
IsReadOnly	Öffentliche Eigenschaft (erforderlich, weil Array das Interface IList implementiert), die einen Booleschen Wert zurückgibt, der angibt, ob auf das Array nur lesend zugegriffen werden kann.
IsSynchronized	Öffentliche Eigenschaft (erforderlich, weil Array das Interface IList implementiert), die einen Booleschen Wert zurückgibt, der angibt, ob das Array thread-sicher ist.
LastIndexOf( )	Überladene öffentliche statische Methode, die den Index (Offset) des letzten Auftretens eines Werts in einem eindimensionalen Array zurückgibt.
Length	Öffentliche Eigenschaft, die die Länge des Arrays zurückgibt.
LongLength	Öffentliche Eigenschaft, die die Länge des Arrays als 64-Bit-Integer zurückgibt.
Rank	Öffentliche Eigenschaft, die die Anzahl der Dimensionen des Arrays zurückgibt.
Resize( )	Öffentliche statische Methode, die die Größe eines Arrays ändert.
Reverse( )	Überladene öffentliche statische Methode, die die Reihenfolge der Elemente in einem eindimensionalen Array umkehrt.
SetValue( )	Überladene öffentliche Methode, die den Wert eines bestimmten Array-Elements setzt.
Sort( )	Überladene öffentliche statische Methode, die die Werte in einem eindimensionalen Array sortiert.
SyncRoot	Öffentliche Eigenschaft, die ein Objekt zurückgibt, mit dem der Zugriff auf das Array synchronisiert werden kann.
TrueForAll( )	Öffentliche statische Methode, die prüft, ob alle Elemente eine Bedingung erfüllen.

Arrays deklarieren

Ein C#-Array deklarieren Sie mit der folgenden Syntax:

Typ[ ] *Array-Name*;

Ein Beispiel:

int[] myIntArray;

Eigentlich deklarieren Sie kein Array, sondern, technisch gesehen, eine Variable (myIntArray) mit einer Referenz auf ein Array von Integer-Zahlen. Wie immer verwenden wir auch hier die Abkürzung und bezeichnen myIntArray als das Array, wissen aber, dass wir in Wirklichkeit eine Variable meinen, die eine Referenz auf ein (unbenanntes) Array enthält.

Die eckigen Klammern ([]) teilen dem C#-Compiler mit, dass Sie ein Array deklarieren, und der Typ gibt den Typ der Elemente an, die das Array enthalten wird. Im obigen Beispiel ist myIntArray ein Array von Integern.

Sie instanziieren das Array mit dem Schlüsselwort new. Ein Beispiel:

```
myIntArray = new int[5];
```

Mit dieser Deklaration legen Sie ein Array aus fünf Integer-Zahlen an, die alle mit dem Wert 0 initialisiert werden.

> *Hinweis für VB6-Programmierer:* In C# bezeichnet der Wert der Array-Größe die Anzahl der Array-Elemente und nicht seine Obergrenze. Es gibt tatsächlich keine Möglichkeit, die Ober- und Untergrenzen eines Arrays festzulegen (mit der einen Ausnahme, dass Sie in mehrdimensionalen Arrays die Untergrenzen setzen können, was wir später behandeln, aber auch dies wird nicht durch die Klassenbibliothek des .NET Framework unterstützt).
>
> Das erste Element eines Arrays ist somit 0. Die folgende C#-Anweisung deklariert ein Array mit 10 Elementen mit den Indizes 0 bis 9:
>
> ```
> string myArray[10];
> ```
>
> Die Obergrenze ist 9, nicht 10, und Sie können die Größe des Arrays nicht verändern (es gibt also kein Äquivalent für die VB6-Funktion Redim).

Sie müssen zwischen dem Array selbst (das eine Sammlung von Elementen ist) und den Elementen des Arrays unterscheiden. myIntArray ist das Array (genauer gesagt die Variable mit der Referenz auf das Array), und die fünf darin gespeicherten Integer-Zahlen sind seine Elemente.

C#-Arrays sind Referenztypen, die auf dem Heap erzeugt werden. Das Array, auf das myIntArray verweist, wird also auf dem Heap alloziert. Die *Elemente* eines Arrays werden entsprechend ihrem eigenen Typ alloziert. Da Integers Werttypen sind, sind die Elemente von myIntArray Werttypen, *keine* durch Boxing eingehüllten Integer-Werte, und somit werden alle Elemente in dem Speicherblock angelegt, der für das Array alloziert wird.

Ein Speicherblock, der für ein Array von Referenztypen alloziert wird, enthält dagegen Referenzen auf die eigentlichen Elemente, die ihrerseits im Arbeitsspeicher auf dem Heap, getrennt von dem Array, angelegt werden.

Standardwerte verstehen

Wenn Sie ein Array von Werttypen erzeugen, enthält jedes Element anfangs den Standardwert für den im Array gespeicherten Typ (siehe auch Tabelle 4-2 in Kapitel 4). Die Anweisung

```
myIntArray = new int[5];
```

erzeugt ein Array mit fünf Integern, wobei jedes dieser Integer auf 0 gesetzt ist, denn dies ist der Standardwert für Integer-Typen.

Anders als bei Arrays von Werttypen werden die Referenztypen in einem Array nicht mit ihrem Standardwert initialisiert, sondern mit null. Wenn Sie versuchen, auf ein Element in einem Array von Referenztypen zuzugreifen, die Sie noch nicht spezifisch initialisiert haben, wird eine Exception ausgelöst.

Angenommen, Sie haben eine Button-Klasse angelegt. Ein Array von Button-Objekten deklarieren Sie mit folgender Anweisung:

```
Button[] myButtonArray;
```

Das eigentliche Array wird folgendermaßen instanziiert:

```
myButtonArray = new Button[3];
```

Dies können Sie wie folgt abkürzen:

```
Button[] myButtonArray = new Button[3];
```

Diese Anweisung erzeugt kein Array mit Referenzen auf die drei Button-Objekte, sondern das Array myButtonArray mit drei Null-Referenzen. Um dieses Array zu verwenden, müssen Sie zuerst die Button-Objekte für jede Referenz im Array konstruieren und zuweisen. Dazu dient eine Schleife, die die Objekte nacheinander erzeugt und dem Array hinzufügt.

Zugriff auf Array-Elemente

Auf die Elemente eines Arrays greifen Sie mit dem Indexoperator ([]) zu. Array-Indizes fangen bei null an, so dass das erste Element eines Arrays immer den Index null hat – in diesem Fall ist es myArray[0].

Wie bereits gesagt, sind Arrays Objekte und haben daher auch Eigenschaften. Eine besonders nützliche Eigenschaft ist Length: Sie teilt Ihnen mit, wie viele Elemente das Array hat. Array-Objekte können Indizes von 0 bis Length-1 haben. Wenn ein Array fünf Elemente hat, sind ihre Indizes folglich 0, 1, 2, 3 und 4.

Beispiel 9-1 zeigt die bisher beschriebenen Array-Konzepte. Im Beispiel erzeugt eine Klasse namens Tester das Array Employee sowie ein Array von Integern, füllt das Array Employee mit Inhalt und gibt dann die Werte beider Arrays aus.

Beispiel 9-1: Mit einem Array arbeiten

```
namespace Programming_CSharp
{
    // Eine einfache Klasse zum Speichern im Array
    public class Employee
    {
        public Employee(int empID)
        {
            this.empID = empID;
        }
        public override string ToString()
        {
            return empID.ToString();
        }
        private int empID;
    }
    public class Tester
    {
        static void Main()
```

Beispiel 9-1: Mit einem Array arbeiten (Fortsetzung)

```
    {
        int[] intArray;
        Employee[] empArray;
        intArray = new int[5];
        empArray = new Employee[3];

        // Fülle das Array
        for (int i = 0; i < empArray.Length; i++)
        {
            empArray[i] = new Employee(i + 5);
        }

        for (int i = 0; i < intArray.Length; i++)
        {
            Console.WriteLine(intArray[i].ToString());
        }

        for (int i = 0; i < empArray.Length; i++)
        {
            Console.WriteLine(empArray[i].ToString());
        }
    }
  }
}
```

Ausgabe:
0
0
0
0
0
5
6
7

Am Anfang des Beispiels wird die Klasse Employee definiert. Sie implementiert einen Konstruktor, der einen einzigen, ganzzahligen Parameter entgegennimmt. Die von Object geerbte Methode ToString( ) wird überschrieben, damit sie den Wert der Personalnummer des Employee-Objekts ausgibt.

Die Testmethode deklariert ein Paar von Arrays und instanziiert sie dann. Das Integer-Array wird automatisch mit Integern gefüllt, deren Werte jeweils auf null gesetzt sind. Der Inhalt des Employee-Arrays muss manuell angelegt werden.

Zum Schluss wird der Inhalt der Arrays ausgegeben, um zu gewährleisten, dass beide wie beabsichtigt gefüllt wurden. Zuerst geben die fünf Integer ihren Wert aus und dann die drei Employee-Objekte.

Die foreach-Anweisung

Die Schleifenanweisung foreach ist neu in der Familie der C-Sprachen, aber für VB-Programmierer schon eine alte Bekannte. Mit der foreach-Anweisung können Sie alle Elemente eines Arrays oder einer Collection durchlaufen und nacheinander untersuchen. Sie hat folgende Syntax:

```
foreach (Typ Bezeichner in Ausdruck) Anweisung
```

Sie könnten also in Beispiel 9-1 die for-Anweisungen, die über den gefüllten Array-Inhalt iterieren, durch die in Beispiel 9-2 gezeigten foreach-Anweisungen ersetzen:

Beispiel 9-2: Verwendung von foreach

```csharp
using System;
using System.Collections.Generic;
using System.Text;

namespace UsingForEach
{
    // Eine einfache Klasse zum Speichern im Array
    public class Employee
    {
        // Eine einfache Klasse zum Speichern im Array
        public Employee( int empID )
        {
            this.empID = empID;
        }
        public override string ToString()
        {
            return empID.ToString();
        }
        private int empID;
    }
    public class Tester
    {
        static void Main()
        {
            int[] intArray;
            Employee[] empArray;
            intArray = new int[5];
            empArray = new Employee[3];

            // Fülle das Array
            for ( int i = 0; i < empArray.Length; i++ )
            {
                empArray[i] = new Employee( i + 5 );
            }

            foreach ( int i in intArray )
            {
                Console.WriteLine( i.ToString() );
            }
```

Beispiel 9-2: Verwendung von foreach (Fortsetzung)

```
        foreach ( Employee e in empArray )
        {
            Console.WriteLine( e.ToString() );
        }
      }
   }
}
```

Beispiel 9-2 produziert die gleiche Ausgabe wie Beispiel 9-1. In Beispiel 9-1 haben Sie eine for-Anweisung erstellt, die die Größe des Arrays ermittelt und eine temporäre Zählervariable als Index für das Array verwendet:

```
for (int i = 0; i < empArray.Length; i++)
{
    Console.WriteLine(empArray[i].ToString());
}
```

In Beispiel 9-2 haben Sie ein anderes Vorgehen ausprobiert: Sie durchlaufen das Array mit der foreach-Schleife, die automatisch das nächste Element aus dem Array herausholt und dem temporären Objekt zuweist, das Sie im Kopf der Anweisung erzeugt haben:

```
foreach (Employee e in empArray)
{
    Console.WriteLine(e.ToString());
}
```

Da das aus dem Array extrahierte Objekt den richtigen Typ hat, können Sie jede öffentliche Methode auf diesem Objekt aufrufen.

Array-Elemente initialisieren

Es ist möglich, den Inhalt eines Arrays schon zum Zeitpunkt seiner Instanziierung zu initialisieren. Dazu liefern Sie eine Werteliste in geschweiften Klammern ({}). C# stellt dazu eine lange und eine kurze Syntax zur Verfügung:

```
int[] myIntArray = new int[5] { 2, 4, 6, 8, 10 }
int[] myIntArray = { 2, 4, 6, 8, 10 }
```

In der Praxis gibt es keinen Unterschied zwischen diesen beiden Anweisungen, und die meisten Programmierer wählen die Kurzsyntax; beachten Sie aber die folgende Anmerkung.

> Der Grund für die beiden Schreibweisen besteht darin, dass unter bestimmten, seltenen Umständen die längere Form verwendet werden muss – insbesondere wenn der C#-Compiler nicht den korrekten Typ ermitteln kann.

Das Schlüsselwort params

Sie können eine Methode erstellen, die auf der Konsole eine beliebige Anzahl Integer ausgibt, wenn man ihr ein Array von Integern übergibt und dieses dann mit einer foreach-Schleife durchläuft. Das Schlüsselwort params ermöglicht es Ihnen, eine veränderliche Anzahl Parameter zu übergeben, ohne das Array deswegen explizit zu erzeugen.

Im nächsten Beispiel erzeugen Sie die Methode DisplayVals( ), die eine veränderliche Anzahl Integer-Argumente entgegennimmt:

```
public void DisplayVals(params int[] intVals)
```

Die Methode selbst kann das Array so behandeln, als sei ein Integer-Array explizit angelegt und als Parameter übergeben worden. Sie können das Array wie ein x-beliebiges Integer-Array durchlaufen:

```
foreach (int i in intVals)
{
    Console.WriteLine("DisplayVals {0}",i);
}
```

Doch die aufrufende Methode braucht nicht explizit ein Array anzulegen, sondern kann einfach Integer-Werte übergeben. Der Compiler sammelt diese Parameter dann für die Methode DisplayVals( ) in einem Array.

```
t.DisplayVals(5,6,7,8);
```

Sie können auch ein Array übergeben, wenn Sie dies möchten:

```
int [] explicitArray = new int[5] {1,2,3,4,5};
t.DisplayVals(explicitArray);
```

Beispiel 9-3 gibt den gesamten Quellcode an, um zu zeigen, wie das Schlüsselwort params verwendet wird.

Beispiel 9-3: Verwendung des Schlüsselworts params

```
using System;
using System.Collections.Generic;
using System.Text;

namespace UsingParams
{
    public class Tester
    {
        static void Main( )
        {
            Tester t = new Tester();
            t.DisplayVals(5, 6, 7, 8);
            int[] explicitArray = new int[5] { 1, 2, 3, 4, 5 };
            t.DisplayVals(explicitArray);
        }

        public void DisplayVals(params int[] intVals)
        {
```

Beispiel 9-3: Verwendung des Schlüsselworts params (Fortsetzung)

```
            foreach (int i in intVals)
            {
                Console.WriteLine("DisplayVals {0}", i);
            }
        }
    }
}
Ausgabe:
DisplayVals 5
DisplayVals 6
DisplayVals 7
DisplayVals 8
DisplayVals 1
DisplayVals 2
DisplayVals 3
DisplayVals 4
DisplayVals 5
```

Mehrdimensionale Arrays

Arrays kann man sich als lange Zeile von Spalten vorstellen, in die Werte hineingesetzt werden können. Wenn Sie sich eine solche Zeile vorgestellt haben, können Sie sich auch leicht zehn solcher Zeilen übereinander vorstellen. Dies ist das klassische zweidimensionale Array mit Zeilen und Spalten. Die Zeilen verlaufen quer und die Spalten senkrecht im Array.

Eine dritte mögliche Dimension lässt sich ein bisschen schwerer vor Augen führen: Sie machen Ihre Arrays dreidimensional, indem Sie oben auf das alte, zweidimensionale Array neue Zeilen stapeln. Doch nun stellen Sie sich einmal vier Dimensionen vor – oder zehn.

Diejenigen Leser, die keine Stringtheorie-Physiker sind, haben jetzt wahrscheinlich schon aufgegeben, genau wie ich. Doch mehrdimensionale Arrays sind gleichwohl nützlich, auch wenn man sie sich nur schwer vorstellen kann.

C# unterstützt zwei Arten von mehrdimensionalen Arrays: rechteckige und ungleichförmige (*jagged*, ausgefranst) Arrays. In einem rechteckigen Array hat jede Zeile dieselbe Länge. Doch ein ungleichförmiges Array ist ein Array von Arrays, die jeweils eine andere Länge haben können.

Rechteckige Arrays

Ein *rechteckiges Array* ist ein Array mit zwei (oder mehr) Dimensionen. Im klassischen zweidimensionalen Array ist die erste Dimension die Anzahl der Zeilen und die zweite die Anzahl der Spalten.

 Hinweis für Java-Programmierer: Rechteckige Arrays gibt es in Java nicht.

Ein zweidimensionales Array deklarieren Sie mit folgender Syntax:

Typ [,] Array-Name

Um beispielsweise ein zweidimensionales Array zu deklarieren und zu instanziieren, das myRectangularArray heißt und zwei Zeilen und drei Spalten mit Integern hat, schreiben Sie Folgendes:

```
int [,] myRectangularArray = new int[2,3];
```

Beispiel 9-4 deklariert, instanziiert, initialisiert und liefert den Inhalt eines zweidimensionalen Arrays. In diesem Beispiel werden die Array-Elemente mit einer for-Schleife initialisiert.

Beispiel 9-4: Rechteckiges Array

```
using System;
using System.Collections.Generic;
using System.Text;

namespace RectangularArray
{
    public class Tester
    {
        static void Main( )
        {
            const int rows = 4;
            const int columns = 3;

            // Deklariere ein 4 x 3 großes Integer-Array
            int[,] rectangularArray = new int[rows, columns];

            // Fülle das Array
            for (int i = 0; i < rows; i++)
            {
                for (int j = 0; j < columns; j++)
                {
                    rectangularArray[i, j] = i + j;
                }
            }

            // Gib den Inhalt des Arrays aus
            for (int i = 0; i < rows; i++)
            {
                for (int j = 0; j < columns; j++)
                {
                    Console.WriteLine("rectangularArray[{0},{1}] = {2}",
                        i, j, rectangularArray[i, j]);
                }
            }
        }
    }
}
```

Beispiel 9-4: Rechteckiges Array (Fortsetzung)

```
Ausgabe:
rectangularArray[0,0] = 0
rectangularArray[0,1] = 1
rectangularArray[0,2] = 2
rectangularArray[1,0] = 1
rectangularArray[1,1] = 2
rectangularArray[1,2] = 3
rectangularArray[2,0] = 2
rectangularArray[2,1] = 3
rectangularArray[2,2] = 4
rectangularArray[3,0] = 3
rectangularArray[3,1] = 4
rectangularArray[3,2] = 5
```

In diesem Beispiel deklarieren Sie ein Konstantenpaar:

```
const int rows = 4;
const int columns = 3;
```

Diese Konstanten dienen zur Dimensionierung des Arrays:

```
int[,] rectangularArray = new int[rows, columns];
```

Achten Sie auf die Syntax. Die Klammern in der `int[,]`-Deklaration zeigen an, dass der Typ ein Integer-Array ist, und das Komma zeigt an, dass das Array zwei Dimensionen hat (zwei Kommata würden auf drei Dimensionen hinweisen usw.). Die eigentliche Instanziierung von `rectangularArray` mit `new int[rows, columns]` setzt die Größe jeder Dimension. Hier wurden die Deklaration und die Instanziierung miteinander kombiniert.

Das Programm füllt dieses Rechteck mithilfe eines Paars von `for`-Schleifen, die durch jede Spalte in jeder Zeile iterieren. Als erstes Element wird daher `rectangularArray[0,0]` gefüllt, gefolgt von `rectangularArray[0,1]` und `rectangularArray[0,2]`. Danach geht das Programm zu den folgenden Zeilen: `rectangularArray[1,0]`, `rectangularArray[1,1]`, `rectangularArray[1,2]` usw., bis alle Spalten in allen Zeilen mit Inhalt gefüllt sind.

Ebenso, wie Sie ein eindimensionales Array mit einer in Klammern eingefassten Werteliste initialisieren können, können Sie mit der gleichen Syntax auch ein zweidimensionales Array initialisieren. Beispiel 9-5 deklariert ein zweidimensionales Array (`rectangularArray`), initialisiert seine Elemente mit einer geklammerten Werteliste und gibt dann den Inhalt aus.

Beispiel 9-5: Ein mehrdimensionales Array initialisieren

```
using System;
using System.Collections.Generic;
using System.Text;

namespace InitializingMultiDimensionalArray
{
    public class Tester
    {
        static void Main()
```

Beispiel 9-5: Ein mehrdimensionales Array initialisieren (Fortsetzung)

```
    {
        const int rows = 4;
        const int columns = 3;

        // Definiere implizit ein 4 x 3 großes Array
        int[,] rectangularArray =
            {
                {0,1,2}, {3,4,5}, {6,7,8}, {9,10,11}
            };

        for (int i = 0; i < rows; i++)
        {
            for (int j = 0; j < columns; j++)
            {
                Console.WriteLine("rectangularArray[{0},{1}] = {2}",
                    i, j, rectangularArray[i, j]);
            }
        }
    }
}
```

```
Ausgabe:
rectangularArrayrectangularArray[0,0] = 0
rectangularArrayrectangularArray[0,1] = 1
rectangularArrayrectangularArray[0,2] = 2
rectangularArrayrectangularArray[1,0] = 3
rectangularArrayrectangularArray[1,1] = 4
rectangularArrayrectangularArray[1,2] = 5
rectangularArrayrectangularArray[2,0] = 6
rectangularArrayrectangularArray[2,1] = 7
rectangularArrayrectangularArray[2,2] = 8
rectangularArrayrectangularArray[3,0] = 9
rectangularArrayrectangularArray[3,1] = 10
rectangularArrayrectangularArray[3,2] = 11
```

Das obige Beispiel ist Beispiel 9-4 ähnlich, aber dieses Mal definieren Sie *implizit* die genauen Dimensionen des Arrays durch die Art, wie Sie es initialisieren:

```
int[,] rectangularArrayrectangularArray =
{
    {0,1,2}, {3,4,5}, {6,7,8}, {9,10,11}
};
```

Indem Sie Werte in vier geklammerten Listen mit je drei Elementen zuweisen, wird ein Array der Dimension 4 × 3 implizit definiert. Hätten Sie dies geschrieben:

```
int[,] rectangularArrayrectangularArray =
{
    {0,1,2,3}, {4,5,6,7}, {8,9,10,11}
};
```

hätten Sie ein 3 × 4 großes Array implizit definiert.

Wie Sie sehen, versteht der C#-Compiler die Implikationen Ihrer Gruppierung, da er, wie die Ausgabe zeigt, in der Lage ist, auf die Objekte mit den richtigen Offsets zuzugreifen.

Sie vermuten vielleicht, dass, da es sich hier um ein Element mit zwölf Elementen handelt, Sie auf ein Element ebenso gut mit `rectangularArray[0,3]` (das vierte Element in der ersten Zeile) zugreifen können wie mit `rectangularArray[1,0]` (das erste Element in der zweiten Zeile). Dies funktioniert in C++, wenn Sie es aber in C# versuchen, wird eine Exception ausgelöst:

```
Ausnahme aufgetreten: System.IndexOutOfRangeException:
Der Index war außerhalb des Array-Bereichs
bei Programming_CSharp.Tester.Main( ) in
csharp\programming csharp\listing0703.cs:line 23
```

C#-Arrays sind intelligent und behalten ihre Grenzen im Auge. Wenn Sie implizit ein Array der Größe 4 × 3 definieren, müssen Sie es auch als solches behandeln.

Ungleichförmige Arrays

Ein *ungleichförmiges Array* (ausgefranstes Array) ist ein Array von Arrays, das deswegen »ungleichförmig« genannt wird, weil nicht alle Zeilen die gleiche Länge haben müssen und daher eine zeichnerische Darstellung eines solchen Arrays nicht rechteckig wäre.

Um ein ungleichförmiges Array anzulegen, deklarieren Sie, wie viele Zeilen es haben soll. Jede Zeile speichert ein Array beliebiger Länge, und jedes dieser Arrays muss deklariert werden. Danach können Sie in diese »inneren« Arrays die Werte der Elemente einsetzen.

Jede Dimension eines ungleichförmigen Arrays ist ein eindimensionales Array. Zur Deklaration eines ungleichförmigen Arrays verwenden Sie die folgende Syntax, wobei die Anzahl der eckigen Klammern die Anzahl der Array-Dimensionen wiedergibt.

```
Typ [] []...
```

Ein zweidimensionales, ungleichförmiges Integer-Array namens `myJaggedArray` deklarieren Sie wie folgt:

```
int [] [] myJaggedArray;
```

Auf das fünfte Element des dritten Arrays greifen Sie mit `myJaggedArray[2][4]` zu.

Beispiel 9-6 erzeugt ein ungleichförmiges Array namens `myJaggedArray`, initialisiert seine Elemente und gibt dann deren Inhalt aus. Um Platz zu sparen, nutzt das Programm den Umstand, dass Elemente von Integer-Arrays automatisch mit null initialisiert werden, und initialisiert nur die Werte einiger weniger Elemente.

Beispiel 9-6: Mit einem ungleichförmigen Array arbeiten

```
using System;
using System.Collections.Generic;
using System.Text;

namespace JaggedArray
{
```

Beispiel 9-6: Mit einem ungleichförmigen Array arbeiten (Fortsetzung)

```
public class Tester
{
    static void Main( )
    {
        const int rows = 4;

        // Deklariere das ungleichförmige Array als 4 Zeilen hoch
        int[][] jaggedArray = new int[rows][];

        // Die erste Zeile hat 5 Elemente
        jaggedArray[0] = new int[5];

        // Eine Zeile mit 2 Elementen
        jaggedArray[1] = new int[2];

        // Eine Zeile mit 3 Elementen
        jaggedArray[2] = new int[3];

        // Die letzte Zeile hat 5 Elemente
        jaggedArray[3] = new int[5];

        // Fülle einige (nicht alle) Elemente der Zeilen
        jaggedArray[0][3] = 15;
        jaggedArray[1][1] = 12;
        jaggedArray[2][1] = 9;
        jaggedArray[2][2] = 99;
        jaggedArray[3][0] = 10;
        jaggedArray[3][1] = 11;
        jaggedArray[3][2] = 12;
        jaggedArray[3][3] = 13;
        jaggedArray[3][4] = 14;

        for (int i = 0; i < 5; i++)
        {
            Console.WriteLine("jaggedArray[0][{0}] = {1}",
                i, jaggedArray[0][i]);
        }

        for (int i = 0; i < 2; i++)
        {
            Console.WriteLine("jaggedArray[1][{0}] = {1}",
                i, jaggedArray[1][i]);
        }

        for (int i = 0; i < 3; i++)
        {
            Console.WriteLine("jaggedArray[2][{0}] = {1}",
                i, jaggedArray[2][i]);
        }
        for (int i = 0; i < 5; i++)
        {
            Console.WriteLine("jaggedArray[3][{0}] = {1}",
```

Beispiel 9-6: Mit einem ungleichförmigen Array arbeiten (Fortsetzung)

```
                    i, jaggedArray[3][i]);
            }
        }
    }
}
```

```
Ausgabe:
jaggedArray[0][0] = 0
jaggedArray[0][1] = 0
jaggedArray[0][2] = 0
jaggedArray[0][3] = 15
jaggedArray[0][4] = 0
jaggedArray[1][0] = 0
jaggedArray[1][1] = 12
jaggedArray[2][0] = 0
jaggedArray[2][1] = 9
jaggedArray[2][2] = 99
jaggedArray[3][0] = 10
jaggedArray[3][1] = 11
jaggedArray[3][2] = 12
jaggedArray[3][3] = 13
jaggedArray[3][4] = 14
```

In diesem Beispiel wird ein ungleichförmiges Array mit vier Zeilen angelegt:

```
int[][] jaggedArray = new int[rows][];
```

Beachten Sie, dass die zweite Dimension nicht angegeben wurde. Diese wird gesetzt, indem für jede Zeile ein neues Array erzeugt wird. Jedes Array kann ein andere Größe haben:

```
// Die erste Zeile hat 5 Elemente
jaggedArray[0] = new int[5];

// Eine Zeile mit 2 Elementen
jaggedArray[1] = new int[2];

// Eine Zeile mit 3 Elementen
jaggedArray[2] = new int[3];

// Die letzte Zeile hat 5 Elemente
jaggedArray[3] = new int[5];
```

Nachdem für jede Zeile ein Array spezifiziert wurde, brauchen Sie nur noch Elemente in die Arrays zu setzen und dann den Inhalt auszugeben, um sich zu vergewissern, dass alles erwartungsgemäß verlaufen ist.

Beachten Sie folgenden Unterschied zwischen rechteckigen und ungleichförmigen Arrays: Wenn Sie auf ein Element eines rechteckigen Arrays zugreifen, setzen Sie die Indizes alle in dasselbe Paar eckiger Klammern:

```
rectangularArrayrectangularArray[i,j]
```

Bei einem ungleichförmigen Array hingegen benötigen Sie zwei Klammernpaare:

```
jaggedArray[3][i]
```

Dies können Sie sich merken, indem Sie sich das rechteckige Array als ein einziges Array mit mehr als einer Dimension und das ungleichförmige Array als Array *von Arrays* vorstellen.

Array-Grenzen

Ein Array kann auch mithilfe der überladenen Methode `CreateInstance` erzeugt werden. Eine der überladenen Formen ermöglicht es Ihnen, die Untergrenze (den Startindex) jeder Dimension eines mehrdimensionalen Arrays festzulegen. Dies ist eine recht obskure Fähigkeit, die selten verwendet wird.

Wir zeigen Ihnen kurz, wie es geht: Sie rufen die statische Methode `CreateInstance` auf, die ein Array zurückgibt und die drei Parameter annimmt: ein Objekt des Typs `Type`, das den Typ der im Array zu speichernden Objekte angibt, ein Integer-Array, das die Länge jeder Dimension des Arrays angibt, sowie ein zweites Integer-Array, das die Untergrenze jeder Dimension angibt. Beachten Sie, dass die beiden Arrays mit Integer-Zahlen die gleiche Anzahl von Elementen haben müssen; das heißt, Sie müssen die Untergrenze für alle Dimensionen festlegen:

```
using System;
using System.Collections.Generic;
using System.Text;

namespace SettingArrayBounds
{
    public class SettingArrayBounds
    {
        public static void CreateArrayWithBounds()
        {
            // Erzeuge ein mehrdimensionales Array des Typs String,
            // und initialisiere es.
            int[] lengthsArray = new int[2] { 3, 5 };
            int[] boundsArray = new int[2] { 2, 3 };
            Array multiDimensionalArray = Array.CreateInstance(
                typeof(String), lengthsArray, boundsArray);

            // Zeige die Unter- und die Obergrenze jeder Dimension an
            Console.WriteLine("Grenzen:\tLower\tUpper");
            for (int i = 0; i < multiDimensionalArray.Rank; i++)
                Console.WriteLine("{0}:\t{1}\t{2}", i,
                    multiDimensionalArray.GetLowerBound(i),
                    multiDimensionalArray.GetUpperBound(i));
        }
        static void Main()
        {
            SettingArrayBounds.CreateArrayWithBounds();
        }
    }
}
```

Array-Konvertierungen

Sie können ein Array in ein anderes konvertieren, wenn die Dimensionen beider Arrays gleich sind und es möglich ist, zwischen den Referenz-Typen der Elemente zu konvertieren. Wenn die Elemente implizit konvertierbar sind, kann eine implizite Konvertierung vorgenommen werden, andernfalls müssen Sie explizit konvertieren.

Natürlich ist es auch möglich, ein Array von abgeleiteten Objekten in ein Array von Basis-Objekten zu konvertieren. Beispiel 9-7 zeigt, wie ein Array mit Elementen des benutzerdefinierten Typs Employee in ein Objekt-Array konvertiert wird.

Beispiel 9-7: Arrays konvertieren

```
using System;
using System.Collections.Generic;
using System.Text;

namespace ConvertingArrays
{
    // Erzeuge ein Objekt, um es im
    // Array zu speichern
    public class Employee
    {
        // Eine einfache Klasse zum Speichern im Array
        public Employee(int empID)
        {
            this.empID = empID;
        }
        public override string ToString()
        {
            return empID.ToString();
        }
        private int empID;
    }

    public class Tester
    {
        // Diese Methode nimmt ein Array von Objekten entgegen.
        // Wir übergeben ihr ein Array mit Employee-Objekten
        // und dann ein Array mit Strings.
        // Die Konvertierung ist implizit, da Employee
        // und String (letztlich) beide von Object abgeleitet sind.
        public static void PrintArray(object[] theArray)
        {
            Console.WriteLine("Inhalt des Arrays {0}",
                theArray.ToString());

            // Inhalt des Arrays.
            // Werte aus.
            foreach (object obj in theArray)
            {
                Console.WriteLine("Wert: {0}", obj);
            }
        }
```

Beispiel 9-7: Arrays konvertieren (Fortsetzung)

```
    static void Main( )
    {
        // Erstelle ein Array von Employee-Objekten
        Employee[] myEmployeeArray = new Employee[3];

        // Initialisiere den Wert jedes Employee-Objekts
        for (int i = 0; i < 3; i++)
        {
            myEmployeeArray[i] = new Employee(i + 5);
        }

        // Zeige die Werte an
        PrintArray(myEmployeeArray);

        // Erzeuge ein Array mit zwei Strings
        string[] array = {"hello", "world"};

        // Gib den Wert der Strings aus
        PrintArray(array);
    }
}
```

```
Ausgabe:
Inhalt des Arrays Programming_CSharp.Employee[]
Wert: 5
Wert: 6
Wert: 7
Inhalt des Arrays System.String[]
Wert: hello
Wert: world
```

In Beispiel 9-7 wird zuerst eine einfache Employee-Klasse angelegt, wie Sie es schon weiter oben in diesem Kapitel gesehen haben. Nun enthält die Klasse Tester eine neue statische Methode namens PrintArray( ), die ein eindimensionales Object-Array als Parameter entgegennimmt:

```
public static void PrintArray(object[] theArray)
```

Object ist die implizite Basisklasse jedes Objekts im .NET Framework und somit auch die Basisklasse der Klassen String und Employee.

Die Methode PrintArray( ) macht zweierlei. Als Erstes ruft sie ToString( ) auf dem Array selbst auf:

```
Console.WriteLine("Inhalt des Arrays {0}",
    theArray.ToString( ));
```

System.Array überschreibt die Methode ToString( ) zu Ihrem Vorteil und gibt für das Array einen aussagekräftigen Namen aus:

```
Inhalt des Arrays Programming_CSharp. Employee []
Inhalt des Arrays System.String[]
```

Danach ruft `PrintArray( )` die Methode `ToString( )` auf jedem Element des Arrays auf, das ihr als Parameter übergeben wurde. Da `ToString( )` eine virtuelle Methode der Basisklasse `Object` ist, ist sie unter Garantie auch für jede abgeleitete Klasse verfügbar. Da Sie diese Methode in `Employee` in geeigneter Weise überschrieben haben, funktioniert der Code gut. Eigentlich ist es gar nicht nötig, `ToString( )` auf einem `String`-Objekt aufzurufen, aber es richtet keinen Schaden an und ermöglicht Ihnen, die betreffenden Objekte polymorph zu behandeln.

Arrays sortieren

Zwei nützliche statische Methoden von `Array` sind `Sort( )` und `Reverse( )`. Sie werden von Arrays der eingebauten C#-Typen wie z.B. `string` voll und ganz unterstützt. Sie mit selbst geschriebenen Klassen einzusetzen ist ein wenig schwieriger, denn dazu müssen Sie zuerst das Interface `IComparable` implementieren (siehe den Abschnitt »IComparable implementieren« weiter unten in diesem Kapitel). Beispiel 9-8 zeigt, wie Sie mit diesen beiden Methoden `String`-Objekte bearbeiten.

Beispiel 9-8: Verwendung von Array.Sort und Array.Reverse

```
using System;
using System.Collections.Generic;
using System.Text;

namespace ArraySortAndReverse
{
    public class Tester
    {
        public static void PrintMyArray(object[] theArray)
        {
            foreach (object obj in theArray)
            {
                Console.WriteLine("Wert: {0}", obj);
            }
            Console.WriteLine("\n");
        }

        static void Main()
        {
            String[] myArray = {"Wer", "ist", "Douglas", "Adams"};

            PrintMyArray(myArray);
            Array.Reverse(myArray);
            PrintMyArray(myArray);

            String[] myOtherArray =
                    {
                        "Diese", "Dinge", "Verstehen", "Sich",
                        "Ja", "Wohl", "Von", "Selbst",
                    };
```

Beispiel 9-8: Verwendung von Array.Sort und Array.Reverse (Fortsetzung)

```
            PrintMyArray(myOtherArray);
            Array.Sort(myOtherArray);
            PrintMyArray(myOtherArray);
        }
    }
}
```

Ausgabe:
Wert: Wer
Wert: ist
Wert: Douglas
Wert: Adams

Wert: Adams
Wert: Douglas
Wert: ist
Wert: Wer

Wert: Diese
Wert: Dinge
Wert: Verstehen
Wert: Sich
Wert: Ja
Wert: Wohl
Wert: Von
Wert: Selbst

Wert: Diese
Wert: Dinge
Wert: Ja
Wert: Selbst
Wert: Sich
Wert: Verstehen
Wert: Von
Wert: Wohl

Am Anfang des Beispiels wird das String-Array myArray mit folgenden Wörtern angelegt:

```
"Wer", "ist", "Douglas", "Adams"
```

Dieses Array wird ausgegeben und dann der Methode Array.Reverse( ) übergeben, die es erneut ausgibt, allerdings mit den Elementen in umgekehrter Reihenfolge:

```
Wert: Adams
Wert: Douglas
Wert: ist
Wert: Wer
```

Dann legt das Beispiel myOtherArray an, das die folgenden Wörter enthält:

```
"Diese", "Dinge", "Verstehen", "Sich",
"Ja", "Wohl", "Von", "Selbst",
```

Es wird an die Methode `Array.Sort()` übergeben, und `Array.Sort()` sortiert die Elementen dann alphabetisch um:

```
Wert: Diese
Wert: Dinge
Wert: Ja
Wert: Selbst
Wert: Sich
Wert: Verstehen
Wert: Von
Wert: Wohl
```

Indexer

Gelegentlich ist es wünschenswert, auf eine Collection in einer Klasse so zuzugreifen, als sei diese Klasse ein Array. Angenommen, Sie möchten ein Listenfeld-Steuerelement namens `myListBox` anlegen, das eine Liste von Strings in einem eindimensionalen Array in Form einer privaten Member-Variablen namens `myStrings` speichert. Ein Listenfeld-Steuerelement enthält zusätzlich zu seinem String-Array auch noch Eigenschaften und Methoden als Member. Es wäre allerdings praktisch, wenn man auf das Listenfeld-Array mit einem Index zugreifen könnte, als sei das Listenfeld selbst ein Array.[2] Dies würde z.B. Anweisungen wie die folgende ermöglichen:

```
string theFirstString = myListBox[0];
string theLastString = myListBox[Length-1];
```

Ein *Indexer* ist ein C#-Konstrukt, mit dem Sie auf Collections, die in einer Klasse enthalten sind, mit der vertrauten []-Syntax von Arrays zugreifen können. Der Indexer ist eine spezielle Art von Eigenschaft, und sein Verhalten wird durch eine get- und eine set-Zugriffsmethode spezifiziert.

Eine Indexer-Eigenschaft deklarieren Sie mit der folgenden Syntax in einer Klasse:

```
Typ this [Typ Argument]{get; set;}
```

Der Rückgabetyp legt fest, welchen Objekttyp der Indexer zurückgeben wird, und *Typ Argument* gibt an, welche Art von Argument als Index für die Collection mit den Zielobjekten dienen wird. Oft werden zwar Integer als Indexwerte verwendet, aber Sie können eine Collection auch mit anderen Typen indizieren, einschließlich Strings. Es ist sogar möglich, einen Indexer mit mehreren Parametern zu liefern, um ein mehrdimensionales Array zu erzeugen!

Das Schlüsselwort `this` ist eine Referenz auf das Objekt, in dem der Indexer erscheint. Wie bei einer normalen Eigenschaft müssen Sie auch hier get- und set-Zugriffsmethoden definieren, um festzulegen, wie das angeforderte Objekt aus seiner Collection abgerufen oder in sie eingefügt wird.

---

[2] Das wirkliche `ListBox`-Steuerelement, das sowohl durch Windows Forms als auch ASP.NET zur Verfügung gestellt wird, hat eine Collection namens `Items`, und diese implementiert den Indexer.

Beispiel 9-9 deklariert ein Listenfeld-Steuerelement (ListBoxTest), das ein einfaches Array (myStrings) und einen einfachen Indexer für den Zugriff auf dessen Inhalt enthält.

Hinweis für C++-Programmierer: Die Indexer haben einen ganz ähnlichen Zweck wie der überladene Indexoperator ([ ]) in C++. Da in C# der Indexoperator nicht überladen werden darf, wurde an seiner Stelle der Indexer kreiert.

Beispiel 9-9: Verwendung eines einfachen Indexers

```
using System;
using System.Collections.Generic;
using System.Text;

namespace SimpleIndexer
{
    // Ein vereinfachtes ListBox-Steuerelement
    public class ListBoxTest
    {
        private string[] strings;
        private int ctr = 0;

        // Initialisiere das Listenfeld mit Strings
        public ListBoxTest(params string[] initialStrings)
        {
            // Reserviere Platz für die Strings
            strings = new String[256];

            // Kopiere die übergebenen Strings im Konstruktor
            foreach (string s in initialStrings)
            {
                strings[ctr++] = s;
            }
        }

        // Füge am Ende des Listenfelds einen einzelnen String hinzu
        public void Add(string theString)
        {
            if (ctr >= strings.Length)
            {
                // Behandle falschen Index
            }
            else
                strings[ctr++] = theString;
        }

        // Ermögliche Zugriff wie auf ein Array

        public string this[int index]
        {
            get
            {
```

Beispiel 9-9: Verwendung eines einfachen Indexers (Fortsetzung)

```csharp
            if (index < 0 || index >= strings.Length)
            {
                // Behandle falschen Index
            }
            return strings[index];
        }
        set
        {
            // Hinzufügen nur mit der Add-Methode
            if (index >= ctr)
            {
                // Behandle Fehler
            }
            else
                strings[index] = value;
        }
    }

    // Gib die Anzahl der gespeicherten Strings an
    public int GetNumEntries()
    {
        return ctr;
    }
}

public class Tester
{
    static void Main()
    {
        // Erzeuge und initialisiere ein neues Listenfeld
        ListBoxTest lbt =
            new ListBoxTest("Hello", "World");

        // Füge einige Strings hinzu
        lbt.Add("Wer");
        lbt.Add("Ist");
        lbt.Add("Douglas");
        lbt.Add("Adams");

        // Teste den Zugriff
        string subst = "Universe";
        lbt[1] = subst;

        // Greife auf alle Strings zu
        for (int i = 0; i < lbt.GetNumEntries(); i++)
        {
            Console.WriteLine("lbt[{0}]: {1}", i, lbt[i]);
        }
    }
}
}
```

Beispiel 9-9: Verwendung eines einfachen Indexers (Fortsetzung)

```
Ausgabe:
lbt[0]: Hello
lbt[1]: Universe
lbt[2]: Wer
lbt[3]: Ist
lbt[4]: Douglas
lbt[5]: Adams
```

Um Beispiel 9-9 einfach zu halten, bekommt das Listenfeld nur die paar Features, die uns interessieren. Das Listing unterschlägt alles, was mit dem Wesen eines Benutzeroberflächenelements zu tun hat, und konzentriert sich lediglich auf die Liste der Strings, die das Listenfeld speichert, und auf die Methoden, mit denen es diese Strings bearbeitet. In einer echten Anwendung wäre dies natürlich nur ein Bruchteil der Methoden eines Listenfelds, da dessen Hauptaufgabe darin besteht, die Strings anzuzeigen und dem Benutzer eine Auswahl zu ermöglichen.

Als Erstes fallen zwei private Member ins Auge:

```
private string[] strings;
private int ctr = 0;
```

In diesem Programm speichert das Listenfeld ein einfaches String-Array namens strings. Noch einmal: In einem echten Listenfeld würden Sie einen komplexeren und dynamischeren Container wie z.B. die (weiter unten in diesem Kapitel beschriebene) Hash-Tabelle verwenden. Die Member-Variable ctr behält im Auge, wie viele Strings zum Array hinzugefügt wurden.

Sie initialisieren das Array im Konstruktor mit folgender Anweisung:

```
strings = new String[256];
```

Der Rest des Konstruktors fügt dem Array die Parameter hinzu. Auch hier werden die neuen Strings in der Reihenfolge hinzugefügt, in der sie eintreffen.

Da Sie nicht wissen können, wie viele Strings hinzugefügt werden, sollten Sie das weiter oben in diesem Kapitel eingeführte Schlüsselwort params verwenden.

Die Add( )-Methode von ListBoxTest fügt lediglich an das interne Array einen String an.

Die wichtigste Methode von ListBoxTest ist allerdings der Indexer. Da ein Indexer keinen Namen hat, verwenden Sie das Schlüsselwort this:

```
public string this[int index]
```

Die Syntax ähnelt der von Eigenschaften. Es gibt eine get( )- oder eine set( )-Methode oder beides. In diesem Fall versucht die get( )-Methode, eine rudimentäre Grenzüberprüfung zu implementieren, und wenn der angeforderte Index akzeptabel ist, gibt sie den zugehörigen Wert zurück:

```
get
{
    if (index < 0 || index >= strings.Length)
    {
        // Behandle falschen Index
    }
    return strings[index];
}
```

Die set( )-Methode vergewissert sich, dass es zu dem Index, den Sie setzen, im Listenfeld auch einen Wert gibt. Ist dies nicht der Fall, behandelt sie die Set-Operation als Fehler. (Neue Elemente können bei unserem Ansatz nur mit der Add-Methode hinzugefügt werden.) Die set-Zugriffsmethode nutzt den impliziten Parameter value, der das darstellt, was mit dem Indexoperator zugewiesen wurde.

```
set
{
if (index >= ctr )
 {
    // Behandle Fehler
 }
 else
    strings[index] = value;
}
```

Wenn Sie

```
lbt[5] = "Hello World"
```

schreiben, ruft der Compiler folglich die Indexer-Methode set( ) auf Ihrem Objekt auf und übergibt ihr den String Hello World als impliziten Parameter namens value.

Indexer und Zuweisung

In Beispiel 9-9 dürfen Sie einem Index, zu dem es keinen Wert gibt, nichts zuweisen. Wenn Sie also

```
lbt[10] = "toll!";
```

schreiben, rufen Sie die Fehlerbehandlung in der set( )-Methode auf. Diese gibt an, dass der von Ihnen übergebene Index (10) größer als der Zählerwert (6) ist.

Natürlich können Sie auch die set( )-Methode zur Zuweisung verwenden. Sie müssen dann nur die Indizes, die Sie erhalten, verarbeiten. Um dies zu tun, müssen Sie die set( )-Methode derart abändern, dass sie nicht den aktuellen Wert der Zählervariablen ctr, sondern die Length des Puffers überprüft. Wenn ein Wert für einen Index eingegeben wurde, der bisher noch keinen Wert hatte, würde ctr aktualisiert:

```
set
{
    // Hinzufügen nur mit der Add-Methode
    if (index >= strings.Length )
    {
        // Behandle Fehler
```

```
            }
            else
            {
                strings[index] = value;
                if (ctr < index+1)
                    ctr = index+1;
            }
        }
```

 Dieser Programmcode ist einfach gehalten und daher nicht robust. An den übergebenen Werten müssten eine Reihe weiterer Prüfungen vorgenommen werden (z.B. die Prüfung, dass der übergebene Index nicht negativ ist und nicht die Größe des zugrunde liegenden Arrays strings[] überschreitet).

So erzeugen Sie ein »dünn besetztes« (sparse) Array, in dem Sie dem Offset 10 etwas zuweisen können, ohne jemals dem Offset 9 etwas zuweisen zu müssen. Wenn Sie jetzt

```
lbt[10] = "toll!";
```

schreiben, erhalten Sie folgende Ausgabe:

```
lbt[0]: Hello
lbt[1]: Universe
lbt[2]: Wer
lbt[3]: Ist
lbt[4]: Douglas
lbt[5]: Adams
lbt[6]:
lbt[7]:
lbt[8]:
lbt[9]:
lbt[10]: toll!
```

In Main( ) erzeugen Sie von der Klasse ListBoxTest eine Instanz namens lbt und übergeben ihr zwei Strings als Parameter:

```
ListBoxTest lbt = new ListBoxTest("Hello", "World");
```

Dann rufen Sie Add( ) auf, um vier weitere Strings hinzuzufügen:

```
// Füge einige Strings hinzu
lbt.Add("Wer");
lbt.Add("Ist");
lbt.Add("Douglas");
lbt.Add("Adams");
```

Ehe Sie die Werte betrachten, ändern Sie den zweiten Wert (den mit Index 1):

```
string subst = "Universe";
lbt[1] = subst;
```

Zum Schluss zeigen Sie mit einer Schleife alle Strings an:

```
for (int i = 0;i<lbt.GetNumEntries();i++)
{
    Console.WriteLine("lbt[{0}]: {1}",i,lbt[i]);
}
```

Indizes für andere Werte

In C# muss ein Index für eine Collection nicht zwangsläufig ein Integer-Wert sein. Wenn Sie eine eigene Collection-Klasse anlegen und dazu einen eigenen Indexer erzeugen, können Sie diesen nach Belieben mit Strings oder anderen Typen definieren. Der Indexwert kann sogar überladen werden, so dass eine Collection beispielsweise je nach den Bedürfnissen des Clients mit einem Integer-Wert oder einem String-Wert indiziert werden kann.

Eventuell möchten Sie in der Lage sein, auch auf das Listenfeld mit einem String-Index zuzugreifen. Dieser wird in Beispiel 9-10 gezeigt. Der Indexer ruft die Hilfsmethode findString() auf, die anhand des gelieferten Strings einen Listeneintrag zurückgibt. Beachten Sie, dass der überladene Indexer und der Indexer aus Beispiel 9-9 auch nebeneinander existieren können.

Beispiel 9-10: Einen Index überladen

```
using System;
using System.Collections.Generic;
using System.Text;

namespace OverloadedIndexer
{
    // Ein vereinfachtes ListBox-Steuerelement
    public class ListBoxTest
    {
        private string[] strings;
        private int ctr = 0;

        // Initialisiere das Listenfeld mit den Strings
        public ListBoxTest(params string[] initialStrings)
        {
            // Reserviere Platz für die Strings
            strings = new String[256];

            // Kopiere die dem Konstruktor übergebenen Strings
            foreach (string s in initialStrings)
            {
                strings[ctr++] = s;
            }
        }

        // Füge am Ende des Listenfelds einen einzelnen String hinzu
        public void Add(string theString)
        {
            strings[ctr] = theString;
            ctr++;
        }

        // Ermögliche Zugriff wie auf ein Array
        public string this[int index]
        {
```

Beispiel 9-10: Einen Index überladen (Fortsetzung)

```
        get
        {
            if (index < 0 || index >= strings.Length)
            {
                // Behandle falschen Index
            }
            return strings[index];
        }
        set
        {
            strings[index] = value;
        }
    }

    private int findString(string searchString)
    {
        for (int i = 0; i < strings.Length; i++)
        {
            if (strings[i].StartsWith(searchString))
            {
                return i;
            }
        }
        return -1;
    }

    // Index für String
    public string this[string index]
    {
        get
        {
            if (index.Length == 0)
            {
                // Behandle falschen Index
            }

            return this[findString(index)];
        }
        set
        {
            strings[findString(index)] = value;
        }
    }

    // Gib die Anzahl der gespeicherten Strings an
    public int GetNumEntries()
    {
        return ctr;
    }
}
```

Beispiel 9-10: Einen Index überladen (Fortsetzung)

```csharp
    public class Tester
    {
        static void Main( )
        {
            // Erzeuge und initialisiere ein neues Listenfeld
            ListBoxTest lbt =
            new ListBoxTest("Hello", "World");

            // Füge einige Strings hinzu
            lbt.Add("Wer");
            lbt.Add("Ist");
            lbt.Add("Douglas");
            lbt.Add("Adams");

            // Prüfe den Zugriff
            string subst = "Universe";
            lbt[1] = subst;
            lbt["Hel"] = "GoodBye";
            // lbt["xyz"] = "huch";

            // Greife auf alle Strings zu
            for (int i = 0; i < lbt.GetNumEntries( ); i++)
            {
                Console.WriteLine("lbt[{0}]: {1}", i, lbt[i]);
            } // end for
        } // end main
    } // end tester
}
```

```
Ausgabe:
lbt[0]: GoodBye
lbt[1]: Universe
lbt[2]: Wer
lbt[3]: Ist
lbt[4]: Douglas
lbt[5]: Adams
```

Beispiel 9-10 ist mit Beispiel 9-9 beinahe identisch, nur dass hier ein überladener Indexer hinzugefügt wird, der einen String vergleichen kann, sowie die Methode findString, die dazu geschaffen wurde, diesen Index zu unterstützen.

Die Methode findString durchläuft einfach die in myStrings gespeicherten Strings, bis sie einen findet, der mit dem im Index verwendeten Ziel-String beginnt. Findet sie einen passenden String, gibt sie seinen Index zurück, andernfalls gibt sie den Wert -1 zurück.

In Main( ) sehen Sie, dass der Benutzer dem Index einen Teil-String übergeben kann, ebenso wie zuvor ein Integer übergeben wurde:

```csharp
    lbt["Hel"] = "GoodBye";
```

Dies ruft den überladenen Index auf, der eine rudimentäre Fehlerprüfung vornimmt (in diesem Fall gewährleistet er, dass in dem übergebenen String zumindest ein Zeichen steht) und dann den Wert (Hel) an findString übergibt. Er bekommt einen Index zurück, den er als Index für myStrings verwendet:

```
return this[findString(index)];
```

Der set-Wert funktioniert genauso:

```
myStrings[findString(index)] = value;
```

Aufmerksame Leser haben vielleicht mitbekommen, dass der Wert -1 zurückgegeben wird, wenn kein passender String gefunden wird. Dieser Wert wird dann als Index für myStrings verwendet. Dadurch wird eine Exception ausgelöst (System.NullReferenceException), wie Sie sehen können, wenn Sie aus der folgenden Zeile in Main() die Kommentarzeichen entfernen:

```
lbt["xyz"] = "huch";
```

Wie Sie richtig damit umgehen, wenn Sie keinen passenden String finden, bleibt Ihnen als Übungsaufgabe überlassen. Vielleicht zeigen Sie eine Fehlermeldung an oder tun etwas anderes, um dem Benutzer die Behebung des Fehlers zu ermöglichen.

Collection-Interfaces

Das .NET Framework bietet zwei Gruppen von Standardschnittstellen für das Durchlaufen und Vergleichen von Datenmengen: die traditionellen (nicht typsicheren) und die neuen generischen, typsicheren Collections. Dieses Buch legt seinen Schwerpunkt auf die neuen, typsicheren Collection-Interfaces, da sie wesentlich vorteilhafter sind.

Sie können eine ICollection jedes beliebigen Typs deklarieren, indem Sie einen bestimmten Typ in der Interface-Deklaration als den *aktuellen* Typ (z.B. int oder string) anstelle des *generischen* Typs (<T>) in der Interface-Deklaration einsetzen.

Hinweis für C++-Programmierer: Die generischen Typen in C# ähneln in Syntax und Verwendung den C++-Templates. Da die generischen Typen jedoch erst zur Laufzeit zu ihrem spezifischen Typ expandiert werden, kann der JIT-Compiler den Code verschiedener Instanzen gemeinsam verwenden. Dies reduziert in drastischer Weise die Aufblähung des Codes, die Sie bei der Verwendung von Templates in C++ beobachten können.

Die wichtigsten generischen Collection-Interfaces sind in Tabelle 9-2 aufgeführt.[3]

---

3 Aus Gründen der Abwärtskompatibilität bietet C# auch nicht-generische Interfaces (z.B. ICollection, IEnumerator), sie gelten aber als obsolet und werden daher hier nicht weiter betrachtet.

Tabelle 9-2: Collection-Interfaces

Interface	Zweck
ICollection<T>	Basis-Interface für generische Collections. Wird von allen Collections implementiert, um die Methode CopyTo( ) und die Eigenschaften Count, IsSynchronized und SyncRoot zur Verfügung zu stellen.
IEnumerator<T> IEnumerable<T>	Durchläuft eine Collection mit der foreach-Anweisung.
IComparer<T> IComparable<T>	Vergleicht zwei Objekte in einer Collection, damit diese sortiert werden kann.
IList<T>	Wird von mit Arrays indizierbaren Collections verwendet.
IDictionary<K, V>	Wird von Collections verwendet, die auf Schlüssel/Wert-Paaren basieren, wie z.B. Dictionary.

Das Interface IEnumerable<T>

Sie können die foreach-Anweisung in ListBoxTest unterstützen, indem Sie das Interface IEnumerable<T> implementieren (siehe Beispiel 9-11). IEnumerable<T> hat als einzige Methode GetEnumerator( ), deren Aufgabe es ist, eine Implementierung von IEnumerator<T> zu liefern. Die Sprache C# bietet Ihnen durch das neue Schlüsselwort yield eine Erleichterung beim Erstellen des Enumerators.

Beispiel 9-11: Aus der ListBox eine enumerierbare Klasse machen

```
using System;
using System.Collections;
using System.Collections.Generic;
using System.Text;

namespace Enumerable
{
    public class ListBoxTest : IEnumerable<string>
    {
        private string[] strings;
        private int ctr = 0;
        // Enumerierbare Klassen können einen Enumerator liefern
        public IEnumerator<string> GetEnumerator()
        {
            foreach (string s in strings)
            {
                yield return s;
            }
        }

        // Explizite Implementierung des Interfaces.
        IEnumerator IEnumerable.GetEnumerator()
        {
            return GetEnumerator();
        }

        // Die Listbox mit Strings initialisieren
        public ListBoxTest(params string[] initialStrings)
```

Beispiel 9-11: Aus der ListBox eine enumerierbare Klasse machen (Fortsetzung)

```csharp
        {
            // Speicher für die Strings reservieren
            strings = new String[8];

            // Die dem Konstruktor übergebenen Strings kopieren
            foreach (string s in initialStrings)
            {
                strings[ctr++] = s;
            }
        }

        // Einen einzelnen String am Ende der Listbox hinzufügen
        public void Add(string theString)
        {
            strings[ctr] = theString;
            ctr++;
        }

        // Zugriffe wie auf ein Array ermöglichen
        public string this[int index]
        {
            get
            {
                if (index < 0 || index >= strings.Length)
                {
                    // Ungültigen Index behandeln
                }
                return strings[index];
            }
            set
            {
                strings[index] = value;
            }
        }

        // Angeben, wie viele Strings enthalten sind
        public int GetNumEntries()
        {
            return ctr;
        }
    }

    public class Tester
    {
        static void Main()
        {
            // Neue Listbox erzeugen und initialisieren
            ListBoxTest lbt =
            new ListBoxTest("Hello", "World");

            // Einige Strings hinzufügen
            lbt.Add("Wer");
```

Beispiel 9-11: Aus der ListBox eine enumerierbare Klasse machen (Fortsetzung)

```
        lbt.Add("Ist");
        lbt.Add("Douglas");
        lbt.Add("Adams");

        // Zugriff testen
        string subst = "Universe";
        lbt[1] = subst;

        // Auf alle String zugreifen
        foreach (string s in lbt)
        {
            Console.WriteLine("Wert: {0}", s);
        }
    }
  }
}
```

```
Ausgabe:
Wert: Hello
Wert: Universe
Wert: Wer
Wert: Ist
Wert: Douglas
Wert: Adams
Wert:
Wert:
```

Dieses Programm beginnt in Main(), wo es ein neues ListBoxTest erzeugt und dem Konstruktor zwei Strings übergibt. Bei der Erzeugung des Objekts wird ein Array von Strings erzeugt, das acht Strings aufnehmen kann. Vier weitere Strings werden mithilfe der Methode Add hinzugefügt. Wie im vorherigen Beispiel wird der zweite String modifiziert.

Die entscheidende Änderung bei dieser Version des Programms besteht in dem Aufruf einer foreach-Schleife, die jeden String in der Listbox ausliest. Die foreach-Schleife verwendet automatisch das IEnumerable<T>-Interface, indem sie GetEnumerator() aufruft.

Die Methode GetEnumerator ist so deklariert, dass sie einen String-IEnumerator liefert:

```
public IEnumerator<string> GetEnumerator()
```

Die Implementierung durchläuft das Array mit Strings und hält bei jedem Durchlauf inne, um den aktuellen Schleifenwert zurückzuliefern:

```
foreach ( string s in strings )
{
   yield return s;
}
```

Die ganze Buchführung, die notwendig ist, um sich das jeweils nächste Element zu merken, den Iterator zurückzusetzen und so weiter, wird vom Framework erledigt.

Constraints

Bisweilen müssen Sie sicherstellen, dass Elemente, die Sie einer generischen Liste hinzufügen, bestimmten Anforderungen (Constraints) entsprechen (z.B. von einer gegebenen Basisklasse abgeleitet sind oder ein bestimmtes Interface implementieren). Im folgenden Beispiel erstellen wir eine vereinfachte, einfach verkettete und sortierbare Liste. Die Liste besteht aus Knoten (Node), und es muss garantiert sein, dass jeder Node das Interface IComparer implementiert. Dazu verwenden wir die folgende Anweisung:

```
public class Node<T> :
IComparable<Node<T>> where T : IComparable<T>
```

Damit definieren wir einen generischen Node, der einen Typ T umfasst. Node von T implementiert das Interface IComparable<T>, dies bedeutet, dass zwei Objekte des Typs Node von T verglichen werden können. Die Klasse Node ist mit einem Constraint versehen (where T : IComparable<T>), der sicherstellt, dass nur Typen aufgenommen werden, die das Interface IComparable implementieren. Sie können T durch jeden beliebigen Typ ersetzen, solange dieser IComparable implementiert.

Beispiel 9-12 illustriert die komplette Implementierung; die zugehörige Analyse folgt anschließend.

Beispiel 9-12: Verwendung von Constraints

```
using System;
using System.Collections.Generic;

namespace UsingConstraints
{
    public class Employee : IComparable<Employee>
    {
        private string name;
        public Employee(string name)
        {
            this.name = name;
        }
        public override string ToString()
        {
            return this.name;
        }

        // Das Interface implementieren
        public int CompareTo(Employee rhs)
        {
            return this.name.CompareTo(rhs.name);
        }
        public bool Equals(Employee rhs)
        {
            return this.name == rhs.name;
        }
    }
```

Beispiel 9-12: Verwendung von Constraints (Fortsetzung)

```csharp
// Der Knoten muss IComparable von Node von T implementieren.
// Knoten mit dem Schlüsselwort where auf Elemente begrenzen,
// die IComparable implementieren.
public class Node<T> :
IComparable<Node<T>> where T : IComparable<T>
{
    // Member-Felder
    private T data;
    private Node<T> next = null;
    private Node<T> prev = null;

    // Konstruktor
    public Node(T data)
    {
        this.data = data;
    }

    // Eigenschaften
    public T Data { get { return this.data; } }

    public Node<T> Next
    {
        get { return this.next; }
    }

    public int CompareTo(Node<T> rhs)
    {
        // Dies funktioniert aufgrund des Constraints
        return data.CompareTo(rhs.data);
    }

    public bool Equals(Node<T> rhs)
    {
        return this.data.Equals(rhs.data);
    }

    // Methoden
    public Node<T> Add(Node<T> newNode)
    {
        if (this.CompareTo(newNode) > 0) // Davor einfügen
        {
            newNode.next = this;  // Neuer Knoten zeigt auf aktuellen

            // Wenn ein Vorgänger vorhanden ist, seinen Folgezeiger
            // auf das neue Objekt setzen
            if (this.prev != null)
            {
                this.prev.next = newNode;
                newNode.prev = this.prev;
            }
```

Beispiel 9-12: Verwendung von Constraints (Fortsetzung)

```
                // Den Vorgängerzeiger im aktuellen Knoten auf den
                // neuen Knoten setzen
                this.prev = newNode;

                // newNode zurückgeben für den Fall, dass es der
                // neue Kopf ist
                return newNode;
            }
            else // Dahinter einfügen
            {
                // Wenn Folgeknoten vorhanden ist, zum Vergleich
                // weitergeben
                if (this.next != null)
                {
                    this.next.Add(newNode);
                }

                // Kein Folgeknoten, also neuen Knoten als Folgeknoten
                // anfügen und seinen Vorgänger auf aktuellen zeigen lassen
                else
                {
                    this.next = newNode;
                    newNode.prev = this;
                }

                return this;
            }
        }

        public override string ToString()
        {
            string output = data.ToString();

            if (next != null)
            {
                output += ", " + next.ToString();
            }

            return output;
        }
    } // Ende der Klasse

    public class LinkedList<T> where T : IComparable<T>
    {
        // Member-Felder
        private Node<T> headNode = null;

        // Eigenschaften

        // Indexer
        public T this[int index]
        {
```

Beispiel 9-12: Verwendung von Constraints (Fortsetzung)

```csharp
            get
            {
                int ctr = 0;
                Node<T> node = headNode;

                while (node != null && ctr <= index)
                {
                    if (ctr == index)
                    {
                        return node.Data;
                    }
                    else
                    {
                        node = node.Next;
                    }

                    ++ctr;
                } // Ende while
                throw new ArgumentOutOfRangeException();
            } // Ende get
        } // Ende Indexer

        // Konstruktor
        public LinkedList()
        {
        }

        // Methoden
        public void Add(T data)
        {
            if (headNode == null)
            {
                headNode = new Node<T>(data);
            }
            else
            {
                headNode = headNode.Add(new Node<T>(data));
            }
        }
        public override string ToString()
        {
            if (this.headNode != null)
            {
                return this.headNode.ToString();
            }
            else
            {
                return string.Empty;
            }
        }
    }
```

Beispiel 9-12: Verwendung von Constraints (Fortsetzung)

```csharp
// Test-Engine
class Test
{
    // Einstiegspunkt
    static void Main(string[] args)
    {
        // Instanz anlegen und Run-Methode starten
        Test t = new Test();
        t.Run();
    }

    public void Run()
    {
        LinkedList<int> myLinkedList = new LinkedList<int>();
        Random rand = new Random();
        Console.Write("Adding: ");

        for (int i = 0; i < 10; i++)
        {
            int nextInt = rand.Next(10);
            Console.Write("{0} ", nextInt);
            myLinkedList.Add(nextInt);
        }

        LinkedList<Employee> employees = new LinkedList<Employee>();
        employees.Add(new Employee("John"));
        employees.Add(new Employee("Paul"));
        employees.Add(new Employee("George"));
        employees.Add(new Employee("Ringo"));

        Console.WriteLine("\nCollections auslesen...");

        Console.WriteLine("Integers: " + myLinkedList);
        Console.WriteLine("Employees: " + employees);
    }
}
```

Dieses Beispiel beginnt mit der Deklaration einer Klasse, die in die verkettete Liste eingefügt werden kann:

```csharp
public class Employee : IComparable<Employee>
```

Die Deklaration gibt an, dass Employee-Objekte vergleichbar sind, und wie wir sehen, implementiert die Klasse Employee die dazu erforderlichen Methoden (CompareTo und Equals). Beachten Sie, dass diese Methoden typsicher sind (sie wissen, dass an sie übergebene Objekte vom Typ Employee sind). Die verkettete Liste LinkedList ist so deklariert, dass sie nur Typen enthalten kann, die IComparable implementieren:

```csharp
public class LinkedList<T> where T : IComparable<T>
```

Somit ist garantiert, dass die Liste immer sortiert werden kann. Die `LinkedList` enthält ein Objekt des Typs `Node`. `Node` implementiert ebenfalls `IComparable` und erfordert, dass die Objekte, die es aufnimmt, auch `IComparable` implementieren:

```
public class Node<T> :
    IComparable<Node<T>> where T : IComparable<T>
```

Durch diese Constraints wird die Implementierung der Methode `CompareTo` in `Node` einfach und sicher, denn `Node` weiß, dass es sich mit anderen `Node`-Objekten vergleicht, deren Daten vergleichbar sind:

```
public int CompareTo(Node<T> rhs)
{
    // Dies funktioniert aufgrund des Constraints
    return data.CompareTo(rhs.data);
}
```

Beachten Sie, dass wir nicht prüfen müssen, ob `rhs` das Interface `IComparable` implementiert, denn wir haben bereits `Node` so eingeschränkt, dass es nur Daten enthalten kann, die `IComparable` implementieren.

List<T>

Das alte Problem mit dem Typ `Array` ist seine festgelegte Größe. Wenn Sie nicht im Voraus wissen, wie viele Objekte in einem Array gespeichert werden, laufen Sie Gefahr, es entweder zu klein zu deklarieren (so dass Ihnen der Platz ausgeht) oder zu groß (so dass Sie Speicher verschwenden).

Vielleicht fordert Ihr Programm den Benutzer zur Eingabe von Daten auf oder sammelt seine Eingabe auf einer Website. Wenn es Objekte vorfindet (Strings, Bücher, Werte usw.), fügen Sie diese dem Array hinzu. Aber Sie haben keine Ahnung, wie viele Objekte Sie in einer gegebenen Sitzung einsammeln werden. Das klassische Array mit seiner festgelegten Größe ist hier schlecht geeignet, da Sie nicht voraussagen können, welche Größe das Array haben muss.

Die Klasse `List` stellt ein Array zur Verfügung, dessen Größe nach Bedarf dynamisch wächst. Eine `List` hält diverse nützliche Methoden und Eigenschaften bereit, mit denen sie bearbeitet werden kann. Die wichtigsten sind in Tabelle 9-3 aufgeführt.

Tabelle 9-3: Methoden und Eigenschaften von List

Methode oder Eigenschaft	Zweck
Capacity	Diese Eigenschaft holt oder setzt die Anzahl der Elemente, die eine `List` enthalten darf. Dieser Wert wird automatisch erhöht, sobald `Count` größer wird als die aktuelle Kapazität. Sie können diesen Wert festlegen, um die Anzahl der allozierten Werte zu reduzieren; Sie können aber auch `Trim( )` aufrufen, um diesen Wert auf den aktuellen `Count` zu reduzieren.
Count	Diese Eigenschaft holt die Anzahl der gerade im Array befindlichen Elemente.
Item( )	Holt oder setzt das Element am angegebenen Index. Dies ist der Indexer der Klasse `List`.[1]
Add( )	Diese öffentliche Methode fügt der `List` ein Objekt hinzu.
AddRange( )	Diese öffentliche Methode fügt die Elemente einer `ICollection` am Ende der `List` an.

Tabelle 9-3: Methoden und Eigenschaften von List (Fortsetzung)

Methode oder Eigenschaft	Zweck
AsReadOnly( )	Öffentliche Methode, die eine nur lesbare Instanz der aktuellen Instanz zurückgibt.
BinarySearch( )	Überladene öffentliche Methode, die ein bestimmtes Element in einer sortierten List mithilfe einer Binärsuche findet.
Clear( )	Entfernt alle Elemente aus der List.
Contains( )	Stellt fest, ob sich ein Element in der List befindet.
ConvertAll( )	Öffentliche Methode, die alle Elemente in der aktuellen List in einen anderen Typ konvertiert.
CopyTo( )	Überladene öffentliche Methode, die eine List in ein eindimensionales Array kopiert.
Exists( )	Stellt fest, ob sich ein Element in der List befindet.
Find( )	Gibt die erste Position wieder, an der sich das Element in der List befindet.
FindAll( )	Gibt alle angegebenen Elemente in der List zurück.
FindIndex( )	Überladene öffentliche Methode, die den Index des ersten Elements zurückgibt, das eine Bedingung erfüllt.
FindLast( )	Öffentliche Methode, die das letzte Element findet, das eine Bedingung erfüllt.
FindLastIndex( )	Überladene öffentliche Methode, die den Index des letzten Elements zurückgibt, das eine Bedingung erfüllt.
ForEach( )	Öffentliche statische Methode, die eine Aktion für alle Elemente eines Arrays ausführt.
GetEnumerator( )	Überladene öffentliche Methode, die einen Enumerator zurückgibt, um durch eine List zu iterieren.
GetRange( )	Kopiert einen Elementbereich in eine neue List.
IndexOf( )	Überladene öffentliche Methode, die den Index zurückgibt, an dem ein Wert zum ersten Mal in ArrayList auftritt.
Insert( )	Fügt ein Element in die List ein.
InsertRange( )	Fügt die Elemente einer Collection in die List ein.
LastIndexOf( )	Überladene öffentliche Methode, die den Index zurückgibt, an dem ein Wert zum letzten Mal in List auftritt.
Remove( )	Entfernt das erste Auftreten eines bestimmten Objekts.
RemoveAll( )	Entfernt alle Elemente, die eine bestimmte Bedingung erfüllen.
RemoveAt( )	Entfernt das Element an einem bestimmten Index.
RemoveRange( )	Entfernt einen Elementbereich.
Reverse( )	Kehrt die Reihenfolge der Elemente in List um.
Sort( )	Sortiert die List.
ToArray( )	Kopiert die Elemente einer List in ein neues Array.
TrimExcess( )	Verringert die Kapazität der aktuellen Liste auf die tatsächliche Anzahl an Einträgen in der Liste.
TrimToSize( )	Setzt die Kapazität der List auf die aktuelle Anzahl von Elementen.

1 Dem FCL-Idiom zufolge gibt es zu jeder Collection-Klasse ein Item. Dieses wird in C# als Indexer implementiert.

Wenn Sie eine List anlegen, definieren Sie nicht, wie viele Objekte darin letztlich gespeichert werden. Sie fügen mit der Add( )-Methode Elemente zur List hinzu, und die Liste erledigt ihre interne Buchführung selbst, wie es in Beispiel 9-13 gezeigt wird.

Beispiel 9-13: Mit List arbeiten

```csharp
using System;
using System.Collections.Generic;
using System.Text;

namespace ListCollection
{
    // Eine einfache Klasse zum Speichern in der Liste
    public class Employee
    {
        public Employee(int empID)
        {
            this.EmpID = empID;
        }
        public override string ToString()
        {
            return EmpID.ToString();
        }
        public int EmpID { get; set; }
    }
    public class Tester
    {
        static void Main()
        {
            List<Employee> empList = new List<Employee>();
            List<int> intList = new List<int>();

            // Die Liste füllen
            for (int i = 0; i < 5; i++)
            {
                empList.Add(new Employee(i + 100));
                intList.Add(i * 5);
            }

            // Den gesamten Inhalt ausgeben
            for (int i = 0; i < intList.Count; i++)
            {
                Console.Write("{0} ", intList[i].ToString());
            }

            Console.WriteLine("\n");

            // Den gesamten Inhalt der Employee-Liste ausgeben
            for (int i = 0; i < empList.Count; i++)
            {
                Console.Write("{0} ", empList[i].ToString());
            }

            Console.WriteLine("\n");
            Console.WriteLine("empList.Capacity: {0}",
                empList.Capacity);
        }
    }
}
```

Beispiel 9-13: Mit List arbeiten (Fortsetzung)
```
}
```

```
Ausgabe:
0 5 10 15 20
100 101 102 103 104
empArray.Capacity: 8
```

Bei einer Array-Klasse definieren Sie, wie viele Objekte das betreffende Array speichern wird. Wenn Sie mehr als diese Anzahl Elemente hinzuzufügen versuchen, löst die Array-Klasse eine Exception aus. Doch bei einer List deklarieren Sie nicht, wie viele Objekte in dieser enthalten sein werden. Die List hat die Eigenschaft Capacity, die angibt, wie viele Elemente die List speichern kann

```
public int Capacity {get; set; }
```

Die Standardkapazität ist acht. Wenn Sie das 17. Element hinzufügen, wird sie automatisch auf 16 verdoppelt. Wenn Sie die for-Schleife wie folgt ändern:

```
for (int i = 0;i < 9;i++)
```

erhalten Sie folgende Ausgabe:

```
0 5 10 15 20 25 30 35 40 45 50 55 60 65 70 75 80
5 6 7 8 9 10 11 12 13 14 15 16 17 18 19 20 21
empArray.Capacity: 32
```

Sie können die Kapazität manuell auf jede Zahl einstellen, die größer oder gleich dem Zählerstand ist. Wenn Sie sie auf eine kleinere Zahl einzustellen versuchen, löst das Programm eine Exception des Typs ArgumentOutOfRangeException aus.

IComparable implementieren

Wie alle Collections implementiert auch List die Methode Sort( ), mit der Sie alle Objekte sortieren können, die IComparable implementieren. Im nächsten Beispiel wird das Employee-Objekt so modifiziert, dass es IComparable implementiert:

```
public class Employee : IComparable<Employee>
```

Um das Interface IComparable<Employee> zu implementieren, muss das Employee-Objekt eine CompareTo( )-Methode zur Verfügung stellen:

```
public int CompareTo(Employee rhs)
{
    return this.empID.CompareTo(rhs.empID);
}
```

Die Methode CompareTo( ) nimmt ein Employee als Parameter entgegen. Da es eine typischere Collection ist, wissen wir, dass es sich um ein Employee-Objekt handeln muss. Das aktuelle Employee-Objekt muss sich selbst mit dem Employee-Objekt vergleichen, das als Parameter übergeben wird. Es gibt -1 zurück, wenn es kleiner, 1, wenn es größer, und 0, wenn es gleich dem Parameter ist. Was unter *kleiner*, *größer* und *gleich* zu verstehen ist, bleibt dem Employee überlassen. In diesem Beispiel wird dieser Vergleich an den Member empId delegiert. Der Member empID ist ein int und verwendet für Integer-Typen die standardmäßige CompareTo( )-Methode, die einen ganzzahligen Vergleich der beiden Werte durchführt.

Die Klasse System.Int32 implementiert IComparable<Int32>, daher können Sie die Zuständigkeit für den Vergleich an Integer-Zahlen delegieren.

Nun kann die Angestelltenliste, empList, sortiert werden. Um zu sehen, ob die Sortierung auch funktioniert, müssen Sie Integer und Employee-Instanzen ihren jeweiligen Arrays zuordnen und mit Zufallswerten füllen. Diese Zufallswerte erzeugen Sie, indem Sie ein Objekt der Klasse Random anlegen und dann auf diesem Random-Objekt die Methode Next() aufrufen, die eine Pseudo-Zufallszahl zurückgibt. Die Next( )-Methode ist überladen: Einer Version davon können Sie einen Integer übergeben, der die größte Zufallszahl angibt, die Sie zulassen möchten. Hier übergeben Sie den Wert 10, um eine Zufallszahl zwischen 0 und 10 zu generieren.

```
Random r = new Random( );
r.Next(10);
```

In Beispiel 9-14 werden ein Integer- und ein Employee-Array erzeugt, beide mit Zufallszahlen gefüllt und ihre Werte ausgegeben. Danach werden beide Arrays sortiert und die neuen Werte ausgegeben.

Beispiel 9-14: Sortieren eines Integers und eines Employee-Arrays

```
using System;
using System.Collections.Generic;
using System.Text;

namespace IComparable
{
    // Eine einfache Klasse zum Speichern im Array
    public class Employee : IComparable<Employee>
    {
        private int empID;

        public Employee(int empID)
        {
            this.empID = empID;
        }

        public override string ToString()
        {
            return empID.ToString( );
        }

        public bool Equals(Employee other)
        {
            if (this.empID == other.empID)
```

Beispiel 9-14: Sortieren eines Integers und eines Employee-Arrays (Fortsetzung)

```
            {
                return true;
            }
            else
            {
                return false;
            }
        }

        // Vergleichsmethode delegiert zurück an Employee.
        // Employee verwendet die vorgegebene Methode
        // CompareTo der Integer-Zahl.

        public int CompareTo(Employee rhs)
        {
            return this.empID.CompareTo(rhs.empID);
        }
    }
    public class Tester
    {
        static void Main( )
        {
            List<Employee> empArray = new List<Employee>( );
            List<Int32> intArray = new List<Int32>( );

            // Zufallszahlen für die
            // Integer-Zahlen und
            // die Employee-IDs generieren

            Random r = new Random( );

            // Das Array füllen
            for (int i = 0; i < 5; i++)
            {
                // Eine zufällige Employee-ID hinzufügen
                empArray.Add(new Employee(r.Next(10) + 100));

                // Eine zufällige Integer-Zahl hinzufügen
                intArray.Add(r.Next(10));
            }

            // Den gesamten Inhalt des Arrays ausgeben
            for (int i = 0; i < intArray.Count; i++)
            {
                Console.Write("{0} ", intArray[i].ToString( ));
            }
            Console.WriteLine("\n");

            // Den gesamten Inhalt des Employee-Arrays ausgeben
            for (int i = 0; i < empArray.Count; i++)
            {
                Console.Write("{0} ", empArray[i].ToString( ));
```

Beispiel 9-14: Sortieren eines Integers und eines Employee-Arrays (Fortsetzung)

```
            }
            Console.WriteLine("\n");

            // Int-Array sortieren und ausgeben
            intArray.Sort();
            for (int i = 0; i < intArray.Count; i++)
            {
                Console.Write("{0} ", intArray[i].ToString());
            }
            Console.WriteLine("\n");

            // Employee-Array sortieren und ausgeben
            empArray.Sort();

            // Den gesamten Inhalt des Employee-Arrays ausgeben
            for (int i = 0; i < empArray.Count; i++)
            {
                Console.Write("{0} ", empArray[i].ToString());
            }
            Console.WriteLine("\n");
        }
    }
}
```

Ausgabe:
4 5 6 5 7
108 100 101 103 103
4 5 5 6 7
100 101 103 103 108

Die Ausgabe zeigt, dass das Integer-Array und das Employee-Array mit Zufallszahlen angelegt wurden. Die erneute Anzeige nach dem Sortiervorgang zeigt, dass die Werte schön geordnet wurden.

IComparer implementieren

Wenn Sie Sort( ) auf der List aufrufen, wird die Standardimplementierung von IComparer aufgerufen, die QuickSort verwendet, um die IComparable-Implementierung der Methode CompareTo( ) auf jedem Element der List aufzurufen.

Dann erstellen Sie nach Belieben eine eigene Implementierung von IComparer, z.B. um die Sortierreihenfolge festzulegen. Im nächsten Beispiel fügen Sie ein zweites Feld namens yearsOfSvc hinzu. Sie möchten natürlich die Employee-Objekte der List über jedes der beiden Felder empID und yearsOfSvc sortieren können.

Dazu erzeugen Sie eine benutzerdefinierte Implementierung von IComparer, die Sie der Sort( )-Methode von List später übergeben. Diese IComparer-Klasse namens Employee-Comparer kennt die Employee-Objekte und weiß, wie sie sie zu sortieren hat.

EmployeeComparer hat die Eigenschaft WhichComparison mit dem Typ Employee.Employee-Comparer.ComparisonType:

```
public Employee.EmployeeComparer.ComparisonType
   WhichComparison
{
   get{return whichComparison;}
   set{whichComparison = value;}
}
```

ComparisonType ist eine Enumeration mit den beiden Werten empID und yearsOfSvc (die angeben, ob Sie nach Personalnummer oder nach Dienstjahren im Unternehmen sortieren möchten):

```
public enum ComparisonType
{
   empID,
   YearsOfService
};
```

Bevor Sie Sort( ) aufrufen, erzeugen Sie eine Instanz von EmployeeComparer und setzen ihre ComparisonType-Eigenschaft:

```
Employee.EmployeeComparer c = Employee.GetComparer( );
c.WhichComparison=Employee.EmployeeComparer.ComparisonType.empID;
empArray.Sort(c);
```

Beim Aufruf von Sort( ) ruft die List die Methode Compare auf dem EmployeeComparer auf, die wiederum den Vergleich an die Methode Employee.CompareTo( ) delegiert, der sie ihre WhichComparison-Eigenschaft übergibt.

```
public int Compare( Employee lhs, Employee rhs )
{
    return lhs.CompareTo( rhs, WhichComparison );
}
```

Das Employee-Objekt muss eine benutzerdefinierte Version der CompareTo( )-Methode implementieren, die die Vergleichsart nimmt und die Objekte dementsprechend miteinander vergleicht:

```
public int CompareTo(
   Employee rhs,
   Employee.EmployeeComparer.ComparisonType which)
{
  switch (which)
  {
    case Employee.EmployeeComparer.ComparisonType.EmpID:
      return this.empID.CompareTo(rhs.empID);
    case Employee.EmployeeComparer.ComparisonType.Yrs:
      return this.yearsOfSvc.CompareTo(rhs.yearsOfSvc);
  }
  return 0;
}
```

Den vollständigen Code hierfür finden Sie in Beispiel 9-15. Das Integer-Array wurde der Einfachheit halber entfernt und die Ausgabe der ToString( )-Methode von Employee so verbessert, dass Sie nun die Auswirkungen der Sortierung sehen können.

Beispiel 9-15: Ein Array nach Personalnummern und Dienstjahren sortieren

```
using System;
using System.Collections.Generic;
using System.Text;

namespace IComparer
{
    public class Employee : IComparable<Employee>
    {
        private int empID;

        private int yearsOfSvc = 1;

        public Employee(int empID)
        {
            this.empID = empID;
        }

        public Employee(int empID, int yearsOfSvc)
        {
            this.empID = empID;
            this.yearsOfSvc = yearsOfSvc;
        }

        public override string ToString()
        {
            return "ID: " + empID.ToString() +
            ". Dienstjahre: " + yearsOfSvc.ToString();
        }

        public bool Equals(Employee other)
        {
            if (this.empID == other.empID)
            {
                return true;
            }
            else
            {
                return false;
            }
        }

        // Statische Methode zum Liefern eines Comparer-Objekts
        public static EmployeeComparer GetComparer()
        {
            return new Employee.EmployeeComparer();
        }

        // Der Comparer delegiert zurück an Employee.
        // Employee verwendet die standardmäßge Methode
        // CompareTo der Integer-Zahl.
        public int CompareTo(Employee rhs)
        {
```

Beispiel 9-15: Ein Array nach Personalnummern und Dienstjahren sortieren (Fortsetzung)

```
            return this.empID.CompareTo(rhs.empID);
        }

        // Spezielle Implementierung für benutzerdefinierte Comparer
        public int CompareTo(Employee rhs,
                Employee.EmployeeComparer.ComparisonType which)
        {
            switch (which)
            {
                case Employee.EmployeeComparer.ComparisonType.EmpID:
                    return this.empID.CompareTo(rhs.empID);
                case Employee.EmployeeComparer.ComparisonType.Yrs:
                    return this.yearsOfSvc.CompareTo(rhs.yearsOfSvc);
            }
            return 0;

        }

        // Eingebettete Klasse implementiert IComparer
        public class EmployeeComparer : IComparer<Employee>
        {
            // Enumeration von Vergleichstypen
            public enum ComparisonType
            {
                EmpID,
                Yrs
            };

            public bool Equals(Employee lhs, Employee rhs)
            {
                return this.Compare(lhs, rhs) == 0;
            }

            public int GetHashCode(Employee e)
            {
                return e.GetHashCode( );
            }

            // Employee-Objekte sollen sich selbst vergleichen
            public int Compare(Employee lhs, Employee rhs)
            {
                return lhs.CompareTo(rhs, WhichComparison);
            }

            public Employee.EmployeeComparer.ComparisonType
                WhichComparison {get; set;}
        }
    }
    public class Tester
    {
        static void Main( )
        {
            List<Employee> empArray = new List<Employee>( );
```

Beispiel 9-15: Ein Array nach Personalnummern und Dienstjahren sortieren (Fortsetzung)

```
            // Zufallszahlen für die
            // Integer-Werte und die
            // Employee-IDs generieren
            Random r = new Random( );

            // Das Array füllen
            for (int i = 0; i < 5; i++)
            {
                // Zufällige Employee-ID hinzufügen

                empArray.Add(
                new Employee(
                r.Next(10) + 100, r.Next(20)
                )
                );
            }

            // Gesamten Inhalt des Employee-Arrays ausgeben
            for (int i = 0; i < empArray.Count; i++)
            {
                Console.Write("\n{0} ", empArray[i].ToString( ));
            }
            Console.WriteLine("\n");

            // Employee-Array sortieren und ausgeben
            Employee.EmployeeComparer c = Employee.GetComparer( );
            c.WhichComparison =
            Employee.EmployeeComparer.ComparisonType.EmpID;
            empArray.Sort(c);

            // Gesamten Inhalt des Employee-Arrays ausgeben
            for (int i = 0; i < empArray.Count; i++)
            {
                Console.Write("\n{0} ", empArray[i].ToString( ));
            }
            Console.WriteLine("\n");

            c.WhichComparison = Employee.EmployeeComparer.ComparisonType.Yrs;
            empArray.Sort(c);

            for (int i = 0; i < empArray.Count; i++)
            {
                Console.Write("\n{0} ", empArray[i].ToString( ));
            }
            Console.WriteLine("\n");
        }
    }
}

Ausgabe:
ID: 103. Dienstjahre: 11
ID: 101. Dienstjahre: 15
ID: 107. Dienstjahre: 14
```

Beispiel 9-15: Ein Array nach Personalnummern und Dienstjahren sortieren (Fortsetzung)

```
ID: 108. Dienstjahre: 5
ID: 102. Dienstjahre: 0

ID: 101. Dienstjahre: 15
ID: 102. Dienstjahre: 0
ID: 103. Dienstjahre: 11
ID: 107. Dienstjahre: 14
ID: 108. Dienstjahre: 15
ID: 108. Dienstjahre: 5

ID: 102. Dienstjahre: 0
ID: 108. Dienstjahre: 5
ID: 103. Dienstjahre: 11
ID: 107. Dienstjahre: 14
ID: 101. Dienstjahre: 15
```

Der erste Block der Ausgabe zeigt, wie die Employee-Objekte der List hinzugefügt wurden. Die Werte der Personalnummern und der Dienstjahre stehen in willkürlicher Reihenfolge. Der zweite Block zeigt das Resultat, wenn nach der Personalnummer sortiert wird, und der dritte Block das Resultat, wenn nach Dienstjahren sortiert wird.

Wenn Sie wie in Beispiel 9-11 eine eigene Collection anlegen und IComparer implementieren möchten, müssen Sie eventuell sicherstellen, dass alle in der Liste gespeicherten Typen IComparer implementieren (damit sie sortiert werden können). Verwenden Sie dazu die oben beschriebenen Constraints. Denken Sie daran, dass die Personalnummern in einer Produktivumgebung immer eindeutig und nicht zufällig wäre.

Queues

Eine *Queue* ist eine First-in-First-out-(FIFO-)Collection. Sie gleicht einer Warteschlange vor einem Schalter: Der Erste in der Warteschlange sollte auch der Erste sein, der am Schalter bedient wird.

Eine Queue ist ein guter Collection-Typ, wenn Ihre Ressourcen begrenzt sind, z.B. wenn Sie einer Ressource, die nur eine Nachricht nach der anderen verarbeiten kann, Nachrichten schicken. Dann erstellen Sie eine Nachrichten-Queue, damit Sie den Clients sagen können: »Ihre Nachricht ist uns wichtig. Alle Nachrichten werden in der Reihenfolge ihres Eintreffens bearbeitet.«

Die Klasse Queue hat die in Tabelle 9-4 gezeigten Eigenschaften und Methoden.

Tabelle 9-4: Methoden und Eigenschaften von Queue

Methode oder Eigenschaft	Zweck
Count	Öffentliche Eigenschaft, die die Anzahl der Queue-Elemente abruft.
Clear()	Entfernt alle Objekte aus der Queue.
Contains()	Ermittelt, ob das Element in der Queue vorhanden ist.

Tabelle 9-4: Methoden und Eigenschaften von Queue (Fortsetzung)

Methode oder Eigenschaft	Zweck
CopyTo( )	Kopiert die Queue-Elemente in ein vorhandenes, eindimensionales Array.
Dequeue( )	Entfernt und liefert das erste Objekt der Queue.
Enqueue( )	Fügt am Ende der Queue ein Objekt hinzu.
GetEnumerator( )	Gibt einen Enumerator für die Queue zurück.
Peek( )	Gibt das erste Objekt der Queue zurück, ohne es zu entfernen.
ToArray( )	Kopiert die Elemente in ein neues Array.
TrimExcess( )	Reduziert die Kapazität der Queue auf die Anzahl der tatsächlich vorhandenen Elemente.

Mit Enqueue und Dequeue können Sie Ihrer Queue Elemente hinzufügen oder Elemente aus ihr entnehmen, und mit einem Enumerator können Sie die Elemente einer Queue untersuchen. Betrachten Sie hierzu Beispiel 9-16.

Beispiel 9-16: Mit einer Queue arbeiten

```
using System;
using System.Collections.Generic;
using System.Text;

namespace Queue
{
    public class Tester
    {
        static void Main( )
        {
            Queue<Int32> intQueue = new Queue<Int32>( );

            // Die Queue füllen
            for (int i = 0; i < 5; i++)
            {
                intQueue.Enqueue(i * 5);
            }

            // Die Queue ausgeben
            Console.Write("intQueue-Werte:\t");
            PrintValues(intQueue);

            // Ein Element aus der Queue entfernen
            Console.WriteLine(
            "\n(Dequeue)\t{0}", intQueue.Dequeue( ));

            // Die Queue ausgeben
            Console.Write("intQueue-Werte:\t");
            PrintValues(intQueue);

            // Ein weiteres Element aus der Queue entfernen
            Console.WriteLine(
            "\n(Dequeue)\t{0}", intQueue.Dequeue( ));
```

Beispiel 9-16: Mit einer Queue arbeiten (Fortsetzung)

```
            // Die Queue ausgeben
            Console.Write("intQueue-Werte:\t");
            PrintValues(intQueue);

            // Das erste Element in der Queue lesen,
            // ohne es zu entfernen
            Console.WriteLine(
            "\n(Peek) \t{0}", intQueue.Peek( ));

            // Die Queue ausgeben
            Console.Write("intQueue-Werte:\t");
            PrintValues(intQueue);
        }

        public static void PrintValues(IEnumerable<Int32> myCollection)
        {
            IEnumerator<Int32> myEnumerator =
            myCollection.GetEnumerator( );
            while (myEnumerator.MoveNext( ))
                Console.Write("{0} ", myEnumerator.Current);
            Console.WriteLine( );
        }
    }
}
```

```
Ausgabe:
intQueue-Werte: 0 5 10 15 20

(Dequeue) 0
intQueue-Werte: 5 10 15 20

(Dequeue) 5
intQueue-Werte: 10 15 20

(Peek) 10
intQueue-Werte: 10 15 20
```

In diesem Beispiel wurde die List durch eine Queue ersetzt. Die Employee-Klasse haben wir aus Platzgründen weggelassen, aber natürlich können Sie auch benutzerdefinierte Objekte mit Enqueue hinzufügen.

Wie die Ausgabe zeigt, werden Objekte mit Enqueue der Queue hinzugefügt und mit Dequeue zurückgegeben und zugleich aus der Queue entfernt. Außerdem stellt die Klasse Queue die Methode Peek( ) zur Verfügung, mit der Sie das erste Element der Queue betrachten können, ohne es zu entfernen.

Da die Klasse Queue aufzählbar ist, können Sie sie der Methode PrintValues übergeben, die in Form eines IEnumerable-Interfaces bereitgestellt wird. Die Konvertierung verläuft implizit. In der Methode PrintValues rufen Sie GetEnumerator auf. Wie Sie wissen, ist dies die einzige Methode aller IEnumerable-Klassen. Sie erhalten dann einen IEnumerator zurückgeliefert, mit dem Sie die Objekte der Collection durchlaufen können.

Stacks

Ein *Stack* ist eine Last-in-First-out-(LIFO-)Collection, ähnlich einem Tellerstapel im Selbstbedienungsrestaurant. Das letzte Element, das auf den Stapel gelegt wurde, wird als erstes wieder heruntergenommen.

Die wichtigsten Methoden für das Hinzufügen und Entfernen von Stack-Elementen sind Push( ) und Pop( ). Stack stellt außerdem eine Peek( )-Methode zur Verfügung, die der von Queue ganz ähnlich ist. Die wichtigsten Methoden und Eigenschaften von Stack sehen Sie in Tabelle 9-5.

Tabelle 9-5: Methoden und Eigenschaften von Stack

Methode oder Eigenschaft	Zweck
Count	Öffentliche Eigenschaft, die die Anzahl der Stack-Elemente holt.
Clear( )	Entfernt alle Objekte vom Stack.
Contains( )	Stellt fest, ob ein Element im Stack vorhanden ist.
CopyTo( )	Kopiert die Stack-Elemente in ein vorhandenes eindimensionales Array.
GetEnumerator( )	Gibt einen Enumerator für den Stack zurück.
Peek( )	Gibt das oberste Objekt im Stack zurück, ohne es zu entfernen.
Pop( )	Entfernt und liefert das oberste Objekt im Stack.
Push( )	Fügt oben im Stack ein Objekt hinzu.
ToArray( )	Kopiert die Elemente in ein neues Array.
TrimExcess( )	Wenn die Anzahl der Elemente im aktuellen Stack kleiner als 90 % seiner Kapazität ist, wird die Kapazität des Stacks auf die aktuelle Anzahl an Elementen reduziert.

Die Typen List, Queue und Stack haben überladene Versionen der Methoden CopyTo( ) und ToArray( ), um ihre Elemente in ein Array zu kopieren. Bei einem Stack kopiert die Methode CopyTo( ) ihre Elemente in ein vorhandenes eindimensionales Array und überschreibt dabei den Inhalt des Arrays beginnend bei dem von Ihnen angegebenen Index. Die Methode ToArray( ) gibt ein neues Array mit den Inhalten der Stack-Elemente zurück. Betrachten Sie hierzu Beispiel 9-17.

Beispiel 9-17: Mit einem Stack arbeiten

```
using System;
using System.Collections.Generic;
using System.Text;

namespace Stack
{
    public class Tester
    {
        static void Main()
        {
            Stack<Int32> intStack = new Stack<Int32>();
```

Beispiel 9-17: Mit einem Stack arbeiten (Fortsetzung)

```
    // Den Stack füllen
    for (int i = 0; i < 8; i++)
    {
        intStack.Push(i * 5);
    }

    // Den Stack ausgeben
    Console.Write("intStack-Werte:\t");
    PrintValues(intStack);

    // Ein Element aus dem Stack entfernen
    Console.WriteLine("\n(Pop)\t{0}",
    intStack.Pop());

    // Den Stack ausgeben
    Console.Write("intStack-Werte:\t");
    PrintValues(intStack);

    // Ein weiteres Element aus dem Stack entfernen
    Console.WriteLine("\n(Pop)\t{0}",
    intStack.Pop());

    // Den Stack ausgeben
    Console.Write("intStack-Werte:\t");
    PrintValues(intStack);

    // Das erste Element im Stack auslesen,
    // ohne es zu entfernen
    Console.WriteLine("\n(Peek) \t{0}",
    intStack.Peek());

    // Den Stack ausgeben
    Console.Write("intStack-Werte:\t");
    PrintValues(intStack);

    // Array-Objekt mit zwölf Integer-Zahlen
    // deklarieren
    int[] targetArray = new int[12];

    for (int i = 0; i < targetArray.Length; i++)
    {
        targetArray[i] = i * 100 + 100;
    }
    // Die Werte der als Ziel dienenden Array-Instanz ausgeben
    Console.WriteLine("\nZiel-Array: ");
    PrintValues(targetArray);

    // Den gesamten Stack beginnend bei Index 6 in das
    // Ziel-Array kopieren
    intStack.CopyTo(targetArray, 6);
```

Beispiel 9-17: Mit einem Stack arbeiten (Fortsetzung)

```
            // Die Werte der als Ziel dienenden Array-Instanz ausgeben
            Console.WriteLine("\nZiel-Array nach dem Kopieren: ");
            PrintValues(targetArray);
        }

        public static void PrintValues(
        IEnumerable<Int32> myCollection)
        {
            IEnumerator<Int32> enumerator =
            myCollection.GetEnumerator();
            while (enumerator.MoveNext())
                Console.Write("{0} ", enumerator.Current);
            Console.WriteLine();
        }
    }
}
Ausgabe:
intStack-Werte: 35 30 25 20 15 10 5 0

(Pop) 35
intStack-Werte: 30 25 20 15 10 5 0

(Pop) 30
intStack-Werte: 25 20 15 10 5 0

(Peek) 25
intStack-Werte: 25 20 15 10 5 0

Ziel-Array:
100 200 300 400 500 600 700 800 900 1000 1100 1200

Ziel-Array nach dem Kopieren:
100 200 300 400 500 600 25 20 15 10 5 0
```

Die Ausgabe zeigt, dass die Elemente, die auf den Stack gelegt wurden, in umgekehrter Reihenfolge entnommen werden.

Die Auswirkungen von CopyTo( ) sehen Sie, wenn Sie das Ziel-Array betrachten, bevor und nachdem CopyTo( ) aufgerufen wurde. Die Array-Elemente wurden ab dem angegebenen Index (6) überschrieben.

Dictionaries

Ein *Dictionary* ist eine Collection, die einen *Schlüssel* einem *Wert* zuordnet, wie z.B. ein Wörterbuch ein Wort (den Schlüssel) mit seiner Bedeutung (dem Wert) assoziiert.

Den Wert von Wörterbüchern verstehen Sie am besten, wenn Sie sich vorstellen, Sie müssten eine Liste mit den Hauptstädten amerikanischer Bundesstaaten pflegen. Sie könnten diese natürlich auch in ein Array setzen:

```
string[] stateCapitals = new string[50];
```

Das Array stateCapitals speichert 50 Hauptstädte. Der Zugriff auf jede Stadt geschieht über ein Offset. Um z.B. auf die Hauptstadt von Arkansas zuzugreifen, müssen Sie wissen, dass Arkansas in der alphabetischen Reihenfolge der vierte Bundesstaat der USA ist:

```
string capitalOfArkansas = stateCapitals[3];
```

Es ist jedoch unpraktisch, auf Hauptstädte mit der Array-Notation zuzugreifen. Möchten Sie beispielsweise die Hauptstadt von Massachusetts wissen, ist es zunächst einmal gar nicht so einfach festzustellen, dass Massachusetts im Alphabet an 21. Stelle kommt.

Es wäre doch viel einfacher, wenn man die Hauptstadt mit dem Namen des Bundesstaats speichern könnte. In einem *Dictionary* können Sie einen Wert (in diesem Fall die Hauptstadt) zusammen mit einem Schlüssel (in diesem Fall dem Namen des Bundesstaats) speichern.

Ein Dictionary im .NET Framework kann jede Art von Schlüssel (String, Integer, Objekt usw.) mit jeder Art von Wert (String, Integer, Objekt usw.) assoziieren. In der Regel ist natürlich der Schlüssel kurz und der Wert eher komplex.

Das Wichtigste bei einem guten Dictionary ist, dass man Werte leicht hinzufügen und schnell auslesen kann (siehe Tabelle 9-6).

Tabelle 9-6: Dictionary-Methoden und -Eigenschaften

Methode oder Eigenschaft	Zweck
Count	Öffentliche Eigenschaft, die die Anzahl der Elemente im Dictionary liefert.
Item( )	Der Indexer für das Dictionary.
Keys	Öffentliche Eigenschaft, die eine Collection mit den Schlüsseln des Dictionary liefert (siehe auch Values).
Values	Öffentliche Eigenschaft, die eine Collection mit den Werten des Dictionary liefert (siehe auch Keys).
Add( )	Fügt einen Eintrag mit angegebenem Schlüssel und Wert hinzu.
Clear( )	Entfernt alle Objekte aus dem Dictionary.
ContainsKey( )	Stellt fest, ob das Dictionary den angegebenen Schlüssel enthält.
ContainsValue( )	Stellt fest, ob das Dictionary den angegebenen Wert enthält.
GetEnumerator( )	Liefert einen Enumerator für das Dictionary.
GetObjectData( )	Implementiert ISerializable und liefert die Daten, die zum Serialisieren von Dictionary erforderlich sind.
Remove( )	Entfernt den Eintrag mit dem angegebenen Key.
TryGetValue( )	Liefert den Value für den angegebenen Key. Wenn Key nicht existiert, wird der Standard-Wert des Value-Typs zurückgegeben.

Der Schlüssel in einem Dictionary kann einen Grundtyp oder einen benutzerdefinierten Typ (Objekt) haben. Wenn Sie Objekte als Schlüssel eines Dictionary verwenden, müssen diese Objekte GetHashCode( ) und Equals implementieren. In den meisten Fällen können Sie einfach die von Object geerbte Implementierung verwenden.

IDictionary<K,V>

Dictionaries implementieren das Interface IDictionary<K,V> (wobei K der Typ des Schlüssels und V der Typ des Werts ist). IDictionary bietet eine öffentliche Eigenschaft Item, die einen Wert mit dem angegebenen Schlüssel ausliest. In C# ist die Eigenschaft Item folgendermaßen deklariert:

```
V[K Schlüssel]
{get; set;}
```

Die Eigenschaft Item ist in C# mit dem Indexoperator ([]) implementiert. Sie können also auf Elemente jedes Dictionary-Objekts wie in einem Array mit der Offset-Syntax zugreifen.

Beispiel 9-18 zeigt, wie Sie einem Dictionary Elemente hinzufügen und diese dann mit der Eigenschaft Item abrufen.

Beispiel 9-18: Die Eigenschaft Item als Offset-Operator

```
using System;
using System.Collections.Generic;

namespace Dictionary
{
    public class Tester
    {
        static void Main()
        {
            // Erzeuge und initialisiere ein neues Dictionary
            Dictionary<string, string> Dictionary =
                new Dictionary<string, string>();
            Dictionary.Add("000440312", "Jesse Liberty");
            Dictionary.Add("000123933", "Stacey Liberty");
            Dictionary.Add("000145938", "Douglas Adams");
            Dictionary.Add("000773394", "Ayn Rand");

            // Greife auf ein bestimmtes Element zu
            Console.WriteLine("myDictionary[\"000145938\"]: {0}",
            Dictionary["000145938"]);
        }
    }
}
```

Ausgabe:
Dictionary["000145938"]: Douglas Adams

Beispiel 9-18 beginnt mit der Instanziierung eines neuen Dictionary. Schlüssel und Wert sind beide als string deklariert.

Danach werden vier Schlüssel/Wert-Paare hinzugefügt. In diesem Beispiel wird die amerikanische Sozialversicherungsnummer an den vollständigen Namen einer Person gebunden.

Sind die Elemente hinzugefügt worden, greifen wir auf ein bestimmtes Element im Dictionary zu, wobei wir die Sozialversicherungsnummer als Schlüssel benutzen.

Wenn Sie als Schlüssel einen Referenztyp verwenden und dieser Typ veränderlich ist (was bei Strings nicht der Fall ist), dürfen Sie den Wert eines Schlüsselobjekts nicht mehr verändern, wenn Sie es in einem Dictionary benutzen.

Verwenden Sie beispielsweise das Employee-Objekt als Schlüssel, verursacht die Veränderung der Employee-ID Probleme, sofern diese Eigenschaft von den Methoden Equals oder GetHashCode benutzt wird, da das Dictionary diese Methoden heranzieht.

KAPITEL 10
Strings und reguläre Ausdrücke

Früher glaubte man, Computer seien ausschließlich zur Verarbeitung numerischer Werte da. Die ersten Computer wurden zunächst dazu benutzt, Raketenflugbahnen zu berechnen (allerdings lassen kürzlich freigegebene Dokumente darauf schließen, dass einige auch zum Aufbrechen von Verschlüsselungen verwendet wurden). Jedenfalls gab es eine Zeit, in der Programmieren in den mathematischen Fachbereichen der großen Universitäten gelehrt und Informatik als ein Fach für Mathematiker angesehen wurde.

Heute haben die meisten Programmierer mehr mit Zeichenfolgen als mit Zahlenfolgen zu tun. In der Regel dienen diese Zeichenfolgen – oder Strings – der Textverarbeitung, der Bearbeitung von Dokumenten und der Erstellung von Webseiten.

C# bietet eine integrierte Unterstützung für einen `string`-Typ mit reichhaltiger Funktionalität. Was noch wichtiger ist: C# behandelt Strings als Objekte, die sämtliche Methoden zum Verändern, Sortieren und Durchsuchen ihres Inhalts kapseln, die normalerweise auf Zeichenfolgen angewendet werden.

Hinweis für C-Programmierer: In C# sind Strings Typen erster Ordnung und keine Zeichen-Arrays.

Bei der komplexen String-Verarbeitung und Mustererkennung kommen Ihnen *reguläre Ausdrücke* zu Hilfe. C# kombiniert die Mächtigkeit und Komplexität der Syntax von regulären Ausdrücken – wie Sie sie normalerweise nur in Sprachen wie awk und Perl finden, die auf die String-Verarbeitung abzielen – mit einem ganz und gar objektorientierten Design.

Dieses Kapitel beschreibt, wie Sie mit dem `string`-Typ von C# und der .NET Framework-Klasse `System.String` arbeiten, deren Alias er ist. Sie werden erfahren, wie Sie Teil-Strings extrahieren, Strings verändern und verketten und mit der Klasse `StringBuilder` neue Strings erstellen. Außerdem sehen Sie, wie Sie mithilfe der Klasse `RegEx` String-Übereinstimmungen anhand von komplexen regulären Ausdrücken finden.

Strings

C# behandelt Strings als Typen erster Ordnung; sie sind flexibel, mächtig und einfach einzusetzen.

Bei der C#-Programmierung verwendet man typischerweise den C#-Alias anstelle eines Framework-Typs (z.B. int und nicht Int32), es steht Ihnen aber immer frei, den zugrunde liegenden Typ zu benutzen. Die Verwendung von string (kleingeschrieben) und des zugrunde liegenden Framework-Typs String (großgeschrieben) ist daher austauschbar.

Die Klasse System.String ist folgendermaßen deklariert:

```
public sealed class String :
    IComparable, IComparable<String>, ICloneable, IConvertible,
    IEnumerable, IEnumerable<char>, IEquatable<String>
```

Diese Deklaration zeigt, dass die Klasse versiegelt ist, was bedeutet, dass Sie von der String-Klasse nichts ableiten können. Die Klasse implementiert sieben System-Interfaces – IComparable, IComparable<String>, ICloneable, IConvertible, IEnumerable, IEnumerable<String> und IEquatable<String> – die die Funktionalität beschreiben, die String mit anderen Klassen des .NET-Frameworks teilt.

Jedes string-Objekt ist eine *immutable* (unveränderliche) Folge von Unicode-Zeichen. Aus der Unveränderbarkeit von string folgt, dass Methoden, die einen String zu verändern scheinen, in Wirklichkeit nur eine modifizierte Kopie liefern. Der ursprüngliche String bleibt intakt im Arbeitsspeicher, bis er vom Garbage Collector beseitigt wird. Dies kann Implikationen für die Performance haben; wenn Sie vorhaben, häufig wiederholte String-Manipulationen durchzuführen, verwenden Sie besser den (weiter unten beschriebenen) StringBuilder.

Wie Sie bereits in Kapitel 9 gesehen haben, wird das Interface IComparable<String> von Typen implementiert, deren Werte geordnet werden können. Strings können beispielsweise alphabetisch sortiert werden: Jeder gegebene String kann mit einem anderen verglichen werden, um festzustellen, welcher String in einer geordneten Liste an erster Stelle stehen würde.[1] IComparable-Klassen implementieren die Methode CompareTo. Mit dem ebenfalls in Kapitel 9 erwähnten Interface IEnumerable können Sie das foreach-Konstrukt benutzen, um einen string als Collection von chars zu durchlaufen.

---

1 Das Sortieren eines Strings ist eine von verschiedenen lexikalischen Operationen, die mit dem Inhalt eines Strings arbeiten und kulturspezifische Informationen berücksichtigen, die auf einer explizit deklarierten Culture oder der impliziten aktuellen Culture beruhen. Wenn daher die aktuelle Culture amerikanisches Englisch ist (wovon wir im gesamten Buch ausgehen), sieht die Methode Compare das a als kleiner als A an. CompareOrdinal führt dagegen einen Ordinalvergleich aus, bei dem, unabhängig von der Culture, a größer als A ist.

ICloneable-Objekte können neue Instanzen erzeugen, die die gleichen Werte wie die Originalinstanzen haben. In diesem Fall ist es möglich, durch Klonen eines Strings einen neuen String mit den gleichen Werten (Zeichen) herzustellen, wie sie der Original-String hatte. ICloneable-Klassen implementieren die Methode Clone().

Da Strings immutabel sind, liefert die Clone()-Methode bei String einfach eine Referenz auf den ursprünglichen String. Wenn Sie diese Referenz für eine Änderung verwenden, wird ein neuer String erstellt, und die durch Clone() erstellte Referenz zeigt nun auf den neuen String:

```
string s1 = "Eins Zwei Drei Vier";
string sx = (string)s1.Clone();Console.WriteLine(
    Object.ReferenceEquals(s1,sx));
sx += " Fünf";
Console.WriteLine(
    Object.ReferenceEquals(s1, sx));
Console.WriteLine(sx);
```

In diesem Fall wird sx als eine Kopie von s1 erzeugt. Die erste WriteLine-Anweisung gibt das Wort true aus, denn die beiden String-Variablen verweisen auf denselben Text im Arbeitsspeicher. Wenn Sie sx verändern, erzeugen Sie in Wirklichkeit einen neuen String aus dem ersten, und die Methode ReferenceEquals ergibt falsch. Die abschließende WriteLine-Anweisung liefert den Inhalt des ursprünglichen Strings mit dem angehängten Wort »Fünf«.

IConvertible-Klassen bieten Methoden wie ToInt32(), ToDouble() und ToDecimal(), die das Konvertieren in andere Grundtypen usw. erleichtern.

Strings erzeugen

Am häufigsten erzeugt man Strings, indem man eine Zeichenfolge in doppelten Anführungszeichen – ein sogenanntes *String-Literal* – einer benutzerdefinierten Variablen vom Typ string zuweist:

```
string newString = "Dies ist ein String-Literal";
```

In Anführungszeichen stehende Strings können *Escape-Zeichen* wie z.B. \n oder \t enthalten, die mit einem Backslash (\) beginnen. Diese beiden zeigen an, wo ein Zeilenumbruch beziehungsweise ein Tabulator auftritt.

Weil der Backslash ein Escape-Zeichen ist, müssen Sie, wenn ein Backslash in einem String vorkommen soll, diesem wiederum einen zweiten Backslash voranstellen (\\). Dies ist zum Beispiel bei Pfadangaben notwendig.

Strings können auch mithilfe von wortwörtlichen »*Verbatim*«-String-Literalen erzeugt werden, die mit dem Symbol @ anfangen. Es sagt dem String-Konstruktor, dass der String wortwörtlich verwendet werden muss, auch wenn er mehrere Zeilen lang ist oder Escape-Zeichen enthält. In einem Verbatim-String-Literal werden Backslashs und die auf sie folgenden Zeichen einfach als normale Zeichen des Strings betrachtet. Daher sind folgende beiden Definitionen äquivalent:

```
string literalOne = "\\\\MySystem\\MyDirectory\\ProgrammingC#.cs";
string verbatimLiteralOne = @"\\MySystem\MyDirectory\ProgrammingC#.cs";
```

In der ersten Zeile wird kein Verbatim-String-Literal verwendet, und daher muss vor den Backslash-Zeichen je ein Escape-Symbol stehen – also ein weiterer Backslash. In der zweiten Zeile wird ein Verbatim-String-Literal eingesetzt, so dass keine zusätzlichen Backslashs erforderlich sind. Ein zweites Beispiel zeigt Verbatim-Strings, die sich über mehrere Zeilen erstrecken:

```
string literalTwo = "Line One\nLine Two";
string verbatimLiteralTwo = @"Line One
Line Two";
```

Wenn Sie ein doppeltes Anführungszeichen innerhalb eines Verbatim-Strings benötigen, müssen Sie ihm ein Escape-Zeichen voranstellen (mit doppelten doppelten Anführungszeichen), damit der Compiler weiß, wo das Ende des Verbatim-Strings ist. So erzeugt zum Beispiel die Anweisung

```
String verbatim = @"This is a ""verbatim"" string"
```

folgende Ausgabe:

```
This is a "verbatim" string
```

Auch diese Deklarationen sind austauschbar. Welche Sie verwenden, hängt von dem jeweiligen Fall und Ihrem persönlichen Geschmack ab.

Die Methode ToString()

Oft werden Strings auch erzeugt, indem die Methode `ToString()` auf einem Objekt aufgerufen und das Ergebnis einer String-Variablen zugewiesen wird. Alle eingebauten Typen überschreiben diese Methode, damit es einfacher wird, einen Wert (der oft numerisch ist) in eine entsprechende String-Darstellung zu konvertieren. Im folgenden Beispiel wird die `ToString()`-Methode eines Integer-Typs aufgerufen, um dessen Wert in einem String zu speichern:

```
int myInteger = 5;
string integerString = myInteger.ToString();
```

Der Aufruf von `myInteger.ToString()` gibt ein `String`-Objekt zurück, das dann der Variablen `integerString` zugewiesen wird.

Die `String`-Klasse von .NET bietet eine reichhaltige Palette überladener Konstruktoren, die diverse Techniken der Zuweisung von String-Werten an `string`-Typen unterstützen. Mit einigen dieser Konstruktoren können Sie einen String erzeugen, indem Sie ihnen ein Zeichen-Array oder einen Zeichen-Zeiger übergeben. Wenn Sie dem Konstruktor des `String` ein Zeichen-Array übergeben, wird eine CLR-konforme neue Instanz des Strings erzeugt. Die Übergabe eines Zeichen-Zeigers setzt die Markierung `unsafe` voraus, wie in Kapitel 23 erläutert wird.

Strings bearbeiten

Die Klasse string bietet viele Methoden zum Vergleichen, Durchsuchen und Bearbeiten von Strings, von denen die wichtigsten in Tabelle 10-1 dargestellt sind.

Tabelle 10-1: Methoden und Felder der Klasse String

Methode oder Feld	Zweck
Chars	Der String-Indexer
Compare( )	Überladene öffentliche statische Methode, die zwei Strings vergleicht.
CompareTo( )	Vergleicht diesen String mit einem anderen.
Concat( )	Überladene öffentliche statische Methode, die aus einem oder mehr Strings einen neuen String erstellt.
Copy( )	Öffentliche statische Methode, die durch Kopieren eines anderen Strings einen neuen String erstellt.
CopyTo( )	Kopiert die angegebene Zahl an Zeichen in ein Array mit Unicode-Zeichen.
Empty	Öffentliches statisches Feld, das den Leerstring repräsentiert.
EndsWith( )	Gibt an, ob der angegebene String mit dem Ende dieses Strings übereinstimmt.
Equals( )	Überladene öffentliche statische und Instanz-Methode, die feststellt, ob zwei Strings den gleichen Wert haben.
Format( )	Überladene öffentliche statische Methode, die einen String anhand einer Formatspezifikation formatiert.
Join( )	Überladene öffentliche statische Methode, die alle Elemente eines String-Arrays verknüpft, wobei sie einen angegebenen String zwischen jedes Element setzt.
Length	Die Anzahl der Zeichen in der Instanz.
Split( )	Gibt Teil-Strings als String-Array zurück, die durch die angegebenen Zeichen abgegrenzt werden.
StartsWith( )	Teilt mit, ob der String mit den angegebenen Zeichen anfängt.
Substring( )	Ruft einen Teil-String ab.
ToUpper( )	Gibt eine großgeschriebene Kopie des Strings zurück.
Trim( )	Entfernt alle Zeichen aus einer angegebenen Zeichenmenge am Anfang und am Ende des Strings.
TrimEnd( )	Macht dasselbe wie Trim( ), aber nur am String-Ende.

Beispiel 10-1 zeigt die Verwendung einiger dieser Methoden, darunter Compare( ), Concat( ) (und den überladenen Operator +), Copy( ) (und den Operator =), Insert( ), EndsWith( ) und IndexOf( ).

Beispiel 10-1: Der Umgang mit Strings

```
using System;
using System.Collections.Generic;
using System.Text;

namespace WorkingWithStrings
{
    public static class StringTester
    {
        static void Main( )
        {
```

Beispiel 10-1: Der Umgang mit Strings (Fortsetzung)

```csharp
// Erzeuge ein paar Strings, mit denen wir arbeiten
string s1 = "abcd";
string s2 = "ABCD";
string s3 = @"Liberty Associates, Inc.
    bietet kundenspezifische .NET-Anwendungen,
    In-House-Training und Consulting";


int result; // Speichere Vergleichsergebnisse

// Vergleiche zwei Strings; beachte Groß- und Kleinschreibung
result = string.Compare(s1, s2);
Console.WriteLine(
"vergleiche s1: {0}, s2: {1}, Ergebnis: {2}\n", s1, s2, result);

// Überladenes Compare, nimmt Boolean "ignore case" entgegen
//(true = ignore case)
result = string.Compare(s1, s2, true);
Console.WriteLine("vergleiche, ohne Groß- und Kleinschreibung\n");
Console.WriteLine("s4: {0}, s2: {1}, Ergebnis: {2}\n", s1, s2, result);

// Verkettungsmethode
string s6 = string.Concat(s1, s2);
Console.WriteLine("s6 ist eine Verkettung von s1 und s2: {0}", s6);

// Verwende den überladenen Operator
string s7 = s1 + s2;
Console.WriteLine("s7 ist eine Verkettung von s1 + s2: {0}", s7);

// Die Copy-Methode von String
string s8 = string.Copy(s7);
Console.WriteLine("s8 wurde aus s7 kopiert: {0}", s8);

// Verwende den überladenen Operator
string s9 = s8;
Console.WriteLine("s9 = s8: {0}", s9);

// Drei Vergleichsarten
Console.WriteLine(
"\nDoes s9.Equals(s8)?: {0}", s9.Equals(s8));
Console.WriteLine("Equals(s9,s8)?: {0}", string.Equals(s9, s8));
Console.WriteLine("s9==s8?: {0}", s9 == s8);

// Zwei nützliche Eigenschaften: Index und Length
Console.WriteLine("\nString s9 ist {0} Zeichen lang. ", s9.Length);
Console.WriteLine("Das 5. Zeichen ist {0}\n", s9[4]);

// Endet ein String mit einer gegebenen Zeichenmenge?
Console.WriteLine("s3:{0}\nEndet mit Training?: {1}\n", s3,
    s3.EndsWith("Training"));
Console.WriteLine("Endet mit Consulting?: {0}",
    s3.EndsWith("Consulting"));
```

Beispiel 10-1: Der Umgang mit Strings (Fortsetzung)

```
            // Gib den Index des Teil-Strings zurück
            Console.WriteLine("\nDas erste Auftreten von In-House-Training ");
            Console.WriteLine("in s3 ist {0}\n", s3.IndexOf("In-House-Training"));

            // Füge vor "In-House-Training" das Wort "exzellentes" ein
            string s10 = s3.Insert(102, "exzellentes ");
            Console.WriteLine("s10: {0}\n", s10);

            // Beides kann wie folgt kombiniert werden:
            string s11 = s3.Insert(s3.IndexOf("In-House-Training"), "exzellentes ");
            Console.WriteLine("s11: {0}\n", s11);
        }
    }
}
```

```
Ausgabe:
vergleiche s1: abcd, s2: ABCD, Ergebnis: -1

vergleiche, ohne Groß- und Kleinschreibung

s4: abcd, s2: ABCD, Ergebnis: 0

s6 ist eine Verkettung von s1 und s2: abcdABCD
s7 ist eine Verkettung von s1 + s2: abcdABCD
s8 wurde aus s7 kopiert: abcdABCD
s9 = s8: abcdABCD

s9.Equals(s8)?: True
Equals(s9,s8)?: True
s9==s8?: True

String s9 ist 8 Zeichen lang.
Das 5. Zeichen ist A

s3:Liberty Associates, Inc.
            bietet kundenspezifische .NET-Anwendungen,
            In-House-Training und Consulting
Endet mit Training?: False

Endet mit Consulting?: True

Das erste Auftreten von Training
in s3 ist 102

s10: Liberty Associates, Inc.
            bietet kundenspezifische .NET-Anwendungen,
            exzellentes In-House-Training und Consulting

s11: Liberty Associates, Inc.
            bietet kundenspezifische .NET-Anwendungen,
            exzellentes In-House-Training und Consulting
```

Beispiel 10-1 beginnt mit der Deklaration von drei Strings:

```
string s1 = "abcd";
string s2 = "ABCD";
string s3 = @"Liberty Associates, Inc.
    bietet kundenspezifische .NET-Anwendungen,
    In-House-Training und Consulting";
```

Die ersten beiden sind String-Literale, und der dritte ist ein Verbatim-String-Literal. Als Erstes vergleichen Sie s1 mit s2. Die Methode Compare() ist eine öffentliche statische Methode von string, und sie ist überladen. Die erste überladene Version nimmt zwei Strings entgegen und vergleicht sie:

```
// Vergleiche zwei Strings, beachte Groß- und Kleinschreibung
result = string.Compare(s1, s2);
Console.WriteLine("vergleiche s1: {0}, s2: {1}, Ergebnis: {2}\n",
    s1, s2, result);
```

Dieser Vergleich unterscheidet zwischen Groß- und Kleinschreibung und gibt je nach Vergleichsergebnis unterschiedliche Werte zurück:

- einen negativen Integer, wenn der erste String kleiner als der zweite String ist,
- 0, wenn beide Strings gleich sind und
- einen positiven Integer, wenn der erste String größer als der zweite String ist.

In diesem Fall zeigt die Ausgabe korrekt an, dass s1 »kleiner als« s2 ist. In Unicode (wie auch in ASCII) hat in den meisten westlichen Sprachen ein Kleinbuchstabe einen kleineren Wert als ein Großbuchstabe:

```
vergleiche s1: abcd, s2: ABCD, Ergebnis: -1
```

Der zweite Vergleich verwendet eine überladene Version von Compare(), die einen dritten, Booleschen Parameter entgegennimmt, der feststellt, ob die Groß- und Kleinschreibung beim Vergleich ignoriert werden soll oder nicht. Wenn dieser Parameter den Wert true hat, wird der Vergleich wie im folgenden Codestück ohne Berücksichtigung der Groß- und Kleinschreibung vorgenommen:

```
result = string.Compare(s1,s2, true);
Console.WriteLine("vergleiche, ohne Groß- und Kleinschreibung");
Console.WriteLine("s4: {0}, s2: {1}, Ergebnis: {2}\n", s1, s2, result);
```

 Das Ergebnis wird mit zwei WriteLine()-Anweisungen ausgegeben, damit die Zeilen für die Druckseiten dieses Buchs kurz genug sind.

Diesmal wird die Groß- und Kleinschreibung ignoriert, und das Ergebnis, 0, zeigt an, dass die beiden Strings identisch sind (wenn man die Groß- und Kleinschreibung außer Acht lässt):

```
vergleiche, ohne Groß- und Kleinschreibung

s4: abcd, s2: ABCD, Ergebnis: 0
```

Danach werden in Beispiel 10-1 einige Strings verkettet. Dazu gibt es mehrere Möglichkeiten. Eine davon ist die Methode `Concat( )`, eine statische öffentliche Methode von string:

```
string s6 = string.Concat(s1,s2);
```

Eine andere Möglichkeit ist der überladene Verkettungsoperator (+):

```
string s7 = s1 + s2;
```

In beiden Fällen spiegelt die Ausgabe eine erfolgreiche Verkettung wider:

```
s6 ist eine Verkettung von s1 und s2: abcdABCD
s7 ist eine Verkettung von s1 + s2: abcdABCD
```

Auch eine neue Kopie eines Strings kann auf zwei Arten erstellt werden. Eine Möglichkeit ist die statische Methode `Copy()`:

```
string s8 = string.Copy(s7);
```

Dadurch werden tatsächlich zwei separate Strings mit dem gleichen Wert erzeugt. Dies ist Verschwendung, denn Strings sind unveränderlich. Besser verwendet man entweder den überladenen Zuweisungsoperator oder die (oben erwähnte) Methode `Clone`. Beide ergeben, dass zwei Variablen auf denselben String im Arbeitsspeicher zeigen:

```
string s9 = s8;
```

Die String-Klasse von .NET bietet auch drei Verfahren, um die Gleichheit zweier Strings zu testen. Erstens können Sie die überladene `Equals( )`-Methode nutzen und s9 direkt fragen, ob s8 den gleichen Wert hat:

```
Console.WriteLine("\ns9.Equals(s8)?: {0}", s9.Equals(s8));
```

Zweitens können Sie beide Strings an die statische `Equals( )`-Methode von String übergeben:

```
Console.WriteLine("Equals(s9,s8)?: {0}",
    string.Equals(s9,s8));
```

Drittens und letztens können Sie den Gleichheitsoperator (==) von String benutzen:

```
Console.WriteLine("s9==s8?: {0}", s9 == s8);
```

In jedem Fall wird ein Boolescher Wert als Ergebnis zurückgeliefert:

```
s9.Equals(s8)?: True
Equals(s9,s8)?: True
s9==s8?: True
```

In den nächsten Zeilen von Beispiel 10-1 wird der Indexoperator ([ ]) eingesetzt, um ein bestimmtes Zeichen in einem String zu finden, und die `Length`-Eigenschaft wird verwendet, um die Länge des Gesamt-Strings zurückzugeben:

```
Console.WriteLine("\nString s9 ist {0} Zeichen lang.", s9.Length);
Console.WriteLine("Das 5. Zeichen ist {1}\n", s9.Length, s9[4]);
```

Hier sehen Sie die Ausgabe:

```
String s9 ist 8 Zeichen lang.
Das 5. Zeichen ist A
```

Die Methode EndsWith( ) fragt einen String, ob er mit einem bestimmten Teil-String endet. Sie können also s3 zuerst fragen, ob er mit Training endet (tut er nicht), und dann, ob er mit Consulting endet (tut er):

```
// Endet ein String mit einer gegebenen Zeichenmenge?
Console.WriteLine("s3:{0}\nEndet mit Training?: {1}\n",
    s3, s3.EndsWith("Training") );
Console.WriteLine("Endet mit Consulting?: {0}",
    s3.EndsWith("Consulting"));
```

Die Ausgabe zeigt, dass der erste Test scheitert und der zweite Erfolg hat:

```
s3:Liberty Associates, Inc.
         bietet kundenspezifische .NET-Anwendungen,
         In-House-Training und Consulting
Endet mit Training?: False
Endet mit Consulting?: True
```

Die Methode IndexOf( ) findet in unserem String einen Teil-String, und die Methode Insert( ) fügt einen neuen Teil-String in eine Kopie des Original-Strings ein.

Der folgende Code findet das erste Auftreten von Training in s3:

```
Console.WriteLine("\nThe first occurrence of Training ");
Console.WriteLine ("in s3 is {0}\n", s3.IndexOf("Training"));
```

Die Ausgabe besagt, dass das Offset 102 ist:

```
Das erste Auftreten von Training in s3 ist 102.
```

Diesen Wert können Sie nun nutzen, um das Wort exzellentes, gefolgt von einem Leerschritt, in diesen String einzufügen. In Wirklichkeit wird das Wort in eine Kopie des Strings eingefügt, die von der Methode Insert( ) zurückgeliefert und der Variablen s10 zugewiesen wurde.

```
string s10 = s3.Insert(102,"exzellentes ");
Console.WriteLine("s10: {0}\n",s10);
```

Hier sehen Sie die Ausgabe:

```
s10: Liberty Associates, Inc.
         bietet kundenspezifische .NET-Anwendungen,
         exzellentes In-House-Training und Consulting
```

Zum Schluss können Sie diese Operationen miteinander kombinieren:

```
string s11 = s3.Insert(s3.IndexOf("In-House-Training"),"exzellentes ");
Console.WriteLine("s11: {0}\n",s11);
```

Deren Ausgabe ist identisch:

```
s11: Liberty Associates, Inc.
         bietet kundenspezifische .NET-Anwendungen,
         exzellentes In-House-Training und Consulting
```

Teil-Strings finden

Der Typ String hat eine überladene Substring()-Methode, mit der Sie Teil-Strings aus Strings extrahieren. Beide Versionen nehmen einen Index entgegen, der besagt, wo der Teil-String beginnt; und eine der beiden Versionen nimmt noch einen weiteren Index entgegen, der besagt, wo die Operation enden soll. Die Substring()-Methode wird in Beispiel 10-2 gezeigt.

Beispiel 10-2: Verwendung der Substring()-Methode

```
using System;
using System.Collections.Generic;
using System.Text;

namespace SubString
{
    public class StringTester
    {
        static void Main()
        {
            // Erzeuge ein paar Strings, mit denen wir arbeiten
            string s1 = "Eins Zwei Drei Vier";

            int ix;

            // Hole den Index des letzten Leerschritts
            ix = s1.LastIndexOf(" ");

            // Hole das letzte Wort
            string s2 = s1.Substring(ix + 1);

            // Setze s1 auf den Teil-String, der bei 0 beginnt
            // und bei ix endet (vor dem Anfang des letzten Worts),
            // also hat s1 Eins Zwei Drei
            s1 = s1.Substring(0, ix);

            // Suche den letzten Leerschritt in s1 (hinter Zwei)
            ix = s1.LastIndexOf(" ");

            // Setze s3 auf den Teil-String, der bei ix beginnt,
            // den Leerschritt hinter "Zwei" plus eine Stelle,
            // also s3 = "Drei"
            string s3 = s1.Substring(ix + 1);

            // Setze s1 auf den Teil-String zurück, der bei 0 beginnt
            // und bei ix endet, also auf den String "Eins Zwei"
            s1 = s1.Substring(0, ix);

            // Setze ix auf den Leerschritt zwischen
            // "Eins" und "Zwei" zurück
            ix = s1.LastIndexOf(" ");
```

Beispiel 10-2: Verwendung der Substring()-Methode (Fortsetzung)

```
        // Setze s4 auf den Teil-String, der eine Stelle hinter
        // ix beginnt, also auf den Teil-String "Zwei"
        string s4 = s1.Substring(ix + 1);

        // Setze s1 auf den Teil-String zurück, der bei 0 beginnt
        // und bei ix endet, also auf "Eins"
        s1 = s1.Substring(0, ix);

        // Setze ix auf den letzten Leerschritt. Da es keinen gibt,
        // ist ix jetzt gleich = -1.
        ix = s1.LastIndexOf(" ");

        // Setze s5 auf den Teil-String eine Stelle hinter dem
        // letzten Leerschritt. Da kein letzter Leerschritt vorhanden
        // ist, wird s5 auf den Teil-String gesetzt, der bei
        // null beginnt.
        string s5 = s1.Substring(ix + 1);

        Console.WriteLine("s2: {0}\ns3: {1}", s2, s3);
        Console.WriteLine("s4: {0}\ns5: {1}\n", s4, s5);
        Console.WriteLine("s1: {0}\n", s1);
    }
  }
}
```

```
Ausgabe:
s2: Vier
s3: Drei
s4: Zwei
s5: Eins

s1: Eins
```

Beispiel 10-2 ist zwar keine elegante Lösung für die Aufgabe, Wörter aus einem String zu extrahieren, aber eine gute erste Annäherung, die eine nützliche Technik vorführt. Das Beispiel beginnt mit der Erzeugung des Strings s1:

```
string s1 = "Eins Zwei Drei Vier";
```

Dann wird ix der Wert des *letzten* Leerschritts in dem String zugewiesen:

```
ix=s1.LastIndexOf(" ");
```

Nun wird der Teil-String, der einen Leerschritt später beginnt, dem neuen String s2 zugewiesen:

```
string s2 = s1.Substring(ix+1);
```

Dadurch wird x1+1 bis zum Zeilenende extrahiert und s2 der Wert Vier zugewiesen. Im nächsten Schritt wird das Wort Vier aus s1 entfernt. Das können Sie tun, indem Sie s1 den Teil-String von s1 zuweisen, der bei 0 beginnt und bei ix endet:

```
s1 = s1.Substring(0,ix);
```

Nun weisen Sie ix wieder dem letzten (übrigen) Leerschritt zu, der Sie zum Anfang des Worts Drei bringt. Dieses können wir dann extrahieren und dem String s3 zuweisen. Füllen Sie nun s4 und s5 auf die gleiche Weise mit Inhalt, und geben Sie die Ergebnisse aus:

```
s2: Vier
s3: Drei
s4: Zwei
s5: Eins

s1: Eins
```

Das ist zwar unschön, aber es funktioniert und zeigt, wie Substring verwendet wird. Es ähnelt ein wenig der Zeiger-Arithmetik von C++, aber ohne Zeiger und unsicheren Code.

Strings aufspalten

Eine effektivere Lösung des Problems aus Beispiel 10-2 ist die Split( )-Methode von String, die die Aufgabe hat, einen String in Teil-Strings zu zerlegen. Sie übergeben Split( ) ein Array von Trennzeichen (Zeichen, die eine Lücke zwischen zwei Wörtern anzeigen), und die Methode gibt ein Array von Teil-Strings zurück. Beispiel 10-3 zeigt dies:

Beispiel 10-3: Verwendung der Split( )-Methode

```
using System;
using System.Collections.Generic;
using System.Text;

namespace StringSplit
{
    public class StringTester
    {
        static void Main( )
        {
            // Erzeuge ein paar Strings, mit denen wir arbeiten
            string s1 = "Eins,Zwei,Drei Liberty Associates, Inc.";

            // Konstanten für Leerschritte und Kommazeichen
            const char Space = ' ';
            const char Comma = ',';

            // Array von Trennzeichen, um den Satz aufzuspalten
            char[] delimiters = new char[] {Space, Comma};

            string output = "";
            int ctr = 1;

            // Spalte den Satz auf, und durchlaufe dann das
            // resultierende Array von Strings
            foreach (string subString in s1.Split(delimiters))
            {
                output += ctr++;
                output += ": ";
```

Beispiel 10-3: Verwendung der Split()-Methode (Fortsetzung)

```
                output += subString;
                output += "\n";
            }
            Console.WriteLine(output);
        }
    }
}
Ausgabe:
1: Eins
2: Zwei
3: Drei
4: Liberty
5: Associates
6:
7: Inc.
```

Als Erstes erzeugen Sie den zu parsenden String:

```
string s1 = "Eins,Zwei,Drei Liberty Associates, Inc.";
```

Die Trennzeichen wurden als Leerschritte und Kommazeichen gesetzt. Dann können Sie diesen String mit Split() aufspalten und die Ergebnisse an die foreach-Schleife übergeben:

```
foreach (string subString in s1.Split(delimiters))
```

Weil Split das Schlüsselwort params verwendet, können Sie den Code folgendermaßen reduzieren:

```
foreach (string subString in s1.Split(' ', ','))
```

Auf die Array-Deklaration können Sie dann völlig verzichten.

Zu Beginn initialisieren Sie die Ausgabe als leeren String, und dann bauen Sie den Ausgabe-String in vier Schritten auf. Sie verketten den Wert von ctr. Danach fügen Sie einen Doppelpunkt hinzu, dann den von Split() zurückgelieferten Teil-String und dann ein Newline-Zeichen. Mit jeder Verkettung wird eine neue Kopie des Strings angelegt, und alle vier Schritte werden für jeden Teil-String wiederholt, den Split() findet. Dieses wiederholte Kopieren von string ist furchtbar ineffizient.

Das Problem besteht darin, dass der Typ String einfach nicht für diese Art von Operation gedacht ist. Eigentlich möchten Sie ja einen neuen String erstellen, indem Sie bei jedem Schleifendurchlauf einen formatierten String anhängen. Dazu benötigen Sie die Klasse StringBuilder.

Dynamische String-Bearbeitung

Die Klasse System.Text.StringBuilder dient zur Erzeugung und Modifikation von Strings. Die wichtigsten Member von StringBuilder sind in Tabelle 10-2 zusammengefasst.

Tabelle 10-2: Methoden von StringBuilder

Methode	Erklärung
Chars	Der Indexer
Length	Ruft ab oder weist zu, wie lang der StringBuilder ist.
Append( )	Überladene öffentliche Methode, die eine Zeichenkette am Ende des aktuellen StringBuilder anhängt.
AppendFormat( )	Überladene öffentliche Methode, die Formatspezifikatoren durch den formatierten Wert eines Objekts ersetzt.
Insert( )	Überladene öffentliche Methode, die an der angegebenen Position eine Zeichenkette einfügt.
Remove( )	Entfernt die angegebenen Zeichen.
Replace( )	Überladene öffentliche Methode, die alle Instanzen der angegebenen Zeichen durch neue Zeichen ersetzt.

Im Gegensatz zu String ist StringBuilder veränderlich. Beispiel 10-4 ersetzt das String-Objekt aus Beispiel 10-3 durch ein StringBuilder-Objekt.

Beispiel 10-4: Einen StringBuilder verwenden

```
using System;
using System.Collections.Generic;
using System.Text;

namespace UsingStringBuilder
{
    public class StringTester
    {
        static void Main( )
        {
            // Erzeuge ein paar Strings, mit denen wir arbeiten
            string s1 = "Eins,Zwei,Drei Liberty Associates, Inc.";

            // Konstanten für Leerschritte und Kommazeichen
            const char Space = ' ';
            const char Comma = ',';

            // Array von Trennzeichen, um den Satz aufzuspalten
            char[] delimiters = new char[] {Space, Comma};

            // Erstelle die Ausgabe-Strings mit der
            // Klasse StringBuilder
            StringBuilder output = new StringBuilder( );
            int ctr = 1;

            // Spalte den Satz auf, und durchlaufe dann das
            // resultierende Array von Strings
            foreach (string subString in s1.Split(delimiters))
            {
                // AppendFormat fügt einen formatierten String an
                output.AppendFormat("{0}: {1}\n", ctr++, subString);
            }
            Console.WriteLine(output);
        }
    }
}
```

Nur der letzte Teil des Programms wurde geändert. Anstatt den String mit dem Verkettungsoperator zu bearbeiten, verwenden Sie die Methode `AppendFormat()` von `StringBuilder`, um die neuen formatierten Strings gleich anzufügen, wenn Sie sie erzeugen. Das ist effizienter. Das Ergebnis ist identisch mit der Ausgabe von Beispiel 10-3:

```
1: Eins
2: Zwei
3: Drei
4: Liberty
5: Associates
6:
7: Inc.
```

> ### Die Grenzen von Trennzeichen
>
> Da Sie als Trennzeichen sowohl Kommata als auch Leerschritte übergeben haben, wird der Leerschritt zwischen »Associates« und »Inc.« als Wort zurückgegeben und hat, wie Sie sehen, die Nummer 6. Das ist unerwünscht. Um dies zu vermeiden, müssen Sie die Split-Methode veranlassen, ein Komma (wie zwischen `Eins`, `Zwei` und `Drei`) oder einen Leerschritt (wie zwischen `Liberty` und `Associates`) oder ein Komma mit einem Leerschritt dahinter zu finden. Diese letzte Variante ist etwas trickreich, aber reguläre Ausdrücke stellen eine fertige Lösung dafür bereit.

Reguläre Ausdrücke

Reguläre Ausdrücke sind eine mächtige Sprache zur Beschreibung und Bearbeitung von Text. Ein regulärer Ausdruck wird auf einen String, also eine Zeichenfolge, *angewendet*. Oft ist dieser String ein gesamtes Textdokument.

Als Ergebnis der Anwendung eines regulären Ausdrucks auf einen String gibt es folgende Möglichkeiten:

- Herausfinden, ob der String zum regulären Ausdruck passt
- Zurückgeben eines Substrings
- Zurückgeben eines neuen Strings, bei dem der ursprüngliche String verändert wurde

(Denken Sie daran, dass Strings unveränderlich sind und somit auch durch reguläre Ausdrücke nicht geändert werden können.)

Wenn Sie einen korrekt konstruierten regulären Ausdruck auf den String

```
Eins,Zwei,Drei Liberty Associates, Inc.
```

anwenden, können Sie einen seiner Teil-Strings oder alle (z.B. `Liberty` oder `Eins`) oder auch modifizierte Versionen dieser Teil-Strings (z.B. `LIBeRtY` oder `EInS`) zurückgeben. Das, was der reguläre Ausdruck eigentlich tut, wird von seiner Syntax festgelegt.

Ein regulärer Ausdruck besteht aus zwei Arten von Zeichen: aus *Literalen* und *Metazeichen*. Ein Literal ist ein Zeichen, für das Sie im Ziel-String eine Entsprechung finden möchten (man spricht auch von »matchen«). Ein Metazeichen ist ein Sonderzeichen, das dem Parser des regulären Ausdrucks ein Kommando gibt. Der Parser ist die Engine, die für die Analyse des regulären Ausdrucks zuständig ist. Wenn Sie z.B. den regulären Ausdruck

```
^(Von|An|Betreff|Datum):
```

erstellen, stimmt dieser mit jedem Teil-String mit den Buchstaben Von, An, Betreff oder Datum überein, sofern diese Teil-Strings am Anfang einer Zeile (^) stehen und mit einem Doppelpunkt (:) enden.

Das Caret-Zeichen (^) weist den Parser hier darauf hin, dass der gesuchte String am Anfang einer Zeile stehen muss. Die Buchstaben in Von und An sind Literale; die linken und rechten Klammern (( )) und der vertikale Balken (|) sind Metazeichen, die genutzt werden, um Literal-Sets zu gruppieren und anzugeben, dass eine der Varianten übereinstimmen soll. (Beachten Sie, dass auch ^ ein Metazeichen ist; es repräsentiert einen Zeilenanfang.)

Die Zeile

```
^(Von|An|Betreff|Datum):
```

wird folgendermaßen gelesen: »Es passen alle Strings, die am Anfang einer Zeile stehen, gefolgt von einem der Strings Von, An, Betreff oder Datum, gefolgt von einem Doppelpunkt.«

Eine umfassende Erklärung der regulären Ausdrücke würde den Rahmen dieses Buchs sprengen, aber die in den Beispielen verwendeten regulären Ausdrücke werden alle erläutert. Sehr empfehlenswert in diesem Zusammenhang ist das Buch *Reguläre Ausdrücke* von Jeffrey E. F. Friedl (O'Reilly Verlag).

Verwendung von regulären Ausdrücken: Regex

Das .NET Framework bietet einen objektorientierten Ansatz für das Suchen und Ersetzen mit regulären Ausdrücken.

Die regulären Ausdrücke von C# basieren auf Perl 5-*regexp*. Dazu gehören auch »Lazy Quantifier« (??, *?, +?, {n,m}?), positiver und negativer Look-Ahead und die bedingte Auswertung von Ausdrücken.

Im Namensraum System.Text.RegularExpressions befinden sich alle .NET Framework-Objekte, die mit regulären Ausdrücken zu tun haben. Die wichtigste Klasse für reguläre Ausdrücke ist Regex: Sie repräsentiert einen unveränderlichen, kompilierten regulären Ausdruck. Obwohl Sie von Regex auch Instanzen erzeugen können, bietet die Klasse außerdem eine Reihe von nützlichen statischen Methoden. Beispiel 10-5 zeigt die Verwendung von Regex.

Beispiel 10-5: Verwendung der Klasse Regex für reguläre Ausdrücke

```
using System;
using System.Collections.Generic;
using System.Text;
using System.Text.RegularExpressions;

namespace UsingRegEx
{
    public class Tester
    {
        static void Main( )
        {
            string s1 = "Eins,Zwei,Drei Liberty Associates, Inc.";
            Regex theRegex = new Regex(" |, |,");
            StringBuilder sBuilder = new StringBuilder( );
            int id = 1;

            foreach (string subString in theRegex.Split(s1))
            {
                sBuilder.AppendFormat("{0}: {1}\n", id++, subString);
            }
            Console.WriteLine("{0}", sBuilder);
        }
    }
}

Ausgabe:
1: Eins
2: Zwei
3: Drei
4: Liberty
5: Associates
6: Inc.
```

Zuerst wird in Beispiel 10-5 der String s1 gebildet. Es ist derselbe String wie in Beispiel 10-4:

```
string s1 = "Eins,Zwei,Drei Liberty Associates, Inc.";
```

Dann wird ein regulärer Ausdruck zum Durchsuchen dieses Strings erstellt, der zu einem Leerzeichen, einem Komma oder einem Komma, gefolgt von einem Leerzeichen, passt:

```
Regex theRegex = new Regex(" |,| , ");
```

Einer der überladenen Konstruktoren für Regex nimmt als Parameter einen String eines regulären Ausdrucks entgegen. Das ist etwas verwirrend. Was ist denn nun in einem C#-Programm ein regulärer Ausdruck? Ist es der an den Konstruktor übergebene String, oder ist es das Regex-Objekt selbst? Es stimmt, dass der an den Konstruktor übergebene Text-String ein regulärer Ausdruck im traditionellen Sinne des Wortes ist. Doch aus objektorientierter Sicht von C# ist das Konstruktorargument nichts weiter als eine Zeichenfolge; theRegex ist das Objekt, das den regulären Ausdruck darstellt.

Der Rest des Programms läuft ab wie das Beispiel 10-4 weiter oben, nur dass nicht Split( ) auf dem String s1, sondern die Split( )-Methode von Regex aufgerufen wird. Die Methode Regex.Split( ) verhält sich ganz ähnlich wie String.Split( ): Nach dem Vergleich mit dem regulären Ausdrucksmuster in theRegex gibt sie als Ergebnis ein Array von Strings zurück.

Regex.Split( ) ist überladen. Die einfachste Version wird wie in Beispiel 10-5 auf einer Instanz von Regex aufgerufen. Außerdem hat diese Methode eine statische Version, die einen Such-String und das Muster, mit dem dieser String gesucht werden soll, entgegennimmt, wie Sie es in Beispiel 10-6 sehen.

Beispiel 10-6: Die Verwendung des statischen Regex.Split( )

```
using System;
using System.Collections.Generic;
using System.Text;
using System.Text.RegularExpressions;

namespace RegExSplit
{
    public class Tester
    {
        static void Main()
        {
            string s1 = "Eins,Zwei,Drei Liberty Associates, Inc.";
            StringBuilder sBuilder = new StringBuilder();
            int id = 1;
            foreach (string subStr in Regex.Split(s1, " |, |,"))
            {
                sBuilder.AppendFormat("{0}: {1}\n", id++, subStr);
            }
            Console.WriteLine("{0}", sBuilder);
        }
    }
}
```

Beispiel 10-6 ist fast mit Beispiel 10-5 identisch, nur dass hier kein Objekt vom Typ Regex instanziiert, sondern die statische Version von Split( ) verwendet wird, die zwei Argumente entgegennimmt: den gesuchten String und einen regulären Ausdrucks-String, der das Muster darstellt, mit dem eine Übereinstimmung gefunden werden soll.

Die Instanzmethode von Split( ) ist ebenfalls überladen: mit Versionen, die z.B. begrenzen, wie oft der String aufgespalten werden darf, und angeben, an welcher Stelle im Ziel-String die Suche beginnen soll.

Verwendung von Regex Match Collections

Es gibt im .NET-RegularExpressions-Namensraum noch zwei weitere Klassen, mit denen Sie einen String wiederholt durchsuchen und die Ergebnisse der Suche in einer Collection zurückliefern können. Die Rückgabe-Collection hat den Typ MatchCollection, der aus null oder mehr `Match`-Objekten besteht. Zwei wichtige Eigenschaften eines `Match`-Objekts sind seine Länge und sein Wert. Diese Eigenschaften können Sie auslesen, wie in Beispiel 10-7 dargestellt.

Beispiel 10-7: Verwendung von MatchCollection und Match

```
using System;
using System.Collections.Generic;
using System.Text;
using System.Text.RegularExpressions;

namespace UsingMatchCollection
{
    class Test
    {
        public static void Main( )
        {
            string string1 = "Dies ist ein Test String";

            // Suche Nicht-Whitespace mit Whitespace dahinter
            Regex theReg = new Regex(@"(\S+)\s");

            // Hole die Collection der Übereinstimmungen
            MatchCollection theMatches = theReg.Matches(string1);

            // Durchlaufe die Collection
            foreach (Match theMatch in theMatches)
            {
                Console.WriteLine("theMatch.Length: {0}",
                            theMatch.Length);

                if (theMatch.Length != 0)
                {
                    Console.WriteLine("theMatch: {0}",
                            theMatch.ToString( ));
                }
            }
        }
    }
}

Ausgabe:
theMatch.Length: 5
theMatch: Dies
theMatch.Length: 4
theMatch: ist
theMatch.Length: 4
theMatch: ein
theMatch.Length: 5
theMatch: Test
```

Beispiel 10-7 bildet einen einfachen String für die Suche:

```
string string1 = "Dies ist ein Test-String";
```

Es bildet auch einen trivialen regulären Ausdruck, um den String zu durchsuchen:

```
Regex theReg = new Regex(@"(\S+)\s");
```

Der String \S findet Nicht-Whitespace, und das Pluszeichen bedeutet »ein oder mehrere«. Der String \s (beachten Sie die Kleinschreibung) zeigt Whitespace an. Also sucht dieser String insgesamt nach Nicht-Whitespaces mit Whitespace dahinter.

Vergessen Sie nicht das Symbol @, um einen Verbatim-String anzulegen. Dann müssen Sie das Backslash-Zeichen (\) nicht durch einen weiteren Backslash schützen.

Die Ausgabe zeigt, dass die ersten vier Wörter gefunden wurden. Das letzte Wort wurde übersehen, da es nicht von einem Leerschritt gefolgt wird. Wenn Sie hinter dem Wort String und vor dem schließenden Anführungszeichen ein Leerzeichen einsetzen, findet das Programm auch dieses Wort.

Die Eigenschaft length gibt die Länge des gefundenen Teil-Strings an. Im Abschnitt »CaptureCollection verwenden« weiter unten wird sie genauer beschrieben.

Regex-Gruppen verwenden

Oft ist es nützlich, die Übereinstimmungen von Teilausdrücken zusammenzufassen, um Teile des Match-Strings herausparsen zu können. Vielleicht möchten Sie z.B. IP-Adressen finden und alle IP-Adressen, die irgendwo im String auftreten, zusammenfassen.

IP-Adressen dienen dazu, Computer in einem Netzwerk zu finden. In der Regel haben sie die Form x.x.x.x, wobei x eine Zahl zwischen 0 und 255 ist (z.B. 192.168.0.1).

Mit der Klasse Group können Sie auf der Grundlage einer regulären Ausdruckssyntax gefundene Übereinstimmungen in Gruppen zusammenfassen. Group stellt die Ergebnisse eines einzelnen Gruppierungsausdrucks dar.

Ein Gruppierungsausdruck (*grouping expression*) benennt eine Gruppe und stellt einen regulären Ausdruck zur Verfügung. Jeder Teil-String, der auf diesen regulären Ausdruck passt, wird zur Gruppe hinzugefügt. Um eine ip-Gruppe zu erstellen, könnten Sie z.B. Folgendes schreiben:

```
@"(?<ip>(\d|\.)+)\s"
```

Die Klasse Match ist von Group abgeleitet und hat eine Collection namens Groups, die alle von Ihrem Match gefundenen Gruppen enthält.

Die Erstellung und Verwendung der Groups-Collection und der Group-Klassen sehen Sie in Beispiel 10-8.

Beispiel 10-8: Verwendung der Klasse Group

```csharp
using System;
using System.Collections.Generic;
using System.Text;
using System.Text.RegularExpressions;

namespace RegExGroup
{
    class Test
    {
        public static void Main( )
        {
            string string1 = "04:03:27 127.0.0.0 LibertyAssociates.com";

            // group time = ein oder mehr Ziffern oder Doppelpunkte
            // mit Leerschritt dahinter
            Regex theReg = new Regex(@"(?<time>(\d|\:)+)\s" +
                // ip address = ein oder mehr Ziffern oder Punkte
                // mit Leerschritt dahinter
                @"(?<ip>(\d|\.)+)\s" +
                // site = ein oder mehr Zeichen
                @"(?<site>\S+)");

            // Hole die Collection der Übereinstimmungen
            MatchCollection theMatches = theReg.Matches(string1);

            // Durchlaufe die Collection
            foreach (Match theMatch in theMatches)
            {
                if (theMatch.Length != 0)
                {
                    Console.WriteLine("\ntheMatch: {0}",
                        theMatch.ToString( ));
                    Console.WriteLine("time: {0}",
                        theMatch.Groups["time"]);
                    Console.WriteLine("ip: {0}",
                        theMatch.Groups["ip"]);
                    Console.WriteLine("site: {0}",
                        theMatch.Groups["site"]);
                }
            }
        }
    }
}
```

Auch in Beispiel 10-8 wird als Erstes ein String zum Durchsuchen gebildet:

```
string string1 = "04:03:27 127.0.0.0 LibertyAssociates.com";
```

Dieser String könnte einer von vielen Strings sein, die in einem Logfile eines Webservers aufgezeichnet wurden oder aus einer Datenbanksuche resultieren. In diesem einfachen Beispiel gibt es drei Spalten: eine für die Uhrzeit des Log-Eintrags, eine für die IP-Adresse und eine für die Site. Die Spalten sind jeweils durch Leerschritte abgetrennt. In einem realitätsnahen Programm würden Sie natürlich komplexere Abfragen vornehmen und dazu gegebenenfalls andere Trennzeichen oder kompliziertere Suchverfahren einsetzen.

In Beispiel 10-8 möchten wir ein einziges `Regex`-Objekt erzeugen, um Strings dieses Typs zu durchsuchen und in drei Gruppen aufzuspalten: `time`, `ip`-Adresse und `site`. Da der reguläre Ausdrucks-String recht einfach ist, ist auch das Beispiel leicht verständlich. (In einer echten Suche würden Sie jedoch wahrscheinlich nur einen Teil des Quell-Strings und nicht wie hier den gesamten Quell-String verwenden.)

```
// group time = ein oder mehr Ziffern oder Doppelpunkte
// mit Leerschritt dahinter
Regex theReg = new Regex(@"(?<time>(\d|\:)+)\s" +
// ip address = ein oder mehr Ziffern oder Punkte
// mit Leerschritt dahinter
@"(?<ip>(\d|\.)+)\s" +
// site = ein oder mehr Zeichen
@"(?<site>\S+)");
```

Konzentrieren Sie sich nun auf die Zeichen, die die Gruppe bilden:

```
(?<time>(\d|\:)+)
```

Die Klammern bilden eine Gruppe. Alles, was zwischen der öffnenden Klammer (unmittelbar vor dem Fragezeichen) und der schließenden Klammer (in diesem Fall hinter dem +-Zeichen) steht, ist eine einzige, unbenannte Gruppe.

Der String `?<time>` nennt diese Gruppe `time`. Dann wird die Gruppe mit dem dazu passenden Text assoziiert, also mit dem regulären Ausdruck `(\d|\:)+)\s`. Dieser lässt sich interpretieren als »ein oder mehr Ziffern oder Doppelpunkte mit Leerschritt dahinter«.

In ähnlicher Weise gibt der String `?<ip>` der Gruppe `ip` und der String `?<site>` der Gruppe `site` ihren Namen. Wie in Beispiel 10-7 wird auch in Beispiel 10-8 eine Collection sämtlicher Übereinstimmungen verlangt:

```
MatchCollection theMatches = theReg.Matches(string1);
```

Beispiel 10-8 durchläuft die Collection `Matches` und findet jedes `Match`-Objekt.

Ist die `Length` von `Match` größer als 0, wurde ein `Match` gefunden. Die gesamte Übereinstimmung wird ausgegeben:

```
Console.WriteLine("\ntheMatch: {0}",
    theMatch.ToString());
```

Hier sehen Sie die Ausgabe:

```
theMatch: 04:03:27 127.0.0.0 LibertyAssociates.com
```

Dann wird aus der `theMatch.Groups`-Collection die Gruppe `time` genommen und auch deren Wert ausgegeben:

```
Console.WriteLine("time: {0}",
    theMatch.Groups["time"]);
```

Dies liefert folgende Ausgabe:

```
time: 04:03:27
```

Danach holt das Programm die Gruppen `ip` und `site`:

```
Console.WriteLine("ip: {0}",
    theMatch.Groups["ip"]);
Console.WriteLine("site: {0}",
    theMatch.Groups["site"]);
```

Die Ausgabe ist wie folgt:

```
ip: 127.0.0.0
site: LibertyAssociates.com
```

In Beispiel 10-8 enthält die Collection `Matches` nur einen `Match`. Es ist jedoch auch möglich, mehr als einen Ausdruck in einem String zu matchen. Um dies zu sehen, ändern Sie `string1` in Beispiel 10-8 derart ab, dass er statt eines mehrere `logFile`-Einträge liefert:

```
string string1 = "04:03:27 127.0.0.0 LibertyAssociates.com " +
"04:03:28 127.0.0.0 foo.com " +
"04:03:29 127.0.0.0 bar.com " ;
```

Nun erhalten Sie drei Übereinstimmungen in der `MatchCollection` namens `theMatches`. Die Ausgabe sehen Sie hier:

```
theMatch: 04:03:27 127.0.0.0 LibertyAssociates.com
time: 04:03:27
ip: 127.0.0.0
site: LibertyAssociates.com

theMatch: 04:03:28 127.0.0.0 foo.com
time: 04:03:28
ip: 127.0.0.0
site: foo.com

theMatch: 04:03:29 127.0.0.0 bar.com
time: 04:03:29
ip: 127.0.0.0
site: bar.com
```

In diesem Beispiel enthält `theMatches` drei `Match`-Objekte. Bei jeder Iteration durch die äußere `foreach`-Schleife finden wir den nächsten `Match` in der Collection und zeigen seinen Inhalt an:

```
foreach (Match theMatch in theMatches)
```

Für jeden gefundenen `Match` können Sie entweder die Übereinstimmung insgesamt oder einzelne Gruppen davon oder beides ausgeben.

CaptureCollection verwenden

Beachten Sie bitte, dass wir uns nun den fortgeschritteneren Bereichen der regulären Ausdrücke zuwenden, welche für viele Programmierer immer noch wie schwarze Magie erscheinen. Sie dürfen diesen Abschnitt gern überspringen, wenn Ihnen der Kopf davon schwirrt, und bei Bedarf zurückkehren.

Jedes Mal, wenn ein `Regex`-Objekt auf einen Teilausdruck passt, wird eine `Capture`-Instanz erzeugt und einer `CaptureCollection`-Collection hinzugefügt. Jedes `Capture`-Objekt stellt eine einzelne Übereinstimmung dar.

Jede Gruppe hat ihre eigene `Capture`-Collection mit den Übereinstimmungen, die der Teilausdruck ergab, der mit dieser Gruppe assoziiert ist.

Wenn Sie also keine `Groups` erstellen und auch nur eine passende Übereinstimmung haben, erhalten Sie schließlich eine `CaptureCollection` mit einem `Capture`-Objekt. Wenn es fünfmal passt, erhalten Sie eine `CaptureCollection` mit fünf `Capture`-Objekten.

Wenn Sie keine Gruppen erstellen, aber drei Unterausdrücke passen, erhalten Sie drei `CaptureCollections`, jede mit `Capture`-Objekten, die zu diesen Unterausdrücken passen.

Wenn Sie schließlich Gruppen erstellen (zum Beispiel eine für IP-Adressen, eine für Rechnernamen, eine für Datumswerte) und jede Gruppe ein paar passende Ausdrücke besitzt, erhalten Sie eine Hierarchie: Jede Gruppen-Collection enthält eine Anzahl an Capture-Collections (eine pro passendem Unterausdruck), und jede Capture-Collection einer Gruppe enthält ein Capture-Objekt für jede gefundene Übereinstimmung.

Eine zentrale Eigenschaft des `Capture`-Objekts ist `length`, die Länge des gefundenen Teil-Strings. Wenn Sie die Länge von `Match` abfragen, rufen Sie eigentlich `Capture.Length` ab, da `Match` von `Group` und diese wiederum von `Capture` abgeleitet ist.

Das .NET-Vererbungsschema für reguläre Ausdrücke ermöglicht es `Match`, in seinem Interface die Methoden und Eigenschaften dieser Elternklassen aufzunehmen. In gewissem Sinne gilt: `Group` *ist-ein* `Capture`: nämlich eines, das die Idee kapselt, Teilausdrücke zusammenzufassen. Umgekehrt gilt: Ein `Match` *ist-eine* `Group`: Es ist die Kapselung aller Gruppen von Teilausdrücken, aus denen die gesamte Übereinstimmung für diesen regulären Ausdruck besteht. (In Kapitel 5 erfahren Sie mehr über die *Ist-ein*-Beziehung und andere Beziehungen.)

Normalerweise finden Sie zwar nur ein einziges `Capture` in einer `CaptureCollection`, aber zwingend ist dies nicht. Was würde z.B. geschehen, wenn Sie einen String parsen, in dem der Firmenname an einer von zwei Stellen auftreten könnte? Um dies in einer einzigen Übereinstimmung zusammenzufassen, erstellen Sie in Ihrem regulären Ausdrucksmuster die Gruppe `?<firma>` an zwei Stellen:

```
Regex theReg = new Regex(@"(?<time>(\d|\:)+)\s" +
@"(?<firma>\S+)\s" +
@"(?<ip>(\d|\.)+)\s" +
@"(?<firma>\S+)\s");
```

Diese reguläre Ausdrucksgruppe findet jeden passenden Zeichen-String, der hinter `time` steht, sowie jeden passenden Zeichen-String, der hinter `ip` steht. Mit diesem regulären Ausdruck können Sie nun den folgenden String parsen:

```
string string1 = "04:03:27 Jesse 0.0.0.127 Liberty ";
```

Der String enthält an beiden angegebenen Positionen Namen. Hier ist das Ergebnis:

```
theMatch: 04:03:27 Jesse 0.0.0.127 Liberty
time: 04:03:27
ip: 0.0.0.127
Firma: Liberty
```

Was ist geschehen? Warum erscheint in der Firma-Gruppe Liberty? Wo ist der erste, ebenfalls passende Begriff abgeblieben? Die Antwort lautet, dass der zweite Begriff den ersten überschrieben hat. Die Gruppe hat dennoch beide Begriffe gefunden. Das beweist ihre Captures-Collection, die in Beispiel 10-9 gezeigt wird.

Beispiel 10-9: Untersuchen der Captures-Collection

```
using System;
using System.Collections.Generic;
using System.Text;
using System.Text.RegularExpressions;

namespace CaptureCollection
{
    class Test
    {
        public static void Main( )
        {
            // Der zu parsende String.
            // Beachten Sie, dass an beiden Suchpositionen
            // Namen auftauchen.
            string string1 =
            "04:03:27 Jesse 0.0.0.127 Liberty ";

            // Regulärer Ausdruck, der firma in zwei Gruppen enthält
            Regex theReg = new Regex(@"(?<time>(\d|\:)+)\s" +
                     @"(?<firma>\S+)\s" +
                     @"(?<ip>(\d|\.)+)\s" +
                     @"(?<firma>\S+)\s");

            // Hole die Collection der Übereinstimmungen
            MatchCollection theMatches =
            theReg.Matches(string1);

            // Durchlaufe die Collection
            foreach (Match theMatch in theMatches)
            {
                if (theMatch.Length != 0)
                {
                    Console.WriteLine("theMatch: {0}",
                        theMatch.ToString( ));
                    Console.WriteLine("time: {0}",
                        theMatch.Groups["time"]);
                    Console.WriteLine("ip: {0}",
                        theMatch.Groups["ip"]);
                    Console.WriteLine("Firma: {0}",
                        theMatch.Groups["firma"]);
```

Beispiel 10-9: Untersuchen der Captures-Collection (Fortsetzung)

```
                // Iteriere über der Captures-Collection
                // in der Firma-Gruppe innerhalb der
                // Groups-Collection in dem Match

                foreach (Capture cap in
                    theMatch.Groups["firma"].Captures)
                {
                    Console.WriteLine("cap: {0}", cap.ToString());
                }
            }
         }
      }
   }
}
```

```
Ausgabe:
theMatch: 04:03:27 Jesse 0.0.0.127 Liberty
time: 04:03:27
ip: 0.0.0.127
Firma: Liberty
cap: Jesse
cap: Liberty
```

Der fett gedruckte Code durchläuft die Captures-Collection für die Firma-Gruppe.

```
foreach (Capture cap in
    theMatch.Groups["firma"].Captures)
```

Schauen wir uns an, wie diese Zeile geparst wird. Zuerst findet der Compiler die Collection, über die er iterieren wird. theMatch ist ein Objekt, das eine Collection namens Groups besitzt. Die Groups-Collection hat einen Indexer, der einen String entgegennimmt und ein einziges Group-Objekt zurückgibt. Somit gibt die folgende Zeile ein einzelnes Group-Objekt zurück:

```
theMatch.Groups["firma"]
```

Das Group-Objekt hat eine Collection namens Captures. Daher gibt die folgende Zeile eine Captures-Collection für die Group zurück, die im theMatch-Objekt unter Groups["firma"] gespeichert ist:

```
theMatch.Groups["firma"].Captures
```

Die foreach-Schleife durchläuft die Captures-Collection, holt ein Element nach dem anderen heraus und weist es der lokalen Variablen cap zu, die den Typ Capture hat. An der Ausgabe können Sie sehen, dass es zwei Capture-Elemente gibt: Jesse und Liberty. Das zweite überschreibt das erste in der Gruppe, und daher ist der angezeigte Wert einfach nur Liberty. Wenn Sie jedoch die Captures-Collection untersuchen, stellen Sie fest, dass beide Werte gefunden wurden.

KAPITEL 11
Exceptions

Auch in C# werden wie in anderen objektorientierten Sprachen außergewöhnliche Zustände durch *Exceptions* behandelt. Eine Exception ist ein Objekt, das Informationen über ungewöhnliche Programmvorgänge kapselt.

Es ist wichtig, zwischen Bugs, Fehlern und Exceptions zu unterscheiden. Ein *Bug* ist ein Programmierfehler, der behoben werden sollte, ehe der Code ausgeliefert wird. Exceptions sind kein Schutz vor Bugs. Zwar kann ein Bug eine Exception verursachen, aber Sie sollten Ihre Bugs nicht mit Exceptions behandeln, sondern sie beheben.

Ein *Fehler* wird durch eine Anwenderaktion verursacht, z.B. wenn der Benutzer eine Zahl an einer Stelle eingibt, an der ein Buchstabe erwartet wird. Auch ein Fehler kann eine Exception verursachen, aber Sie können das verhindern, indem Sie Fehler mit Validierungscode abfangen. Fehler sollten nach Möglichkeit vorhergesehen und verhindert werden.

Auch wenn Sie alle Bugs entfernen und alle Anwenderfehler voraussahnen, werden Sie trotzdem auf vorhersagbare, aber unvermeidliche Probleme stoßen, z.B. unzureichenden Speicherplatz oder den Versuch, eine Datei zu öffnen, die nicht mehr existiert. Sie können Exceptions nicht verhindern, aber Sie können sie so behandeln, dass sie Ihr Programm nicht zum Abstürzen bringen.

Wenn Ihr Programm auf einen außergewöhnlichen Zustand trifft, z.B. wenn nicht mehr ausreichend Speicher vorhanden ist, *löst* es eine Exception *aus* (oder »verursacht« sie). Wenn eine Exception ausgelöst wird, wird die Ausführung der aktuellen Funktion angehalten, und der Stack wird entladen, bis ein angemessener Exception-Handler gefunden wird (siehe den Kasten »Entladen des Stacks«).

Das bedeutet, dass die aktuelle Funktion beendet wird und die aufrufende Funktion die Möglichkeit erhält, die Exception zu behandeln, wenn die derzeit laufende Funktion dies nicht macht. Behandelt keine der aufrufenden Funktionen die Exception, wird sie im Endeffekt von der CLR behandelt, wodurch Ihr Programm abrupt beendet wird.

Entladen des Stacks

Wenn man eine Methode aufruft, wird auf dem Stack ein Speicherbereich bereitgestellt, der sogenannte *Stack-Frame*. Dieser enthält die Rücksprungadresse der nächsten Anweisung in der aufrufenden Methode, die übergebenen Argumente und alle lokalen Variablen der aufgerufenen Methode.

Da MethodA die Methode MethodB aufrufen kann, die wiederum eventuell MethodC aufruft, die dann vielleicht MethodA aufruft (die sogar sich selbst aufrufen kann!) und so weiter, geht es beim »Entladen des Stacks« darum, die Rücksprungadresse der aufrufenden Methode zu finden und direkt dorthin zurückzukehren, um nach einem catch-Block zu suchen, der sich um die Exception kümmert. Der Stack muss eventuell um eine ganze Folge von Methodenaufrufen zurückgedreht werden, bevor der Handler gefunden wird. Wenn man dabei schließlich bei main ankommt und immer noch keinen Handler gefunden hat, wird ein Standard-Handler aufgerufen und das Programm beendet.

Falls ein Handler gefunden wurde, fährt das Programm von dort aus fort und *nicht* von der Stelle aus, an der die Exception ausgelöst wurde, oder etwa von der Methode aus, die die »fehlerhafte« Methode aufgerufen hat (solange nicht gerade diese Methode den Handler hat). Ist der Stack einmal zurückgedreht, ist der Stack-Frame verloren.

Ein *Exception-Handler* ist ein Codeblock, der entworfen wurde, um eine ausgelöste Exception zu behandeln. Exception-Handler sind als catch-Anweisungen implementiert. Wenn die Exception abgefangen und behandelt wird, kann das Programm im Idealfall das Problem beheben und weitermachen. Auch wenn Ihr Programm nicht weitermachen kann, haben Sie durch das Abfangen der Exception die Möglichkeit, eine aussagekräftige Fehlermeldung auszugeben und das Programm elegant zu beenden.

Gibt es in Ihrer Funktion Code, der auf jeden Fall laufen muss, auch wenn es zu einer Exception kommt (z.B. um Ressourcen freizugeben, die Sie alloziert haben), können Sie diesen Code in einen finally-Block setzen, wo er mit Sicherheit ausgeführt wird, auch wenn es zu einer Exception kommt.

Exceptions auslösen und abfangen

In C# können Sie nur Objekte des Typs System.Exception oder davon abgeleitete Objekte auslösen. Der CLR-Namensraum System umfasst eine Reihe von Exception-Typen, die Ihr Programm benutzen kann. Dazu gehören ArgumentNullException, InvalidCastException und OverflowException sowie viele andere.

Hinweis für C++-Programmierer: In C# kann nicht einfach irgendein Objekt ausgelöst werden – es muss von System.Exception abgeleitet sein.

Die throw-Anweisung

Um eine anormale Bedingung in einer C#-Klasse zu signalisieren, lösen Sie eine Exception aus. Dafür verwenden Sie das Schlüsselwort throw. Diese Codezeile erzeugt eine neue Instanz von System.Exception und löst sie aus:

```
throw new System.Exception( );
```

Durch das Auslösen einer Exception wird die Ausführung des aktuellen »Threads« sofort angehalten (siehe Kapitel 21 für eine Erläuterung von Threads), während die CLR nach einem Exception-Handler sucht. Kann in der aktuellen Methode kein Exception-Handler gefunden werden, entlädt die Laufzeitumgebung den Stack und geht die aufrufenden Methoden durch, bis sie einen Handler findet. Wenn die CLR bis zu Main() zurückgeht, ohne einen Handler zu finden, beendet sie das Programm. Beispiel 11-1 veranschaulicht das.

Beispiel 11-1: Eine Exception auslösen

```
using System;

namespace Programming_CSharp
{
    public class Test
    {
        public static void Main( )
        {
            Console.WriteLine("Betrete Main ...");
            Test t = new Test( );
            t.Func1( );
            Console.WriteLine("Verlasse Main ...");
        }

        public void Func1( )
        {
            Console.WriteLine("Betrete Func1 ...");
            Func2( );
            Console.WriteLine("Verlasse Func1 ...");
        }

        public void Func2( )
        {
            Console.WriteLine("Betrete Func2 ...");
            throw new System.ApplicationException( );
            Console.WriteLine("Verlasse Func2 ...");
        }
    }
}

Ausgabe:
Betrete Main ...
Betrete Func1 ...
Betrete Func2...
```

Wenn Sie dieses Programm im Debug-Modus starten, erscheint ein Hinweis mit der Meldung »Exception was unhandled«, den Sie in Abbildung 11-1 sehen.

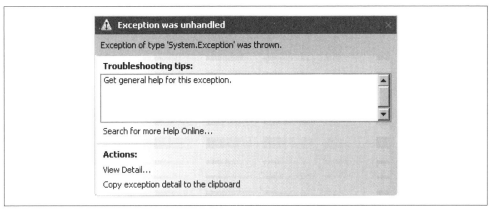

Abbildung 11-1: Unbehandelte Exception

Nachdem Sie auf *View Detail* geklickt haben, sehen Sie die Einzelheiten zu der unbehandelten Exception, wie in Abbildung 11-2 dargestellt.

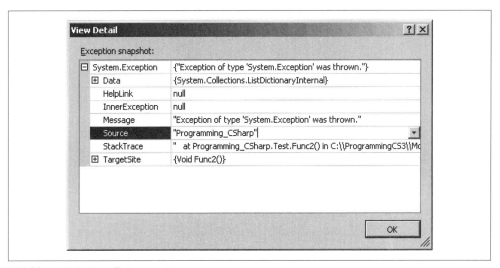

Abbildung 11-2: Einzelheiten zur Exception

Dieses einfache Beispiel gibt eine Meldung auf der Konsole aus, wenn es eine Methode betritt oder verlässt. Main() erzeugt eine Instanz des Typs Test und ruft Func1() auf. Nachdem die Nachricht Betrete Func1 ausgegeben wurde, ruft Func1() direkt Func2() auf. Func2() gibt die erste Nachricht aus und löst ein Objekt des Typs System.Exception aus.

Bei der Ausführung wird die Exception behandelt. Die CLR prüft, ob es einen Handler in Func2() gibt. Weil es keinen gibt, entlädt die Laufzeitumgebung den Stack (wobei sie niemals die Verlasse-Anweisung ausgibt) bis zu Func1(). Auch dort findet sie keinen Handler. Also entlädt sie den Stack bis zurück zu Main(). Da es auch hier keinen Exception-Handler gibt, wird der Standard-Handler aufgerufen, und dieser gibt die Exception-Warnung.

Die catch-Anweisung

In C# wird ein Exception-Handler *catch-Block* genannt und mit dem Schlüsselwort catch erzeugt.

In Beispiel 11-2 wird die throw-Anweisung innerhalb eines try-Blocks ausgeführt. Mit einem catch-Block wird angekündigt, dass der Fehler behandelt wurde.

Beispiel 11-2: Eine Exception abfangen

```
using System;
using System.Collections.Generic;
using System.Text;

namespace CatchingAnException
{
    public class Test
    {
        public static void Main()
        {
            Console.WriteLine("Betrete Main ...");
            Test t = new Test();
            t.Func1();
            Console.WriteLine("Verlasse Main ...");
        }

        public void Func1()
        {
            Console.WriteLine("Betrete Func1 ...");
            Func2();
            Console.WriteLine("Verlasse Func1 ...");
        }

        public void Func2()
        {
            Console.WriteLine("Betrete Func2...");

            try
            {
            Console.WriteLine("Beim Betreten des try-Blocks ...");
            throw new System.ApplicationException();
            Console.WriteLine("Beim Verlassen des try-Blocks ...");
            }
            catch
            {
```

Beispiel 11-2: Eine Exception abfangen (Fortsetzung)

```
            // Für das Buch vereinfacht. Normalerweise würden Sie
            // das Problem korrigieren (oder mindestens protokollieren)
            Console.WriteLine("Exception abgefangen und behandelt.");
        }

        Console.WriteLine("Verlasse Func2 ...");
    }
  }
}
```

```
Ausgabe:
Betrete Main ...
Betrete Func1 ...
Betrete Func2 ...
Beim Betreten des try-Blocks ...
Exception abgefangen und behandelt.
Verlasse Func2 ...
Verlasse Func1 ...
Verlasse Main ...
```

Beispiel 11-2 ist mit Beispiel 11-1 fast identisch, wobei allerdings nun das Programm einen try/catch-Block enthält.

Ein häufiger Fehler ist, Ihren Code mit try/catch-Blocks zu füllen, die eigentlich gar nichts tun und auch nicht das Problem lösen, auf das die Exception hinweist. Es ist guter Programmierstil, einen try/catch-Block nur dann zu nutzen, wenn Ihr catch die Möglichkeit hat, die Situation auszubügeln (mit Ausnahme der obersten Ebene, in der Ihr Programm zumindest elegant fehlschlagen sollte).

Eine Ausnahme zu diesem Vorgehen ist ein Abfangen und Protokollieren der Exception, um sie dann weiter nach oben zu werfen, wo sie behandelt werden soll. Oder man fängt die Exception ab, fügt Kontext-Informationen hinzu und verpackt diese Daten dann in eine neue Exception, wie es später im Kapitel beschrieben wird.

Catch-Anweisungen können generisch sein, wie man im vorigen Beispiel sah, oder auf eine bestimmte Exception ausgerichtet, wie wir noch weiter hinten im Kapitel sehen werden.

Korrekturmaßnahmen ergreifen

Einer der wichtigsten Zwecke einer catch-Anweisung ist, Korrekturmaßnahmen durchzuführen. Wenn der Anwender z.B. versucht, eine schreibgeschützte Datei zu öffnen, könnten Sie eine Methode aufrufen, die es dem Anwender erlaubt, die Attribute der Datei zu ändern. Verfügt das Programm nicht mehr über genug Speicher, können Sie dem Anwender die Möglichkeit geben, andere Anwendungen zu schließen. Wenn alles andere fehlschlägt, kann der catch-Block den Fehler protokollieren (oder sogar eine E-Mail verschicken), so dass Sie genau wissen, wo Sie in Ihrem Programm ein Problem haben.

Entladung des Aufruf-Stacks

Betrachten Sie die Ausgabe von Beispiel 11-2 etwas näher. Sie sehen, dass der Code Main(), Func1(), Func2() und den try-Block betritt. Sie sehen aber nicht, dass er den try-Block verlässt, obwohl er Func2(), Func1() und Main() verlässt. Was ist geschehen?

Wenn die Exception ausgelöst wird, wird die normale Ausführung sofort angehalten und die Kontrolle an den catch-Block übergeben. Sie kehrt *niemals* zum ursprünglichen Codepfad zurück. Sie gelangt niemals zu der Zeile, die die Verlasse-Anweisung für den try-Block ausgibt. Der catch-Block behandelt den Fehler, und dann fällt die Ausführung bis zu dem Code durch, der auf catch folgt.

Ohne catch wird der Aufruf-Stack entladen, aber mit catch wird er als Ergebnis der Exception nicht entladen. Die Exception wird nun behandelt; es gibt keine weiteren Probleme, und die Ausführung des Programms wird fortgesetzt. Dies wird ein wenig deutlicher, wenn Sie die try/catch-Blöcke hinauf zu Func1() verschieben, wie Sie es in Beispiel 11-3 sehen.

Beispiel 11-3: Eine aufrufende Funktion abfangen

```
using System;

namespace CatchingExceptionInCallingFunc
{
    public class Test
    {
        public static void Main()
        {
            Console.WriteLine("Betrete Main ...");
            Test t = new Test();
            t.Func1();
            Console.WriteLine("Verlasse Main ...");
        }

        public void Func1()
        {
            Console.WriteLine("Betrete Func1 ...");

            try
            {
                Console.WriteLine("Beim Betreten des try-Blocks ...");
                Func2();
                Console.WriteLine("Beim Verlassen des try-Blocks ...");
            }
            catch
            {
                Console.WriteLine(
                    "Unbekannte Exception abgefangen beim Aufruf von Func 2.");
            }

            Console.WriteLine("Verlasse Func1 ...");
        }
```

Beispiel 11-3: Eine aufrufende Funktion abfangen (Fortsetzung)

```
        public void Func2()
        {
            Console.WriteLine("Betrete Func2 ...");
            throw new System.ApplicationException();
            Console.WriteLine("Verlasse Func2 ...");
        }
    }
}
```

```
Ausgabe:
Betrete Main ...
Betrete Func1 ...
Beim Betreten des try-Blocks ...
Betrete Func2 ...
Unbekannte Exception gefangen beim Aufruf von Func 2.
Verlasse Func1 ...
Verlasse Main ...
```

Diesmal wird die Exception nicht in Func2(), sondern in Func1() behandelt. Wenn Func2() aufgerufen wird, gibt sie die Betrete-Anweisung aus und löst dann eine Exception aus. Die Ausführung wird angehalten, und die Laufzeitumgebung sucht nach einem Handler, aber es gibt keinen. Der Stack wird entladen, und die Laufzeitumgebung findet einen Handler in Func1(). Die catch-Anweisung wird aufgerufen, und die Ausführung setzt direkt nach der catch-Anweisung wieder ein. Sie gibt die Verlasse-Anweisung für Func1() und dann für Main() aus.

Es ist äußerst wichtig, dass Sie verstehen, warum weder Beim Verlassen des try-Blocks noch Verlasse Func2 ausgegeben werden. Dies ist einer der klassischen Fälle, in denen alles ganz klar wird, wenn Sie den Code in einen Debugger laden und ihn Schritt für Schritt durchgehen.

Try/Catch Best Practices

Bisher haben Sie nur mit generischen catch-Anweisungen gearbeitet. Best Practice ist aber, dass Sie, wann immer möglich, spezielle catch-Anweisungen erstellen, die nur ein paar bestimmte Exceptions behandeln. Beispiel 11-4 zeigt, wie angegeben wird, welche Exception Sie behandeln möchten.

Beispiel 11-4: Die abzufangende Exception angeben

```
using System;

namespace SpecifyingCaughtException
{
    public class Test
    {
        public static void Main()
```

Beispiel 11-4: Die abzufangende Exception angeben (Fortsetzung)

```
        {
            Test t = new Test( );
            t.TestFunc( );
        }

        // Versuche, zwei Zahlen zu teilen
        // Behandle mögliche Exceptions
        public void TestFunc( )
        {
            try
            {
                double a = 5;
                double b = 0;
                //double b = 2;
                Console.WriteLine("{0} / {1} = {2}",
                a, b, DoDivide(a, b));
            }

            // Der am weitesten abgeleitete Exception-Typ zuerst
            catch (System.DivideByZeroException)
            {
                Console.WriteLine(
                "DivideByZeroException abgefangen!");
            }
            catch (System.ArithmeticException)
            {
                Console.WriteLine(
                "ArithmeticException abgefangen!);
            }

            // Generischer Exception-Typ zuletzt
            Catch (Exception e)
            {
                Console.Writeline("Log: " + e.ToString( ));
            }
        }   // end Test function

        // Führe die Division durch, wenn sie zulässig ist
        public double DoDivide(double a, double  b)
        {
            if (b == 0)
                throw new System.DivideByZeroException( );
            if (a == 0)
                throw new System.ArithmeticException( );
            // throw new ApplicationException( );
            return a / b;
        }
    }   // end class
}       // end namespace
```

Ausgabe:
DivideByZeroException abgefangen!

In diesem Beispiel lässt die Methode DoDivide() nicht zu, dass Sie null durch eine andere Zahl oder eine andere Zahl durch null teilen. Sie löst eine Instanz von DivideByZeroException aus, wenn Sie versuchen, durch null zu teilen. Wenn Sie versuchen, null durch eine andere Zahl zu teilen, gibt es keine angemessene Exception – das Teilen von null durch eine andere Zahl ist eine zulässige mathematische Operation und sollte keine Exception auslösen. Nur für dieses Beispiel nehmen wir an, dass Sie keine Division von null durch eine andere Zahl zulassen möchten. Sie lösen also eine ArithmeticException aus.

Wird die Exception ausgelöst, prüft die Laufzeit die Exception-Handler *nacheinander* und wählt den ersten passenden aus. Wenn Sie dies mit a=5 und b=7 ausführen, sieht die Ausgabe so aus:

```
5 / 7 = 0.7142857142857143
```

Wie Sie erwartet haben, wird keine Exception ausgelöst. Wenn Sie aber den Wert von a in 0 ändern, sieht die Ausgabe folgendermaßen aus:

```
ArithmeticException abgefangen!
```

Die Exception wird ausgelöst, und die Laufzeit untersucht die erste Exception, DivideByZeroException. Da diese nicht passt, geht sie zum nächsten Handler, ArithmeticException, der zutreffend ist.

Nehmen Sie im letzten Durchgang an, dass Sie a in 7 und b in 0 ändern. Dies verursacht die DivideByZeroException.

Sie müssen bei der Reihenfolge der catch-Anweisungen besonders vorsichtig sein, da die DivideByZeroException von ArithmeticException abgeleitet ist. Wenn Sie die catch-Anweisungen umkehren, stimmt die DivideByZero-Exception mit dem ArithmeticException-Handler überein, und die Exception wird niemals zum DivideByZeroException-Handler gelangen. Im Grunde ist es für *jede* Exception unmöglich, den DivideByZeroException-Handler zu erreichen, wenn die Reihenfolge umgekehrt wird. Der Compiler erkennt, dass der DivideByZeroException-Handler nicht erreicht werden kann, und meldet einen Compiler-Fehler!

Wenn man eine generische Exception abfängt, ist es häufig gut, zumindest so viel wie möglich über die Exception zu protokollieren, indem man ihre Methode ToString aufruft. Um zu sehen, wie das aussieht, nehmen Sie drei Änderungen am vorigen Beispiel vor:

- Ändern Sie den deklarierten Wert von b von 0 auf 2.
- Entfernen Sie die Kommentarzeichen in der vorletzten Code-Zeile.
- Kommentieren Sie die letzte Code-Zeile aus (da sie nun nicht mehr erreicht wird).

Die Ausgabe wird ungefähr so aussehen:

```
Log this: System.SystemException: System error.
   at SpecifyingCaughtException.Test.DoDivide(Double a, Double b) in C:\...\Specified
Exception
s\Program.cs:line 53
```

Beachten Sie, dass die generische Exception Ihnen unter anderem den Dateinamen, die Methode und die Zeilennummer mitteilt – das kann einiges an Debugging-Aufwand ersparen.

Die finally-Anweisung

In einigen Instanzen kann das Auslösen einer Exception und das Entladen des Stacks zu einem Problem führen. Wenn Sie z.B. eine Datei geöffnet haben oder anderweitig eine Ressource verwenden, benötigen Sie möglicherweise einen Weg, die Datei zu schließen oder den Puffer zu entleeren.

Für den Fall, dass es eine Aktion gibt, die Sie durchführen müssen (egal ob eine Exception ausgelöst wird oder nicht), wie z.B. das Schließen einer Datei, verfügen Sie über zwei Strategien, aus denen Sie wählen können. Eine Möglichkeit ist, die gefährliche Aktion in einen try-Block einzuschließen und die Datei dann sowohl im catch- als auch im try-Block zu schließen. Dies ist aber eine hässliche Duplizierung von Code und sehr anfällig für Fehler. C# bietet im finally-Block eine bessere Alternative.

Der Code im finally-Block wird garantiert ausgeführt, unabhängig davon, ob eine Exception ausgelöst wird. Die Methode TestFunk() in Beispiel 11-5 simuliert als erste Aktion das Öffnen einer Datei. Die Methode führt einige mathematische Operationen durch, dann wird die Datei geschlossen. Es ist möglich, dass irgendwo zwischen dem Öffnen und dem Schließen der Datei eine Exception ausgelöst wird.

Schreiben Sie in Ihren finally-Block schlichten Code. Wenn innerhalb Ihres finally-Blocks eine Exception ausgelöst wird, wird er nicht beendet.

Ist dies der Fall, wäre es möglich, dass die Datei geöffnet bleibt. Der Entwickler weiß, dass, egal was geschieht, die Datei am Ende dieser Methode geschlossen sein muss. Er verschiebt also die file close-Funktion in einen finally-Block, wo sie unabhängig davon ausgeführt wird, ob eine Exception auftritt.

Beispiel 11-5: Die Verwendung eines finally-Blocks
```
using System;
using System.Collections.Generic;
using System.Text;

namespace UsingFinally
{
    public class Test
    {
        public static void Main()
        {
            Test t = new Test();
            t.TestFunc();
        }
```

Beispiel 11-5: Die Verwendung eines finally-Blocks (Fortsetzung)

```
    // Versuche, zwei Zahlen zu teilen
    // Behandle mögliche Exceptions
    public void TestFunc()
    {
        try
        {
            Console.WriteLine("Öffne hier die Datei");
            double a = 5;
            double b = 0;
            Console.WriteLine("{0} / {1} = {2}",
            a, b, DoDivide(a, b));
            Console.WriteLine(
            "Diese Zeile wird eventuell ausgegeben");
        }

        // Der am weitesten abgeleitete Exception-Typ zuerst
        catch (System.DivideByZeroException)
        {
            Console.WriteLine(
            "DivideByZeroException abgefangen!");
        }
        catch
        {
            Console.WriteLine("Unbekannte Exception abgefangen");
        }
        finally
        {
            Console.WriteLine("Schließe hier die Datei.");
        }
    }

    // Führe die Division durch, wenn sie zulässig ist
    public double DoDivide(double a, double b)
    {
        if (b == 0)
            throw new System.DivideByZeroException();
        if (a == 0)
            throw new System.ArithmeticException();
        return a / b;
    }
  }
}
```

Ausgabe:
Öffne hier die Datei.
DivideByZeroException abgefangen!
Schließe hier die Datei.

Ausgabe wenn b = 12:
Öffne hier die Datei

Beispiel 11-5: Die Verwendung eines finally-Blocks (Fortsetzung)

```
5 / 12 = 0.416666666666667
Diese Zeile wird eventuell ausgegeben
Schließe hier die Datei.
```

In diesem Beispiel wird einer der catch-Blöcke entfernt, um Platz zu sparen, und ein finally-Block wird hinzugefügt. Unabhängig davon, ob eine Exception ausgelöst wird, wird der finally-Block ausgeführt (Sie sehen in beiden Beispielausgaben die Mitteilung Schließe hier die Datei.)

Ein finally-Block kann mit oder ohne catch-Blöcke erzeugt werden, aber ein finally-Block macht es erforderlich, dass ein try-Block ausgeführt wird. Es ist ein Fehler, einen finally-Block mit break, continue, return oder goto zu beenden.

Exception-Objekte

Bisher haben Sie die Exception als Wächter benutzt – d.h., dass das Vorhandensein einer Exception einen Fehler signalisiert –, aber Sie haben das Exception-Objekt selbst noch nicht angerührt oder untersucht. Das Objekt System.Exception bietet eine Reihe von nützlichen Methoden und Eigenschaften. Die Eigenschaft Message bietet Informationen über die Exception, z.B. warum sie ausgelöst wurde. Die Eigenschaft Message ist schreibgeschützt und kann von dem Code, der die Exception auslöst, als Argument an den Exception-Konstruktor übergeben werden.

Die Eigenschaft HelpLink stellt einen Link zu der Hilfedatei zur Verfügung, die mit der Exception assoziiert ist. Die Eigenschaft ist les- und schreibbar.

Hinweis für VB6-Programmierer: In C# müssen Sie vorsichtig sein, wenn Sie Objektvariablen innerhalb derselben Codezeile deklarieren und instanziieren. Wenn die Möglichkeit besteht, dass innerhalb der Konstruktormethode ein Fehler ausgelöst wird, könnten Sie versucht sein, die Variablendeklaration und Instanziierung in einen try-Block zu legen. Wenn Sie dies tun, ist aber die Variable nur innerhalb des try-Blocks sichtbar und kann weder im catch- noch im finally-Bl.ock referenziert werden. Am besten *deklarieren* Sie die Objektvariable *vor* dem try-Block und *instanziieren* sie *innerhalb* des try-Blocks.

Die Eigenschaft StackTrace ist schreibgeschützt und wird von der Laufzeitumgebung gesetzt. In Beispiel 11-6 wird die Eigenschaft Exception.HelpLink gesetzt und abgerufen, um dem Anwender Informationen über die DivideByZeroException zu liefern. Die StackTrace-Eigenschaft der Exception kann einen Stack-Trace für die Anweisung liefern, die den Fehler enthält. Ein Stack-Trace zeigt den *Call-Stack* an: Dabei handelt es sich um eine Reihe von Methodenaufrufen, die zu der Methode führen, in der die Exception ausgelöst wurde.

Beispiel 11-6: Mit einem Exception-Objekt arbeiten

```csharp
using System;

namespace ExceptionObject
{
    public class Test
    {
        public static void Main()
        {
            Test t = new Test();
            t.TestFunc();
        }

        // Versuche, zwei Zahlen zu teilen
        // Behandle mögliche Exceptions
        public void TestFunc()
        {
            try
            {
                Console.WriteLine("Öffne hier die Datei");
                double a = 12;
                double b = 0;
                Console.WriteLine("{0} / {1} = {2}",
                    a, b, DoDivide(a, b));
                Console.WriteLine(
                    "Diese Zeile wird eventuell nicht ausgegeben");
            }

            // Der am weitesten abgeleitete Exception-Typ zuerst
            catch (System.DivideByZeroException e)
            {
                Console.WriteLine(
                    "DivideByZeroException!" + e);
            }
            catch (System.Exception e)
            {
                Console.WriteLine(
                "Log" + e.Message);
            }
            finally
            {
                Console.WriteLine("Schließe hier die Datei");
            }
        }

        // Führe die Division durch, wenn sie zulässig ist
        public double DoDivide(double a, double b)
        {
            if (b == 0)
            {
                DivideByZeroException e =
                new DivideByZeroException();
                e.HelpLink =
```

Beispiel 11-6: Mit einem Exception-Objekt arbeiten (Fortsetzung)

```
                "http://www.libertyassociates.com";
            throw e;
        }
        if (a == 0)
            throw new ArithmeticException();
        return a / b;
    }
  }
}
```

```
Ausgabe:
Öffne hier die Datei

DivideByZeroException! Msg: Attempted to divide by zero.

HelpLink: http://www.libertyassociates.com

Hier ist ein Stack-Trace:
at ExceptionObject.Test.DoDivide(Double a, Double b)
 in c:\...exception06.cs:line 56
at ExceptionObject.Test.TestFunc()
in...exception06.cs:line 22

Schließe hier die Datei.
```

In der Ausgabe listet der Stack-Trace die Methoden in der umgekehrten Reihenfolge auf, in der sie aufgerufen wurden; das heißt, er zeigt, dass der Fehler in der Methode DoDivide() aufgetreten ist, die von TestFunk() aufgerufen wurde. Wenn Methoden tief geschachtelt sind, kann die Stack-Überwachung Ihnen helfen, die Reihenfolge der Methodenaufrufe zu verstehen.

In diesem Beispiel erzeugen Sie eine neue Instanz der Exception, anstatt einfach nur eine DivideByZeroException auszulösen:

```
DivideByZeroException e = new DivideByZeroException();
```

Da Sie keine benutzerdefinierte Nachricht übergeben, wird die Standardnachricht ausgegeben:

DivideByZeroException! Msg: **Attempted to divide by zero.**

Sie können diese Codezeile verändern, um eine eigene Nachricht zu übergeben:

```
new DivideByZeroException(
   "Sie haben versucht, durch null zu teilen, was nicht zulässig ist");
```

In diesem Fall wird die Ausgabe Ihre eigene Nachricht widerspiegeln:

```
DivideByZeroException! Msg:
  Sie haben versucht, durch null zu teilen, was nicht zulässig ist.
```

Setzen Sie die Eigenschaft HelpLink, ehe Sie die Exception auslösen:

```
e.HelpLink = "http://www.libertyassociates.com";
```

Wenn diese Exception abgefangen wird, gibt das Programm die Nachricht und den HelpLink aus:

```
catch (System.DivideByZeroException e)
{
    Console.WriteLine("\nDivideByZeroException! Msg: {0}",
        e.Message);
    Console.WriteLine("\nHelpLink: {0}", e.HelpLink);
```

So können Sie dem Anwender nützliche Informationen liefern. Außerdem gibt der Code den StackTrace aus, indem er die StackTrace-Eigenschaft des Exception-Objekts abruft:

```
Console.WriteLine("\nHier ist ein Stack-Trace: {0}\n",
    e.StackTrace);
```

Die Ausgabe dieses Aufrufs spiegelt einen vollständigen StackTrace wider, der zu dem Punkt führt, an dem die Exception ausgelöst wurde:

```
Hier ist ein Stack-Trace:
at ExceptionObject.Test.DoDivide(Double a, Double b)
 in c:\...exception06.cs:line 56
at ExceptionObject.Test.TestFunc()
in...exception06.cs:line 22
```

Beachten Sie, dass ich die Pfadnamen gekürzt habe. Daher wird die Ausgabe bei Ihnen anders aussehen.

KAPITEL 12
Delegates und Events

Wenn ein Staatsoberhaupt stirbt, hat der US-Präsident normalerweise keine Zeit, persönlich an dem Begräbnis teilzunehmen. Stattdessen schickt er einen Stellvertreter zu der Beerdigung. Dieser Stellvertreter – oder Delegierte – ist oftmals der Vizepräsident, doch wenn dieser ebenfalls unabkömmlich ist, muss der Präsident noch jemand anders delegieren, vielleicht den Außenminister oder die First Lady. Er möchte seine Zuständigkeit nicht fest auf eine Einzelperson »übertragen«, sondern kann sie jedem verleihen, der in der Lage ist, sich auf internationalem Parkett protokollarisch richtig zu verhalten.

Der Präsident definiert im Voraus, welche Verantwortung delegiert wird (Teilnahme an der Beerdigung), welche Parameter übergeben werden (Beileidsbekundungen und freundliche Worte) und was er dafür zu erhalten hofft (Wohlwollen). Dann bestimmt er eine Person, der diese Verantwortung während der »Laufzeit« seiner Präsidentschaft zugewiesen wird.

Events

Beim Programmieren sehen Sie sich oftmals Situationen gegenüber, in denen Sie eine bestimmte Aktion ausführen müssen, aber im Voraus nicht wissen, welche Methode oder sogar welches Objekt damit betraut werden soll. Das klassische Bespiel dafür ist die Methode, die durch das Drücken einer Schaltfläche, das Auswählen eines Menüeintrags oder ein anderes »Ereignis« aufgerufen werden soll.

Ein *Event* tritt in der Event-gesteuerten Programmierung (wie bei Windows!) auf, wenn etwas passiert – häufig als Ergebnis einer Benutzeraktion, aber auch als Ergebnis einer Änderung des Systemzustands oder aufgrund einer Nachricht, die von außerhalb des Systems (zum Beispiel dem Internet) eintrifft.

Sie müssen sich vorstellen, dass die Person, die eine Schaltfläche (oder eine Listbox oder ein anderes Steuerelement) erstellt, nicht unbedingt der Programmierer sein wird, der das Steuerelement *verwendet*. Der Entwickler des Steuerelements weiß, dass der Programmierer, der die Schaltfläche nutzt, beim Anklicken der Schaltfläche etwas geschehen lassen will, aber der Steuerelement-Entwickler kann dabei nicht wissen, was das sein soll!

Die Lösung für dieses Dilemma sieht so aus: Der Schaltflächen-Entwickler sagt im Prinzip: »Meine Schaltfläche stellt eine Reihe von Events bereit, wie zum Beispiel *Klick*. Meine Listbox hat andere Events, wie *Auswahl geändert*, *Eintrag hinzugefügt* und so weiter. Ihr Programmierer, die Ihr meine Steuerelemente nutzen wollt, könnt beliebige Methoden mit diesen Events verknüpfen, wenn Ihr die Steuerelemente verwendet.« Sie verknüpfen mit diesen Events per *Delegates*.

Ein Delegate ist ein Objekt, das die Adresse einer Methode enthält. Damit lässt es sich in vielen Bereichen nutzen, aber insbesondere zwei Gebiete sind dafür ideal:

- »Rufe diese Methode auf, wenn dieses Event geschieht.« (Event-Handling)
- »Rufe diese Methode auf, wenn du mit deiner Arbeit fertig bist.« (Callbacks, die weiter unten in diesem Kapitel besprochen werden)

In C# sind Delegates Objekte erster Klasse und werden von der Sprache voll und ganz unterstützt. (Für einen C++-Programmierer sehen sie aus wie Zeiger auf Elementfunktionen auf Drogen!) Sie werden genutzt, um ein Event mit einer Methode zu verbinden, die dieses Event behandeln wird. Tatsächlich sind Events schlicht eine eingeschränkte Variante von Delegates, wie Sie in diesem Kapitel noch feststellen werden.

Events und Delegates

In C# werden Delegates von der Sprache voll und ganz unterstützt. Technisch gesehen ist ein Delegate ein Referenztyp, der dazu dient, eine Methode mit einer bestimmten Signatur und einem bestimmten Rückgabetyp zu kapseln.[1] Sie können in diesem Delegate jede dazu passende Methode kapseln.

Sie erstellen ein Delegate wie im folgenden Beispiel mit dem Schlüsselwort `delegate`, gefolgt von einem Rückgabetyp und der Signatur der Methoden, zu denen es delegiert werden kann:

```
public delegate void ButtonClick(object sender, EventArgs e);
```

Diese Deklaration definiert ein Delegate `ButtonClick`, das eine beliebige Methode kapseln wird, die ein Objekt vom Typ `Object` (die Basisklasse für alles in C#) als ersten Parameter und ein Objekt vom Typ `EventArgs` (oder etwas davon Abgeleitetes) als zweiten Parameter erwartet. Die Methode wird `void` zurückgeben. Das Delegate selbst ist `public`.

Sobald Sie das Delegate definiert haben, können Sie eine Member-Methode mit ihm kapseln, indem Sie das Delegate instanziieren, d.h. ihm eine Methode übergeben, deren Typ und Signatur zu ihm passen.

So könnten Sie zum Beispiel dieses Delegate definieren:

```
public delegate void buttonPressedHandler(object sender, EventArgs e);
```

---

[1] Wenn es sich dabei um eine Instanzmethode handelt, kapselt das Delegate auch das Zielobjekt.

Das Delegate könnte dann die folgenden zwei Methoden kapseln:

```
public void onButtonPressed(object sender, EventArgs e)
{
    MessageBox.Show("Die Schaltfläche wurde gedrückt!");
}
```

oder:

```
public void myFunkyMethod(object s, EventArgs x)
{
    MessageBoxShow("Aua!");
}
```

Wie Sie später noch sehen werden, kann es sogar beide Methoden gleichzeitig kapseln! Wichtig ist, dass beide Methoden void zurückgeben und zwei Eigenschaften übernehmen – ein Objekt und ein EventArgs –, wie es vom Delegate spezifiziert wurde.

Indirekter Aufruf

Alternativ können Sie auch anonyme Methoden verwenden (siehe weiter unten). In beiden Fällen kann das Delegate genutzt werden, um die gekapselte Methode aufzurufen. Kurz gesagt *entkoppeln* Delegates die Klasse, die das Delegate deklariert, von der Klasse, die das Delegate nutzt – der Erzeuger des Button muss also nicht wissen, wie der Button in den Programmen verwendet wird, die ihn auf ihrer Seite unterbringen.

Publizieren und abonnieren

Ein in der Programmierung sehr häufig genutztes Entwurfsmuster ist, dass der Ersteller eines Steuerelements (zum Beispiel einer Schaltfläche) die Events »veröffentlicht« (*publish*), auf die die Schaltfläche reagieren wird (wie zum Beispiel einen Klick). Programmierer, die die Schaltfläche nutzen (sie also zum Beispiel in einem Formular einsetzen), können sich dazu entscheiden, eines oder mehrere dieser Schaltflächen-Events zu abonnieren (*subscribe*). Wenn Sie also ein Webformular implementieren, das eine Schaltfläche nutzt, können Sie wählen, dass Sie darüber informiert werden möchten, wenn jemand auf die Schaltfläche klickt, aber nicht, wenn sich die Maus nur über die Schaltfläche bewegt.

Ein diesem sehr verwandtes Muster ist das Beobachter-Muster, bei dem das Formular der Beobachter ist und die Schaltfläche beobachtet wird.

In jedem Fall wird dafür ein Delegate erstellt. Das Abonnieren geschieht durch das Erstellen einer Methode, die die passende Signatur und den richtigen Rückgabewert des Delegates hat. Diese Methode wird dann mit der in Beispiel 12-1 gezeigten Syntax für das Abonnieren (Subskribieren) verwendet.

Die Subskriptionsmethode wird normalerweise als *Event-Handler* bezeichnet, da sie sich um das von der publizierenden Klasse ausgelöste Event kümmert. Das Formular verarbeitet also eventuell das Klick-Event, das von der Schaltfläche ausgelöst wurde.

Es ist üblich, dass Event-Handler im .NET-Framework void zurückliefern und zwei Parameter erwarten. Der erste Parameter ist die »Quelle« des Events (also das publizierende Objekt). Der zweite Parameter ist ein Objekt, das von EventArgs abgeleitet wurde.

EventArgs ist die Basisklasse für alle Event-Daten. Abgesehen von ihrem Konstruktor erbt EventArgs alle ihre Methoden von Object, fügt diesen allerdings noch ein öffentliches statisches Feld namens Empty hinzu, das ein zustandsloses Event repräsentiert (damit auch zustandslose Events effizient eingesetzt werden können). Die abgeleitete Klasse EventArgs enthält Informationen über das Event.

Um nicht so viel Theorie, sondern auch etwas Praxis zu sehen, wollen wir einen Blick auf Beispiel 12-1 werfen und es dann auseinanderpflücken.

Beispiel 12-1: Publizieren und abonnieren mit Delegates

```
using System;
using System.Collections.Generic;
using System.Text;
using System.Threading;

namespace EventsWithDelegates
{
    // Eine Klasse enthält die Informationen über das Event.
    // In diesem Fall gibt es nur Informationen aus der Klasse
    // clock, aber es könnten auch zusätzliche Zustands-
    // Informationen enthalten sein.
    public class TimeInfoEventArgs : EventArgs
    {
        public TimeInfoEventArgs(int hour, int minute, int second)
        {
            this.Hour = hour;
            this.Minute = minute;
            this.Second = second;
        }
        public readonly int Hour;
        public readonly int Minute;
        public readonly int Second;
    }

    // Unser Subjekt -- diese Klasse wird von anderen Klassen
    // beobachtet werden. Sie publiziert nur ein Delegate:
    // OnSecondChange.
    public class Clock
    {
        private int hour;
        private int minute;
        private int second;

        // das Delegate
        public delegate void SecondChangeHandler
        (
            object clock,
```

Beispiel 12-1: Publizieren und abonnieren mit Delegates (Fortsetzung)

```
        TimeInfoEventArgs timeInformation
    );

    // Eine Instanz des Delegate
    public SecondChangeHandler SecondChanged;

    protected virtual void OnSecondChanged(TimeInfoEventArgs e)
    {
        if (SecondChanged != null)
        {
            SecondChanged(this, e);
        }
    }




    // Die Uhr starten.
    // Es wird zu jeder neuen Sekunde ein Event ausgelöst.
    public void Run( )
    {
        for (; ; )
        {
            // 10 Millisekunden warten
            Thread.Sleep(10);

            // Aktuelle Zeit holen
            System.DateTime dt = System.DateTime.Now;

            // wenn sich die Sekunde geändert hat,
            // die Subscriber benachrichtigen
            if (dt.Second != second)
            {
                // Erstellen des Objekts TimeInfoEventArgs,
                // das an die Subscriber übergeben wird
                TimeInfoEventArgs timeInformation =
                    new TimeInfoEventArgs(
                    dt.Hour, dt.Minute, dt.Second);
                OnSecondChanged(timeInformation);

            }

            // Zustand aktualisieren
            this.second = dt.Second;
            this.minute = dt.Minute;
            this.hour = dt.Hour;
        }
    }
}

// Ein Beobachter. DisplayClock abonniert die Events
// von clock. DisplayClock soll die aktuelle
// Zeit anzeigen.
```

Beispiel 12-1: Publizieren und abonnieren mit Delegates (Fortsetzung)

```csharp
    public class DisplayClock
    {
        // Eine bestimmte clock abonnieren,
        // um das Event SecondChangeHandler zu beobachten
        public void Subscribe(Clock theClock)
        {
            theClock.SecondChanged +=
                new Clock.SecondChangeHandler(TimeHasChanged);
        }

        // Die Methode, die die Funktionalität des
        // Delegate implementiert
        public void TimeHasChanged(
            object theClock, TimeInfoEventArgs ti)
        {
            Console.WriteLine("Aktuelle Uhrzeit: {0}:{1}:{2}",
                            ti.Hour.ToString(),
                            ti.Minute.ToString(),
                            ti.Second.ToString());
        }
    }

    // Ein zweiter Abonnent soll in eine Datei schreiben
    public class LogCurrentTime
    {
        public void Subscribe(Clock theClock)
        {
            theClock.SecondChanged +=
                new Clock.SecondChangeHandler(WriteLogEntry);
        }

        // Diese Methode soll in eine Datei schreiben.
        // Wir schreiben auf die Konsole, um den Effekt zu sehen.
        // Dieses Objekt hält keinen Zustand.
        public void WriteLogEntry(
        object theClock, TimeInfoEventArgs ti)
        {
            Console.WriteLine("Loggen in Datei: {0}:{1}:{2}",
                            ti.Hour.ToString(),
                            ti.Minute.ToString(),
                            ti.Second.ToString());
        }
    }

    public class Test
    {
        public static void Main()
        {
            // Erstellen einer neuen Uhr
            Clock theClock = new Clock();

            // Angezeigte Uhr erstellen und ihr mitteilen,
            // welche clock sie abonnieren soll.
```

Beispiel 12-1: Publizieren und abonnieren mit Delegates (Fortsetzung)

```
            DisplayClock dc = new DisplayClock();
            dc.Subscribe(theClock);

            // Ein Log-Objekt erstellen und ihm mitteilen,
            // welche clock es abonnieren soll.
            LogCurrentTime lct = new LogCurrentTime();
            lct.Subscribe(theClock);

            // Uhr starten
            theClock.Run();
        }
    }
}

Gekürzte Ausgabe...
Aktuelle Uhrzeit: 16:0:7
Loggen in Datei: 16:0:7
Aktuelle Uhrzeit: 16:0:8
Loggen in Datei: 16:0:8
Aktuelle Uhrzeit: 16:0:9
Loggen in Datei: 16:0:9
Aktuelle Uhrzeit: 16:0:10
Loggen in Datei: 16:0:10
Aktuelle Uhrzeit: 16:0:11
Loggen in Datei: 16:0:11
Aktuelle Uhrzeit: 16:0:12
Loggen in Datei: 16:0:12
```

Die publizierende Klasse: Clock

Die Klasse, die wir beobachten werden, ist Clock. Sie publiziert ein Event: SecondChanged. Die Syntax zum Publizieren ist einfach: Es wird ein Delegate SecondChangedHandler deklariert, das von jedem abonniert werden muss, der darüber informiert werden möchte, wenn sich die Sekunden ändern:

```
public delegate void SecondChangeHandler
(
    object clock,
    TimeInfoEventArgs timeInformation
);
```

Wie für alle Event-Handler in .NET üblich gibt dieses Delegate void zurück und erwartet zwei Argumente: das erste vom Typ object und das zweite vom Typ EventArgs (oder in diesem Fall einen von EventArgs abgeleiteten Typ).

Lassen Sie uns TimeInfoEventArgs erst einmal beiseite legen und mit anderem weitermachen.

Die Klasse Clock muss dann eine Instanz dieses Delegates erzeugen:

```
public SecondChangeHandler SecondChanged;
```

Das können Sie lesen als: »Die Elementvariable SecondChanged ist eine Instanz des Delegate SecondChangeHandler.«

Als Drittes wird Clock eine Protected-Methode zum Aufrufen seines Events bereitstellen. Das Event wird nur aufgerufen, wenn es Abonnenten gibt (ich zeige gleich, wie andere Klassen sich subskribieren können):

```
protected virtual void OnSecondChanged(TimeInfoEventArgs e)
{
    if (SecondChanged != null)
    {
        SecondChanged(this, e);
    }
}
```

Sie können daraus erkennen, dass die Instanz SecondChanged null sein wird, wenn sich keiner subskribiert hat, ansonsten aber nicht null ist. Die Methode, die die anderen Klassen registriert haben, wird nun *durch das Delegate* gestartet, indem die Instanz des Delegate aufgerufen und Clock (this) und die Instanz von TimeInfoEventArgs übergeben wird, die OnSecondChanged erhielt.

Wer ruft nun OnSecondChanged auf?

Wie man sieht, hat Clock eine andere Methode Run, die die Uhrzeit überwacht und bei jeder neuen Sekunde eine neue Instanz von TimeInfoEventArgs erzeugt und OnSecondChanged aufruft:

```
public void Run( )
{
    for (; ; )
    {
        // 10 Millisekunden warten
        Thread.Sleep(10);

        // Aktuelle Zeit holen
        System.DateTime dt = System.DateTime.Now;

        // Wenn sich die Sekunde geändert hat,
        // die Subscriber benachrichtigen
        if (dt.Second != second)
        {
            // Erstellen des Objekts TimeInfoEventArgs,
            // das an die Subscriber übergeben wird
            TimeInfoEventArgs timeInformation =
            new TimeInfoEventArgs(
            dt.Hour, dt.Minute, dt.Second);

            OnSecondChanged(timeInformation);
        }

        // Zustand aktualisieren
        this.second = dt.Second;
        this.minute = dt.Minute;
        this.hour = dt.Hour;
    }
}
```

Run enthält eine Schleife, die so lange läuft, bis Sie das Programm abbrechen. Sie schläft 10 Millisekunden (so dass Ihr Computer nicht völlig zum Stillstand kommt) und vergleicht dann die Systemzeit mit der Stunde, Minute und Sekunde, die sie in ihren Member-Variablen abgelegt hat. Wenn es eine Änderung gibt, wird eine neue Instanz des Objekts TimeInfoEventArgs erstellt und OnSecondChanged aufgerufen, wobei das Objekt übergeben wird.

Hier nun die Definition von TimeInfoEventArgs:

```
public class TimeInfoEventArgs : EventArgs
{
    public readonly int Hour;
    public readonly int Minute;
    public readonly int Second;
    public TimeInfoEventArgs(int hour, int minute, int second)
    {
        this.Hour = hour;
        this.Minute = minute;
        this.Second = second;
    }
}
```

Registrieren, um benachrichtigt zu werden

Wir können das Szenario jetzt schon fast komplett durchlaufen, aber wir wissen immer noch nicht, wie Klassen registriert werden, damit man sie über Events informiert. Dazu müssen wir zwei Abonnenten erstellen: DisplayClock und LogCurrentTime.

DisplayClock sei eine hübsche Digitaluhr, die auf Ihrem Desktop angezeigt wird, während LogCurrentTime ein pfiffiges Tool ist, das Sie aufrufen können, wenn Sie einen Fehler protokollieren wollen und dabei einen Zeitstempel brauchen. Cool, oder? Ich wünschte, wir könnten das tatsächlich schreiben.

Tun wir aber nicht:

```
public class DisplayClock
{
    public void Subscribe(Clock theClock)
    {
        theClock.SecondChanged +=
            new Clock.SecondChangeHandler(TimeHasChanged);
    }

    public void TimeHasChanged(
        object theClock, TimeInfoEventArgs ti)
    {
        Console.WriteLine("Aktuelle Uhrzeit: {0}:{1}:{2}",
                          ti.Hour.ToString(),
                          ti.Minute.ToString(),
                          ti.Second.ToString());
    }
}
```

Sie übergeben ein Objekt vom Typ Clock an die Methode Subscribe von DisplayClock, und es registriert sich selbst, damit es benachrichtigt wird. Wie? Es verwendet den Operator += mit dem Delegate, mit dem es sich registrieren will (secondChanged), erstellt eine neue Instanz des Delegates und übergibt dem Konstruktor den Namen einer Methode innerhalb von DisplayClock, die zum Rückgabewert (void) und den Parametern passt (object, TimeEventArgs). DisplayClock hat zufälligerweise solch eine Methode: TimeHasChanged.

Diese gerade passende Methode zeigt die Uhrzeit nicht hübsch aufbereitet auf Ihrem Computer an, aber sie zeigt sie an, wobei sie Hour, Minute und Second aus TimeInfoEventArgs nutzt, die sie erhält, wenn sie über die Änderung der Zeit benachrichtigt wurde!

Der zweite Abonnent ist deutlich ausgefeilter:

```
public class LogCurrentTime
{
    public void Subscribe(Clock theClock)
    {
        theClock.SecondChanged +=
            new Clock.SecondChangeHandler(WriteLogEntry);
    }

    public void WriteLogEntry(
    object theClock, TimeInfoEventArgs ti)
    {
        Console.WriteLine("Logge in Datei: {0}:{1}:{2}",
                        ti.Hour.ToString(),
                        ti.Minute.ToString(),
                        ti.Second.ToString());
    }
}
```

Hier tun wir so, als ob wir Hour, Minute und Second aus dem Objekt TimeInfoEventArgs in eine Log-Datei schreiben. Das tun wir allerdings nicht wirklich – wir geben es einfach an der Konsole aus.

Wie kommen nun unsere beiden Abonnenten an ihre Clock-Instanzen? Ganz einfach – wir übergeben das Objekt Clock direkt, nachdem wir es in Main( ) erstellt haben:

```
public static void Main( )
{
    // Erstellen einer neuen Uhr
    Clock theClock = new Clock( );

    // Angezeigte Uhr erstellen und ihr mitteilen,
    // welche clock sie abonnieren soll.
    DisplayClock dc = new DisplayClock( );
    dc.Subscribe(theClock);

    // Ein Log-Objekt erstellen und ihm mitteilen,
    // welche clock es abonnieren soll.
    LogCurrentTime lct = new LogCurrentTime( );
    lct.Subscribe(theClock);
```

```
    // Uhr starten
    theClock.Run( );
}
```

Ablauf der Ereignisse

So funktioniert das Ganze nun (und wie Sie vermutlich schon erwartet haben, in genau umgekehrter Reihenfolge der Erklärungen!).

In Main( ) haben wir eine Clock erzeugt, die geschickterweise theClock heißt. Eine Uhr weiß, wie sie die Zeit publiziert, falls sich jemand subskribiert.

Dann erstellen wir eine Instanz einer DisplayClock (mit dem Namen dc), die dazu in der Lage ist, sich bei Clock zu subskribieren, und wir teilen sie Subscribe mit, wobei wir unsere neue Clock mitgeben.

Dann erstellen wir auch noch eine Instanz der Klasse LogCurrentTime (lct) und teilen ihr ebenfalls mit, sich per Subscribe bei theClock anzumelden.

Nachdem nun die zwei Abonnenten ihre Ohren spitzen, weisen wir theClock an, per Run zu starten. Jede Sekunde bemerkt theClock, dass eine Sekunde vergangen ist, erstellt ein neues Objekt TimeInfoEventArgs und ruft OnSecondChanged auf. OnSecondChanged testet, ob das Delegate null ist. Dies ist nicht der Fall, weil zwei Abonnenten registriert wurden, daher wird das Delegate aufgerufen:

```
SecondChanged(this, e);
```

Das funktioniert genauso, als ob direkt die Methode TimeHasChanged von DisplayClock aufgerufen worden wäre, wobei man eine Kopie von sich selbst und dem frisch erzeugten TimeInfoEventArgs übergeben hätte, um danach das Gleiche mit LogCurrentTime und WriteLogEntry zu tun!

Gefahr bei Delegates

Es gibt in Beispiel 12-1 allerdings ein Problem. Stellen Sie sich vor, die Klasse LogCurrent-Time wäre nicht so rücksichtsvoll und würde den Zuweisungsoperator (=) statt des Subskriptionsoperators (+=) nutzen:

```
public void Subscribe(Clock theClock)
{
    theClock.OnSecondChange =
    new Clock.SecondChangeHandler(WriteLogEntry);
}
```

Wenn Sie diese eine kleine Änderung am Beispiel vornehmen, werden Sie feststellen, dass die Methode Logger( ) aufgerufen wird, *nicht* aber die Methode DisplayClock. Der Zuweisungsoperator hat das Delegate *ersetzt*, das sich im Multicast-Delegate OnSecondChange befand. Der technische Fachbegriff dafür ist »*schlecht*«.

Ein zweites Problem ist, dass andere Methoden SecondChangeHandler direkt aufrufen können. Stellen Sie sich zum Beispiel vor, dass Sie der Methode Main( ) Ihrer Klasse Test folgenden Code hinzufügen:

```
Console.WriteLine("Direkter Aufruf der Methode!");
System.DateTime dt = System.DateTime.Now.AddHours(2);

TimeInfoEventArgs timeInformation =
    new TimeInfoEventArgs(
    dt.Hour,dt.Minute,dt.Second);

theClock.OnSecondChange(theClock, timeInformation);
```

Hier erzeugt Main() ein eigenes TimeInfoEventArgs-Objekt und ruft OnSecondChange direkt auf. Dies ist zwar nicht, was der Designer der Klasse Clock beabsichtigt hat, funktioniert aber prima:

```
Direkter Aufruf der Methode!
Aktuelle Uhrzeit: 18:36:7
Logge in Datei: 18:36:7
Aktuelle Uhrzeit: 16:36:7
Logge in Datei: 16:36:7
```

Das Problem besteht darin, dass der Designer der Clock-Klasse wollte, dass die durch das Delegate gekapselten Methoden nur im Fall der Auslösung des Events aufgerufen werden sollten. Hier geht Main() durch die Hintertür und ruft diese Methoden selbst auf. Noch schlimmer ist, dass dabei falsche Daten übergeben werden (und zwar ein Zeitkonstrukt, das um zwei Stunden vorgeht!).

Wie können Sie als Designer der Klasse Clock sicherstellen, dass niemand die Delegate-Methoden direkt aufruft? Sie könnten das Delegate privat machen, aber dann könnten sich überhaupt keine Clients mehr bei Ihrem Delegate registrieren. Wir benötigen also eine Möglichkeit zu sagen: »Dieses Delegate ist nur für die Event-Behandlung gedacht, und Sie können Abonnements eintragen und löschen, aber Sie können es nicht direkt aufrufen.«

Das Schlüsselwort event

Der Ausweg aus diesem Dilemma besteht in dem Schlüsselwort event. Es teilt dem Compiler mit, dass das Delegate nur durch die definierende Klasse aufgerufen werden kann und dass andere Klassen sich nur als Abonnenten des Delegate eintragen oder austragen können, indem sie die entsprechenden Operatoren += oder -= aufrufen.

Um Ihr Programm zu reparieren, ändern Sie die Definition von OnSecondChange von:

```
public SecondChangeHandler OnSecondChange;
```

in:

```
public event SecondChangeHandler OnSecondChange;
```

Indem Sie das Schlüsselwort event hinzufügen, lösen Sie beide Probleme. Es können keine Klassen mehr versuchen, das Event mithilfe des Zuweisungsoperators (=) zu abonnieren, wie es vorher möglich war, und sie können das Event auch nicht mehr direkt aufrufen, wie es im Main() des obigen Beispiels geschah. Jeder dieser Versuche generiert nun einen Compiler-Fehler:

```
The event 'Programming_CSharp.Clock.OnSecondChange' can only appear on
the left hand side of += or -= (except when used from within the type
'Programming_CSharp.Clock')
```

Nach dieser Änderung bietet OnSecondChange zweierlei Sichtweisen: Einerseits ist es einfach eine Delegate-Instanz, für die Sie den Zugriff durch das Schlüsselwort event beschränkt haben. Andererseits, und dies ist die wichtigere Sicht, *ist* OnSecondChange das durch ein Delegate des Typs SecondChangeHandler implementierte Event. Diese beiden Aussagen meinen dasselbe, aber Letztere repräsentiert eine eher objektorientierte Betrachtungsweise. Es kommt der Intention des Schlüsselworts event näher, mit dem ein Event erzeugt werden soll, das Ihr Objekt auslösen kann und auf das andere Objekte reagieren können.

Das komplette Quellprogramm in veränderter Form, bei dem das Event anstelle des unbeschränkten Delegate verwendet wird, ist in Beispiel 12-2 dargestellt.

Beispiel 12-2: Verwendung des Schlüsselworts event

```
using System;
using System.Collections.Generic;
using System.Text;
using System.Threading;

namespace EventsWithDelegates
{
    public class TimeInfoEventArgs : EventArgs
    {
        public readonly int Hour;
        public readonly int Minute;
        public readonly int Second;
        public TimeInfoEventArgs(int hour, int minute, int second)
        {
            this.Hour = hour;
            this.Minute = minute;
            this.Second = second;
        }
    }

    public class Clock
    {
        private int hour;
        private int minute;
        private int second;

        public delegate void SecondChangeHandler
        (
```

Beispiel 12-2: Verwendung des Schlüsselworts event (Fortsetzung)

```
        object clock,
        TimeInfoEventArgs timeInformation
    );

    // public SecondChangeHandler SecondChanged;
    public event SecondChangeHandler SecondChanged;

    protected virtual void OnSecondChanged(TimeInfoEventArgs e)
    {
        if (SecondChanged != null)
        {
            SecondChanged(this, e);
        }
    }

    public void Run( )
    {
        for (; ; )
        {
            Thread.Sleep(10);

            System.DateTime dt = System.DateTime.Now;

            if (dt.Second != second)
            {
                TimeInfoEventArgs timeInformation =
                new TimeInfoEventArgs(
                dt.Hour, dt.Minute, dt.Second);
                OnSecondChanged(timeInformation);
            }

            this.second = dt.Second;
            this.minute = dt.Minute;
            this.hour = dt.Hour;
        }
    }
}

public class DisplayClock
{
    public void Subscribe(Clock theClock)
    {
        theClock.SecondChanged +=
            new Clock.SecondChangeHandler(TimeHasChanged);
    }

    public void TimeHasChanged(
        object theClock, TimeInfoEventArgs ti)
    {
        Console.WriteLine("Aktuelle Uhrzeit: {0}:{1}:{2}",
            ti.Hour.ToString( ),
            ti.Minute.ToString( ),
```

Beispiel 12-2: Verwendung des Schlüsselworts event (Fortsetzung)

```
                ti.Second.ToString( ));
        }
    }

    public class LogCurrentTime
    {
        public void Subscribe(Clock theClock)
        {
            //theClock.SecondChanged =
            //    new Clock.SecondChangeHandler(WriteLogEntry);

            theClock.SecondChanged +=
                new Clock.SecondChangeHandler(WriteLogEntry);

        }

        public void WriteLogEntry(
        object theClock, TimeInfoEventArgs ti)
        {
            Console.WriteLine("Logge in Datei: {0}:{1}:{2}",
                    ti.Hour.ToString( ),
                    ti.Minute.ToString( ),
                    ti.Second.ToString( ));
        }
    }

    public class Test
    {
        public static void Main( )
        {
            Clock theClock = new Clock( );


            DisplayClock dc = new DisplayClock( );
            dc.Subscribe(theClock);


            LogCurrentTime lct = new LogCurrentTime( );
            lct.Subscribe(theClock);


            //Console.WriteLine("Direkter Aufruf der Methode!");
            //System.DateTime dt = System.DateTime.Now.AddHours(2);

            //TimeInfoEventArgs timeInformation =
            //    new TimeInfoEventArgs(
            //    dt.Hour, dt.Minute, dt.Second);

            //theClock.SecondChanged(theClock, timeInformation);
```

Beispiel 12-2: Verwendung des Schlüsselworts event (Fortsetzung)

```
        theClock.Run( );
    }
  }
}
```

Anonyme Methoden

Im vorangehenden Beispiel haben Sie das Event abonniert, indem Sie eine neue Instanz des Delegate erzeugt und den Namen einer Methode, die das Event implementiert, übergeben haben:

```
theClock.OnSecondChange +=
    new Clock.SecondChangeHandler(TimeHasChanged);
```

Sie können dieses Delegate auch mit folgender verkürzter Schreibweise zuweisen:

```
theClock.OnSecondChange += TimeHasChanged;
```

Weiter unten im Code müssen Sie TimeHasChanged als eine Methode definieren, die mit der Signatur des Delegate SecondChangeHandler übereinstimmt:

```
public void TimeHasChanged(object theClock, TimeInfoEventArgs ti)
{
    Console.WriteLine("Aktuelle Uhrzeit: {0}:{1}:{2}",
                ti.Hour.ToString( ),
                ti.Minute.ToString( ),
                ti.=Second.ToString( ));
}
```

C# bietet *anonyme Methoden* an, mit denen Sie Codeblöcke statt des Namens der Methode übergeben können. Auf diese Weise kann der Code weitaus effizienter und wartungsfreundlicher werden, und die anonymen Methoden haben Zugriff auf die Variablen im selben Geltungsbereich, in dem sie selbst definiert sind:

```
clock.OnSecondChange += delegate( object theClock, TimeInfoEventArgs ti )
{
    Console.WriteLine( "Aktuelle Uhrzeit: {0}:{1}:{2}",
                ti.Hour.ToString( ),
                ti.Minute.ToString( ),
                ti.Second.ToString( ) );
};
```

 Nutzt man diese Möglichkeit zu exzessiv, kann sie auch zu Cut-and-Paste-Code führen, der *schlechter* zu warten ist.

Beachten Sie, dass Sie, anstatt die Instanz eines Delegate zu registrieren, das Schüsselwort delegate verwenden. Diesem folgen die Parameter, die Ihrer Methode übergeben werden sollen, sowie der Rumpf Ihrer Methode, der in geschweiften Klammern eingeschlossen ist und durch ein Semikolon beendet wird.

Diese »Methode« hat keinen Namen, ist also anonym. Sie können die Methode nur über das Delegate aufrufen, aber genau dies ist auch Ihre Absicht.

Lambda-Ausdrücke

C# 3.0 erweitert das Konzept der anonymen Methoden und führt zusätzlich *Lambda-Ausdrücke* ein. Diese sind noch mächtiger und flexibler.

Lambda-Ausdrücke dienen nicht nur dazu, Inline-Delegate-Definitionen zu ermöglichen, sondern auch dazu, ein Framework für Language-Integrated Query (LINQ) bereitzustellen. Wir besprechen LINQ detailliert in den Kapiteln 13 und 15.

Sie definieren einen Lambda-Ausdruck mit folgender Syntax:

```
(Eingabeparameter) => {Ausdruck oder Anweisungsblock};
```

Der Lambda-Operator => ist neu mit C# 3.0 hinzugekommen und liest sich als »wird zu«. Der linke Operand ist eine Liste mit null oder mehr Eingabeparametern, der rechte Operand ist der Rumpf des Lambda-Ausdrucks.

Sie können die Delegate-Definition damit so umschreiben:

```
theClock.OnSecondChange +=
    (aClock, ti) =>
    {
        Console.WriteLine("Aktuelle Uhrzeit: {0}:{1}:{2}",
                    ti.hour.ToString(),
                    ti.minute.ToString(),
                    ti.second.ToString());
    };
```

Das liest sich als »Dem Delegate OnSecondChange von theClock wird ein anonymes Delegate hinzugefügt, das durch diesen Lambda-Ausdruck definiert ist. Die zwei Parameter aClock und ti werden für WriteLine genutzt, das Stunden, Minuten und Sekunden aus ti holt.«

Die zwei Eingabeparameter aClock und ti sind dementsprechend vom Typ Clock und TimeInfoEventArgs. Ihre Typen werden nicht spezifiziert, weil der C#-Compiler sie aus der Delegate-Definition von OnSecondChange ableiten kann. Wenn der Compiler die Typen Ihrer Operanden nicht bestimmen kann, lassen sie sich immer noch explizit angeben:

```
(Clock aClock, TimeInfoEventArgs ti) => {...};
```

Wenn es keine Eingabeparameter gibt, schreiben Sie ein Paar leerer Klammern hin:

```
() => {expression or statement block};
```

Wenn es nur einen Eingabeparameter gibt, können die Klammern auch weggelassen werden:

```
n => n * n;
```

Callback-Methoden

Das zweite klassische Anwendungsgebiet für ein Delegate ist ein *Callback*. Wenn Sie Samstagabend um 20.00 Uhr Ihr Lieblingsrestaurant aufsuchen, kann es sein, dass Sie ziemlich lange warten müssen. Sie geben Ihren Namen an und erhalten dann einen Pager. Wenn Ihr Tisch frei ist, wird eine Nummer angerufen, die Ihren Pager antriggert und Ihnen damit mitteilt, dass Ihr Tisch jetzt zur Verfügung steht. Callbacks funktionieren genauso, nur dass dieses Mal der Tisch Ihre Daten sind, der Pager eine Methode und die angerufene Telefonnummer ein Delegate!

Lassen Sie uns annehmen, dass Sie in Ihrem Programm Daten von einem Webserver abrufen müssen (ein Programm, das auf einem anderen Computer läuft, den Sie nicht kontrollieren und der sich irgendwo im Internet befindet). Sie können nicht wissen, wie lange es dauern wird, Ihre Daten zu erhalten, aber es kann sehr lange dauern – eine Sekunde oder mehr. Anstatt mit Ihrem Programm in der überfüllten Lobby zu warten und eine nervige Musikbeschallung über sich ergehen zu lassen, übergeben Sie ein Delegate für die Methode, die aufgerufen werden soll, wenn Ihr Tisch (Entschuldigung, Ihre Daten) bereit sind. Wenn der Webservice die Daten herausrückt, wird Ihr Delegate aufgerufen, und da es die Adresse Ihrer Methode hat, wird diese gestartet, so dass sie mit den zurückgegebenen Daten etwas anfangen kann.

Sie implementieren Callbacks mit dem Delegate `AsyncCallback`, durch das Ihr Programm mit anderen Dingen weitermachen kann, bis »Ihr Tisch bereit ist«:

```
[Serializable]
public delegate void AsyncCallback
(
    IAsyncResult ar
);
```

Das Attribut (`Serializable`) wird in Kapitel 22 behandelt. Sie sehen hier aber, dass `AsyncCallback` ein Delegate für eine Methode ist, die `void` zurückliefert und ein einzelnes Argument vom Typ `IAsyncResult` erwartet. Das Framework definiert dieses Interface, und die CLR wird Ihre Methode mit einem Objekt aufrufen, das `IAsyncResult` implementiert. Daher müssen Sie die Details dieses Interfaces nicht kennen – Sie können einfach das bereitgestellte Objekt nutzen.

Und so funktioniert es: Sie fragen das Delegate nach seiner Aufrufliste und rufen dann `BeginInvoke` für jedes Delegate in dieser Liste auf. `BeginInvoke` erwartet zwei Parameter. Der erste ist ein Delegate vom Typ `AsyncCallback`, der zweite Ihr eigenes Delegate, das die Methode aufruft, die Sie haben wollen:

```
del.BeginInvoke(new AsyncCallback(ResultsReturned),del);
```

In dieser Codezeile rufen Sie die von `del` gekapselte Methode auf (zum Beispiel `DisplayCounter`), und wenn die Methode abgeschlossen ist, möchten Sie über Ihre Methode `ResultsReturned` informiert werden.

Die per Callback aufzurufende Methode (ResultsReturned) muss zum Rückgabewert und zur Signatur des Delegates AsyncCallback passen: Sie muss void zurückgeben und ein Objekt des Typs IAsyncResult als Parameter erwarten:

```
private void ResultsReturned(IAsyncResult iar)
{
```

Wenn diese Methode per Callback aufgerufen wird, übergibt das .NET-Framework ein Objekt vom Typ IAsyncResult. Der zweite Parameter von BeginInvoke ist Ihr Delegate, wobei es für Sie in der Eigenschaft AsyncState von IAsyncResult als Object abgelegt wird. Innerhalb der Callback-Methode ResultsReturned können Sie dieses Object extrahieren und es in seinen Ursprungstyp zurückcasten:

```
DelegateThatReturnsInt del = (DelegateThatReturnsInt)iar.AsyncState;
```

Sie können nun dieses Delegate nutzen, um die Methode EndInvoke() aufzurufen, wobei das Objekt vom Typ IAsyncResult, das Sie erhalten haben, als Parameter übergeben wird:

```
int result = del.EndInvoke(iar);
```

EndInvoke() liefert den Wert der aufgerufenen (und nun abgeschlossenen) Methode zurück, den Sie einer lokalen Variablen namens result zuweisen und nun nach Belieben dem Benutzer anzeigen können.

Im Endeffekt erhalten Sie in Run() jede registrierte Methode (erst FirstSubscriber.DisplayCounter und dann SecondSubscriber.Doubler) und rufen sie asynchron auf. Es gibt keine Verzögerung zwischen dem Aufruf der ersten und der zweiten Methode – anders als wenn Sie darauf warten würden, dass sich DisplayCounter zurückmeldet.

Wenn DisplayCounter (oder Doubler) Ergebnisse hat, wird Ihre Callback-Methode (ResultsReturned) aufgerufen, und Sie nutzen das IAsyncResult-Objekt, das als Parameter übergeben wurde, um die eigentlichen Ergebnisse dieser Methoden zu erhalten. Beispiel 12-3 zeigt die vollständige Implementierung.

Beispiel 12-3: Asynchroner Aufruf von Delegates

```
using System;
using System.Collections.Generic;
using System.Text;
using System.Threading;

namespace AsyncDelegates
{
    public class ClassWithDelegate
    {
        // Ein Multicast-Delegate, das eine Methode kapselt,
        // die ein int zurückgibt
        public delegate int DelegateThatReturnsInt();
        public DelegateThatReturnsInt theDelegate;

        public void Run()
        {
            for (; ; )
```

Beispiel 12-3: Asynchroner Aufruf von Delegates (Fortsetzung)

```
            {
                // Eine halbe Sekunde schlafen
                Thread.Sleep(500);

                if (theDelegate != null)
                {
                    // Jede Methode explizit aufrufen
                    foreach (
                    DelegateThatReturnsInt del in
                    theDelegate.GetInvocationList( ))
                    {
                        // Asynchron aufrufen.
                        // Das Delegate als state übergeben.
                        del.BeginInvoke(new AsyncCallback(ResultsReturned),
                        del);

                    } // end foreach
                } // end if
            } // end for ;;
        } // end run

        // Callback-Methode, um die Ergebnisse zu sammeln
        private void ResultsReturned(IAsyncResult iar)
        {
            // state auf den Delegate-Typ casten
            DelegateThatReturnsInt del =
            (DelegateThatReturnsInt)iar.AsyncState;

            // EndInvoke des Delegate für Ergebnisse aufrufen
            int result = del.EndInvoke(iar);

            // Ergebnisse anzeigen
            Console.WriteLine("Delegate lieferte: {0}", result);
        }
} // end class

public class FirstSubscriber
{
    private int myCounter = 0;

    public void Subscribe(ClassWithDelegate theClassWithDelegate)
    {
        theClassWithDelegate.theDelegate +=
        new ClassWithDelegate.DelegateThatReturnsInt(DisplayCounter);
    }

    public int DisplayCounter( )
    {
        Console.WriteLine("Bin in DisplayCounter ...");
        Thread.Sleep(10000);
        Console.WriteLine("Arbeit in DisplayCounter fertig ...");
        return ++myCounter;
```

Beispiel 12-3: Asynchroner Aufruf von Delegates (Fortsetzung)

```
        }
    }

    public class SecondSubscriber
    {
        private int myCounter = 0;

        public void Subscribe(ClassWithDelegate theClassWithDelegate)
        {
            theClassWithDelegate.theDelegate +=
            new ClassWithDelegate.DelegateThatReturnsInt(Doubler);
        }

        public int Doubler( )
        {
            return myCounter += 2;
        }
    }

    public class Test
    {
        public static void Main( )
        {
            ClassWithDelegate theClassWithDelegate =
            new ClassWithDelegate( );

            FirstSubscriber fs = new FirstSubscriber( );
            fs.Subscribe(theClassWithDelegate);

            SecondSubscriber ss = new SecondSubscriber( );
            ss.Subscribe(theClassWithDelegate);

            theClassWithDelegate.Run( );
        }
    }
}
```

TEIL II
C# und Daten

Kapitel 13, *Einführung in LINQ*
Kapitel 14, *Arbeiten mit XML*
Kapitel 15, *LINQ im Einsatz*
Kapitel 16, *ADO.NET und relationale Datenbanken*

KAPITEL 13
Einführung in LINQ

Eine der Aufgaben, die C#-Programmierer tagtäglich erledigen müssen, ist das Finden und Auslesen von Objekten aus dem Arbeitsspeicher, einer Datenbank oder einer XML-Datei. Wenn Sie zum Beispiel ein Kundensupport-System für Mobiltelefone entwickeln, wollen Sie es dem Kunden vielleicht ermöglichen, einen Überblick darüber zu erhalten, wie viel jedes Familienmitglied an Telefonkosten produziert hat. Dazu müssen Sie Datensätze aus verschiedenen Quellen einlesen (Online-Datensätze der Telefongesellschaft, lokal vorliegende Telefonbücher und so weiter), sie auf Basis verschiedener Kriterien filtern (nach dem Namen oder dem Monat) und sie nach Wunsch sortieren (zum Beispiel nach Datum oder Familienmitglied).

Dazu konnten Sie bisher zum Beispiel in einer Datenbank nach der Adresse suchen und dem Benutzer alle Datensätze anzeigen, vielleicht in einer Listbox. Der Benutzer hätte sich dann den für ihn interessanten Namen herausgesucht, um sich die Daten dazu anzeigen zu lassen (zum Beispiel die Anzahl der in den letzten drei Monaten heruntergeladenen Klingeltöne). Dafür wären Sie wieder zurück in die Datenbank gegangen (oder vielleicht sogar eine andere) und hätten diese Informationen mithilfe der eindeutigen ID des Familienmitglieds als Schlüssel ausgelesen.

Auch wenn es C# prinzipiell ermöglicht, im Arbeitsspeicher Suchen durchzuführen – wie zum Beispiel das Finden eines Namens in einer Collection –, mussten Sie üblicherweise eine andere Technologie (wie ADO.NET) nutzen, um Daten aus einer Datenbank holen zu können. Auch wenn dies mit ADO.NET ziemlich einfach war, gab es einen großen Unterschied zwischen dem Lesen von Daten aus Arbeitsspeicher-Collections und aus dauerhaften Speichern.

Beim Suchen in Objekten im Arbeitsspeicher fehlten die mächtigen und flexiblen Abfragemöglichkeiten von SQL, wohingegen ADO.NET wiederum nicht in C# integriert und SQL selbst nicht objektorientiert war (tatsächlich ging es bei ADO.NET gerade darum, eine Brücke zwischen dem objektorientierten und dem relationalen Modell zu schlagen). LINQ ist ein direkt in C# 3.0 eingebettetes Feature und liefert damit (langfristig) eine objektorientierte Brücke für den Graben zwischen objektorientierten Sprachen und relationalen Datenbanken.

Das Ziel von LINQ (Language-INtegrated Query) ist, in der Sprache C# umfangreiche Abfragemöglichkeiten bereitzustellen, SQL-ähnliche Möglichkeiten in die Sprache zu integrieren und die Unterschiede zwischen dem Durchsuchen einer Datenbank, eines XML-Dokuments oder einer Daten-Collection im Speicher zu nivellieren.

Dieses Kapitel wird LINQ vorstellen und zeigen, wie es in C# und Ihre Programmierung passt. Folgende Kapitel werden sich im Detail vornehmen, wie man mit LINQ Daten in Datenbanken und anderen Repositories auslesen und verändern kann. Über ADO.NET werden Sie mehr in Kapitel 16 erfahren.

Eine Abfrage definieren und ausführen

In früheren Versionen von C# mussten Sie C# verlassen und sich einem Framework zuwenden (meistens ADO.NET), wenn Sie ein Objekt in einer Datenbank finden wollten. Mit LINQ können Sie in C# bleiben – und damit auch in einer vollständig klassenbasierten Sichtweise.

Viele Bücher beginnen mit anonymen Methoden, stellen dann Lambda-Ausdrücke vor und gelangen schließlich zu LINQ. Meine Erfahrung zeigt, dass es viel einfacher ist, alle drei Konzepte zu verstehen, wenn man die Gegenrichtung wählt: mit Abfragen beginnen und die Lambda-Ausdrücke als das vorstellen, was sie sind – Hilfsmittel für eine Technologie. Alle drei Themen werden aber hier und in den folgenden Kapiteln behandelt.

Lassen Sie uns damit beginnen, eine Collection nach Objekten zu durchsuchen, die ein bestimmtes Kriterium erfüllen (siehe Beispiel 13-1).

Beispiel 13-1: Eine einfache LINQ-Abfrage
```
using System;
using System.Collections.Generic;
using System.Linq;
namespace Programming_CSharp
{
    // Einfache customer-Klasse
    public class Customer
    {
        public string FirstName { get; set; }
        public string LastName { get; set; }
        public string EmailAddress { get; set; }

        // Überschreiben von Object.ToString(), um eine
        // String-Repräsentation der Objekteigenschaften zu erhalten.
        public override string ToString()
        {
            return string.Format("{0} {1}\nE-Mail: {2}",
                    FirstName, LastName, EmailAddress);
        }
    }
```

Beispiel 13-1: Eine einfache LINQ-Abfrage (Fortsetzung)

```
    // Hauptprogramm
    public class Tester
    {
        static void Main( )
        {
            List<Customer> customers = CreateCustomerList( );

            // Kunden nach Vornamen finden
            IEnumerable<Customer> result =
                from    customer in customers
                where   customer.FirstName == "Donna"
                select customer;
            Console.WriteLine("FirstName == \"Donna\"");
            foreach (Customer customer in result)
                Console.WriteLine(customer.ToString( ));

            customers[3].FirstName = "Donna";
            Console.WriteLine("FirstName == \"Donna\" (die Zweite)");
            foreach (Customer customer in result)
                Console.WriteLine(customer.ToString( ));
        }

        // Kundenliste mit Beispieldaten erstellen
        private static List<Customer> CreateCustomerList( )
        {
            List<Customer> customers = new List<Customer>
                {
                    new Customer { FirstName = "Orlando",
                                   LastName = "Gee",
                                   EmailAddress = "orlando0@adventure-works.com"},
                    new Customer { FirstName = "Keith",
                                   LastName = "Harris",
                                   EmailAddress = "keith0@adventure-works.com" },
                    new Customer { FirstName = "Donna",
                                   LastName = "Carreras",
                                   EmailAddress = "donna0@adventure-works.com" },
                    new Customer { FirstName = "Janet",
                                   LastName = "Gates",
                                   EmailAddress = "janet1@adventure-works.com" },
                    new Customer { FirstName = "Lucy",
                                   LastName = "Harrington",
                                   EmailAddress = "lucy0@adventure-works.com" }
                };
            return customers;
        }
    }
}

Ausgabe:
FirstName == "Donna"
Donna Carreras
E-Mail:  donna0@adventure-works.com
```

Beispiel 13-1: Eine einfache LINQ-Abfrage (Fortsetzung)

```
FirstName == "Donna" (take two)
Donna Carreras
E-Mail:  donna0@adventure-works.com
Donna Gates
E-Mail:  janet1@adventure-works.com
```

Beispiel 13-1 definiert eine einfache Klasse `Customer` mit drei Eigenschaften: `FirstName`, `LastName` und `EmailAddress`. Sie überschreibt die Methode `Object.ToString( )`, um eine String-Repräsentation ihrer Instanzen zu ermöglichen.

Erstellen der Abfrage

Das Programm erstellt zunächst eine Liste mit Kundenbeispieldaten, wobei es sich die in Kapitel 4 vorgestellte Objektinitialisierung zunutze macht. Nachdem die Liste erstellt ist, definiert Beispiel 13-1 eine LINQ-Abfrage:

```
IEnumerable<Customer> result =
            from    customer in customers
            where   customer.FirstName == "Donna"
            select  customer;
```

Die Variable `result` wird mit einem Abfrage-Ausdruck initialisiert. In diesem Beispiel wird die Abfrage alle Objekte vom Typ `Customer` in der Kundenliste finden, deren Vorname »Donna« ist. Das Ergebnis solch einer Abfrage ist eine Collection, die `IEnumerable<T>` implementiert, wobei `T` der Typ des Ergebnisobjekts ist. In diesem Beispiel ist der Typ `IEnumerable<Customer>`, weil es sich beim Abfrageergebnis um ein Set mit Objekten des Typs `Customer` handelt.

Lassen Sie uns die Abfrage auseinandernehmen und jedes Teil detaillierter begutachten.

Die from-Klausel

Der erste Teil einer LINQ-Abfrage ist die `from`-Klausel:

```
from    customer in customers
```

Der Generator einer LINQ-Abfrage legt die Datenquelle und eine Bereichsvariable fest. Eine LINQ-Datenquelle kann eine beliebige Collection sein, die das Interface `System.Collections.Generic.IEnumerable<T>` implementiert. In diesem Beispiel ist die Datenquelle `customers`, eine Instanz von `List<Customer>`, das `IEnumerable<T>` implementiert.

 In Kapitel 15 werden Sie erfahren, wie Sie die gleiche Abfrage an eine SQL-Datenbank stellen können.

Eine LINQ-*Bereichsvariable* ist wie eine Iterationsvariable in einer `foreach`-Schleife, die über die Datenquelle iteriert. Da die Datenquelle `IEnumerable<T>` implementiert, kann der C#-Compiler den Typ der Bereichsvariablen aus der Datenquelle bestimmen. In diesem

Beispiel ist die Bereichsvariable `customer` vom Typ `Customer`, weil der Typ der Datenquelle `List<Customer>` ist.

Filtern

Der zweite Teil dieser LINQ-Abfrage ist die `where`-Klausel, die auch als *Filter* bezeichnet wird. Dieser Abschnitt der Klausel ist optional:

```
where  customer.FirstName == "Donna"
```

Der Filter ist ein Boolescher Ausdruck. Es ist üblich, die Bereichsvariable in einer `where`-Klausel zu nutzen, um die Objekte in der Datenquelle zu filtern. Da `customer` in diesem Beispiel vom Typ `Customer` ist, verwenden Sie eine ihrer Eigenschaften – in diesem Fall `FirstName` –, um den Filter für Ihre Abfrage zu definieren.

Natürlich können Sie einen beliebigen Booleschen Ausdruck als Filter verwenden. So ist es zum Beispiel möglich, die Methode `String.StartsWith()` zu nutzen, um die Kunden anhand des ersten Buchstabens ihres Nachnamens zu filtern:

```
where  customer.LastName.StartsWith("G")
```

Sie können auch zusammengesetzte Ausdrücke nutzen, um komplexere Abfragen zu erstellen. Zudem können Sie verschachtelte Abfragen verwenden, bei denen das Ergebnis einer Abfrage (der inneren Abfrage) genutzt wird, um eine andere Abfrage zu filtern (die äußere Abfrage).

Projektion (oder select)

Der letzte Teil einer LINQ-Abfrage ist die `select`-Klausel (Datenbank-Geeks als »Projektion« bekannt), die die Ergebnisse definiert (oder projiziert):

```
select customer;
```

In diesem Beispiel liefert die Abfrage die Kundenobjekte zurück, die die Abfragebedingungen erfüllen. Sie können festlegen, welche Felder Sie projizieren wollen – so ähnlich wie bei SQL. Um zum Beispiel nur die E-Mail-Adressen der Kunden zu erhalten, geben Sie Folgendes an:

```
select customer.EmailAddress;
```

Verzögerte Abfrage-Auswertung

LINQ implementiert eine verzögerte Abfrage-Auswertung. Die Deklaration und Initialisierung eines Abfrage-Ausdrucks führt die Abfrage also nicht sofort aus. Stattdessen wird eine LINQ-Abfrage ausgeführt (oder ausgewertet), wenn Sie über die Abfrage-Ergebnisse iterieren:

```
foreach (Customer customer in result)
    Console.WriteLine(customer.ToString());
```

Da die Abfrage eine Collection mit Objekten vom Typ Customer zurückgibt, ist die Iterationsvariable eine Instanz der Klasse Customer. Sie können sie wie ein beliebiges Customer-Objekt verwenden. Dieses Beispiel ruft einfach die Methode ToString( ) jedes Customer-Objekts auf, um die Eigenschaften auszugeben.

Jedes Mal, wenn Sie diese foreach-Schleife durchlaufen, wird die Abfrage erneut ausgeführt. Wenn die Datenquelle sich zwischen den Auswertungen geändert hat, wird auch das Ergebnis anders sein. Dies zeigt sich im nächsten Code-Abschnitt:

```
customers[3].FirstName = "Donna";
```

Hier ändern Sie den Vornamen des Kunden »Janet Gates« in »Donna« und iterieren dann erneut über die Ergebnisliste:

```
Console.WriteLine("FirstName == \"Donna\" (die Zweite)");
foreach (Customer customer in result)
    Console.WriteLine(customer.ToString( ));
```

Wie in der Beispielausgabe zu sehen ist, enthält das Ergebnis nun auch Donna Gates.

In den meisten Situationen ist die verzögerte Abfrage-Auswertung erwünscht, weil Sie bei jedem Ausführen der Abfrage die aktuellsten Daten erhalten wollen. Aber wenn Sie das Ergebnis zwischenspeichern wollen, damit es später verarbeitet werden kann, ohne die Abfrage nochmals ausführen zu müssen, können Sie eine der Methoden ToList( ) oder ToArray( ) nutzen, um eine Kopie des Ergebnisses zu speichern. Beispiel 13-2 zeigt diese Technik.

Beispiel 13-2: Eine einfache LINQ-Abfrage mit zwischengespeicherten Ergebnissen

```
using System;
using System.Collections.Generic;
using System.Linq;
namespace Programming_CSharp
{
    // Einfache Customer-Klasse
    public class Customer
    {
        // Wie in Beispiel 13-1
    }

    // Hauptprogramm
    public class Tester
    {
        static void Main( )
        {
            List<Customer> customers = CreateCustomerList( );

            // Kunden über Vornamen finden
            IEnumerable<Customer> result =
                from customer in customers
                where customer.FirstName == "Donna"
                select customer;
            List<Customer> cachedResult = result.ToList<Customer>( );
```

Beispiel 13-2: Eine einfache LINQ-Abfrage mit zwischengespeicherten Ergebnissen (Fortsetzung)

```
            Console.WriteLine("FirstName == \"Donna\"");
            foreach (Customer customer in cachedResult)
                Console.WriteLine(customer.ToString());

            customers[3].FirstName = "Donna";
            Console.WriteLine("FirstName == \"Donna\" (die Zweite)");
            foreach (Customer customer in cachedResult)
                Console.WriteLine(customer.ToString());
        }

        // Erstellen einer Kundenliste mit Beispieldaten
        private static List<Customer> CreateCustomerList()
        {
            // Wie in Beispiel 13-1
        }
    }
}

Ausgabe:
FirstName == "Donna"
Donna Carreras
E-Mail:  donna0@adventure-works.com
FirstName == "Donna" (die Zweite)
Donna Carreras
E-Mail:  donna0@adventure-works.com
```

In diesem Beispiel rufen Sie die Methode `ToList<T>` der Collection `result` auf, um das Ergebnis zwischenzuspeichern. Beachten Sie, dass das Aufrufen dieser Methode dafür sorgt, dass die Abfrage sofort ausgeführt wird. Wenn sich die Datenquelle danach ändert, wird sich diese Änderung nicht im gespeicherten Ergebnis widerspiegeln. Sie sehen das in der Ausgabe: Es gibt keine Donna Gates.

Interessant an dieser Vorgehensweise ist, dass die Methoden `ToList<T>` und `ToArray<T>` gar keine Methoden von `IEnumerable` sind – wenn Sie einen Blick in die Dokumentation von `IEnumerable` werfen, werden Sie sie nicht in der Liste mit den Methoden finden. Es sind in Wirklichkeit zusätzliche Methoden, die von LINQ zur Verfügung gestellt werden. Wir werden uns diese zusätzlichen Methoden später in diesem Kapitel noch im Detail anschauen.

Wenn Sie mit SQL vertraut sind, werden Sie eine auffallende Ähnlichkeit zwischen LINQ und SQL erkennen – zumindest in Bezug auf die Syntax. Der größte hier erwähnenswerte Unterschied ist, dass die `select`-Anweisung in LINQ am Ende des Abfrage-Ausdrucks steht statt wie bei SQL am Anfang. Da der Generator – oder die `from`-Klausel – die Bereichsvariable definiert, muss dies zuerst aufgeführt werden. Daher ist der Projektionsteil an das Ende verschoben.

LINQ und C#

LINQ stellt viele der gebräuchlichen SQL-Operationen bereit, wie zum Beispiel Join-Abfragen, das Gruppieren, das Aggregieren und das Sortieren der Ergebnisse. Zusätzlich können Sie die objektorientierten Elemente von C# in Abfrage-Ausdrücken und in der Verarbeitung nutzen, wie zum Beispiel hierarchische Abfrage-Ergebnisse.

Join-Abfragen

Sie werden häufig nach Objekten aus mehr als einer Datenquelle suchen müssen. LINQ stellt die join-Klausel bereit, mit der viele Datenquellen verknüpft werden können, wobei nicht alle Datenbanken sein müssen. Stellen Sie sich vor, dass Sie eine Kundenliste haben, die die Namen und E-Mail-Adressen enthält, sowie eine Liste mit den Adressen der Kunden. Sie können nun LINQ nutzen, um beide Listen zu einer Kundenliste zu kombinieren, wobei Sie sowohl Zugriff auf die E-Mail-Adressen als auch auf die Anschriften haben:

```
from customer in customers
    join address in addresses on
        customer.Name equals address.Name
...
```

Die join-Bedingung wird wie bei SQL mit der on-Subklausel spezifiziert, nur dass die miteinander verbundenen Objekte nicht unbedingt Tabellen oder Views in einer Datenbank sein müssen. Die Syntax für join ist:

```
[data source 1] join [data source 2] on [join condition]
```

Hier verbinden wir zwei Datenquellen, Kunden und Adressen, wobei die Eigenschaft »Kundenname« in beiden Objekten als Verbindungsglied dient. Sie können sogar mehr als zwei Datenquellen mit einer Kombination aus join-Klauseln verbinden.

```
from customer in customers
    join address in addresses on
        customer.Name equals address.Name
    join invoice in invoices  on
        customer.Id   equals invoice.CustomerId
    join invoiceItem in invoiceItems on
        invoice.Id    equals invoiceItem.invoiceId
```

Eine Join-Klausel in LINQ liefert nur dann ein Ergebnis zurück, wenn es in allen Datenquellen Objekte gibt, die die Join-Bedingung erfüllen. Wenn zum Beispiel ein Kunde keine Rechnungen besitzt, wird die Abfrage für diesen Kunden nichts zurückgeben, nicht einmal den Namen oder die E-Mail-Adresse. Das ist das Äquivalent eines Inner-Join in SQL.

 LINQ kann keinen Outer-Join durchführen (der ein Ergebnis zurückliefert, wenn zumindest eine der Datenquellen ein passendes Ergebnis vorzuweisen hat).

Sortierung und das Schlüsselwort var

Sie können in LINQ-Abfragen auch die Sortierreihenfolge festlegen, indem Sie die Klausel orderby nutzen:

```
from customer in Customers
    orderby customer.LastName
    select customer;
```

Damit wird das Ergebnis nach dem Nachnamen des Kunden in aufsteigender Reihenfolge sortiert. Beispiel 13-3 zeigt, wie Sie die Ergebnisse einer join-Abfrage sortieren können.

Beispiel 13-3: Eine sortierte Join-Abfrage

```
using System;
using System.Collections.Generic;
using System.Linq;

namespace Programming_CSharp
{
    // Einfache Kunden-Klasse
    public class Customer
    {
        // Wie in Beispiel 13-1
    }

    // Klasse für Kundenadressen
    public class Address
    {
        public string Name   { get; set; }
        public string Street { get; set; }
        public string City   { get; set; }

        // Überschreibt Object.ToString(), um eine
        // String-Repräsentation der Objekteigenschaften zu erhalten.
        public override string ToString()
        {
            return string.Format("{0}, {1}", Street, City);
        }
    }

    // Hauptprogramm
    public class Tester
    {
        static void Main()
        {
            List<Customer> customers = CreateCustomerList();
            List<Address>  addresses = CreateAddressList();

            // Alle Adressen eines Kunden finden
            var result =
                from customer in customers
                join address in addresses on
```

Beispiel 13-3: Eine sortierte Join-Abfrage (Fortsetzung)

```csharp
                    string.Format("{0} {1}", customer.FirstName,
                        customer.LastName)
                    equals address.Name
                orderby customer.LastName, address.Street descending
                select new { Customer = customer, Address = address };

        foreach (var ca in result)
        {
            Console.WriteLine(string.Format("{0}\nAdresse: {1}",
                ca.Customer, ca.Address));
        }
    }

    // Erstelle eine Kundenliste mit Beispieldaten
    private static List<Customer> CreateCustomerList()
    {
        // Wie in Beispiel 13-1
    }

    // Erstelle eine Adressliste mit Beispieldaten
    private static List<Address> CreateAddressList()
    {
        List<Address> addresses = new List<Address>
            {
                new Address { Name    = "Janet Gates",
                              Street  = "165 North Main",
                                City  = "Austin" },
                new Address { Name    = "Keith Harris",
                              Street  = "3207 S Grady Way",
                                City  = "Renton" },
                new Address { Name    = "Janet Gates",
                              Street  = "800 Interchange Blvd.",
                                City  = "Austin" },
                new Address { Name    = "Keith Harris",
                              Street  = "7943 Walnut Ave",
                                City  = "Renton" },
                new Address { Name    = "Orlando Gee",
                              Street  = "2251 Elliot Avenue",
                                City  = "Seattle" }
            };
        return addresses;
    }
  }
}

Ausgabe:
Janet Gates
E-Mail:  janet1@adventure-works.com
Adresse: 800 Interchange Blvd., Austin
Janet Gates
E-Mail:  janet1@adventure-works.com
Adresse: 165 North Main, Austin
```

Beispiel 13-3: Eine sortierte Join-Abfrage (Fortsetzung)

```
Orlando Gee
E-Mail:  orlando0@adventure-works.com
Adresse: 2251 Elliot Avenue, Seattle
Keith Harris
E-Mail:  keith0@adventure-works.com
Adresse: 7943 Walnut Ave, Renton
Keith Harris
E-Mail:  keith0@adventure-works.com
Adresse: 3207 S Grady Way, Renton
```

Die Klasse `Customer` ist identisch mit der in Beispiel 13-1 verwendeten. Die Adresse ist auch sehr einfach, sie enthält nur ein Feld mit dem Kundennamen im Format `<Vorname> <Nachname>` sowie die Straße und die Stadt.

Die Methoden `CreateCustomerList()` und `CreateAddressList()` sind einfach Hilfsfunktionen, um Beispieldaten zu erstellen. Dieses Beispiel verwendet auch die neuen Initialisierer von C# für Objekte und Collections, die in Kapitel 4 vorgestellt wurden.

Die Abfrage-Definition sieht dieses Mal allerdings ein wenig anders aus als im letzten Beispiel:

```
var result =
    from    customer in customers
            join address in addresses on
                string.Format("{0} {1}", customer.FirstName, customer.LastName)
                equals address.Name
    orderby customer.LastName, address.Street descending
    select new { Customer = customer, Address = address.Street };
```

Der erste Unterschied ist die Deklaration des Ergebnisses. Anstatt es als explizit typisierte Instanz von `IEnumerable<Customer>` festzulegen, deklariert dieses Beispiel das Ergebnis als implizit typisierte Variable mit dem neuen Schlüsselwort `var`. Wir werden uns später noch darum kümmern und uns zuerst die Abfrage-Definition selbst anschauen.

Der Generator enthält nun eine `join`-Klausel, um deutlich zu machen, dass die Abfrage mit zwei Datenquellen arbeiten soll: Kunden und Adressen. Da der Kundenname in der Klasse `Address` eine Verkettung des Vor- und Nachnamens des Kunden ist, erstellen Sie die Namen aus den `Customer`-Objekten im gleichen Format:

```
string.Format("{0} {1}", customer.FirstName, customer.LastName)
```

Der dynamisch erstellte komplette Kundenname wird dann mit der Kundennamen-Eigenschaft des `Address`-Objekts mithilfe des Operators `equals` verglichen:

```
string.Format("{0} {1}", customer.FirstName, customer.LastName)
    equals address.Name
```

Die Klausel `orderby` legt die Reihenfolge fest, in der das Ergebnis sortiert werden soll:

```
orderby customer.LastName, address.Street descending
```

Im Beispiel wird das Ergebnis zunächst nach dem Nachnamen des Kunden in aufsteigender Reihenfolge und dann nach der Straße in absteigender Reihenfolge sortiert.

Zurückgegeben werden der kombinierte Kundenname, die E-Mail-Adresse und die Anschrift. Hier haben Sie ein Problem – LINQ kann eine Collection mit Objekten beliebigen Typs zurückgeben, aber nicht mehrere Objekte unterschiedlichen Typs in derselben Abfrage, solange sie nicht in einem Typ gekapselt sind. So können Sie zum Beispiel entweder eine Instanz der Klasse Customer oder der Klasse Address nutzen, aber nicht beide:

```
select customer, address
```

Die Lösung besteht darin, einen neuen Typ zu definieren, der beide Objekte enthält. Ein offensichtlicher Weg wäre, eine Klasse CustomerAddress zu definieren:

```
public class CustomerAddress
{
    public Customer Customer { get; set; }
    public Address Address   { get; set; }
}
```

Sie können dann Kunden und ihre Adressen aus der Abfrage in einer Collection mit Objekten des Typs CustomerAddress zurückgeben:

```
var result =
    from    customer in customers
            join address in addresses on
                string.Format("{0} {1}", customer.FirstName, customer.LastName)
                equals address.Name
    orderby customer.LastName, address.Street descending
    Select new CustomerAddress { Customer = customer, Address = address };
```

Gruppieren und das Schlüsselwort group

Ein weiteres mächtiges Feature von LINQ ist das Gruppieren, das häufig von SQL-Programmierern verwendet wird und nun in der Sprache selbst integriert ist (siehe Beispiel 13-4).

Beispiel 13-4: Eine Gruppierungsabfrage

```
using System;
using System.Collections.Generic;
using System.Linq;

namespace Programming_CSharp
{
    // Klasse mit Kundenadressen
    public class Address
    {
        // Wie in Beispiel 13-3
    }

    // Hauptprogramm
    public class Tester
    {
        static void Main()
```

Beispiel 13-4: Eine Gruppierungsabfrage (Fortsetzung)

```
    {
        List<Address>  addresses = CreateAddressList();

        // Adressen gruppiert nach dem Kundennamen finden
        var result =
            from address in addresses
            group address by address.Name;
        foreach (var group in result)
        {
            Console.WriteLine("{0}", group.Key);
            foreach (var a in group)
                Console.WriteLine("\t{0}", a);
        }
            }

    // Erstellen einer Kundenliste mit Beispieldaten
    private static List<Address> CreateAddressList()
    {
    // Wie in Beispiel 13-3
    }
    }
}
Ausgabe:
Janet Gates
        165 North Main, Austin
        800 Interchange Blvd., Austin
Keith Harris
        3207 S Grady Way, Renton
        7943 Walnut Ave, Renton
Orlando Gee
        2251 Elliot Avenue, Seattle
```

Beispiel 13-4 nutzt das Schlüsselwort group, einen Abfrage-Operator, der eine Sequenz in Gruppen unterteilt, und zwar basierend auf einem gegebenen Schlüsselwert. In diesem Fall ist das der Kundenname (address.Name). Das Ergebnis ist eine Collection mit Gruppen, und Sie müssen jede Gruppe durchlaufen, um die darin enthaltenen Objekte zu bekommen.

Anonyme Typen

Häufig wollen Sie nicht extra neue Klassen erstellen, die nur genutzt werden, um darin das Ergebnis einer Abfrage unterzubringen. C# 3.0 stellt *anonyme Typen* bereit, mit denen wir sowohl *anonyme Klassen* als auch eine Instanz dieser Klasse mit *Objekt-Initialisierern* anlegen können. So lässt sich zum Beispiel ein anonymes Objekt mit Kundenadressen initialisieren:

```
new { Customer = customer, Address = address }
```

Damit wird eine anonyme Klasse mit den zwei Eigenschaften `Customer` und `Address` erstellt und mit einer Instanz der Klasse `Customer` und einer Instanz der Klasse `Address` initialisiert. Der C#-Compiler kann die Typen der Eigenschaften aus den Typen der zugewiesenen Werte bestimmen, daher ist hier der Typ der Eigenschaft `Customer` die Klasse `Customer`, und der Typ von `Address` ist die Klasse `Address`. Wie eine normale (mit Namen versehene) Klasse können anonyme Klassen Eigenschaften beliebigen Typs haben.

Im Hintergrund erzeugt der C#-Compiler einen eindeutigen Namen für den neuen Typ. Auf diesen Namen kann im Anwendungscode nicht zugegriffen werden – die Klasse ist daher namenlos.

Implizit typisierte lokale Variablen

Lassen Sie uns nun zur Deklaration der Abfrage-Ergebnisse zurückkehren, bei der Sie das Ergebnis vom Typ var deklariert haben:

```
var result = ...
```

Da die `select`-Klausel eine Instanz eines anonymen Typs zurückgibt, können Sie keinen expliziten Typ `IEnumerable<T>` definieren. Glücklicherweise bietet C# 3.0 ein weiteres Feature – *impliziert typisierte lokale Variablen* –, das dieses Problem löst.

Sie können eine implizit typisierte lokale Variable deklarieren, indem Sie ihren Typ als var festlegen:

```
var id = 1;
var name = "Keith";
var customers = new List<Customer>();
var person = new {FirstName = "Donna", LastName = "Gates", Phone="123-456-7890" };
```

Der C#-Compiler ermittelt den Typ einer implizit typisierten lokalen Variablen aus ihrem Initialwert. Daher müssen Sie solch eine Variable initialisieren, wenn Sie sie deklarieren. Im vorigen Codeschnipsel wird der Typ von id ein Integer sein, der Typ von name ein String und der Typ von customers eine stark typisierte `List<T>` mit Objekten des Typs `Customer`. Der Typ der letzten Variable person ist anonym und enthält drei Eigenschaften: `FirstName`, `LastName` und `Phone`. Auch wenn dieser Typ in unserem Code keinen Namen hat, weist ihm der C#-Compiler heimlich einen zu und wacht auch über seine Instanzen. Tatsächlich kennt die IntelliSense-Funktion der Visual Studio IDE auch anonyme Typen, wie in Abbildung 13-1 zu sehen ist.

```
var person = new {FirstName = "Donna", LastName = "Gates", Phone="123-456-7890" };
Console.WriteLine(person.|
                         Equals
                         FirstName
                         GetHashCode
                         GetType
                         LastName
                         Phone
                         ToString
```

Abbildung 13-1: Visual Studio IntelliSense erkennt anonyme Typen.

Zurück zu Beispiel 13-3: result ist eine Instanz des erzeugten IEnumerable<T>, das die Abfrage-Ergebnisse enthält, wobei es sich beim Typ des Arguments T um den anonymen Typ handelt, der zwei Eigenschaften enthält: Customer und Address.

Nachdem nun die Abfrage definiert ist, wird sie durch die nächste Anweisung mit der foreach-Schleife ausgeführt:

```
foreach (var ca in result)
{
    Console.WriteLine(string.Format("{0}\nAdresse: {1}",
        ca.Customer, ca.Address));
}
```

Da das Ergebnis ein implizit typisiertes IEnumerable<T> der anonymen Klasse {Customer, Address} ist, wird die Iterationsvariable ebenfalls mit der gleichen Klasse implizit typisiert. Für jedes Objekt der Ergebnisliste werden im Beispiel die Eigenschaften ausgegeben.

Extension-Methoden

Wenn Sie schon ein wenig mit SQL vertraut sind, werden die in den vorigen Abschnitten vorgestellten Abfrage-Ausdrücke recht intuitiv und leicht verständlich sein, da LINQ sehr ähnlich zu SQL ist. Da C#-Code letztendlich von der .NET-CLR ausgeführt wird, muss der C#-Compiler die Abfrage-Ausdrücke in ein Format umwandeln, das für .NET verständlich ist. Da die .NET-Runtime Methodenaufrufe versteht, die ausgeführt werden können, werden die in C# geschriebenen LINQ-Abfrageausdrücke in eine Reihe von Methodenaufrufen umgewandelt. Solche Methoden bezeichnet man als *Extension-Methoden*, die allerdings ein wenig anders definiert sind als normale Methoden.

Beispiel 13-5 ist identisch zu Beispiel 13-1, mit der Ausnahme, dass es Abfrage-Operator-*Extension-Methoden* statt Query-Ausdrücke nutzt. Die Codeabschnitte, die sich nicht geändert haben, habe ich aus Gründen der Platzersparnis weggelassen.

Beispiel 13-5: Verwendung von Abfrage-Operator-Erweiterungsmethoden

```
using System;
using System.Collections.Generic;
using System.Linq;
namespace Programming_CSharp
{
    // Einfache Kundenklasse
    public class Customer
    {
        // Wie in Beispiel 13-1
    }

    // Hauptprogramm
    public class Tester
    {
        static void Main()
        {
```

Beispiel 13-5: Verwendung von Abfrage-Operator-Erweiterungsmethoden (Fortsetzung)

```
        List<Customer> customers = CreateCustomerList();

        // Kunden über den Vornamen finden
        IEnumerable<Customer> result =
            customers.Where(customer => customer.FirstName == "Donna");
        Console.WriteLine("FirstName == \"Donna\"");
        foreach (Customer customer in result)
            Console.WriteLine(customer.ToString());
    }

    // Kundenliste mit Beispieldaten anlegen
    private static List<Customer> CreateCustomerList()
    {
        // Wie in Beispiel 13-1
    }
  }
}
```

Ausgabe:
(Wie in Beispiel 13-1)

Beispiel 13-5 sucht nach Kunden, deren Vorname »Donna« ist, und verwendet dabei einen Abfrage-Ausdruck mit einer where-Klausel. So sah der ursprüngliche Code in Beispiel 13-1 aus:

```
IEnumerable<Customer> result =
    from    customer in customers
    where   customer.FirstName == "Donna"
    select  customer;
```

Und so sieht die Extension-Methode Where() aus:

```
IEnumerable<Customer> result =
    customers.Where(customer => customer.FirstName == "Donna");
```

Sie haben vielleicht bemerkt, dass die select-Klausel in diesem Beispiel verschwunden zu sein scheint. Mehr Details dazu finden Sie im Kasten »Wo ist die select-Klausel?«

Denken Sie daran, dass Customers den Typ List<Customer> hat. Daher gehen Sie vielleicht davon aus, dass List<T> die Methode Where implementiert haben muss, um LINQ zu unterstützen. Das ist nicht der Fall. Die Methode Where wird als *Extension-Methode* bezeichnet, weil sie einen bestehenden Typ erweitert. Bevor wir uns dieses Beispiel noch genauer anschauen, wollen wir uns die Extension-Methoden vornehmen.

Extension-Methoden definieren und anwenden

C# 3.0 enthält Extension-Methoden, die es Programmierern ermöglichen, bestehenden Typen neue Methoden hinzuzufügen. So stellt System.String zum Beispiel keine Funktion Right() bereit, die die *n* am Ende eines Strings befindlichen Zeichen zurückgibt. Wenn Sie diese Funktionalität in Ihrer Anwendung häufig brauchen, haben Sie sie vielleicht schon in Ihre eigene Bibliothek mit aufgenommen. Aber System.String ist als versiegelt definiert, daher können Sie keine Klasse davon ableiten. Sie ist auch keine Partial-Klasse, daher lässt sie sich auch auf diesem Weg nicht erweitern.

> ## Wo ist die select-Klausel?
> select ist weggefallen, da wir die Kundenobjekte aus dem Ergebnis komplett nutzen, ohne sie in eine andere Form zu projizieren. Daher entspricht die Methode Where( ) aus Beispiel 13-4 auch dem folgenden Code:
> ```
> IEnumerable<Customer> result =
>     customers.Where(customer => customer.FirstName ==
>         "Donna").Select(customer => customer);
> ```
> Wenn die Projektion von Ergebnissen notwendig ist, müssen Sie die Methode Select dafür nutzen. Wenn Sie zum Beispiel die E-Mail-Adresse von Donna haben wollen und nicht das gesamte Kundenobjekt, können Sie die folgende Anweisung verwenden:
> ```
> IEnumerable<string> result =
>     customers.Where(customer => customer.FirstName ==
>                 "Donna")
>             .Select(customer => customer.EmailAddress);
> ```

Natürlich können Sie die .NET-Basis-Bibliothek auch nicht direkt verändern. Daher würden Sie sich Ihre eigene Hilfsmethode außerhalb von System.String definieren und sie mit solch einer Syntax aufrufen:

```
MyHelperClass.GetRight(aString, n)
```

Das ist nicht wirklich als intuitiv zu bezeichnen. Bei C# 3.0 gibt es aber eine elegantere Lösung. Sie können tatsächlich der Klasse System.String eine Methode hinzufügen – also die Klasse System.String erweitern –, ohne sie selbst verändern zu müssen. Solch eine Methode wird als Extension-Methode bezeichnet. Beispiel 13-6 zeigt, wie man eine solche Methode definiert und anwendet.

Beispiel 13-6: Eine Extension-Methode definieren und anwenden

```csharp
using System;

namespace Programming_CSharp_Extensions
{
    // Container-Klasse für Extension-Methoden
    public static class ExtensionMethods
    {
        // Liefert einen Substring zurück, der die n am Ende
        // eines Strings liegenden Zeichen zurückgibt.
        public static string Right(this string s, int n)
        {
            if (n < 0 || n > s.Length)
                return s;
            else
                return s.Substring(s.Length - n);
```

Beispiel 13-6: Eine Extension-Methode definieren und anwenden (Fortsetzung)

```
        }
    }

    public class Tester
    {
        public static void Main()
        {
            string hello = "Hello";
            Console.WriteLine("hello.Right(-1) = {0}", hello.Right(-1));
            Console.WriteLine("hello.Right(0) = {0}", hello.Right(0));
            Console.WriteLine("hello.Right(3) = {0}", hello.Right(3));
            Console.WriteLine("hello.Right(5) = {0}", hello.Right(5));
            Console.WriteLine("hello.Right(6) = {0}", hello.Right(6));
        }
    }
}

Ausgabe:
hello.Right(-1) = Hello
hello.Right(0) =
hello.Right(3) = llo
hello.Right(5) = Hello
hello.Right(6) = Hello
```

Der erste Parameter einer Extension-Methode ist immer der Zieltyp, in diesem Fall also die String-Klasse. Daher wird hier im Endeffekt eine Funktion Right() für die Klasse string definiert. Sie werden diese Methode für jeden beliebigen String aufrufen können, so wie Sie es mit den normalen Methoden von System.String auch tun:

```
aString.Right(n)
```

In C# muss eine Extension-Methode als statische Methode in einer statischen Klasse definiert werden. Daher werden in diesem Beispiel eine statische Klasse ExtensionMethods und eine statische Methode in dieser Klasse definiert:

```
public static string Right(this string s, int n)
{
    if (n < 0 || n > s.Length)
        return s;
    else
        return s.Substring(s.Length - n);
}
```

Verglichen mit einer normalen Methode ist der einzige auffallende Unterschied, dass der erste Parameter einer Extension-Methode immer das Schlüsselwort this enthält, gefolgt vom Zieltyp und schließlich einer Instanz des Zieltyps:

```
this string s
```

Die folgenden Parameter sind dann ganz normale Parameter der Extension-Methode. Der Methodenrumpf ist auch nicht anders gestaltet als bei normalen Methoden. Hier liefert die Funktion einfach den gewünschten Substring zurück. Falls das Längenargument n ungültig ist, wird der ursprüngliche String geliefert.

Um eine Extension-Methode zu nutzen, muss sie im gleichen Gültigkeitsbereich wie der Client-Code liegen. Wenn die Extension-Methode in einem anderen Namensraum definiert ist, sollten Sie eine »using«-Anweisung nutzen, um den Namensraum zu importieren, in dem die Extension-Methode liegt. Sie können keine vollständig qualifizierten Namen für die Extension-Methoden nutzen, so wie Sie es bei normalen Methoden tun. Ansonsten verhalten sich Extension-Methoden bei der Anwendung wie beliebige eingebaute Methoden des Zieltyps. In diesem Beispiel rufen Sie sie einfach wie eine normale Methode von System.String auf:

```
hello.Right(3)
```

Einschränkungen bei Extension-Methoden

Ich will aber trotzdem darauf hinweisen, dass Extension-Methoden mehr Einschränkungen unterliegen als normale Klassenmethoden – Extension-Methoden können nur auf öffentliche Elemente des Zieltyps zugreifen. Damit wird verhindert, dass die Kapselung des Zieltyps durchbrochen wird.

Eine weitere Einschränkung ist, dass bei einem Namenskonflikt zwischen der Extension-Methode und einer Klassenmethode der Zielklasse immer die Klassenmethode bevorzugt wird, wie Sie in Beispiel 13-7 sehen können.

Beispiel 13-7: Namenskonflikte zwischen Klassen- und Extension-Methode

```
using System;

namespace Programming_CSharp_Extensions
{
    // Container-Klasse für Extension-Methoden
    public static class ExtensionMethods
    {
        // Liefert einen Substring zwischen den angegebenen
        // Positionen eines Strings zurück.
        public static string Substring(this string s, int startIndex, int endIndex)
        {
            if (startIndex >= 0 && startIndex <= endIndex && endIndex < s.Length)
                return s.Substring(startIndex, endIndex - startIndex);
            else
                return s;
        }
    }

    public class Tester
    {
        public static void Main()
        {
            string hello = "Hello";
            Console.WriteLine("hello.Substring(2, 3) = {0}",
                              hello.Substring(2, 3));
        }
```

Beispiel 13-7: Namenskonflikte zwischen Klassen- und Extension-Methode (Fortsetzung)

```
    }
}

Ausgabe:
hello.Substring(2, 3) = llo
```

Die Extension-Methode `Substring()` aus diesem Beispiel hat die gleiche Signatur wie die eingebaute Methode `String.Substring(int startIndex, int length)`. Wie Sie an der Ausgabe erkennen können, wird die eingebaute Methode `Substring()` verwendet. Jetzt wollen wir zu Beispiel 13-4 zurückkehren, in dem wir die LINQ-Extension-Methode `Where` verwendet haben, um eine Kundenliste zu durchsuchen:

```
IEnumerable<Customer> result =
    customers.Where(customer => customer.FirstName == "Donna");
```

Diese Methode erwartet ein Prädikat als Eingabeargument.

 In C# und LINQ ist ein *Prädikat* ein Delegate, das bestimmte Bedingungen überprüft und einen Booleschen Wert zurückgibt, der angibt, ob die Bedingungen erfüllt wurden.

Das Prädikat führt eine Filteroperation auf Abfragen durch. Das Argument für diese Methode unterscheidet sich ziemlich von einem normalen Methodenargument. Tatsächlich handelt es sich um einen Lambda-Ausdruck, den ich in Kapitel 12 zuerst vorgestellt habe.

Lambda-Ausdrücke in LINQ

In Kapitel 12 habe ich erwähnt, dass Sie *Lambda-Ausdrücke* nutzen können, um Inline-Delegate-Definitionen zu definieren. Im Ausdruck

```
customer => customer.FirstName == "Donna"
```

ist der linke Operand `customer` der Eingabeparameter. Der rechte Operand ist der Lambda-Ausdruck, der prüft, ob die Eigenschaft `FirstName` des Kunden gleich »Donna« ist. Daher wird für ein gegebenes Kundenobjekt geprüft, ob der Vorname Donna lautet. Dieser Lambda-Ausdruck wird dann an die Methode `Where` übergeben, um diese Vergleichsoperation für jeden Kunden in der Kundenliste durchzuführen.

Abfragen, die durch Extension-Methoden definiert sind, werden als *methodenbasierte Abfragen* (*Method Based Queries*) bezeichnet. Auch, wenn sich Abfrage- und Methodensyntax unterscheiden, sind sie semantisch gleich, und der Compiler wandelt beide in denselben IL-Code um. Sie können hier so vorgehen, wie Sie es am liebsten möchten.

Lassen Sie uns mit einer sehr einfachen Abfrage beginnen – in Beispiel 13-8.

Beispiel 13-8: Eine einfache methodenbasierte Abfrage

```
using System;
using System.Linq;

namespace SimpleLamda
{
  class Program
  {
    static void Main(string[] args)
    {
      string[] names = { "Jesse", "Donald", "Douglas" };
      var dNames = names.Where(n => n.StartsWith("D"));
      foreach (string foundName in dNames)
      {
        Console.WriteLine("Gefunden: " + foundName);
      }

    }
  }
}
Ausgabe:
Gefunden: Donald
Gefunden: Douglas
```

Die Anweisung `names.Where` ist eine Abkürzung für:

```
System.Linq.Enumerable.Where(names,n=>n.StartsWith("D"));
```

`Where` ist eine Extension-Methode, daher können Sie das Objekt (`names`) als erstes Argument weglassen. Und indem Sie den Namensraum `System.Linq` mit aufgenommen haben, können Sie `Where` direkt für das Objekt `names` aufrufen, anstatt über `Enumerable` gehen zu müssen.

Weiterhin hat `dNames` den *Typ* `Ienumerable<string>` – wir nutzen die neue Fähigkeit des Compilers, den Typ zu ermitteln, indem wir das Schlüsselwort var angeben. Damit wird die Typsicherheit nicht umgangen, da var durch dieses Interface automatisch in den Typ `IEnumerable<string>` kompiliert wird.

Somit lässt sich die Zeile

```
var dNames = names.Where(n => n.StartsWith("D"));
```

auch lesen als: »Fülle die `IEnumerable`-Collection `dNames` aus der Collection `names` mit jedem Element, das mit dem Buchstaben `D` beginnt.«

Da die Syntax der Methode näher an dem liegt, wie der C#-Compiler Abfragen verarbeitet, lohnt es sich, noch ein wenig mehr Zeit damit zu verbringen und eine komplexere Abfrage anzuschauen, um ein besseres Verständnis für LINQ zu erhalten. Lassen Sie uns Beispiel 13-3 in eine methodenbasierte Abfrage umwandeln, um zu sehen, wie das aussieht (siehe Beispiel 13-9).

Beispiel 13-9: Komplexe Abfrage in der Methodensyntax

```
namespace Programming_CSharp
{
    // Einfache Kundenklasse
    public class Customer
    {
        // Wie in Beispiel 13-1
    }

    // Kundenadressen-Klasse
    public class Address
    {
        // Wie in Beispiel 13-3
    }

    // Hauptprogramm
    public class Tester
    {
        static void Main()
        {
            List<Customer> customers = CreateCustomerList();
            List<Address> addresses = CreateAddressList();

            var result = customers.Join(addresses,
                customer => string.Format("{0} {1}", customer.FirstName,
                            customer.LastName),
                address => address.Name,
                (customer, address) => new { Customer = customer, Address =
                 address })
                .OrderBy(ca => ca.Customer.LastName)
                .ThenByDescending(ca => ca.Address.Street);

            foreach (var ca in result)
            {
                Console.WriteLine(string.Format("{0}\nAdresse: {1}",
                    ca.Customer, ca.Address));
            }
        }

        // Erstellen einer Kundenliste aus Beispieldaten
        private static List<Customer> CreateCustomerList()
        {
            // Wie in Beispiel 13-3
        }

        // Erstellen einer Adressliste mit Beispieldaten
        private static List<Address> CreateAddressList()
        {
            // Wie in Beispiel 13-3
        }
    }
}
```

Beispiel 13-9: Komplexe Abfrage in der Methodensyntax (Fortsetzung)

```
Ausgabe:
Janet Gates
E-Mail:  janet1@adventure-works.com
Adresse: 800 Interchange Blvd., Austin
Janet Gates
E-Mail:  janet1@adventure-works.com
Adresse: 165 North Main, Austin
Orlando Gee
E-Mail:  orlando0@adventure-works.com
Adresse: 2251 Elliot Avenue, Seattle
Keith Harris
E-Mail:  keith0@adventure-works.com
Adresse: 7943 Walnut Ave, Renton
Keith Harris
E-Mail:  keith0@adventure-works.com
Adresse: 3207 S Grady Way, Renton
```

In Beispiel 13-3 ist die Abfrage in der Abfragesyntax geschrieben:

```
var result =
    from    customer in customers
            join address in addresses on
                string.Format("{0} {1}", customer.FirstName, customer.LastName)
                equals address.Name
    orderby customer.LastName, address.Street descending
    select new { Customer = customer, Address = address.Street };
```

Diese wird in die Methodensyntax umgewandelt:

```
var result = customers.Join(addresses,
        customer => string.Format("{0} {1}", customer.FirstName,
                    customer.LastName),
        address => address.Name,
        (customer, address) => new { Customer = customer, Address = address })
        .OrderBy(ca => ca.Customer.LastName)
        .ThenByDescending(ca => ca.Address.Street);
```

Der `lambda`-Ausdruck wird einem langsam vertraut. Beginnen wir mit der `OrderBy`-Klausel – diese lässt sich lesen als: »In dieser Reihenfolge sortieren: Hole für jede `customerAddress` den `LastName` des Kunden.« Die gesamte Anweisung lautet also: »Beginne mit den Kunden, und verknüpfe sie wie folgt mit den Adressen: Verbinde beim Kunden `FirstName` und `LastName`; bei der Adresse hole jedes `Address.Name`, und verbinde beide; erstelle für die Ergebnisdatensätze jeweils ein Objekt `CustomerAddress`, bei dem der Kunde zu `Customer` passt und die Adresse zu `Address`; jetzt sortiere sie erst nach dem `LastName` des Kunden und dann absteigend nach der `Street` der Adresse.«

Die Hauptdatenquelle, die Collection `customers`, ist immer noch das Hauptzielobjekt. Die Extension-Methode `Join( )` wird auf die Collection angewandt, um die Join-Operation durchzuführen. Ihr erstes Argument ist die zweite Datenquelle `addresses`. Die nächsten beiden Argumente sind Join-Bedingungsfelder in jeder Datenquelle. Das letzte Argument ist das Ergebnis der Join-Bedingung, die der Select-Klausel der Abfrage entspricht.

Die `OrderBy`-Klausel im Abfrage-Ausdruck legt fest, dass Sie aufsteigend nach dem Nachnamen des Kunden und dann absteigend nach der Straße sortieren wollen. In der Methodensyntax müssen Sie diese Wünsche durch die Methoden `OrderBy` und dann `ThenBy` definieren.

Sie können einfach `OrderBy`-Methoden nacheinander aufrufen, aber sie müssen in umgekehrter Reihenfolge angegeben werden: also zunächst die Methode, die das letzte Feld in der `OrderBy`-Liste sortiert, und dann nach »vorne« wandernd. In diesem Beispiel würden Sie die Sortiermethode für die Straße zuerst aufrufen, gefolgt von der Methode zum Sortieren nach den Namen:

```
var result = customers.Join(addresses,
       customer => string.Format("{0} {1}", customer.FirstName,
                    customer.LastName),
       address => address.Name,
       (customer, address) => new { Customer = customer, Address = address })
   .OrderByDescending(ca => ca.Address.Street)
   .OrderBy(ca => ca.Customer.LastName);
```

Wie Sie feststellen können, sind beide Ergebnisse gleich. Daher können Sie die Syntax wählen, die Ihnen mehr liegt.

Ian Griffiths, einer der klügsten C#-Programmierer der Welt, der auch bei IanG on Tap bloggt (*http://www.interact-sw.co.uk/iangblog/*), weist noch auf etwas hin, was ich in Kapitel 15 zeigen werde, hier aber nicht völlig untergehen lassen will: »Sie können diese beiden Syntaxen für exakt gleich viele verschiedene Datenquellen nutzen, aber das Verhalten *ist nicht immer das Gleiche*. Die Bedeutung eines Lambda-Ausdrucks hängt von der Signatur der Funktion ab, an die er übergeben wird. In diesen Beispielen dient er als verkürzte Syntax für ein Delegate. Aber wenn Sie *genau die gleiche Art von Abfragen* an eine SQL-Datenquelle stellen, wird der Lambda-Ausdruck in etwas anderes verwandelt.«

Alle LINQ-Extension-Methoden – `Join`, `Select`, `Where` und so weiter – haben mehrere Implementierungen, jeweils für verschiedene Zieltypen. Hier haben wir diejenigen betrachtet, die auf `IEnumerable` operieren. Andere, die mit `IQueryable` arbeiten, sind ein bisschen anders. Anstatt Delegates für den Join, die Projektion, den Filter und andere Klauseln zu nutzen, erhalten sie Ausdrücke. Dabei handelt es sich um wunderbar magische Elemente, die den C#-Quellcode in eine entsprechende SQL-Abfrage verwandeln.

KAPITEL 14
Arbeiten mit XML

XML, die eXtensible Markup Language, ist eine branchenweit eingesetzte Methode, Informationen so zu kodieren, dass sie von verschiedenen Software-Anwendungen leicht verstanden werden können. Sie enthält Daten und die Beschreibung der Daten, wodurch Software-Anwendungen diese Daten interpretieren und verarbeiten können.

XML-Spezifikationen werden vom World Wide Web Consortium (W3) definiert und verwaltet. Die letzte Version ist XML 1.1 (Second Edition). Allerdings ist XML 1.0 (aktuell in seiner vierten Version) die beliebteste Variante und wird von allen XML-Parsern unterstützt. Das W3C sagt dazu Folgendes:

> Sie sollten XML-1.0-Dokumente erstellen oder generieren, wenn Sie die neuen Features von XML 1.1 nicht brauchen – XML-Parser sollten sowohl XML 1.0 als auch XML 1.1 verstehen.[1]

Dieses Kapitel wird nur XML 1.0 vorstellen und sich dabei auch nur auf die am häufigsten verwendeten XML-Features konzentrieren. Ich werde Ihnen zunächst die Klassen XMLDocument und XMLElement präsentieren, und Sie werden lernen, wie Sie XML-Dokumente erstellen und verändern.

Natürlich werden Sie bei großen Dokumenten Substrings finden wollen, und ich werde Ihnen zwei verschiedene Wege zeigen, wie Sie das mit *XPath* und dem *XPath Navigator* erreichen. XML ist auch eine Schlüsselkomponente der *Service Oriented Architecture* (SOA), die es Ihnen ermöglicht, auf Objekte auf anderen Rechnern zuzugreifen – quer über Anwendungen und Plattformen hinweg. Das .NET-Framework ermöglicht es Ihnen, Ihre Objekte als XML zu *serialisieren* und sie am Ziel wieder zu deserialisieren. Ich werde diese Methoden am Ende des Kapitels behandeln.

XML-Grundlagen (Eine kurze Einführung)

XML ist eine Markup-Sprache, die HTML ähnelt, nur dass sie *erweiterbar* ist – der Nutzer von XML kann neue Elemente und Eigenschaften erstellen (was auch fleißig getan wird).

---

1 http://www.w3.org/XML/Core/#Publications

Elemente

In XML besteht ein Dokument aus einer Hierarchie aus Elementen. Ein *Element* ist als *Tag*-Paar definiert, das aus den sogenannten Start- und End-Tags besteht. Im folgenden Beispiel ist FirstName ein Element:

```
<FirstName>Orlando</FirstName>
```

Ein Start-Tag besteht aus dem Namen des Elements, der von einem Paar spitzer Klammern (dem Größer- und Kleiner-Zeichen) umschlossen ist:

```
<FirstName>
```

Ein End-Tag sieht dem Start-Tag ähnlich, nur findet sich vor dem Elementnamen ein Schrägstrich (Slash):

```
</FirstName>
```

Der Inhalt zwischen den Start- und End-Tags ist der Element-Text, der aus einer Reihe von *Kind-Elementen* bestehen kann. Der Element-Text von FirstName ist einfach ein String. Andererseits hat das Element Customer drei Kind-Elemente:

```
<Customer>
  <FirstName>Orlando</FirstName>
  <LastName>Gee</LastName>
  <EmailAddress>orlando0@hotmail.com</EmailAddress>
</Customer>
```

Das oberste Element in einem XML-Dokument wird als *Root-Element* bezeichnet. Jedes Dokument hat genau ein Root-Element.

Ein Element kann null oder mehr Kind-Elemente enthalten, und jedes Element (abgesehen vom Root-Element) hat genau ein *Eltern-Element*. Elemente mit dem gleichen Eltern-Element werden als Geschwister-Elemente (Sibling Elements) bezeichnet.

In diesem Beispiel ist Customers (im Plural) das Root-Element. Die Kinder des Root-Elements Customers sind die drei Elemente Customer (im Singular):

```
<Customers>
  <Customer>
    ...
  </Customer>
  <Customer>
    ...
  </Customer>
  <Customer>
    ...
  </Customer>
</Customers>
```

Jeder Customer hat ein Eltern-Element (Customers) und drei Kind-Elemente (FirstName, LastName und EmailAddress). Jedes dieser Kind-Elemente hat wiederum ein Eltern-Element (Customer) und keine Kind-Elemente.

XHTML

XHTML ist ein verbesserter Standard von HTML, der den strikteren Regeln der XML-Gültigkeit folgt. Die beiden wichtigsten (und am häufigsten ignorierten) Regeln sind:

- Es dürfen sich keine Elemente überlappen, sie dürfen nur verschachtelt sein. Daher geht:

    ```
    <element 1>
        <element2>
            <...>
        </element 2>
    </element 1>
    ```

    Sie dürfen aber *nicht*

    ```
    <element 1>
        <element2>
            <...>
        </element 1>
    </element 2>
    ```

    schreiben, da im zweiten Fall `element2` mit `element1` überlappt und nicht korrekt eingebettet ist.

- Jedes Element muss geschlossen werden. Das heißt, für jedes öffnende Element muss es auch ein End-Tag geben (oder das Element-Tag muss selbstschließend sein). Daher sollten diejenigen unter Ihnen, die sich auf die nachsichtigen Browser verlassen, mal langsam damit aufhören, Folgendes zu schreiben:

    ```
    <br>
    ```

    und es stattdessen hierdurch ersetzen:

    ```
    <br />
    ```

X steht für eXtensible

Der entscheidende Punkt von XML ist, dass es sich um eine *erweiterbare* Markup-Sprache handelt. Hier eine sehr kurze Geschichte der Populärkultur: HTML wurde aus der *Standard Generalized Markup Language* (SGML) abgeleitet. HTML bietet viele wunderbare Attribute, aber wenn Sie ein neues Element hinzufügen wollen, haben Sie zwei Möglichkeiten: Entweder bitten Sie das W3C und warten eine ganze Weile, oder Sie legen einfach selbst los und befinden sich damit außerhalb des Standards.

Es gab ein starkes Bedürfnis, zwei Organisationen zusammenbringen zu können und Tags zu spezifizieren, die für den Datenaustausch zu verwenden sind. Und siehe da: XML wurde als allgemeinere Markup-Sprache geboren, die es den Anwendern ermöglicht, *ihre eigenen Tags zu definieren*. Dieser letzte Punkt ist der entscheidende Vorteil von XML.

Erstellen von XML-Dokumenten

Da es sich bei XML-Dokumenten um strukturierte Text-Dokumente handelt, können Sie sie mit einem Text-Editor erstellen und mithilfe von String-Funktionen verarbeiten. Um mit David Platt zu sprechen: Sie können auch eine Blinddarmoperation durch den Mund vornehmen, aber es dauert länger und ist schmerzhafter.

Um die Arbeit einfacher zu gestalten, implementiert .NET eine Reihe von Klassen und Hilfsmitteln, die XML-Funktionalität bereitstellen. Dazu gehören Streaming-XML-APIs (die `XmlReader` und `XmlWriter` unterstützen) sowie ein weiteres Set von XML-APIs, die das *XML Document Object Model (DOM)* verwenden.

In Kapitel 13 haben wir in unseren Beispielen eine Liste mit Kunden verwendet. Wir werden die gleiche Kundenliste in diesem Kapitel nutzen, wobei wir mit Beispiel 14-1 beginnen, in dem wir die Liste von Kunden in ein XML-Dokument schreiben.

Beispiel 14-1: Erstellen eines XML-Dokuments

```
using System;
using System.Collections.Generic;
using System.Xml;

namespace Programming_CSharp
{
    // Einfache Kundenklasse
    public class Customer
    {
        public string FirstName    { get; set; }
        public string LastName     { get; set; }
        public string EmailAddress { get; set; }

        // Überschreiben von Object.ToString(), um eine
        // String-Repräsentation der Objekteigenschaften zu erhalten.
        public override string ToString()
        {
            return string.Format("{0} {1}\nE-Mail: {2}",
                    FirstName, LastName, EmailAddress);
        }
    }

    // Hauptprogramm
    public class Tester
    {
        static void Main()
        {
            List<Customer> customers = CreateCustomerList();

            XmlDocument customerXml = new XmlDocument();
            XmlElement rootElem = customerXml.CreateElement("Customers");
            customerXml.AppendChild(rootElem);
            foreach (Customer customer in customers)
            {
```

Beispiel 14-1: Erstellen eines XML-Dokuments (Fortsetzung)

```csharp
            // Neues Element erstellen, das für das Kundenobjekt steht.
            XmlElement customerElem = customerXml.CreateElement("Customer");

            // Element für den Member FirstName zum
            // Kundenelement hinzufügen.
            XmlElement firstNameElem = customerXml.CreateElement("FirstName");
            firstNameElem.InnerText  = customer.FirstName;
            customerElem.AppendChild(firstNameElem);

            // Element für den Member LastName zum
            // Kundenelement hinzufügen.
            XmlElement lastNameElem = customerXml.CreateElement("LastName");
            lastNameElem.InnerText = customer.LastName;
            customerElem.AppendChild(lastNameElem);

            // Element für den Member EmailAddress zum
            // Kundenelement hinzufügen.
            XmlElement emailAddress =
                customerXml.CreateElement("EmailAddress");
            emailAddress.InnerText = customer.EmailAddress;
            customerElem.AppendChild(emailAddress);

            // Nun das Kunden-Element zum XML-Dokument hinzufügen
            rootElem.AppendChild(customerElem);
        }

        Console.WriteLine(customerXml.OuterXml);
        Console.Read();
    }

    // Kundenliste mit Beispieldaten erstellen
    private static List<Customer> CreateCustomerList()
    {
        List<Customer> customers = new List<Customer>
            {
                new Customer { FirstName = "Orlando",
                               LastName = "Gee",
                               EmailAddress = "orlando0@hotmail.com"},
                new Customer { FirstName = "Keith",
                               LastName = "Harris",
                               EmailAddress = "keith0@hotmail.com" },
                new Customer { FirstName = "Donna",
                               LastName = "Carreras",
                               EmailAddress = "donna0@hotmail.com" },
                new Customer { FirstName = "Janet",
                               LastName = "Gates",
                               EmailAddress = "janet1@hotmail.com" },
                new Customer { FirstName = "Lucy",
                               LastName = "Harrington",
                               EmailAddress = "lucy0@hotmail.com" }
            };
        return customers;
```

Beispiel 14-1: Erstellen eines XML-Dokuments (Fortsetzung)

```
      }
   }
}
```

Ich habe die Ausgabe hier umformatiert, damit sie leichter zu lesen ist. Die wirkliche Ausgabe wird ohne Zeilenumbrüche und Einrückungen geschehen:

```
Ausgabe:
<Customers>
  <Customer>
    <FirstName>Orlando</FirstName>
    <LastName>Gee</LastName>
    <EmailAddress>orlando0@hotmail.com</EmailAddress>
  </Customer>
  <Customer>
    <FirstName>Keith</FirstName>
    <LastName>Harris</LastName>
    <EmailAddress>keith0@hotmail.com</EmailAddress>
  </Customer>
  <Customer>
    <FirstName>Donna</FirstName>
    <LastName>Carreras</LastName>
    <EmailAddress>donna0@hotmail.com</EmailAddress>
  </Customer>
  <Customer>
    <FirstName>Janet</FirstName>
    <LastName>Gates</LastName>
    <EmailAddress>janet1@hotmail.com</EmailAddress>
  </Customer>
  <Customer>
    <FirstName>Lucy</FirstName>
    <LastName>Harrington</LastName>
    <EmailAddress>lucy0@hotmail.com</EmailAddress>
  </Customer>
</Customers>
```

Wir könnten dieses Beispiel mithilfe von *LINQ to XML* viel kürzer fassen. Das wird in Kapitel 15 behandelt.

In .NET enthält der Namensraum `System.Xml` alle XML-bezogenen Klassen, die das Erstellen und Verarbeiten von XML-Dokumenten ermöglichen. Es bietet sich an, allen Quellcode-Dateien, die Klassen aus diesem Namensraum verwenden, `using`-Anweisungen hinzuzufügen.

Die Klasse `Customer` und die Funktion `CreateCustomerList` in der Hauptklasse `Tester` entsprechen denen aus Kapitel 13, daher werde ich mich nicht näher mit ihnen befassen.

Das Interessanteste an diesem Beispiel ist das Erstellen des XML-Codes in der Funktion `main`. Zuerst wird ein neues XML-Dokument erzeugt:

```
XmlDocument customerXml = new XmlDocument();
```

Als Nächstes legen Sie das Root-Element an:

```
XmlElement rootElem = customerXml.CreateElement("Customers");
customerXml.AppendChild(rootElem);
```

Das Erstellen von XML-Elementen und anderen Objekten im XML DOM unterscheidet sich ein wenig von der normalen Objekt-Instanziierung. Hier ruft man die Methode `CreateElement` des XML-Dokument-Objekts auf, um ein neues Element im Dokument anzulegen, danach ruft man die Methode `AppendChild` des Eltern-Elements auf, um es dort anzuhängen. Nach diesen zwei Operationen enthält das Dokument `customerXML` ein leeres Element:

```
<Customers></Customers>
```

oder:

```
<Customers />
```

Im XML DOM wird das Root-Element auch als *Document Element* bezeichnet. Sie können es über die Eigenschaft `DocumentElement` des Dokument-Objekts erreichen:

```
XmlElement rootElem = customerXml.DocumentElement;
```

XML-Elemente

Wenn Sie nun das Root-Element haben, können Sie jeden Kunden als Kind-Knoten anhängen:

```
foreach (Customer customer in customers)
{
    // Neues Element erstellen, das für das Kundenobjekt steht.
    XmlElement customerElem = customerXml.CreateElement("Customer");
```

In diesem Beispiel wandeln Sie jede Member-Variable des Kundenobjekts in ein Kind-Element des Kunden-Elements um:

```
// Element für den Member FirstName hinzufügen.
XmlElement firstNameElem = customerXml.CreateElement("FirstName");
firstNameElem.InnerText = customer.FirstName;
cstomerElem.AppendChild(firstNameElem);
```

Damit wird das Kind-Element `FirstName` erstellt und der Vorname des Kunden der Eigenschaft `InnerText` zugewiesen. Das Ergebnis sieht so aus:

```
<FirstName>Orlando</FirstName>
```

Die anderen beiden Member-Variablen, `LastName` und `EmailAddress`, werden dem Kunden-Element auf die gleiche Art und Weise hinzugefügt. Hier ein Beispiel eines vollständigen Kundenelements:

```xml
<Customer>
  <FirstName>Orlando</FirstName>
  <LastName>Gee</LastName>
  <EmailAddress>orlando0@hotmail.com</EmailAddress>
</Customer>
```

Schließlich wird das neu erstellte Kunden-Element dem XML-Dokument als Kind des Root-Elements hinzugefügt:

```
    // Nun das Kunden-Element zum XML-Dokument hinzufügen
    rootElem.AppendChild(customerElem);
}
```

Nachdem alle Kunden-Elemente erstellt worden sind, gibt dieses Beispiel das XML-Dokument aus:

```
Console.WriteLine(customerXml.OuterXml);
```

Wenn Sie den Code ausführen, ist das Ergebnis einfach ein langer String, in dem das gesamte XML-Dokument mit seinen Elementen zu finden ist. Sie können ihn in einen XML-Editor importieren und für Menschen besser lesbar formatieren lassen, wie das auch in der Beispiel-Ausgabe weiter oben der Fall war. Visual Studio enthält einen XML-Editor, daher können Sie den String einfach in eine XML-Datei einfügen und diese im Visual Studio öffnen. Dann nutzen Sie *Format the whole document* der XML-Editor-Toolbar, um den String zu formatieren (siehe Abbildung 14-1).

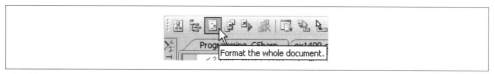

Abbildung 14-1: Formatieren des XML-Dokuments in Visual Studio

XML-Attribute

Ein XML-Element kann eine Reihe von *Attributen* besitzen, die zusätzliche Informationen über das Element enthalten. Ein Attribut ist ein Schlüssel/Wert-Paar, das im Start-Tag eines XML-Elements steht:

```xml
<Customer FirstName="Orlando" LastName="Gee"></Customer>
```

Das nächste Beispiel zeigt, wie Sie Kind-Elemente und Attribute kombiniert verwenden. Dabei werden Kunden-Elemente erstellt, die den Namen des Kunden in Attributen ablegen und die E-Mail-Adresse als Kind-Element speichern:

```xml
<Customer FirstName="Orlando" LastName="Gee">
  <EmailAddress>orlando0@hotmail.com</EmailAddress>
</Customer>
```

Der einzige Unterschied zwischen diesem Beispiel und Beispiel 14-1 liegt darin, dass Sie die Member-Variablen `FirstName` und `LastName` als Attribute des Kunden-Elements ablegen:

```
            // Ein Attribut für FirstName hinzufügen.
            XmlAttribute firstNameAttr = customerXml.CreateAttribute("FirstName");
            firstNameAttr.Value = customer.FirstName;
            customerElem.Attributes.Append(firstNameAttr);
```

Wie beim Erstellen eines Elements rufen Sie die Methode `CreateAttribute` des Dokument-Objekts auf, um ein Objekt vom Typ `XmlAttribute` im Dokument zu erstellen. Das Zuweisen eines Wertes zu einem Attribut ist ein wenig intuitiver als das Zuweisen von Text an ein Element, da ein Attribut keine Kind-Knoten hat – daher können Sie einfach dem Member `Value` einen Wert zuweisen. Für Attribute ist die Eigenschaft `Value` identisch zum Member `InnerText`.

Sie müssen das Attribut auch noch dem Member `Attributes` anfügen, der eine Collection mit allen Attributen des Elements ist. Anders als beim Hinzufügen von Kind-Elementen können Sie hier nicht die Funktion `AppendChild` für Attribute aufrufen.

Beispiel 14-2 zeigt den Beispielcode mit seiner Ausgabe.

Beispiel 14-2: Erstellen eines XML-Dokuments mit Elementen und Attributen

```
using System;
using System.Collections.Generic;
using System.IO;
using System.Xml;

namespace Programming_CSharp
{
    // Einfache Kunden-Klasse
    public class Customer
    {
        // Wie in Beispiel 14-1
    }

    // Hauptprogramm
    public class Tester
    {
        static void Main()
        {
            List<Customer> customers = CreateCustomerList();

            XmlDocument customerXml = new XmlDocument();
            XmlElement rootElem = customerXml.CreateElement("Customers");
            customerXml.AppendChild(rootElem);
            foreach (Customer customer in customers)
            {
                // Neues Element für das Kunden-Objekt erstellen.
                XmlElement customerElem = customerXml.CreateElement("Customer");

                // Ein Attribut für den Member FirstName zum
                // Kunden-Element hinzufügen.
                XmlAttribute firstNameAttr =
```

Beispiel 14-2: Erstellen eines XML-Dokuments mit Elementen und Attributen (Fortsetzung)

```
                customerXml.CreateAttribute("FirstName");
            firstNameAttr.Value = customer.FirstName;
            customerElem.Attributes.Append(firstNameAttr);

            // Ein Attribut für den Member LastName zum
            // Kunden-Element hinzufügen.
            XmlAttribute lastNameAttr =
                customerXml.CreateAttribute("LastName");
            lastNameAttr.Value = customer.LastName;
            customerElem.Attributes.Append(lastNameAttr);

            // Ein Element für den Member EmailAddress zum
            // Kunden-Element hinzufügen.
            XmlElement emailAddress =
                customerXml.CreateElement("EmailAddress");
            emailAddress.InnerText = customer.EmailAddress;
            customerElem.AppendChild(emailAddress);

            // Nun das Kunden-Element zum XML-Dokument hinzufügen
            rootElem.AppendChild(customerElem);
        }

        Console.WriteLine(customerXml.OuterXml);
        Console.Read( );
    }

    // Erstellen einer Kundenliste mit Beispieldaten
    private static List<Customer> CreateCustomerList( )
    {
        // Wie in Beispiel 14-1
    }
  }
}

Ausgabe:
<Customers>
  <Customer FirstName="Orlando" LastName="Gee">
    <EmailAddress>orlando0@hotmail.com</EmailAddress>
  </Customer>
  <Customer FirstName="Keith" LastName="Harris">
    <EmailAddress>keith0@hotmail.com</EmailAddress>
  </Customer>
  <Customer FirstName="Donna" LastName="Carreras">
    <EmailAddress>donna0@hotmail.com</EmailAddress>
  </Customer>
  <Customer FirstName="Janet" LastName="Gates">
    <EmailAddress>janet1@hotmail.com</EmailAddress>
  </Customer>
  <Customer FirstName="Lucy" LastName="Harrington">
    <EmailAddress>lucy0@hotmail.com</EmailAddress>
  </Customer>
</Customers>
```

Es ist toll, dass man XML-Dokumente erstellen kann, um damit Daten zur Verarbeitung und zum Austausch mit anderen Anwendungen abzuspeichern, aber es wäre nicht wirklich nützlich, wenn Sie die Informationen nicht auch leicht wieder beschaffen könnten. Der Namensraum `System.Xml.XPath` enthält Klassen und Tools, die eine Suche per XPath für C#-Programmierer anbieten.

Suchen in XML mit XPath

In seiner einfachsten Form kann XPath aussehen wie ein Verzeichnispfad. Hier folgt ein Beispiel, das das XML-Dokument mit der Kundenliste nutzt. Dieses Dokument ist in Beispiel 14-2 zu sehen und wird hier zu Ihrer Bequemlichkeit noch einmal ausgegeben:

```xml
<Customers>
  <Customer FirstName="Orlando" LastName="Gee">
    <EmailAddress>orlando0@hotmail.com</EmailAddress>
  </Customer>
  <Customer FirstName="Keith" LastName="Harris">
    <EmailAddress>keith0@hotmail.com</EmailAddress>
  </Customer>
  <Customer FirstName="Donna" LastName="Carreras">
    <EmailAddress>donna0@hotmail.com</EmailAddress>
  </Customer>
  <Customer FirstName="Janet" LastName="Gates">
    <EmailAddress>janet1@hotmail.com</EmailAddress>
  </Customer>
  <Customer FirstName="Lucy" LastName="Harrington">
    <EmailAddress>lucy0@hotmail.com</EmailAddress>
  </Customer>
</Customers>
```

Beispiel 14-3 zeigt den Code für das Beispiel.

Beispiel 14-3: Durchsuchen eines XML-Dokuments mit XPath

```csharp
using System;
using System.Collections.Generic;
using System.Xml;

namespace Programming_CSharp
{
    public class Customer
    {
        public string FirstName { get; set; }
        public string LastName { get; set; }
        public string EmailAddress { get; set; }

        // Überschreibt Object.ToString(), um eine
        // String-Repräsentation der Objekt-Member zu erhalten.
        public override string ToString()
        {
            return string.Format("{0} {1}\nE-Mail: {2}",
                    FirstName, LastName, EmailAddress);
```

Beispiel 14-3: Durchsuchen eines XML-Dokuments mit XPath (Fortsetzung)

```
        }
    }

    public class Tester
    {
        private static XmlDocument CreateCustomerListXml()
        {
            List<Customer> customers = CreateCustomerList();
            XmlDocument customerXml = new XmlDocument();
            XmlElement rootElem = customerXml.CreateElement("Customers");
            customerXml.AppendChild(rootElem);
            foreach (Customer customer in customers)
            {
                XmlElement customerElem = customerXml.CreateElement("Customer");

                XmlAttribute firstNameAttr =
                    customerXml.CreateAttribute("FirstName");
                firstNameAttr.Value = customer.FirstName;
                customerElem.Attributes.Append(firstNameAttr);

                XmlAttribute lastNameAttr =
                    customerXml.CreateAttribute("LastName");
                lastNameAttr.Value = customer.LastName;
                customerElem.Attributes.Append(lastNameAttr);

                XmlElement emailAddress =
                    customerXml.CreateElement("EmailAddress");
                emailAddress.InnerText = customer.EmailAddress;
                customerElem.AppendChild(emailAddress);

                rootElem.AppendChild(customerElem);
            }

            return customerXml;
        }

        private static List<Customer> CreateCustomerList()
        {
            List<Customer> customers = new List<Customer>
                {
                    new Customer {FirstName = "Douglas",
                                  LastName = "Adams",
                                  EmailAddress = "dAdams@foo.com"},
                    new Customer {FirstName = "Richard",
                                  LastName = "Dawkins",
                                  EmailAddress = "rDawkins@foo.com"},
                    new Customer {FirstName = "Kenji",
                                  LastName = "Yoshino",
                                  EmailAddress = "kYoshino@foo.com"},
                    new Customer {FirstName = "Ian",
                                  LastName = "McEwan",
                                  EmailAddress = "iMcEwan@foo.com"},
```

Beispiel 14-3: Durchsuchen eines XML-Dokuments mit XPath (Fortsetzung)

```
                new Customer {FirstName = "Neal",
                              LastName = "Stephenson",
                              EmailAddress = "nStephenson@foo.com"},
                new Customer {FirstName = "Randy",
                              LastName = "Shilts",
                              EmailAddress = "rShilts@foo.com"},
                new Customer {FirstName = "Michelangelo",
                              LastName = "Signorile ",
                              EmailAddress = "mSignorile@foo.com"},
                new Customer {FirstName = "Larry",
                              LastName = "Kramer",
                              EmailAddress = "lKramer@foo.com"},
                new Customer {FirstName = "Jennifer",
                              LastName = "Baumgardner",
                              EmailAddress = "jBaumgardner@foo.com"}
        };
        return customers;
    }

    static void Main()
    {
        XmlDocument customerXml = CreateCustomerListXml();

        Console.WriteLine("Suche nach einem einzelnen Knoten ...");
        string xPath = "/Customers/Customer[@FirstName='Douglas']";
        XmlNode oneCustomer = customerXml.SelectSingleNode(xPath);

        Console.WriteLine("\nSelectSingleNode(\"{0}\") ...", xPath);
        if (oneCustomer != null)
        {
            Console.WriteLine(oneCustomer.OuterXml);
        }
        else
        {
            Console.WriteLine("Nicht gefunden");
        }

        Console.WriteLine("\nSuche nach einem einzelnen Element ...");
        xPath = "/Customers/Customer[@FirstName='Douglas']";
        XmlElement customerElem = customerXml.SelectSingleNode(xPath)
                            as XmlElement;

        Console.WriteLine("\nSelectSingleNode(\"{0}\") ...", xPath);
        if (customerElem != null)
        {
            Console.WriteLine(customerElem.OuterXml);
            Console.WriteLine("customerElem.HasAttributes = {0}",
                        customerElem.HasAttributes);
        }
        else
        {
            Console.WriteLine("Nicht gefunden");
        }
```

Beispiel 14-3: Durchsuchen eines XML-Dokuments mit XPath (Fortsetzung)

```
            Console.WriteLine("\nSuche in den Nachfahren ...");
            xPath = "descendant::Customer[@FirstName='Douglas']";
            oneCustomer = customerXml.SelectSingleNode(xPath);
            Console.WriteLine("\nSelectSingleNode(\"{0}\") ...", xPath);
            if (oneCustomer != null)
            {
                Console.WriteLine(oneCustomer.OuterXml);
            }
            else
            {
                Console.WriteLine("Nicht gefunden");
            }

            xPath = "descendant::Customer[attribute::FirstName='Douglas']";
            oneCustomer = customerXml.SelectSingleNode(xPath);
            Console.WriteLine("\nSelectSingleNode(\"{0}\") ...", xPath);
            if (oneCustomer != null)
            {
                Console.WriteLine(oneCustomer.OuterXml);
            }
            else
            {
                Console.WriteLine("Nicht gefunden");
            }

            Console.WriteLine("\nSuche mit Knotenwerten ... ");
            xPath = "descendant::EmailAddress[text( )='dAdams@foo.com']";
            XmlNode oneEmail = customerXml.SelectSingleNode(xPath);
            Console.WriteLine("\nSelectSingleNode(\"{0}\") ...", xPath);
            if (oneEmail != null)
            {
                Console.WriteLine(oneEmail.OuterXml);
            }
            else
            {
                Console.WriteLine("Nicht gefunden");
            }

    xPath = "descendant::Customer[EmailAddress ='dAdams@foo.com']";
    oneCustomer = customerXml.SelectSingleNode(xPath);
    Console.WriteLine("\nSelectSingleNode(\"{0}\") ...", xPath);
    if (oneCustomer != null)
    {
       Console.WriteLine(oneCustomer.OuterXml);
    }
    else
    {
       Console.WriteLine("Nicht gefunden");
    }
            Console.WriteLine("\nSuche mit XPath-Funktionen ...");
            xPath = "descendant::Customer[contains(EmailAddress, 'foo.com')]";
            XmlNodeList customers = customerXml.SelectNodes(xPath);
```

Beispiel 14-3: Durchsuchen eines XML-Dokuments mit XPath (Fortsetzung)

```
                Console.WriteLine("\nSelectNodes(\"{0}\") ...", xPath);
                if (customers != null)
                {
                    foreach (XmlNode customer in customers)
                        Console.WriteLine(customer.OuterXml);
                }
                else
                {
                    Console.WriteLine("Nicht gefunden");
                }

                xPath = "descendant::Customer[starts-with(@LastName, 'A') " +
                    "and contains(EmailAddress, 'foo.com')]";
                customers = customerXml.SelectNodes(xPath);
                Console.WriteLine("\nSelectNodes(\"{0}\") ...", xPath);
                if (customers != null)
                {
                    foreach (XmlNode customer in customers)
                        Console.WriteLine(customer.OuterXml);
                }
                else
                {
                    Console.WriteLine("Nicht gefunden");
                }  // end else
        }          // end main
    }              // end class
}                  // end namespace
```

Ausgabe:
Suche nach einem einzelnen Knoten ...

SelectSingleNode("/Customers/Customer[@FirstName='Douglas']") ...
<Customer FirstName="Douglas" LastName="Adams">
<EmailAddress>dAdams@foo.com</EmailAddress></Customer>

Suche nach einem einzelnen Element ...

SelectSingleNode("/Customers/Customer[@FirstName='Douglas']") ...
<Customer FirstName="Douglas" LastName="Adams">
<EmailAddress>dAdams@foo.com</EmailAddress></Customer>
customerElem.HasAttributes = True

Suche in den Nachfahren ...

SelectSingleNode("descendant::Customer[@FirstName='Douglas']") ...
<Customer FirstName="Douglas" LastName="Adams">
<EmailAddress>*dAdams@foo.com*</EmailAddress></Customer>

SelectSingleNode("descendant::Customer[attribute::FirstName='Douglas']") ...
<Customer FirstName="Douglas" LastName="Adams">
<EmailAddress>dAdams@foo.com</EmailAddress></Customer>

Beispiel 14-3: Durchsuchen eines XML-Dokuments mit XPath (Fortsetzung)

```
Suche mit Knotenwerten ...

SelectSingleNode("descendant::EmailAddress[text( )='dAdams@foo.com']") ...
<EmailAddress>dAdams@foo.com</EmailAddress>

SelectSingleNode("descendant::EmailAddress[text( )='dAdams@foo.com']") ...
<EmailAddress>dAdams@foo.com</EmailAddress>

Suche mit XPath-Funktionen ...

SelectNodes("descendant::Customer[contains(EmailAddress, 'foo.com')]") ...
<Customer FirstName="Douglas" LastName="Adams">
<EmailAddress>dAdams@foo.com</EmailAddress></Customer>

<Customer FirstName="Richard" LastName="Dawkins">
<EmailAddress>rDawkins@foo.com</EmailAddress></Customer>

<Customer FirstName="Kenji" LastName="Yoshino">
<EmailAddress>kYoshino@foo.com</EmailAddress></Customer>

<Customer FirstName="Ian" LastName="McEwan">
<EmailAddress>iMcEwan@foo.com</EmailAddress></Customer>

<Customer FirstName="Neal" LastName="Stephenson">
<EmailAddress>nStephenson@foo.com</EmailAddress></Customer>

<Customer FirstName="Randy" LastName="Shilts">
<EmailAddress>rShilts@foo.com</EmailAddress></Customer>

<Customer FirstName="Michelangelo" LastName="Signorile ">
<EmailAddress>mSignorile@foo.com</EmailAddress></Customer>

<Customer FirstName="Larry" LastName="Kramer">
<EmailAddress>lKramer@foo.com</EmailAddress></Customer>

<Customer FirstName="Jennifer" LastName="Baumgardner">
<EmailAddress>jBaumgardner@foo.com</EmailAddress></Customer>

<Customer FirstName="Jennifer" LastName="Baumgardner">
<EmailAddress>jBaumgardner@foo.com</EmailAddress></Customer>

SelectNodes("descendant::Customer[starts-with(@LastName, 'A')
and contains(EmailAddress, 'foo.com')]") ...
<Customer FirstName="Douglas" LastName="Adams">
<EmailAddress>dAdams@foo.com</EmailAddress></Customer>
```

Dieses Beispiel greift auf Beispiel 14-2 zurück und erstellt die Beispielkundenliste in XML in der Methode `CreateCustomerListXml( )`. Sie können diese Funktion nun einfach in der Funktion `main( )` aufrufen, um das XML-Dokument zu erstellen.

Dieser Code enthält ein paar erwähnenswerte Abschnitte. So enthält der meiste Code in diesem Buch exzessive Kommentare. Dieses Mal habe ich mir aber die Freiheit genommen, hier nur so viel zu kommentieren, wie ich es in meinem eigenen Code tue: fast gar nicht. Ich meine, dass man nur dann Kommentare einsetzen sollte, wenn der Code nicht für sich selbst sprechen kann. Das ist meistens dann der Fall, wenn ich Variablen oder Methoden falsch benannt habe, oder wenn die Struktur ungeschickt gewählt wurde. Das heißt nicht, dass ich niemals kommentiere, aber ich bin dabei zurückhaltender als andere (außer, wenn ich Bücher schreibe!).

Dann sollte man beachten, dass ich eine ganze Menge Informationen ausgebe, nur damit Sie besser verstehen können, was dort passiert – das ist die Art von Kommentaren, die ich besonders hilfreich finde, und die die einzige Möglichkeit zum Debuggen war, bevor es IDEs und Breakpoints gab. Es ist gut, zu unseren Wurzeln zurückzukehren.

Schließlich habe ich in diesem Beispiel als Namen in der Liste ein paar meiner Lieblingsautoren genutzt. Das tue ich als Tribut an sie, und ich hoffe, dass Sie sich diese Namen merken und gleich alles von ihnen kaufen, was sie geschrieben haben.

Suchen nach einem einzelnen Knoten

Bei der ersten Suche geht es darum, einen Kunden zu finden, dessen Vorname »Douglas« lautet:

```
string xPath = "/Customers/Customer[@FirstName='Douglas']";
XmlNode oneCustomer = customerXml.SelectSingleNode(xPath);
Console.WriteLine("\nSelectSingleNode(\"{0}\") ...", xPath);
if (oneCustomer != null)
{
    Console.WriteLine(oneCustomer.OuterXml);
}
else
{
    Console.WriteLine("Nicht gefunden");
}
```

Im Allgemeinen werden Sie ungefähr wissen, wie die Struktur des XML-Dokuments aussieht, das Sie verarbeiten wollen – ansonsten könnte es schwierig werden, die gewünschten Informationen zu finden. Hier wissen wir, dass sich der Knoten, nach dem wir suchen, direkt eine Ebene unter dem Root-Element befindet. Damit wird es ziemlich einfach, einen XPath-Ausdruck zu erstellen, der den absoluten Pfad nutzt:

```
/Customers/Customer[@FirstName='Douglas']
```

Der erste Schrägstrich / gibt an, dass die Suche am Anfang des Dokuments beginnen soll. Dann geben Sie das oberste Element an, bei dem es sich immer um das Root-Element handelt, wenn Sie am Anfang des Dokuments begonnen haben. Als Nächstes wird das Ziel-Element Customer angegeben. Wenn das Ziel-Element sich ein paar Ebenen weiter unten befindet, können Sie einfach den vollständigen Pfad mit all den Zwischenebenen angeben, so wie Sie es bei Dateisystemen tun.

Nachdem das Ziel-Element erreicht wurde, definieren Sie die Suchbedingungen oder *Prädikate*, die immer in eckigen Klammern eingeschlossen sind. In diesem Fall wollen Sie nach dem Wert des Attributs FirstName suchen, das in XPath als @FirstName repräsentiert wird. Dabei steht das Präfix @ für ein Attribut statt eines Elements. Dann wird noch der Wert angegeben, um den bedingten Ausdruck abzuschließen.

Es gibt viele Möglichkeiten, einen XPath in .NET auszuführen. Hier beginnen Sie mit der Methode SelectSingleNode aus der Klasse XmlDocument. Ich werde andere Ausführungsmöglichkeiten weiter unten in diesem und dem nächsten Beispiel behandeln:

```
XmlNode oneCustomer = customerXml.SelectSingleNode(xPath);
```

Die Methode SelectSingleNode sucht nach Knoten und geht dabei vom Kontextknoten aus. Dies ist der Knoten, von dem aus der Aufruf durchgeführt wird. In diesem Fall ist der Kontextknoten das XmlDocument selbst: customerXml. Wenn diese Methode einen Knoten findet, der die Suchbedingungen erfüllt, liefert sie eine Instanz von XmlNode zurück. Im XML DOM ist XmlNode die Basisklasse, die beliebige Knoten in der XML-Dokumentenhierarchie repräsentiert. Spezialisierte Knotenklassen, wie zum Beispiel XmlElement und XmlAttribute, sind alle von dieser Klasse abgeleitet. Selbst XmlDocument ist von XmlNode abgeleitet, da es sich dabei einfach um den obersten Knoten handelt.

Wenn die Methode keinen Knoten findet, liefert sie ein Null-Objekt zurück. Daher sollten Sie immer das Ergebnis gegen null testen, bevor Sie versuchen, es zu verwenden:

```
if (oneCustomer != null)
    Console.WriteLine(oneCustomer.OuterXml);
else
    Console.WriteLine("Nicht gefunden");
```

In diesem Beispiel ist die Methode erfolgreich und das Ergebnis-Element wird angezeigt. Da XmlNode eine Basisklasse ist, können Sie allgemeine Member wie Name, Value, InnerXml, OuterXml und ParentNode ansprechen, ebenso Methoden wie AppendChild. Wenn Sie speziellere Member wie XmlAttribute.Specified oder Methoden wie XmlElement.RemoveAttribute brauchen, sollten Sie das Ergebnis in den entsprechenden spezialisierten Typ casten. In solchen Fällen können Sie mit dem C#-Operator as das Testen und Casten von Suchergebnissen kombinieren, um sich ein wenig Tipparbeit zu ersparen:

```
xPath = "/Customers/Customer[@FirstName='Douglas']";
XmlElement customerElem =
    customerXml.SelectSingleNode(xPath) as XmlElement;
Console.WriteLine("\nSelectSingleNode(\"{0}\")...", xPath);
if (customerElem != null)
{
    Console.WriteLine(customerElem.OuterXml);
    Console.WriteLine("customerElem.HasAttributes = {0}",
        customerElem.HasAttributes);
}
else
    Console.WriteLine("Nicht gefunden");
```

Da das Ergebnis hier in eine Instanz von XmlElement gecastet wird, können Sie sein Member HasAttributes prüfen, der bei XmlNode nicht vorhanden ist.

Suchen entlang von Achsen

In der Praxis wissen Sie den absoluten Pfad nicht immer schon zur Entwurfszeit. In solchen Fällen müssen Sie eine der XPath-*Achsen* nutzen, die die Beziehung zwischen dem Kontextknoten und den gesuchten Zielknoten angeben.

Da Sie die Methode `SelectSingleNode` für das XML-Dokument aufrufen, sind die Zielknoten die Kinder des Dokuments. Sie sollten daher die Nachkommensachse nutzen, die auf die direkten Kinder, deren Kinder, die Kinder der Kinder der Kinder verweist und so weiter:

```
xPath = "descendant::Customer[@FirstName='Douglas']";
oneCustomer = customerXml.SelectSingleNode(xPath);
Console.WriteLine("\nSelectSingleNode(\"{0}\") ...", xPath);
if (oneCustomer != null)
    Console.WriteLine(oneCustomer.OuterXml);
else
    Console.WriteLine("Nicht gefunden");
```

Die `descendant`-Achse in diesem XPath-Ausdruck bedeutet, dass die Methode `SelectSingleNode` überall im Dokument nach Knoten sucht, nicht nur auf einer Ebene. Das Ergebnis ist in diesem Fall das Gleiche. Sie können für die Descendant-Achse auch die Abkürzung // nutzen. Im vorigen Beispiel hätten Sie also auch Folgendes schreiben können:

```
xPath = "//Customer[@FirstName='Douglas']";
```

Neben der eben vorgestellten Nachfolger-Achse gibt es noch andere Arten von Achsen, die für XPath definiert sind. Sie sind detaillierter in der XPath-Referenz unter *http://www.w3.org/TR/xpath#axes* beschrieben.

Prädikate

Die bedingten Ausdrücke in XPath-Ausdrücken werden als *Prädikate* bezeichnet. Wenn man eine XPath-Suche durchführt, wird das Prädikat bei jedem Knoten ausgewertet. In diesem Beispiel wird jeder Knoten aufgrund des im XPath definierten Prädikats verglichen. Hier wird das Präfix @ verwendet, um anzuzeigen, dass der Vergleich mit einem Attribut vorgenommen wird. Das ist eigentlich nur eine Abkürzung für die *Achse* attribute. Der folgende XPath-Ausdruck ist zum Beispiel semantisch identisch zum vorher erwähnten Prädikat und sorgt für die gleichen Suchergebnisse:

```
xPath = "descendant::Customer[attribute::FirstName='Douglas']";
oneCustomer = customerXml.SelectSingleNode(xPath);
Console.WriteLine("\nSelectSingleNode(\"{0}\") ...", xPath);
if (oneCustomer != null)
    Console.WriteLine(oneCustomer.OuterXml);
else
    Console.WriteLine("Nicht gefunden");
```

Wenn keine Achse angegeben ist, greift XPath auf das Element zu. Daher findet der folgende Code-Schnipsel den Kunden mit einer bestimmten E-Mail-Adresse:

```
xPath = "descendant::Customer[EmailAddress ='dAdams@foo.com']";
oneCustomer = customerXml.SelectSingleNode(xPath);
Console.WriteLine("\nSelectSingleNode(\"{0}\") ...", xPath);
if (oneCustomer != null)
{
    Console.WriteLine(oneCustomer.OuterXml);
}
else
{
    Console.WriteLine("Nicht gefunden");
}
```

Was tun Sie, wenn Sie einen Knoten mit einem bestimmte Text finden wollen – zum Beispiel nicht ein Kunden-Element mit einer bestimmten E-Mail-Adresse, sondern das Element der E-Mail-Adresse selbst? Da XPath und das XML DOM eigenständige Standards sind, stellen sie leider nicht immer die gleichen Features auf die gleiche Art und Weise bereit. So können zum Beispiel InnerText oder InnerXml des XML DOM nicht in XPath-Prädikaten genutzt werden. Stattdessen wird der Text eines Elements mit der XPath-Funktion text() zurückgegeben:

```
xPath = "descendant::EmailAddress[text()='dAdams@foo.com']";
XmlNode oneEmail = customerXml.SelectSingleNode(xPath);
Console.WriteLine("\nSelectSingleNode(\"{0}\") ...", xPath);
if (oneEmail != null)
    Console.WriteLine(oneEmail.OuterXml);
else
    Console.WriteLine("Nicht gefunden");
```

XPath stellt eine umfassende Liste von Funktionen bereit. Dazu gehören String-Funktionen, numerische Funktionen und Boolesche Funktionen, die Sie zum Aufbau Ihrer Abfragen nutzen können. Lesen Sie also auf jeden Fall die Dokumentation, um zu verstehen, was Sie mit den Funktionen alles anstellen können.

Bisher haben alle Abfragen einen einzelnen Knoten zurückgeliefert, aber häufig enthält das Suchergebnis eine Collection mit Knoten. Daher können Sie statt der Methode SelectSingleNode auch die Methode SelectNodes nutzen:

```
xPath = "descendant::Customer[contains(EmailAddress, 'foo.com')]";
XmlNodeList customers = customerXml.SelectNodes(xPath);
Console.WriteLine("\nSelectNodes(\"{0}\") ...", xPath);
if (customers != null)
{
    foreach (XmlNode customer in customers)
        Console.WriteLine(customer.OuterXml);
}
else
    Console.WriteLine("Nicht gefunden");
```

Diese Abfrage findet alle Kunden, deren E-Mail-Adresse aus einer bestimmten Domäne stammt. Wie Sie vermutlich erwarten, liefert diese Methode eine Collection mit Objekten des Typs XmlNode zurück, die in einer Instanz der XmlNodeList-Collection enthalten sind. Sie können über die Ergebnis-Collection iterieren, um alle ermittelten Knoten anzuzeigen.

XPath-Funktionen

Der nächste Codeblock zeigt ein komplexeres Prädikat, mit dem Kunden gefunden werden, deren Nachname mit *A* beginnt und deren E-Mail-Adresse eine bestimmte Domäne enthält:

```
xPath = "descendant::Customer[starts-with(@LastName, 'A') " +
        "and contains(EmailAddress, 'foo.com')]";
customers = customerXml.SelectNodes(xPath);
Console.WriteLine("\nSelectNodes(\"{0}\") ...", xPath);
if (customers != null)
{
    foreach (XmlNode customer in customers)
        Console.WriteLine(customer.OuterXml);
}
else
    Console.WriteLine("Nicht gefunden");
```

Das Prädikat wird hier aus dem Vergleich mit Attributen und Kind-Elementen zusammengesetzt. Der erste Teil prüft, ob das Attribut LastName mit dem Buchstaben *A* beginnt. Dazu wird die XPath-Funktion starts-with(string1, string2) genutzt, die prüft, ob string1 mit string2 beginnt. Die zwei Teile des Prädikats werden mit dem XPath-Operator and verbunden.

Es gibt viele Funktionen in XPath. Sie können eine vollständige Liste der XPath-Funktionen unter *http://www.w3.org/TR/xpath#corelib* erhalten.

Suchen mit dem XPathNavigator

Eine andere Möglichkeit, XML-Dokumente mit XPath zu durchsuchen, ist die Verwendung der .NET-Klasse XPathNavigator, die im Namensraum System.Xml.XPath definiert ist. Dieser Namensraum enthält eine Reihe von Klassen, die optimierte Operationen für das Durchsuchen von und Iterieren über XML-Daten mithilfe von XPath bereitstellen.

Um die Anwendung dieser Funktionen zu zeigen, wollen wir die gleichen Kundendaten wie in den vorigen Beispielen suchen (siehe Beispiel 14-4).

Beispiel 14-4: Ein XML-Dokument mit XPathNavigator durchsuchen

```
using System;
using System.Collections.Generic;
using System.IO;
using System.Xml;
using System.Xml.XPath;

namespace Programming_CSharp
{
```

Beispiel 14-4: Ein XML-Dokument mit XPathNavigator durchsuchen (Fortsetzung)

```csharp
    public class Customer
    {
        public string FirstName { get; set; }
        public string LastName { get; set; }
        public string EmailAddress { get; set; }

        // Überschreiben von Object.ToString( ), um eine
        // String-Repräsentation der Objekt-Member zu erhalten.
        public override string ToString( )
        {
            return string.Format("{0} {1}\nE-Mail:  {2}",
                        FirstName, LastName, EmailAddress);
        }
    }
    // Hauptprogramm
    public class Tester
    {
        static void Main( )
        {
            XmlDocument customerXml = CreateCustomerXml( );
            XPathNavigator nav = customerXml.CreateNavigator( );

            string xPath = "descendant::Customer[@FirstName='Douglas']";
            XPathNavigator navNode = nav.SelectSingleNode(xPath);
            Console.WriteLine("\nSelectSingleNode(\"{0}\") ...", xPath);
            if (navNode != null)
            {
                Console.WriteLine(navNode.OuterXml);

                XmlElement elem = navNode.UnderlyingObject as XmlElement;
                if (elem != null)
                    Console.WriteLine(elem.OuterXml);
                else
                    Console.WriteLine("Falscher Knoten gefunden!");
            }
            else
                Console.WriteLine("Kunde nicht gefunden");

            xPath = "descendant::Customer[starts-with(@LastName, 'A') " +
                    "and contains(EmailAddress, 'foo.com')]";
            Console.WriteLine("\nSelect(\"{0}\") ...", xPath);
            XPathNodeIterator iter = nav.Select(xPath);
            if (iter.Count > 0)
            {
                while (iter.MoveNext( ))
                    Console.WriteLine(iter.Current.OuterXml);
            }
            else
                Console.WriteLine("Kunde nicht gefunden");

            Console.WriteLine("\nJetzt sortieren nach FirstName ...");
            XPathExpression expr = nav.Compile(xPath);
```

Beispiel 14-4: Ein XML-Dokument mit XPathNavigator durchsuchen (Fortsetzung)

```csharp
        expr.AddSort("@FirstName", Comparer<String>.Default);
        iter = nav.Select(expr);
        while (iter.MoveNext())
            Console.WriteLine(iter.Current.OuterXml);

        XPathExpression expr2 = nav.Compile(xPath);
        Console.WriteLine("\nUnd nochmal ...");
        expr2.AddSort("@FirstName", XmlSortOrder.Ascending,
            XmlCaseOrder.None, string.Empty, XmlDataType.Text);
        iter = nav.Select(expr2);
        while (iter.MoveNext())
            Console.WriteLine(iter.Current.OuterXml);
    }

    // Erstellen eines XML-Dokuments mit einer Kundenliste.
    private static XmlDocument CreateCustomerXml()
    {

        List<Customer> customers = CreateCustomerList();
        XmlDocument customerXml = new XmlDocument();
        XmlElement rootElem = customerXml.CreateElement("Customers");
        customerXml.AppendChild(rootElem);
        foreach (Customer customer in customers)
        {
            XmlElement customerElem = customerXml.CreateElement("Customer");

            XmlAttribute firstNameAttr =
                customerXml.CreateAttribute("FirstName");
            firstNameAttr.Value = customer.FirstName;
            customerElem.Attributes.Append(firstNameAttr);

            XmlAttribute lastNameAttr =
                customerXml.CreateAttribute("LastName");
            lastNameAttr.Value = customer.LastName;
            customerElem.Attributes.Append(lastNameAttr);

            XmlElement emailAddress =
                customerXml.CreateElement("EmailAddress");
            emailAddress.InnerText = customer.EmailAddress;
            customerElem.AppendChild(emailAddress);

            rootElem.AppendChild(customerElem);
        }

        return customerXml;
    }
    private static List<Customer> CreateCustomerList()
    {
        List<Customer> customers = new List<Customer>
            {
                new Customer { FirstName = "Douglas",
                               LastName = "Adams",
```

Beispiel 14-4: Ein XML-Dokument mit XPathNavigator durchsuchen (Fortsetzung)

```
                                    EmailAddress = "dAdams@foo.com"},
                    new Customer { FirstName = "Richard",
                                    LastName = "Adawkins",
                                    EmailAddress = "rDawkins@foo.com" },
                    new Customer { FirstName = "Kenji",
                                    LastName = "Ayoshino",
                                    EmailAddress = "kYoshino@foo.com" },
                    new Customer { FirstName = "Ian",
                                    LastName = "AmcEwan",
                                    EmailAddress = "iMcEwan@foo.com" },
                    new Customer { FirstName = "Neal",
                                    LastName = "Astephenson",
                                    EmailAddress = "nStephenson@foo.com" },
                    new Customer { FirstName = "Randy",
                                    LastName = "Ashilts",
                                    EmailAddress = "rShilts@foo.com" },
                    new Customer { FirstName = "Michelangelo",
                                    LastName = "Asignorile ",
                                    EmailAddress = "mSignorile@foo.com" },
                    new Customer { FirstName = "Larry",
                                    LastName = "Akramer",
                                    EmailAddress = "lKramer@foo.com" },
                    new Customer { FirstName = "Jennifer",
                                    LastName = "Abaumgardner",
                                    EmailAddress = "jBaumgardner@foo.com" }
                };
            return customers;
        }
    }
}

Ausgabe:

<Customer FirstName="Kenji" LastName="Ayoshino">
  <EmailAddress>kYoshino@foo.com</EmailAddress>
</Customer>
<Customer FirstName="Ian" LastName="AmcEwan">
  <EmailAddress>iMcEwan@foo.com</EmailAddress>
</Customer>
<Customer FirstName="Neal" LastName="Astephenson">
  <EmailAddress>nStephenson@foo.com</EmailAddress>
</Customer>
<Customer FirstName="Randy" LastName="Ashilts">
  <EmailAddress>rShilts@foo.com</EmailAddress>
</Customer>
<Customer FirstName="Michelangelo" LastName="Asignorile ">
  <EmailAddress>mSignorile@foo.com</EmailAddress>
</Customer>
<Customer FirstName="Larry" LastName="Akramer">
  <EmailAddress>lKramer@foo.com</EmailAddress>
</Customer>
```

Beispiel 14-4: Ein XML-Dokument mit XPathNavigator durchsuchen (Fortsetzung)
```
<Customer FirstName="Jennifer" LastName="Abaumgardner">
  <EmailAddress>jBaumgardner@foo.com</EmailAddress>
</Customer>

Jetzt nach FirstName sortieren ...
<Customer FirstName="Douglas" LastName="Adams">
  <EmailAddress>dAdams@foo.com</EmailAddress>
</Customer>
<Customer FirstName="Ian" LastName="AmcEwan">
  <EmailAddress>iMcEwan@foo.com</EmailAddress>
</Customer>
<Customer FirstName="Jennifer" LastName="Abaumgardner">
  <EmailAddress>jBaumgardner@foo.com</EmailAddress>
</Customer>
<Customer FirstName="Kenji" LastName="Ayoshino">
  <EmailAddress>kYoshino@foo.com</EmailAddress>
</Customer>
<Customer FirstName="Larry" LastName="Akramer">
  <EmailAddress>lKramer@foo.com</EmailAddress>
</Customer>
<Customer FirstName="Michelangelo" LastName="Asignorile ">
  <EmailAddress>mSignorile@foo.com</EmailAddress>
</Customer>
<Customer FirstName="Neal" LastName="Astephenson">
  <EmailAddress>nStephenson@foo.com</EmailAddress>
</Customer>
<Customer FirstName="Randy" LastName="Ashilts">
  <EmailAddress>rShilts@foo.com</EmailAddress>
</Customer>
<Customer FirstName="Richard" LastName="Adawkins">
  <EmailAddress>rDawkins@foo.com</EmailAddress>
</Customer>

Und noch einmal ...
<Customer FirstName="Douglas" LastName="Adams">
  <EmailAddress>dAdams@foo.com</EmailAddress>
</Customer>
<Customer FirstName="Ian" LastName="AmcEwan">
  <EmailAddress>iMcEwan@foo.com</EmailAddress>
</Customer>
<Customer FirstName="Jennifer" LastName="Abaumgardner">
  <EmailAddress>jBaumgardner@foo.com</EmailAddress>
</Customer>
<Customer FirstName="Kenji" LastName="Ayoshino">
  <EmailAddress>kYoshino@foo.com</EmailAddress>
</Customer>
<Customer FirstName="Larry" LastName="Akramer">
  <EmailAddress>lKramer@foo.com</EmailAddress>
</Customer>
<Customer FirstName="Michelangelo" LastName="Asignorile ">
  <EmailAddress>mSignorile@foo.com</EmailAddress>
</Customer>
```

Beispiel 14-4: Ein XML-Dokument mit XPathNavigator durchsuchen (Fortsetzung)

```
<Customer FirstName="Neal" LastName="Astephenson">
  <EmailAddress>nStephenson@foo.com</EmailAddress>
</Customer>
<Customer FirstName="Randy" LastName="Ashilts">
  <EmailAddress>rShilts@foo.com</EmailAddress>
</Customer>
<Customer FirstName="Richard" LastName="Adawkins">
  <EmailAddress>rDawkins@foo.com</EmailAddress>
</Customer>
```

 Damit dieses Beispiel nützliche Ergebnisse liefert, mussten wir die Nachnamen einiger wundervoller Autoren sehr frei verändern. Dafür bitte ich um Entschuldigung.

In diesem Beispiel wurde die Direktive using System.Xml.XPath hinzugefügt, um die erforderlichen Klassen einzubinden. Das XML-Kundendokument wird auf die gleiche Weise erstellt wie in den vorigen Beispielen:

```
XmlDocument customerXml = CreateCustomerXml();
XPathNavigator nav = customerXml.CreateNavigator();
```

Aber hier wird auch noch eine Instanz der Klasse XPathNavigator erzeugt, die Sie nur über den Aufruf der Methode CreateNavigator der Ziel-Instanz von XmlDocument erhalten. Anstatt die Methoden auf dem XML-Dokument aufzurufen, verwenden Sie nun das Navigator-Objekt, um Anfragen auszuführen:

```
string xPath = "descendant::Customer[@FirstName='Donna']";
XPathNavigator navNode = nav.SelectSingleNode(xPath);
```

Die Methode SelectSingleNode() liefert ebenfalls einen einzelnen Knoten zurück. Dabei verwendet sie aber ein neues Objekt vom Typ XPathNavigator, mit dem Sie weitere Abfragen durchführen können.

Sie können über das Navigator-Objekt auf viele der Knoten-Member, wie zum Beispiel InnerXml, zugreifen. Aber wenn Sie Member-Variablen oder Methoden von spezifischen Knoten-Typen brauchen, sollten Sie über den Member UnderlyingObject von XPathNavigator den zugrunde liegenden Knoten ansprechen:

```
Console.WriteLine("\nSelectSingleNode(\"{0}\") ...", xPath);
if (navNode != null)
{
    Console.WriteLine(navNode.OuterXml);

    XmlElement elem = navNode.UnderlyingObject as XmlElement;
    if (elem != null)
        Console.WriteLine(elem.OuterXml);
    else
        Console.WriteLine("Falscher Knoten gefunden!");
}
else
    Console.WriteLine("Kunde nicht gefunden");
```

Verwenden des XPathNodeIterator

Abfragen, die eventuell mehr als einen Knoten zurückliefern, sollten Sie über einen Aufruf der Methode Select der Klasse XPathNavigator ausführen:

```
xPath = "descendant::Customer[starts-with(@LastName, 'A') " +
        "and contains(EmailAddress, 'foo.com')]";
Console.WriteLine("\nSelect(\"{0}\") ...", xPath);
XPathNodeIterator iter = nav.Select(xPath);
if (iter.Count > 0)
{
    while (iter.MoveNext())
        Console.WriteLine(iter.Current.OuterXml);
}
else
{
    Console.WriteLine("Kunde nicht gefunden");
}
```

Die Methode Select liefert eine Instanz vom Typ XPathNodeIterator zurück, mit der Sie über die Ergebnisse iterieren können. Ein wichtiger Vorteil dieses Vorgehens ist, dass die Abfrage nicht in dieser Zeile ausgeführt wird:

```
XPathNodeIterator iter = nav.Select(xPath);
```

Sie läuft erst dann los, wenn Sie durch den Aufruf der Iterator-Methode MoveNext() durch das Ergebnis laufen. Damit wird der initiale Aufwand reduziert, insbesondere dann, wenn das Dokument groß ist. Das ist einer der Performance-Vorteile, den Sie erhalten, wenn Sie den XPathNavigator nutzen und nicht direkt im XmlDocument suchen.

Dieses verzögerte Ausführen der Abfrage bedeutet, dass es nicht unbedingt immer eine gute Idee ist, die Eigenschaft Count des Iterators aufzurufen, da die Abfrage damit auch ausgelöst wird. Daher ist der Code in diesem Beispiel nicht sehr effizient, insbesondere bei großen Dokumenten. Aber er ist hilfreich, wenn man nur prüfen will, ob die Abfrage irgendetwas zurückgibt.

Verwenden von XPathExpression

Die Methoden SelectNodes und SelectSingleNode der Klassen XmlDocument und XPathNavigator akzeptieren die XPath-Ausdrücke zwar als normalen Text, kompilieren sie allerdings in eine Form, in der die XML Query Engine sie auch ausführen kann. Wenn Sie eine der SelectXXX-Methoden mit dem gleichen XPath-Ausdruck immer wieder aufrufen, wird er wieder und wieder neu kompiliert.

Wenn Sie davon ausgehen, dass Sie die gleiche Abfrage viele Male ausführen wollen, wäre es von Vorteil, den XPath-Ausdruck selbst zu kompilieren und diese Form dann immer wieder zu verwenden. Mit XPath können Sie das durch den Aufruf der Methode Compile des XPathNavigator erreichen. Das Ergebnis ist ein Objekt vom Typ XPathExpression, und es kann für die folgende Verwendung in einer Variablen gespeichert werden:

```
XPathExpression expr = nav.Compile(xPath);
iter = nav.Select(expr);
```

Ein zusätzlicher Vorteil beim Erstellen eines kompilierten Ausdrucks ist, dass Sie ihn zum Sortieren der Suchergebnisse nutzen können. Dazu fügen Sie dem kompilierten Ausdruck eine Sortierbedingung mithilfe der Methode AddSort hinzu:

```
expr.AddSort("@FirstName", Comparer<String>.Default);
```

Das erste Argument ist der Sortierschlüssel, das zweite eine Instanz einer Comparer-Klasse, die IComparer implementiert. Das .NET-Framework stellt eine vordefinierte, generische Klasse Comparer<T> bereit, die ein Singleton ist. Wenn der Sortierschlüssel also ein String ist, wie in diesem Beispiel, können Sie den Standard-String-Comparer nutzen, indem Sie die Singleton-Instanz Comparer<String>.Default an die Methode AddSort übergeben. Es ist auch möglich, Groß- und Kleinschreibung zu ignorieren, indem Sie die Klasse System.Collections.CaseInsensitiveComparer verwenden.

Die Methode AddSort ist überladen, wobei die zweite Version mehr Argumente erwartet, um detailliertere Sortieranforderungen umzusetzen und festzulegen, ob ein numerischer Vergleich oder ein Textvergleich vorgenommen werden soll:

```
expr2.AddSort(sortKey, sortOrder, caseOrder, language, dataType);
```

Sie können sich dafür entscheiden, in auf- oder absteigender Reihenfolge zu sortieren, festlegen, ob erst Groß- oder erst Kleinbuchstaben kommen sollen, welche Sprache zum Vergleich zu nutzen ist und ob es sich um eine numerische oder eine textuelle Suche handeln soll:

```
expr2.AddSort("@FirstName", XmlSortOrder.Ascending,
              XmlCaseOrder.None, string.Empty, XmlDataType.Text);
```

Nachdem die Sortieranforderungen in diesem Beispiel hinzugefügt wurden, können Sie anhand der im Beispiel aufgeführten Ergebnisse erkennen, dass die zurückgegebenen Knoten nun anhand ihres Attributs FirstName sortiert sind.

XML-Serialisierung

Bisher haben Sie das XML-Dokument aus den Customer-Objekten per Hand erstellt. Seit XML so beliebt geworden ist und insbesondere durch die Akzeptanz von Webservices als zentrale Komponente der SOA häufig angewendet wird, ist es immer häufiger üblich, Objekte in XML zu serialisieren, sie über Prozess- und Anwendungsgrenzen hinweg zu transportieren und sie dann in normale Objekte zu deserialisieren.

 Mehr Informationen zu SOA finden Sie in *Programming WCF Services* von Juval Löwy (O'Reilly).

Es ist daher nicht verwunderlich, dass das .NET-Framework einen eingebauten Serialisationsmechanismus bietet, der Teil der *Windows Communication Foundation* (WCF) ist, um den Programmieraufwand für Anwendungsentwickler zu reduzieren. Der Namensraum System.Xml.Serialization definiert die Klassen und Tools, die die Methoden zum Serialisieren und Deserialisieren von Objekten bereitstellen. Beispiel 14-5 demonstriert diese.

Beispiel 14-5: Einfache XML-Serialisierung und -Deserialisierung

```csharp
using System;
using System.IO;
using System.Xml.Serialization;

namespace Programming_CSharp
{
    // Einfache Kundenklasse
    public class Customer
    {
        public string FirstName { get; set; }
        public string LastName { get; set; }
        public string EmailAddress { get; set; }

        // Überschreiben von Object.ToString(), um eine
        // String-Repräsentation der Objekt-Member zu erhalten.
        public override string ToString()
        {
            return string.Format("{0} {1}\nE-Mail:  {2}",
                    FirstName, LastName, EmailAddress);
        }
    }

    // Hauptprogramm
    public class Tester
    {
        static void Main()
        {
            Customer c1 = new Customer
                    {
                        FirstName = "Orlando",
                        LastName = "Gee",
                        EmailAddress = "orlando0@hotmail.com"
                    };

            XmlSerializer serializer = new XmlSerializer(typeof(Customer));
            StringWriter writer = new StringWriter();

            serializer.Serialize(writer, c1);
            string xml = writer.ToString();
            Console.WriteLine("Kunde in XML:\n{0}\n", xml);

            Customer c2 = serializer.Deserialize(new StringReader(xml))
                        as Customer;
            Console.WriteLine("Kunde in Objekt:\n{0}", c2.ToString());

            Console.ReadKey();
        }
    }
}
```

Ausgabe:
Kunde in XML:

Beispiel 14-5: Einfache XML-Serialisierung und -Deserialisierung (Fortsetzung)

```
<?xml version="1.0" encoding="utf-16"?>
<Customer xmlns:xsi="http://www.w3.org/2001/XMLSchema-instance"
xmlns:xsd="http://www.w3.org/2001/XMLSchema">
  <FirstName>Orlando</FirstName>
  <LastName>Gee</LastName>
  <EmailAddress>orlando0@hotmail.com</EmailAddress>
</Customer>

Kunde in Objekt:
Orlando Gee
E-Mail:  orlando0@hotmail.com
```

Um ein Objekt mit der .NET-XML-Serialisierung zu serialisieren, müssen Sie ein Objekt vom Typ XmlSerializer erstellen:

```
XmlSerializer serializer = new XmlSerializer(typeof(Customer));
```

Dabei müssen Sie den Typ des zu serialisierenden Objekts an den Konstruktor von XmlSerializer übergeben. Wenn Sie den Objekttyp zur Entwurfszeit nicht kennen, gibt es die Möglichkeit, ihn über die Methode GetType( ) des fraglichen Objekts zu erhalten:

```
XmlSerializer serializer = new XmlSerializer(c1.GetType( ));
```

Sie müssen auch festlegen, wo das serialisierte XML-Dokument abgespeichert werden soll. In diesem Beispiel schicken Sie es einfach an einen StringWriter:

```
StringWriter writer = new StringWriter( );

serializer.Serialize(writer, c1);
string xml = writer.ToString( );
Console.WriteLine("Kunde in XML:\n{0}\n", xml);
```

Der XML-String wird dann an der Konsole ausgegeben:

```
<?xml version="1.0" encoding="utf-16"?>
<Customer xmlns:xsi="http://www.w3.org/2001/XMLSchema-
instance" xmlns:xsd="http://www.w3.org/2001/XMLSchema">
  <FirstName>Orlando</FirstName>
  <LastName>Gee</LastName>
  <EmailAddress>orlando0@hotmail.com</EmailAddress>
</Customer>
```

Die erste Zeile ist eine XML-Deklaration. Damit wissen die »Verbraucher« (menschliche Anwender und Software-Applikationen) dieses Dokuments, dass es sich um eine XML-Datei handelt, welche Version genutzt wird und welche Zeichensatzkodierung zum Einsatz kommt. Das ist in XML optional, wird aber von der .NET-XML-Serialisierung generiert.

Das Root-Element ist das Element Customer, wobei jede Member-Variable als ein Kind-Element repräsentiert wird. Die Attribute xmlns:xsi und xmlns:xsd legen die XML Schema-Definition fest, die in diesem Dokument verwendet wird. Auch sie sind optional, daher werde ich nicht weiter auf sie eingehen. Wenn Sie daran interessiert sind, lesen Sie sich bitte die XML-Spezifikation oder andere Dokumente dazu durch (wie zum Beispiel die MSDN Library).

Abgesehen von diesen optionalen Teilen ist diese XML-Repräsentation des `Customer`-Objekts identisch zu dem in Beispiel 14-1 erstellten. Aber anstatt haufenweise Codezeilen schreiben zu müssen, brauchen Sie nur drei Zeilen für die Anwendung der XML-Serialisierungsklassen.

Zudem ist es genauso einfach, ein Objekt aus seiner XML-Form zu rekonstruieren:

```
Customer c2 = serializer.Deserialize(new StringReader(xml))
            as Customer;
Console.WriteLine("Kunde in Objekt:\n{0}", c2.ToString());
```

Sie müssen nur die Methode `XmlSerializer.Deserialize` aufrufen. Sie besitzt diverse überladene Versionen, wobei eine Version eine Instanz vom Typ `TextReader` als Eingabe erwartet. Da `StringReader` von `TextReader` abgeleitet ist, übergeben Sie einfach eine Instanz von `StringReader`, um aus dem XML-String lesen zu können. Die Methode `Deserialize` liefert ein `Object` zurück, daher müssen Sie es noch in den richtigen Typ casten.

Anpassen der XML-Serialisierung durch Attribute

Standardmäßig werden alle öffentlichen les- und schreibbaren Member als Kind-Elemente serialisiert. Sie können Ihre Klasse anpassen, indem Sie den Typ des XML-Knotens angeben, der für jeden Ihrer öffentlichen Member genutzt werden soll (siehe Beispiel 14-6).

Beispiel 14-6: Anpassen der XML-Serialisierung druch Attribute

```
using System;
using System.IO;
using System.Xml.Serialization;

namespace Programming_CSharp
{
    // Einfache Kundenklasse
    public class Customer
    {
        [XmlAttribute()]
        public string FirstName { get; set; }

        [XmlIgnore()]
        public string LastName { get; set; }

        public string EmailAddress { get; set; }

        // Überschreiben von Object.ToString(), um eine
        // String-Repräsentation der Member zu erhalten.
        public override string ToString()
        {
            return string.Format("{0} {1}\nE-Mail:  {2}",
                    FirstName, LastName, EmailAddress);
        }
    }
```

Beispiel 14-6: Anpassen der XML-Serialisierung druch Attribute (Fortsetzung)

```
    // Hauptprogramm
    public class Tester
    {
        static void Main( )
        {
            Customer c1 = new Customer
                        {
                            FirstName = "Orlando",
                            LastName = "Gee",
                            EmailAddress = "orlando0@hotmail.com"
                        };

            //XmlSerializer serializer = new XmlSerializer(c1.GetType( ));
            XmlSerializer serializer = new XmlSerializer(typeof(Customer));
            StringWriter writer = new StringWriter( );

            serializer.Serialize(writer, c1);
            string xml = writer.ToString( );
            Console.WriteLine("Kunde in XML:\n{0}\n", xml);

            Customer c2 = serializer.Deserialize(new StringReader(xml)) as
                        Customer;
            Console.WriteLine("Kunde in Objekt:\n{0}", c2.ToString( ));

            Console.ReadKey( );
        }
    }
}
```

```
Ausgabe:
Kunde in XML:
<?xml version="1.0" encoding="utf-16"?>
<Customer xmlns:xsi="http://www.w3.org/2001/XMLSchema-instance"
          xmlns:xsd="http://www.w3.org/2001/XMLSchema"
          FirstName="Orlando">
  <EmailAddress>orlando0@hotmail.com</EmailAddress>
</Customer>

Kunde in Objekt:
Orlando
E-Mail:  orlando0@hotmail.com
```

Die einzigen Änderungen in diesem Beispiel sind ein paar zusätzliche Attribute für die XML-Serialisierung in der Klasse Customer:

```
[XmlAttribute( )]
public string FirstName { get; set; }
```

Die erste Änderung besagt, dass Sie die Member-Variable FirstName als Attribut des Elements Customer serialisieren wollen, indem Sie ihr das XmlAttributeAttribute hinzufügen.

```
[XmlIgnore( )]
public string LastName { get; set; }
```

Die zweite Änderung ist der Hinweis an die XML-Serialisierung, dass die Member-Variable `LastName` nicht serialisiert werden soll. Das erreichen Sie über das `XmlIgnoreAttribute`. Wie Sie an der Beispielausgabe sehen können, wird das Objekt `Customer` nun genau nach Wunsch serialisiert.

Sie werden aber vermutlich auch bemerkt haben, dass nach dem Deserialisieren des Objekts der Member `LastName` nicht gefüllt ist. Da er nicht serialisiert wurde, kann `XmlSerializer` auch schlecht einen Wert zuweisen. Daher bleibt es beim Standardwert, hier also einem leeren String.

Das Ziel ist, aus der Serialisierung nur die Member auszuschließen, die Sie nicht brauchen oder die Sie auf eine andere Weise rekonstruieren oder ermitteln können.

Anpassen der XML-Serialisierung zur Laufzeit

Manchmal kann es notwendig sein, die Serialisierung von Objekten zur Laufzeit anzupassen. Wenn Ihre Klasse zum Beispiel eine Instanz einer anderen Klasse enthält, wird diese enthaltene Klasse vielleicht mit all ihren Membern als Kind-Elemente serialisiert. Aber Sie wollen Platz sparen und diese Elemente als Attribute serialisieren. Beispiel 14-7 zeigt, wie Sie das erreichen können.

Beispiel 14-7: Anpassen der XML-Serialisierung zur Laufzeit

```
using System;
using System.IO;
using System.Reflection;
using System.Xml.Serialization;

namespace Programming_CSharp
{
    // Einfache Kundenklasse
    public class Customer
    {
        public string FirstName { get; set; }
        public string LastName { get; set; }
        public string EmailAddress { get; set; }

        // Überschreiben von Object.ToString(), um eine
        // String-Repräsentation der Member zu erhalten.
        public override string ToString()
        {
            return string.Format("{0} {1}\nE-Mail:  {2}",
                    FirstName, LastName, EmailAddress);
        }
    }

    // Hauptprogramm
    public class Tester
    {
        static void Main()
        {
```

Beispiel 14-7: Anpassen der XML-Serialisierung zur Laufzeit (Fortsetzung)

```
            Customer c1 = new Customer
                    {
                        FirstName = "Orlando",
                        LastName = "Gee",
                        EmailAddress = "orlando0@hotmail.com"
                    };

            Type customerType = typeof(Customer);
            XmlAttributeOverrides overrides = new XmlAttributeOverrides();
            foreach (PropertyInfo prop in customerType.GetProperties())
            {
                XmlAttributes attrs = new XmlAttributes();
                attrs.XmlAttribute = new XmlAttributeAttribute();
                overrides.Add(customerType, prop.Name, attrs);
            }

            XmlSerializer serializer = new XmlSerializer(customerType, overrides);
            StringWriter writer = new StringWriter();

            serializer.Serialize(writer, c1);
            string xml = writer.ToString();
            Console.WriteLine("Kunde in XML:\n{0}\n", xml);

            Customer c2 = serializer.Deserialize(new StringReader(xml)) as
                        Customer;
            Console.WriteLine("Kunde in Objekt:\n{0}", c2.ToString());

            Console.ReadKey();
        }
    }
}

Ausgabe:
Kunde in XML:
<?xml version="1.0" encoding="utf-16"?>
<Customer xmlns:xsi="http://www.w3.org/2001/XMLSchema-instance"
xmlns:xsd="http://www.w3.org/2001/XMLSchema" FirstName="
Orlando" LastName="Gee" EmailAddress="orlando0@hotmail.com" />

Kunde in Objekt:
Orlando Gee
E-Mail:   orlando0@hotmail.com
```

Die Klasse Customer hat in diesem Beispiel keine angepassten XML-Serialisierungsattribute. Daher werden alle ihre Member als Kind-Elemente serialisiert, wie Sie es schon in den vorherigen Beispielen gesehen haben. Wenn eine Instanz davon zur Laufzeit in der Main-Funktion serialisiert wird, verwenden wir eine Kombination aus Reflection und fortgeschritteneren Serialisierungstechniken, um sicherzustellen, dass die Member stattdessen in Attribute serialisiert werden.

In der .NET-XML-Serialisierung weisen Sie die Serialisierungs-Engine an, das Standardverhalten durch Ihre eigenen Anforderungen zu überschreiben. Da Sie den Typ Customer häufiger nutzen, speichern Sie ihn lokal ab, so dass Sie einfacher auf ihn zugreifen können:

```
Type customerType = typeof(Customer);
```

Um Ihre Anforderungen zu definieren, nutzen Sie die Klasse XmlAttributeOverrides:

```
XmlAttributeOverrides overrides = new XmlAttributeOverrides();
foreach (PropertyInfo prop in customerType.GetProperties())
{
    XmlAttributes attrs = new XmlAttributes();
    attrs.XmlAttribute = new XmlAttributeAttribute();
    overrides.Add(customerType, prop.Name, attrs);
}
```

Als Erstes wird eine neue Instanz von XmlAttributeOverrides angelegt. Sie können nun mithilfe der .NET-Reflection alle Member-Variablen der Zielklasse durchlaufen, indem Sie deren Methode GetProperties verwenden. Für jede Eigenschaft überschreiben Sie deren Standardserialisierungsverhalten, indem Sie ein Objekt vom Typ XmlAttributes zum Objekt XmlAttributeOverrides hinzufügen. Um festzulegen, dass Sie den Member als Attribut serialisieren wollen, weisen Sie ein Objekt vom Typ XmlAttributeAttribute dem Member XmlAttributes.XmlAttribute zu. Das entspricht dem Hinzufügen von XmlAttributeAttribute zu einem Member zur Entwurfszeit, wie Sie es im letzten Beispiel getan haben.

Die Methode XmlAttributeOverrides.Add erwartet drei Eingabeparameter. Der erste ist der Typ des Objekts, der zweite der Name der Member-Variablen und der letzte das angepasste Serialisierungsverhalten.

Um sicherzustellen, dass der XML-Serialisierer die überschriebenen Serialisierungseinstellungen verwendet, müssen Sie das Objekt overrides an den Konstruktor übergeben:

```
XmlSerializer serializer = new XmlSerializer(customerType, overrides);
```

Der Rest dieses Beispiels hat sich gegenüber dem letzten Beispiel nicht geändert. Sie können anhand der Beispielausgabe sehen, dass alle Member als Attribute statt als Kind-Elemente serialisiert werden. Wenn das Objekt deserialisiert wird, werden die angepassten Einstellungen ebenfalls genutzt, und das Objekt wird korrekt rekonstruiert.

KAPITEL 15
LINQ im Einsatz

LINQ ist vielleicht das am sehnsüchtigsten erwartete und interessanteste (und für manche auch beängstigendste) Feature in C# 3.0. Die vorigen zwei Kapitel waren eine etwas lange, aber notwendige Einführung – ein Appetizer, um Ihnen Lust auf mehr zu machen und Sie auf die Verwendung von LINQ vorzubereiten, mit dem Sie sinnvolle Daten in echten Anwendungen lesen können.

Bevor wir beginnen, sollte eines klar sein: Ihr DBA hat Angst von LINQ, und das nicht nur, weil er um seinen Job fürchtet. Falsch angewendet, bietet LINQ die Möglichkeit, Abfragen in die Hände von unerfahrenen, nicht ausgebildeten Spinnern zu legen (also uns), die gar nichts oder auch nur sehr wenig über das Schreiben effizienter Abfragen wissen und die sorgfältig ausbalancierte, mit vielen Daten bestückte Firmen-Systeme in die Knie zwingen können (klingt gut, oder?). Okay, jetzt habe ich deutliche Worte gesprochen, daher können wir alle damit aufhören, panisch im Kreis herumzulaufen.

Wie immer beim Programmieren geht es darum, das Programm zu schreiben, es zum Laufen zu bekommen und es *dann* zu optimieren. Es kann sein, dass Sie nach dem erfolgreichen Start Ihres Programms (einschließlich eines Profilings) feststellen, dass es ein paar Stellen gibt, an denen Sie LINQ verwendet haben, obwohl es besser wäre, Stored Procedures zu nutzen, die direkt auf Ihrer Datenbank laufen (da sind Datenbanken nämlich ganz gut drin). Aber das wissen wir nicht im Voraus, und die Vorteile von LINQ sind so groß, dass der Ansatz: »Jetzt programmieren, später optimieren (*wenn überhaupt nötig*)« sich gradezu anbietet. Mit den Vorteilen meine ich zum Beispiel die Möglichkeit einer objektorientierten, vereinheitlichten Syntax für die Zugriffe auf alle Ihre Daten – unabhängig von der Datenquelle.

Die beiden Datenquellen, die Sie am häufigsten mit LINQ nutzen werden, sind zweifelsohne SQL und XML, aber es sind nicht die einzigen. Sie werden eventuell auch Daten aus folgenden Quellen auslesen wollen:

- Dateien
- Flache Datenbanken

- Mails
- Webservices
- Altsysteme
- Datenstrukturen im Speicher

Und am spannendsten sind die Quellen, mit denen Sie jetzt noch gar nicht rechnen. Mit dem Wissen über die Grundlagen von LINQ, das Sie in Kapitel 13 erhalten haben, und dem XML-Know-how aus Kapitel 14 können Sie jetzt richtig einsteigen und LINQ zum Leben erwecken.

Einrichten der Umgebung

Die Beispiele in diesem Abschnitt nutzen die Beispieldatenbank *AdventureWorksLT* für den SQL Server 2005. Um sie einzurichten, laden Sie sie hier herunter:

http://www.codeplex.com/MSFTDBProdSamples/Release/ProjectReleases.aspx?ReleaseId=4004

Beachten Sie bitte, dass es sich bei dieser Datenbank zwar um eine vereinfachte Version der umfangreicheren Datenbank *AdventureWorks* handelt, diese zwei Versionen sich aber deutlich unterscheiden. Die Beispiele in diesem Kapitel werden *nicht* mit der »großen« Datenbank funktionieren. Bitte wählen Sie unbedingt das MSI-Paket AdventureWorksLT aus, das für Ihre Plattform passt – 32 Bit, x64 oder IA64. Wenn der SQL Server im Standardverzeichnis installiert ist, installieren Sie die Beispieldatenbank bitte in *C:\Program Files\Microsoft SQL Server\MSSQL.1\MSSQL\Data*. Ansonsten installieren Sie sie im Unterverzeichnis *Data* des Installationsverzeichnisses.

Wenn Sie den *SQL Server Express* nutzen, der im *Visual Studio 2008* enthalten ist, müssen Sie das Named-Pipes-Protokoll aktivieren:

1. Öffnen Sie den *SQL Server Configuration Manager* unter *Start → Programme → Microsoft SQL Server 2005 → Configuration Tools → SQL Server Configuration Manager*.
2. Auf der linken Seite wählen Sie *SQL Server Configuration Manager (Local) → SQL Server 2005 Network Configuration → Protocols for SQLEXPRESS*.
3. Auf der rechten Seite klicken Sie mit der rechten Maustaste auf das Protokoll »Named Pipes« und wählen *Enable* (siehe Abbildung 15-1).
4. Auf der linken Seite wählen Sie nun *SQL Server 2005 Services*, klicken dann mit der rechten Maustaste auf *SQL Server (SQLEXPRESS)* und wählen *Restart*, um den SQL Server neu zu starten (siehe Abbildung 15-2).

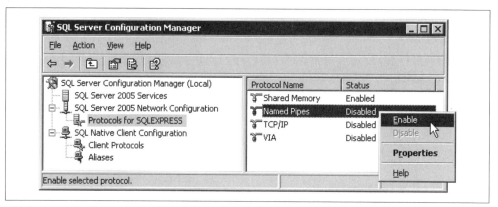

Abbildung 15-1: Aktivieren des Named-Pipes-Protokolls im SQL Server 2005 Express

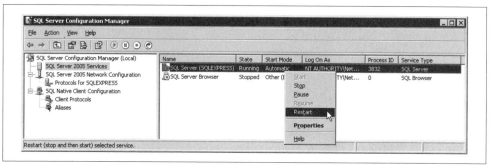

Abbildung 15-2: Neustart des SQL Server 2005 Express

5. Verknüpfen Sie die Beispieldatenbank mit dem SQL Server Express. Dazu gibt es zwei Möglichkeiten:

   a. Wenn Sie schon die *SQL Server Client Tools* installiert haben, öffnen Sie das SQL Server Management Studio unter *Start → Programme → Microsoft SQL Server 2005 → SQL Server Management Studio* und verbinden sich mit der lokalen *SQL Server Express*-Datenbank.

   b. Laden Sie das *SQL Server Express Management Studio* von der Seite des *Microsoft SQL Server Express* herunter (*http://msdn2.microsoft.com/en-us/express/bb410792.aspx*), und installieren Sie es auf Ihrem Rechner. Dann öffnen Sie es und verbinden sich mit der lokalen *SQL Server Express*-Datenbank.

6. Klicken Sie auf der linken Seite mit der rechten Maustaste auf *Databases*, und wählen Sie *Attach* (siehe Abbildung 15-3).

7. Im Dialogfenster *Attach Databases* klicken Sie auf *Add*.

8. Klicken Sie auf *OK*, um dieses Dialogfenster zu schließen, und nochmals auf *OK*, um das Fenster *Attach Database* ebenfalls zu schließen.

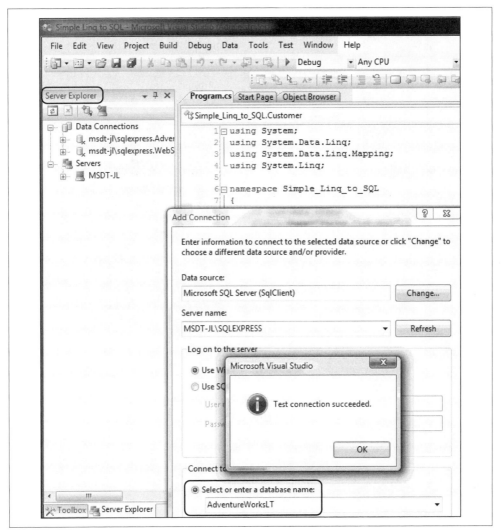

Abbildung 15-3: Verbinden der Datenbank mit dem SQL Server 2005 Express

Grundlagen für LINQ to SQL

Zunächst öffnen Sie Visual Studio und erstellen eine neue Anwendung namens »Simple Linq to SQL« als Konsolenanwendung. Nachdem die IDE geöffnet ist, klicken Sie auf *View*, öffnen den *Server Explorer*, stellen eine Verbindung zur Datenbank *AdventureWorksLT* her und testen die Verbindung.

Nun ist alles bereit, damit Sie ein Programm erstellen können, das sich mithilfe von LINQ zu Ihrer SQL-Datenbank verbindet. Sie müssen den Namensraum System.Data.Linq in die Referenzen Ihres Projekts mit aufnehmen (siehe Abbildung 15-4), so dass die letzten zwei using-Anweisungen auch funktionieren.

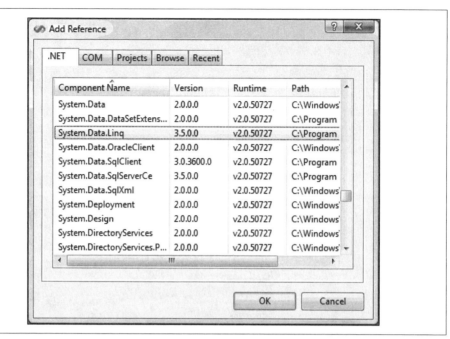

Abbildung 15-4: Hinzufügen einer Referenz auf System.Data.Linq

So wird die Abbildung zwischen jedem Klassen-Member und der entsprechenden Datenbank-Spalte vorgenommen:

```
public class Customer
{
    [Column] public string FirstName    { get; set; }
    [Column] public string LastName     { get; set; }
    [Column] public string EmailAddress { get; set; }
```

Die vollständige Analyse kommt nach Beispiel 15-1.

Beispiel 15-1: Einfaches LINQ to SQL

```
using System;
using System.Data.Linq;
using System.Data.Linq.Mapping;
using System.Linq;

namespace Simple_Linq_to_SQL
{
    // Kundenklasse
    [Table(Name="SalesLT.Customer")]
    public class Customer
    {
        [Column] public string FirstName    { get; set; }
        [Column] public string LastName     { get; set; }
        [Column] public string EmailAddress { get; set; }
```

Beispiel 15-1: Einfaches LINQ to SQL (Fortsetzung)

```
        // Überschreiben von Object.ToString( ), um eine
        // String-Repräsentation der Member zu erhalten.
        public override string ToString( )
        {
            return string.Format("{0} {1}\nE-Mail:  {2}",
                    FirstName, LastName, EmailAddress);
        }
    }

    public class Tester
    {
        static void Main( )
        {
            DataContext db = new DataContext(
                @"Data Source=.\SqlExpress;
                    Initial Catalog=AdventureWorksLT;
                    Integrated Security=True");

            Table<Customer> customers = db.GetTable<Customer>( );
            var query =
                from customer in customers
                where customer.FirstName == "Donna"
                select customer;

            foreach(var c in query)
                Console.WriteLine(c.ToString( ));

            Console.ReadKey( );
        }
    }
}

Ausgabe:
Donna Carreras
E-Mail:  donna0@adventure-works.com
```

Der entscheidende Punkt an diesem Programm ist die erste Zeile von Main( ), in der Sie db als Variable vom Typ DataContext definieren. Ein solches DataContext-Objekt ist der Einstiegspunkt für das LINQ to SQL-Framework, das eine Brücke zwischen dem Anwendungscode und den datenbankspezifischen Befehlen schlägt. Seine Aufgabe ist, den High-Level-C#-Code von LINQ to SQL in entsprechende Datenbankbefehle umzuwandeln und sie im Hintergrund auszuführen. Das Framework kümmert sich um eine Verbindung zur zugrunde liegenden Datenbank, holt auf Anforderung Daten von dort, protokolliert Änderungen, die an Entitäten aus der Datenbank vorgenommen wurden, und aktualisiert sie bei Bedarf. Dabei enthält es auch einen »Identity Cache«, der sicherstellt, dass beim mehrfachen Auslesen von Einträgen alle Duplikate von der gleichen Objektinstanz repräsentiert werden (wodurch eine korrupte Datenbank vermieden wird; mehr Informationen erhalten Sie im Kasten »Beschädigte Datenbank««).

> **Beschädigte Datenbank**
>
> Die Daten in einer großen Datenbank können auf viele Arten »beschädigt« werden – also ungewollt falsche Informationen enthalten.
>
> Ein typisches Szenario könnte so aussehen: Sie haben Daten, die beschreiben, welche Bücher Sie in welcher Stückzahl Ihrem Geschäft haben. Wenn Sie eine Anfrage nach einem Buch starten, werden die Daten von der Datenbank in einen temporären Datensatz (oder ein Objekt) gelesen, der bzw. das nicht länger mit der Datenbank verbunden ist, bis Sie ihn bzw. es zurückschreiben – jede Änderung in der Datenbank spiegelt sich so lange nicht im Datensatz wider, bis Sie die Daten aktualisieren (das ist notwendig, um eine stark belastete Datenbank überhaupt noch ansprechen zu können).
>
> Stellen Sie sich nun vor, dass Joe einen Anruf bekommt. Der Anrufer will wissen, wie viele Exemplare von *Programmieren mit C#* noch auf Lager sind. Er ruft den Datensatz in seiner Datenbank auf und stellt entsetzt fest, dass es nur noch ein einziges Exemplar im Laden gibt. Während er mit seinem Kunden telefoniert, schaut Jane, eine andere Verkäuferin, nach dem gleichen Buch. Sie sieht, dass es noch einmal vorhanden ist, und verkauft es an ihren Kunden, während Joe die Vorzüge des Buches noch mit seinem Kunden bespricht. Joes Kunde entscheidet sich nun, das Buch zu kaufen, aber jetzt ist es schon zu spät – Jane hat das letzte Exemplar verkauft. Joe versucht, den Vorgang fortzusetzen, aber das Buch, das doch eigentlich eindeutig noch verfügbar ist, ist nicht mehr vorhanden. Sie haben nun einen sehr unzufriedenen Kunden und einen Verkäufer, der wie ein Idiot dasteht. Verflixt.
>
> Ich erwähne im Text, dass LINQ sicherstellt, beim mehrfachen Auslesen eines Datenbanksatzes die *gleiche* Objektinstanz zu nutzen – das macht es für das erwähnte Szenario schwieriger, so abzulaufen, da Joe und Jane mit dem gleichen Datensatz im Speicher arbeiten. Wenn Jane den Bestand ändert, würde sich das in Joes Repräsentation des Objekts widerspiegeln – sie sehen die gleichen Daten und keine unabhängigen Snapshots.

Nachdem der `DataContext` instanziiert ist, können Sie auf die Objekte aus der zugrunde liegenden Datenbank zugreifen. Dieses Beispiel nutzt die Tabelle *Customer* der Datenbank *AdventureWorksLT* mithilfe der Funktion `GetTable()` von `DataContext`:

```
Table<Customer> customers = db.GetTable<Customer>();
```

Diese Funktion ist eine generische Funktion. Daher können Sie festlegen, dass die Tabelle auf eine Collection mit `Customer`-Objekten abgebildet werden soll.

`DataContext` hat viele Methoden und Eigenschaften. Eine davon ist ein `Log`. Diese Eigenschaft ermöglicht es Ihnen zu definieren, wo die SQL-Abfragen und -Anweisungen protokolliert werden sollen. Indem Sie das Log an eine Stelle umleiten, an der Sie darauf zugreifen können, erhalten Sie einen Einblick in die Magie von LINQ. Sie können `Log` zum Beispiel nach `Console.Out` umleiten, so dass Sie die Ausgabe an der System-Konsole sehen:

```
Ausgabe:
SELECT [t0].[FirstName], [t0].[LastName], [t0].[EmailAddress]
FROM [SalesLT].[Customer] AS [t0]
```

```
WHERE [t0].[FirstName] = @p0
-- @p0: Input String (Size = 5; Prec = 0; Scale = 0) [Donna]
-- Context: SqlProvider(Sql2005) Model: AttributedMetaModel Build: 3.5.20706.1
```

Der Visual Studio LINQ to SQL Designer

Anstatt die Beziehungen der Daten in der zugrunde liegenden Datenbank auszuarbeiten und sie dann von Hand im `DataContext` zu modellieren, können Sie den in Visual Studio eingebauten Designer nuzten. Das ist ein sehr mächtiger Mechanismus, der die Arbeit mit LINQ ausgesprochen einfach macht. Um zu sehen, wie er funktioniert, öffnen Sie zunächst die Datenbank *AdventureWorksLT* in SQL Server Management Studio Express und schauen sich die Tabellen *Customer*, *CustomerAddress* und *Address* an, damit Sie die Beziehungen zwischen ihnen verstehen. Das Entity-Relationship-Diagramm finden Sie in Abbildung 15-5.

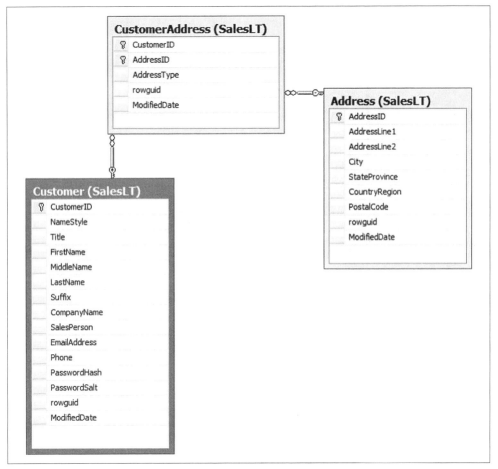

Abbildung 15-5: Datenbank-Diagramm für AdventureWorksLT

Erstellen Sie in Visual Studio eine neue Konsolenanwendung mit dem Namen *AdventureWorksDBML*. Sorgen Sie dafür, dass der Server Explorer angezeigt wird und Sie eine Verbindung zu *AdventureWorksLT* haben (siehe Abbildung 15-6). Wenn die Verbindung nicht bereit ist, folgen Sie den weiter oben aufgeführten Anweisungen, um sie anzulegen.

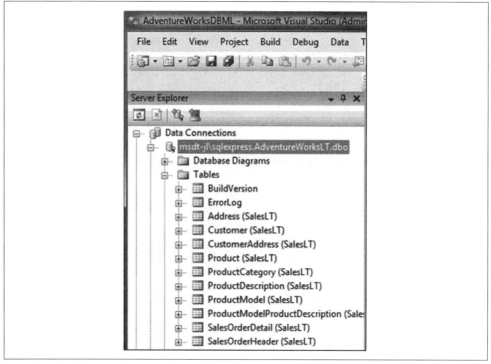

Abbildung 15-6: Server Explorer

Um Ihre Klassen für LINQ to SQL zu erzeugen, klicken Sie mit der rechten Maustaste auf das Projekt und wählen *Add → New Item*, wie in Abbildung 15-7 gezeigt.

Wenn sich das Dialogfenster *New Item* öffnet, wählen Sie *LINQ to SQL Classes*. Sie können die vorgegebenen Namen nutzen (also wahrscheinlich *DataClasses1*) oder selbst einen deutlich sinnvolleren Namen vergeben. In diesem Fall ersetzen Sie den Namen durch *AdventureWorksAddress* und klicken auf *Add*. Der gewählte Name wird der Name Ihres Objekts vom Typ DataContext werden, wobei das Wort *DataContext* angehängt ist. Daher werden Sie hier als Namen des Data Context AdventureWorksAddressDataContext erhalten.

Das Hauptfenster zeigt Änderungen im *Object Relational Designer*. Sie können nun Tabellen vom Server Explorer oder der Toolbox in den Designer ziehen. Tun Sie das mit den Tabellen *Address*, *Customer* und *CustomerAddress*, wie in Abbildung 15-8 gezeigt ist.

Abbildung 15-7: Wählen von Add → New Item

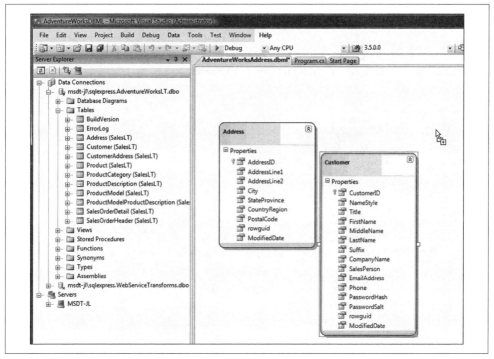

Abbildung 15-8: Tabellen auf die Oberfläche ziehen

In der Abbildung wurden schon zwei Tabellen auf den leeren Bereich gezogen, und die dritte wird gleich fallen gelassen werden. Nachdem Sie alle drei Tabellen dort platziert haben, holt sich Visual Studio 2008 automatisch die Beziehungen zwischen ihnen und zeigt sie an. Sie können die Tabellen nach Wunsch anordnen, damit die Beziehungen auch deutlicher werden.

Nachdem Sie das erledigt haben, wurden zwei neue Dateien erstellt: *AdventureWorksAddress.dbml.layout* und *AdventureWorksAddress.designer.cs*. Die erste enthält die XML-Repräsentation der Tabellen, die Sie auf die Oberfläche gezogen haben. Ein kurzer Ausschnitt daraus sieht so aus:

```xml
<?xml version="1.0" encoding="utf-8"?>
<ordesignerObjectsDiagram dslVersion="1.0.0.0" absoluteBounds="0, 0, 11, 8.5"
name="AdventureWorksAddress">
  <DataContextMoniker Name="/AdventureWorksAddressDataContext" />
  <nestedChildShapes>
    <classShape Id="4a893188-c5cd-44db-a114-0444cced4057" absoluteBounds="1.125,
1.375, 2, 2.5401025390625">
      <DataClassMoniker Name="/AdventureWorksAddressDataContext/Address" />
      <nestedChildShapes>
        <elementListCompartment Id="d59f1bc4-752e-41db-a940-4a9938014ca7"
absoluteBounds="1.1400000000000001, 1.835, 1.9700000000000002, 1.9801025390625"
name="DataPropertiesCompartment" titleTextColor="Black" itemTextColor="Black" />
      </nestedChildShapes>
    </classShape>
    <classShape Id="c432968b-f644-4ca3-b26b-61dfe4292884" absoluteBounds="5.875, 1,
2, 3.6939111328124996">
      <DataClassMoniker Name="/AdventureWorksAddressDataContext/Customer" />
      <nestedChildShapes>
        <elementListCompartment Id="c240ad98-f162-4921-927a-c87781db6ac4"
absoluteBounds="5.8900000000000006, 1.46, 1.9700000000000002, 3.1339111328125"
name="DataPropertiesCompartment" titleTextColor="Black" itemTextColor="Black" />
      </nestedChildShapes>
    </classShape>
```

Die *.cs*-Datei enthält den Code, der die ganzen Aufrufe von LINQ to SQL enthält und die Sie sonst von Hand hätten schreiben müssen. Wie jeder automatisch generierte Code ist er sehr lang – hier ein kurzer Ausschnitt:

```csharp
public Address()
{
    OnCreated();
    this._CustomerAddresses = new EntitySet<CustomerAddress>(new
      Action<CustomerAddress>(this.attach_CustomerAddresses),
      new Action<CustomerAddress>(this.detach_CustomerAddresses));
}

[Column(Storage="_AddressID", AutoSync=AutoSync.OnInsert,
DbType="Int NOT NULL IDENTITY", IsPrimaryKey=true, IsDbGenerated=true)]
public int AddressID
{
    get
    {
        return this._AddressID;
```

```
            }
            set
            {
                if ((this._AddressID != value))
                {
                    this.OnAddressIDChanging(value);
                    this.SendPropertyChanging();
                    this._AddressID = value;
                    this.SendPropertyChanged("AddressID");
                    this.OnAddressIDChanged();
                }
            }
        }
```

Die generierten Klassen sind stark typisiert, und für jede Tabelle, die Sie im Designer positioniert haben, wird eine Klasse erzeugt.

Einen Vergleich zwischen stark und schwach typisierten Klassen finden Sie in Kapitel 9, insbesondere im Abschnitt über Generics.

Einer generierten Klasse eine Methode hinzufügen

Eines der schönen Dinge am in C# 2.0 hinzugefügten Klassen-Schlüsselwort partial ist die Tatsache, dass Sie vom Designer generierten Klassen eine Methode hinzufügen können. In diesem Fall überschreiben wir die Methode ToString der Klasse Customer, um alle seine Member in einer halbwegs lesbaren Form ausgeben zu können:

```
public partial class Customer
{
    public override string ToString()
    {
        StringBuilder sb = new StringBuilder();
        sb.AppendFormat("{0} {1} {2}",
            FirstName, LastName, EmailAddress);
        foreach (CustomerAddress ca in CustomerAddresses)
        {
            sb.AppendFormat("\n\t{0}, {1}",
                ca.Address.AddressLine1,
                ca.Address.City);
        }
        sb.AppendLine();
        return sb.ToString();
    }
}
```

Die Klasse DataContext stellt jede Tabelle als Member bereit, während die Beziehungen zwischen den Tabellen durch Eigenschaften der Klassen repräsentiert werden, die die Datensätze enthalten. So ist zum Beispiel die Tabelle CustomerAddress auf den Member

CustomerAddresses abgebildet, der eine stark typisierte Collection (LINQ-Tabelle) von Objekten des Typs CustomerAddress ist. Sie können auf die Eltern-Objekte Customer und Address eines Objekts vom Typ CustomerAddress über die Member Customer beziehungsweise Address zugreifen. Dadurch wird es ziemlich einfach, Code zum Auslesen von Daten zu schreiben.

Lesen von Daten

Ersetzen Sie den Inhalt von *Program.cs* durch den in Beispiel 15-2 gezeigten Code, um mithilfe des durch LINQ to SQL erzeugten Codes Daten aus den drei Tabellen zu lesen, die Sie mit dem Designer abgebildet haben.

Beispiel 15-2: Verwendung der Klassen, die LINQ to SQL Designer generiert hat

```
using System;
using System.Linq;
using System.Text;

namespace AdventureWorksDBML
{
    // Hauptprogramm
    public class Tester
    {
        static void Main( )
        {
            AdventureWorksAddressDataContext dc = new
                AdventureWorksAddressDataContext( );
            // Kommentieren Sie die folgende Anweisung aus, um die
            // durch LINQ to SQL erzeugten SQL-Anweisungen zu sehen.
            // dc.Log = Console.Out;

            // Einen Kundendatensatz finden.
            Customer donna = dc.Customers.Single(c => c.FirstName == "Donna");");
            Console.WriteLine(donna);

            // Eine Liste von Kundendatensätzen finden.
            var customerDs =
                from customer in dc.Customers
                where customer.FirstName.StartsWith("D")
                orderby customer.FirstName, customer.LastName
                select customer;

            foreach (Customer customer in customerDs)
            {
                Console.WriteLine(customer);
            }
        }
    }

    // Der generierten Kundenklasse eine Methode hinzufügen, um die
    // Member ordentlich formatiert auszugeben.
```

Beispiel 15-2: Verwendung der Klassen, die LINQ to SQL Designer generiert hat (Fortsetzung)

```
    public partial class Customer
    {
        public override string ToString()
        {
            StringBuilder sb = new StringBuilder();
            sb.AppendFormat("{0} {1} {2}",
                    FirstName, LastName, EmailAddress);
            foreach (CustomerAddress ca in CustomerAddresses)
            {
                sb.AppendFormat("\n\t{0}, {1}",
                    ca.Address.AddressLine1,
                    ca.Address.City);
            }
            sb.AppendLine();
            return sb.ToString();
        }
    }
}
```

```
Ausgabe:
Donna Carreras donna0@adventure-works.com
        12345 Sterling Avenue, Irving

(Anzeigen der ersten 5 Kunden):
Daniel Blanco daniel0@adventure-works.com
        Suite 800 2530 Slater Street, Ottawa
Daniel Thompson daniel2@adventure-works.com
        755 Nw Grandstand, Issaquah
Danielle Johnson danielle1@adventure-works.com
        955 Green Valley Crescent, Ottawa
Darrell Banks darrell0@adventure-works.com
        Norwalk Square, Norwalk
Darren Gehring darren0@adventure-works.com
        509 Nafta Boulevard, Laredo
```

Erstellen von Membern für jede Tabelle

Wie Sie sehen können, erstellen Sie zunächst eine Instanz des `DataContext`-Objekts, das das Tool generiert hat:

```
AdventureWorksAddressDataContext dc = new AdventureWorksAddressDataContext();
```

Wenn Sie den Designer verwenden, wird nicht nur die `DataContext`-Klasse erstellt, sondern auch ein Member für jede Tabelle, die Sie im Designer platziert haben (in diesem Fall *Customer*, *Address* und *CustomerAddress*). Der Designer benennt diese Member, indem er sie in den Plural setzt. Daher gehören zu `AdventureWorksAddressDataContext` unter anderem die Member `Customers`, `Addresses` und `CustomerAddresses`.

Aus dieser Konvention ergibt sich ein beachtenswertes Detail: Es empfiehlt sich, Ihre Datenbanktabellen im Singular zu benennen, um eine mögliche Verwirrung in Ihrem Code zu vermeiden. Standardmäßig benennt der LINQ to SQL Designer die generierten Datenklassen genauso wie die Tabellen. Wenn Sie Tabellennamen im Plural verwenden, lauten die Klassennamen daher genauso wie die Membernamen des `DataContext`-Objekts. In solch einem Fall müssen Sie die generierten Klassen von Hand anpassen, um Namenskonflikte zu vermeiden.

Sie können auf diese Member über die `DataContext`-Instanz zugreifen:

```
dc.Customers
```

Die Member sind selbst Tabellenobjekte, die das Interface `IQueryable` implementieren, das eine ganze Reihe nützlicher Methoden bietet, mit denen Sie Filter anwenden, die Datensätze entlanglaufen und Operationen auf die Daten in einer LINQ-Tabelle anwenden können.

Bei den meisten Methoden handelt es sich um *Extension-Methoden* der LINQ-Typen – sie können also so aufgerufen werden, als würde es sich um Instanz-Methoden der Objekte handeln, die `IQueryable<T>` implementieren (in diesem Fall die Tabellen in `DataContext`). Daher (und weil `Single` eine Methode von `IQueryable` ist, die das einzige Element in einer Collection zurückgibt, das bestimmte Kriterien erfüllt) werden wir diese Methode nutzen, um den einen Kunden zu finden, dessen Vorname Donna ist. Wenn es mehr als einen Kunden mit diesem bestimmten Vornamen gibt, wird nur der erste Kundendatensatz zurückgegeben:

```
Customer donna = dc.Customers.Single(c => c.FirstName == "Donna");
```

Lassen Sie uns diese Codezeile auseinandernehmen.

Zunächst einmal holen Sie sich den Member `Customers` der Instanz `dc` des `DataContext`:

```
dc.Customers
```

Sie erhalten damit ein `Customer`-Tabellenobjekt, das `IQueryable` implementiert. Dann können Sie für dieses Objekt die Methode `Single` aufrufen:

```
dc.Customers.Single(condition);
```

Das Ergebnis wird ein Objekt vom Typ `Customer` zurückliefern, das Sie einer lokalen Variablen vom Typ `Customer` zuweisen können:

```
Customer donna = dc.Customers.Single(condition);
```

Beachten Sie, dass alles, was wir hier tun, stark typisiert ist. Gott sei Dank.

Innerhalb der Klammern müssen Sie den Ausdruck angeben, der den Filter für den einen gesuchten Ausdruck definiert – eine wunderbare Möglichkeit, Lambda-Ausdrücke einzusetzen:

```
c => c.FirstName == "Donna"
```

Das lässt sich lesen als: »c wird zu c.FirstName, bei dem c.FirstName gleich Donna ist.«

In dieser Notation ist c eine implizit typisierte Variable (vom Typ Customer). LINQ to SQL wandelt diesen Ausdruck in eine SQL-Anweisung um, die ungefähr so aussieht:

Select *from Customer where FirstName = 'Donna';

Beachten Sie bitte, dass es sich hierbei um ein selbst geschriebenes Stück SQL handelt. Den genauen SQL-Code, der von LINQ by SQL erzeugt wird, sehen Sie, wenn Sie das Log von DataContext umleiten und sich anschauen (wie weiter oben beschrieben).

Diese SQL-Anweisung wird ausgeführt, wenn man die Methode Single aufruft:

```
Customer donna = dc.Customers.Single(c => c.FirstName == "Donna");
```

Dieses Customer-Objekt (donna) wird dann an der Konsole ausgegeben:

```
Console.WriteLine(donna);
```

Die Ausgabe sieht so aus:

```
Donna Carreras donna0@adventure-works.com
    12345 Sterling Avenue, Irving,
```

Beachten Sie, dass Sie zwar nur nach dem Vornamen gesucht haben, aber trotzdem einen vollständigen Datensatz mit den Adressinformationen erhalten haben. Beachten Sie auch, dass für die Ausgabe einfach das Objekt übergeben und die überschriebene Methode verwendet wurde, die wir für die durch das Tool generierte Klasse erstellt haben (siehe den Kasten weiter oben: »Einer generierten Klasse eine Methode hinzufügen«).

Eine LINQ-Abfrage

Der nächste Block nutzt das in C# 3.0 neue Schlüsselwort var, um eine Variable customerDs zu deklarieren, die implizit vom Compiler aufgrund der Informationen typisiert wird, die die LINQ-Abfrage zurückgibt:

```
var customerDs =
    from customer in dc.Customers
    where customer.FirstName.StartsWith("D")
    orderby customer.FirstName, customer.LastName
    select customer;
```

Diese Abfrage ähnelt einer SQL-Abfrage (wie schon im vorigen Kapitel erwähnt), und wie Sie sehen können, wählen Sie aus dem Member Customers des DataContext (zum Beispiel der Tabelle *Customer*) jeden Kunden aus, dessen Member FirstName (zum Beispiel die Spalte *FirstName*) mit *D* beginnt. Sie sortieren erst nach dem FirstName, dann nach dem LastName und liefern alle Ergebnisse in customerDs zurück, deren impliziter Typ eine TypedCollection von Customers ist.

Damit können Sie nun über die Collection iterieren und die Daten dieser Kunden an der Konsole ausgeben, wobei sie als Objekte vom Typ Customer behandelt werden und nicht als Datensätze:

```
foreach (Customer customer in customerDs)
{
    Console.WriteLine(customer);
}
```

Das liefert dann folgende Ausgabe (hier nur ein Teil davon):

```
Delia Toone delia0@adventure-works.com
        755 Columbia Ctr Blvd, Kennewick

Della Demott Jr della0@adventure-works.com
        25575 The Queensway, Etobicoke

Denean Ison denean0@adventure-works.com
        586 Fulham Road,, London

Denise Maccietto denise1@adventure-works.com
        Port Huron, Port Huron

Derek Graham derek0@adventure-works.com
        655-4th Ave S.W., Calgary

Derik Stenerson derik0@adventure-works.com
        Factory Merchants, Branson

Diane Glimp diane3@adventure-works.com
        4400 March Road, Kanata
```

Aktualisieren von Daten mit LINQ to SQL

Um Daten der Datenbank hinzuzufügen oder sie anzupassen, interagieren Sie mit Objekten in C#, nehmen Ihre Änderungen vor und rufen dann die Funktion SubmitChanges von DataContext auf, womit LINQ sich um die Details kümmert. Das ist ein außerordentlich objektorientierter Weg, die Datenspeicherung vorzunehmen. Ihr Code bleibt stark typisiert und trotzdem von den zugrunde liegenden Persistenzmechanismen entkoppelt.

Wenn Sie der Datenbank neue Daten hinzufügen wollen, instanziieren Sie ein neues Objekt und speichern es dann. Wenn Sie schon in der Datenbank persistierte Daten verändern wollen, laden Sie das Objekt, verändern es und speichern es dann. Der entscheidende Punkt in Beispiel 15-3 ist, dass Sie aus Sicht von C# mit Objekten arbeiten und sich LINQ um die Details der Kommunikation mit dem SQL Server kümmern lassen.

Beispiel 15-3: Verändern von Daten mit LINQ to SQL

```
using System;
using System.Collections.Generic;
using System.Data.Linq;
using System.Data.Linq.Mapping;
```

Beispiel 15-3: Verändern von Daten mit LINQ to SQL (Fortsetzung)

```csharp
using System.Linq;
using System.Text;

namespace Modifying_Data_Using_Linq_To_SQL
{
    // Hauptprogramm
    public class Tester
    {
        static void Main()
        {
            AddCustomer();
            UpdateCustomer();
            Console.ReadKey();
        }

        private static void AddCustomer()
        {
            Console.WriteLine("Neuen Kunden hinzufügen ...");
            AdventureWorksDataContext dc = new AdventureWorksDataContext();
            // Kommentieren Sie die folgende Anweisung aus, um die
            // von LINQ to SQL erzeugten SQL-Anweisungen anzuzeigen.
            // dc.Log = Console.Out;

            // Einen neuen Kunden mit seiner Adresse hinzufügen
            Customer douglas = new Customer();
            douglas.FirstName = "Douglas";
            douglas.LastName = "Adams";
            douglas.EmailAddress = "douglas0@adventureworks.com";
            douglas.PasswordHash = "fake";
            douglas.PasswordSalt = "fake";
            douglas.ModifiedDate = DateTime.Today;
            douglas.rowguid = Guid.NewGuid();

            Address addr = new Address();
            addr.AddressLine1 = "1c Sharp Way";
            addr.City = "Seattle";
            addr.PostalCode = "98011";
            addr.StateProvince = "Washington";
            addr.CountryRegion = "United States";
            addr.ModifiedDate = DateTime.Today;
            addr.rowguid = Guid.NewGuid();

            CustomerAddress ca = new CustomerAddress();
            ca.AddressType = "Main Office";
            ca.Address = addr;
            ca.Customer = douglas;
            ca.ModifiedDate = DateTime.Today;
            ca.rowguid = Guid.NewGuid();

            dc.Customers.Add(douglas);
            dc.SubmitChanges();
```

Beispiel 15-3: Verändern von Daten mit LINQ to SQL (Fortsetzung)

```csharp
        ShowCustomersByFirstName("Douglas");
}

// Einen Kundendatensatz aktualisieren
private static void UpdateCustomer( )
{
    Console.WriteLine("Aktualisieren eines Kunden ...");
    AdventureWorksDataContext dc = new AdventureWorksDataContext( );
    // Kommentieren Sie die nächste Anweisung aus, um die
    // von LINQ to SQL erzeugten SQL-Anweisungen anzuzeigen.
    //dc.Log = Console.Out;

    Customer dAdams = dc.Customers.Single(
        c => (c.FirstName == "Douglas" && c.LastName == "Adams"));
    Console.WriteLine("Vorher:\n{0}", dAdams);

    dAdams.Title = "Mr.";

    // Eine neue Lieferadresse hinzufügen
    Address addr = new Address( );
    addr.AddressLine1 = "1 Warehouse Place";
    addr.City = "Los Angeles";
    addr.PostalCode = "30210";
    addr.StateProvince = "California";
    addr.CountryRegion = "United States";
    addr.ModifiedDate = DateTime.Today;
    addr.rowguid = Guid.NewGuid( );

    CustomerAddress ca = new CustomerAddress( );
    ca.AddressType = "Shipping";
    ca.Address = addr;
    ca.Customer = dAdams;
    ca.ModifiedDate = DateTime.Today;
    ca.rowguid = Guid.NewGuid( );

    dc.SubmitChanges( );

    Customer dAdams1 = dc.Customers.Single(
        c => (c.FirstName == "Douglas" && c.LastName == "Adams"));
    Console.WriteLine("Danach:\n{0}", dAdams);
}

// Eine Liste von Kunden mit einem bestimmten Vornamen finden.
private static void ShowCustomersByFirstName(string firstName)
{
    AdventureWorksDataContext dc = new AdventureWorksDataContext( );
    var customers =
        from customer in dc.Customers
        where customer.FirstName == "Douglas"
        orderby customer.FirstName, customer.LastName
        select customer;
```

Beispiel 15-3: Verändern von Daten mit LINQ to SQL (Fortsetzung)

```csharp
            Console.WriteLine("Kunden mit dem Vornamen {0}:", firstName);
            foreach (Customer customer in customers)
                Console.WriteLine(customer);
        }
    }

    // Eine Methode der generierten Kundenklasse hinzufügen, um
    // formatierte Kundeneigenschaften zu zeigen.
    public partial class Customer
    {
        public override string ToString()
        {
            StringBuilder sb = new StringBuilder();
            sb.AppendFormat("{0} {1} {2} {3}",
                    Title, FirstName, LastName, EmailAddress);
            foreach (CustomerAddress ca in CustomerAddresses)
            {
                sb.AppendFormat("\n\t{0}: {1}, {2}",
                    ca.AddressType,
                    ca.Address.AddressLine1,
                    ca.Address.City);
            }
            sb.AppendLine();
            return sb.ToString();
        }
    }
}
```

Das Testprogramm führt zwei Aktionen durch: AddCustomer und dann UpdateCustomer, wobei jede in einem Methodenaufruf gekapselt ist.

Hinzufügen eines Kunden-Datensatzes

AddCustomer erstellt zunächst eine Instanz der Klasse Customer und befüllt ihre Member-Variablen:

```csharp
Customer douglas = new Customer();
douglas.FirstName = "Douglas";
douglas.LastName = "Adams";
douglas.EmailAddress = "douglas0@adventureworks.com";
douglas.PasswordHash = "fake";
douglas.PasswordSalt = "fake";
douglas.ModifiedDate = DateTime.Today;
douglas.rowguid = Guid.NewGuid();
```

Das Gleiche tut sie für die Klasse Address:

```csharp
Address addr = new Address();
addr.AddressLine1 = "1c Sharp Way";
addr.City = "Seattle";
addr.PostalCode = "98011";
addr.StateProvince = "Washington";
```

```
addr.CountryRegion = "United States";
addr.ModifiedDate = DateTime.Today;
addr.rowguid = Guid.NewGuid();
```

Schließlich wird die Klasse erstellt, die eine Adresse mit einem Kunden verbindet:

```
CustomerAddress ca = new CustomerAddress();
ca.AddressType = "Main Office";
ca.Address = addr;
ca.Customer = douglas;
ca.ModifiedDate = DateTime.Today;
ca.rowguid = Guid.NewGuid();
```

Beachten Sie, dass die Beziehung zwischen diesen drei Objekten über die Eigenschaften des Objekts `CustomerAddress` (hervorgehoben) erzeugt werden.

Der Vorteil dieses Ansatzes ist, dass der Kunde mehr als eine Adresse besitzen kann (zum Beispiel Arbeit, privat, Ferienwohnung und so weiter).

Wenn alle drei neuen Objekte erstellt wurden, können Sie sie ganz einfach der Datenbank hinzufügen, indem Sie das neue Objekt vom Typ `Customer` zur Customer-Tabelle hinzufügen und dann `DataContext` anweisen, die Änderungen umzusetzen:

```
dc.Customers.Add(douglas);
dc.SubmitChanges();
```

Da der `Customer` eine Adresse »hat«, gehören die `Address` und die Verknüpfungstabelle, die die »Hat-eine«-Beziehung repräsentiert, mit dazu.

Wenn `ShowCustomersByFirstName("Douglas")` aufgerufen wird, finden Sie jeden Kunden, dessen Vorname Douglas ist, und zeigen das Objekt an:

```
private static void ShowCustomersByFirstName(string firstName)
{
    AdventureWorksDataContext dc = new AdventureWorksDataContext();
    var customers =
        from customer in dc.Customers
        where customer.FirstName == "Douglas"
        orderby customer.FirstName, customer.LastName
        select customer;

    Console.WriteLine("Kunden mit dem Vornamen {0}:", firstName);
    foreach (Customer customer in customers)
        Console.WriteLine(customer);
}
```

Der neu hinzugefügte `Customer` wird (zusammen mit seiner Adresse) korrekt angezeigt:

```
Douglas Adams douglas0@adventureworks.com
   Main Office: 1c Sharp Way, Seattle
```

Verändern eines Kunden-Datensatzes

Möchten Sie Kundendaten verändern, müssen Sie den Datensatz finden, den Sie verändern wollen, ihn auslesen, das Objekt anpassen und es dann wieder in der Datenbank speichern.

Sie erhalten den Datensatz von Douglas Adams so ähnlich wie schon vorher:

```
Customer dAdams = dc.Customers.Single(
    c => (c.FirstName == "Douglas" && c.LastName == "Adams"));
```

Diesem Datensatz fügen Sie eine neue Lieferadresse hinzu, wofür Sie eine Adresse und einen CustomerAddress-Datensatz erstellen (um den neuen Address-Datensatz mit dem bestehenden Customer-Datensatz zu verbinden):

```
Address addr = new Address();
addr.AddressLine1 = "1 Warehouse Place";
addr.City = "Los Angeles";
addr.PostalCode = "30210";
addr.StateProvince = "California";
addr.CountryRegion = "United States";
addr.ModifiedDate = DateTime.Today;
addr.rowguid = Guid.NewGuid();

CustomerAddress ca = new CustomerAddress();
ca.AddressType = "Shipping";
ca.Address = addr;
ca.Customer = dAdams;
ca.ModifiedDate = DateTime.Today;
ca.rowguid = Guid.NewGuid();
```

Um es interessanter zu machen, passen Sie auch den (bisher leeren) Titel an, damit sich der Kunde besser betreut fühlt:

```
dAdams.Title = "Mr.";
```

Mit Console.WriteLine vor und nach der Anpassung können Sie die Änderungen sehen:

```
Aktualisieren eines Kunden ...
Vorher:
 Douglas Adams douglas0@adventureworks.com
        Main Office: 1c Sharp Way, Seattle

Danach:
Mr. Douglas Adams douglas0@adventureworks.com
        Main Office: 1c Sharp Way, Seattle
           Shipping: 1 Warehouse Place, Los Angeles
```

Sie sollten nun auch einen Datensatz in der Kundentabelle finden und jeweils zwei in den Tabellen *CustomerAddress* und *Address* (siehe Abbildung 15-9).

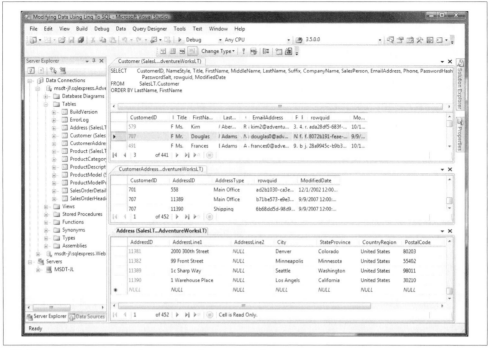

Abbildung 15-9: Verändern der Daten in der Datenbank

Löschen relationaler Daten

Das Löschen eines Kunden ist ein bisschen komplizierter als das Hinzufügen oder Verändern, weil die relationale Datenbank die referenzielle Integrität einfordert. Das bedeutet, dass die relationale Datenbank (zum Beispiel der SQL Server) zum Vermeiden von Daten-Inkonsistenzen sicherstellt, dass die Zeilen in *CustomerAddress* gelöscht werden, bevor die Zeilen in *Address* oder *Customer* entfernt werden können. Idealerweise sollten Sie alle entsprechenden Zeilen in allen betroffenen Tabellen in einer Transaktion löschen, damit beim Fehlschlagen eines der Löschvorgänge das gesamte Set in seinen Ausgangszustand »zurückgerollt« werden kann. Auf diese Art und Weise bleiben keine verwaisten Adressdatensätze oder Kunden zurück, die irgendwelche Datenelemente verloren haben (siehe den Kasten »Datenkonsistenz«« weiter unten im Kapitel).

Der einfachste Weg dazu ist, die Datenbank um Hilfe zu bitten. Denn dafür ist sie schließlich da. So könnte man Stored Procedures nutzen (es gibt auch andere Möglichkeiten, zum Beispiel kaskadiertes Löschen). Um eine Stored Procedure zu erstellen, klicken Sie zunächst mit der rechten Maustaste auf den Ordner *Stored Procedures* Ihrer Datenverbindung und wählen *Add New Stored Procedure* (siehe Abbildung 15-10).

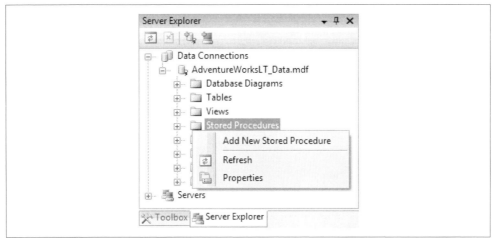

Abbildung 15-10: Hinzufügen einer neuen Stored Procedure

Ersetzen Sie den vordefinierten Code der neuen Stored Procedure durch den aus Beispiel 15-4. Sie müssen den SQL-Code jetzt nicht komplett verstehen, sondern dürfen darauf vertrauen, dass er Kunden und alle dazugehörigen Adressdatensätze bei gegebenem Vor- und Nachnamen korrekt löschen wird. Ich habe trotzdem ein paar Kommentare (zu erkennen am doppelten Bindestrich) hinzugefügt, damit Sie zumindest in etwa verstehen, was wir in der SPROC (Insider-Jargon für Stored PROCedure) tun.

Beispiel 15-4: Stored Procedure

```
Create PROCEDURE [SalesLT].[DeleteCustomer]
    @firstName Name, -- Parameter mit ihren Typen
    @lastName  Name
AS
BEGIN
    SET NOCOUNT ON;     --- administrativer Kram
    SET ANSI_NULLS ON
    SET QUOTED_IDENTIFIER ON
    declare @customerId  int;  -- lokale Variable
    declare @addressId   int;
    declare addressCursor cursor for  -- merken, wo wir sind
            select  CustomerId, AddressId  -- finde diesen Datensatz
              from  CustomerAddress   -- aus dieser Tabelle
             where  CustomerId in  -- bei dem diese Spalte hier gefunden wird:
                    (
                        select  CustomerId - finde diese Spalte
                          from  Customer   -- in dieser Tabelle
                         where  FirstName = @firstName  -- wo dies wahr ist
                           and  LastName  = @lastName -- und dies auch
                    );

    begin transaction; -- Starten einer Transaktion
    open addressCursor; -- Cursor holen
      -- nächsten Datensatz holen und Ergebnisse in unsere Variablen stecken
```

Beispiel 15-4: Stored Procedure (Fortsetzung)

```
    fetch next from addressCursor into @customerId, @addressId;
      -- mit einer Schleife beginnen
    while @@fetch_status = 0 begin
      -- Löschen der entsprechenden Datensätze
      delete CustomerAddress where customerId = @customerId
        and addressId =  @addressId
            --Löschen der dazugehörigen Datensätze
      delete Address where addressId = @addressId;
    loop
       fetch next from addressCursor into @customerId, @addressId;
    end;  -- Ende der While-Schleife
    close addressCursor;   -- Cursor schließen
    deallocate addressCursor;   -- Ressourcen freigeben

    delete  Customer   -- passenden Kunden löschen
     where  FirstName = @firstName
       and  LastName  = @lastName;

    commit;  -- wenn alles geklappt hat, bestätigen
         -- (implizit - wenn etwas fehlschlug, zurück zum Ausgangszustand)
END
```

Öffnen Sie den Ordner *Stored Procedures*, und suchen Sie Ihre neue Stored Procedure (DeleteCustomer). Nun klicken Sie doppelt auf *Adventureworks.dbml* im Solution Explorer, wodurch der Designer erneut geöffnet wird.

Ziehen Sie die neue Stored Procedure in den Designer. Sie ist dort nun registriert und wird im rechten Fenster des Designers auftauchen (siehe Abbildung 15-11).

Jetzt haben Sie aus Ihrem DataContext Zugriff auf diese Stored Procedure, wie in Beispiel 15-5 zu sehen ist.

Beispiel 15-5: Aufruf einer Stored Procedure über LINQ to SQL: C#-Code

```
        private static void DeleteCustomer()
        {
            Console.WriteLine("Löschen eines Kunden ...");
            Console.Write("Vorher: ");
            ShowCustomersByFirstName("Douglas");

            AdventureWorksDataContext dc = new AdventureWorksDataContext();
            // Kommentieren Sie die folgende Anweisung aus, um die
            // von LINQ to SQL generierten SQL-Anweisungen anzuzeigen.
            // dc.Log = Console.Out;

            dc.DeleteCustomer("Douglas", "Adams");
            Console.Write("Danach: ");
            ShowCustomersByFirstName("Douglas");
        }
```

Ausgabe:

Löschen eines Kunden ...

Beispiel 15-5: Aufruf einer Stored Procedure über LINQ to SQL: C#-Code (Fortsetzung)

```
Vorher: Kunden mit dem Vornamen Douglas:
Mr. Douglas Adams douglas0@adventureworks.com
        Main Office: 1c Sharp Way, Seattle
        Shipping: 1 Warehouse Place, Los Angeles

Mr. Douglas Baldwin douglas1@adventure-works.com
        Main Office: Horizon Outlet Center, Holland

Mr. Douglas Groncki douglas2@adventure-works.com
        Main Office: 70259 West Sunnyview Ave, Visalia

Danach: Kunden mit dem Vornamen Douglas:
Mr. Douglas Baldwin douglas1@adventure-works.com
        Main Office: Horizon Outlet Center, Holland

Mr. Douglas Groncki douglas2@adventure-works.com
        Main Office: 70259 West Sunnyview Ave, Visalia
```

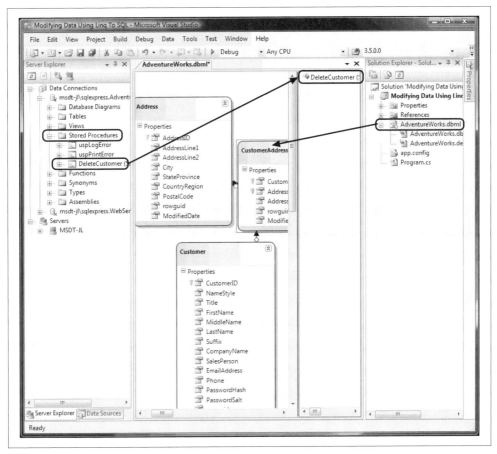

Abbildung 15-11: Stored Procedure im Designer

Löschen relationaler Daten | 373

Der Code hat sich im Vergleich zum vorigen Beispiel nicht geändert, es ist nur eine neue Methode namens DeleteCustomer( ) hinzugekommen. Diese Methode erhält den AdventureWorksDataContext, ruft aber dann nur DeleteCustomer auf, wobei als Parameter nur Vor- und Nachname übergeben werden. Das ist alles!

Da es sich bei DeleteCustomer um eine Stored Procedure handelt, die im DataContext registriert ist, weiß der DataContext, was er zu tun hat: Er soll die Stored Procedure aufrufen und sie ihre Arbeit tun lassen. Ziemlich cool.

Datenkonsistenz

Ein Thema für Datenbank-Manager ist die Datenkonsistenz. Um zu verstehen, worum es dabei geht, müssen Sie erst das Konzept der »Normalisierung« verstehen, das (unter anderem) dafür sorgt, dass keine Daten unnötigerweise doppelt in einer relationalen Datenbank gehalten werden.

Wenn Sie zum Beispiel eine Datenbank haben, die die Kunden und ihre Bestellungen dokumentiert, würden Sie die Informationen über jeden Kunden (Name, Adresse, Telefonnummer und so weiter) nicht in jeder Bestellung wiederholen, sondern einen Kunden-Datensatz erstellen und jedem Kunden eine eindeutige CustomerID zuweisen. Jede Bestellung würde dann eine CustomerID enthalten, über die sich ermitteln lässt, welcher Kunde zu dieser Bestellung gehört.

Das hat viele Vorteile – zum Beispiel müssen Sie eine Änderung der Telefonnummer des Kunden nur im Kunden-Datensatz anpassen und nicht in jedem einzelnen Bestell-Datensatz.

Die Daten würden aber inkonsistent sein, wenn die CustomerID einer Bestellung auf gar keinen vorhandenen Kunden verweisen würde (oder, schlimmer noch, auf einen falschen Kunden!). Um das zu vermeiden, mögen Datenbank-Administratoren solche Datenbanken, in denen die Konsistenzregeln erzwungen werden. So können Sie dort zum Beispiel keinen Kunden-Datensatz löschen, solange Sie nicht alle Bestellungen dieses Kunden gelöscht haben (da Sie sonst »Waisen«-Bestellungen zurücklassen würden), und eine CustomerID kann auch nicht neu vergeben werden.

LINQ to XML

Wenn Sie das Ergebnis Ihrer Arbeit lieber in ein XML-Dokument statt in eine SQL-Datenbank schreiben wollen, müssen Sie nur ein neues XML-Element für jedes Objekt der Customer-Tabelle und ein neues XML-Attribut für jede Member-Variable erstellen, die eine Spalte in der Tabelle repräsentiert. Dazu nutzen Sie die API LINQ to XML (siehe Beispiel 15-6).

Beachten Sie vor allem, dass dieser Code die Vorteile der neuen LINQ to XML-Klassen nutzt, wie zum Beispiel XElement, XAttribute und XDocument. Die Arbeit mit XAttribute ähnelt zum Beispiel sehr der Arbeit mit den Standard-XML-Elementen. Aber vergessen

Sie dabei nicht, dass beispielsweise Instanzen vom Typ `XAttribute` keine Knoten in einem XML-Baum sind, sondern dass es sich stattdessen um Name/Wert-Paare handelt, die mit einem echten XML-Element verbunden sind. Das unterscheidet sich schon von dem, was Sie bei der Arbeit mit dem DOM programmiert haben.

Das Objekt `XElement` repräsentiert ein echtes XML-Element und kann genutzt werden, um Elemente zu erzeugen. Es arbeitet sauber mit `System.XML` zusammen und dient als Vermittlungsklasse zwischen LINQ to XML und XML selbst.

Schließlich leitet sich die Klasse `XDocument` von `XContainer` ab und hat genau einen Kind-Knoten (Sie werden es erraten: ein `XElement`). Sie kann eine `XDeclaration`, null oder mehr Objekte vom Typ `XProcessingInstruction` und `XComment` sowie einen `XDocumentType` (für die DTD) haben, aber das geht mehr ins Detail, als wir brauchen.

Im nächsten Beispiel werden wir ein paar Objekte vom Typ `XElement` erzeugen und ein paar `XAttribute` zuweisen. Das sollte für diejenigen, die mit XML vertraut sind, recht verständlich sein. Aber selbst diejenigen, für die pures XML Neuland ist, werden es verstehen können (siehe Kapitel 14).

Beispiel 15-6: Erstellen eines XML-Dokuments mit LINQ to XML

```
using System;
using System.Data.Linq;
using System.Linq;
using System.Xml.Linq;

namespace LinqToXML
{
    // Hauptprogramm
    public class Tester
    {
        static void Main()
        {
            XElement customerXml = CreateCustomerListXml();
            Console.WriteLine(customerXml);
        }

        /// <summary>
        /// Erstellen eines XML-Dokuments mit einer Kundenliste.
        /// </summary>
        /// <returns>XML-Dokument mit einer Kundenliste.</returns>
        private static XElement CreateCustomerListXml()
        {
            AdventureWorksDataContext dc = new AdventureWorksDataContext();
            // Kommentieren Sie die nächste Anweisung aus, um die
            // von LINQ to SQL erzeugten SQL-Anweisungen zu sehen.
            // dc.Log = Console.Out;

            // Eine Liste mit Kunden-Datensätzen finden.
            var customerDs =
                from customer in dc.Customers
                where customer.FirstName.StartsWith("D")
```

Beispiel 15-6: Erstellen eines XML-Dokuments mit LINQ to XML (Fortsetzung)

```
            orderby customer.FirstName, customer.LastName
            select customer;

        XElement customerXml = new XElement("Customers");
        foreach (Customer customer in customerDs)
        {
            customerXml.Add(new XElement("Customer",
                new XAttribute("FirstName", customer.FirstName),
                new XAttribute("LastName", customer.LastName),
                new XElement("EmailAddress", customer.EmailAddress)));
        }
        return customerXml;
    }
  }
}
```

In diesem Beispiel werden nicht einfach die Werte von CustomerDs, die wir aus der Datenbank geholt haben, ausgegeben, sondern das Objekt wird mithilfe der LINQ to XML-API in eine XML-Datei umgewandelt. Das ist so einfach, dass es schon fast erschreckend ist.

Lassen Sie uns dieses Beispiel schrittweise anschauen. Wir rufen zunächst CreateCustomerListXml auf und weisen die Ergebnisse einem XElement namens customerXml zu. CreateCustomerListXml erstellt eine LINQ-Anweisung (diejenigen unter uns, die mit SQL aufgewachsen sind, werden noch ein paar Jahre brauchen, bis sie sich daran gewöhnt haben, die select-Anweisung am Ende stehen zu haben!):

```
var customerDs =
    from customer in dc.Customers
    where customer.FirstName.StartsWith("D")
    orderby customer.FirstName, customer.LastName
    select customer;
```

Denken Sie daran, dass wir das Schlüsselwort var nutzen, was in JavaScript nicht typsicher, in C# aber komplett typsicher ist. Der Compiler ermittelt den Typ aus der Abfrage.

Als Nächstes erstellen wir ein XElement mit dem Namen customerXml:

```
XElement customerXml = new XElement("Customers");
```

Hier gibt es einen weiteren, potenziell verwirrenden Aspekt. Wir haben dem C#-XElement einen Identifier customerXml gegeben, so dass wir ihn im C#-Code ansprechen können, aber wenn wir das XElement instanziieren, übergeben wir einen Namen (Customers) an den Konstruktor. Dieser Name wird dann in der XML-Datei auftauchen.

Als Nächstes iterieren wir über die Collection CustomerDs, die wir weiter oben eingelesen haben, nehmen jedes Customer-Objekt und erstellen basierend auf dem Customer-Objekt ein neues XElement. Diesem fügen wir ein XAttribute für die »Spalten« FirstName, LastName sowie ein XElement für EmailAddress hinzu:

```
foreach (Customer customer in customerDs)
{
    XElement cust = new XElement("Customer",
```

```
            new XAttribute("FirstName", customer.FirstName),
            new XAttribute("LastName", customer.LastName),
            new XElement("EmailAddress", customer.EmailAddress));
```

Während wir jeden Kunden durchlaufen, iterieren wir auch über jede mit dem Kunden assoziierte Collection `CustomerAddress` (customer.Addresses). Diese Collections liefern ein Objekt des Typs `Customer.Address` zurück, und wir hängen an das `XElement` cust die Attribute für die `Address`, beginnend mit einem neuen `XElement` namens `Address`. Damit erhält unser `Customer`-Element ein Unterelement mit Addressen mit Attributen für `AddressLine1`, `AddressLine2`, `City` und so weiter.

Damit sieht ein einzelnes Objekt vom Typ `Customer` in XML so aus:

```
<Customer FirstName="Dora" LastName="Verdad">
  <EmailAddress>dora0@adventure-works.com</EmailAddress>
  <Address AddressLine1="Suite 2502 410 Albert Street" AddressLine2=""
    City="Waterloo" StateProvince="Ontario" PostalCode="N2V" />
</Customer>
```

Schließlich soll jedes dieser `Customer`-Elemente (mit ihren Kind-Elementen `Address`) ein Kind-Element des Elements `Customers` (im Plural) werden, das wir weiter oben erstellt haben. Dazu fügen wir den neuen Kunden nach jeder Iteration der Schleife dem C#-Objekt hinzu:

```
customerXml.Add(cust);
```

Beachten Sie, dass wir das Element über seinen C#-Identifier erreichen und nicht über seinen XML-Identifier, weil wir uns in C# bewegen. Im XML-Dokument wird der Name des äußeren Elements `Customers` sein, und innerhalb von `Customers` werden sich eine Reihe von `Customer`-Elementen befinden, von denen jedes wiederum `Address`-Elemente enthält:

```
<Customers>
  <Customer ...
    <Address ....    </Address>
    <EmailAddress ...  /EmailAddress/>
  </Customer>
  <Customer ...
    <Address ....    </Address>
    <EmailAddress ...  /EmailAddress/>
  </Customer>
</Customers>
```

Nachdem wir alles durchlaufen haben, geben wir `customerXml` (das Element `Customers`) zurück. Es enthält alle `Customer`-Elemente, die wiederum die Adresselemente enthalten – also den gesamten Baum:

```
return customerXml;
```

Alles ganz einfach.

Hier ein Ausschnitt der Gesamtausgabe (etwas umformatiert, um besser auf die Seite zu passen):

```
<Customers>
  <Customer FirstName="Daniel" LastName="Blanco">
    <EmailAddress>daniel0@adventure-works.com</EmailAddress>
    <Address AddressLine1="Suite 800 2530 Slater Street"
        AddressLine2="" City="Ottawa"
    StateProvince="Ontario" PostalCode="K4B 1T7" />
  </Customer>
  <Customer FirstName="Daniel" LastName="Thompson">
    <EmailAddress>daniel2@adventure-works.com</EmailAddress>
    <Address AddressLine1="755 Nw Grandstand" AddressLine2="" City="Issaquah"
      StateProvince="Washington" PostalCode="98027" />
  </Customer>
  <Customer FirstName="Danielle" LastName="Johnson">
    <EmailAddress>danielle1@adventure-works.com</EmailAddress>
    <Address AddressLine1="955 Green Valley Crescent" AddressLine2=""
      City="Ottawa" StateProvince="Ontario" PostalCode="K4B 1S1" />
  </Customer>
  <Customer FirstName="Darrell" LastName="Banks">
    <EmailAddress>darrell0@adventure-works.com</EmailAddress>
    <Address AddressLine1="Norwalk Square" AddressLine2=""
      City="Norwalk" StateProvince="California" PostalCode="90650" />
  </Customer>
  <Customer FirstName="Darren" LastName="Gehring">
    <EmailAddress>darren0@adventure-works.com</EmailAddress>
    <Address AddressLine1="509 Nafta Boulevard" AddressLine2=""
        City="Laredo" StateProvince="Texas" PostalCode="78040" />
  </Customer>
  <Customer FirstName="David" LastName="Givens">
    <EmailAddress>david15@adventure-works.com</EmailAddress>
    <Address AddressLine1="#500-75 O'Connor Street" AddressLine2=""
        City="Ottawa" StateProvince="Ontario" PostalCode="K4B 1S2" />
  </Customer>
</Customers>
```

KAPITEL 16
ADO.NET und relationale Datenbanken

Wenn Sie mit einer relationalen Datenbank arbeiten, haben Sie die Wahl, auf Ihre Daten per LINQ, per LINQ und ADO.NET oder direkt per ADO.NET zuzugreifen. ADO.NET wurde entworfen, um eine *verbindungslose* Architektur bereitzustellen (da Datenbankverbindungen üblicherweise als sehr »wertvoll« gelten), obwohl es auch eine verbindungshafte Alternative gibt.

In einer verbindungslosen Architektur werden Daten aus einer Datenbank geholt und auf Ihrem lokalen Rechner zwischengespeichert. Sie bearbeiten die Daten auf dem lokalen Computer und verbinden sich nur dann mit der Datenbank, wenn Sie Datensätze ändern oder neue Daten abrufen möchten.

Die Trennung Ihrer Datenarchitektur von der Datenbank hat bedeutende Vorteile. Der größte Vorteil besteht darin, dass Ihre Anwendung, egal ob sie im Web oder auf einem lokalen Rechner läuft, den Datenbank-Server nur in reduzierter Weise belastet. Und dies kann Ihrer Anwendung zu einer besseren Skalierung verhelfen. Datenbankverbindungen sind ressourcenintensiv, und es ist schwierig, Tausende (oder Hunderttausende) von Verbindungen gleichzeitig herzustellen. Eine verbindungslose Architektur schont die Ressourcen, obwohl Sie sich manchmal einfach nur mit der Datenbank verbinden, einen Sack voll Daten lesen und sich dann wieder trennen wollen. ADO.NET hat dafür auch eine Reader-Klasse.

Üblicherweise verbindet sich ADO.NET mit der Datenbank zunächst, um Daten abzurufen, und später noch einmal, um die Daten zu aktualisieren, nachdem Sie Änderungen vorgenommen haben. Die meisten Anwendungen verbringen einen Großteil ihrer Zeit damit, die Daten einfach zu lesen und anzuzeigen, ADO.NET hingegen stellt eine verbindungslose Teilmenge von Daten zur Verfügung, die Sie nutzen können, wenn Sie sie nur lesen oder anzeigen wollen. Aber es liegt an Ihnen als Entwickler, daran zu denken, dass sich die Daten in der Datenbank ändern können, während die Verbindung nicht besteht. Dafür müssen Sie Vorsorge treffen. Ich werde dies noch detaillierter behandeln.

Relationale Datenbanken und SQL

Über relationale Datenbanken könnte man zwar ein ganzes Buch schreiben und ein weiteres über SQL, aber die Grundlagen dieser Technologien sind nicht schwer zu verstehen. Eine *Datenbank* ist ein Aufbewahrungsort für Daten, und eine *relationale Datenbank* organisiert die Daten in Tabellen. Ein Beispiel dafür ist die mit Microsoft SQL Server ausgelieferte Northwind-Datenbank und die mit den Versionen von Microsoft Access mitgelieferte deutsche Übersetzung dieser Datenbank (Nordwind). Mit Ausnahme von Beispiel 16-1 beziehen sich alle folgenden Beispiele auf die englischsprachige Version der Datenbank.

Microsoft stellt die Northwind-Datenbank kostenlos auf Microsoft.com bereit (suchen Sie einfach nach »Northwind database« – der erste Link sollte Sie zur Download-Seite führen. Sie können die Datei (*SQL200SampleDb.msi*) aber auch von meiner Site (*http://www.JesseLiberty.com*) herunterladen, indem Sie auf *Books* und dann wieder auf *Books* klicken, dann bis zu diesem Buch herunterscrollen und auf *Northwind Database* klicken. Packen Sie die Datei aus, und klicken Sie doppelt auf die *.msi*-Datei, um sie zu installieren.

Tabellen, Datensätze und Spalten

Die Northwind-Datenbank beschreibt eine fiktive Firma, die mit Lebensmitteln handelt. Die Daten in Northwind sind in 13 Tabellen aufgeteilt, darunter Kunden, Personal, Bestellungen, Bestelldetails, Artikel usw.

Jede Tabelle in einer relationalen Datenbank ist in Zeilen organisiert, wobei jede Zeile einen einzelnen Datensatz darstellt. Die Zeilen wiederum sind in Spalten organisiert. Alle Zeilen einer Tabelle haben die gleiche Spaltenstruktur. So hat z.B. die Tabelle Orders die folgenden Spalten: OrderID, CustomerID, EmployeeID, OrderDate usw.

Für jede Bestellung müssen Sie den Namen und die Adresse des Kunden, den Namen des Ansprechpartners usw. kennen. Diese Informationen könnten Sie zwar mit jeder Bestellung speichern, aber das wäre äußerst ineffizient. Stattdessen verwenden Sie eine zweite Tabelle namens Customers, in der jede Zeile einen Kunden repräsentiert. In der Tabelle Customers gibt es eine Spalte für die CustomerID. Jeder Kunde hat eine eindeutige Nummer, und das Feld mit dieser Nummer ist als *Primärschlüssel* für die Tabelle markiert. Ein Primärschlüssel ist die Spalte oder Spaltenkombination, die einen Datensatz in einer gegebenen Tabelle eindeutig identifiziert.

Die Bestellungstabelle verwendet die CustomerID als *Fremdschlüssel*. Ein Fremdschlüssel ist eine Spalte (oder Spaltenkombination), die für eine andere Tabelle ein Primärschlüssel (oder anderweitig eindeutiger Schlüssel) ist. Die Bestellungstabelle identifiziert anhand der CustomerID (also anhand des Primärschlüssels der Tabelle Customers), welcher Kunde die Bestellung erteilt hat. Um die Bestelladresse zu ermitteln, können Sie in der Tabelle Customers mit der CustomerID den Kunden nachschlagen.

> **Für VB6-Programmierer, die zu ADO.NET übergehen**
>
> ADO.NET unterscheidet sich in mancher Hinsicht von ADO. Wenn Sie lernen, wie Sie die neuen Funktionalitäten, die in ADO.NET zu finden sind, implementieren, werden Sie sich wahrscheinlich Fragen stellen wie: »Wo ist die Methode MoveNext()?« oder »Wie prüfe ich auf das Dateiende?«.
>
> Die Funktionalität der Record Sets befindet sich in ADO.NET an zwei Stellen. Navigation und Datenabfragen liegen im Interface IDataReader, und die Unterstützung für den verbindungslosen Betrieb liegt in den (überwältigend leistungsfähigen) DataSets und DataTables.
>
> DataTables kann man sich als ein Array von DataRows vorstellen. Der Aufruf der Methode MoveFirst() ist bei ADO.NET dasselbe, als würde man zum ersten Index eines Arrays gehen. Das Überprüfen auf das Dateiende ist dasselbe wie die Überprüfung, ob der aktuelle Index mit der Obergrenze des Arrays übereinstimmt. Möchten Sie ein Lesezeichen für einen bestimmten Datensatz setzen? Erzeugen Sie einfach eine Variable, und weisen Sie ihr den Index des aktuellen Datensatzes zu – eine spezielle Eigenschaft BookMark benötigen Sie nicht.

Diese Verwendung von Fremdschlüsseln ist besonders hilfreich, wenn Sie Eins-zu-viele- oder Viele-zu-viele-Beziehungen zwischen Tabellen darstellen. Indem Sie die Informationen auf Tabellen aufteilen, die über Fremdschlüssel miteinander verbunden sind, brauchen Sie keine Informationen in Datensätzen zu wiederholen. So kann z.B. ein einziger Kunde zwar mehrere Aufträge erteilen, aber es wäre ineffizient, dieselben Kundendaten (Name, Telefonnummer, Kreditlinie usw.) in jeden Datensatz zu schreiben. Das Verfahren, redundante Informationen aus den Datensätzen herauszunehmen und in separate Tabellen zu verlagern, nennt man *Normalisierung*.

Normalisierung

Die Normalisierung macht nicht nur den Datenbankeinsatz effizienter, sondern mindert auch die Gefahr, dass Daten beschädigt werden. Würden Sie den Kundennamen sowohl in der Kundentabelle als auch in der Bestellungstabelle speichern, bestünde die Gefahr, dass er in der einen Tabelle geändert wird, aber nicht (oder nicht in der gleichen Form) in der anderen Tabelle. Wenn Sie die Adresse des Kunden in der Kundentabelle ändern, wird diese Änderung vielleicht in der Bestellungstabelle nicht in jeder Zeile nachvollzogen (um dies zu tun, wäre eine Menge Arbeit nötig). Speichern Sie in der Bestellungstabelle nur die CustomerID, können Sie die Adresse in der Kundentabelle nach Bedarf ändern; die Änderung wird automatisch für jede Bestellung wirksam.

Ebenso wie C#-Programmierer es vorziehen, Fehler zur Kompilierungs- und nicht erst zur Laufzeit zu finden, ziehen es Datenbankprogrammierer vor, dass die Datenbank ihnen dabei hilft, Datenkorruption zu vermeiden. In C# hilft der Compiler, Fehler zu vermeiden, indem er die Regeln der Sprache durchsetzt (Sie dürfen z.B. keine Variable verwenden, die Sie nicht definiert haben). SQL Server und andere moderne relationale

Datenbanken vermeiden Fehler, indem sie die Einhaltung von Constraints (Einschränkungen) erzwingen, die Sie festgelegt haben. So markiert z.B. die Kundendatenbank die `CustomerID` als Primärschlüssel. Dies erzeugt in der Datenbank einen Primärschlüssel-Constraint, der gewährleistet, dass die `CustomerID` eindeutig ist. Wenn Sie einen Kunden namens Liberty Associates mit der `CustomerID` LIBE eingetragen hätten und dann versuchten, einen Liberty Mutual Funds ebenfalls mit der `CustomerID` LIBE hinzuzufügen, würde die Datenbank den zweiten Eintrag wegen des Primärschlüssel-Constraints zurückweisen.

Deklarative referenzielle Integrität

Relationale Datenbanken verwenden die *deklarative referenzielle Integrität* (DRI), um den Beziehungen zwischen den unterschiedlichen Tabellen Beschränkungen aufzuerlegen. So könnten Sie z.B. auf der Bestellungstabelle die Beschränkung deklarieren, dass eine Bestellung nur dann eine gültige `CustomerID` hat, wenn diese `CustomerID` auch einen gültigen Eintrag in der Kundentabelle repräsentiert. Dies hilft dabei, zwei Arten von Fehlern zu vermeiden: Erstens können Sie dann keinen Datensatz mit einer ungültigen `CustomerID` mehr eintragen, und zweitens ist das Löschen eines Kundendatensatzes, dessen `CustomerID` noch in einer Bestellung steht, nicht mehr möglich. So wird die Integrität Ihrer Daten und Datenbeziehungen geschützt.

SQL

Die beliebteste Sprache für die Abfrage und Bearbeitung von Datenbanken ist die *Structured Query Language* (SQL), die nicht selten als »Siequel« ausgesprochen wird. SQL ist keine prozedurale, sondern eine deklarative Sprache, und es kann eine Weile dauern, sich mit einer deklarativen Sprache vertraut zu machen, wenn man an Programmiersprachen wie C# gewöhnt ist.

Das Kernstück von SQL ist die *Abfrage*. Eine Abfrage ist eine Anweisung, die eine Menge von Datensätzen aus der Datenbank zurückgibt. Die Abfragen in Transact-SQL (der vom SQL Server genutzten Version) ähneln denen in LINQ, auch wenn sich die Syntax selbst etwas unterscheidet.

Vielleicht möchten Sie von jedem Datensatz in der Tabelle `Customers` alle `CompanyNames` und `CustomerIDs` sehen, bei denen die Kundenadresse in London liegt. Dann schreiben Sie Folgendes:

```
Select CustomerID, CompanyName from Customers where City = 'London'
```

Dies gibt die folgenden sechs Datensätze zurück:

```
CustomerID CompanyName
---------- ----------------------------------------
AROUT      Around the Horn
BSBEV      B's Beverages
CONSH      Consolidated Holdings
```

```
EASTC      Eastern Connection
NORTS      North/South
SEVES      Seven Seas Imports
```

SQL ist jedoch zu noch viel mächtigeren Abfragen fähig. Angenommen, der Manager von Northwind möchte wissen, welche Artikel im Juli 1996 von dem Kunden »Vins et alcools Chevalier« gekauft wurden. Das ist etwas kompliziert. Die Tabelle Order Details kennt die ProductID aller Products in jeder gegebenen Reihenfolge. Die Bestellungstabelle weiß, welche CustomerIDs mit einer Bestellung verbunden sind. Die Kundentabelle kennt die CustomerID eines Kunden, und die Tabelle Products enthält den Produktnamen zu einer gegebenen ProductID. Doch wie fügen Sie das alles zusammen? Hier sehen Sie die Abfrage:

```
select o.OrderID, productName
from [Order Details] od
join orders o on o.OrderID = od.OrderID
join products p on p.ProductID = od.ProductID
join customers c on o.CustomerID = c.CustomerID
where c.CompanyName = 'Vins et alcools Chevalier'
and orderDate >= '7/1/1996' and orderDate <= '7/31/1996'
```

Damit wird die Datenbank aufgefordert, die OrderID und den Produktnamen aus den entsprechenden Tabellen zu holen. Zuerst betrachten Sie Order Details (als od abgekürzt), dann verbinden Sie dies mit der Bestellungstabelle für jeden Datensatz, bei dem die Order-ID in der Tabelle Order Details dieselbe ist wie die OrderID in der Bestellungstabelle.

Wenn Sie zwei Tabellen mit einem Join verbinden, haben Sie zwei Möglichkeiten. Entweder sagen Sie: »Hole jeden vorhandenen Datensatz aus beiden Tabellen« – das nennt man einen *Outer Join* –, oder, wie ich es hier getan habe: »Hole nur diejenigen Datensätze, die in beiden Tabellen vorhanden sind«, was man als *Inner Join* bezeichnet. Ein Inner Join verlangt also z.B. nur die Datensätze aus der Bestellungstabelle, die insofern zugehörige Order Details haben, als das Feld OrderID in beiden Tabellen den gleichen Wert hat (on o.OrderID = od.OrderID).

Standardmäßig sind SQL-Joins Inner Joins. Wenn Sie also »join orders« schreiben, ist dies dasselbe, als würden Sie »inner join orders« schreiben.

Danach lässt die SQL-Anweisung die Datenbank einen Inner Join mit Products durchführen, wobei jede Zeile abgerufen wird, deren ProductID-Feld in der Produkttabelle den gleichen Wert hat wie in der Tabelle mit den Order Details.

Danach wird ein Inner Join mit der Kundentabelle auf den Zeilen erstellt, in denen die CustomerID in der Bestellungs- und in der Kundentabelle übereinstimmt.

Zum Schluss sagen Sie der Datenbank, dass sie die Ergebnisse auf diejenigen Zeilen einschränken soll, in denen der gewünschte CompanyName steht und das Datum im Juli liegt.

Aufgrund dieser Einschränkungen werden nur drei passende Datensätze gefunden:

```
OrderID    ProductName
---------- ---------------------------------------
10248      Queso Cabrales
10248      Singaporean Hokkien Fried Mee
10248      Mozzarella di Giovanni
```

Die Ausgabe zeigt, dass nur in einer einzigen Bestellung (10248) sowohl die Kundennummer stimmt als auch das Bestelldatum im Juli 1996 lag. Diese Bestellung führte zu drei Datensätzen in der Tabelle `Order Details`, und anhand der Produktnummern aus diesen drei Datensätzen lassen sich die Produktnamen aus der Produkttabelle erschließen.

Mit SQL können Sie Daten nicht nur durchsuchen und abrufen, sondern auch Tabellen anlegen, aktualisieren und löschen sowie allgemein den Inhalt und die Struktur der Datenbank verwalten und bearbeiten.

Das Objektmodell von ADO.NET

Das Objektmodell von ADO.NET ist zwar umfangreich, aber seinen Kern bilden einige recht einfache Klassen. Die wichtigste davon ist `DataSet`. Sie stellt eine Teilmenge der gesamten Datenbank dar, die auf Ihrem Computer ohne laufende Datenbankverbindung zwischengespeichert ist.

In regelmäßigen Abständen verbinden Sie `DataSet` wieder mit seiner Elterndatenbank, aktualisieren diese mit den im `DataSet` vorgenommenen Änderungen und aktualisieren im Gegenzug auch das `DataSet` mit den Änderungen, die an der Elterndatenbank zwischenzeitlich von anderen Prozessen vorgenommen wurden.

Diese Vorgehensweise ist zwar hocheffizient, aber um wirklich effektiv zu sein, muss das `DataSet` eine robuste Teilmenge der Datenbank repräsentieren, also nicht nur ein paar Zeilen einer einzelnen Tabelle, sondern auch eine Reihe von Tabellen mit allen Metadaten festhalten, die notwendig sind, um die Beziehungen und Einschränkungen der Originaldatenbank darzustellen. Genau darum geht es in ADO.NET.

Das `DataSet` setzt sich aus `DataTable`-Objekten und `DataRelation`-Objekten zusammen. Auf diese können Sie als Eigenschaften des `DataSet`-Objekts zugreifen. Die Eigenschaft `Tables` gibt eine `DataTableCollection` zurück, die ihrerseits alle `DataTable`-Objekte enthält.

DataTable- und DataColumn-Objekte

Die `DataTable` können Sie im Programm oder mit einer Datenbankabfrage anlegen. Sie hat eine Reihe von öffentlichen Eigenschaften, darunter auch die `Columns`-Collection, die ein `DataColumnCollection`-Objekt zurückgibt. Dieses wiederum besteht aus `DataColumn`-Objekten, und jedes `DataColumn`-Objekt repräsentiert eine Spalte in einer Tabelle.

DataRelation-Objekte

Zusätzlich zu der Collection Tables hat das DataSet auch die Eigenschaft Relations, die eine aus DataRelation-Objekten bestehende DataRelationCollection zurückgibt. Jede DataRelation stellt eine Beziehung dar, die zwischen zwei Tabellen über die DataColumn-Objekte besteht. So steht z.B. in der Northwind-Datenbank die Kundentabelle mit der Bestellungstabelle über die Spalte CustomerID in einer Beziehung.

Diese Beziehung ist eine Eins-zu-viele- oder auch Eltern-Kind-Beziehung. Für jede gegebene Bestellung gibt es genau einen Kunden, aber andererseits können von einem gegebenen Kunden mehrere Aufträge existieren.

Rows

Die Rows-Collection von DataTable gibt eine Zeilenmenge für jede Tabelle zurück. Mit dieser Collection untersuchen Sie die Ergebnisse von Datenbankabfragen, indem Sie durch die Zeilen iterieren und die Datensätze nacheinander abarbeiten. Programmierer, die bereits Erfahrung mit ADO gesammelt haben, sind oft überrascht, weil das RecordSet mit seinen Befehlen moveNext und movePrevious fehlt. Mit ADO.NET iterieren Sie nicht durch das DataSet, sondern greifen auf die benötigte Tabelle zu und iterieren dann – normalerweise mit einer foreach-Schleife – durch die Rows-Collection. Dies werden Sie im Beispiel dieses Kapitels noch sehen.

DataAdapter

Das DataSet ist eine Abstraktion einer relationalen Datenbank. ADO.NET verwendet einen DataAdapter als Brücke zwischen dem DataSet und der Datenquelle, also der zugrunde liegenden Datenbank. DataAdapter hat die Methode Fill( ), mit der Sie Daten aus der Datenbank holen und das DataSet füllen.

Anstatt das DataSet-Objekt zu eng mit Ihrer Datenbankarchitektur zu verbinden, verwendet ADO.NET ein DataAdapter-Objekt, um zwischen dem DataSet-Objekt und der Datenbank zu vermitteln. Das entkoppelt das DataSet von der Datenbank und ermöglicht ein einzelnes DataSet, um mehr als eine Datenbank oder andere Datenquellen zu repräsentieren.

DBCommand und DBConnection

Das DBConnection-Objekt repräsentiert eine Verbindung mit einer Datenquelle. Diese Verbindung können verschiedene Command-Objekte gemeinsam nutzen. Das DBCommand-Objekt ermöglicht es Ihnen, einen Befehl (in der Regel eine SQL-Anweisung oder eine gespeicherte Prozedur) an die Datenbank zu senden. Oft werden solche Objekte implizit bei der Erzeugung des DataAdapter angelegt, aber Sie können auch explizit auf diese Objekte zugreifen – zum Beispiel deklarieren Sie eine Verbindung wie folgt:

```
string connectionString = "server=.\\sqlexpress;" +
"Trusted_Connection=yes; database=Northwind";
```

Diesen Verbindungsstring können Sie dann nutzen, um ein Verbindungsobjekt zu erstellen oder um ein Objekt vom Typ DataAdapter anzulegen.

DataReader

Eine Alternative zur Erzeugung eines DataSet (und DataAdapter) besteht in der Erzeugung eines DataReader. Der DataReader bietet eine verbundene, nur vorwärts lesbare Collection von Tabellen, auf die lediglich Lesezugriff besteht, indem entweder eine SQL-Anweisung oder eine Stored Procedure ausgeführt wird. DataReader sind leichtgewichtige Objekte, die sich ideal dazu eignen, Steuerelemente mit Daten zu füllen und danach die Verbindung mit der Hintergrund-Datenbank zu beenden.

Erste Schritte mit ADO.NET

Genug der grauen Theorie! Nun werden wir endlich Code schreiben und betrachten, wie er funktioniert. Die Arbeit mit ADO.NET kann zwar komplex sein, aber für viele Abfragen ist das Modell auch erstaunlich einfach.

In diesem Beispiel werden wir eine Konsolen-Anwendung erstellen und dabei Teile der Tabelle *Customers* der Northwind-Datenbank ausgeben.

Als Erstes erzeugen Sie ein (SQL Server-spezifisches) DataAdapter-Objekt:

```
SqlDataAdapter DataAdapter =
new SqlDataAdapter(
commandString, connectionString);
```

Die beiden Parameter heißen commandString und connectionString. Der commandString ist die SQL-Anweisung, mit der Sie die Daten erzeugen, die im DataSet stehen sollen:

```
string commandString =
"Select CompanyName, ContactName from Customers";
```

Der connectionString ist ein beliebiger String, der für die Datenbankverbindung erforderlich ist. Normalerweise wird es sich dabei um SQL Server Express handeln, das zusammen mit Visual Studio installiert wird.

Mit dem fertigen DataAdapter sind Sie nun in der Lage, das DataSet anzulegen und mit den Daten zu füllen, die Ihnen die SQL-select-Anweisung liefert:

```
DataSet DataSet = new DataSet();
DataAdapter.Fill(DataSet,"Customers");
```

Das war's schon. Nun haben Sie ein DataSet und können die Daten abfragen, bearbeiten und auf andere Weise verwalten. Das DataSet verfügt über eine Reihe von Tabellen, von denen Sie nur die erste interessiert, da Sie nur eine einzige Tabelle abgerufen haben:

```
DataTable dataTable = DataSet.Tables[0];
```

Sie können die Zeilen, die Sie mit der SQL-Anweisung abgerufen haben, extrahieren und die Daten zu Ihrem Listenfeld hinzufügen:

```
foreach (DataRow dataRow in dataTable.Rows)
{
    lbCustomers.Items.Add(
        dataRow["CompanyName"] +
        " (" + dataRow["ContactName"] + ")" );
}
```

Das Listenfeld wird mit dem Firmennamen und dem Namen des Ansprechpartners aus der Datenbanktabelle gefüllt, wie es die SQL-Anweisung, die wir übergeben haben, vorsieht. Beispiel 16-1 enthält den vollständigen Quellcode für dieses Beispiel.

Beispiel 16-1: Mit ADO.NET arbeiten

```
using System;
using System.Data;
using System.Data.SqlClient;

namespace Working_With_ADO.NET
{
    class Program
    {
        static void Main(string[] args)
        {
            string connectionString = "server=.\\sqlexpress;" +
            "Trusted_Connection=yes; database=Northwind";

            // Hole Datensätze aus der Kundentabelle
            string commandString =
            "Select CompanyName, ContactName from Customers";

            // Hole das DataSet-Command-Objekt und
            // das DataSet
            SqlDataAdapter DataAdapter =
            new SqlDataAdapter(
            commandString, connectionString);

            DataSet DataSet = new DataSet();

            // Fülle das DataSet-Objekt
            DataAdapter.Fill(DataSet, "Customers");

            // Hole die eine Tabelle aus dem DataSet
            DataTable dataTable = DataSet.Tables[0];

            // Zeige Info für jede Zeile der Tabelle an
            foreach (DataRow dataRow in dataTable.Rows)
            {
                Console.WriteLine("CompanyName: {0}. Contact: {1}", dataRow["CompanyName"],
                    dataRow["ContactName"]);
            }
        }
```

Beispiel 16-1: Mit ADO.NET arbeiten (Fortsetzung)

```
    }
}

Ausgabe (teilweise)
CompanyName: Centro comercial Moctezuma. Contact: Francisco Chang
CompanyName: Chop-suey Chinese. Contact: Yang Wang
CompanyName: Comércio Mineiro. Contact: Pedro Afonso
CompanyName: Consolidated Holdings. Contact: Elizabeth Brown
CompanyName: Drachenblut Delikatessen. Contact: Sven Ottlieb
CompanyName: Du monde entier. Contact: Janine Labrune
CompanyName: Eastern Connection. Contact: Ann Devon
CompanyName: Ernst Handel. Contact: Roland Mendel
CompanyName: Familia Arquibaldo. Contact: Aria Cruz
CompanyName: FISSA Fabrica Inter. Salchichas S.A.. Contact: Diego Roel
CompanyName: Folies gourmandes. Contact: Martine Rancé
CompanyName: Folk och fä HB. Contact: Maria Larsson
CompanyName: Frankenversand. Contact: Peter Franken
CompanyName: France restauration. Contact: Carine Schmitt
CompanyName: Franchi S.p.A.. Contact: Paolo Accorti
CompanyName: Furia Bacalhau e Frutos do Mar. Contact: Lino Rodriguez
CompanyName: Galería del gastrónomo. Contact: Eduardo Saavedra
CompanyName: Godos Cocina Típica. Contact: José Pedro Freyre
CompanyName: Gourmet Lanchonetes. Contact: André Fonseca
CompanyName: Great Lakes Food Market. Contact: Howard Snyder
CompanyName: GROSELLA-Restaurante. Contact: Manuel Pereira
CompanyName: Hanari Carnes. Contact: Mario Pontes
CompanyName: HILARION-Abastos. Contact: Carlos Hernández
CompanyName: Hungry Coyote Import Store. Contact: Yoshi Latimer
CompanyName: Hungry Owl All-Night Grocers. Contact: Patricia McKenna
CompanyName: Island Trading. Contact: Helen Bennett
CompanyName: Königlich Essen. Contact: Philip Cramer
CompanyName: La corne d'abondance. Contact: Daniel Tonini
CompanyName: La maison d'Asie. Contact: Annette Roulet
CompanyName: Laughing Bacchus Wine Cellars. Contact: Yoshi Tannamuri
CompanyName: Lazy K Kountry Store. Contact: John Steel
```

So haben Sie mit nur wenigen Codezeilen eine Datenmenge aus der Datenbank extrahiert und sie angezeigt. Der Code macht dabei Folgendes:

- Den String für die Verbindung erzeugen:

    ```
    string connectionString = "server=.\\sqlexpress;" +
    "Trusted_Connection=yes; database=northwind";
    ```

- Den String für die Select-Anweisung erzeugen:

    ```
    string commandString =
    "Select CompanyName, ContactName from Customers";
    ```

- Den DataAdapter erzeugen und ihm die Strings für die Select-Anweisung und die Verbindung übergeben:

    ```
    SqlDataAdapter DataAdapter =
    new SqlDataAdapter(
    commandString, connectionString);
    ```

- Ein neues DataSet-Objekt erzeugen:
    ```
    DataSet DataSet = new DataSet();
    ```
- Das DataSet aus der Kundentabelle mithilfe des DataAdapter füllen:
    ```
    DataAdapter.Fill(DataSet,"Customers");
    ```
- Die DataTable aus dem DataSet extrahieren:
    ```
    DataTable dataTable = DataSet.Tables[0];
    ```
- Mithilfe der DataTable das Listenfeld füllen:
    ```
    foreach (DataRow dataRow in dataTable.Rows)
    {
     lbCustomers.Items.Add(
     dataRow["CompanyName"] +
     " (" + dataRow["ContactName"] + ")" );
    }
    ```

TEIL III
Programmieren mit C#

Kapitel 17, *ASP.NET-Anwendungen programmieren*
Kapitel 18, *WPF-Anwendungen programmieren*
Kapitel 19, *Anwendungen mit Windows Forms programmieren*

KAPITEL 17
ASP.NET-Anwendungen programmieren

Immer mehr Anwendungen werden für das Web entwickelt und in einem Browser angezeigt. Die verbreitetste Technologie dafür ist ASP.NET, und mit AJAX (sowie nun Silverlight) kann ein Großteil der Anwendung auf dem Client laufen.

Die vielen Vorteile von webbasierten Anwendungen sind offensichtlich: Zum einen haben Sie nicht viel mit der Benutzerschnittstelle zu tun, denn einen Großteil der Arbeit können Sie dem Internet Explorer oder anderen Browsern überlassen. Ein weiterer Vorteil besteht darin, dass die Verteilung der Anwendung und neuer Versionen häufig schneller, einfacher und kostengünstiger ist. Am wichtigsten aber ist, dass eine Webapplikation von jedem Benutzer an jedem beliebigen Ort auf jeder beliebigen Plattform bedient werden kann; dies ist nur schwer (wenn auch nicht unmöglich) mit intelligenten Clientanwendungen zu bewerkstelligen.

Noch ein Vorteil von Webanwendungen ist die verteilte Verarbeitung (allerdings gewinnen intelligente Clientanwendungen hier an Boden). Für serverseitige Verarbeitung zu sorgen ist bei einer webbasierten Anwendung sehr einfach, und das Web bietet genug standardisierte Protokolle (z.B. HTTP, HML und XML), die den Aufbau von *n*-Tier-Applikationen erleichtern.

Im Mittelpunkt dieses Kapitels steht jener Bereich, in dem sich ASP.NET und die C#-Programmierung überschneiden: die Erzeugung von Webformularen und ihre Event-Handler. Eine umfassendere Abhandlung über ASP.NET finden Sie entweder in *Programming ASP.NET* von mir selbst und Dan Hurwitz oder in *Learning ASP.NET 2.0 with AJAX* von Jesse Liberty et al. (beide O'Reilly).

Grundlagen der Web Forms

Web Forms ermöglichen ein *Rapid Application Development* (RAD) bei der Erstellung von Webanwendungen. Im *Visual Studio* oder im *Visual Web Developer* können Sie Steuerelemente per Drag-and-Drop auf eine Form ziehen und den dazugehörigen Code in entsprechenden Dateien unterbringen (*Code-behind*-Seiten). Die Anwendung wird auf einen Webserver übertragen (normalerweise IIS, der mit den meisten Windows-Versionen mitgeliefert wird, und *Cassini*, der in *Visual Studio* zum Testen Ihrer Anwendung eingebaut ist), und die Benutzer interagieren mit der Anwendung über einen normalen Browser.

Web Forms implementieren ein Programmiermodell, bei dem die Webseiten, die über das Internet an einen Browser geliefert werden sollen, dynamisch auf einem Webserver generiert werden. Sie erstellen dabei eine ASPX-Seite mit mehr oder weniger statischem Inhalt, der aus HTML- und Websteuerelementen besteht. Dazu kommen eventuell AJAX und Silverlight. Für die dynamischen Inhalte schreiben Sie C#-Code. Der C#-Code wird bei Standard-ASPX-Event-Handlern *auf dem Server ausgeführt*, während Silverlight-Event-Handler auf dem Client laufen (für Standard-AJAX-Event-Handler wird JavaScript genutzt). Die so erzeugten Daten werden mit den deklarierten Objekten auf Ihrer Seite verbunden, um eine HTML-Seite zu erstellen, die dann an den Browser geschickt wird.

Sie sollten sich die folgenden drei entscheidenden Punkte aus dem vorigen Absatz merken und für den Rest des Kapitels im Kopf behalten:

- Webseiten können sowohl HTML- als auch Websteuerelemente (werden später beschrieben) enthalten.
- Die Verarbeitung kann auf dem Server oder auf dem Client geschehen, in verwaltetem oder nicht verwaltetem Code – oder kombiniert.
- Normale ASP.NET-Steuerelemente produzieren Standard-HTML-Code für den Browser.

Bei Web Forms besteht die Benutzeroberfläche aus zwei Teilen: dem visuellen Teil, auch als Benutzerschnittstelle oder User-Interface (UI) bezeichnet, und der dahinterliegenden Logik. Man bezeichnet das als *Code-Separation*, was eine sehr gute Sache ist.

Seit der Version 2.0 von ASP.NET nutzt Visual Studio die Vorteile der partiellen Klassen. Dies macht die Code-Separation viel einfacher, als es bei Version 1.x der Fall war. Da die Code-Separation und die deklarativen Seiten Teil derselben Klasse sind, besteht nicht länger die Notwendigkeit, mithilfe von `protected` Variablen die Steuerelemente auf der Seite zu referenzieren, und der Designer kann den Initialisierungscode in einer separaten Datei verbergen.

Die UI-Seite für ASP.NET-Seiten wird in einer Datei mit der Erweiterung *.aspx* gespeichert. Wenn das Formular abgerufen wird, generiert der Server daraus HTML-Code, und dieser wird an den Browser gesandt. Dieser Code nutzt die reichhaltigen Web Forms-Typen, die in den Namensräumen `System.Web` und `System.Web.UI` der .NET FCL zu finden sind, und den Namensraum `System.Web.Extension` mit Microsoft ASP.NET AJAX.

Mit Visual Studio könnte Web Forms-Programmierung kaum einfacher sein: Öffnen Sie ein Formular, schieben Sie einige Controls darauf, und schreiben Sie den Code zur Behandlung der Events. Schon ist Ihre Webapplikation fertig.

Trotzdem kann das Schreiben einer robusten und umfassenden Webanwendung auch mit Visual Studio eine entmutigende Aufgabe sein. Web Forms bieten sehr viele Möglichkeiten für die Oberflächengestaltung; die Zahl und die Komplexität der Websteuerelemente haben sich in den letzten Jahren vervielfacht, und die Erwartungen der Benutzer bezüglich des *Look-and-Feel* von Webanwendungen sind dementsprechend gestiegen.

Dazu kommt der inhärent verteilte Charakter von Webanwendungen. Typischerweise befindet sich der Client nicht im selben Gebäude wie der Server. Bei den meisten Webanwendungen muss man daher die Netzwerklatenz, die Bandbreite und die Performance der Server im Netzwerk berücksichtigen, wenn man die Benutzeroberfläche erstellt. Dabei kann es durchaus vorkommen, dass die Reaktionszeit zwischen Client und Host mehrere Sekunden beträgt.

Um das Folgende zu vereinfachen und den Fokus auf C# zu halten, werden wir die Verarbeitung auf der Clientseite im Rest des Kapitels ignorieren und uns auf die serverseitigen ASP.NET-Steuerelemente konzentrieren.

Events bei Web Forms

Web Forms werden durch Events (Ereignisse) gesteuert. Ein *Event* repräsentiert die Vorstellung, dass »etwas geschehen ist« (in Kapitel 12 werden Events umfassend behandelt).

Immer wenn der Benutzer auf einen Button klickt, eine Auswahl aus einem Listenfeld trifft oder anderweitig mit dem UI interagiert, wird ein Event ausgelöst. Auch das System kann Events auslösen, wenn es eine Tätigkeit beginnt oder beendet. Wenn Sie beispielsweise eine Datei zum Lesen öffnen, löst das System einen Event aus, sobald die Datei vollständig in den Speicher eingelesen worden ist.

Eine Methode, die auf ein Event reagiert, bezeichnet man als *Event-Handler*. Diese werden in C# geschrieben und über Steuerelement-Attribute mit Steuerelementen der HTML-Seite verknüpft.

Konventionsgemäß geben die Event-Handler in ASP.NET `void` zurück und haben zwei Parameter. Der erste Parameter repräsentiert das Objekt, das den Event ausgelöst hat. Der zweite wird *Event-Argument* genannt und kann Informationen enthalten, die spezifisch für das jeweilige Event sind. Bei den meisten Events ist das Event-Argument vom eigenschaftslosen Typ `EventArgs`. Bisweilen ist das Event-Argument auch von einem Typ, der von `EventArgs` abgeleitet ist und für den jeweiligen Event-Typ spezifische Eigenschaften haben kann.

Bei Webanwendungen werden typischerweise die meisten Events auf dem Server behandelt und erfordern daher ein erneutes Senden der Webseite. ASP.NET unterstützt nur eine begrenzte Menge von Events, beispielsweise Button-Klicks und Textveränderungen. Im Gegensatz zu Windows-Events (wie Mouse-Over), die viele Male innerhalb einer einzigen vom Benutzer ausgeführten Aktivität auftreten können, sind dies Events, von denen der Benutzer erwarten kann, dass sie eine signifikante Veränderung zur Folge haben.

Postback-Events und Nonpostback-Events

Postback-Events führen dazu, dass das Formular unmittelbar zum Server zurückgesandt wird. Dazu gehören die Maus-Klick-Events, zum Beispiel das Button-Klick-Event. Im Gegensatz dazu werden viele Ereignisse (in der Regel solche, die bei einer Veränderung ausgelöst werden), als *nonpostback* angesehen, bei denen das Formular nicht unmittelbar zurückgesandt wird. Stattdessen werden diese Ereignisse so lange im Cache gehalten, bis das nächste Postback-Event auftritt.

Auch Steuerelemente mit Nonpostback-Events können Sie dazu bringen, Postback-Events auszulösen, indem Sie ihre Eigenschaft `AutoPostBack` auf true setzen.

Zustand

Der *Zustand (State)* einer Webanwendung ist der aktuelle Inhalt aller Steuerelemente und Variablen für einen Benutzer in der aktuellen Session. Von Natur aus ist das Web eine »zustandslose« Umgebung. Das heißt, dass zwischen zwei Anfragen an den Server der gesamte Zustand verloren geht, sofern nicht der Progammierer große Mühe auf sich nimmt, um das in der Session enthaltene Wissen zu bewahren. Allerdings bietet ASP.NET Unterstützung dabei, Benutzer-Sessions aufrechtzuerhalten.

Immer wenn eine Seite an den Server gesandt wird, erzeugt der Server diese Seite von Grund auf neu und sendet sie an den Browser zurück. ASP.NET bietet einen Mechanismus, der den Status von Server-Steuerelementen (`ViewState`) unabhängig von der HTTP-Session verwaltet. Wenn Sie also eine Liste anzeigen, in der ein Benutzer eine Auswahl vornimmt, wird diese Auswahl bewahrt, nachdem die Seite an den Server zurückgesandt und auf dem Client neu gezeichnet worden ist.

Die HTTP-Session erweckt den Eindruck einer Verbindung zwischen dem Benutzer und der Webanwendung, ungeachtet der Tatsache, dass das Web eine zustands- und verbindungslose Umgebung darstellt.

Der Lebenszyklus von Web Forms

Jede Anfrage an den Webserver löst auf dem Server eine Kette von Events aus. Diese Events bilden vom Anfang bis zum Ende den *Lebenszyklus* der Seite und aller ihrer Komponenten. Der Lebenszyklus beginnt mit einer Anfrage an den Server, die ihn zum Laden der Seite veranlasst. Wenn die Anfrage abgeschlossen ist, wird die Seite freigegeben. Während des gesamten Lebenszyklus besteht das Ziel darin, den richtigen HTML-Code für den anfragenden Browser zu erzeugen. Durch die im Folgenden aufgeführten Ereignisse wird der Lebenszyklus einer Seite gekennzeichnet; Sie können jedes Event entweder selbst behandeln oder dies der Standardbehandlung durch den ASP.NET-Server überlassen:

Initialize (Initialisieren)
Die Initialisierung ist die erste Phase im Lebenszyklus jeder Seite und jedes Steuerelements. Hier werden alle Einstellungen, die für die Dauer der eingehenden Anfrage benötigt werden, in den Ausgangszustand gebracht.

Load ViewState (ViewState laden)
Die Eigenschaft ViewState des Steuerelements wird gefüllt. Die ViewState-Information kommt aus einer verborgenen Variablen des Steuerelements, die dazu dient, ihren Zustand über mehrere Server-Anfragen hinweg zu bewahren. Der Eingabe-String dieser verborgenen Variablen wird durch das Seiten-Framework gelesen, und die Eigenschaft ViewState wird dementsprechend gesetzt. Dieser Vorgang kann durch die Methode LoadViewState() modifiziert werden. Dadurch erhält ASP.NET die Möglichkeit, den Zustand des Steuerelements über ein erneutes Laden der Seite hinweg zu verwalten, so dass das Steuerelement nicht beim Übersenden der Seite auf seinen Ursprungszustand zurückgesetzt wird.

Process Postback Data (Postback-Informationen verarbeiten)
Während dieser Phase werden die Daten verarbeitet, die der Server beim Übersenden der Daten erhalten hat. Wenn diese Daten es erfordern, dass der ViewState aktualisiert wird, erfolgt das Update über die Methode LoadPostData().

Load (Seite laden)
Wenn es erforderlich ist, wird die Methode CreateChildControls() aufgerufen, um die Steuerelemente in der Baumstruktur zu initialisieren. Der Zustand wird zurückgesetzt, und die Steuerelemente zeigen die clientseitigen Daten an. Die Ladephase können Sie anpassen, indem Sie das Load-Event durch die Methode OnLoad() modifizieren.

Send Postback Change Modifications (Änderungen der Postback-Information senden)
Wenn es Veränderungen zwischen dem aktuellen und dem vorherigen Zustand gibt, werden mithilfe der Methode RaisePostDataChangedEvent() Change-Events ausgelöst.

Handle Postback Events (Postback-Events behandeln)
Das clientseitige Ereignis, in dessen Folge das Formular zurückgesendet wurde, wird behandelt.

PreRender (Vor Seitenaufbau)
Hier haben Sie die letzte Chance, mithilfe der Methode OnPreRender() die Ausgabe zu modifizieren, bevor sie dem Browser zur Darstellung übergeben wird.

Save State (Zustand sichern)
Kurz nach dem Beginn des Lebenszyklus ist der View-State aus einer verborgenen Variablen ausgelesen worden. Nun wird er in die verborgene Variable zurückgeschrieben, die als String-Objekt überdauert und die Rücksendung an den Client beendet. Sie können dieses Verhalten mithilfe der Methode SaveViewState() überschreiben.

Render (Seite aufbauen)
An dieser Stelle werden die Ausgaben generiert, die an den Client geschickt werden sollen. Dies können Sie mithilfe der Methode `Render` überschreiben. Falls erforderlich, wird hier `CreateChildControls( )` aufgerufen, um die Server-Steuerelemente im Steuerelement-Baum zu initialisieren.

Dispose (Seite freigeben)
Die letzte Phase des Lebenszyklus bietet Ihnen die Möglichkeit, abschließende Aufräumarbeiten durchzuführen und gegebenenfalls Referenzen auf anspruchsvolle Ressourcen, zum Beispiel Datenbankverbindungen, freizugeben. Sie können sie mit der Methode `Dispose( )` ändern.

Ein Webformular erstellen

Wir wollen nun ein einfaches Webformular erstellen, um es im nächsten Beispiel verwenden zu können. Starten Sie dazu Visual Studio .NET, und gehen Sie auf *File → New Web Site*. Im Dialogfenster *New Web Site* wählen Sie aus den Templates *ASP.NET Web Site*, für den Speicherort *File System* (Sie können auch Websites remote mit HTTP oder FTP erstellen) und Visual C# als Sprache. Geben Sie für Ihre Website einen Speicherort und einen Namen an, und wählen Sie Ihr .NET Framework (siehe Abbildung 17-1)

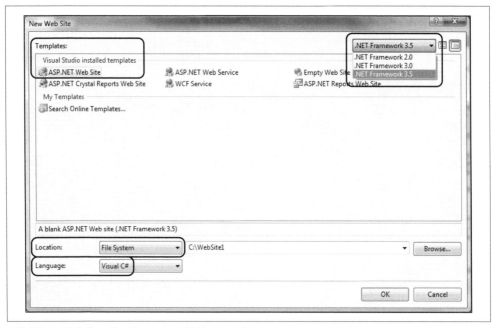

Abbildung 17-1: Erstellen Ihrer neuen Webanwendung

Visual Studio erzeugt einen Ordner mit dem Namen *ProgrammingCSharpWeb* im angegebenen Verzeichnis, und innerhalb dieses Ordners erstellt es Ihre Seite *Default.aspx* (für die Benutzerschnittstelle), die Datei *Default.aspx.cs* (für Ihren Code), die Datei *web.config* (für die Konfigurationseinstellungen der Website) und ein Verzeichnis *App_Data* (das noch leer ist, aber häufig genutzt wird, um *.mdb*-Dateien oder andere, datenspezifische Dateien unterzubringen).

Visual Studio verwendet zwar keine Projekte mehr für Webanwendungen, führt stattdessen aber *Solution Files* (Lösungsdateien), mit deren Hilfe Sie schnell zu einer Website oder Desktop-Anwendung zurückkehren können, an der Sie gerade arbeiten. Die Solution Files befinden sich in einem Verzeichnis, das Sie im Fenster *Tools* → *Options* festlegen können, wie Abbildung 17-2 zeigt.

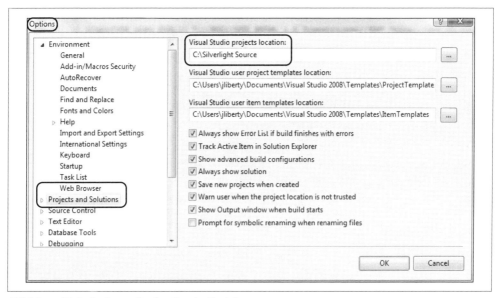

Abbildung 17-2: Optionen für den Ort des Projekts

Code-behind-Dateien

Sehen wir uns die von Visual Studio erzeugten *.aspx*- und Code-behind-Dateien einmal etwas näher an. Benennen Sie zunächst *Default.aspx* in *HelloWeb.aspx* um. Zu diesem Zweck schließen Sie die Datei *Default.aspx* und klicken mit der rechten Maustaste auf deren Namen im *Solution Explorer*. Wählen Sie *Rename*, und geben Sie den Namen *HelloWeb.aspx* ein. Dadurch wird zwar die Datei unbenannt, aber noch nicht die Klasse. Daher müssen Sie nun rechts auf die *.aspx*-Seite klicken, *View Code* in der Codeseite wählen und die Klasse in `HelloWeb_aspx` umbenennen. In der Nähe des Namens sehen Sie eine schmale Linie. Klicken Sie darauf, und es öffnet sich das Smart-Tag, mit dessen Hilfe Sie die Klasse umbenennen können. Klicken Sie auf *Rename '_Default' to 'HelloWeb_aspx'*, damit Visual Studio sicherstellt, dass jedes Vorkommen von »Default_aspx« durch den richtigen Namen ersetzt wird, wie Abbildung 17-3 zeigt.

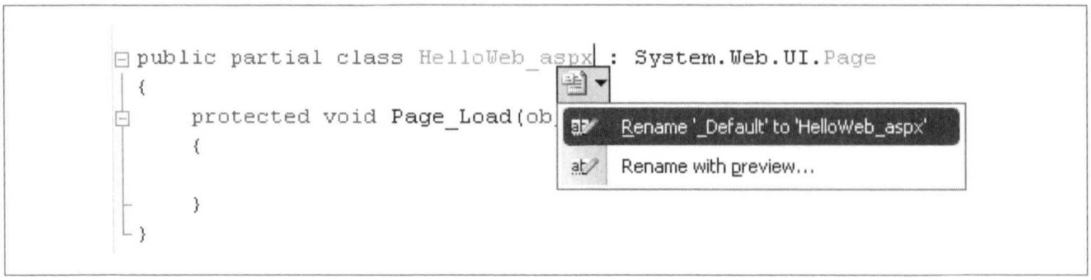

```
public partial class HelloWeb_aspx : System.Web.UI.Page
{
    protected void Page_Load(ob
    {
                                    Rename '_Default' to 'HelloWeb_aspx'
                                    Rename with preview...
    }
}
```

Abbildung 17-3: Umbenennen der Klasse

In der HTML-Ansicht von *HelloWeb.aspx* sehen Sie, dass sich im Rumpf der Seite die Standard-HTML-Tags eines Formulars befinden:

```
<form id="form1" runat="server">
```

Web Forms geht davon aus, dass Sie wenigstens ein Formular benötigen, um mit dem Benutzer interagieren zu können, und erzeugt daher eines, wenn Sie ein neues Projekt anlegen. Der Schlüssel zu der serverseitigen Zauberei ist im Attribut runat="server" zu finden. Jedes Tag, das dieses Attribut enthält, wird als serverseitiges Steuerelement betrachtet, das vom ASP.NET-Framework auf dem Server auszuführen ist. Innerhalb des Formulars hat Visual Studio div-Tags eingefügt, um Ihnen das Platzieren Ihrer Steuerelemente und Texte zu erleichtern.

Nachdem Sie nun ein leeres Webformular angelegt haben, sollten Sie erst einmal etwas Text in die Seite einfügen. Wenn Sie in die Source-Ansicht wechseln, können Sie genau wie beim klassischen ASP den Skript- und HTML-Code direkt in die Datei hineinschreiben. Fügen Sie dem Body-Segment der *.aspx*-Seite die hervorgehobene Zeile des folgenden Code-Abschnitts hinzu:

```
<%@ Page Language="C#" AutoEventWireup="true"  CodeFile="HelloWeb.aspx.cs"
    Inherits="HelloWeb_aspx" %>

<!DOCTYPE html PUBLIC "-//W3C//DTD XHTML 1.0 Transitional//EN"
"http://www.w3.org/TR/xhtml1/DTD/xhtml1-transitional.dtd">

<html xmlns="http://www.w3.org/1999/xhtml">
<head runat="server">
    <title>Hello Web Page</title>
</head>
<body>
    <form id="form1" runat="server">
    Hello World! It is now <% = DateTime.Now.ToString() %>
    <div>

    </div>
    </form>
</body>
</html>
```

Damit wird eine Begrüßung und die aktuelle Uhrzeit ausgegeben:

```
Hello World! It is now 9/9/2009 5:24:16 PM
```

Die Markierungen <% und %> funktionieren genauso wie beim klassischen ASP; sie zeigen an, dass sich zwischen ihnen Programmcode befindet (in diesem Fall C#). Das Gleichheitszeichen, das unmittelbar auf das öffnende Tag folgt, veranlasst ASP.NET zur Ausgabe des enthaltenen Werts, genau wie ein Aufruf von Response.Write( ). Genauso gut könnten Sie die folgende Zeile schreiben:

```
Hello World! Es ist jetzt
<% Response.Write(DateTime.Now.ToString()); %>
```

Führen Sie die Seite aus, indem Sie F5 drücken.

Das Debuggen ermöglichen

Wenn Sie F5 drücken, startet der Debugger. Vermutlich wird Visual Studio nun feststellen, dass es zu dieser Anwendung keine *Web.config*-Datei gibt (die für das Debuggen erforderlich ist), und es erscheint das Dialogfeld *Debugging Not Enabled*, das Sie in Abbildung 17-4 sehen.

Das Dialogfeld schlägt vor, die Datei *Web.config* zu modifizieren (bzw., falls erforderlich, zu erzeugen). Folgen Sie diesem Vorschlag, und klicken Sie auf *OK*, um das Debuggen Ihrer Anwendung zu ermöglichen.

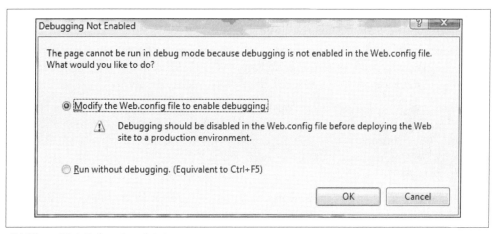

Abbildung 17-4: Debugging aktivieren

Steuerelemente hinzufügen

Es gibt drei Möglichkeiten, serverseitige Steuerelemente in ein Webformular einzubauen: Sie können den zugehörigen HTML-Code direkt in die Seite schreiben, Sie können die Steuerelemente aus der Toolbox in die Entwurfsseite ziehen, und Sie können die Steuerelemente programmgesteuert zur Laufzeit hinzufügen. Angenommen, Sie wollen es dem Benutzer ermöglichen, mithilfe von Radio-Buttons einen der drei in der Northwind-

Datenbank enthaltenen Spediteure auszuwählen. Dann können Sie im HTML-Fenster den folgenden HTML-Code in das <form>-Element einfügen:

```
<asp:RadioButton GroupName="Spedition" id="Speedy"
    text = "Speedy Express" Checked="True" runat="server">
</asp:RadioButton>
<asp:RadioButton GroupName="Spedition" id="United"
    text = "United Package" runat="server">
</asp:RadioButton>
<asp:RadioButton GroupName="Spedition" id="Federal"
    text = "Federal Shipping" runat="server">
</asp:RadioButton>
```

Durch die asp-Tags deklarieren Sie serverseitige ASP.NET-Steuerelemente, die vom Server bei der Verarbeitung der Seite durch normales HTML ersetzt werden. Wenn Sie die Anwendung laufen lassen, zeigt der Browser drei Optionsfelder innerhalb einer Radio-Button-Gruppe an; sobald Sie eines davon anklicken, werden die anderen ausgeschaltet.

Dasselbe Ergebnis können Sie einfacher erreichen, indem Sie drei Radio-Buttons aus der Toolbox von Visual Studio auf das Formular ziehen. Um sich das Leben noch leichter zu machen, können Sie auch eine *Radio Button List* auf das Formular ziehen, mit der eine Gruppe von Radio-Buttons deklarativ verwaltet wird. Wenn Sie dies tun, öffnet sich ein Smart-Tag mit der Aufforderung, eine *Data Source* auszuwählen (dadurch können Sie die Radio-Buttons an eine Collection binden, die beispielsweise aus der Datenbank gelesen wird) oder die Elemente zu bearbeiten. Ein Klick auf *Edit Items* öffnet den *ListItem Collection Editor*, in dem Sie drei Radio-Buttons hinzufügen können.

Jedes Optionsfeld hat den vorgegebenen Namen »ListItem«, aber Sie können seinen Text und seinen Wert in den ListItem-Eigenschaften verändern; dort können Sie auch festlegen, welcher der Radio-Buttons ausgewählt sein soll (siehe Abbildung 17-5).

Sie können das Aussehen Ihrer Optionsfeldliste noch verbessern, indem Sie Eigenschaften im Eigenschaftenfenster ändern, darunter die Schriftart, Farben, Anzahl der Spalten, Wiederholungsrichtung (vorgegeben ist vertikal) und so weiter. Sie können auch auf die umfangreiche Unterstützung für CSS-Styles durch Visual Studio zurückgreifen (siehe Abbildung 17-6).

In Abbildung 17-6 sehen Sie, dass Sie in der rechten unteren Ecke zwischen den Fenstern Properties und Styles wechseln können. Hier haben wir die Properties genutzt, um den Tooltip zu setzen, und das Styles-Fenster, um den Style für die `ListBox` zu erstellen und anzuwenden. Dieser sorgt für den Rahmen um unsere Listbox und setzt die Schriftart und -farbe. Wir verwenden zudem die Option zum Aufteilen des Fensters, um die Design- und Source-Ansicht gleichzeitig sehen zu können.

Die Tag-Abfolge (am unteren Rand des Fensters) zeigt uns unsere Position im Dokument: hier in einem ListItem, innerhalb der `ListBox`, die sich innerhalb eines `div` befindet, das sich wiederum innerhalb von `form1` befindet. Sehr nett.

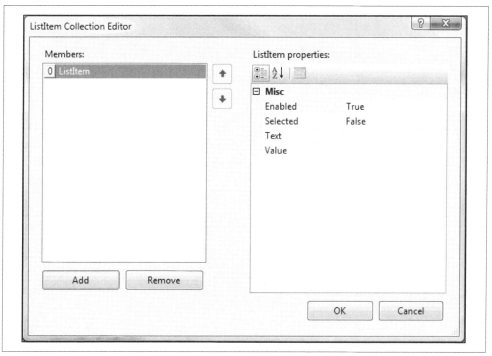

Abbildung 17-5: Listenelement-Collection

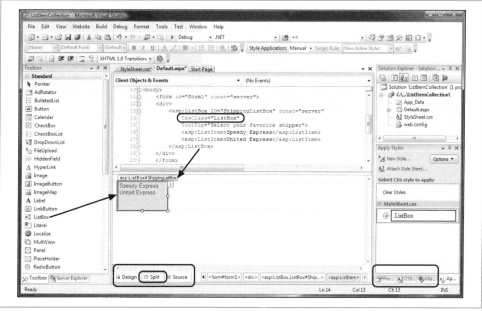

Abbildung 17-6: Verwenden von Eigenschaften und Styles

Ein Webformular erstellen | 403

Server-Steuerelemente

Bei Web Forms gibt es zwei Arten serverseitiger Steuerelemente. Die erste Art sind serverseitige HTML-Steuerelemente; sie sind mit dem Attribut runat=Server gekennzeichnet.

Anstatt HTML-Steuerelemente als serverseitig zu markieren, können Sie auch die Server-Steuerelemente von ASP.NET verwenden, die auch als ASP-Steuerelemente oder Websteuerelemente bezeichnet werden. ASP-Steuerelemente sollen die standardmäßigen HTML-Steuerelemente erweitern oder ersetzen. ASP-Steuerelemente bieten ein konsistenteres Objektmodell und konsistenter benannte Attribute. So gibt es beispielsweise, wenn Sie HTML-Steuerelemente für Eingaben verwenden, unzählige Möglichkeiten:

```
<input type="radio">
<input type="checkbox">
<input type="button">
<input type="text">
<textarea>
```

Jede verhält sich anders und erwartet andere Attribute. Mit den ASP-Steuerelementen wird versucht, die Menge der Steuerelemente zu normalisieren und die Attribute über das gesamte Objektmodell der ASP-Steuerelemente hinweg konsistent zu verwenden. Folgende ASP-Steuerelemente entsprechen den obigen serverseitigen HTML-Steuerelementen:

```
<asp:RadioButton>
<asp:CheckBox>
<asp:Button>
<asp:TextBox rows="1">
<asp:TextBox rows="5">
```

Der Rest dieses Kapitels behandelt die ASP-Steuerelemente.

Datenanbindung

Es sind diverse Technologien verfügbar, mit deren Hilfe man Steuerelemente derart an Daten binden kann, dass bei einer Veränderung der Daten die Steuerelemente automatisch darauf reagieren. Aber es ist so, wie Rocky zu Bullwinkle[1] zu sagen pflegte: »Dieser Trick funktioniert nie.« Bislang haben an Daten gebundene Steuerelemente den Entwicklern häufig schwere Beschränkungen bezüglich des Aussehens und der Performance auferlegt.

Beim Design von ASP.NET hat man sich nun daran gemacht, diese Probleme zu lösen, und hat man eine Reihe robuster datengebundener Steuerelemente zur Verfügung gestellt. Diese Steuerelemente vereinfachen sowohl die Darstellung als auch die Modifikation von Daten, ohne dass dabei die Performance oder die Kontrolle über die Benutzerschnittstelle geopfert wird. Mit der Version 2.0 wurde die Liste der Steuerelemente erweitert, die gebunden werden können und der Umfang an gebrauchsfertiger Funktionalität wurde sogar noch vergrößert.

---

[1] Amerikanische Comic-Figuren aus den sechziger Jahren. Den zitierten Sketch kann man sich unter *http://flash.artie.com/arg-rocker-and-bullmoose.html* live ansehen. (Anm. d. Übers.)

Im vorigen Abschnitt haben wir die Radio-Buttons in einem Formular fest einprogrammiert, und zwar einen Radio-Button für jeden der drei Spediteure in der Northwind-Datenbank. Natürlich ist dies keine optimale Lösung, denn bei jeder Veränderung der Zahl der Spediteure in der Datenbank müssen Sie das Formular mit den Steuerelementen umbauen. Dieser Abschnitt zeigt, wie Sie solche Steuerelemente dynamisch erzeugen und mit Daten in der Datenbank verknüpfen.

Sinnvollerweise sollten die Radio-Buttons in Abhängigkeit von den Daten in der Datenbank erzeugt werden, denn zur Entwurfszeit können Sie ja nicht wissen, welche Aufschriften die Buttons haben werden, ja nicht einmal, wie viele Buttons Sie überhaupt benötigen. Um dies zu erreichen, binden Sie Ihre `RadioButtonList` an eine Datenquelle.

Erstellen Sie eine neue Seite (klicken Sie mit der rechten Maustaste auf das Projekt, und wählen Sie dann *Add New Item*; zeigen Sie Ihr Formular in der Split-Ansicht an; im Dialogfeld wählen Sie *Web Form*). Geben Sie Ihrer neuen Web-Form den Namen *DisplayShippers.aspx*.

Ziehen Sie aus der Toolbox eine `RadioButtonList` auf die neue Form – entweder auf die Design-Ansicht oder innerhalb des `<div>` in der Source-Ansicht.

Wenn Sie die Radio-Buttons nicht links von Ihrem Arbeitsbereich sehen, versuchen Sie, auf *View → Toolbox* zu klicken, um die Toolbox zu öffnen, dann klicken Sie auf die *Standard*-Registerkarte der Toolbox. Klicken Sie mit der rechten Maustaste auf ein beliebiges Steuerelement in der Toolbox, und wählen Sie *Sort Items Alphabetically*.

In der Design-Ansicht klicken Sie auf das Smart Tag des neuen Steuerelements. Dann wählen Sie *Choose Data Source*. Es öffnet sich ein Dialogfeld wie in Abbildung 17-7.

Abbildung 17-7: Dialogfeld Choose a Data Source

Klappen Sie das Menü *Select a data source* auf, und wählen Sie *<New Data Source>*. Daraufhin werden Sie aufgefordert, eine Datenquelle aus den auf Ihrem Rechner verfügbaren Datentypen auszuwählen. Wählen Sie *Database*, weisen Sie eine ID zu, und klicken Sie auf *OK*. Es öffnet sich das Dialogfeld *Configure Data Source* (siehe Abbildung 17-8).

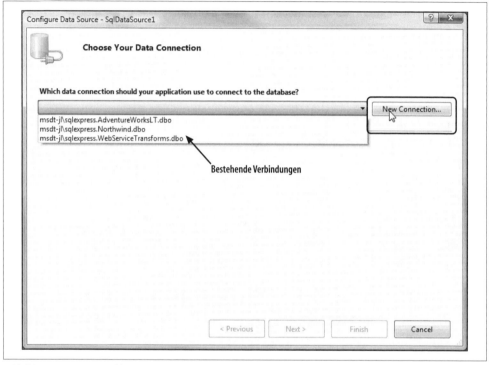

Abbildung 17-8: Auswählen einer Datenverbindung

Wählen Sie eine bestehende Verbindung oder in diesem Fall *New Connection*, um eine neue Datenquelle zu konfigurieren. Dann öffnet sich das Dialogfeld *Add Connection*.

Füllen Sie die Felder aus: Wählen Sie Ihren Server-Namen, wie Sie sich dort anmelden wollen (im Zweifel nehmen Sie *Windows Authentication*) und den Namen der Datenbank (in diesem Beispiel ist das *Northwind*). Klicken Sie auf jeden Fall auf *Test Connection*, um die Verbindung zu testen. Wenn alles funktioniert, klicken Sie auf *OK* (siehe Abbildung 17-9).

Nach dem Klick auf *OK* werden die Verbindungseigenschaften im Dialogfeld *Configure Data Source* gefüllt. Überprüfen Sie sie, und wenn sie in Ordnung sind, klicken Sie auf *Next*. Auf der nächsten Seite geben Sie einen Namen für Ihre Verbindung an (zum Beispiel NorthWindConnectionString), wenn Sie sie in Ihrer Datei *web.config* speichern wollen.

Wenn Sie auf *Next* klicken, erhalten Sie die Gelegenheit, die Tabellen und Spalten zu benennen, die Sie auslesen möchten. Alternativ können Sie auch eine benutzerdefinierte SQL-Anweisung oder eine Stored Procedure angeben, mit deren Hilfe die Daten gelesen werden sollen.

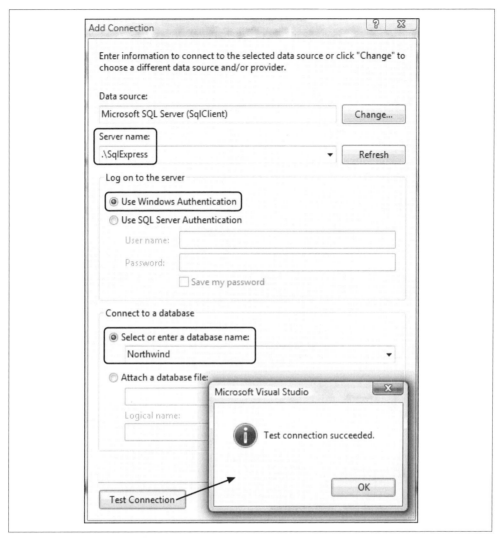

Abbildung 17-9: Das Dialogfeld Add Connection

Öffnen Sie die Liste der Tabellen, und scrollen Sie hinunter bis zu *Shippers*. Wählen Sie die Felder *ShipperID* und *CompanyName*, wie in Abbildung 17-10 gezeigt.

 Klicken Sie an dieser Stelle ruhig einmal auf den Button *Advanced*, und sehen Sie, welche weiteren Möglichkeiten Ihnen außerdem noch zur Verfügung stehen.

Klicken Sie wieder auf *Next*, und testen Sie Ihre Datenbankabfrage. Sie können nun prüfen, ob Sie die erwarteten Werte erhalten, wie in Abbildung 17-11 gezeigt.

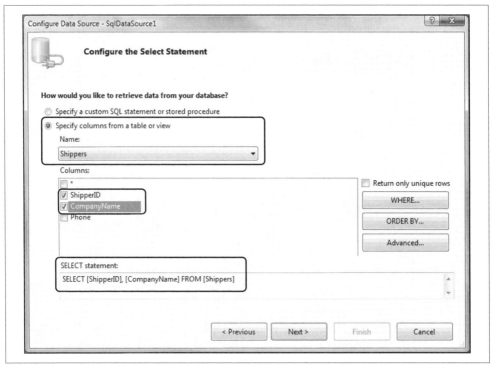

Abbildung 17-10: Konfigurieren der Select-Anweisung

Nun ist es an der Zeit, die soeben erstellte Datenquelle an die RadioButtonList zu binden. Eine RadioButtonList unterscheidet (wie die meisten Listen) zwischen dem darzustellenden Wert (z.B. dem Namen der Spedition) und dem Wert dieser Auswahl (z.B. der ID der Spedition). Setzen Sie diese Felder im Assistenten mithilfe der Drop-down-Auswahl, wie es in Abbildung 17-12 dargestellt wird.

Sie können das Aussehen und Verhalten der Optionsfelder verbessern, indem Sie diese an die Tabelle *Shippers* binden, dann auf die Optionsfeld-Liste klicken und die Eigenschaften und CSS-Styles der Liste anpassen (siehe Abbildung 17-13).

Der generierte HTML-Code

Bevor wir fortfahren, sei noch eine Anmerkung gestattet. Wenn Sie F5 drücken und damit die Anwendung starten, erscheint diese in einem Webbrowser, und die Radio-Buttons sind wie erwartet an Ort und Stelle. Wählen Sie *View → Source*, dann sehen Sie, was als einfacher HTML-Code an den Browser geschickt wird (siehe Beispiel 17-1).

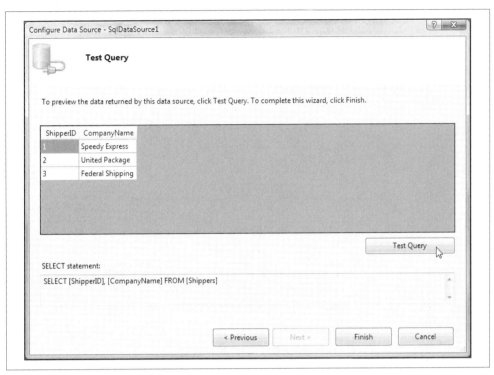

Abbildung 17-11: Testen der Abfrage

Abbildung 17-12: Radio-Buttons an die Datenquelle binden

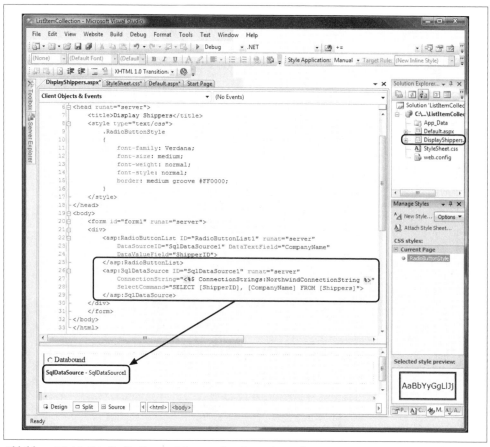

Abbildung 17-13: Die Radio-Button-Liste mit dem Data Control

Beispiel 17-1: HTML-Quellcode

```
<!DOCTYPE html PUBLIC "-//W3C//DTD XHTML 1.0 Transitional//EN" "http://www.w3.org/TR/xhtml1/
DTD/xhtml1-transitional.dtd">

<html xmlns="http://www.w3.org/1999/xhtml">
<head><title>
    Display Shippers
</title>
    <style type="text/css">
        .RadioButtonStyle
        {
            font-family: Verdana;
            font-size: medium;
            font-weight: normal;
            font-style: normal;
            border: medium groove #FF0000;
        }
```

Beispiel 17-1: HTML-Quellcode (Fortsetzung)

```
        </style>
</head>
<body>
    <form name="form1" method="post" action="DisplayShippers.aspx" id="form1">
<div>
<input type="hidden" name="__VIEWSTATE" id="__VIEWSTATE"
value="/wEPDwUJMzU1NzcyMDkoD2QWAgIDD2QWAgIBDxAPFgIeC18hRGF0YUJvdW5kZ2QQFQMOU3BlZWR5
IEV4cHJlc3MOVW5pdGVkIFBhY2thZ2UPRmVkZXJhbCBTaGlwcGluZxUDATEBMgEzFCsDA2dnZ2RkZA9Nylp
g2lObProKzM1NvwXJoMBn" />
</div>

    <div>
        <table id="RadioButtonList1" border="0">
            <tr>
                <td><input id="RadioButtonList1_0" type="radio"
                    name="RadioButtonList1" value="1" />
                    <label for="RadioButtonList1_0">Speedy Express</label></td>
            </tr>
            <tr>
                <td><input id="RadioButtonList1_1" type="radio"
                    name="RadioButtonList1" value="2" />
                    <label for="RadioButtonList1_1">United Package</label></td>
            </tr>
            <tr>
                <td><input id="RadioButtonList1_2" type="radio"
                    name="RadioButtonList1" value="3" />
                    <label for="RadioButtonList1_2">Federal Shipping</label></td>
            </tr>
        </table>

    </div>

<div>

<input type="hidden" name="__EVENTVALIDATION" id="__EVENTVALIDATION"
value="/wEWBQLIyMfLBQL444i9AQL544i9AQL644i9AQL3jKLTDcEXOHLsO/LFFixl7k4g2taGl6Qy" />
</div></form>
</body>
</html>
```

Wie man sieht, gibt es in dem HTML-Code keine `RadioButtonList`; stattdessen finden Sie eine Tabelle vor, in deren Zellen standardmäßige HTML-Input-Objekte und Labels angeordnet sind. ASP.NET hat die Steuerelemente aus der Entwicklungsumgebung in HTML-Code umgewandelt, der für jeden Browser verständlich ist.

Ein böswilliger Benutzer könnte eine Nachricht erzeugen, die gültig erscheint und genau so aussieht, als wäre sie aus Ihrem Formular abgesandt worden, die aber einen Wert für ein Feld setzt, das Sie in Ihrem Formular gar nicht vorgesehen haben. Auf diese Weise könnte er etwa eine Option auswählen, die für ihn korrekterweise nicht verfügbar ist (z.B. eine Option für bevorzugte Kunden), oder sogar eine SQL-Injection-Attacke starten. Seien

Sie insbesondere vorsichtig, wenn Sie in Ihrem HTML-Code wichtige Daten wie Primärschlüssel offenlegen, und beachten Sie, dass die Daten, die Sie vom Benutzer empfangen, nicht auf die in Ihrem Formular vorgesehenen Auswahlmöglichkeiten begrenzt sein müssen. Weitere Informationen über sicheres Programmieren mit .NET finden Sie unter *http://msdn.microsoft.com/security/*.

Steuerelemente und Events hinzufügen

Um ein Formular zu erstellen, mit dem Benutzer interagieren können, brauchen Sie es nur noch um ein paar zusätzliche Steuerelemente zu ergänzen. Dazu fügen Sie eine etwas angemessenere Begrüßung hinzu (»Welcome to NorthWind«) sowie ein Textfeld für die Eingabe des Benutzernamens, zwei weitere Buttons (*Order* und *Cancel*) und einen Text für eine Rückmeldung an den Benutzer. Abbildung 17-14 zeigt das fertige Formular.

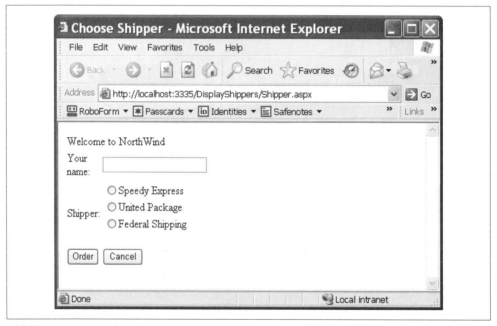

Abbildung 17-14: Das komplette Shipper-Formular

Dieses Formular wird vielleicht keine Designpreise gewinnen, dafür illustriert seine Anwendung jedoch einige der Kernaspekte von Web Forms.

 Ich habe noch keinen Entwickler kennengelernt, der nicht von sich glaubte, perfekte Benutzeroberflächen entwerfen zu können. Gleichwohl habe ich auch keinen kennen gelernt, der dies tatsächlich konnte. Das Design von Oberflächen ist eine jener Fähigkeiten (wie das Lehren), von denen wir alle glauben, sie zu beherrschen, aber nur einige wenige talentierte Menschen können es wirklich gut. Als Entwickler kennen wir unsere

Grenzen: Wir schreiben den Code, und jemand anderes baut die Oberfläche und stellt sicher, dass sie bedienbar ist. Mehr Informationen dazu erhalten Sie in zwei Büchern, das ich jedem Entwickler nur ans Herz legen kann: *Don't make me think! Web Usability: Das intuitive Web* von Steve Krug (mitp) und *Why Software Sucks…and What You Can Do About It* von David Platt (Addison-Wesley).

Beispiel 17-2 zeigt den kompletten HTML-Code der *.aspx*-Datei.

Beispiel 17-2: Die .aspx-Datei

```
<%@ Page Language="C#" AutoEventWireup="true" CodeFile="DisplayShippers.aspx.cs"
Inherits="DisplayShippers" %>

<!DOCTYPE html PUBLIC "-//W3C//DTD XHTML 1.0 Transitional//EN"
"http://www.w3.org/TR/xhtml1/DTD/xhtml1-transitional.dtd">

<html xmlns="http://www.w3.org/1999/xhtml">
<head runat="server">
    <title>Choose Shippers</title>
    <style type="text/css">
        .RadioButtonStyle
        {
            font-family: Verdana;
            font-size: medium;
            font-weight: normal;
            font-style: normal;
            border: medium groove #FF0000;
        }
    </style>
</head>
<body>
    <form id="form1" runat="server">
    <table style="width: 300px; height: 33px">
        <tr>
            <td colspan="2" style="height: 20px">Welcome to NorthWind</td>
        </tr>
        <tr>
            <td>Your name:</td>
            <td><asp:TextBox ID="txtName" Runat=server></asp:TextBox></td>
        </tr>
        <tr>
            <td>Shipper:</td>
            <td>
                <asp:RadioButtonList ID="rblShippers" runat="server"
                    DataSourceID="SqlDataSource1" DataTextField="CompanyName"
                    DataValueField="ShipperID">
                </asp:RadioButtonList>
            </td>
        </tr>
        <tr>
            <td><asp:Button ID="btnOrder"  Runat=server Text="Order"
                    onclick="btnOrder_Click" /></td>
            <td><asp:Button ID="btnCancel" Runat=server Text="Cancel" /></td>
```

Beispiel 17-2: Die .aspx-Datei (Fortsetzung)

```
        </tr>
        <tr>
           <td colspan="2"><asp:Label id="lblMsg" runat=server></asp:Label></td>
        </tr>


     </table>
     <asp:SqlDataSource ID="SqlDataSource1" runat="server"
         ConnectionString="<%$ ConnectionStrings:NorthwindConnectionString %>"
         SelectCommand="SELECT [ShipperID], [CompanyName] FROM [Shippers]">
     </asp:SqlDataSource>
   </form>
</body>
</html>
```

Wenn der Benutzer auf den *Order*-Button drückt, wollen Sie überprüfen, ob der Benutzer seinen Namen eingetragen hat, und für eine Rückmeldung über die ausgewählte Spedition sorgen. Denken Sie daran, dass Sie zur Entwurfszeit den Namen der Spedition noch nicht kennen (er muss aus der Datenbank gelesen werden), daher müssen Sie das Listenfeld nach dem ausgewählten Namen (und der ID) fragen.

Um dies alles zu erreichen, schalten Sie in den Design-Modus um und doppelklicken auf den *Order*-Button. Visual Studio führt Sie daraufhin zur Code-behind-Seite und erzeugt dort einen Event-Handler für den Click-Event des Buttons.

Um den Programmcode zu vereinfachen, überprüfen wir hier nicht, ob der Benutzer einen Namen in das Textfeld eingetragen hat. Mehr über die Steuerelemente, mit denen solche Prüfungen einfach umgesetzt werden können, finden Sie in *Programming ASP.NET*.

Sie fügen den Code für die Behandlung des Events hinzu, der den Text des Labels setzt, wobei Sie den Text aus dem Textfeld sowie den Text und den Wert der RadioButtonList auslesen:

```
protected void btnOrder_Click(object sender, EventArgs e)
{
    lblMsg.Text = "Thank you " + txtName.Text.Trim( ) +
        ". You chose " + rblShippers.SelectedItem.Text +
        " whose ID is " + rblShippers.SelectedValue;
}
```

Wenn Sie dieses Programm starten, stellen Sie fest, dass keines der Optionsfelder ausgewählt ist. Durch das Binden der Liste wurde nicht festgelegt, welches von ihnen voreingestellt ist. Es gibt viele Möglichkeiten, das zu erreichen, aber die einfachste ist, eine einzelne Zeile in der Methode Page_Load hinzuzufügen, die Visual Studio erstellt hat:

```
protected void Page_Load(object sender, EventArgs e)
{
    rblShippers.SelectedIndex = 0;
}
```

Dadurch wird das erste Optionsfeld der `RadioButtonList` auf *Selected* gesetzt. Allerdings gibt es bei dieser Lösung noch ein subtiles Problem. Wenn Sie die Anwendung starten, sehen Sie, dass das erste Feld ausgewählt ist. Wenn Sie dann aber das zweite (oder dritte) Optionsfeld auswählen und danach auf *OK* klicken, stellen Sie fest, dass wieder auf das erste Optionsfeld zurückgeschaltet wird. Es scheint, als könnten Sie kein anderes als das erste Optionsfeld auswählen. Dies liegt daran, dass bei jedem erneuten Laden der Seite das `OnLoad`-Ereignis ausgeführt wird, und in diesem Event-Handler wird jedes Mal der ausgewählte Index (zurück-)gesetzt.

Tatsächlich wollen Sie dieses Optionsfeld ja nur setzen, wenn die Seite zum ersten Mal aufgerufen wird, und nicht, wenn sie als Ergebnis eines Klicks auf den *OK*-Button zurückgesandt wird.

Das Problem lösen Sie, indem Sie mit einer `if`-Anweisung prüfen, ob die Seite zurückgesandt worden ist:

```
protected override void OnLoad(EventArgs e)
{
    if (!IsPostBack)
    {
        rblShippers.SelectedIndex = 0;
    }
}
```

Starten Sie nun die Seite, wird die Eigenschaft `IsPostBack` geprüft. Beim ersten Senden der Seite ist der Wert falsch, und das Optionsfeld wird gesetzt. Wenn Sie ein Optionsfeld anklicken und auf *OK* drücken, wird die Seite zur Verarbeitung an den Server gesandt (wo der `btnOrder_Click`-Handler ausgeführt wird), und danach wird die Seite zurück an den Benutzer übertragen. Diesmal ist die Eigenschaft `IsPostBack` wahr, daher wird der Code innerhalb der `if`-Anweisung nicht ausgeführt, und die Auswahl des Benutzers bleibt erhalten, wie es in Abbildung 17-15 zu sehen ist.

Das komplette Code-behind-Formular ist in Beispiel 17-3 dargestellt.

Beispiel 17-3: Code-behind-Formular zu Shipper.aspx.cs

```
using System;

public partial class DisplayShippers : System.Web.UI.Page
{
    protected void Page_Load(object sender, EventArgs e)
    {
        if (!IsPostBack)
        {
            rblShippers.SelectedIndex = 0;
        }
    }

    protected void btnOrder_Click(object sender, EventArgs e)
    {
        lblMsg.Text = "Thank you " + txtName.Text.Trim() +
        ". You chose " + rblShippers.SelectedItem.Text +
```

Beispiel 17-3: Code-behind-Formular zu Shipper.aspx.cs (Fortsetzung)

```
        " whose ID is " + rblShippers.SelectedValue;
    }
}
```

Abbildung 17-15: Die Auswahl des Benutzers wird beim Postback bewahrt.

KAPITEL 18
WPF-Anwendungen programmieren

Microsoft bietet aktuell zwei Verfahren an, um Desktop-Anwendungen zu erstellen: Windows Forms (die Technologie, die seit .NET 1.0 genutzt wird) und *Windows Presentation Foundation* oder WPF (neu in .NET 3.5).

Unabhängig von der genutzten Technologie bleibt der C#-Code ziemlich gleich, daher werde ich WPF in diesem Kapitel und Windows Forms im nächsten behandeln.

Hier werde ich Ihnen zeigen, wie Sie eine recht geradlinige (trotzdem aber nicht-triviale) WPF-Anwendung mit C#-Event-Handlern erstellen. Im nächsten Kapitel werde ich eine andere, nicht-triviale Anwendung vorstellen, die in Windows Forms geschrieben ist, und auch dort werden wir die Event-Handler in C# implementieren.

Die Anwendungen werden in allen Punkten unterschiedlich sein, mit Ausnahme des C#. Die Sprache bleibt immer gleich – egal, ob Sie WPF, Windows Forms, ASP.NET oder Silverlight-Programme schreiben.

WPF (sehr) kurz gefasst

Es ist weder möglich noch sinnvoll, alles über WPF in einem einzigen Kapitel zu erklären, und ich will es auch gar nicht versuchen. Eine »richtige« Einführung erhalten Sie in *Programming .NET 3.5* von mir selbst und Alex Horovitz (O'Reilly). Eine komplette und umfassende Übersicht über WPF finden Sie zudem im wirklich wunderbaren *Programming WPF* von Ian Griffiths und Chris Sells (O'Reilly), das eines der besten technischen Bücher ist, das ich je gelesen habe.

WPF wird größtenteils mit einer deklarativen Sprache geschrieben: XAML (gesprochen als *Sämmel*, das sich auf das englische Camel reimt). XAML steht für *eXtensible Application Markup Language*, bei der es sich um einen Dialekt des Industriestandards XML handelt und die sich daher leicht durch Tools wie Visual Studio lesen und verändern lässt.

Ein WPF-Beispiel erstellen

WPF macht vieles ziemlich gut, aber was es besonders im Vergleich zu früheren Windows-Frameworks hervorhebt, ist sein Umgang mit Rich Text und Rich Graphics. WPF verwendet ein anderes Vorgehen, als beim Form-basierten Ansatz, den viele von uns (allzu sehr?) mit Windows Forms genutzt haben.

Jede pauschale Verallgemeinerung beim Vergleich von WPF mit Windows Forms kann nur schiefgehen, da man immer ein Gegenbeispiel findet. Ich beschreibe hier, was ich in vielen Entwicklungsorganisationen in der Praxis erlebt habe, nicht, was man theoretisch tun kann. Wie mein alter Chef Pat Johnson zu sagen pflegte (und was ich hier auch schon zitiert habe): »In der Theorie sind Theorie und Praxis das Gleiche, aber in der Praxis sind sie es nie.«

Da dies ein Buch über C# und nicht über WPF ist, werde ich Ihnen zunächst zeigen, was wir erstellen werden, und Ihnen nur so viel beibringen, dass wir dieses Ziel erreichen können. Dabei werde ich einen Schwerpunkt auf den C#-Code legen, den wir dafür brauchen.

Das Beispielprogramm

Das Beispielprogramm, das wir nutzen werden, ist eine Abwandlung eines Beispiels, das ich schon häufiger an anderen Orten verwendet habe (vor allem deshalb abgewandelt, um C# hervorzuheben, Ihr Interesse aufrechtzuerhalten und meinen Lektor davon abzuhalten, mich weiter anzuschreien).

In diesem Beispiel werden wir uns an der Website des Weißen Hauses gütig tun und die Bilder der ersten 20 Präsidenten der Vereinigten Staaten herunterladen, um sie in einem eigenen WPF-Control zu präsentieren.

Das Control wird nicht breit genug sein, um alle 20 anzuzeigen, so dass wir eine horizontale Scrollleiste bereitstellen werden. Wenn der Benutzer seine Maus über ein Bild bewegt, vergrößern wir es (von 75 auf 85) und erhöhen die Opazität von 75 % auf 100 %. Wenn sich der Benutzer mit der Maus wieder wegbewegt, werden wir das Bild wieder in Bezug auf Größe und Transparenz in den Ausgangszustand zurückversetzen.

So können wir auch deklarative Animationen präsentieren. (Wir werden keinen prozeduralen Code schreiben, um die Änderungen an den Bildern zu erreichen!) Wenn der Benutzer auf ein Bild klickt, werden wir diesen Klick abfangen und den Namen des Präsidenten mithilfe eines C#-Event-Handlers anzeigen. Zudem wird dann im Control der Name des Präsidenten in der Titelleiste ausgegeben.

Abbildung 18-1 zeigt, wie das Programm aussieht, wenn man zum 16. Präsidenten gescrollt und ihn angeklickt hat. Beachten Sie, dass der Name des Präsidenten in der Titelleiste angezeigt wird und dass das Bild von Präsident Lincoln sowohl größer als auch heller ist als die benachbarten Bilder.

Abbildung 18-1: Klicken auf Abraham Lincoln

Die Anwendung erstellen

Um diese Anwendung zu bauen, öffnen Sie Visual Studio 2008 und wählen *Create → Project*. Im Dialogfenster »New Project« wählen Sie ».NET Framework 3.5«, im Fenster »Project Types« den Eintrag »Visual C#« und im Templates-Fenster das Element »WPF Application«. Entscheiden Sie sich für ein Verzeichnis für Ihr Programm, und geben Sie ihm einen Namen (ich werde meines »Presidential Browser« nennen), wie in Abbildung 18-2 zu sehen.

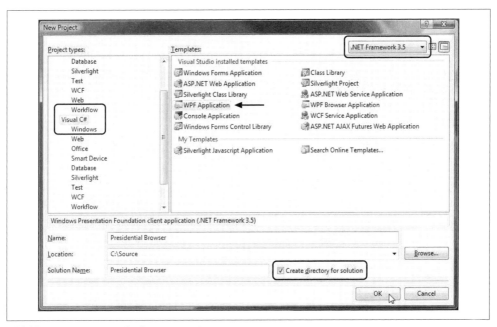

Abbildung 18-2: Das Dialogfenster New Project

Visual Studio wird als Ausgangsbasis eine Anwendung mit einem Fenster erstellen, in dem es ein leeres Grid unterbringt. Dargestellt wird das Ganze in einem geteilten Fenster, wobei oben der Designer und unten das XAML zu sehen ist. Damit lässt sich arbeiten.

Da wir wissen, dass wir in unserem Grid zwei Elemente haben wollen – den Textblock mit »United States Presidents« und unsere horizontale Listbox mit Bildern –, können wir mit dem Layout beginnen.

Grids und Stack Panels

Zwei der Layout-Objekte, die WPF bereitstellt, sind Stack Panels und Grids (nicht zu verwechseln mit Data Grids!). Ein *Stack Panel* ermöglicht es Ihnen, eine Reihe von Objekten auf einer anderen Gruppe von Objekten zu stapeln (oder in ihrer Nähe). Das erweist sich hier als sehr nützlich.

Manchmal wollen Sie einen Stack einrichten, der sowohl in horizontale als auch in vertikale Richtung verläuft – also im Prinzip eine Tabelle. Genau dafür ist ein *Grid* gedacht. Ein Grid hat Zeilen und Spalten, wobei die Zählung jeweils bei null beginnt.

Wir erzeugen ein einfaches Grid mit zwei Zeilen und einer Spalte. Innerhalb jeder Zeile werden wir ein Stack Panel platzieren. Das obere Stack Panel wird den Text enthalten, das untere die Listbox, die wiederum die Bilder anzeigt. (Keine Panik! Wir werden einen Schritt nach dem anderen machen.)

Zunächst wollen wir für das Grid die Größe angeben: eine Breite von 300 und eine Höhe von 190 sollte ausreichend sein. (Ich weiß das, weil ich ein toller Programmierer bin und weil ich ein paar Werte ausprobiert habe, bis es gut aussah.)

Guter Programmierstil ist, jedes Mal beim Öffnen eines Tags gleich das schließende Tag hinzuzuschreiben und erst dann den Inhalt einzutragen. Das ist keine Pflicht, aber Sie werden erstaunt sein, wie viel Debugging Sie sich damit ersparen. IntelliSense hilft dabei, wie Sie in Abbildung 18-3 sehen.

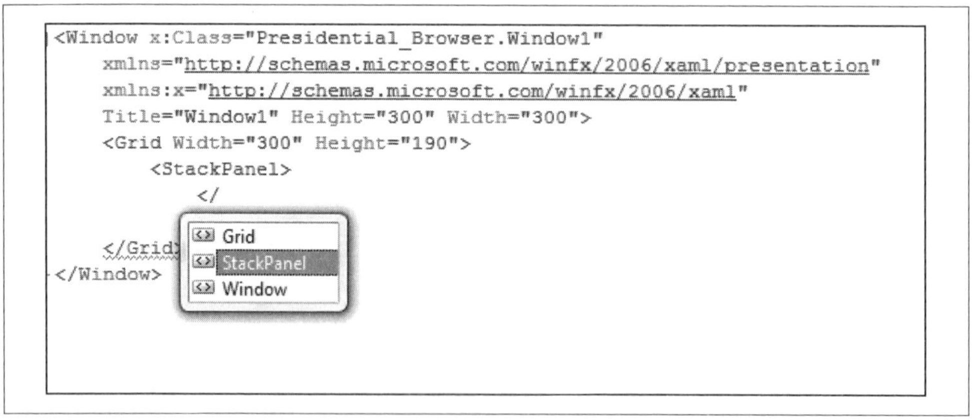

```
<Window x:Class="Presidential_Browser.Window1"
    xmlns="http://schemas.microsoft.com/winfx/2006/xaml/presentation"
    xmlns:x="http://schemas.microsoft.com/winfx/2006/xaml"
    Title="Window1" Height="300" Width="300">
    <Grid Width="300" Height="190">
        <StackPanel>
            </
            </Grid>     Grid
</Window>            StackPanel
                     Window
```

Abbildung 18-3: IntelliSense hilft, das schließende Tag zu finden.

Geben Sie Ihren Code ein, bis er so aussieht wie in Beispiel 18-1.

Beispiel 18-1: Einfaches XAML

```xaml
<Window x:Class="Presidential_Browser.Window1"
    xmlns="http://schemas.microsoft.com/winfx/2006/xaml/presentation"
    xmlns:x="http://schemas.microsoft.com/winfx/2006/xaml"
    Title="Window1" Height="300" Width="300">
    <Grid Width="300" Height="180">
        <Grid.RowDefinitions>
            <RowDefinition Height="70" />
            <RowDefinition Height="*" />
        </Grid.RowDefinitions>
        <StackPanel Grid.Row="0">
            <TextBlock Text="Top Stack Panel" VerticalAlignment="Center"/>
        </StackPanel>
        <StackPanel Grid.Row="1">
            <TextBlock Text="Bottom Stack Panel" VerticalAlignment="Center"/>
        </StackPanel>
    </Grid>
</Window>
```

Lassen Sie uns das auseinandernehmen. Die ersten drei Zeilen deklarieren den Standard-Namensraum für WPF. Danach folgt der Titel des Fensters (geschickterweise `Window1` genannt) und die Höhe und Breite des Fensters.

Die nächste Zeile enthält die Deklaration des Grids mit seiner Höhe (beachten Sie, dass das Grid nur eine Breite von 300 hat).

Innerhalb des Grids habe ich eine Deklaration `Grid.RowDefinition` eingefügt, mit der ich das Grid aufteilen kann, so dass ich eine genauere Kontrolle über die Verteilung des Platzes in den Zeilen erhalte. Dabei werden 7/18 des Raumes für die erste Zeile genutzt. Ich kann den restlichen Platz für die untere Zeile berechnen (120) oder das Sternchen nutzen, um das Grid ihn selbst ermitteln zu lassen.

Als Nächstes definiere ich zwei Stack Panels und lege fest, dass das erste die erste Zeile des Grids einnehmen soll (dabei nutzen Sie so vertraute Attribute wie `RowSpan` und `ColumnSpan`!), zudem platziere ich in jedes der beiden `StackPanel` einen `TextBlock`. Solche TextBlock-Controls sind sehr mächtige und flexible Controls, die wir hier nur nutzen, um einfachen Text anzuzeigen und diesen Text in der Mitte des Panels auszurichten. Das sehen wir auch sofort in der Design-Ansicht (siehe Abbildung 18-4).

Ändern Sie den Textblock im ersten Stack Panel wie folgt ab:

```xaml
<TextBlock FontSize="14" Grid.Row="0" >United States Presidents</TextBlock>
```

Beachten Sie, dass der `TextBlock` jetzt eine Eigenschaft für `FontSize` besitzt. Sie werden vielleicht auch mit der Schriftdicke und der Schriftfamilie spielen und an anderen Parametern drehen wollen. Während Sie damit beschäftigt sind, können Sie auch gleich die Verteilung der Zeilen festlegen: die erste Zeile wird auf 20 gesetzt, der Rest geht an die zweite Zeile. Das Grid wird auf 170 gesetzt.

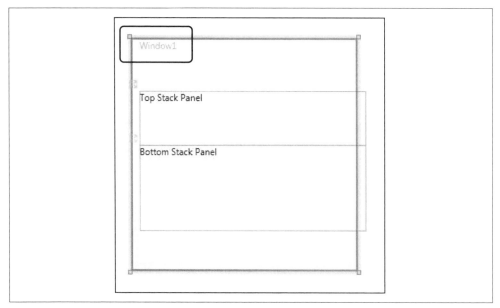

Abbildung 18-4: Grid und Stack Panel

Einmal Informationen im Überfluss

Jetzt werde ich etwas Böses tun. Wenn es sich bei diesem Buch um eines zum Thema WPF handelte, würde ich Ihnen in einfachen Schritten zeigen, wie man auf eine Reihe von Daten zugreifen kann. Da es sich aber um ein C#-Buch handelt, werde ich Sie einfach damit überfallen.

Sie haben ein paar Optionen. Sie können mehr schlecht als recht eine zugegebenermaßen überflüssige und zu kurze Erläuterung durchlesen, damit Sie sehen, wie C# genutzt wird, und sich WPF wieder zuwenden, wenn Sie so weit sind, oder Sie legen das Buch beiseite und lesen ein paar Kapitel in einem guten Buch über WPF (siehe dazu den Hinweis weiter oben. Ich werde hier warten, versprochen!).

Wenn ich Sie nämlich mit WPF so vertraut machen würde, wie ich es bisher mit C# getan habe, würde dies ein sehr langer Abschnitt werden, der nur wenig mit C# zu tun hätte. Daher bitte ich um Verzeihung, dass ich Sie so einfach ins kalte Wasser werfe.

Unsere Ziele

Unser erstes Ziel ist, die Bilder in eine Listbox zu bringen und die Listbox horizontal scrollen zu lassen, so dass sie aussieht wie in Abbildung 18-1.

Dazu brauchen wir zwei Dinge: Wir müssen den Style der Listbox anpassen und die Daten einbinden. Ja, Sie können diese beiden Aspekte getrennt behandeln, aber es ist schneller und einfacher, wenn ich beides gleichzeitig mache – schnallen Sie sich also bitte an.

Wir springen an den Anfang der XAML-Datei und definieren zunächst ein paar Ressourcen. Die erste ist ein `LinearGradientBrush` mit dem Namen `ListBoxGradient`. Wir werden diesen Brush überall dort nutzen können, wo wir etwas füllen wollen (statt einer Farbe; damit erhalten wir einen hübschen linearen Gradienten, also eine Farbe, die sich langsam im vorgegebenen Farbbereich verändert):

```xml
<Window.Resources>
    <LinearGradientBrush x:Key="ListBoxGradient"
            StartPoint="0,0"
            EndPoint="0,1">
        <GradientStop Color="#90000000"
            Offset="0" />
        <GradientStop Color="#40000000"
            Offset="0.005" />
        <GradientStop Color="#10000000"
            Offset="0.04" />
        <GradientStop Color="#20000000"
            Offset="0.945" />
        <GradientStop Color="#60FFFFFF"
            Offset="1" />
    </LinearGradientBrush>
```

Kurz gesagt erscheinen damit alle linearen Gradienten in einer Reihe von 0 bis 1. Sie können die Start- und Endpunkte selbst vorgeben. (Normalerweise ist der Startpunkt 0,0 die obere linke und der Endpunkt 1,1 die untere rechte Ecke, wodurch der lineare Gradient in einem Winkel verläuft. Hier haben wir dafür gesorgt, dass er bei 0,1 endet, wodurch er vom oberen zum unteren Ende gezeichnet wird und einen horizontalen Gradienten ergibt, der fünf Farben durchläuft, die allerdings nicht gleich breit verteilt sind.

Immer noch innerhalb der Ressourcen definieren wir als Nächstes ein `Style`-Objekt und legen fest, dass sein `TargetType` ein Objekt vom Typ `ListBox` ist:

```xml
<Style x:Key="SpecialListStyle"
        TargetType="{x:Type ListBox}">
    <Setter Property="Template">
        <Setter.Value>
            <ControlTemplate TargetType="{x:Type ListBox}" >
                <Border BorderBrush="Gray"
                        BorderThickness="1"
                        CornerRadius="6"
                        Background="{DynamicResource ListBoxGradient}" >
                    <ScrollViewer VerticalScrollBarVisibility="Disabled"
                            HorizontalScrollBarVisibility="Visible">
                        <StackPanel IsItemsHost="True"
                                Orientation="Horizontal"
                                HorizontalAlignment="Left" />
                    </ScrollViewer>
                </Border>
            </ControlTemplate>
        </Setter.Value>
    </Setter>
</Style>
```

Dieser Code sorgt letztendlich dafür, dass Sie diesen Style einer Listbox zuweisen können. Damit erhält sie über `ListBoxGradient` einen grauen Rahmen, keine vertikale Scrollbar, aber eine vertikale Scrollbar und die Listbox selbst wird horizontal verlaufen.

Jetzt haben wir einen Style für die Listbox selbst, wir brauchen aber noch einen für die Elemente in der Listbox:

```
<Style x:Key="SpecialListItem"
    TargetType="{x:Type ListBoxItem}">
        <Setter Property="MaxHeight"  Value="75" />
        <Setter Property="MinHeight"  Value="75" />
        <Setter Property="Opacity"    Value=".75" />
    <Style.Triggers>
        <EventTrigger RoutedEvent="Mouse.MouseEnter">
            <EventTrigger.Actions>
                <BeginStoryboard>
                    <Storyboard>
                        <DoubleAnimation Duration="0:0:0.2"
                            Storyboard.TargetProperty="MaxHeight"  To="85" />
                        <DoubleAnimation Duration="0:0:0.2"
                            Storyboard.TargetProperty="Opacity" To="1.0" />
                    </Storyboard>
                </BeginStoryboard>
            </EventTrigger.Actions>
        </EventTrigger>

        <EventTrigger RoutedEvent="Mouse.MouseLeave">
            <EventTrigger.Actions>
                <BeginStoryboard>
                    <Storyboard>
                        <DoubleAnimation Duration="0:0:1"
                            Storyboard.TargetProperty="MaxHeight" />
                        <DoubleAnimation Duration="0:0:0.2"
                            Storyboard.TargetProperty="Opacity" />
                    </Storyboard>
                </BeginStoryboard>
            </EventTrigger.Actions>
        </EventTrigger>
    </Style.Triggers>
</Style>
```

Dieser Style definiert zunächst den Zieltyp (`ListBoxItems`) und drei Eigenschaften (`MaxHeight`, `MinHeight` und `Opacity`). Dann werden *Trigger* definiert. Wie Sie sich vielleicht vorstellen können, handelt es sich bei Triggern um Events, die eine Änderung auslösen. Die Änderung, die dabei vorgenommen wird, ist der Anfang einer Animation. Animationen sind in Storyboards definiert.

Es gibt eine ganze Reihe von Möglichkeiten, Animationen und Storyboards an Events zu binden. Eine davon (die hier genutzte) bindet einen `EventTrigger` an ein `RoutedEvent`. Lassen Sie uns den ersten Trigger genauer anschauen:

```
<EventTrigger RoutedEvent="Mouse.MouseEnter">
```

Ziemlich klar: Das Folgende wird dann ausgelöst, wenn die Maus das Objekt erreicht, das mit diesem `EventTrigger` verbunden ist. (Dabei wird es sich um das Listbox-Element handeln.)

Innerhalb dieses `EventTrigger` sind eine oder mehrere `EventTrigger.Actions` definiert. In diesem Fall ist die Action `BeginStoryBoard`, und es gibt ein einzelnes, unbenanntes Storyboard:

```
<EventTrigger RoutedEvent="Mouse.MouseEnter">
    <EventTrigger.Actions>
        <BeginStoryboard>
            <Storyboard>
                <DoubleAnimation Duration="0:0:0.2"
                    Storyboard.TargetProperty="MaxHeight"  To="85" />
                <DoubleAnimation Duration="0:0:0.2"
                    Storyboard.TargetProperty="Opacity" To="1.0" />
            </Storyboard>
        </BeginStoryboard>
    </EventTrigger.Actions>
</EventTrigger>
```

Die Aktivitäten liegen innerhalb des Storyboards, es sind nämlich zwei Animationen. Es gibt viele verschiedene Arten von Animationen, die nach der Art des Wertes benannt sind, mit denen sie arbeiten. Die zwei hier genutzten arbeiten mit *Doubles* (also Gleitkommazahlen). Diese beiden Animationen sollen eine Laufzeit von 2/10 Sekunden haben. Die `TargetProperty` bezieht sich auf das Element des Objekts, das animiert werden soll (hier das Listbox-Element) – im ersten Fall wird die Höhe des Listbox-Elements auf eine Höhe von 85 gebracht (vom Ausgangswert 75 aus). In der zweiten Animation wird die Opazität vom Ausgangswert 0,75 auf 1 gebracht (wodurch das Element heller erscheint).

Hinzufügen von Daten

Jetzt werden wir ganz fies schummeln und die Daten nicht von einem Webservice oder aus einer Datenbank lesen, sondern direkt in unsere Ressourcen stecken. (Bitte erzählen Sie es nicht weiter!) Die Daten werden aus einer generischen Liste mit Objekten vom Typ `ImageURL` bestehen. Sie haben von solchen Objekten noch nichts gehört, weil wir sie noch nicht erzeugt haben. Klicken Sie mit der rechten Maustaste auf das Projekt, und wählen Sie *Add → Class*. In der neuen Klasse fügen Sie den Code aus Beispiel 18-2 ein.

Beispiel 18-2: Klasse ImageURL

```
using System;
using System.Collections.Generic;
using System.Windows.Media.Imaging;

namespace PhotoCatalog
{
    public class ImageURL
    {
```

Beispiel 18-2: Klasse ImageURL (Fortsetzung)

```
        public string Path { get; private set; }
        public Uri ImageURI { get; set; }
        public BitmapFrame Image { get; private set; }
        public string Name { get;  set; }

        public ImageURL( ) { }

        public ImageURL(string path, string name)
        {
            Path = path;
            ImageURI = new Uri(Path);
            Image = BitmapFrame.Create(ImageURI);
            Name = name;
        }
        public override string ToString( )
        {
            return Path;
        }
    }

    public class Images : List<ImageURL> { }

}
```

Okay, ich habe gelogen – wir haben zwei Klassen erstellt. Die erste, ImageURL, soll als Wrapper für ein Bild dienen oder für eine URI, über die wir ein Bild erhalten können. Beachten Sie, dass wir die neue automatische C#-Syntax für Member nutzen (ist das nicht irre!) und ToString( ) überschreiben, um den Member Path zurückzugeben, obwohl wir die Rückgabevariable gar nicht explizit erzeugt haben – das gefällt mir wirklich!

Die zweite Klasse befindet sich am Ende: Images leitet sich von einer generischen Liste mit Objekten des Typs ImageURL ab bzw. (*ist-eine*) solche Liste. Die Implementierung ist leer, daher dient sie als Alias für List<ImageURL>.

Objekte deklarativ instanziieren

Jetzt wird es interessant: Nun haben wir die Klassen deklariert, da können wir sie auch in unserem Ressourcen-Bereich instanziieren! Dazu müssen wir zunächst unsere Klassen in unsere XAML-Datei mit aufnehmen, indem wir einen Namensraum für unser Projekt erstellen. Hier nennen wir ihn local (siehe Abbildung 18-5).

Wir erstellen eine Instanz der Klasse Images so:

```
<local:Images x:Key="Presidents">
```

Dies ist das Äquivalent in XAML für folgende Zeile:

```
List<ImageURL> Presidents = new List<ImageURL>( );
```

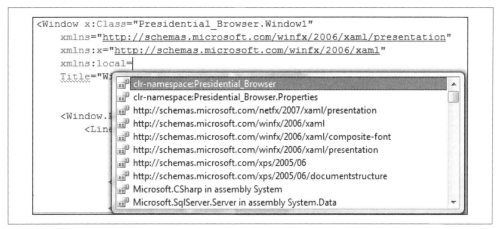

Abbildung 18-5: Hinzufügen eines lokalen Namensraums

Dann fügen wir dieser Liste neu erstellte Instanzen von ImageURL zwischen dem öffnenden und schließenden Tag der Images-Deklaration hinzu:

```
<local:ImageURL ImageURI="http://www.whitehouse.gov/history/ presidents/images/gw1.gif"
    Name="George Washington" />
```

Dies entspricht wiederum folgendem Code:

```
ImageURL newImage = new ImageURL(
    "http://www.whitehouse.gov/history/ presidents/images/gw1.gif,
    "George Washington");
Presidents.Add(newImage)";
```

Das tun wir 20-mal, jeweils einmal für die ersten 20 Präsidenten. Damit wird eine statische Datenressource erzeugt, auf die wir im Rest unserer XAML-Datei referenzieren können, und der Ressourcen-Abschnitt ist beendet.

Die Daten in XAML verwenden

Als Nächstes wollen wir einen DataContext für das Grid bereitstellen:

```
<Grid Width="300" Height="170"
    DataContext="{StaticResource Presidents}">
```

Jedes Framework-Objekt hat ein DataContext-Objekt, das normalerweise null ist. Wenn Sie nichts anderes vorgeben, wird es von seinem Ausgangspunkt aus den Baum hinauf suchen, bis es ein Objekt findet, das einen definierten DataContext hat, und es wird diesen als Datenquelle verwenden (Sie können im Prinzip alles als Datenquelle nutzen – eine LINQ-Anweisung, eine Verbindung zu einer Datenbank oder, wie in diesem Fall, eine statische Ressource).

Die Listbox definieren

Jetzt können wir die Listbox und das Template für ihre Inhalte im zweiten `StackPanel` definieren:

```
<StackPanel Grid.Row="1" Grid.ColumnSpan="3" >
    <ListBox Style="{StaticResource SpecialListStyle}"
        Name="PresPhotoListBox" Margin="0,0,0,20"
        SelectionChanged="PresPhotoListBox_SelectionChanged"
        ItemsSource="{Binding }"
        IsSynchronizedWithCurrentItem="True" SelectedIndex="0"
        ItemContainerStyle="{StaticResource SpecialListItem}" >
```

Die erste Zeile in diesem Codeausschnitt sorgt dafür, dass das Stack Panel im Grid in der Zeile mit dem Zähler 1 (also der zweiten Zeile) untergebracht wird). Der Style der `ListBox` wird auf eine `StaticResource` gesetzt (also eine Ressource, die wir weiter oben im Ressourcen-Abschnitt definiert haben). Die Listbox erhält auch einen Namen:

```
Name="PresPhotoListBox"
```

Zudem wird ein Event-Handler definiert, der einspringt, wenn ein Bild angeklickt wird:

```
SelectionChanged="PresPhotoListBox_SelectionChanged"
```

Die Quelle für jedes Element wird auf `Binding` gesetzt, wodurch wir vorgeben, dass uns an die Quelle im Eltern-Element binden (die im Grid definiert ist). Schließlich wird auch der `ItemContainerStyle` auf den Style gesetzt, den wir weiter oben im Ressourcen-Abschnitt definiert haben.

Jedes Element in der Listbox wird der Liste mit Elementen aus den Daten entnommen. (Diese befinden sich hier statisch in den Ressourcen, könnten aber auch dynamisch aus einem Webservice ermittelt werden). Dazu brauchen wir ein Template, das festlegt, wie jedes Element aussehen soll:

```
<ListBox.ItemTemplate>
    <DataTemplate>
        <Border VerticalAlignment="Center"
            HorizontalAlignment="Center" Padding="4"
            Margin="2" Background="White">
            <Image Source="{Binding Path=ImageURI}" />
        </Border>
    </DataTemplate>
</ListBox.ItemTemplate>
```

Innerhalb von `ListBox.ItemTemplate` platzieren wir ein `DataTemplate`. Das ist notwendig, wenn Sie mehr als einfachen Text ausgeben wollen, der aus den Daten stammt. In diesem Fall nutzen wir ein `Border`-Objekt innerhalb von `DataTemplate`, und innerhalb des `Border`-Objekts platzieren wir dann das `Image`-Objekt. Dieses `Image`-Objekt ist das wirklich entscheidende (auch wenn das `Border`-Objekt beim Positionieren hilft). Es benötigt eine Quelle, wobei wir hier `Binding` hinzufügen (und damit angeben, dass wir uns mit der aktuellen Quelle verbinden). Zusätzlich geben wir die hilfreiche Information mit, dass wir die Eigenschaft `ImageURI` für den `Path` nutzen. Da wir uns bei der Quelle mit einer

Liste von `ImageURL`-Objekten verbinden und jede `ImageURL` vier öffentliche Member hat (`Path`, `ImageURI`, `Image` und `Name`), ist es wichtig, dem `DataTemplate` mitzuteilen, wie es an die notwendigen Informationen kommt, um das Bild in der Listbox zu erstellen.

Die vollständige XAML-Datei

Für diejenigen unter Ihnen, die nicht vor einem Rechner sitzen, enthält Beispiel 18-3 die komplette XAML-Datei (allerdings doch ein wenig gekürzt, damit sie nicht zu viel Raum in diesem Kapitel einnimmt).

Beispiel 18-3: Vollständige XAML-Datei

```xml
<Window x:Class="PhotoCatalog.Window1"
    xmlns="http://schemas.microsoft.com/winfx/2006/xaml/presentation"
    xmlns:x="http://schemas.microsoft.com/winfx/2006/xaml"
    xmlns:local="clr-namespace:PhotoCatalog"
    Title="President Identifier"  ShowInTaskbar="False" Height="256" Width="253">

    <Window.Resources>
    <LinearGradientBrush x:Key="ListBoxGradient"
      StartPoint="0,0"
      EndPoint="0,1">

      <GradientStop Color="#90000000"
       Offset="0" />
      <GradientStop Color="#40000000"
       Offset="0.005" />
      <GradientStop Color="#10000000"
       Offset="0.04" />
      <GradientStop Color="#20000000"
       Offset="0.945" />
      <GradientStop Color="#60FFFFFF"
       Offset="1" />

    </LinearGradientBrush>

    <Style x:Key="SpecialListStyle"
      TargetType="{x:Type ListBox}">
      <Setter Property="Template">
        <Setter.Value>
         <ControlTemplate TargetType="{x:Type ListBox}" >
           <Border    BorderBrush="Gray"
             BorderThickness="1" CornerRadius="6"
             Background="{DynamicResource ListBoxGradient}" >
              <ScrollViewer VerticalScrollBarVisibility="Disabled"
              HorizontalScrollBarVisibility="Visible">
                <StackPanel  IsItemsHost="True"
                  Orientation="Horizontal"
                  HorizontalAlignment="Left" />
              </ScrollViewer>
           </Border>
         </ControlTemplate>
```

Beispiel 18-3: Vollständige XAML-Datei (Fortsetzung)

```xaml
            </Setter.Value>
          </Setter>
      </Style>

      <Style x:Key="SpecialListItem"
        TargetType="{x:Type ListBoxItem}">
        <Setter Property="MaxHeight"   Value="75" />
        <Setter Property="MinHeight"   Value="75" />
        <Setter Property="Opacity"     Value=".75" />
      <Style.Triggers>
       <EventTrigger RoutedEvent="Mouse.MouseEnter">
        <EventTrigger.Actions>
         <BeginStoryboard>
           <Storyboard>
              <DoubleAnimation Duration="0:0:0.2"
               Storyboard.TargetProperty="MaxHeight"  To="85" />
              <DoubleAnimation Duration="0:0:0.2"
               Storyboard.TargetProperty="Opacity" To="1.0" />
           </Storyboard>
         </BeginStoryboard>
        </EventTrigger.Actions>
       </EventTrigger>

       <EventTrigger RoutedEvent="Mouse.MouseLeave">
        <EventTrigger.Actions>
         <BeginStoryboard>
           <Storyboard>
              <DoubleAnimation Duration="0:0:1"
               Storyboard.TargetProperty="MaxHeight" />
              <DoubleAnimation Duration="0:0:0.2"
               Storyboard.TargetProperty="Opacity" />
           </Storyboard>
         </BeginStoryboard>
        </EventTrigger.Actions>
       </EventTrigger>
      </Style.Triggers>
     </Style>

     <local:Images x:Key="Presidents">
      <local:ImageURL
ImageURI="http://www.whitehouse.gov/history/presidents/images/gw1.gif"
Name="George Washington" />
      <local:ImageURL ImageURI=".../ja2.gif" Name="John Adams" />
      <local:ImageURL ImageURI=".../tj3.gif" Name="Thomas Jefferson" />
      <local:ImageURL ImageURI=".../jm4.gif" Name="James Madison" />
      <local:ImageURL ImageURI=".../jm5.gif" Name="James Monroe" />
      <local:ImageURL ImageURI=".../ja6.gif" Name="John Quincy Adams" />
      <local:ImageURL ImageURI=".../aj7.gif" Name="Andrew Jackson" />
      <local:ImageURL ImageURI=".../mb8.gif" Name="Martin Van Buren" />
      <local:ImageURL ImageURI=".../wh9.gif" Name="William H. Harrison" />
      <local:ImageURL ImageURI=".../jt10.gif" Name="John Tyler" />
      <local:ImageURL ImageURI=".../jp11.gif" Name="James K. Polk" />
```

Beispiel 18-3: Vollständige XAML-Datei (Fortsetzung)

```xml
        <local:ImageURL ImageURI=".../zt12.gif" Name="Zachary Taylor" />
        <local:ImageURL ImageURI=".../mf13.gif" Name="Millard Fillmore" />
        <local:ImageURL ImageURI=".../fp14.gif" Name="Franklin Pierce" />
        <local:ImageURL ImageURI=".../jb15.gif" Name="James Buchanan" />
        <local:ImageURL ImageURI=".../al16.gif" Name="Abraham Lincoln" />
        <local:ImageURL ImageURI=".../aj17.gif" Name="Andrew Johnson" />
        <local:ImageURL ImageURI=".../ug18.gif" Name="Ulysses S. Grant" />
        <local:ImageURL ImageURI=".../rh19.gif" Name="Rutherford B. Hayes" />
        <local:ImageURL ImageURI=".../jp11.gif" Name="James Garfield" />
        <local:ImageURL ImageURI=".../jg20.gif" Name="Chester A. Arthur" />
      </local:Images>
  </Window.Resources>

  <Grid Width="300" Height="170"
        DataContext="{StaticResource Presidents}">
    <Grid.RowDefinitions>
      <RowDefinition Height="20" />
      <RowDefinition Height="*" />
    </Grid.RowDefinitions>
    <StackPanel >
      <TextBlock FontSize="14" Grid.Row="0" >
          United States Presidents
      </TextBlock>
    </StackPanel>
    <StackPanel Grid.Row="1" Grid.ColumnSpan="3" >
      <ListBox Style="{StaticResource SpecialListStyle}"
        Name="PresPhotoListBox" Margin="0,0,0,20"
        SelectionChanged="PresPhotoListBox_SelectionChanged"
        ItemsSource="{Binding }"
        IsSynchronizedWithCurrentItem="True" SelectedIndex="0"
         ItemContainerStyle="{StaticResource SpecialListItem}" >

      <ListBox.ItemTemplate>
        <DataTemplate>
         <Border VerticalAlignment="Center"
           HorizontalAlignment="Center" Padding="4"
           Margin="2" Background="White">
              <Image Source="{Binding Path=ImageURI}" />
         </Border>
        </DataTemplate>
      </ListBox.ItemTemplate>
     </ListBox>
    </StackPanel>
  </Grid>
</Window>
```

Event-Handling (endlich!)

Achten Sie darauf, dass wir schon einen Event-Handler angegeben haben, wenn der Benutzer das ausgewählte Element in der Listbox ändert:

```
SelectionChanged="PresPhotoListBox_SelectionChanged"
```

Das geschieht normalerweise, indem man ein Bild anklickt (auch wenn Sie es ebenfalls mit den Pfeiltasten erreichen können!). Damit wird der Event-Handler im Quellcode ausgeführt, der dann doch in C# geschrieben ist. Erinnern Sie sich noch an C#? Das hier ist ein Buch über C# (ich entschuldige mich bei Arlo Guthrie).

Der Event-Handler befindet sich, wie Sie vielleicht schon annehmen, in der Code-Datei *Window1.xaml.cs*:

```
private void PresPhotoListBox_SelectionChanged(
        object sender, SelectionChangedEventArgs e)
{
    ListBox lb = sender as ListBox;
    if (lb != null)
    {

        if (lb.SelectedItem != null)
        {

            string chosenName = (lb.SelectedItem as ImageURL).Name.ToString();
            Title = chosenName;

        }
    }
    else
    {
        throw new ArgumentException(
            "ListBox erwartet bei Änderung durch
                PresPhotoListBox_SelectionChanged");
    }

}
```

Wie alle Event-Handler in .NET erhalten Sie zwei Parameter: den Sender (in diesem Fall die Listbox) und ein Objekt, das von EventArgs abgeleitet ist.

Im gezeigten Code casten wir den Sender in eine Listbox (und wir sehen es als Fehler an, wenn es sich um keine Listbox handelt, da nur diese in unserem Fall den Event-Handler auslösen sollte).

Dann prüfen wir, ob selectedItem nicht null ist (während des Initialisierens kann dies vorkommen). Wenn es nicht null ist, casten wir das selectedItem in eine ImageURL, extrahieren den Member Name und weisen ihn einer temporären Variablen chosenName zu, die dann wiederum als Titel des Fensters übergeben wird.

Diese temporäre Variable ist zum Debuggen nützlich, man kann aber ohne Probleme auch Folgendes schreiben:

```
Title = (lb.SelectedItem as ImageURL).Name.ToString();
```

 Sie können sowohl die ImageURL des aktuell ausgewählten wie auch die des vorher selektierten Präsidenten aus dem Parameter SelectionChangedEventArgs ermitteln.

Was hast du gelernt, Dorothy?

WPF ist stark deklarativ, und obwohl Sie immer noch Ihre Event-Handler (und Business-Klassen) in C# schreiben werden, werden die größten Hürden (zumindest zu Anfang) in XAML liegen.

Wir haben in diesem Programm natürlich keinen LINQ-Zugriff auf Daten integriert und auch keine vollständige Schicht mit Geschäftslogik eingebaut (wobei man auch argumentieren könnte, dass die Geschäftslogik in vielen Anwendungen in WF geschrieben werden sollte, das ebenfalls XAML nutzt!).

Holen Sie sich ein gutes Buch über WPF. Sie werden schon Code in C# vorfinden, aber überrascht sein, wie viele der Listings in XAML geschrieben sind. C# ist nicht unwichtiger geworden, aber die deklarative Programmierung hat sich durchaus neben der objektorientierten Programmierung als weiteres wichtiges Werkzeug dazugesellt.

KAPITEL 19
Anwendungen mit Windows Forms programmieren

Als .NET das Licht der Welt erblickte, gab es zwei Möglichkeiten, Anwendungen zu erstellen: ASP.NET für Webanwendungen und Windows Forms für Windows-Anwendungen. Auch wenn WPF gegenüber Windows Forms viele Vorteile hat, ist sich Microsoft bewusst, dass es noch sehr viele Windows-Forms-Anwendungen gibt, die gut getestet sind und ohne Probleme laufen, und dass viele Firmen diese Anwendungen auch weiter warten und sogar ausbauen wollen.

In diesem Buch wollen wir uns damit befassen, wie man C# nutzen kann, um mit Windows Forms zu interagieren. Dieses Kapitel soll dazu dienen, eine nicht-triviale Anwendung mit dieser Technologie zu bauen. Abbildung 19-1 zeigt die Anwendung, die wir erstellen wollen. Es handelt sich um eine Windows-Anwendung, mit der Dateien von einem oder mehreren Verzeichnissen in ein Zielverzeichnis kopiert werden sollen. Sie ist mit Windows Forms geschrieben und dazu gedacht, auf einem Windows-PC zu laufen (sie wurde unter Windows XP, 2000 und Vista getestet).

Auch hier gilt wieder: Da dies ein Buch über C# und nicht über Windows-Programmierung ist, werden wir das User Interface nur kurz behandeln und uns mehr auf die Quellcode-Dateien und das Event-Handling konzentrieren – also auf C#. Anders als bei WPF ist Windows Forms aber nicht deklarativ – Sie können das UI erstellen, indem Sie Objekte auf eine Form ziehen und dann mit diesen Objekten interagieren, indem Sie sie anklicken und ihre Eigenschaften zur Entwurfszeit im *Properties*-Fenster anpassen oder dies per Programm zur Laufzeit vornehmen.

Erstellen der Anwendung

Öffnen Sie Visual Studio 2008, und wählen Sie *Create → Project*. Im Fenster »New Project« erstellen Sie eine neue Visual-C#-Anwendung, und im *Templates*-Fenster wählen Sie *Windows Forms Application*. Geben Sie den Anwendungen den Namen »Windows Form File Copier« (siehe Abbildung 19-2).

Abbildung 19-1: Die Anwendung »File Copier«

Visual Studio sorgt im Anschluss dafür, dass eine Windows-Forms-Anwendung erstellt und eine Toolbox geöffnet wird, in der sich all die Steuerelemente befinden, die Sie normalerweise bei der Arbeit mit Formularen benötigen. Die Benutzerschnittstelle des FileCopier besteht aus folgenden Steuerelementen:

- Labels: Quelldateien und Zieldateien
- Buttons: *Clear*, *Copy*, *Delete* und *Cancel*
- einem Kontrollkästchen *Overwrite if exists*
- einem Textfeld, das den Pfad des Zielverzeichnisses anzeigt
- zwei großen TreeView-Steuerelementen: einem für die verfügbaren Steuerelemente und einem für die verfügbaren Ziel-Devices und -Verzeichnisse

Um das UI zu erstellen, klicken Sie auf das Formular und dann in das Fenster *Properties*. Vergrößern Sie die Eigenschaft *Size*, und setzen Sie die Breite auf 585 und die Höhe auf 561. Ändern Sie die Texteigenschaft auf *File Copier*, den Namen auf *frmFileCopier* und den AutoSizeMode auf *GrowOnly*. Die restlichen Eigenschaften können Sie so lassen, wie sie sind.

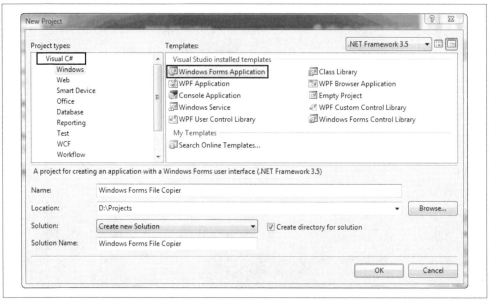

Abbildung 19-2: Das Dialogfenster »New Project«

Ziehen Sie zwei Treeview-Steuerelemente auf das Formularen, und platzieren Sie sie so wie in Abbildung 19-3. Achten Sie darauf, dass das linke Treeview-Steuerelement länger als das rechte ist, so dass Platz für eine Textbox über dem rechten Steuerelement bleibt. Ziehen Sie noch weitere Steuerelemente auf das Formular, und vergeben Sie die entsprechenden Namen, wie sie in Tabelle 19-1 aufgeführt sind.

Tabelle 19-1 zeigt die Namen, die wir den Steuerelementen auf diesem Formular zugewiesen haben.

Tabelle 19-1: Steuerelemente auf dem Formular

Art des Steuerelements	Name des Steuerelements
Tree View (links)	tvwSource
Tree View (rechts)	tvwDestination
Text Box	txtTargetDir
Label	lblSource
Label	lblTarget
Label	lblStatus
Button	btnClear
Button	btnCopy
Button	btnDelete
Button	btnCancel
Checkbox	chkOverwrite

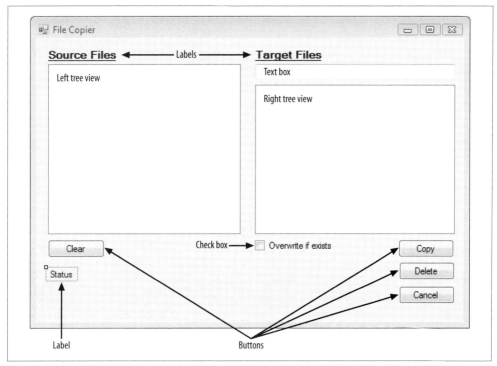

Abbildung 19-3: Steuerelemente im Entwurfsmodus

Definieren von Event-Handlern

Normalerweise gibt es vier Verfahren, um in Visual Studio Event-Handler anzulegen. So kann man auf ein Steuerelement klicken und dann den Event-Handler im Properties-Fenster benennen. Sie können das *Properties*-Fenster in den Events-Modus umschalten, indem Sie auf den Blitz-Button klicken. Suchen Sie das Event, das Sie mit einem Handler beglücken wollen, klicken Sie in das Feld neben dem Event, und geben Sie einen Namen ein (siehe Abbildung 19-4).

Wenn Sie die Return-Taste drücken, wird Visual Studio 2008 eine leere Funktion für den Event-Handler erstellen und Ihnen direkt den Quellcode anzeigen, damit Sie die Details eingeben können.

Die zweite Möglichkeit funktioniert nahezu genauso, nur gibt man keinen Namen an, sondern klickt doppelt in das leere Feld neben dem Eigenschaftsnamen. Damit legt Visual Studio einen Namen für Sie an, wobei es den Namen des Steuerelements und den Namen des Events verkettet. Wenn Sie also den Handler für das Click-Event in Abbildung 19-4 per Doppelklick angelegt hätten, würde der Event-Handler den Namen `btnCancel_Click` erhalten haben, und Sie fänden sich in der leeren Event-Handler-Funktion wieder:

```
private void btnCancel_Click(object sender, EventArgs e)
{

}
```

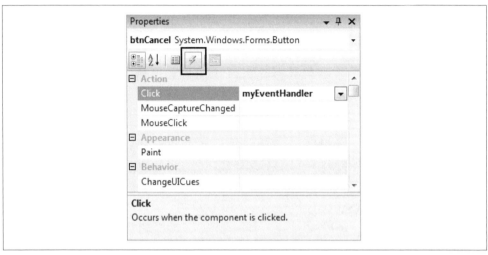

Abbildung 19-4: Angeben von Event-Handlern

Die dritte Option ist, sich per Dropdown eine Liste der bestehenden Event-Handler anzeigen zu lassen, dort einen auszuwählen und Visual Studio damit mitzuteilen, dass das Event Click für diesen Button mit einer schon bestehenden Event-Handler-Methode abgedeckt werden soll (siehe Abbildung 19-5).

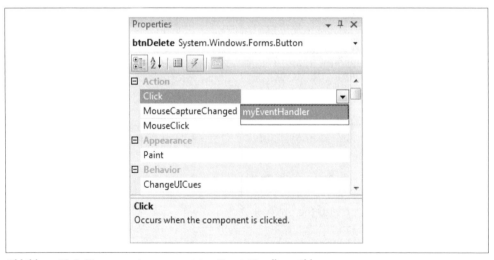

Abbildung 19-5: Einen gemeinsam genutzten Event-Handler wählen

Das vierte und schnellste Verfahren, um einen Event-Handler anzulegen, ist ein Doppelklick auf ein Steuerelement. Jedes Steuerelement hat ein Standard-Event (das am häufigsten genutzte Event für dieses Steuerelement). Bei einem Button ist das natürlich Click, und ein Doppelklick auf einen Button führt zum gleichen Ergebnis wie eine Navigation zum Click-Event und ein Doppelklick auf den Bereich für den Event-Namen: Es wird ein Event-Handler für Sie erstellt, der (zum Beispiel) den Namen btnCancel_Click erhält.

Tipps zu .NET Windows Forms für VB6-Programmierer

Es ist sehr erfreulich, dass die elementaren Steuerelemente in .NET Windows viele Gemeinsamkeiten mit ihren VB6-Vorfahren haben. Es gibt aber auch einige Veränderungen, bei denen Sie Überraschungen erleben könnten. Denken Sie daher, wenn Sie Formulare entwerfen, an die folgenden Tipps.

In VB6 wird Text bei einigen Steuerelementen mit der Eigenschaft Text angezeigt, während andere dafür die Eigenschaft Caption verwenden. Bei .NET heißen nun alle textbezogenen Eigenschaften einfach Text.

Die CommandButtons von VB6 verwenden die Eigenschaften Default und Cancel, damit der Benutzer sie einfach dadurch anwählen kann, dass er die Enter- oder die Escape-Taste drückt. Bei .NET gehören diese Eigenschaften nun zum Form-Objekt. Dabei dienen die Eigenschaften AcceptButton und CancelButton dazu, diejenigen Buttons im Formular zu referenzieren, die die jeweilige Aufgabe übernehmen.

Ein VB6-Formular wird durch den Aufruf der Methode Show() zur Anzeige gebracht. Wenn Sie möchten, dass das Formular als modale Dialogbox angezeigt wird, übergeben Sie der Show()-Methode den Enumerator vbModal. In .NET sind diese Funktionen auf zwei verschiedene Methodenaufrufe aufgeteilt worden: Show() und ShowModal().

Die TreeView-Steuerelemente füllen

Die beiden TreeView-Steuerelemente arbeiten fast gleich, nur dass das linke, tvwSource, sowohl Verzeichnisse als auch Dateien auflistet, das rechte, tvwTargetDir, hingegen nur Verzeichnisse. Die Eigenschaft CheckBoxes ist für tvwSource auf true und für tvwTargetDir auf false gesetzt. Außerdem erlaubt tvwSource eine Mehrfachauswahl, wie es für TreeView-Steuerelemente Standard ist, wohingegen Sie für tvwTargetDir eine Einfachauswahl vorschreiben müssen.

Den gemeinsamen Code für beide TreeView-Steuerelemente setzen Sie in eine gemeinsam genutzte Methode namens FillDirectoryTree. Sie übergeben ihr das Steuerelement mit einem Flag, das anzeigt, wo die Dateien geholt werden. Diese Methode rufen Sie je einmal für jedes der beiden Steuerelemente im Formularkonstruktor auf:

```
FillDirectoryTree(tvwSource, true);
FillDirectoryTree(tvwTargetDir, false);
```

Die `FillDirectoryTree`-Implementierung nennt den `TreeView`-Parameter `tvw`. Er repräsentiert abwechselnd die Quell- und die Ziel-TreeView. Da Sie Klassen aus `System.IO` benötigen werden, fügen Sie oben in *Form1.cs* die Anweisung `using System.IO;` ein. Als Nächstes fügen Sie zu *Form1.cs* die Methodendeklaration hinzu:

```
private void FillDirectoryTree(TreeView tvw, bool isSource)
```

TreeNode-Objekte

Das `TreeView`-Steuerelement hat die Eigenschaft `Nodes`, die ein `TreeNodeCollection`-Objekt erhält. Die `TreeNodeCollection` ist eine Collection von `TreeNode`-Objekten, die jeweils einen Knoten im Baum darstellen. Als Erstes leeren Sie diese Collection:

```
tvw.Nodes.Clear();
```

Nun können Sie die `Nodes`-Collection von `TreeView` füllen, indem Sie rekursiv die Verzeichnisse aller Laufwerke durchgehen. Zuerst betrachten Sie die logischen Laufwerke des Systems, indem Sie die statische Methode `GetLogicalDrives()` des `Environment`-Objekts aufrufen. Die Klasse `Environment` gibt Informationen über und Zugriff auf die aktuelle Plattformumgebung. Mithilfe des `Environment`-Objekts ermitteln Sie den Namen des Rechners, die Betriebssystemversion usw. für den Computer, auf dem Ihr Programm läuft.

```
string[] strDrives = Environment.GetLogicalDrives();
```

`GetLogicalDrives()` gibt ein Array von Strings zurück, die je ein logisches Laufwerk repräsentieren. Diese Collection durchlaufen Sie mit einer Schleife und fügen dem TreeView-Steuerelement unterwegs Knoten hinzu.

```
foreach (string rootDirectoryName in strDrives)
{
```

Sie gehen jedes Laufwerk mit der `foreach`-Schleife durch.

Doch als Erstes müssen Sie feststellen, ob das Laufwerk bereit ist. Ich hole dazu die Liste der Top-Level-Verzeichnisse, indem ich `GetDirectories()` auf einem `DirectoryInfo`-Objekt aufrufe, das ich für das Wurzelverzeichnis angelegt habe:

```
DirectoryInfo dir = new DirectoryInfo(rootDirectoryName);
dir.GetDirectories();
```

Die Klasse `DirectoryInfo` legt Instanzmethoden offen, um Verzeichnisse sowie ihre Dateien und Unterverzeichnisse anzulegen, zu verschieben und aufzuzählen. Diese Klasse wird in Kapitel 22 genauer beschrieben.

Die Methode `GetDirectories()` gibt eine Liste mit Verzeichnissen zurück, aber der Code wirft diese Liste gleich wieder weg. Die Methode wird hier nur aufgerufen, um eine Exception auszulösen, falls das Laufwerk nicht bereit ist.

Den Aufruf setzen Sie in einen `try`-Block, und im `catch`-Block unternehmen Sie gar nichts. Die Wirkung ist, dass eine Exception ausgelöst und das betreffende Laufwerk übersprungen wird.

Wenn Sie wissen, dass das Laufwerk bereit ist, erzeugen Sie einen `TreeNode`, um das Wurzelverzeichnis des Laufwerks darin zu speichern, und fügen diesen Knoten dem `TreeView`-Steuerelement hinzu:

```
TreeNode ndRoot = new TreeNode(rootDirectoryName);
tvw.Nodes.Add(ndRoot);
```

Damit die +-Zeichen im `TreeView` richtig funktionieren, müssen Sie mindestens zwei Verzeichnisebenen finden (damit das `TreeView`-Steuerelement weiß, zu welchen Verzeichnissen es Unterverzeichnisse gibt, und bei diesen das +-Zeichen anordnen kann). Es ist allerdings besser, nicht rekursiv alle Unterverzeichnisse zu durchlaufen, da dies zu zeitraubend wäre.

Die Methode `GetSubDirectoryNodes()` hat die Aufgabe, zwei Rekursionsebenen tief zu gehen und dabei den Wurzelknoten, den Namen des Wurzelverzeichnisses, ein Flag als Kennzeichen, ob Dateien gewünscht sind, sowie die aktuelle Ebene zu übergeben (wobei Sie immer mit der Ebene 1 beginnen):

```
if ( isSource )
{
  GetSubDirectoryNodes( ndRoot, ndRoot.Text, true,1 );
}
else
{
  GetSubDirectoryNodes( ndRoot, ndRoot.Text, false,1 );
}
```

Nun fragen Sie sich vielleicht, ob Sie tatsächlich auch `ndRoot.Text` übergeben müssen, wenn Sie `ndRoot` bereits übergeben haben. Nur Geduld: Wenn Sie rekursiv auf `GetSubDirectoryNodes` zurückkommen, werden Sie sehen, warum dies nötig ist. Jetzt sind Sie mit `FillDirectoryTree( )` fertig. Ein vollständiges Listing dieser Methode sehen Sie in Beispiel 19-1 weiter unten in diesem Kapitel.

Rekursion durch die Unterverzeichnisse

Die Methode `GetSubDirectoryNodes( )` ruft als Erstes erneut `GetDirectories( )` auf, diesmal, indem sie das resultierende Array von `DirectoryInfo`-Objekten speichert.

```
private void GetSubDireoctoryNodes(
  TreeNode parentNode, string fullName, bool getFileNames)
{
    DirectoryInfo dir = new DirectoryInfo(fullName);
    DirectoryInfo[] dirSubs = dir.GetDirectories();
```

Beachten Sie, dass der übergebene Knoten `parentNode` heißt. Die Knoten der gegenwärtigen Ebene werden als Kinder des übergebenen Knotens betrachtet. So bilden Sie die Verzeichnisstruktur auf die Hierarchie des `TreeView` ab.

Nun iterieren Sie über jedes Unterverzeichnis, wobei Sie die als `Hidden` markierten überspringen:

```
foreach (DirectoryInfo dirSub in dirSubs)
{
  if ( (dirSub.Attributes & FileAttributes.Hidden) != 0 )
  {
    continue;
  }
}
```

FileAttributes ist ein enum; als weitere Werte sind Archive, Compressed, Directory, Encrypted, Hidden, Normal, ReadOnly und so weiter möglich.

> Die Eigenschaft dirSub.Attributes ist das Bitmuster der aktuellen Verzeichnisattribute. Wenn Sie diesen Wert und das Bitmuster FileAttributes.Hidden mit logischem UND verknüpfen, wird ein Bit gesetzt, wenn die Datei das Attribut hidden hat. Andernfalls werden alle Bits ausgeschaltet. Ob ein verborgenes Bit vorliegt, sehen Sie, indem Sie testen, ob der resultierende int-Wert ungleich null ist.

Erzeugen Sie einen TreeNode mit dem Verzeichnisnamen, und fügen Sie ihn zur Nodes-Collection des Knotens hinzu, den Sie der Methode übergeben haben (parentNode):

```
TreeNode subNode = new TreeNode(dirSub.Name);
parentNode.Nodes.Add(subNode);
```

Jetzt vergleichen Sie die aktuelle Ebene (die von der aufrufenden Methode übergeben wurde) mit der für die Klasse definierten Konstanten MaxLevel:

```
private const int MaxLevel = 2;
```

Dadurch geht die Rekursion nicht tiefer als zwei Ebenen:

```
if ( level < MaxLevel )
{
 GetSubDirectoryNodes(
  subNode, dirSub.FullName, getFileNames, level+1 );
}
```

Sie übergeben den Knoten, den Sie soeben erzeugt haben, als neuen Eltern-Knoten, den vollständigen Pfad als Namen des Eltern-Knotens und das erhaltene Flag zusammen mit der um eins erhöhten aktuellen Ebene. (Wenn Sie also mit der Ebene eins begonnen haben, setzt dieser Folgeaufruf die Ebene auf zwei.)

> Der Aufruf des TreeNode-Konstruktors verwendet die Name-Eigenschaft des DirectoryInfo-Objekts, während der Aufruf von GetSubDirectoryNodes() seine FullName-Eigenschaft verwendet. Wenn Ihr Verzeichnis C:\Windows\Media\Sounds ist, gibt die Eigenschaft FullName den vollständigen Pfad, die Eigenschaft Name hingegen nur Sounds zurück. Dem Knoten übergeben Sie deswegen nur den Namen, weil dieser Name ja im TreeView erscheinen soll. Der Methode GetSubDirectoryNodes() übergeben Sie den vollständigen Namen mit Pfad, damit sie alle Unterverzeichnisse auf der Festplatte ausfindig machen kann. Dies beantwortet die weiter oben gestellte Frage, warum Sie beim ersten Mal, wenn Sie diese Methode aufrufen, den Namen des Wurzelknotens übergeben müssen: Das, was Sie übergeben, ist nicht der Name des Knotens, sondern der vollständige Pfad zu dem Verzeichnis, das der Knoten repräsentiert!

Die Dateien in das Verzeichnis holen

Nachdem Sie die Unterverzeichnisse rekursiv abgearbeitet haben, ist es an der Zeit, die Dateien in das Verzeichnis zu holen, falls das Flag getFileNames auf true gesetzt ist. Dazu rufen Sie auf dem DirectoryInfo-Objekt die GetFiles( )-Methode auf. Sie liefert ein Array von FileInfo-Objekten zurück:

```
if (getFileNames)
{
 // Hole die für diesen Knoten vorhandenen Dateien.
 FileInfo[] files = dir.GetFiles();
```

Die Klasse FileInfo stellt Instanzmethoden zur Dateibearbeitung zur Verfügung.

Diese Collection durchlaufen Sie, indem Sie auf die Name-Eigenschaft des FileInfo-Objekts zugreifen und diesen Namen dem Konstruktor eines TreeNode übergeben, den Sie dann der Nodes-Collection des Eltern-Knotens hinzufügen (wodurch ein Kind-Knoten entsteht). Diesmal gehen Sie nicht in die Rekursion, da Dateien keine Unterverzeichnisse haben:

```
foreach (FileInfo file in files)
{
   TreeNode fileNode = new TreeNode(file.Name);
   parentNode.Nodes.Add(fileNode);
}
```

Mehr ist nicht nötig, um die beiden Tree-Views zu füllen. Ein vollständiges Listing dieser Methode sehen Sie in Beispiel 19-1.

War dies jetzt für Sie ein wenig verwirrend, rate ich Ihnen dringend, diesen Code in den Debugger zu laden und die Rekursion darin zu betrachten. Sie sehen dann, wie das TreeView seine Knoten aufbaut.

TreeView-Events behandeln

In diesem Beispiel werden Sie einige Events behandeln. Zum einen kann der Benutzer auf *Cancel*, *Copy*, *Clear* oder *Delete* klicken. Außerdem kann er auf eines der Kontrollkästchen in dem linken TreeView, auf einen der Knoten im rechten TreeView oder auf die +-Zeichen in beiden Bäumen klicken.

Als Erstes betrachten wir die Klicks auf die TreeView-Steuerelemente, da diese am interessantesten und vielleicht auch am schwierigsten sind.

Auf das Quell-TreeView klicken

Es gibt zwei TreeView-Objekte, jedes mit einem eigenen Event-Handler. Als Erstes betrachten Sie das Quell-TreeView-Objekt. Der Benutzer markiert darin die zu kopierenden Dateien und Verzeichnisse. Jedes Mal, wenn er auf ein Kontrollkästchen zu einer Datei oder einem Verzeichnis klickt, werden mehrere Events ausgelöst. Das Event, das Sie behandeln müssen, ist AfterCheck.

Dafür implementieren Sie einen selbst geschriebenen Event-Handler namens tvwSource_
AfterCheck( ). Entweder verknüpft Visual Studio diesen Event-Handler, oder Sie tun es
selbst, wenn Sie nicht mit der IDE arbeiten.

```
tvwSource.AfterCheck +=
new System.Windows.Forms.TreeViewEventHandler
  (this.tvwSource_AfterCheck);
```

Die Implementierung von AfterCheck( ) delegiert die Arbeit an eine rekursive Methode
namens SetCheck( ), die ebenfalls Sie selbst schreiben werden. Diese Methode wird die
Häkchen rekursiv für alle enthaltenen Ordner setzen.

Um das AfterCheck-Event hinzuzufügen, wählen Sie das Steuerelement tvwSource, klicken auf das Symbol *Events* im *Properties*-Fenster und doppelklicken dann auf AfterCheck. Dadurch wird das Event hinzugefügt und verbunden, und Sie werden in den Code-Editor geleitet, in dem Sie den Methodenrumpf eingeben können:

```
private void tvwSource_AfterCheck (
object sender, System.Windows.Forms.TreeViewEventArgs e)
{
  SetCheck(e.Node,e.Node.Checked);
}
```

Der Event-Handler übergibt das sender-Objekt und ein Objekt vom Typ TreeViewEventArgs. Wie sich herausstellt, können Sie den Knoten von diesem TreeViewEventArgs-Objekt
(e) bekommen. Sie rufen SetCheck( ) auf, übergeben den Knoten und die Zustandsinformation darüber, ob der Knoten markiert wurde oder nicht.

Jeder node hat eine Nodes-Eigenschaft, die eine TreeNodeCollection mit allen Unterknoten
beschafft. SetCheck( ) durchläuft rekursiv die Nodes-Collection des aktuellen Knotens und
setzt das Häkchen für jeden Unterknoten entsprechend dem markierten Knoten. Mit
anderen Worten: Wenn Sie ein Verzeichnis markieren, werden rekursiv auch alle seine
Dateien und Unterverzeichnisse von oben nach unten markiert.

> **Schildkröten, bis ganz unten**
>
> Meine Lieblingsanekdote über die Rekursion nach der Schilderung von Stephen Hawking:
> Eines Tages erzählte ein berühmter Forscher eine Geschichte über Schöpfungsmythen.
> »Manche Menschen«, so sagte er, »glauben, dass die Welt auf dem Rücken einer großen
> Schildkröte ruht. Das wirft natürlich die Frage auf: Worauf ruht die Schildkröte?«
>
> Da erhob sich eine ältere Dame, die weiter hinten saß, und sagte: »Sehr schlau, junger
> Mann, aber es sind natürlich auch Schildkröten, bis ganz unten.«

Für jeden TreeNode der Nodes-Collection sehen Sie nach, ob es sich um einen Blattknoten
handelt. Dies ist dann der Fall, wenn seine eigene Nodes-Collection die Anzahl null hat.
Wenn es ein Blattknoten ist, setzen Sie seine check-Eigenschaft auf das, was als Parameter
übergeben wurde. Ist es kein Blattknoten, gehen Sie in die Rekursion:

```csharp
private void SetCheck(TreeNode node, bool check)
{
   // Alle Kind-Knoten dieses Knotens finden
   foreach (TreeNode n in node.Nodes)
   {
     n.Checked = check; // Knoten prüfen

     // Wenn dies ein Baum-Knoten ist, mache rekursiv weiter
     if (n.Nodes.Count != 0)
     {
        SetCheck(n,check);
     }
   }
}
```

So wird das Häkchen über die gesamte Struktur verbreitet (oder daraus entfernt). Auf diese Weise kann der Benutzer angeben, dass er alle Dateien aller Unterverzeichnisse auswählt, indem er nur auf ein einziges Verzeichnis klickt.

Ein Verzeichnis expandieren

Jedes Mal, wenn Sie auf ein +-Zeichen bei einem Verzeichnis im Quellfenster (oder im Zielfenster) klicken, soll dieses Verzeichnis expandieren. Dafür benötigen Sie einen Event-Handler für das Event BeforeExpand. Da die Event-Handler für beide Bäume, – Ziel und Quelle – identisch sind, legen Sie einen gemeinsamen Event-Handler an (indem Sie den Event-Handler beiden zuordnen):

```csharp
private void tvwExpand(object sender, TreeViewCancelEventArgs e)
{

   TreeView tvw = ( TreeView ) sender;
   bool getFiles = tvw == tvwSource;
   TreeNode currentNode = e.Node;
   string fullName = currentNode.FullPath;
   currentNode.Nodes.Clear();
   GetSubDirectoryNodes( currentNode, fullName, getFiles, 1 );
}
```

Die erste Codezeile wandelt das vom Delegate übergebene Objekt von object nach TreeView. Das ist sicher, denn Sie wissen, dass das Event nur von einem TreeView ausgelöst werden kann.

Als Zweites stellen Sie fest, ob Sie die Dateien im zu öffnenden Verzeichnis benötigen, und dies ist nur der Fall, wenn der Name des TreeView, in dem das Event ausgelöst wurde, tvwSource ist.

Bei welchem Knoten das +-Zeichen angeschaltet wurde, finden Sie heraus, indem Sie sich die Eigenschaft Node des durch das Event übergebenen TreeViewCancelEventArgs-Objekts holen:

```csharp
TreeNode currentNode = e.Node;
```

Nachdem Sie den aktuellen Knoten ermittelt haben, lesen Sie seinen vollständigen Pfadnamen aus (den Sie als Parameter für GetSubDirectoryNodes benötigen). Danach leeren Sie die zugehörige Collection mit Unterknoten, denn Sie werden diese Collection gleich neu füllen, indem Sie GetSubDirectoryNodes aufrufen:

```
currentNode.Nodes.Clear( );
```

Aber warum entfernen Sie die Unterknoten und füllen sie danach wieder auf? Weil Sie dieses Mal eine Ebene tiefer gehen, so dass die Unterknoten wissen müssen, ob *sie* wiederum Unterknoten haben und somit ein +-Zeichen bei ihrem jeweiligen Unterverzeichnis darstellen müssen.

Auf das Ziel-TreeView klicken

Der zweite Event-Handler für das Ziel-TreeView (neben BeforeExpand) ist etwas schwieriger. Das Event selbst ist AfterSelect. (Vergessen Sie nicht, dass das Ziel-TreeView keine Kontrollkästchen hat.) Diesmal möchten Sie das eine gewählte Verzeichnis nehmen und seinen vollständigen Pfad in das Textfeld in der oberen linken Ecke des Formulars schreiben.

Um dies zu tun, müssen Sie sich von unten nach oben durch die Knoten arbeiten, um den Namen jedes Elternverzeichnisses zu ermitteln und den vollständigen Pfad aufzubauen:

```
private void tvwTargetDir_AfterSelect (
  object sender, System.Windows.Forms.TreeViewEventArgs e)
{
  string theFullPath = GetParentString(e.Node);
```

In Kürze werden wir auch GetParentString( ) betrachten. Sobald Sie den vollständigen Pfad haben, müssen Sie den Backslash am Ende kappen (falls einer da ist). Dann füllen Sie die Textbox aus:

```
if (theFullPath.EndsWith("\\"))
{
   theFullPath =
   theFullPath.Substring(0,theFullPath.Length-1);
}
txtTargetDir.Text = theFullPath;
```

Die Methode GetParentString( ) nimmt einen Knoten und gibt einen String mit dem vollständigen Pfad zurück. Dazu durchläuft sie den Pfad rekursiv nach oben und fügt hinter jedem Nicht-Blattknoten einen Backslash hinzu:

```
private string GetParentString( TreeNode node )
{
   if ( node.Parent == null )
   {
      return node.Text;
   }
   else
   {
      return GetParentString( node.Parent ) + node.Text +
         ( node.Nodes.Count == 0 ? "" : "\\" );
   }
}
```

Der Bedingungsoperator (?) ist der einzige ternäre Operator in C# (ein *ternärer Operator* nimmt drei Operanden entgegen). Er funktioniert nach der Logik: »Teste, ob node.Nodes.Count null ist; wenn ja, gib den Wert vor dem Doppelpunkt zurück (in diesem Fall den leeren String), wenn nein, gib den Wert hinter dem Doppelpunkt zurück (in diesem Fall einen Backslash).«

Die Rekursion endet, wenn es keinen Elternknoten mehr gibt. Dann haben Sie das Wurzelverzeichnis gefunden.

Das Event des Clear-Buttons behandeln

Mit der weiter oben entwickelten Methode SetCheck() ist die Behandlung des Click-Events des Buttons *Clear trivial*:

```
private void btnClear_Click( object sender, System.EventArgs e )
{
    foreach ( TreeNode node in tvwSource.Nodes )
    {
        SetCheck( node, false );
    }
}
```

Sie rufen einfach auf dem Wurzelknoten die Methode SetCheck() auf und lassen sie rekursiv die Häkchen aus allen enthaltenen Knoten entfernen.

Das Copy-Button-Event implementieren

Nun, da Sie Dateien markieren und ein Zielverzeichnis auswählen können, sind Sie in der Lage, auch das Click-Event des Copy-Buttons zu implementieren. Als Erstes benötigen Sie dazu eine Liste der gewählten Dateien. Sie möchten eigentlich ein Array von FileInfo-Objekten, aber da Sie nicht wissen, wie viele Objekte die Liste enthalten wird, ist die ArrayList für diese Aufgabe ideal geeignet. Das Ausfüllen dieser Liste delegieren Sie an eine Methode namens GetFileList():

```
private void btnCopy_Click (object sender, System.EventArgs e)
{
    List<FileInfo> fileList = GetFileList();
```

Ehe wir zum Event-Handler kommen, werden wir uns diese Methode genauer anschauen.

Die gewählten Dateien beschaffen

Zunächst instanziieren Sie ein List-Objekt, das die Strings speichert, die die Namen aller gewählten Dateien repräsentieren:

```
private List<FileInfo> GetFileList()
{
    List<string> fileNames = new List<string>();
```

Diese Namen beschaffen Sie, indem Sie das Quell-TreeView-Steuerelement durchgehen:

```
foreach (TreeNode theNode in tvwSource.Nodes)
{
   GetCheckedFiles(theNode, fileNames);
}
```

Um zu sehen, wie das funktioniert, schauen Sie sich die Methode GetCheckedFiles( ) an. Sie ist recht einfach: Sie untersucht nur den Knoten, der übergeben wurde. Hat er keine Kinder (node.Nodes.Count == 0), ist er ein Blattknoten. Ist dieser Blattknoten markiert, wird der volle Pfad (durch Aufruf der Methode GetParentString( ) auf dem Knoten) beschafft und der Knoten der ArrayList als Parameter übergeben:

```
private void GetCheckedFiles( TreeNode node, List<string> fileNames )
{
   if ( node.Nodes.Count == 0 )
   {
      if ( node.Checked )
      {
         string fullPath = GetParentString( node );
         fileNames.Add( fullPath );
      }
   }
```

Ist der Knoten *kein* Blattknoten, gehen Sie im Baum rekursiv nach unten und suchen die Kindknoten:

```
   else
   {
      foreach ( TreeNode n in node.Nodes )
      {
         GetCheckedFiles( n, fileNames );
      }
   }
}
```

Dann erhalten Sie die List mit allen Dateinamen zurückgeliefert. Wieder zurück in GetFileList( ), verwenden Sie diese List mit Dateinamen, um eine zweite List zu erzeugen, die die eigentlichen FileInfo-Objekte speichern soll:

```
List<FileInfo> fileList = new List<FileInfo>();
```

Beachten Sie die Verwendung des typsicheren List-Objekts, mit dem sichergestellt wird, dass der Compiler auf alle Objekte hinweist, die der Collection hinzugefügt werden, ohne vom Typ FileInfo zu sein.

Nun durchlaufen Sie die Dateinamen in fileList, picken jeden Namen heraus und instanziieren damit ein FileInfo-Objekt. Anhand der Eigenschaft Exists erkennen Sie, ob es eine Datei oder ein Verzeichnis ist: Sie gibt nämlich false zurück, wenn das von Ihnen angelegte File-Objekt in Wirklichkeit ein Verzeichnis ist. Ist es eine Datei, wird es zur neuen ArrayList hinzugefügt:

```
foreach (string fileName in fileNames)
{
   FileInfo file = new FileInfo(fileName);
```

```
        if (file.Exists)
        {
            fileList.Add(file);
        }
    }
```

Die Liste der gewählten Dateien sortieren

Sie möchten sich in der Liste der gewählten Dateien von groß nach klein vorarbeiten, um die Zielfestplatte so dicht wie möglich mit Daten vollzupacken. Dazu müssen Sie die `ArrayList` sortieren. Sie können dafür die Methode `Sort( )` aufrufen, aber woher weiß die Methode, auf welche Weise sie die `FileInfo`-Objekte sortieren muss?

Um dieses Problem zu lösen, übergeben Sie ein `IComparer<T>`-Interface. Wir erstellen eine Klasse namens `FileComparer`, die dieses generische Interface für `FileInfo`-Objekte implementiert:

```
public class FileComparer : IComparer<FileInfo>
{
```

Die einzige Methode dieser Klasse, `Compare( )`, nimmt zwei `FileInfo`-Objekte entgegen:

```
public int Compare(FileInfo file1, FileInfo file2){
```

Der normale Ansatz wäre, 1 zurückzugeben, wenn das erste Objekt (`file1`) größer als das zweite (`file2`) ist, –1 zurückzugeben, wenn das Gegenteil der Fall ist, und 0 zurückzugeben, wenn beide Objekte gleich sind. Da Sie aber in diesem Fall eine Sortierung von groß nach klein wünschen, sollten Sie die Rückgabewerte umkehren.

 Da dies die einzige Anwendung der Compare-Methode ist, ist es sinnvoll, die spezielle Information, dass hier eine Sortierung von groß nach klein vorgenommen wird, in der Compare-Methode selbst zu kapseln. Die Alternative wäre eine Sortierung von klein nach groß. Dann müsste die *aufrufende* Methode ihre Ergebnisse umkehren.

Um die Länge des `FileInfo`-Objekts herauszufinden, müssen Sie die `Object`-Parameter in `FileInfo`-Objekte umwandeln (dieses Verfahren ist sicher, da Sie ja wissen, dass die Methode nie etwas anderes entgegennimmt):

```
public int Compare(FileInfo file1, FileInfo file2)
{
    if ( file1.Length > file2.Length )
    {
        return -1;
    }
    if ( file1.Length < file2.Length )
    {
        return 1;
    }
    return 0;
}
```

Kommen wir zu GetFileList( ) zurück: Sie wollten gerade die IComparer-Referenz instanziieren und der Sort( )-Methode von fileList übergeben:

```
IComparer<FileInfo> comparer = ( IComparer<FileInfo> ) new FileComparer( );
fileList.Sort(comparer);
```

Ist dies erledigt, können Sie fileList an die Aufrufmethode zurückgeben:

```
return fileList;
```

Die Aufrufmethode war btnCopy_Click. Sie erinnern sich, dass Sie GetFileList( ) in der ersten Zeile des Event-Handlers aufgerufen haben:

```
protected void btnCopy_Click (object sender, System.EventArgs e)
{
  List<FileInfo> fileList = GetFileList( );
```

Nun sind Sie mit einer sortierten Liste von File-Objekten zurückgekehrt, die je eine im Quell-TreeView markierte Datei repräsentieren.

Diese Liste durchlaufen Sie, indem Sie die Dateien kopieren und die Benutzeroberfläche aktualisieren:

```
    foreach ( FileInfo file in fileList )
    {
       try
       {
          lblStatus.Text = "Copying " + txtTargetDir.Text +
             "\\" + file.Name + "...";
          Application.DoEvents( );

          file.CopyTo( txtTargetDir.Text + "\\" +
             file.Name, chkOverwrite.Checked );
       }

       catch ( Exception ex )
       {
          MessageBox.Show( ex.Message );
       }
    }
    lblStatus.Text = "Done.";
```

Währenddessen schreiben Sie den Fortschritt in das lblStatus-Label und rufen Application.DoEvents( ) auf, damit die Oberfläche eine Chance hat, sich neu zu zeichnen. Danach rufen Sie CopyTo( ) auf der jeweiligen Datei auf und übergeben das Zielverzeichnis, das Sie aus dem Textfeld ausgelesen haben, sowie ein Boolesches Flag, das anzeigt, ob die Datei überschrieben werden soll, falls sie bereits vorhanden ist.

Sie werden feststellen, dass das Flag, das Sie übergeben, der Wert des Kontrollkästchens chkOverwrite ist. Dessen Checked-Eigenschaft wird als true ausgewertet, wenn das Kästchen markiert ist, und als false, wenn es nicht markiert ist.

Die Kopie wird in einen try-Block gehüllt, denn wie Sie sich vorstellen können, kann beim Kopieren von Dateien einiges schiefgehen. Vorläufig behandeln Sie alle Exceptions, indem Sie einfach ein Log-Fenster mit dem Fehler erscheinen lassen; in einer kommerziellen Anwendung würden Sie wahrscheinlich eher eine Berichtigungsaktion ablaufen lassen.

Nun haben Sie das Kopieren der Dateien fertig implementiert!

Das Delete-Button-Event behandeln

Der Code zur Behandlung des Delete-Events ist sogar noch einfacher. Als Erstes fragen Sie den Benutzer, ob er die Dateien auch wirklich löschen möchte:

```
private void btnDelete_Click( object sender, System.EventArgs e )
{
   System.Windows.Forms.DialogResult result =
      MessageBox.Show(
      "Are you quite sure?",          // Meldung
      "Delete Files",                 // Titel
      MessageBoxButtons.OKCancel,     // Buttons
      MessageBoxIcon.Exclamation,     // Icons
      MessageBoxDefaultButton.Button2 ); // Standard-Button

   if ( result == System.Windows.Forms.DialogResult.OK )
   {
      List<FileInfo> fileNames = GetFileList();

      foreach ( FileInfo file in fileNames )
      {
         try
         {
            lblStatus.Text = "Deleting " +
              txtTargetDir.Text + "\\" +
              file.Name + "...";
            Application.DoEvents();

            // Achtung!
            file.Delete();
         }

         catch ( Exception ex )
         {
            MessageBox.Show( ex.Message );
         }
      }
      lblStatus.Text = "Done.";
      Application.DoEvents();
   }
}
```

Sie können die statische Methode Show( ) von MessageBox nutzen und dabei die anzuzeigende Nachricht, den Titel "Delete Files" als String sowie einige Flags übergeben:

- MessageBox.OKCancel fragt nach zwei Buttons: *OK* und *Cancel*.
- MessageBox.IconExclamation besagt, dass Sie ein Icon mit einem Ausrufezeichen anzeigen möchten.
- MessageBox.DefaultButton.Button2 setzt den zweiten Button (*Cancel*) als Standardauswahl ein.

Wenn der Benutzer *OK* oder *Cancel* wählt, wird das Ergebnis als System.Windows.Forms.DialogResult-Enumerationswert zurückgegeben. An diesem Wert können Sie sehen, ob der Benutzer auf *OK* geklickt hat:

```
if (result == System.Windows.Forms.DialogResult.OK)
{
```

Wenn ja, holen Sie die Liste der fileNames, gehen sie durch und löschen dabei die Einträge.

Dieser Code gleicht dem Kopiercode mit der Einschränkung, dass die Methode, die auf der Datei aufgerufen wird, Delete( ) ist.

Beispiel 19-1 zeigt den kommentierten Quellcode für dieses Beispiel.

Beispiel 19-1: Quellcode von FileCopier

```
using System;
using System.Collections;
using System.Collections.Generic;
using System.IO;
using System.Windows.Forms;


/// <remarks>
///     File Copier - Windows Forms-Demonstrationsprogramm
///     (c) Copyright 2007 O'Reilly Media
/// </remarks>
namespace FileCopier
{

    /// <summary>
    /// Formular, das die Windows Forms-Implementierung demonstriert
    /// </summary>
    partial class frmFileCopier : Form
    {
        private const int MaxLevel = 2;
        public frmFileCopier( )
        {
            InitializeComponent( );
            FillDirectoryTree( tvwSource, true );
            FillDirectoryTree( tvwTarget, false );
        }
```

Beispiel 19-1: Quellcode von FileCopier (Fortsetzung)

```csharp
/// <summary>
///     Verschachtelte Klasse, die weiß, wie
///     zwei Dateien verglichen werden, die wir nach Größe
///     absteigend sortieren sollen.
/// </summary>
public class FileComparer : IComparer<FileInfo>
{

  public int Compare(FileInfo file1, FileInfo file2)
  {

      if ( file1.Length > file2.Length )
      {
        return -1;
      }
      if ( file1.Length < file2.Length )
      {
        return 1;
      }
      return 0;
   }

   public bool Equals(FileInfo x, FileInfo y) { throw new NotImplementedException();}
   public int GetHashCode(FileInfo x) {throw new NotImplementedException(); }

}



  private void FillDirectoryTree( TreeView tvw, bool isSource )
  {
     // Fülle tvwSource, die Quell-TreeView,
     // mit dem Inhalt der
     // lokalen Festplatte.
     // Zunächst werden alle Knoten gelöscht.
     tvw.Nodes.Clear( );

     // Logische Laufwerke ermitteln und in die
     // Root-Knoten stecken. Ein Array mit allen
     // logischen Laufwerken auf dem Rechner füllen.
     string[] strDrives = Environment.GetLogicalDrives( );

     // Über die Laufwerke iterieren und sie zum Baum hinzufügen.
     // Mit einem Try/catch-Block arbeiten, damit nicht bereite
     // Laufwerke (z.B. ein leeres Floppy- oder CD-Laufwerk)
     // nicht zum Baum hinzugefügt werden.
     foreach ( string rootDirectoryName in strDrives )
     {

        try
        {
```

Beispiel 19-1: Quellcode von FileCopier (Fortsetzung)

```
            //  Ein Array mit allen Unterverzeichnissen der
            //  ersten Ebene füllen. Wenn das Laufwerk (LW) nicht
            //  bereit ist, wird eine Exception ausgelöst.
            DirectoryInfo dir =
                new DirectoryInfo( rootDirectoryName );

            dir.GetDirectories();      // Exception erzwingen, wenn LW nicht bereit

            TreeNode ndRoot = new TreeNode( rootDirectoryName );

            //  Einen Knoten für jedes Root-Verzeichnis hinzufügen.
            tvw.Nodes.Add( ndRoot );

            //  Knoten für Unterverzeichnisse hinzufügen.
            //  Wenn es um die Quell-Treeview geht,
            //  hole auch die Dateinamen.
            if ( isSource )
            {

               GetSubDirectoryNodes(
                  ndRoot, ndRoot.Text, true,1 );
            }
            else
            {
               GetSubDirectoryNodes(
                  ndRoot, ndRoot.Text, false,1 );
            }
         }
         //  Fehler abfangen, wie z.B.
            // Drive not ready.
         catch
         {
         }
         Application.DoEvents();
      }
   } //  Abschluss von FillSourceDirectoryTree

   /// <summary>
   /// Holt alle Verzeichnisse unterhalb
   /// des übergebenen Verzeichnis-Knotens.
   /// Fügt sie dem Verzeichnisbaum hinzu.
   /// Als Parameter werden der Eltern-Knoten für
   /// dieses Unterverzeichnis,
   /// der komplette Pfadname des Verzeichnisses
   /// und ein Boolescher Wert übergeben, der bestimmt,
   /// ob die Dateien auch geholt werden sollen.
   /// </summary>
   private void GetSubDirectoryNodes(
      TreeNode parentNode, string fullName, bool getFileNames, int level )
   {
      DirectoryInfo dir = new DirectoryInfo( fullName );
      DirectoryInfo[] dirSubs = dir.GetDirectories();
```

Beispiel 19-1: Quellcode von FileCopier (Fortsetzung)

```csharp
      //  Kind-Knoten für jedes Unterverzeichnis hinzufügen.
      foreach ( DirectoryInfo dirSub in dirSubs )
      {

         // Keine versteckten Ordner anzeigen
         if ( ( dirSub.Attributes & FileAttributes.Hidden )
            != 0 )
         {
            continue;
         }

         /// <summary>
         ///    Jedes Verzeichnis enthält den kompletten Pfad.
         ///    Wir müssen ihn an den Backslashes aufteilen
         ///    und nur den letzten
         ///    Knoten im Baum nutzen.
         ///    Backslashes müssen verdoppelt werden, da
         ///    es normalerweise
         ///    Escape-Zeichen sind.
         /// </summary>
         TreeNode subNode = new TreeNode( dirSub.Name );
         parentNode.Nodes.Add( subNode );

         //  Rekursiver Aufruf von GetSubDirectoryNodes.

         if ( level < MaxLevel )
         {
            GetSubDirectoryNodes(
               subNode, dirSub.FullName, getFileNames, level+1 );
         }

      }
      if ( getFileNames )
      {
         //  Alle Dateien dieses Knotens holen.
         FileInfo[] files = dir.GetFiles();

         // Nach dem Platzieren des Knotens
         // die Dateien eintragen.
         foreach ( FileInfo file in files )
         {
            TreeNode fileNode = new TreeNode( file.Name );
            parentNode.Nodes.Add( fileNode );
         }
      }
   }


   /// <summary>
   ///    Erstellen einer sortierten Liste aller
   ///    ausgewählten Dateien, Kopieren in das
   ///    Zielverzeichnis
```

Beispiel 19-1: Quellcode von FileCopier (Fortsetzung)

```csharp
    /// </summary>
    private void btnCopy_Click( object sender,
        System.EventArgs e )
    {
       // Liste holen
       List<FileInfo> fileList = GetFileList();

       // Dateien kopieren
       foreach ( FileInfo file in fileList )
       {
          try
          {
             // Aktualisieren der Label, um den Fortschritt anzuzeigen
             lblStatus.Text = "Copying " + txtTargetDir.Text +
                 "\\" + file.Name + "...";
             Application.DoEvents();

             // Kopieren der Datei an ihren Zielort
             file.CopyTo( txtTargetDir.Text + "\\" +
                 file.Name, chkOverwrite.Checked );
          }

          catch ( Exception ex )
          {
             // Sie wollen vielleicht mehr machen,
             // als nur die Nachricht anzuzeigen
             MessageBox.Show( ex.Message );
          }
       }
       lblStatus.Text = "Done.";

    }


    /// <summary>
    ///    Dem Knoten jedes Baumes mitteilen, dass für alle
    ///    Unterknoten die Markierungen entfernt werden
    /// </summary>
    private void btnClear_Click( object sender, System.EventArgs e )
    {
       // Obersten Knoten für jedes Laufwerk holen
       // und ihn rekursiv "leeren"
       foreach ( TreeNode node in tvwSource.Nodes )
       {
          SetCheck( node, false );
       }
    }

    /// <summary>
    ///    Bei Cancel abbrechen
    /// </summary>
    private void btnCancel_Click(object sender, EventArgs e)
```

Beispiel 19-1: Quellcode von FileCopier (Fortsetzung)

```
      {
         Application.Exit( );
      }
   }


   /// <summary>
   ///    Mit gegebenem Knoten und einer Array-Liste
   ///    die Liste mit den Namen aller
   ///    markierten Dateien füllen
   /// </summary>
   // Füllen der ArrayList mit den kompletten Pfaden
   // aller markierten Dateien
   private void GetCheckedFiles( TreeNode node,
      List<string> fileNames )
   {
      // Wenn es ein Blattknoten ist ...
      if ( node.Nodes.Count == 0 )
      {
         // Wenn der Knoten angekreuzt war ...
         if ( node.Checked )
         {
            // vollständigen Pfad holen und ihn zur ArrayList hinzufügen
            string fullPath = GetParentString( node );
            fileNames.Add( fullPath );
         }
      }
      else  // Wenn der Knoten kein Blatt ist
      {
         // Wenn der Knoten kein Blatt ist
         foreach ( TreeNode n in node.Nodes )
         {
            GetCheckedFiles( n, fileNames );
         }
      }
   }


   /// <summary>
   ///    Vollständigen Pfad für einen
   ///    gegebenen Knoten zurückgeben
   /// </summary>
   private string GetParentString( TreeNode node )
   {
      // Wenn es ein Root-Knoten ist (c:\), den Text zurückgeben
      if ( node.Parent == null )
      {
         return node.Text;
      }
      else
      {
         // Rekursiv nach oben gehen, den Pfad holen und
         // diesen Knoten und einen Backslash hinzufügen.
         // Wenn es ein Blatt ist, keinen Backslash hinzufügen
```

Beispiel 19-1: Quellcode von FileCopier (Fortsetzung)

```csharp
      return GetParentString( node.Parent ) + node.Text +
         ( node.Nodes.Count == 0 ? "" : "\\" );
   }
}

/// <summary>
///    Von Delete und Copy genutzt,
///    um eine sortierte Liste aller
///    markierter Dateien zu erhalten
/// </summary>
private List<FileInfo> GetFileList()
{
   // Erstellen einer unsortierten Array-Liste mit den kompletten Dateinamen
    List<string> fileNames = new List<string>();

   // ArrayList fileNames = new ArrayList();

   // Füllen der ArrayList fileNames mit dem
   // vollständigen Pfad jeder zu kopierenden Datei
   foreach ( TreeNode theNode in tvwSource.Nodes )
   {
      GetCheckedFiles( theNode, fileNames );
   }

   // Liste mit den FileInfo-Objekten erstellen
   List<FileInfo> fileList = new List<FileInfo>();
   // ArrayList fileList = new ArrayList();

   // Für jeden Dateinamen in unserer unsortierten Liste
   // prüfen, ob es eine Datei (und kein Verzeichnis) ist,
   // und ihn zur Dateiliste hinzufügen
   foreach ( string fileName in fileNames )
   {
      // Datei mit dem Namen erstellen
      FileInfo file = new FileInfo( fileName );

      // Prüfen, ob sie auf der Platte existiert.
      // Wenn nicht, ist es ein Verzeichnis
      if ( file.Exists )
      {
         // Sowohl Schlüssel als auch Wert sind die Datei.
         // Wäre es einfacher, einen leeren Wert zu haben?
         fileList.Add( file );
      }
   }

   // Erstellen einer Instanz des IComparer-Interface
   IComparer<FileInfo> comparer = ( IComparer<FileInfo> ) new FileComparer();

   // Den Comparer an die Sort-Methode übergeben, damit die Liste
   // nach dessen Methode compare sortiert wird.
   fileList.Sort( comparer );
```

Beispiel 19-1: Quellcode von FileCopier (Fortsetzung)

```csharp
      return fileList;
   }

   /// <summary>
   ///     Prüfen, ob der Benutzer löschen will.
   ///     Erstellen einer Liste und Löschen jedes Eintrags
   /// </summary>
   private void btnDelete_Click( object sender, System.EventArgs e )
   {
      // Sind Sie sicher?
      System.Windows.Forms.DialogResult result =
         MessageBox.Show(
         "Are you quite sure?",              // Nachricht
         "Delete Files",                     // Überschrift
         MessageBoxButtons.OKCancel,         // Buttons
         MessageBoxIcon.Exclamation,         // Icons
         MessageBoxDefaultButton.Button2 );  // Standard-Button

      // Wenn man sicher ist ...
      if ( result == System.Windows.Forms.DialogResult.OK )
      {
         // ... durch die Liste gehen und löschen.
         // Liste der markierten Dateien holen
         List<FileInfo> fileNames = GetFileList();

         foreach ( FileInfo file in fileNames )
         {
            try
            {
               // Label anpassen, um den Fortschritt anzuzeigen
               lblStatus.Text = "Deleting " +
                  txtTargetDir.Text + "\\" +
                  file.Name + "...";
               Application.DoEvents();

               // Achtung!
               file.Delete();
            }

            catch ( Exception ex )
            {
               // Vielleicht wollen Sie mehr als nur
               // die Nachricht anzeigen
               MessageBox.Show( ex.Message );
            }
         }
         lblStatus.Text = "Done.";
         Application.DoEvents();
      }

   }
```

Beispiel 19-1: Quellcode von FileCopier (Fortsetzung)

```csharp
/// <summary>
///     Kompletten Pfad des Verzeichnisses holen und
///     nach txtTargetDir kopieren
/// </summary>
private void tvwTargetDir_AfterSelect(
    object sender,
    System.Windows.Forms.TreeViewEventArgs e )
{
    // Vollständigen Pfad für das Verzeichnis holen
    string theFullPath = GetParentString( e.Node );

    // Wenn es kein Blatt ist, erhält er einen Backslash;
    // dann entfernen
    if ( theFullPath.EndsWith( "\\" ) )
    {
        theFullPath =
            theFullPath.Substring( 0, theFullPath.Length - 1 );
    }
    // Pfad in der Textbox eintragen
    txtTargetDir.Text = theFullPath;
}

/// <summary>
///     Jeden Knoten unter dem aktuellen mit dem
///     aktuellen Wert von checked versehen
/// </summary>
private void tvwSource_AfterCheck( object sender,
    System.Windows.Forms.TreeViewEventArgs e )
{
    // Rekursive Methode aufrufen.
    // e.node ist der Knoten, der vom Benutzer markiert wurde.
    // Der Markierungszustand wurde jetzt schon
    // geändert.
    // Daher wollen wir
    // e.node.Checked übergeben
    SetCheck( e.Node, e.Node.Checked );
}

/// <summary>
///     Markierung rekursiv setzen oder löschen
/// </summary>
private void SetCheck( TreeNode node, bool check )
{
    // Alle Kind-Knoten für diesen Knoten finden
    foreach ( TreeNode n in node.Nodes )
    {
        n.Checked = check;   // Knoten prüfen

        // Wenn es ein Baum ist, rekursiv weitermachen
        if ( n.Nodes.Count != 0 )
        {
            SetCheck( n, check );
```

Beispiel 19-1: Quellcode von FileCopier (Fortsetzung)

```
        }
      }
    }


    private void tvwExpand(object sender, TreeViewCancelEventArgs e)
    {

       TreeView tvw = ( TreeView ) sender;
       bool getFiles = tvw == tvwSource;
       TreeNode currentNode = e.Node;
       string fullName = currentNode.FullPath;
       currentNode.Nodes.Clear( );
       GetSubDirectoryNodes( currentNode, fullName, getFiles, 1 );

    }

  }       // end class frmFileCopier
}         // end namespace FileCopier
```

TEIL IV
Die CLR und das .NET Framework

Kapitel 20, *Attribute und Reflection*
Kapitel 21, *Threads und Synchronisation*
Kapitel 22, *Streams*
Kapitel 23, *Programmieren mit .NET und COM*

KAPITEL 20
Attribute und Reflection

An verschiedenen Stellen in diesem Buch habe ich schon darauf hingewiesen, dass eine .NET-Anwendung sowohl Code als auch Daten und Metadaten enthält. *Metadaten* sind Informationen über Daten – also Informationen über die Typen, den Code, die Assembly und so weiter –, die zusammen mit dem Programm gespeichert werden. Dieses Kapitel handelt davon, wie ein Teil dieser Metadaten erzeugt und benutzt wird.

Attribute stellen einen Mechanismus dar, mit dem Metadaten wie Compiler-Anweisungen und andere Daten über Ihre Daten, Methoden und Klassen zu dem Programm selbst hinzugefügt werden. Attribute werden in die Metadaten eingefügt und können mit ILDASM und anderen Tools zum Lesen von Metadaten sichtbar gemacht werden.

Bei der *Reflection* handelt es sich um den Vorgang, durch den ein Programm seine eigenen Metadaten oder die Metadaten eines anderen Programms lesen kann. Man nennt ein Programm reflektierend bezüglich sich selbst oder einem anderen Programm, wenn es Metadaten aus der reflektierten Assembly ausliest und diese dazu verwendet, den Benutzer zu informieren oder das Verhalten des Programms zu modifizieren.

Attribute

Ein *Attribut* ist ein Objekt, das Daten repräsentiert, die mit einem Element des Programms verknüpft sind. Das Element, dem ein Attribut zugeordnet ist, wird als *Ziel* dieses Attributs bezeichnet. Beispielsweise wird das Attribut

    [NoIDispatch]

mit einer Klasse oder einem Interface assoziiert, um anzuzeigen, dass die Zielklasse von IUnknown anstelle von IDispatch abgeleitet werden soll, wenn sie nach COM exportiert wird. Die Programmierung von COM-Schnittstellen wird in Kapitel 23 detailliert behandelt.

Arten von Attributen

Manche Attribute sind Teil der CLR oder des Frameworks. Darüber hinaus können Sie benutzerdefinierte Attribute für Ihre eigenen Zwecke anlegen.

Die meisten Programmierer verwenden nur die vom Framework vorgesehenen Attribute. Aber wie wir später in diesem Kapitel sehen werden, können benutzerdefinierte Attribute ein leistungsfähiges Hilfsmittel im Zusammenhang mit Reflection sein.

Attributziele

Wenn Sie einmal die CLR durchgehen, finden Sie eine große Zahl von Attributen. Manche von ihnen werden auf Assemblies angewendet, andere auf Klassen oder Interfaces, und manche, wie [WebMethod], werden auf Klassen-Member angewendet. Dies alles sind *Attributziele*. Die möglichen Attribute sind in der Enumeration AttributeTargets deklariert, deren Details in Tabelle 20-1 aufgeführt sind.

Tabelle 20-1: Mögliche Attributziele

Attribut	Verwendung
All	Wird auf jedes der folgenden Attributziele angewendet: Assembly, Klasse, Konstruktor, Delegate, Enum, Event, Feld, Interface, Methode, Modul, Parameter, Eigenschaft, Rückgabewert und Struct.
Assembly	Wird auf die Assembly selbst angewendet.
Class	Wird auf eine Klasse angewendet.
Constructor	Wird auf einen bestimmten Konstruktor angewendet.
Delegate	Wird auf ein Delegate angewendet.
Enum	Wird auf eine Enumeration angewendet.
Event	Wird auf ein Event angewendet.
Field	Wird auf ein Feld angewendet.
Interface	Wird auf ein Interface angewendet.
Method	Wird auf eine Methode angewendet.
Module	Wird auf ein einzelnes Modul angewendet.
Parameter	Wird auf den Parameter einer Methode angewendet.
Property	Wird auf eine Eigenschaft (sowohl get als auch set, wenn implementiert) angewendet.
ReturnValue	Wird auf einen Rückgabewert angewendet.
Struct	Wird auf ein Struct angewendet.

Attribute anwenden

Um ein Attribut auf ein Zielelement anzuwenden, fügen Sie es in eckigen Klammern unmittelbar davor ein (mit Ausnahme von Assemblies, bei denen Sie das Attribut an den Anfang der Datei platzieren).

Sie können Attribute kombinieren, indem Sie sie einzeln nacheinander aufführen:

```
[assembly: AssemblyDelaySign(false)]
[assembly: AssemblyKeyFile(".\\keyFile.snk")]
```

Das Gleiche erreichen Sie dadurch, dass Sie die Attribute durch Kommata trennen:

```
[assembly: AssemblyDelaySign(false),
 assembly: AssemblyKeyFile(".\\keyFile.snk")]
```

Assembly-Attribute müssen sich hinter allen using-Anweisungen und vor irgendwelchem Code befinden.

Viele Attribute werden für die Zusammenarbeit mit COM verwendet; diese werden in Kapitel 23 detailliert behandelt. Die Verwendung eines Attributs ([WebMethod]) wurde bereits in Kapitel 16 besprochen. Weitere Attribute, zum Beispiel [Serializable], werden Sie im Zusammenhang mit der Serialisierung in Kapitel 22 kennenlernen.

Der Namensraum System.Reflection bietet eine Reihe von Attributen, darunter solche für Assemblies (wie AssemblyKeyFileAttribute), für die Konfiguration und für die Versionierung.

Eines der Attribute, das Sie bei ihrer alltäglichen C#-Programmierung am häufigsten einsetzen werden (sofern Sie nicht mit COM interagieren), ist [Serializable]. Wie Sie in Kapitel 22 sehen werden, müssen Sie nichts weiter tun, als eine Klasse mit dem Attribut [Serializable] zu kennzeichnen, damit sie auf der Festplatte oder für das Internet serialisiert werden kann:

```
[Serializable]
class MeineSerialisierbareKlasse
```

Das Attribut-Tag wird in eckigen Klammern unmittelbar vor seinem Ziel eingefügt – in diesem Fall vor der Klassendeklaration.

Entscheidend bei Attributen ist, dass Sie wissen, wann Sie sie benötigen – die jeweilige Aufgabe entscheidet über ihren Einsatz.

Benutzerdefinierte Attribute

Es steht Ihnen frei, eigene Attribute zu erfinden und sie zur Laufzeit einzusetzen, wo es Ihnen angebracht erscheint. Angenommen, Ihr Entwicklungsteam möchte Fehlerkorrekturen verfolgen. Dazu haben Sie bereits eine Datenbank mit allen Bugs, aber Sie würden gern die Fehlerberichte mit den entsprechenden Korrekturen im Code verknüpfen.

Zu diesem Zweck können Sie zum Beispiel Kommentarzeilen einfügen:

```
// Bug 323 erledigt von Jesse Liberty 1.1.2008.
```

Dies ist zwar im Quellcode gut zu finden, aber es gibt keine auswertbare Verknüpfung mit dem in der Datenbank gespeicherten Bug 323. In diesem Fall ist ein benutzerdefiniertes Attribut genau das, was Sie suchen. Ersetzen Sie beispielsweise einfach den Kommentar durch das Folgende:

```
[BugFixAttribute(323,"Jesse Liberty","1.1.2008",
Comment="Offset-Fehler")]
```

Nun können Sie ein Programm schreiben, das die Metadaten nach solchen Anmerkungen zu Fehlerkorrekturen durchsucht und die Datenbank aktualisiert. Das Attribut dient hier weiterhin als Kommentar, ermöglicht Ihnen aber gleichzeitig, die enthaltenen Informationen durch selbst geschriebene Werkzeuge auszulesen.

Das Beispiel wird Ihnen allerdings vielleicht etwas künstlich vorkommen, denn diese Attribute würden in den auszuliefernden Code hineinkompiliert werden.

Ein Attribut deklarieren

Attribute werden, wie es bei C# fast immer der Fall ist, durch Klassen verkörpert. Sie erzeugen ein benutzerdefiniertes Attribut, indem Sie eine neue Klasse von System.Attribute ableiten:

```
public class BugFixAttribute : System.Attribute
```

Sie müssen dem Compiler mitteilen, bei welcher Art von Elementen das neue Attribut verwendet werden kann (das Ziel des Attributs). Legen Sie dies durch ein Attribut fest (wie sonst?):

```
[AttributeUsage(AttributeTargets.Class |
    AttributeTargets.Constructor |
    AttributeTargets.Field |
    AttributeTargets.Method |
    AttributeTargets.Property,
    AllowMultiple = true)]
```

AttributeUsage ist ein Attribut, das auf Attribute angewendet wird, also ein *Meta-Attribut*. Gewissermaßen ermöglicht es die Erfassung von Meta-Metadaten – also von Daten über Metadaten. Sie übergeben dem Attributkonstruktor AttributeUsage zwei Argumente.

Das erste ist eine Gruppe von Flags zur Kennzeichnung des Attributziels – in diesem Fall die Klasse und deren Konstruktoren, Felder, Methoden und Eigenschaften. Das zweite Argument ist ein Flag, das angibt, ob einem einzelnen Element mehr als ein solches Attribut zugeordnet werden kann. In diesem Beispiel wird AllowMultiple auf true gesetzt; somit kann einem Klassen-Member also mehr als ein BugFixAttribute zugeordnet werden.

Ein Attribut benennen

Das neue benutzerdefinierte Attribut in diesem Beispiel hat den Namen BugFixAttribute. Der Konvention entsprechend wird das Wort Attribute an den Attributnamen gehängt. Der Compiler unterstützt dies dadurch, dass Sie das Attribut mit der abgekürzten Version des Namens aufrufen können. Sie können also auch schreiben:

```
[BugFix(123, "Jesse Liberty", "01/01/08", Comment="Offset-Fehler")]
```

Der Compiler sucht erst nach einem Attribut mit dem Namen BugFix und dann, wenn er dieses nicht findet, nach einem BugFixAttribute.

Ein Attribut anlegen

Attribute übernehmen zwei Arten von Parametern: *positionsbezogene* und *benannte*. Bei dem BugFix-Beispiel sind der Name des Programmierers, die Fehlernummer (bugID) und das Datum Positionsparameter, während comment ein benannter Parameter ist. Positionsparameter werden durch den Konstruktor übergeben und müssen in der Reihenfolge aufgeführt werden, in der sie im Konstruktor deklariert sind:

```
public BugFixAttribute(int bugID, string programmer,
string date)
{
    this.BugID = bugID;
    this.Programmer = programmer;
    this.Date = date;
}
```

Dagegen werden benannte Parameter als Felder oder Eigenschaften implementiert:

```
public string Comment    { get; set; }
```

Üblicherweise werden für die Positionsparameter Eigenschaften verwendet, die nur gelesen werden können:

```
public int BugID    { get; private set; }
```

Ein Attribut anwenden

Nachdem das Attribut definiert ist, können Sie es anwenden, indem Sie es unmittelbar vor dem Zielelement einfügen. Um das BugFixAttribute aus dem vorangehenden Beispiel zu testen, erzeugt das folgende Programm eine einfache Klasse namens MyMath mit zwei Funktionen. Ordnen Sie der Klasse das BugFixAttribute zu, um die Historie der Programmpflege zu protokollieren:

```
[BugFixAttribute(121,"Jesse Liberty","01/03/08")]
[BugFixAttribute(107,"Jesse Liberty","01/04/08",
            Comment="Fixed off by one errors")]
public class MyMath
```

Diese Attribute werden mit den Metadaten gespeichert. Beispiel 20-1 zeigt das komplette Programm.

Beispiel 20-1: Mit benutzerdefinierten Attributen arbeiten

```
using System;

namespace CustomAttributes
{
    // Benutzerdefinierte Attribute für Klassen-Member anlegen
    [AttributeUsage(AttributeTargets.Class |
                AttributeTargets.Constructor |
                AttributeTargets.Field |
                AttributeTargets.Method |
                AttributeTargets.Property,
                AllowMultiple = true)]
    public class BugFixAttribute : System.Attribute
    {
        // Attributkonstruktor für positionsbezogene Parameter
        public BugFixAttribute
```

Beispiel 20-1: Mit benutzerdefinierten Attributen arbeiten (Fortsetzung)

```
        (
            int bugID,
            string programmer,
            string date
        )
        {
            this.BugID = bugID;
            this.Programmer = programmer;
            this.Date = date;
        }

        // Zugriffsmethoden
        public int BugID { get; private set; }
        public string Date { get; private set; }
        public string Programmer { get; private set; }

        // Eigenschaft für benannten Parameter
        public string Comment { get; set; }
    }

    // ********* Das Attribut einer Klasse zuordnen ********

    [BugFixAttribute(121, "Jesse Liberty", "01/03/08")]
    [BugFixAttribute(107, "Jesse Liberty", "01/04/08",
                      Comment = "Offset-Fehler korrigiert")]
    public class MyMath
    {
        public double DoFunc1(double param1)
        {
            return param1 + DoFunc2(param1);
        }

        public double DoFunc2(double param1)
        {
            return param1 / 3;
        }
    }

    public class Tester
    {
        static void Main(string[] args)
        {
            MyMath mm = new MyMath( );
            Console.WriteLine("Aufruf DoFunc(7). Ergebnis: {0}",
            mm.DoFunc1(7));
        }
    }
}

Ausgabe:
Aufruf DoFunc(7). Ergebnis: 9.33333333333333
```

Wie Sie sehen, haben die Attribute keinerlei Auswirkungen auf das Ergebnis. Bislang haben Sie nur mein Wort darauf, dass die Attribute überhaupt existieren, aber ein kurzer Blick in die Metadaten mithilfe von ILDASM verrät, dass die Attribute an Ort und Stelle sind, wie in Abbildung 20-1 zu sehen. Wie Sie diese Metadaten auslesen und in Ihrem Programm verwenden können, erfahren Sie im nächsten Abschnitt.

Abbildung 20-1: Die Metadaten in der Assembly

Reflection

Um die in den Metadaten enthaltenen Attribute nutzen zu können, müssen Sie – idealerweise während der Laufzeit – auf sie zugreifen können. Die Klassen im Namensraum Reflection bieten Ihnen zusammen mit der System.Type-Klasse die nötige Unterstützung, um mit den Metadaten interagieren zu können.

Reflection wird im Allgemeinen für einen der folgenden vier Zwecke eingesetzt:

Betrachtung von Metadaten
> Diese Möglichkeit wird von Werkzeugen und Hilfsprogrammen verwendet, die Metadaten sichtbar machen wollen.

Erkundung von Typen
> Dies ermöglicht Ihnen, die Typen einer Assembly zu untersuchen und mit diesen Typen zu interagieren oder sie zu instanziieren. Dies kann beim Erstellen maßgeschneiderter Skripten hilfreich sein. Beispielsweise können Sie es Ihren Anwendern ermöglichen, über eine Skriptsprache wie JavaScript (oder auch eine Skriptsprache, die Sie selbst erfunden haben) mit Ihrem Programm zu interagieren.

Spätes Binden von Methoden und Eigenschaften
> Damit können Programmierer Eigenschaften und Methoden an Objekten aufrufen, die mittels Typerkundung instanziiert worden sind. Dies wird auch als *dynamisches Aufrufen* bezeichnet.

Erzeugung von Typen zur Laufzeit (Reflection-Emit)
> Die letzte Verwendung von Reflection dient dazu, neue Typen zur Laufzeit zu definieren und sie zur Ausführung bestimmter Aufgaben zu verwenden. Dies ist sinnvoll, wenn eine zur Laufzeit erzeugte Klasse deutlich schneller läuft als eine durch generischen Code zur Compile-Zeit erzeugte.

Metadaten betrachten

In diesem Abschnitt verwenden wir Reflection in C#, um die Metadaten der Klasse MyMath auszulesen.

Beginnen Sie, indem Sie ein Objekt des Typs MemberInfo instanziieren. Dieses Objekt im System.Reflection-Namensraum dient dazu, die Attribute eines Member auszulesen und einen Zugriff auf die Metadaten zu ermöglichen:

    System.Reflection.MemberInfo inf = typeof(MyMath);

Wenden Sie dabei den typeof-Operator auf den Typ MyMath an. Er erzeugt ein Objekt vom Typ Type, der von MemberInfo abgeleitet ist.

 Die Type-Klasse stellt das Herz der Reflection-Klassen dar. Type kapselt die Repräsentation eines Objekttyps. Diese Klasse bietet die wichtigste Möglichkeit für den Zugriff auf Metadaten. Type ist von MemberInfo abgeleitet und kapselt Informationen über die Member einer Klasse (d.h. Methode, Eigenschaften, Felder, Events usw.).

Im nächsten Schritt rufen Sie die Methode `GetCustomAttributes` dieses `MemberInfo`-Objekts auf, wobei Sie den Typ des gewünschten Attributs übergeben. Sie erhalten ein Array von Objekten zurück, von denen jedes vom Typ `BugFixAttribute` ist:

```
object[] attributes;
attributes =
    inf.GetCustomAttributes(typeof(BugFixAttribute),false);
```

Nun können Sie das Array in einer Schleife durchlaufen und die Eigenschaften des `BugFix`-`Attribute`-Objekts ausgeben. Beispiel 20-2 ersetzt die Klasse `Tester` aus Beispiel 20-1.

Beispiel 20-2: Reflection anwenden

```
public static void Main(string[] args)
{
    MyMath mm = new MyMath( );
    Console.WriteLine("Aufruf DoFunc(7). Ergebnis: {0}",
                   mm.DoFunc1(7));

    // Hol die Member-Informationen, und verwende sie
    // zum Auslesen der benutzerdefinierten Attribute
    System.Reflection.MemberInfo inf = typeof(MyMath);
    object[] attributes;
    attributes = inf.GetCustomAttributes(
                   typeof(BugFixAttribute), false);

    // Durchlaufe in einer Schleife die Attribute, und
    // lies die Eigenschaften aus
    foreach (Object attribute in attributes)
    {
        BugFixAttribute bfa = (BugFixAttribute)attribute;
        Console.WriteLine("\nBugID: {0}", bfa.BugID);
        Console.WriteLine("Programmer: {0}", bfa.Programmer);
        Console.WriteLine("Date: {0}", bfa.Date);
        Console.WriteLine("Comment: {0}", bfa.Comment);
    }
}

Ausgabe:
Aufruf DoFunc(7). Ergebnis: 9.3333333333333333

BugID: 121
Programmer: Jesse Liberty
Date: 01/03/08
Comment:

BugID: 107
Programmer: Jesse Liberty
Date: 01/04/08
Comment: Offset-Fehler korrigiert
```

Wenn Sie die `Main()`-Funktion aus Beispiel 20-1 durch diese ersetzen und das Programm laufen lassen, können Sie sehen, dass die Metadaten erwartungsgemäß ausgegeben werden.

Typerkundung

Sie können Reflection dazu verwenden, den Inhalt einer Assembly zu erkunden und zu untersuchen. Dabei finden Sie die mit einem Modul verbundenen Typen, die mit einem Typ verbundenen Methoden, Felder, Eigenschaften und Events sowie die mit jeder der Methoden eines Typs verbundenen Signaturen und schließlich auch die Basisklasse des Typs.

Laden Sie zunächst eine Assembly dynamisch mithilfe der statischen Methode Assembly.Load(). Die Klasse Assembly kapselt die aktuelle Assembly selbst für Reflection-Zwecke. Eine Signatur der Methode Load ist:

```
public static Assembly.Load(AssemblyName)
```

Im nächsten Beispiel übergeben Sie der Load-Methode die Basis-Bibliothek. *MsCorLib.dll* enthält die Basisklassen des .NET Framework:

```
Assembly a = Assembly.Load("Mscorlib.dll");
```

Wenn eine Assembly geladen ist, erhalten Sie mit einem Aufruf von GetTypes() ein Array von Type-Objekten. Das Type-Objekt ist das Herz von Reflection. Type repräsentiert Typdeklarationen (Klassen, Interfaces, Arrays, Werte und Enumerationen):

```
Type[] types = a.GetTypes();
```

Die Assembly liefert ein Array von Typen, die Sie mithilfe einer foreach-Schleife darstellen können, wie Beispiel 20-3 zeigt. Da dieses Beispiel die Klasse Type verwendet, müssen Sie eine using-Direktive für den Namensraum System.Reflection hinzufügen.

Beispiel 20-3: Reflexion über eine Assembly

```
using System;
using System.Reflection;

namespace ReflectingAnAssembly
{
    public class Tester
    {
        public static void Main()
        {
            // Was ist in der Assembly?
            Assembly a = Assembly.Load("Mscorlib");
            Type[] types = a.GetTypes();
            foreach (Type t in types)
            {
                Console.WriteLine("Der Typ ist {0}", t);
            }
            Console.WriteLine(
                "{0} Typen gefunden", types.Length);
        }
    }
}
```

Die Ausgabe dieses Programms würde mehrere Seiten füllen. Dies ist ein kurzer Auszug:

```
Der Typ ist System.Object
Der Typ ist ThisAssembly
Der Typ ist AssemblyRef
Der Typ ist System.ICloneable
Der Typ ist System.Collections.IEnumerable
Der Typ ist System.Collections.ICollection
Der Typ ist System.Collections.IList
Der Typ ist System.Array
2373 Typen gefunden
```

In diesem Beispiel wird ein Array mit Typen aus der Basisbibliothek ausgelesen und zeilenweise ausgegeben. Auf meinem Rechner enthielt das Array 2.373 Einträge.

In der Version 1.1 fand ich noch 1.426 Einträge auf meinem Rechner. Microsoft war nicht untätig!

Über einen Typ reflektieren

Sie können auch Informationen über einen einzelnen Typ in der Mscorlib-Assembly herausfinden. Um dies zu tun, extrahieren Sie den Typ mit der Methode typeOf oder GetType( ) aus der Assembly, wie Beispiel 20-4 zeigt.

Beispiel 20-4: Reflexion über einen Typ

```
using System;

namespace ReflectingOnAType
{
    public class Tester
    {
        public static void Main( )
        {
            // Untersuche ein einzelnes Objekt
            Type theType = Type.GetType("System.Reflection.Assembly");
            Console.WriteLine("\nDer einzelne Typ ist {0}\n", theType);
        }
    }
}

Ausgabe:
Der einzelne Typ ist System.Reflection.Assembly
```

Alle Member eines Typs ermitteln

Sie können den Assembly-Typ mit der GetMembers( )-Methode aus der Klasse Type nach allen seinen Member-Elementen fragen. Diese Methode führt alle Methoden, Eigenschaften und Felder auf, wie in Beispiel 20-5 zu sehen ist.

Beispiel 20-5: Reflexion über die Member eines Typs

```
using System;
using System.Reflection;

namespace ReflectingOnMembersOfAType
{
    public class Tester
    {
        public static void Main( )
        {
            // Untersuche einen einzelnen Typ
            Type theType = Type.GetType("System.Reflection.Assembly");
            Console.WriteLine("\nDer einzelne Typ ist {0}\n", theType);

            // Hole alle Member
            MemberInfo[] mbrInfoArray = theType.GetMembers( );
            foreach (MemberInfo mbrInfo in mbrInfoArray)
            {
                Console.WriteLine("{0} ist {1}",
                    mbrInfo, mbrInfo.MemberType);
            }
        }
    }
}
```

Auch hier ist die Ausgabe recht lang, aber Sie können darin Felder, Methoden, Konstruktoren und Eigenschaften finden, wie in diesem Ausschnitt zu sehen ist:

```
System.Type GetType(System.String, Boolean, Boolean) ist Method
System.Type[] GetExportedTypes( ) ist Method
System.Reflection.Module GetModule(System.String) ist Method
System.String get_FullName( ) ist Method
```

Methoden eines Typs ermitteln

Wir richten unser Augenmerk jetzt allein auf Methoden und lassen Felder, Eigenschaften usw. weg. Entfernen Sie deshalb den Aufruf von GetMembers( ):

```
MemberInfo[] mbrInfoArray =
    theType.GetMembers( );
```

und fügen Sie stattdessen einen Aufruf von GetMethods( ) hinzu:

```
mbrInfoArray = theType.GetMethods( );
```

Nun zeigt die Ausgabe allein die Methoden an:

```
Ausgabe (Ausschnitt):
Boolean Equals(System.Object) ist Method
System.String ToString( ) ist Method
System.String CreateQualifiedName(
System.String, System.String) ist Method
Boolean get_GlobalAssemblyCache( ) ist Method
```

Einzelne Member eines Typs ermitteln

Um die Suche noch weiter einzugrenzen, können Sie mit der Methode FindMembers nach einzelnen Membern eines Typs suchen. Beispielsweise können Sie Ihre Suche auf Methoden beschränken, deren Namen mit »Get« beginnen.

Zur Eingrenzung der Suche verwenden Sie die Methode FindMembers, die vier Parameter hat.

MemberTypes
: Ein MemberTypes-Objekt, das den Typ der zu suchenden Member angibt. Dazu gehören All, Constructor, Custom, Event, Field, Method, Nestedtype, Property und TypeInfo. So verwenden Sie etwa MemberTypes.Method, um eine Methode zu finden.

BindingFlags
: Eine Enumeration, die festlegt, welche Art der Suche von Reflection durchgeführt werden soll. BindingFlags hat sehr viele Werte, darunter IgnoreCase, Instance, Public, Static und so weiter.

MemberFilter
: Ein Delegate (siehe Kapitel 12), das die Liste der Member im Objekt-Array MemberInfo filtert. Sie verwenden hier den Type.FilterName-Filter, ein Feld der Klasse Type, die den Namen filtert.

Object
: Ein String-Wert, der vom Filter verwendet wird. In diesem Fall übergeben Sie Get*, das mit allen Methoden übereinstimmt, deren Namen mit »Get« beginnen.

Das komplette Listing des Programms, das nach diesen Methoden filtert, ist in Beispiel 20-6 zu sehen.

Beispiel 20-6: Einzelne Member herausfinden

```
using System;
using System.Reflection;

namespace FindingParticularMembers
{
    public class Tester
    {
        public static void Main( )
        {
            // Untersuche ein einzelnes Objekt
            Type theType = Type.GetType("System.Reflection.Assembly");

            // Nur Member, die Methoden sind und mit Get beginnen
            MemberInfo[] mbrInfoArray = theType.FindMembers(
                        MemberTypes.Method,
                        BindingFlags.Public |
                        BindingFlags.Static |
                        BindingFlags.NonPublic |
                        BindingFlags.Instance |
                        BindingFlags.DeclaredOnly,
                        Type.FilterName, "Get*");
```

Beispiel 20-6: Einzelne Member herausfinden (Fortsetzung)

```
            foreach (MemberInfo mbrInfo in mbrInfoArray)
            {
                Console.WriteLine("{0} ist {1}",
                            mbrInfo, mbrInfo.MemberType);
            }
        }
    }
}
```

```
Ausgabe (Ausschnitt):
System.Type GetType(System.String, Boolean, Boolean) ist Method
System.Type[] GetExportedTypes() ist Method
System.Reflection.Module GetModule(System.String) ist Method
System.Reflection.AssemblyName[] GetReferencedAssemblies() ist Method
Int64 GetHostContext() ist Method
System.String GetLocation() ist Method
System.String GetFullName() ist Method
```

Spätes Binden

Nachdem Sie mithilfe von Reflection eine Methode gefunden haben, können Sie sie auch über Reflection aufrufen. Beispielsweise können Sie auf diese Weise die Methode Cos() von System.Math aufrufen, die den Kosinus eines Winkels berechnet.

Sie können natürlich Cos() auch im normalen Ablauf Ihres Programmcodes aufrufen, aber Reflection ermöglicht es Ihnen, diese Methode zur Laufzeit zu binden. So etwas wird als *spätes Binden* bezeichnet; es bietet die Flexibilität, zur Laufzeit das Objekt zu wählen, das man einbinden möchte, und es programmgesteuert aufzurufen. Dies kann nützlich sein, wenn man ein benutzerdefiniertes Skript erzeugt, das Anwender laufen lassen können, oder wenn man mit Objekten arbeitet, die zur Compile-Zeit nicht verfügbar sind. Beispielsweise kann Ihr Programm mit einer Rechtschreibprüfung oder anderen Komponenten eines laufenden kommerziellen Textverarbeitungsprogramms wie Microsoft Word interagieren, indem es späte Bindung einsetzt.

Um Cos() aufzurufen, holen Sie zunächst die Type-Informationen der Klasse System.Math:

```
Type theMathType = Type.GetType("System.Math");
```

Mithilfe dieser Typinformationen können Sie eine Instanz einer Klasse laden, indem Sie eine statische Methode der Activator-Klasse verwenden. Da Cos() eine statische Methode ist, brauchen Sie jedoch keine Instanz von System.Math anzulegen (was ohnehin nicht möglich ist, da System.Math keinen öffentlichen Konstruktor hat).

Die Klasse Activator enthält vier Methoden, die alle statisch sind und die Sie dazu verwenden können, Objekte lokal oder remote zu erzeugen oder Referenzen auf vorhandene Objekte zu erhalten. Die vier Methoden sind:

CreateComInstanceFrom
: Erzeugt Instanzen von COM-Objekten.

CreateInstanceFrom
: Erzeugt die Referenz auf ein Objekt anhand eines bestimmten Assembly- und Typnamens.

GetObject
: Wird beim Marshaling von Objekten verwendet.

CreateInstance
: Erzeugt lokale oder entfernte Instanzen von Objekten, zum Beispiel:

```
Object theObj = Activator.CreateInstance(someType);
```

Wenn wir auf das Cos()-Beispiel zurückkommen, haben Sie nun ein Objekt: ein Type-Objekt namens theMathType, das Sie durch den Aufruf von GetType erzeugt haben.

Bevor Sie eine Methode dieses Objekts aufrufen können, müssen Sie diese Methode vom Type-Objekt theMathType holen. Dazu rufen Sie GetMethod() auf und übergeben die Signatur von Cos.

Wie Sie sich erinnern, besteht die Signatur aus dem Namen der Methode (Cos) und ihren Parametertypen. Im Fall von Cos() gibt es nur einen Parameter: ein Double. Allerdings benötigt Type.GetMethod zwei Parameter. Der erste enthält den Namen der gesuchten Methode und der zweite die Parameter. Der Name wird als String übergeben und die Parameter als ein Array von Type-Objekten:

```
MethodInfo CosineInfo =
  theMathType.GetMethod("Cos",paramTypes);
```

Bevor Sie GetMethod() aufrufen können, müssen Sie das Array vorbereiten:

```
Type[] paramTypes = new Type[1];
paramTypes[0]= Type.GetType("System.Double");
```

Diese Programmzeilen deklarieren das Array aus Type-Objekten und füllen dessen erstes Element (paramTypes[0]) mit einem Objekt, das einen Double-Wert repräsentiert. Sie erhalten den Typ, der einem Double-Wert entspricht, indem Sie die statische Methode Type.GetType() aufrufen und den String System.Double übergeben.

Nun haben Sie ein Objekt vom Typ MethodInfo, bei dem Sie die Methode aufrufen können. Dazu müssen Sie das Objekt übergeben, für das die Methode aufgerufen werden soll, und die Werte der Parameter wieder in einem Array. Da es sich dabei um eine statische Methode handelt, übergeben Sie theMathType (wenn Cos() eine Instanzmethode wäre, könnten Sie theObj statt theMathType nutzen):

```
Object[] parameters = new Object[1];
parameters[0] = 45 * (Math.PI/180); // 45 Grad als Radiant
Object returnVal = CosineInfo.Invoke(theMathType,parameters);
```

Beachten Sie, dass Sie zwei Arrays erzeugt haben. Das erste, paramTypes, enthält die Typen der Parameter. Das zweite, parameters, enthält die tatsächlichen Werte. Wenn die Methode zwei Argumente hätte, würden Sie die Arrays so deklarieren, dass sie jeweils zwei Werte enthalten. Hätte die Methode gar keinen Parameter, können Sie die Arrays immer noch deklarieren, aber mit der Länge null:

```
Type[] paramTypes = new Type[0];
```

So seltsam dies auch aussieht, es ist doch korrekt.

Beispiel 20-7 zeigt den dynamischen Aufruf der Cos( )-Methode.

Beispiel 20-7: Dynamischer Aufruf einer Methode

```
using System;
using System.Reflection;

namespace DynamicallyInvokingAMethod
{
    public class Tester
    {
        public static void Main( )
        {
            Type theMathType = Type.GetType("System.Math");
            // Da System.Math keinen öffentlichen Konstruktor hat,
            // würden folgende Zeilen eine Exception hervorrufen
            //Object theObj =
            //    Activator.CreateInstance(theMathType);

            // Array mit einem Element
            Type[] paramTypes = new Type[1];
            paramTypes[0] = Type.GetType("System.Double");

            // Hole Methodeninfo für Cos( )
            MethodInfo CosineInfo =
                theMathType.GetMethod("Cos", paramTypes);

            // Fülle ein Array mit Parameterwerten
            Object[] parameters = new Object[1];
            parameters[0] = 45 * (Math.PI / 180); // 45 Grad als Radiant
            Object returnVal =
                CosineInfo.Invoke(theMathType, parameters);
            Console.WriteLine(
                "Der Kosinus eines Winkels von 45 Grad ist {0}",
                returnVal);
        }
    }
}

Ausgabe:
Der Kosinus eines Winkels von 45 Grad ist 0.707106781186548
```

Das ist eine Menge Arbeit, nur um eine einzige Methode aufzurufen. Das Besondere daran ist aber, dass Sie mit Reflection eine Assembly auf dem Rechner des Benutzers erkunden, die verfügbaren Methoden abfragen und eine dieser Member-Methoden dynamisch aufrufen können.

KAPITEL 21
Threads und Synchronisation

Threads ermöglichen das Multitasking innerhalb einer Anwendung. Der Namensraum System.Threading bietet eine Fülle von Klassen und Interfaces zur Unterstützung von Multithread-Programmen. Die meisten Programmierer werden niemals explizit mit Threads umgehen müssen, denn die CLR fasst einen Großteil der Thread-Unterstützung in Klassen zusammen, mit denen Multithreading-Aufgaben vereinfacht werden.

Der erste Teil dieses Kapitels zeigt, wie Sie Threads erzeugen, verwalten und beenden. Auch wenn Sie selbst nicht direkt mit Threads arbeiten wollen, müssen Sie sicher sein, dass Ihre Programme mit mehreren Threads umgehen können, sofern sie in einer Multithreading-Umgebung lauffähig sein sollen. Diese Überlegung ist besonders wichtig, wenn Sie Komponenten entwickeln, die von anderen Programmierern in multithreading-fähigen Programmen verwendet werden.

Im zweiten Teil des Kapitels geht es um Fragen der Synchronisation. Wenn Sie eine begrenzte Ressource (zum Beispiel eine Datenbankverbindung) haben, können Sie möglicherweise zu jedem Zeitpunkt nur einem einzigen Thread den Zugriff gestatten. Die klassische Analogie hierfür ist ein Flugzeug-WC, für das immer nur einer Person der Zugang gestattet sein soll. Dies wird durch ein an der Tür angebrachtes Schloss erreicht. Ein Passagier, der das WC benutzen will, versucht das Schloss zu öffnen, und wenn es verschlossen ist, geht er entweder weg und tut etwas anderes oder wartet geduldig in einer Reihe mit anderen, die auf diese Ressource zugreifen wollen. Sobald die Ressource frei wird, erhält eine Person aus der Schlange Zugang, und danach ist sie wiederum gesperrt.

Manchmal wollen verschiedene Threads auf eine Ressource in Ihrem Programm zugreifen, zum Beispiel auf eine Datei. Wenn Sie sicherstellen müssen, dass zu jedem Zeitpunkt nur ein einziger Thread auf Ihre Ressource zugreifen kann, müssen Sie die Ressource sperren, einem Thread den Zugriff gestatten und die Ressource danach wieder freigeben. Die Programmierung solcher Sperren kann ziemlich kompliziert sein, wenn eine gerechte Verteilung der Ressourcen sichergestellt werden soll.

Threads

Typischerweise setzt man Threads ein, wenn ein Programm mehrere Dinge gleichzeitig tun soll. Nehmen Sie an, Sie wollen die Zahl Pi (3.141592653589...) auf die zehnmilliardste Stelle genau berechnen. Der Prozessor beginnt munter mit dem Rechnen, aber währenddessen erscheint keinerlei Ausgabe auf der Benutzeroberfläche. Da die Berechnung von Pi auf die zehnmilliardste Stelle mehrere Millionen Jahre dauert, würden Sie es begrüßen, wenn der Prozessor Ihnen etwas über den Fortgang der Arbeit mitteilte. Außerdem wollen Sie vielleicht einen *Stop*-Button vorsehen, damit der Benutzer den Vorgang jederzeit abbrechen kann. Damit das Programm reagieren kann, wenn der *Stop*-Button angeklickt wird, benötigen Sie einen zweiten Ausführungs-Thread.

Eine andere gängige Situation für den Einsatz von Threads besteht dann, wenn Sie auf ein Event warten müssen, zum Beispiel auf Benutzereingaben, auf einen Lesevorgang aus einer Datei oder auf den Empfang von Daten über das Netzwerk. Es empfiehlt sich, den Prozessor während des Wartens für eine andere Aufgabe freizustellen (um etwa weitere 10.000 Werte von Pi zu berechnen), wodurch Ihr Programm schneller zu laufen scheint.

Beachten Sie andererseits, dass das Threading unter bestimmten Umständen auch eine Verlangsamung mit sich bringen kann. Angenommen, Sie wollen zusätzlich zur Berechnung von Pi auch noch die Fibonnacci-Reihe (1,1,2,3,5,8,13,21...) berechnen. Auf einem Multiprozessor-Rechner geht dies schneller, wenn jede Rechnung in ihrem eigenen Thread läuft. Wenn Sie aber (wie die meisten Anwender) eine Einprozessor-Maschine haben, läuft diese Berechnung mit mehreren Threads eher *langsamer*, als wenn Sie erst die eine und dann die andere Aufgabe in einem einzigen Thread berechnen. Denn der Prozessor muss zwischen den beiden Threads hin- und herschalten, und dies erfordert einigen zusätzlichen Aufwand.

Threads starten

Am einfachsten erzeugen Sie einen Thread, indem Sie eine neue Instanz der Klasse Thread anlegen. Der Konstruktor von Thread hat ein einziges Argument, und zwar eine delegate-Instanz. Die CLR bietet speziell für diesen Zweck die Delegate-Klasse ThreadStart, die auf eine von Ihnen benannte Methode weist. Damit können Sie einen Thread erstellen und ihm sagen: »Wenn du startest, rufe diese Methode auf.« Die Deklaration des Thread-Start-Delegate ist:

```
public delegate void ThreadStart();
```

Wie Sie sehen, darf die Methode, die Sie diesem Delegate zuordnen, keine Parameter haben, und sie muss void liefern. Somit können Sie folgendermaßen einen neuen Thread erzeugen:

```
Thread myThread = new Thread( new ThreadStart(myFunc) );
```

Beispielsweise können Sie zwei Arbeits-Threads erzeugen, von denen der eine von null an inkrementiert:

```
public void Incrementer( )
{
    for (int i =0;i<1000;i++)
    {
        Console.WriteLine("Incrementer: {0}", i);
    }
}
```

Der andere dekrementiert von 1.000 an:

```
public void Decrementer( )
{
    for (int i = 1000;i>=0;i--)
    {
        Console.WriteLine("Decrementer: {0}", i);
    }
}
```

Um diese in Threads laufen zu lassen, erzeugen Sie zwei neue Threads, die beide mit einem ThreadStart-Delegate initialisiert werden. Diese wiederum müssen mit den jeweiligen Member-Funktionen initialisiert werden:

```
Thread t1 = new Thread( new ThreadStart(Incrementer) );
Thread t2 = new Thread( new ThreadStart(Decrementer) );
```

Dadurch, dass die Threads instanziiert werden, laufen sie noch nicht. Dazu müssen Sie die Methode Start des Thread-Objekts selbst aufrufen:

```
t1.Start();
t2.Start();
```

Wenn Sie nichts weiter unternehmen, endet der Thread dann, wenn auch die Funktion beendet wird. Später in diesem Kapitel werden Sie erfahren, wie Sie einen Thread vor Ablauf der Funktion abbrechen können.

Beispiel 21-1 enthält ein vollständiges Programm samt seiner Ausgaben. Sie benötigen ein using-Statement für System.Threading, damit dem Compiler die Klasse Thread bekannt ist. Sehen Sie sich die Ausgabe an, in der Sie das Umschalten des Prozessors zwischen t1 und t2 erkennen können

Beispiel 21-1: Threads verwenden

```
using System;
using System.Threading;

namespace UsingThreads
{
    class Tester
    {
        static void Main( )
        {
```

Beispiel 21-1: Threads verwenden (Fortsetzung)

```csharp
            // Erstelle eine Instanz dieser Klasse
            Tester t = new Tester();

            Console.WriteLine("Hello");
            // Laufe außerhalb der statischen Main-Methode
            t.DoTest();
        }

        public void DoTest()
        {
            // Erzeuge einen Thread für den Incrementer.
            // Übergib ein ThreadStart-Delegate
            // mit der Adresse des Incrementers
            Thread t1 = new Thread(
                new ThreadStart(Incrementer));

            // Erzeuge einen Thread für den Decrementer.
            // Übergib ein ThreadStart-Delegate
            // mit der Adresse des Decrementers
            Thread t2 = new Thread(
                new ThreadStart(Decrementer));

            // Starte die Threads
            t1.Start();
            t2.Start();
        }

        // Demo-Funktion, inkrementiert bis 1000
        public void Incrementer()
        {
            for (int i = 0; i < 1000; i++)
            {
                System.Console.WriteLine(
                    "Incrementer: {0}", i);
            }
        }

        // Demo-Funktion, zählt abwärts von 1000
        public void Decrementer()
        {
            for (int i = 1000; i >= 0; i--)
            {
                System.Console.WriteLine(
                    "Decrementer: {0}", i);
            }
        }
    }
}

Ausgabe (Ausschnitt):
Incrementer: 102
Incrementer: 103
```

Beispiel 21-1: Threads verwenden (Fortsetzung)

```
Incrementer: 104
Incrementer: 105
Incrementer: 106
Decrementer: 1000
Decrementer: 999
Decrementer: 998
Decrementer: 997
```

Der Prozessor lässt den ersten Thread so lange laufen, dass er bis 106 zählen kann. Dann schaltet sich der zweite Thread ein, der von 1.000 an eine Weile abwärts zählt. Anschließend kommt der erste Thread wieder zum Zuge. Als ich dieses Programm mit höheren Zahlen laufen ließ, stellte ich fest, dass jeder Thread bis zum Umschalten etwa 100 Zahlen lang laufen konnte.

Die tatsächlich jedem vorhandenen Thread zugebilligte Zeitdauer wird vom Thread-Scheduler berechnet und ist von diversen Faktoren abhängig, zum Beispiel von der Prozessorgeschwindigkeit, von Prozessoranforderungen anderer Programme und so weiter.

Threads vereinigen

Man kann einen Thread dazu veranlassen, die Verarbeitung zu unterbrechen und darauf zu warten, dass ein anderer Thread seine Arbeit abgeschlossen hat. Dies wird als Vereinigen (*join*) des ersten mit dem zweiten Thread bezeichnet. Es ist, als würden Sie die Spitze des ersten Threads mit dem Ende des zweiten Threads verknüpfen, also »vereinigen«.

Um Thread 1 (t1) mit Thread 2 (t2) zu vereinigen, schreiben Sie:

```
t2.Join( );
```

Wenn diese Anweisung innerhalb einer Methode von Thread t1 ausgeführt wird, hält t1 an und wartet, bis t2 beendet wird. Beispielsweise können wir den Thread, in dem Main( ) läuft, dazu veranlassen, auf die Beendigung aller anderen Threads zu warten, bevor er eine abschließende Meldung ausgibt. Im nächsten Codeabschnitt nehmen wir an, dass Sie eine Thread-Collection namens myThreads angelegt haben. Sie durchlaufen die Collection und vereinigen dabei den aktuellen Thread der Reihe nach mit allen Threads in der Collection:

```
foreach (Thread myThread in myThreads)
{
    myThread.Join( );
}

Console.WriteLine("Alle meine Threads sind fertig.");
```

Die abschließende Meldung Alle meine Threads sind fertig. wird erst ausgegeben, wenn alle Threads beendet sind. In einer Produktionsumgebung können Sie so eine Reihe von Threads starten, die irgendwelche Aufgaben ausführen (z.B. drucken, die Anzeige aktualisieren usw.), und den Haupt-Thread warten lassen, bis alle anderen Threads ihre Arbeit abgeschlossen haben.

Threads mit Sleep blockieren

Manchmal müssen Sie den Ablauf eines Threads für eine kurze Zeit unterbrechen. Zum Beispiel können Sie Ihren Uhrzeit-Thread zwischen zwei Abfragen der Systemzeit etwa eine Sekunde lang aussetzen lassen. Das gibt Ihnen die Möglichkeit, etwa einmal pro Sekunde die aktuelle Zeit anzeigen zu lassen, ohne dafür hHunderte von Millionen Maschinenzyklen opfern zu müssen.

Die Klasse Thread bietet eine öffentliche, statische Methode Sleep, die genau diesem Zweck dient. Die Methode ist überladen; eine Version übernimmt einen int-Wert, die andere ein timeSpan-Objekt.

In beiden Fällen wird die Anzahl der Millisekunden angegeben, für die der Thread angehalten werden soll, entweder als int (z.B. 2.000 = 2.000 Millisekunden oder zwei Sekunden) oder als timeSpan.

Obwohl ein timeSpan-Objekt sogar *Ticks* (100 Nanosekunden) messen kann, ist die Granularität der Sleep()-Methode auf Millisekunden (1 Millionen Nanosekunden) beschränkt.

Um Ihren Thread für eine Sekunde pausieren zu lassen, können Sie die statische Thread-Methode Sleep() verwenden, die den Thread aussetzen lässt, aus dem sie aufgerufen wird:

```
Thread.Sleep(1000);
```

Unter Umständen weisen Sie auch null als auszusetzende Zeit aus; damit signalisieren Sie dem Thread-Scheduler, dass Ihr Thread erst einmal anderen Threads Raum geben soll, obwohl der Thread-Scheduler andernfalls Ihrem Thread noch etwas mehr Zeit zugeordnet hätte.

Wenn Sie Beispiel 21-1 modifizieren und nach jedem WriteLine() eine Anweisung Thread.Sleep(1) einfügen, ändert sich die Ausgabe deutlich:

```
for (int i =0;i<1000;i++)
{
    Console.WriteLine(
    "Incrementer: {0}", i);
    Thread.Sleep(1);
}
```

Diese kleine Änderung genügt, um jeden der beiden Threads weiterlaufen zu lassen, sobald der jeweils andere Thread seine Zahl angezeigt hat. Die Ausgabe spiegelt diese Veränderung wider:

```
Incrementer: 0
Incrementer: 1
Decrementer: 1000
Incrementer: 2
Decrementer: 999
Incrementer: 3
Decrementer: 998
```

```
Incrementer: 4
Decrementer: 997
Incrementer: 5
Decrementer: 996
Incrementer: 6
Decrementer: 995
```

Threads abbrechen

Normalerweise verabschiedet sich ein Thread, nachdem er seine Aufgabe erledigt hat. Sie können aber einen Thread auch zum vorzeitigen Abbruch veranlassen. Die sauberste Möglichkeit dazu ist, das Boolesche Flag KeepAlive zu setzen, das der Thread periodisch prüfen kann. Wenn das Flag seinen Zustand ändert (z.B. von true nach false übergeht), kann sich der Thread dann selbst beenden.

Eine Alternative besteht darin, die Methode Thread.Interrupt aufzurufen, die den Thread auffordert, sich selbst abzubrechen. Und in ganz verzweifelten Situationen, wenn Sie die Anwendung in jedem Fall herunterfahren möchten, können Sie schließlich noch Thread.Abort aufrufen. Dies hat zur Folge, dass die Exception ThreadAbortException ausgelöst wird, die der Thread allerdings abfangen kann.

Jeder Thread sollte die Exception ThreadAbortException als Signal verstehen, dass es Zeit zum sofortigen Schlussmachen ist. Sie werfen einen Thread jedenfalls so nicht einfach hinaus, sondern bitten ihn höflich zu gehen.

Angenommen, Sie wollen einen Thread als Reaktion auf ein Ereignis beenden, beispielsweise wenn der Benutzer den Button zum Abbrechen angeklickt hat. Der Event-Handler für diesen Button befindet sich in Thread t1, und das Ereignis, das abgebrochen werden soll, läuft in Thread t2. In Ihrem Event-Handler rufen Sie dann auf t2 Abort auf:

```
t2.Abort();
```

In diesem Fall wird eine Exception in der in t1 aktuell laufenden Methode ausgelöst, die t1 abfangen kann.

In Beispiel 21-2 werden drei Threads erzeugt und in einem Array von Thread-Objekten gespeichert. Vor dem Starten der Threads wird die Eigenschaft IsBackground auf true gesetzt (Hintergrund-Threads hindern keinen Prozess daran, sich zu beenden; ansonsten verhalten sie sich genauso wie Vordergrund-Threads). Danach wird jeder Thread gestartet und benannt (z.B. Thread1, Thread2 usw.). Eine Mitteilung zeigt an, dass der Thread gestartet worden ist; danach pausiert der Haupt-Thread 50 Millisekunden lang und startet dann den nächsten Thread.

Nachdem alle drei Threads gestartet und weitere 50 Millisekunden vergangen sind, wird der zweite Thread durch einen Aufruf von Abort() abgebrochen. Der Haupt-Thread vereinigt sich mit allen drei laufenden Threads. Der Effekt von all dem ist, dass der Haupt-Thread nicht weiterläuft, bevor alle anderen Threads beendet worden sind. Nach ihrer Beendigung gibt der Haupt-Thread die Meldung aus: Alle meine Threads sind fertig. Das Quellprogramm ist in Beispiel 21-2 dargestellt.

Beispiel 21-2: Einen Thread abbrechen

```csharp
using System;
using System.Threading;

namespace InterruptingThreads
{
    class Tester
    {
        static void Main( )
        {
            // Erstelle eine Instanz dieser Klasse
            Tester t = new Tester( );

            // Laufe außerhalb der statischen Main-Methode
            t.DoTest( );
        }

        public void DoTest( )
        {
            // Erzeuge ein Array unbenannter Threads
            Thread[] myThreads =
             {
                new Thread( new ThreadStart(Decrementer) ),
                new Thread( new ThreadStart(Incrementer) ),
                new Thread( new ThreadStart(Decrementer) ),
                new Thread( new ThreadStart(Incrementer) )
             };

            // Starte alle Threads
            int ctr = 1;
            foreach (Thread myThread in myThreads)
            {
                myThread.IsBackground = true;
                myThread.Start( );
                myThread.Name = "Thread" + ctr.ToString( );
                ctr++;
                Console.WriteLine("Thread {0} gestartet",
                myThread.Name);
                Thread.Sleep(50);
            }

            // Den ersten Thread bitten, seine Tätigkeit zu beenden
            myThreads[0].Interrupt( );

            // Den zweiten Thread auffordern, sofort abzubrechen
            myThreads[1].Abort( );

            // Warte auf die Beendigung aller Threads
            foreach (Thread myThread in myThreads)
            {
                myThread.Join( );
            }
```

Beispiel 21-2: Einen Thread abbrechen (Fortsetzung)

```
        // Zeige eine Meldung nach dem Ende aller Threads an
        Console.WriteLine("All my threads are done.");
    }

    // Demo-Funktion, dekrementiert ab 100
    public void Decrementer()
    {
        try
        {
            for (int i = 100; i >= 0; i--)
            {
                Console.WriteLine(
                    "Thread {0}. Decrementer: {1}",
                    Thread.CurrentThread.Name, i);
                Thread.Sleep(1);
            }
        }
        catch (ThreadAbortException)
        {
            Console.WriteLine(
                "Thread {0} abgebrochen! Räume auf...",
                Thread.CurrentThread.Name);
        }
        catch (System.Exception e)
        {
            Console.WriteLine(
                "Thread wurde unterbrochen.");
        }
        finally
        {
            Console.WriteLine(
                "Thread {0} wird beendet. ",
                Thread.CurrentThread.Name);
        }
    }

    // Demo-Funktion, inkrementiert bis 100
    public void Incrementer()
    {
        try
        {
            for (int i = 0; i < 100; i++)
            {
                Console.WriteLine(
                    "Thread {0}. Incrementer: {1}",
                    Thread.CurrentThread.Name, i);
                Thread.Sleep(1);
            }
        }
        catch (ThreadAbortException)
        {
            Console.WriteLine(
```

Beispiel 21-2: Einen Thread abbrechen (Fortsetzung)

```
                    "Thread {0} abgebrochen!",
                    Thread.CurrentThread.Name);
            }
            catch (System.Exception e)
            {
                Console.WriteLine(
                    "Thread wurden unterbrochen.");
            }
            finally
            {
                Console.WriteLine(
                    "Thread {0} wird beendet. ",
                    Thread.CurrentThread.Name);
            }
        }
    }
}
```

```
Ausgabe (Auszug):
Thread Thread2. Incrementer: 42
Thread Thread1. Decrementer: 7
Thread Thread2. Incrementer: 43
Thread Thread1. Decrementer: 6
Thread Thread2. Incrementer: 44
Thread Thread1. Decrementer: 5
Thread Thread2. Incrementer: 45
Thread Thread1. Decrementer: 4
Thread Thread2. Incrementer: 46
Thread Thread3 gestartet
Thread Thread3. Decrementer: 100
Thread Thread2. Incrementer: 47
Thread Thread1. Decrementer: 3
Thread Thread2. Incrementer: 48
Thread Thread1. Decrementer: 2
Thread Thread3. Decrementer: 99
Thread Thread2. Incrementer: 49
Thread Thread3. Decrementer: 98
Thread Thread1. Decrementer: 1
Thread Thread1. Decrementer: 0
Thread Thread2. Incrementer: 50
Thread Thread3. Decrementer: 97
Thread Thread2. Incrementer: 51
Thread Thread1 wird beendet.
Thread Thread3. Decrementer: 96
...
Thread Thread4. Incrementer: 99
Thread Thread4 wird beendet.
Alle meine Threads sind fertig.
```

Sie sehen, dass der erste Thread losläuft und von 100 bis 99 dekrementiert. Der zweite Thread startet, und die beiden Threads wechseln sich eine Zeit lang ab, bis der dritte und der vierte Thread beginnen. Nach kurzer Zeit zeigt allerdings Thread2 an, dass er abgebrochen wurde, und danach, dass er endet. Ein wenig später meldet Thread1, dass er unterbrochen wurde. Da die Unterbrechung erst wirksam wird, wenn sich der Thread in einem Wartezustand befindet, kann es sein, dass die Reaktion etwas weniger direkt erfolgt als bei einem Aufruf von Abort. Die beiden übrigen Threads fahren fort, bis sie fertig sind. Sie enden normal, und der Haupt-Thread, der mit allen dreien vereinigt wird, fährt mit der Anzeige seiner Abschlussmeldung fort.

Synchronisation

Gelegentlich müssen Sie den Zugriff auf eine Ressource kontrollieren, zum Beispiel auf die Eigenschaften oder Methoden eines Objekts, so dass zu jedem Zeitpunkt nur ein Thread diese Ressource verändern kann. Ihr Objekt ähnelt dem oben besprochenen Flugzeug-WC, und die verschiedenen Threads verhalten sich wie die in der Schlange wartenden Passagiere. Zur Synchronisation dient eine Sperre (Lock) auf dem Objekt, die dafür sorgt, dass kein zweiter Thread sich in Ihr Objekt drängeln kann, bevor der erste Thread fertig ist.

In diesem Abschnitt untersuchen wir drei Synchronisationsmechanismen: die Interlock-Klasse, die Lock-Anweisung in C# und die Monitor-Klasse. Aber zuerst erzeugen wir eine gemeinsam genutzte Ressource, oft eine Datei oder einen Drucker, und darin eine einfache Integer-Variable namens counter. Anstatt eine Datei zu öffnen oder auf einen Drucker zuzugreifen, inkrementieren wir in beiden Threads counter.

Deklarieren Sie zunächst die Member-Variable, und initialisieren Sie sie auf 0:

```
int counter = 0;
```

Modifizieren Sie die Incrementer-Methode so, dass sie die Member-Variable counter inkrementiert:

```
public void Incrementer()
{
 try
 {
    while (counter < 1000)
    {
       int temp = counter;
       temp++; // Inkrementiere

       // Täusche etwas Arbeit in dieser Methode vor
       Thread.Sleep(1);

       // Weise den erhöhten Wert
       // der Variablen counter zu
       // und zeige die Ergebnisse an
       counter = temp;
```

```
            Console.WriteLine(
              "Thread {0}. Incrementer: {1}",
              Thread.CurrentThread.Name,
            counter);
        }
    }
```

Die Idee besteht hier darin, die Arbeit mit einer kontrollierten Ressource zu simulieren. Genau wie wir vielleicht eine Datei öffnen, ihren Inhalt verändern und sie dann wieder schließen, lesen wir hier den Inhalt von counter in eine temporäre Variable, inkrementieren den Inhalt der temporären Variablen, pausieren für eine Millisekunde zur Simulation irgendeiner Tätigkeit und weisen den inkrementierten Wert wiederum counter zu.

Das Problem dabei ist, dass der erste Thread den Wert des Zählers (0) ausliest und einer temporären Variablen zuweist. Dann inkrementiert er die temporäre Variable. Währenddessen liest der zweite Thread den Inhalt des Zählers (immer noch 0) und weist den Inhalt einer temporären Variablen zu. Der erste Thread beendet seine Arbeit und weist seinen temporären Wert (1) wieder dem Zähler zu und zeigt ihn an. Der zweite Thread macht dasselbe. Ausgegeben werden die Werte 1,1. In der nächsten Runde passiert das Gleiche. Wir sehen, dass die beiden Threads nicht 1,2,3,4 zählen, sondern 1,2,3,3,4,4. Beispiel 21-3 zeigt den vollständigen Quellcode und die Ausgabe für dieses Beispiel.

Beispiel 21-3: Eine gemeinsam genutzte Ressource simulieren

```
using System;
using System.Threading;

namespace SharedResource
{
    class Tester
    {
        private int counter = 0;

        static void Main()
        {
            // Erstelle eine Instanz dieser Klasse
            Tester t = new Tester();

            // Laufe außerhalb der statischen Main-Methode
            t.DoTest();
        }

        public void DoTest()
        {
            Thread t1 = new Thread(new ThreadStart(Incrementer));
            t1.IsBackground = true;
            t1.Name = "ThreadOne";
            t1.Start();
            Console.WriteLine("Thread {0} gestartet",
              t1.Name);
```

Beispiel 21-3: Eine gemeinsam genutzte Ressource simulieren (Fortsetzung)

```
        Thread t2 = new Thread(new ThreadStart(Incrementer));
        t2.IsBackground = true;
        t2.Name = "ThreadTwo";
        t2.Start();
        Console.WriteLine("Thread {0} gestartet",
        t2.Name);
        t1.Join();
        t2.Join();

        // Zeige Nachricht nach dem Ende aller Threads an
        Console.WriteLine("Alle meine Threads sind fertig.");
    }

    // Demo-Funktion, inkrementiert bis 1000
    public void Incrementer()
    {
        try
        {
            while (counter < 1000)
            {
                int temp = counter;
                temp++; // Inkrementiere

                // Täusche etwas Arbeit in dieser Methode vor
                Thread.Sleep(1);

                // Weise den erhöhten Wert zu,
                // und zeige das Ergebnis an
                counter = temp;
                Console.WriteLine(
                    "Thread {0}. Incrementer: {1}",
                    Thread.CurrentThread.Name,
                    counter);
            }
        }
        catch (ThreadInterruptedException)
        {
            Console.WriteLine(
                "Thread {0} abgebrochen! Räume auf ...",
                Thread.CurrentThread.Name);
        }
        finally
        {
            Console.WriteLine(
                "Thread {0} wird beendet.",
                Thread.CurrentThread.Name);
        }
    }
  }
}
```

Beispiel 21-3: Eine gemeinsam genutzte Ressource simulieren (Fortsetzung)

```
Ausgabe:
Thread ThreadOne gestartet
Thread ThreadTwo gestartet
Thread ThreadOne. Incrementer: 1
Thread ThreadOne. Incrementer: 2
Thread ThreadOne. Incrementer: 3
Thread ThreadTwo. Incrementer: 3
Thread ThreadTwo. Incrementer: 4
Thread ThreadOne. Incrementer: 4
Thread ThreadTwo. Incrementer: 5
Thread ThreadOne. Incrementer: 5
Thread ThreadTwo. Incrementer: 6
Thread ThreadOne. Incrementer: 6
```

Interlocked verwenden

Die CLR bietet mehrere Synchronisationsmechanismen. Dazu zählen die üblichen Instrumente wie kritische Abschnitte (die bei .NET als *Locks* bezeichnet werden) sowie die Monitor-Klasse. Jeder einzelne Mechanismus wird weiter unten in diesem Kapitel behandelt.

Das Inkrementieren und Dekrementieren eines Werts ist ein derart verbreitetes Programmiermuster und eines, das so häufig einen Schutz durch Synchronisation benötigt, dass CLR speziell für diesen Zweck eine eigene Klasse anbietet: Interlocked. Die Klasse Interlocked verfügt über zwei Methoden, Increment und Decrement, die nicht nur einen Wert inkrementieren oder dekrementieren, sondern dies auch synchronisiert tun.

Modifizieren Sie die Incrementer-Methode aus Beispiel 21-3 wie folgt:

```
public void Incrementer()
{
    try
    {
        while (counter < 1000)
        {
            int temp = Interlocked.Increment(ref counter);

            // Simuliere einige Arbeit in dieser Methode
            Thread.Sleep(0);

            // Zeige den erhöhten Wert an
            Console.WriteLine(
                "Thread {0}. Incrementer: {1}",
                Thread.CurrentThread.Name, temp);
        }
    }
}
```

Die catch- und finally-Blöcke sowie der Rest des Programms werden unverändert aus dem vorangehenden Beispiel übernommen.

Die Methode `Interlocked.Increment()` erwartet einen einzigen Parameter: eine Referenz auf einen `int`-Wert. Da ein `int` normalerweise by value übergeben wird, verwenden Sie, wie in Kapitel 4 beschrieben, das Schlüsselwort `ref`.

Die `Increment()`-Methode ist überladen und kann auch eine Referenz auf einen `long`-Wert anstelle eines `int`-Werts übernehmen, wenn dies passender ist.

Nach dieser Änderung ist der Zugriff auf den Member `counter` synchronisiert, und die Ausgabe entspricht nun unserer Erwartung:

```
Ausgabe (Auszug):
Thread ThreadOne gestartet
Thread ThreadTwo gestartet
Thread ThreadOne. Incrementer: 1
Thread ThreadTwo. Incrementer: 2
Thread ThreadOne. Incrementer: 3
Thread ThreadTwo. Incrementer: 4
Thread ThreadOne. Incrementer: 5
Thread ThreadTwo. Incrementer: 6
Thread ThreadOne. Incrementer: 7
Thread ThreadTwo. Incrementer: 8
Thread ThreadOne. Incrementer: 9
Thread ThreadTwo. Incrementer: 10
Thread ThreadOne. Incrementer: 11
Thread ThreadTwo. Incrementer: 12
Thread ThreadOne. Incrementer: 13
Thread ThreadTwo. Incrementer: 14
Thread ThreadOne. Incrementer: 15
Thread ThreadTwo. Incrementer: 16
Thread ThreadOne. Incrementer: 17
Thread ThreadTwo. Incrementer: 18
Thread ThreadOne. Incrementer: 19
Thread ThreadTwo. Incrementer: 20
```

Locks verwenden

Obwohl das `Interlocked`-Objekt gut funktioniert, wenn es darum geht, einen Wert hoch- oder herunterzuzählen, werden Sie doch in manchen Situationen auch den Zugriff auf andere Objekte kontrollieren wollen. Hierzu wird ein allgemeinerer Synchronisationsmechanismus benötigt. Dieser wird in C# durch das `Lock`-Feature (Sperre) zur Verfügung gestellt.

Ein Lock kennzeichnet einen kritischen Abschnitt in Ihrem Programm und synchronisiert ein Objekt, das Sie benennen, während die Sperre aktiv ist. Die Syntax von `lock` sieht folgendermaßen aus: Sie fordern eine Sperre für ein Objekt an und führen dann eine Anweisung oder einen Anweisungsblock aus. Die Sperre wird am Ende des Anweisungsblocks automatisch zurückgenommen.

C# bietet durch das Schlüsselwort `lock` direkte Unterstützung für Locks. Übergeben Sie es einem Referenzobjekt, und lassen Sie auf die Anweisung einen Anweisungsblock folgen:

```
lock(Ausdruck) Anweisungsblock
```

So können Sie zum Beispiel `Incrementer` ein weiteres Mal modifizieren und jetzt die `Lock`-Anweisung einsetzen:

```
public void Incrementer()
{
    try
    {
        while (counter < 1000)
        {
            int temp;
            lock (this)
            {
                temp = counter;
                temp++;
                Thread.Sleep(1);
                counter = temp;
            }

            // Weise den erhöhten Wert zu,
            // und zeige das Ergebnis an
            Console.WriteLine(
                "Thread {0}. Incrementer: {1}",
                Thread.CurrentThread.Name, temp);

        }
    }
```

Die `catch`- und `finally`-Blöcke werden unverändert aus dem vorangehenden Beispiel übernommen.

Die Ausgabe dieses Codes ist mit der identisch, die bei der Verwendung von `Interlocked` entsteht.

Monitore verwenden

Die bisher verwendeten Objekte sind in den meisten Fällen ausreichend. Um die bestmögliche Kontrolle über Ressourcen zu bekommen, können Sie auch einen *Monitor* einsetzen. Ein Monitor überlässt Ihnen die Entscheidung darüber, wann die Synchronisation begonnen und beendet wird, und ermöglicht es Ihnen, darauf zu warten, dass ein anderer Bereich Ihres Codes frei wird.

Wenn die Synchronisation beginnen soll, rufen Sie die `Enter()`-Methode des Monitors auf und übergeben ihr das zu sperrende Objekt:

```
Monitor.Enter(this);
```

Ist der Monitor nicht verfügbar, wird von dem vom Monitor geschützten Objekt angenommen, dass es gerade in Gebrauch sei. Sie können etwas anderes tun, während Sie darauf warten, dass der Monitor wieder verfügbar wird, und es dann noch einmal versuchen. Sie können stattdessen auch explizit `Wait()` aufrufen und dadurch den Thread so lange pausieren lassen, bis der Monitor frei wird und der Entwickler `Pulse` aufruft (was wir in Kürze behandeln). `Wait()` hilft Ihnen dabei, die Reihenfolge der Threads zu kontrollieren.

Nehmen Sie beispielsweise an, dass Sie einen Artikel aus dem Web herunterladen und drucken wollen. Aus Effizienzgründen soll der Druck in einem Hintergrund-Thread erfolgen, aber es soll sichergestellt sein, dass mindestens zehn Seiten heruntergeladen worden sind, bevor der Ausdruck beginnt.

Der Druck-Thread wartet, bis der Datei-Lade-Thread signalisiert, dass ein ausreichender Teil der Datei heruntergeladen worden ist. Eine Vereinigung (*Join*) mit dem Datei-Lade-Thread käme hier nicht in Frage, da die Datei Hunderte von Seiten lang sein kann. Sie wollen auch nicht warten, bis der Download-Vorgang vollständig abgeschlossen ist, sondern möchten nur sicher sein, dass mindestens zehn Seiten eingelesen worden sind, bevor der Druck-Thread beginnt. Hier ist die `Wait()`-Methode genau das Passende.

Um dies zu simulieren, schreiben Sie den `Tester` um und fügen die Methode zum Dekrementieren wieder ein. Der Incrementer zählt bis zehn hoch, und der Decrementer zählt bis null herunter. Dabei soll das Herunterzählen erst beginnen, wenn der Wert von `counter` mindestens 5 beträgt.

Rufen Sie in `decrementer` die Methode `Enter` des Monitors auf. Prüfen Sie dann den Wert von `counter`, und wenn er kleiner als 5 ist, rufen Sie `Wait` beim Monitor auf:

```
if (counter < 5)
{
    Monitor.Wait(this);
}
```

Dieser Aufruf von `Wait()` gibt den Monitor frei, signalisiert aber der CLR, dass Sie ihn zurückbekommen möchten, sobald er das nächste Mal frei wird. Wartende Threads werden von der Möglichkeit weiterzulaufen in Kenntnis gesetzt, wenn der aktive Thread `Pulse()` aufruft:

```
Monitor.Pulse(this);
```

`Pulse()` zeigt der CLR an, dass es eine Änderung im Zustand gibt, durch den ein wartender Thread freigesetzt werden kann.

Wenn ein Thread den Monitor nicht mehr benötigt, muss er das Ende des kontrollierten Codebereichs durch einen Aufruf von `Exit()` kennzeichnen:

```
Monitor.Exit(this);
```

Beispiel 21-4 fährt mit der Simulation fort, wobei ein synchronisierter Zugriff auf eine `counter`-Variable mithilfe eines `Monitor`-Objekts erfolgt.

Beispiel 21-4: Ein Monitor-Objekt verwenden

```csharp
using System;
using System.Threading;

namespace UsingAMonitor
{
    class Tester
    {
        private long counter = 0;

        static void Main( )
        {
            // Erstelle eine Instanz dieser Klasse
            Tester t = new Tester( );

            // Laufe außerhalb der statischen Main-Methode
            t.DoTest( );
        }

        public void DoTest( )
        {
            // Erzeuge ein Array unbenannter Threads
            Thread[] myThreads =
             {
                new Thread( new ThreadStart(Decrementer) ),
                new Thread( new ThreadStart(Incrementer) )
             };

            // Starte jeden Thread
            int ctr = 1;
            foreach (Thread myThread in myThreads)
            {
                myThread.IsBackground = true;
                myThread.Start( );
                myThread.Name = "Thread" + ctr.ToString( );
                ctr++;
                Console.WriteLine("Thread {0} gestartet", myThread.Name);
                Thread.Sleep(50);
            }

            // Warte auf die Beendigung aller Threads
            foreach (Thread myThread in myThreads)
            {
                myThread.Join( );
            }

            // Zeige folgende Nachricht nach dem Ende aller Threads an
            Console.WriteLine("Alle meine Threads sind fertig.");
        }

        void Decrementer( )
        {
            try
```

Beispiel 21-4: Ein Monitor-Objekt verwenden (Fortsetzung)

```csharp
        {
            // Synchronisiere diesen Codebereich
            Monitor.Enter(this);

            // Wenn der Zähler noch nicht auf 10 steht,
            // gib den Monitor für andere wartende
            // Threads frei, und bleibe in der Warteschlange
            if (counter < 10)
            {
                Console.WriteLine(
                    "[{0}] in Decrementer. Counter: {1}. Muss warten!",
                    Thread.CurrentThread.Name, counter);
                Monitor.Wait(this);
            }

            while (counter > 0)
            {
                long temp = counter;
                temp--;
                Thread.Sleep(1);
                counter = temp;
                Console.WriteLine(
                    "[{0}] in Decrementer. Counter: {1}. ",
                    Thread.CurrentThread.Name, counter);
            }
        }
        finally
        {
            Monitor.Exit(this);
        }
    }

    void Incrementer()
    {
        try
        {
            Monitor.Enter(this);
            while (counter < 10)
            {
                long temp = counter;
                temp++;
                Thread.Sleep(1);
                counter = temp;
                Console.WriteLine(
                    "[{0}] in Incrementer. Counter: {1}",
                    Thread.CurrentThread.Name, counter);
            }

            // Bin erst mal mit Zählen fertig, lass anderen
            // Thread den Monitor übernehmen
            Monitor.Pulse(this);
        }
        finally
```

Beispiel 21-4: Ein Monitor-Objekt verwenden (Fortsetzung)

```
            {
                Console.WriteLine("[{0}] wird beendet ...",
                    Thread.CurrentThread.Name);
                Monitor.Exit(this);
            }
        }
    }
}
```

```
Ausgabe:
Thread Thread1 gestartet
[Thread1] in Decrementer. Counter: 0. Muss warten!
Thread Thread2 gestartet
[Thread2] in Incrementer. Counter: 1
[Thread2] in Incrementer. Counter: 2
[Thread2] in Incrementer. Counter: 3
[Thread2] in Incrementer. Counter: 4
[Thread2] in Incrementer. Counter: 5
[Thread2] in Incrementer. Counter: 6
[Thread2] in Incrementer. Counter: 7
[Thread2] in Incrementer. Counter: 8
[Thread2] in Incrementer. Counter: 9
[Thread2] in Incrementer. Counter: 10
[Thread2] wird beendet...
[Thread1] in Decrementer. Counter: 9.
[Thread1] in Decrementer. Counter: 8.
[Thread1] in Decrementer. Counter: 7.
[Thread1] in Decrementer. Counter: 6.
[Thread1] in Decrementer. Counter: 5.
[Thread1] in Decrementer. Counter: 4.
[Thread1] in Decrementer. Counter: 3.
[Thread1] in Decrementer. Counter: 2.
[Thread1] in Decrementer. Counter: 1.
[Thread1] in Decrementer. Counter: 0.
Alle meine Threads sind fertig.
```

In diesem Beispiel wird zuerst decrementer gestartet. In der Ausgabe sehen Sie, dass Thread1 (der Decrementer) startet und dann feststellt, dass er warten muss. Dann startet Thread2. Erst wenn Thread2 mit Pulse() das Signal gibt, beginnt Thread1 weiterzulaufen.

Experimentieren Sie etwas mit diesem Code. Kommentieren Sie zunächst den Aufruf von Pulse() aus. Sie stellen dann fest, dass Thread1 niemals zurückkehrt. Ohne Pulse() gibt es kein Signal für wartende Threads.

Schreiben Sie als zweites Experiment den Incrementer so um, dass er nach jeder Erhöhung das Pulse()-Signal gibt und den Monitor beendet:

```
    void Incrementer()
    {
        try
        {
```

```
            while (counter < 10)
            {
                Monitor.Enter(this);
                long temp = counter;
                temp++;
                Thread.Sleep(1);
                counter = temp;
                Console.WriteLine(
                    "[{0}] In Incrementer. Counter: {1}",
                    Thread.CurrentThread.Name, counter);
                Monitor.Pulse(this);
                Monitor.Exit(this);
            }
        }
        Catch {}
```

Schreiben Sie auch Decrementer um, und machen Sie aus der if-Anweisung eine while-Anweisung, wobei Sie den Vergleichswert von 10 auf 5 vermindern:

```
//if (counter < 10)
while (counter < 5)
```

Der Effekt dieser beiden Änderungen ist, dass Thread2, der Incrementer, dem Decrementer nach jeder Erhöhung das Pulse()-Signal gibt. Solange der Wert kleiner als fünf ist, muss der Decrementer weiterhin warten; aber sobald der Wert größer oder gleich fünf ist, läuft der Decrementer bis zum Ende ab. Sobald er fertig ist, kann wiederum der Incrementer laufen. Die Ausgabe ist hier zu sehen:

```
[Thread2] in Incrementer. Counter: 2
[Thread1] in Decrementer. Counter: 2. Muss warten!
[Thread2] in Incrementer. Counter: 3
[Thread1] in Decrementer. Counter: 3. Muss warten!
[Thread2] in Incrementer. Counter: 4
[Thread1] in Decrementer. Counter: 4. Muss warten!
[Thread2] in Incrementer. Counter: 5
[Thread1] in Decrementer. Counter: 4.
[Thread1] in Decrementer. Counter: 3.
[Thread1] in Decrementer. Counter: 2.
[Thread1] in Decrementer. Counter: 1.
[Thread1] in Decrementer. Counter: 0.
[Thread2] in Incrementer. Counter: 1
[Thread2] in Incrementer. Counter: 2
[Thread2] in Incrementer. Counter: 3
[Thread2] in Incrementer. Counter: 4
[Thread2] in Incrementer. Counter: 5
[Thread2] in Incrementer. Counter: 6
[Thread2] in Incrementer. Counter: 7
[Thread2] in Incrementer. Counter: 8
[Thread2] in Incrementer. Counter: 9
[Thread2] in Incrementer. Counter: 10
```

Race Conditions und Deadlocks

Die .NET-Bibliothek bietet eine umfassende Thread-Unterstützung, die Sie kaum selbst aufbauen können, wenn Sie eigene Threads erzeugen oder die Synchronisation manuell organisieren.

Die Synchronisation von Threads kann verzwickt sein, besonders in komplexen Programmen. Wenn Sie sich dazu entschließen, mit eigenen Threads zu arbeiten, müssen Sie sich mit den üblichen Problemen der Thread-Synchronisation auseinandersetzen, zu denen Race Conditions und Deadlocks gehören.

Race Conditions

Eine *Race Condition* (»Wettlaufzustand«) liegt vor, wenn die zeitlich unkoordinierte Arbeit zweier Threads den erfolgreichen Ablauf Ihres Programms gefährdet.

Nehmen Sie beispielsweise an, Sie haben zwei Threads – einer ist dafür zuständig, eine Datei zu öffnen, und der andere, in diese Datei zu schreiben. Dann kommt es darauf an, dass Sie den zweiten Thread so überwachen, dass mit Sicherheit der erste Thread zuvor die Datei geöffnet hat. Wenn nicht, wird zwar unter gewissen Umständen der erste Thread so rechtzeitig die Datei öffnen, dass der zweite richtig funktioniert; unter anderen, unvorhersehbaren Bedingungen aber wird der erste Thread mit dem Öffnen der Datei nicht fertig sein, bevor der zweite Thread in diese zu schreiben versucht, und Sie lösen eine Exception aus (oder schlimmer, Ihr Programm bricht zusammen und endet). So etwas wird als *Race Condition* bezeichnet, und Race Conditions können ausgesprochen schwer zu debuggen sein.

Die beiden Threads können Sie nicht unabhängig voneinander laufen lassen, sondern Sie müssen sicherstellen, dass Thread1 fertig ist, bevor Thread2 beginnt. Um dies zu erreichen, könnten Sie ein Join( ) von Thread2 mit Thread1 durchführen. Als Alternative können Sie einen Monitor und Wait( ) mit geeigneten Bedingungen verwenden, bevor Sie Thread2 fortfahren lassen.

Deadlocks

Wenn Sie darauf warten, dass eine Ressource frei wird, riskieren Sie einen *Deadlock* (Blockierung), den man auch als *tödliche Umklammerung* bezeichnen kann. Bei einem Deadlock warten zwei oder mehr Threads aufeinander, und keiner kann sich aus dieser Situation befreien.

Nehmen wir an, Sie haben zwei Threads, ThreadA und ThreadB. ThreadA sperrt ein Objekt vom Typ Mitarbeiter und versucht dann, einen Lock auf eine Zeile in der Datenbank zu bekommen. Dabei stellt sich heraus, dass ThreadB diese Zeile bereits gesperrt hat, also muss ThreadA warten.

Leider kann ThreadB die Zeile nicht aktualisieren, bevor er das Mitarbeiter-Objekt gesperrt hat, das aber bereits durch ThreadA gesperrt worden ist. Keiner der Threads kann fortfahren, und keiner wird seine eigene Ressource freigeben. Sie warten in einer tödlichen Umklammerung aufeinander.

Ein Deadlock, wie er hier beschrieben ist, kann relativ einfach gefunden – und korrigiert – werden. In einem Programm mit vielen Threads kann die Diagnose von Deadlocks dagegen sehr schwierig sein, ganz zu schweigen von der Lösung. Eine Regel ist, alle benötigten Locks zu bekommen oder, wenn dies nicht gelingt, alle Locks freizugeben, in deren Besitz man ist. Das heißt, sobald ThreadA erkennt, dass er die Zeile nicht sperren kann, sollte er sein Lock auf das Mitarbeiter-Objekt freigeben. Und gleichermaßen sollte ThreadB, wenn er den Mitarbeiter nicht sperren kann, die Zeile freigeben. Eine zweite wichtige Richtlinie ist, nur möglichst kurze Codeabschnitte zu sperren und Locks nur über eine möglichst kurze Zeit festzuhalten.

KAPITEL 22
Streams

Bei vielen Anwendungen werden die Daten in einer Weise im Speicher gehalten und benutzt, als handele es sich um dreidimensionale, feste Gebilde; wenn Sie auf eine Variable oder ein Objekt zugreifen müssen, geben Sie ihren bzw. seinen Namen an – und schon steht sie bzw. es Ihnen zu Diensten. Wenn Sie jedoch Ihre Daten in oder aus einer Datei, durch das Netzwerk oder über das Internet bewegen möchten, müssen Ihre Daten in einen *Stream* (Datenstrom) verwandelt werden.[1] In einem Stream fließen die Daten wie Blasen auf fließendem Wasser.

Der Endpunkt eines Streams wird üblicherweise als *Backing-Store* (einspeisender Speicher) bezeichnet. Wie ein See eine Quelle für einen Fluss darstellt, so ist der Backing-Store eine Quelle für den Stream. Typischerweise ist der Backing-Store eine Datei, es kann sich aber auch um ein Netzwerk oder eine Webverbindung handeln.

Dateien und Verzeichnisse werden im .NET Framework durch Klassen dargestellt. Diese Klassen stellen Methoden und Eigenschaften zur Verfügung, mit denen man Dateien und Verzeichnisse auf Ihrer Platte erzeugen, benennen, manipulieren und löschen kann.

Das .NET Framework bietet sowohl gepufferte als auch ungepufferte Ströme und auch Klassen für asynchrone Ein-/Ausgaben. Mithilfe von asynchronen Ein-/Ausgaben können Sie die .NET-Klassen veranlassen, Ihre Dateien zu lesen; und während diese damit beschäftigt sind, die Bits von Ihrer Platte zu holen, kann Ihr Programm sich mit anderen Aufgaben beschäftigen. Die asynchronen E/A-Vorgänge benachrichtigen Sie, sobald sie fertig sind. Die asynchronen Klassen sind so leistungsstark und robust, dass Sie im Allgemeinen auf die explizite Anwendung von Threads verzichten können (siehe Kapitel 21).

Daten als Stream in oder aus Dateien zu bewegen unterscheidet sich nicht von dem Versenden durch das Netzwerk, und der zweite Teil dieses Kapitels beschreibt das Streaming sowohl mit TCP/IP als auch mit Webprotokollen.

---

[1] Im Internet können Daten auch als Datagramme gesendet werden.

Damit Sie einen Datenstrom erzeugen können, muss Ihr Objekt üblicherweise in *serialisierter* Form, das heißt als eine Folge von Bits, in den Strom geschrieben werden. Das .NET Framework unterstützt die Serialisierung umfassend, und im Schlussteil dieses Kapitels wird detailliert erklärt, wie Sie die Kontrolle über die Serialisierung Ihrer Objekte übernehmen können.

Dateien und Verzeichnisse

Bevor wir uns damit beschäftigen, wie Sie Daten in Dateien schreiben und lesen, wollen wir uns zunächst ansehen, auf welche Weise Datei- und Verzeichnismanipulationen unterstützt werden.

Die dazu benötigten Klassen befinden sich im Namensraum System.IO. Dazu gehören die Klasse File, die eine Datei auf der Platte repräsentiert, und die Klasse Directory, die ein Verzeichnis darstellt (unter Windows auch als *Ordner* bezeichnet).

Mit Verzeichnissen arbeiten

Die Klasse Directory stellt statische Methoden zum Erzeugen, Verschieben und Erkunden von Verzeichnissen zur Verfügung. Alle Methoden der Klasse Directory sind statisch, können also ohne Instanz der Klasse aufgerufen werden.

Die Klasse DirectoryInfo ist ähnlich, enthält aber nur Instanz-Member (d.h. überhaupt keine statischen Member). DirectoryInfo ist von der Klasse FileSystemInfo abgeleitet, die wiederum von MarshalByRefObject abgeleitet ist. Die Klasse FileSystemInfo hat eine Anzahl von Eigenschaften und Methoden, die Informationen über eine Datei oder ein Verzeichnis liefern.

Tabelle 22-1 führt die wesentlichen Methoden der Klasse Directory auf, und Tabelle 22-2 fasst die wesentlichen Methoden der Klasse DirectoryInfo zusammen, einschließlich der wichtigeren Methoden und Eigenschaften, die von FileSystemInfo geerbt sind.

Tabelle 22-1: Die wesentlichen Methoden der Klasse Directory

Methode	Verwendung
CreateDirectory()	Erzeugt alle Verzeichnisse und Unterverzeichnisse, die im Pfad-Parameter angegeben sind.
GetCreationTime()	Ermittelt und setzt die Zeit der Erstellung eines bestimmten Verzeichnisses.
GetDirectories()	Liefert benannte Verzeichnisse.
GetLogicalDrives()	Liefert die Namen aller logischen Laufwerke in der Form <laufwerk>:\.
GetFiles()	Liefert die Namen von Dateien, die mit einem Muster übereinstimmen.
GetParent()	Gibt das übergeordnete Verzeichnis zu dem angegebenen Pfad zurück.
Move()	Verschiebt ein Verzeichnis und seinen Inhalt zu dem angegebenen Pfad.

Tabelle 22-2: Die wesentlichen Methoden und Eigenschaften der Klasse DirectoryInfo

Methode oder Eigenschaft	Verwendung
Attributes	Geerbt von FileSystemInfo; liefert bzw. setzt die Attribute für die aktuelle Datei.
CreationTime	Geerbt von FileSystemInfo; liefert bzw. setzt die Zeit der Erstellung der aktuellen Datei.
Exists	Öffentliche Eigenschaft: Boolescher Wert, der true ist, wenn das Verzeichnis existiert.
Extension	Öffentliche Eigenschaft: Geerbt von FileSystemInfo; die Dateierweiterung.
FullName	Öffentliche Eigenschaft: Geerbt von FileSystemInfo; der vollständige Pfad der Datei oder des Verzeichnisses.
LastAccessTime	Öffentliche Eigenschaft: Geerbt von FileSystemInfo; holt oder setzt die Zeit des letzten Zugriffs.
LastWriteTime	Öffentliche Eigenschaft: Geerbt von FileSystemInfo; holt oder setzt die Zeit des letzten Schreibzugriffs auf die aktuelle Datei oder das Verzeichnis.
Name	Öffentliche Eigenschaft: Name dieser Instanz von DirectoryInfo.
Parent	Öffentliche Eigenschaft: Übergeordnetes Verzeichnis des angegebenen Verzeichnisses.
Root	Öffentliche Eigenschaft: Wurzelteil des Pfads.
Create( )	Öffentliche Methode: Legt ein Verzeichnis an.
CreateSubdirectory( )	Öffentliche Methode: Legt ein Unterverzeichnis für den angegebenen Pfad an.
Delete( )	Öffentliche Methode: Löscht ein DirectoryInfo und seinen Inhalt aus dem Pfad.
GetDirectories( )	Öffentliche Methode: Gibt ein Array von DirectoryInfo-Objekten mit Unterverzeichnissen zurück.
GetFiles( )	Öffentliche Methode: Gibt eine Liste der Dateien in dem Verzeichnis zurück.
GetFileSystemInfos( )	Öffentliche Methode: Lädt ein Array von FileSystemInfo-Objekten.
MoveTo( )	Öffentliche Methode: Verschiebt eine DirectoryInfo und deren Inhalt zu einem neuen Pfad.
Refresh( )	Öffentliche Methode: Geerbt von FileSystemInfo; aktualisiert den Status des Objekts.

Ein DirectoryInfo-Objekt anlegen

Wenn Sie eine Verzeichnishierarchie untersuchen möchten, benötigen Sie eine Instanz von DirectoryInfo. Die Klasse DirectoryInfo bietet Methoden, mit denen Sie nicht nur die Namen von enthaltenen Dateien und Verzeichnissen erhalten, sondern auch die FileInfo- und DirectoryInfo-Objekte. Das ermöglicht es Ihnen, in die hierarchische Struktur einzutauchen und Unterverzeichnisse auszulesen und rekursiv zu untersuchen.

Instanziieren Sie ein DirectoryInfo-Objekt mit dem Namen des Verzeichnisses, das Sie untersuchen wollen:

```
string path = Environment.GetEnvironmentVariable("SystemRoot");
DirectoryInfo dir = new DirectoryInfo(path);
```

Erinnern Sie sich daran, dass das At-Zeichen (@) vor einem String ein »wörtliches« String-Literal erzeugt, in dem Zeichen wie der Backslash nicht mit Escape-Zeichen versehen werden müssen. Dies wird in Kapitel 10 behandelt.

Sie können dieses `DirectoryInfo`-Objekt nach Informationen über sich selbst fragen, zum Beispiel nach seinem Namen, seinem vollständigen Pfad, seinen Attributen, dem Zeitpunkt des letzten Zugriffs usw. Um die Hierarchie des Unterverzeichnisses zu erforschen, fragen Sie das aktuelle Verzeichnis nach seiner Liste von Unterverzeichnissen.

```
DirectoryInfo[] directories = dir.GetDirectories();
```

Dies gibt ein Array von `DirectoryInfo`-Objekten zurück, von dem jedes ein Verzeichnis repräsentiert. Sie können dann rekursiv dieselbe Methode aufrufen und der Reihe nach alle `DirectoryInfo`-Objekte übergeben:

```
foreach (DirectoryInfo newDir in directories)
{
    dirCounter++;
    ExploreDirectory(newDir);
}
```

Die statische `int`-Member-Variable `dirCounter` zählt die insgesamt gefundenen Unterverzeichnisse. Um die Anzeige interessanter zu gestalten, fügen Sie noch eine zweite statische `int`-Member-Variable namens `indentLevel` hinzu. Sie wird jedes Mal inkrementiert, wenn Sie rekursiv in ein Unterverzeichnis hineingehen, und dekrementiert, wenn Sie ein Unterverzeichnis verlassen. Dies ermöglicht es Ihnen, die Unterverzeichnisse unter den übergeordneten Verzeichnissen eingerückt anzuzeigen. Beispiel 22-1 zeigt das vollständige Listing.

Beispiel 22-1: Unterverzeichnisse rekursiv durchlaufen

```
using System;
using System.IO;

namespace RecursingDirectories
{
    class Tester
    {
        // Statische Member-Variablen zur Verfolgung der Summen und der
        // Einrückungsebene
        static int dirCounter = 1;
        static int indentLevel = -1; // so dass beim ersten Durchgang = 0

        public static void Main( )
        {
            Tester t = new Tester();

            // Das anfängliche Unterverzeichnis bestimmen
            string theDirectory =
            Environment.GetEnvironmentVariable("SystemRoot");
            // Wenn Sie Mono oder das Shared Source CLI unter Linux, Unix oder
            // Mac OS X verwenden, sollten Sie die obigen beiden Codezeilen
            // auskommentieren und das Kommentarzeichen hier entfernen
            //string theDirectory = "/tmp";
```

Beispiel 22-1: Unterverzeichnisse rekursiv durchlaufen (Fortsetzung)

```
            // Rufe die Methode zum Erkunden des Verzeichnisses
            // auf, und zeige das Zugriffsdatum sowie alle
            // Unterverzeichnisse an

            DirectoryInfo dir = new DirectoryInfo(theDirectory);

            t.ExploreDirectory(dir);

            // Fertig. Gib die Statistik aus.
            Console.WriteLine(
                "\n\n{0} Verzeichnisse gefunden.\n",
                    dirCounter);
        }

        // Beginne mit einem DirectoryInfo-Objekt.
        // Bei jedem gefundenen Verzeichnis ruft die Methode
        // sich selbst rekursiv auf.

        private void ExploreDirectory(DirectoryInfo dir)
        {
            indentLevel++; // Eine Verzeichnisebene vor

            // Erzeuge Einrückung für Unterverzeichnisse
            for (int i = 0; i < indentLevel; i++)
                Console.Write("  "); // 2 Leerzeichen pro Ebene

            // Gib das Verzeichnis und den letzten Zugriff aus
            Console.WriteLine("[{0}] {1} [{2}]\n",
                indentLevel, dir.Name, dir.LastAccessTime);

            // Hole alle Unterverzeichnisse des akt. Verzeichnisses,
            // und rufe diese Methode für jedes Verzeichnis rekursiv auf
            DirectoryInfo[] directories = dir.GetDirectories();
            foreach (DirectoryInfo newDir in directories)
            {
                dirCounter++; // Inkrementiere den Zähler
                ExploreDirectory(newDir);
            }
            indentLevel--; // Eine Verzeichnisebene zurück
        }
    }
}

Ausgabe (Ausschnitt):
    [2] logiscan [5/1/2001 3:06:41 PM]

    [2] miitwain [5/1/2001 3:06:41 PM]

  [1] Web [5/1/2001 3:06:41 PM]

    [2] printers [5/1/2001 3:06:41 PM]
```

Beispiel 22-1: Unterverzeichnisse rekursiv durchlaufen (Fortsetzung)

```
[3] images [5/1/2001 3:06:41 PM]

[2] Wallpaper [5/1/2001 3:06:41 PM]
```

363 Verzeichnisse gefunden.

Sie müssen am Anfang Ihrer Datei using System.IO; eintragen, da Visual Studio 2008 dies nicht automatisch für Sie macht.

Dieses Programm wird in Vista eine Ausnahme auslösen, wenn Sie versuchen, Verzeichnisse einzulesen, die vom Betriebssystem geschützt werden. Das ist auch gut so, denn Vista tut damit das, was es soll.

Das Programm beginnt, indem es ein Verzeichnis (*SystemRoot*, normalerweise *C:\WinNT* oder *C:\Windows*) identifiziert und ein DirectoryInfo-Objekt für dieses Verzeichnis erzeugt. Danach ruft es ExploreDirectory auf und übergibt das DirectoryInfo. Die Methode ExploreDirectory zeigt die Informationen über das Verzeichnis an und ermittelt dann alle Unterverzeichnisse.

Die Liste aller Unterverzeichnisse des aktuellen Verzeichnisses erhält man, wenn man GetDirectories in Form eines Arrays aus DirectoryInf-Objekten aufruft. ExploreDirectory ist die rekursive Methode; alle DirectoryInfo-Objekte werden der Reihe nach an ExploreDirectory übergeben. Der Effekt besteht darin, dass das Programm rekursiv in jedes Unterverzeichnis hineingeht, es danach wieder verlässt und das nächste Verzeichnis auf derselben Ebene untersucht, bis alle Unterverzeichnisse von *%SystemRoot%* angezeigt worden sind. Nachdem ExploreDirectory schließlich zurückgekehrt ist, gibt die aufrufende Methode eine Zusammenfassung aus.

Mit Dateien arbeiten

Das DirectoryInfo-Objekt kann auch eine Collection aller Dateien zurückgeben, die in jedem Unterverzeichnis zu finden sind. Die Methode GetFiles( ) gibt ein Array von FileInfo-Objekten zurück, von denen jedes eine Datei in diesem Verzeichnis beschreibt. Die Klassen FileInfo und File beziehen sich aufeinander, so ähnlich wie DirectoryInfo und Directory. Wie die Methoden von Directory sind alle File-Methoden statisch; und wie bei DirectoryInfo sind alle Methoden von FileInfo Instanzmethoden.

Tabelle 22-3 listet alle wesentlichen Methoden der Klasse File auf; Tabelle 22-4 zeigt die wichtigsten Member der Klasse FileInfo.

Tabelle 22-3: Die wesentlichen öffentlichen statischen Methoden der Klasse File

Methode	Verwendung
AppendText( )	Erzeugt einen StreamWriter, der Text an die angegebene Datei anfügt.
Copy( )	Kopiert eine bereits bestehende Datei in eine neue Datei.
Create( )	Erzeugt eine Datei im angegebenen Pfad.
CreateText( )	Erzeugt einen StreamWriter, der eine neue Textdatei in die angegebene Datei schreibt.
Delete( )	Löscht die angegebene Datei.
Exists( )	Gibt true zurück, wenn die angegebene Datei existiert.
GetAttributes( ), SetAttributes( )	Holt bzw. setzt die FileAttributes der angegebenen Datei.
GetCreationTime( ), SetCreationTime( )	Holt bzw. setzt das Datum und die Zeit der Erstellung der Datei.
GetLastAccessTime( ), SetLastAccessTime( )	Holt bzw. setzt die Zeit des letzten Zugriffs auf die Datei.
GetLastWriteTime( ), SetLastWriteTime( )	Holt bzw. setzt die Zeit des letzten Schreibzugriffs auf die Datei.
Move( )	Verschiebt eine Datei an einen anderen Ort; kann benutzt werden, um eine Datei umzubenennen.
OpenRead( )	Öffentliche statische Methode, die einen FileStream zum Lesen in der Datei öffnet.
OpenWrite( )	Erzeugt einen Stream zum Lesen und Schreiben für die angegebene Datei.

Tabelle 22-4: Methoden und Eigenschaften der Klasse FileInfo

Methode oder Eigenschaft	Verwendung
Attributes( )	Geerbt von FileSystemInfo; holt und setzt die Attribute dieser Instanz von FileInfo.
CreationTime	Geerbt von FileSystemInfo; holt und setzt die Zeit der Erstellung dieser Instanz von FileInfo.
Directory	Öffentliche Eigenschaft: Gibt eine Instanz des übergeordneten Verzeichnisses zurück.
Exists	Öffentliche Eigenschaft: Boolescher Wert, der true ist, wenn die Datei existiert.
Extension	Öffentliche Eigenschaft: Geerbt von FileSystemInfo; bezeichnet die Dateierweiterung.
FullName	Öffentliche Eigenschaft: Geerbt von FileSystemInfo; bezeichnet den vollständigen Pfad der Datei.
LastAccessTime	Öffentliche Eigenschaft: Geerbt von FileSystemInfo; liefert oder setzt die Zeit des letzten Zugriffs.
LastWriteTime	Öffentliche Eigenschaft: Geerbt von FileSystemInfo; liefert oder setzt die Zeit des letzten Schreibzugriffs auf die Datei.
Length	Öffentliche Eigenschaft: Gibt die Größe der aktuellen Datei zurück.
Name	Öffentliche Eigenschaft: Name dieser Instanz von FileInfo.
AppendText( )	Öffentliche Methode: Erzeugt einen StreamWriter, der Text an eine Datei anhängt.
CopyTo( )	Öffentliche Methode: Kopiert eine bestehende Datei in eine neue Datei.
Create( )	Öffentliche Methode: Erzeugt eine neue Datei.
Delete( )	Öffentliche Methode: Löscht eine Datei permanent.
MoveTo( )	Öffentliche Methode: Verschiebt eine Datei an einen neuen Ort; kann dazu verwendet werden, eine Datei umzubenennen.

Tabelle 22-4: Methoden und Eigenschaften der Klasse FileInfo (Fortsetzung)

Methode oder Eigenschaft	Verwendung
Open( )	Öffentliche Methode: Öffnet eine Datei mit verschiedenen Privilegien für das Lesen/Schreiben und für den gemeinsamen Zugriff.
OpenRead( )	Öffentliche Methode: Erzeugt einen FileStream nur zum Lesen.
OpenText( )	Öffentliche Methode: Erzeugt einen StreamReader zum Lesen aus einer vorhandenen Textdatei.
OpenWrite( )	Öffentliche Methode: Erzeugt einen FileStream nur zum Schreiben.

Beispiel 22-2 ist eine modifizierte Version von Beispiel 22-1, bei der Code hinzugefügt wird, um für jede Datei in jedem Unterverzeichnis ein FileInfo-Objekt zu erhalten. Dieses Objekt wird benutzt, um den Namen der Datei zusammen mit seiner Länge sowie dem Datum und der Zeit des letzten Zugriffs anzuzeigen.

Beispiel 22-2: Dateien und Unterverzeichnisse untersuchen

```
using System;
using System.IO;

using System.Collections;

namespace ExploringFilesAndSubdirectories
{
    class Tester
    {
        // Statische Member-Variablen zur Verfolgung der Summen und der
        // Einrückungsebene
        static int dirCounter = 1;
        static int indentLevel = -1; // daher erster Push = 0
        static int fileCounter = 0;

        public static void Main( )
        {
            Tester t = new Tester( );
            //Console.WriteLine("GetEnvironmentVariables: ");
            //IDictionary     environmentVariables =
            //    Environment.GetEnvironmentVariables( );
            //foreach (DictionaryEntry de in environmentVariables)
            //    {
            //        Console.WriteLine("   {0} = {1}", de.Key, de.Value);
            //    }


            //return;


            // Das anfängliche Unterverzeichnis bestimmen
            string theDirectory =
                Environment.GetEnvironmentVariable("SystemRoot");
            // Wenn Sie Mono oder das Shared Source CLI unter Linux, Unix oder
            // Mac OS X verwenden, sollten Sie die obigen beiden Codezeilen
```

Beispiel 22-2: Dateien und Unterverzeichnisse untersuchen (Fortsetzung)

```
        // auskommentieren und das folgende Kommentarzeichen entfernen
        //string theDirectory = "/tmp";

        // Rufe die Methode zum Erkunden des Verzeichnisses
        // auf, und zeige das Zugriffsdatum sowie alle
        // Unterverzeichnisse an
        DirectoryInfo dir = new DirectoryInfo(theDirectory);

        t.ExploreDirectory(dir);

        // Fertig. Gib die Statistik aus.

        Console.WriteLine(
            "\n\n{0} Dateien in {1} Verzeichnissen gefunden.\n",
            fileCounter, dirCounter);
    }

    // Beginne mit einem DirectoryInfo-Objekt.
    // Bei jedem gefundenen Verzeichnis ruft die Methode
    // sich selbst rekursiv auf.
    private void ExploreDirectory(DirectoryInfo dir)
    {
        indentLevel++; // Eine Verzeichnisebene vor

        // Erzeuge Einrückung für Unterverzeichnisse
        for (int i = 0; i < indentLevel; i++)
            Console.Write("  "); // 2 Leerzeichen pro Ebene

        // Gib das Verzeichnis und die letzte Zugriffszeit aus
        Console.WriteLine("[{0}] {1} [{2}]\n",
            indentLevel, dir.Name, dir.LastAccessTime);

        // Hole alle Dateien im Verzeichnis, und gib ihre
        // Namen, die Zeit des letzten Zugriffs und ihre Größe aus
        try
        {
            FileInfo[] filesInDir = dir.GetFiles();

            foreach (FileInfo file in filesInDir)
            {
                // Rücke einmal zusätzlich ein, um Dateien
                // unter ihrem Verzeichnis zu platzieren
                for (int i = 0; i < indentLevel + 1; i++)
                    Console.Write("  "); // 2 Leerzeichen pro Ebene

                Console.WriteLine("{0} [{1}] Größe: {2} Byte",
                    file.Name,
                    file.LastWriteTime,
                    file.Length);
                fileCounter++;
            }
            // Hole alle Unterverzeichnisse des akt. Verzeichnisses,
            // und rufe diese Methode für jedes Verzeichnis rekursiv auf
```

Beispiel 22-2: Dateien und Unterverzeichnisse untersuchen (Fortsetzung)

```
            DirectoryInfo[] directories = dir.GetDirectories();
            foreach (DirectoryInfo newDir in directories)
            {
                dirCounter++; // Inkrementiere den Zähler
                ExploreDirectory(newDir);
            }
            indentLevel--; // Eine Verzeichnisebene zurück
        }
        catch { } // Überspringen, was Vista nicht mag.
    }
  }
}
```

Ausgabe (Auszug):

```
0.LOG [8/30/2007 8:26:05 PM] Größe: 0 Byte
AC3API.INI [1/14/1999 2:04:06 PM] Größe: 231 Byte
actsetup.log [7/1/2004 11:13:11 AM] Größe: 3848 Byte
Blue Lace 16.bmp [8/29/2002 6:00:00 AM] Größe: 1272 Byte
BOOTSTAT.DAT [8/30/2007 8:25:03 PM] Größe: 2048 Byte
44760 Dateien in 8251 Verzeichnissen gefunden.
```

Das Beispiel wird mit dem Namen des Verzeichnisses *SystemRoot* initialisiert. Es gibt Informationen über sämtliche Dateien in dem Verzeichnis und untersucht dann rekursiv alle Unterverzeichnisse und deren Unterverzeichnisse (die Ausgabe wird bei Ihnen anders aussehen). Dies kann eine ganze Weile dauern, weil der Verzeichnisbaum *SystemRoot* ziemlich umfangreich ist (in diesem Fall 44.760 Dateien in 8.251 Verzeichnissen).

In dieser Version nutzen wir einen try/catch-Block, um die Exceptions abzufangen, die ausgelöst werden, wenn wir versuchen, Informationen über Verzeichnisse zu erhalten, die von Vista geschützt sind. Damit kann das Programm zu Ende laufen (auch wenn die Zähler für Dateien und Verzeichnisse durch die ungezählten, geschützten Verzeichnisse zu niedrig sind):

```
    try
    {
        FileInfo[] filesInDir = dir.GetFiles();
        //...
        indentLevel--; // Eine Verzeichnisebene zurück
    }
    catch { }
```

Dateien verändern

Wie Sie in den Tabellen 22-3 und 22-4 erkennen können, kann man die Klasse `FileInfo` dazu verwenden, Dateien zu erzeugen, zu kopieren, umzubenennen und zu löschen. Im nächsten Beispiel wird ein neues Unterverzeichnis erzeugt, es werden Dateien dort hineinkopiert, einige werden neu benannt, andere gelöscht, und dann wird das gesamte Verzeichnis wieder gelöscht.

Um diese Beispiele vorzubereiten, müssen Sie ein Verzeichnis \test anlegen und das Verzeichnis media aus WinNT oder Windows in das test-Verzeichnis hineinkopieren. Experimentieren Sie nicht direkt mit Dateien aus System-Root; generell ist beim Arbeiten mit Systemdateien äußerste Vorsicht angebracht.

Im ersten Schritt legen Sie ein DirectoryInfo-Objekt für das Testverzeichnis an (auf einem Mac OS X-, Linux- oder Unix-System müssen Sie theDirectory entsprechend anpassen):

```
string theDirectory = @"c:\test\media";
DirectoryInfo dir = new DirectoryInfo(theDirectory);
```

Anschließend erzeugen Sie ein Unterverzeichnis innerhalb des Testverzeichnisses, indem Sie beim DirectoryInfo-Objekt CreateSubDirectory aufrufen. Sie erhalten ein neues DirectoryInfo-Objekt zurück, das das neu erzeugte Unterverzeichnis repräsentiert:

```
string newDirectory = "testNeu";
DirectoryInfo newSubDir =
    dir.CreateSubdirectory(newDirectory);
```

Sie können nun das Testverzeichnis in einer Schleife durchlaufen und Dateien in das neu erzeugte Unterverzeichnis hineinkopieren:

```
FileInfo[] filesInDir = dir.GetFiles();
foreach (FileInfo file in filesInDir)
{
    string fullName = newSubDir.FullName +
            "\\" + file.Name;
    file.CopyTo(fullName);
    Console.WriteLine("{0} kopiert nach newTest",
        file.FullName);
}
```

Beachten Sie die Syntax der Methode CopyTo. Dies ist eine Methode des FileInfo-Objekts. Geben Sie den kompletten Pfad der neuen Datei ein, einschließlich des vollständigen Namens und der Erweiterung.

Sobald Sie die Datei kopiert haben, können Sie eine Liste der Dateien des neuen Verzeichnisses erhalten und direkt mit ihnen arbeiten:

```
filesInDir = newSubDir.GetFiles();
foreach (FileInfo file in filesInDir)
{
```

Erzeugen Sie eine einfache Integer-Variable namens counter, und benutzen Sie diese, um jede zweite Datei umzubenennen:

```
if (counter++ %2 == 0)
{
    file.MoveTo(fullName + ".bak");
    Console.WriteLine("{0} umbenannt zu {1}",
        fullName,file.FullName);
}
```

Sie benennen eine Datei um, indem Sie sie mit einem neuen Namen in dasselbe Verzeichnis »verschieben«. Sie können natürlich eine Datei auch mit ihrem ursprünglichen Namen in ein anderes Verzeichnis schieben, oder Sie können sie gleichzeitig umbenennen und verschieben.

Geben Sie jeder zweiten Datei einen neuen Namen, und löschen Sie diejenigen, die Sie nicht umbenennen:

```
file.Delete( );
Console.WriteLine("{0} gelöscht.", fullName);
```

Sobald Sie die Bearbeitung der Dateien abgeschlossen haben, räumen Sie alles auf, indem Sie das gesamte Unterverzeichnis löschen:

```
newSubDir.Delete(true);
```

Der Boolesche Parameter legt fest, ob rekursiv gelöscht wird. Wenn Sie false angeben und dieses Verzeichnis Unterverzeichnisse mit darin enthaltenen Dateien besitzt, wird eine Exception ausgelöst.

Beispiel 22-3 listet den Quellcode für das gesamte Programm auf. Seien Sie vorsichtig, während Sie es laufen lassen; wenn es fertig ist, ist das Unterverzeichnis verschwunden. Um das Umbenennen und das Löschen verfolgen zu können, setzen Sie entweder einen Breakpoint auf die letzte Zeile oder entfernen sie.

Beispiel 22-3: Ein Unterverzeichnis erzeugen und Dateien bearbeiten

```
using System;
using System.IO;

namespace CreatingSubdirectoryManipulatingFile
{
    class Tester
    {
        public static void Main( )
        {
            // Erzeuge eine Instanz, und starte sie
            Tester t = new Tester( );
            string theDirectory = @"c:\test\media";
            DirectoryInfo dir = new DirectoryInfo(theDirectory);
            t.ExploreDirectory(dir);
        }

        // Beginne mit einem Verzeichnisnamen
        private void ExploreDirectory(DirectoryInfo dir)
        {

            // Lege ein neues Unterverzeichnis an
            string newDirectory = "newTest";
            DirectoryInfo newSubDir =
                dir.CreateSubdirectory(newDirectory);

            // Hole alle Dateien im Verzeichnis, und kopiere
            // sie in das neue Verzeichnis
```

Beispiel 22-3: Ein Unterverzeichnis erzeugen und Dateien bearbeiten (Fortsetzung)

```
            FileInfo[] filesInDir = dir.GetFiles();
            foreach (FileInfo file in filesInDir)
            {
                string fullName = newSubDir.FullName +
                            "\\" + file.Name;
                file.CopyTo(fullName);
                Console.WriteLine("{0} nach newTest kopiert",
                            file.FullName);
            }

            // Hole Collection der hineinkopierten Dateien
            filesInDir = newSubDir.GetFiles();

            // Lösche einige, und benenne die anderen um
            int counter = 0;
            foreach (FileInfo file in filesInDir)
            {
                string fullName = file.FullName;

                if (counter++ % 2 == 0)
                {
                    file.MoveTo(fullName + ".bak");
                    Console.WriteLine("{0} umbenannt zu {1}",
                        fullName, file.FullName);
                }
                else
                {
                    file.Delete();
                    Console.WriteLine("{0} gelöscht.", fullName);
                }
            }

            newSubDir.Delete(true); // Lösche das Verzeichnis
        }
    }
}
Ausgabe (Auszug)
c:\test\media\Bach Brandenburgische Konzerte Nr. 3.RMI
        nach testNeu kopiert
c:\test\media\Beethoven Fünfte Symphonie.RMI nach testNeu kopiert
c:\test\media\Beethoven Für Elise.RMI nach testNeu kopiert
c:\test\media\canyon.mid nach testNeu kopiert
c:\test\media\testNeu\Bach Brandenburgische Konzerte
        Nr. 3.RMI umbenannt in
c:\test\media\testNeu\Bach Brandenburgische Konzerte
        Nr. 3.RMI.bak
c:\test\media\testNeu\Beethoven Fünfte Symphonie.RMI gelöscht.
c:\test\media\testNeu\Beethoven Für Elise.RMI umbenannt in
c:\test\media\testNeu\Beethoven Für Elise.RMI.bak
c:\test\media\testNeu\canyon.mid gelöscht.
```

Dateien lesen und schreiben

Zum Lesen und Schreiben von Dateien wird die Klasse Stream verwendet. Kennen Sie Streams? Dies ist ein Kapitel über Streams.[2]

Die Klasse Stream unterstützt sowohl synchrones als auch asynchrones Lesen und Schreiben. Das .NET Framework enthält eine Reihe von Klassen, die von Stream abgeleitet sind, darunter FileStream, MemoryStream und NetworkStream. Außerdem gibt es eine Klasse BufferedStream, die eine gepufferte Ein-/Ausgabe ermöglicht und mit anderen Klassen eingesetzt wird. Die im Zusammenhang mit Ein-/Ausgaben wesentlichen Klassen sind in Tabelle 22-5 zusammengefasst.

Tabelle 22-5: Wesentliche Ein-/Ausgabeklassen des .NET Framework

Klasse	Verwendung
Stream	Abstrakte Klasse zum Lesen und Schreiben von Bytes.
BinaryReader/BinaryWriter	Lesen und Schreiben von kodierten Strings und primitiven Datentypen in oder aus einem Stream.
File, FileInfo, Directory, DirectoryInfo	Bieten Implementierungen für die abstrakte FileSystemInfo-Klasse, die unter anderem das Anlegen, Verschieben, Umbenennen und Löschen von Dateien und Verzeichnissen ermöglichen.
FileStream	Dient zum Lesen und Schreiben von File-Objekten; unterstützt den Direktzugriff auf Dateien. Öffnet Dateien standardmäßig synchron; unterstützt aber auch asynchrone Dateizugriffe.
TextReader, TextWriter, StringReader, StringWriter	TextReader und TextWriter sind abstrakte Klassen zur Ein-/Ausgabe von Unicode-Zeichen. StringReader und StringWriter schreiben und lesen Strings. Somit kann Ihr In- und Output sowohl ein Stream als auch ein String sein.
BufferedStream	Ein Stream, der einen anderen Stream puffert, beispielsweise einen NetworkStream. Ein BufferedStream kann die Performance eines Streams verbessern, mit dem er verbunden ist, aber beachten Sie, dass FileStream bereits einen eingebauten Puffermechanismus besitzt.
MemoryStream	Ein nicht gepufferter Stream, dessen gekapselte Daten direkt im Arbeitsspeicher zugänglich sind.
NetworkStream	Ein Stream über eine Netzwerkverbindung.

Binäre Dateien

Dieser Abschnitt beginnt mit der Verwendung der Basisklasse Stream zum binären Lesen einer Datei. Der Ausdruck *binäres Lesen* dient zur Unterscheidung vom *textuellen Lesen*. Wenn Sie nicht genau wissen, ob eine Datei nur Text enthält, sollten Sie sie sicherheitshalber als Byte-Strom behandeln, also als *binäre* Datei.

Die Stream-Klasse ist randvoll mit Methoden, aber die wichtigsten sind Read( ), Write( ), BeginRead( ), BeginWrite( ) und Flush( ). Sie alle werden in den nächsten Abschnitten behandelt.

---

2 Mit einem schönen Gruß an Arlo Guthrie.

Um den binären Lesevorgang auszuführen, beginnen Sie damit, zwei Stream-Objekte zu erzeugen: eines zum Lesen und eines zum Schreiben.

```
Stream inputStream = File.OpenRead(
    @"C:\test\source\test1.cs");

Stream outputStream = File.OpenWrite(
    @"C:\test\source\test1.bak");
```

Um die Datei zum Lesen und Schreiben zu öffnen, benutzen Sie die statischen Methoden OpenRead( ) und OpenWrite( ) der Klasse File. Wie zuvor gezeigt wurde, erwarten die statischen überladenen Methoden den Pfad der Datei als Argument.

Beim binären Lesen werden die Daten in einen Pufferbereich übertragen. Dabei handelt es sich um ein Array von Bytes, das die durch die Methode Read( ) gelesenen Daten aufnimmt.

Übergeben Sie den Puffer sowie das Offset, bei dem mit dem Speichern der eingelesenen Daten im Puffer begonnen werden soll, und die Anzahl der zu lesenden Bytes. InputStream.Read liest die Bytes aus dem Backing-Store in den Puffer und gibt die Gesamtzahl der gelesenen Bytes zurück.

Die Methode liest so lange, bis keine Bytes mehr übrig bleiben:

```
while ( (bytesRead =
        inputStream.Read(buffer,0,SIZE_BUFF)) > 0 )
{
    outputStream.Write(buffer,0,bytesRead);
}
```

Jede Puffer-Ladung Bytes wird in den Ausgabe-Stream geschrieben. Die Argumente von Write() sind der Puffer, aus dem gelesen werden soll, das Offset, ab dem aus dem Puffer gelesen werden soll, und die Anzahl der zu schreibenden Bytes. Achten Sie darauf, dass Sie dieselbe Anzahl von Bytes schreiben, die Sie gerade gelesen haben.

Beispiel 22-4 enthält ein vollständiges Listing.

Beispiel 22-4: Binäres Lesen und Schreiben für eine Datei implementieren

```
using System;
using System.IO;


namespace ImplementingBinaryReadWriteToFile
{
    class Tester
    {
        const int SizeBuff = 1024;

        public static void Main( )
        {
            // Erzeuge eine Instanz, und starte sie
            Tester t = new Tester();
```

Beispiel 22-4: Binäres Lesen und Schreiben für eine Datei implementieren (Fortsetzung)

```
        t.Run( );
    }

    // Mit einem Verzeichnisnamen starten
    private void Run( )
    {
        // Die zu lesende Datei
        Stream inputStream = File.OpenRead(
            @"C:\test\source\test1.cs");

        // Die zu schreibende Datei
        Stream outputStream = File.OpenWrite(
            @"C:\test\source\test1.bak");

        // Lege Puffer für die Bytes an
        byte[] buffer = new Byte[SizeBuff];
        int bytesRead;

        // Solange die Read-Methode Bytes zurückgibt,
        // werden diese in den Ausgabe-Stream geschrieben
        while ((bytesRead =
        inputStream.Read(buffer, 0, SizeBuff)) > 0)
        {
            outputStream.Write(buffer, 0, bytesRead);
        }

        // Aufräumen vor dem Ende
        inputStream.Close( );
        outputStream.Close( );
    }
}
```

Bevor Sie dieses Programm starten, sollten Sie das Unterverzeichnis *C:\test\source* anlegen und eine Datei namens *test1.cs* hineinlegen (die den Quellcode zu diesem Programm enthält). Wie bei den obigen Beispielen müssen auch hier Unix-, Linux- und Mac OS X-Benutzer die Pfade entsprechend anpassen.

Wenn Sie dieses Programm laufen lassen, wird eine Kopie der Eingabedatei (*test1.cs*) in demselben Verzeichnis erstellt und *test1.bak* genannt. Sie können diese Dateien mit Ihrem bevorzugten Dateivergleichsprogramm[3] vergleichen; wie Abbildung 22-1 zeigt, sind sie identisch.

---

3 Ich bevorzuge als Hilfsprogramm für den Dateivergleich ExamDiff Pro (*http://www.prestosoft.com/ps.asp?page=edp_examdiffpro*), das auch hier zu sehen ist.

Gepufferte Streams

In dem vorhergehenden Beispiel haben Sie einen Puffer erzeugt, in den gelesen wird. Beim Aufruf von Read() wurde dann eine Puffer-Ladung von der Platte gelesen. Möglicherweise ist jedoch das Operationssystem viel effizienter, wenn es eine größere (oder kleinere) Datenmenge auf einmal liest.

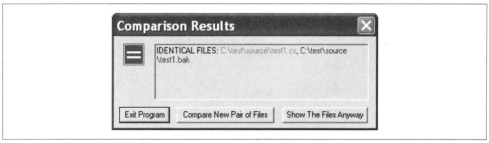

Abbildung 22-1: Dateivergleich, der zeigt, dass beide Dateien identisch sind

Ein *gepuffertes (buffered) Stream*-Objekt erzeugt einen internen Puffer und liest die Bytes in oder aus dem Backing-Store, in welchen Portionen auch immer es ihm am effizientesten erscheint. Trotzdem füllt es Ihren Puffer mit den von Ihnen festgelegten Inkrementen, allerdings wird Ihr Puffer aus dem In-Memory-Puffer gefüllt, nicht aus dem Backing-Store. Im Endeffekt ist die Ein-/Ausgabe auf diese Weise effizienter und deshalb schneller.

Ein BufferedStream-Objekt wird um ein existierendes Stream-Objekt herum angelegt, das Sie bereits erzeugt haben. Um einen BufferedStream zu verwenden, beginnen Sie damit, ein normales Stream-Objekt anzulegen, so wie in Beispiel 22-4:

```
Stream inputStream = File.OpenRead(
    @"C:\test\source\folder3.cs");

Stream outputStream = File.OpenWrite(
    @"C:\test\source\folder3.bak");
```

Sobald Sie einen normalen Stream haben, geben Sie das Stream-Objekt an den Konstruktor des gepufferten Streams weiter:

```
BufferedStream bufferedInput =
    new BufferedStream(inputStream);

BufferedStream bufferedOutput =
    new BufferedStream(outputStream);
```

Sie können dann den BufferedStream wie einen normalen Stream benutzen, wobei Sie Read() und Write() genau so aufrufen wie zuvor. Das Betriebssystem kümmert sich um das Puffern:

```
while ( (bytesRead =
    bufferedInput.Read(buffer,0,SIZE_BUFF)) > 0 )
{
    bufferedOutput.Write(buffer,0,bytesRead);
}
```

Achten Sie darauf, den Speicherinhalt des Puffers auszuleeren (flush), wenn Sie sicher sein wollen, dass die Daten in die Datei geschrieben werden:

```
bufferedOutput.Flush( );
```

Im Wesentlichen wird dadurch veranlasst, dass der In-Memory-Puffer seinen Inhalt ausleert.

Beachten Sie, dass alle Streams geschlossen werden sollten, obwohl der Finalizer sie irgendwann für Sie schließt, wenn sie den Geltungsbereich verlassen. In einem robusten Programm sollten Puffer grundsätzlich geschlossen werden.

Beispiel 22-5 enthält ein vollständiges Listing.

Beispiel 22-5: Implementierung der gepufferten Ein-/Ausgabe

```
using System;
using System.IO;

namespace Programming_CSharp
{
    class Tester
    {
        const int SizeBuff = 1024;

        public static void Main( )
        {
            // Erzeuge eine Instanz, und starte sie
            Tester t = new Tester( );
            t.Run( );
        }

        // Beginne mit einem Verzeichnisnamen
        private void Run( )
        {
            // Erzeuge binäre Streams
            Stream inputStream = File.OpenRead(
                @"C:\test\source\folder3.cs");

            Stream outputStream = File.OpenWrite(
                @"C:\test\source\folder3.bak");

            // Füge zusätzliche gepufferte Streams
            // zu den binären Streams hinzu
            BufferedStream bufferedInput =
                new BufferedStream(inputStream);

            BufferedStream bufferedOutput =
                new BufferedStream(outputStream);
            byte[] buffer = new Byte[SizeBuff];
            int bytesRead;
```

Beispiel 22-5: Implementierung der gepufferten Ein-/Ausgabe (Fortsetzung)

```
            while ((bytesRead =
            bufferedInput.Read(buffer, 0, SizeBuff)) > 0)
            {
                bufferedOutput.Write(buffer, 0, bytesRead);
            }

            bufferedOutput.Flush( );
            bufferedInput.Close( );
            bufferedOutput.Close( );
        }
    }
}
```

Bei größeren Dateien sollte dieses Beispiel schneller laufen als Beispiel 22-4.

Mit Textdateien arbeiten

Wenn Sie wissen, dass die Datei, die Sie gerade lesen (und schreiben), nichts anderes als Text enthält, verwenden Sie besser die Klassen `StreamReader` und `StreamWriter`. Diese Klassen sollen Textmanipulationen erleichtern. Beispielsweise unterstützen sie die Methoden `ReadLine( )` und `WriteLine( )`, mit denen eine Textzeile auf einmal gelesen oder geschrieben werden kann. Sie haben `WriteLine( )` bereits bei dem `Console`-Objekt benutzt.

Um eine `StreamReader`-Instanz zu erhalten, erzeugen Sie zunächst ein `FileInfo`-Objekt und rufen dann die Methode `OpenText( )` auf diesem Objekt auf:

```
FileInfotheSourceFile =
    new FileInfo (@"C:\test\source\test1.cs");

StreamReader stream = theSourceFile.OpenText( );
```

`OpenText( )` gibt einen `StreamReader` für die Datei zurück, mit dem Sie die Datei Zeile für Zeile lesen können:

```
do
{
    text = stream.ReadLine( );
} while (text != null);
```

`ReadLine( )` liest eine Zeile nach der anderen, bis es am Ende der Datei ankommt. `StreamReader` gibt am Ende der Datei `null` zurück.

Um ein `StreamWriter`-Objekt zu erzeugen, rufen Sie den `StreamWriter`-Konstruktor auf und übergeben den vollständigen Namen der Datei, in die Sie schreiben wollen:

```
StreamWriter writer = new
StreamWriter(@"C:\test\source\folder3.bak",false);
```

Der zweite Parameter ist das Boolesche Argument `append`. Wenn die Datei bereits existiert, wird bei `true` die neue Datei an das Ende der Datei angehängt und bei `false` die Datei überschrieben. In diesem Fall übergeben Sie `false` und überschreiben damit die Datei, falls sie existiert.

Sie können jetzt eine Schleife verwenden, um den Inhalt jeder Zeile der alten Datei in die neue Datei zu schreiben, und, während Sie dabei sind, die Zeile auch gleich auf der Konsole ausgeben.

```
do
{
    text = reader.ReadLine();
    writer.WriteLine(text);
    Console.WriteLine(text);
} while (text != null);
```

Beispiel 22-6 enthält den vollständigen Quellcode.

Beispiel 22-6: Eine Textdatei lesen und schreiben

```
using System;
using System.Collections.Generic;
using System.IO;
using System.Text;

namespace ReadingWritingToTextFile
{
    class Tester
    {
        public static void Main()
        {
            // Erzeuge eine Instanz, und starte sie
            Tester t = new Tester();
            t.Run();
        }

        // Mit einem Verzeichnisnamen starten
        private void Run()
        {
            // Öffne eine Datei
            FileInfo theSourceFile = new FileInfo(
                @"C:\test\source\test.cs");

            // Lege einen Text-Reader für die Datei an
            StreamReader reader = theSourceFile.OpenText();

            // Lege einen Text-Writer für die Datei an
            StreamWriter writer = new StreamWriter(
                @"C:\test\source\test.bak", false);

            // Lege eine Variable für eine einzelne Zeile an
            string text;

            // Gehe durch die Datei, lies jede Zeile einzeln,
            // und schreibe sowohl auf die Konsole
            // als auch in die Datei
            do
            {
                text = reader.ReadLine();
```

Beispiel 22-6: Eine Textdatei lesen und schreiben (Fortsetzung)

```
            writer.WriteLine(text);
            Console.WriteLine(text);
        } while (text != null);

        // Aufräumen
        reader.Close();
        writer.Close();
    }
  }
}
```

Wenn dieses Programm läuft, wird der Inhalt der Originaldatei sowohl auf dem Bildschirm ausgegeben als auch in die neue Datei geschrieben. Beachten Sie die Syntax für das Schreiben auf die Konsole:

```
Console.WriteLine(text);
```

Diese Syntax ist beinahe identisch mit der, die zum Schreiben in die Datei verwendet wird:

```
writer.WriteLine(text);
```

Der wesentliche Unterschied besteht darin, dass die Methode WriteLine() der Console statisch ist, während die Methode WriteLine() des StreamWriter, die vom TextWriter geerbt ist, eine Instanzmethode ist und deshalb nur auf einem Objekt aufgerufen werden kann und nicht auf der Klasse selbst.

Asynchrone Ein-/Ausgabe

Alle Programme, die Sie bisher betrachtet haben, arbeiten mit *synchroner Ein-/Ausgabe*. Das bedeutet, dass alle anderen Tätigkeiten unterbrochen werden, während Ihr Programm liest oder schreibt. Es kann eine ganze Weile dauern (relativ gesprochen), die Daten in oder aus dem Backing-Store zu lesen, insbesondere wenn der Backing-Store eine langsame Platte ist oder eine Datenquelle im Internet.

Bei großen Dateien oder wenn Sie über das Netzwerk lesen oder schreiben, verwenden Sie besser eine *asynchrone Ein-/Ausgabe*, die es Ihnen ermöglicht, einen Lesevorgang zu beginnen und dann Ihre Aufmerksamkeit anderen Dinge zuzuwenden, während die CLR den Auftrag erfüllt. Das .NET Framework stellt eine asynchrone Ein-/Ausgabe durch die Methoden BeginRead() und BeginWrite() der Stream-Klasse zur Verfügung.

Der Ablauf ist folgendermaßen: Zuerst rufen Sie für Ihre Datei BeginRead() auf, dann gehen Sie zu einer anderen Arbeit über, die damit nichts zu tun hat, während sich gleichzeitig der Lesevorgang möglicherweise in einem anderen Thread fortsetzt. Wenn das Lesen beendet ist, wird dies Ihnen durch eine Callback-Methode gemeldet. Sie können dann die gelesenen Daten verarbeiten und einen weiteren Lesevorgang anstoßen, bevor Sie wieder zu Ihrer anderen Arbeit zurückkehren.

Zusätzlich zu den drei Parametern, die Sie bei dem binären Lesen benutzt haben (also zum Puffer, zum Offset und zur Anzahl der zu lesenden Bytes), erwartet BeginRead( ) ein *Delegate-* und ein *Zustandsobjekt*.

 Dies ist ein Beispiel für das allgemeinere, überall in .NET zu findende Asynchronitätsmuster (z.B. asynchrones Lesen und Schreiben von Streams, asynchrone Socket-Operationen, asynchroner Delegate-Aufruf usw.).

Das Delegate ist eine optionale Callback-Methode, die aufgerufen wird, wenn die Daten eingelesen sind. Das Zustandsobjekt ist ebenfalls optional. In diesem Beispiel übergeben Sie null für das Zustandsobjekt. Der Zustand des Objekts wird in den Member-Variablen der Text-Klasse gehalten.

Es steht Ihnen frei, jedes von Ihnen gewünschte Objekt als Statusparameter zu übergeben und es dann auszulesen, wenn Sie zurückgerufen werden. Typischerweise (wie Sie aus dem Namen erraten können) merken Sie sich damit Zustandswerte, die Sie erst wieder bei Bedarf benötigen. Der Statusparameter kann von dem Entwickler verwendet werden, um den Zustand des Aufrufs festzuhalten (angehalten, wartend, laufend usw.).

In diesem Beispiel erzeugen Sie den Puffer und das Stream-Objekt als private Member-Variablen der Klasse:

```
public class AsynchIOTester
{
    private Stream inputStream;
    private byte[] buffer;
    const int BufferSize = 256;
```

Erzeugen Sie zusätzlich das Delegate als privates Klassen-Member:

```
private AsyncCallback myCallBack; // Delegierte Methode
```

Das Delegate wird als vom Typ AsyncCallback deklariert, denn dies erwartet die Methode BeginRead( ) der Stream-Klasse.

Das Delegate AsyncCallback ist im Namensraum System wie folgt deklariert:

```
public delegate void AsyncCallback (IAsyncResult ar);
```

Auf diese Weise kann dieses Delegate mit jeder Methode assoziiert werden, die void zurückgibt und das Interface IAsyncResult als Parameter annimmt. Zur Laufzeit übergibt die CLR das Objekt mit dem IAsyncResult-Interface beim Aufruf der Methode. Sie müssen die Methode nur deklarieren:

```
void OnCompletedRead(IAsyncResult asyncResult)
```

und sie dann dem Konstruktor des Delegate übergeben:

```
AsynchIOTester( )
{
    //...
    myCallBack = new AsyncCallback(this.OnCompletedRead);
}
```

Hier sehen Sie Schritt für Schritt, wie das funktioniert. Erzeugen Sie in Main() eine Instanz der Klasse, und bringen Sie sie zum Laufen:

```
public static void Main()
{
    AsynchIOTester theApp = new AsynchIOTester();
    theApp.Run();
}
```

Der Aufruf von new ruft den Konstruktor auf. In dem Konstruktor öffnen Sie eine Datei und erhalten dabei ein Stream-Objekt. Dann allozieren Sie Platz für den Puffer und setzen den Callback-Mechanismus ein:

```
AsynchIOTester()
{
    inputStream = File.OpenRead(@"C:\test\source\Tim.txt");
    buffer = new byte[BufferSize];
    myCallBack = new AsyncCallback(this.OnCompletedRead);
}
```

> Dieses Beispiel benötigt eine große Textdatei. Ich habe einen von Tim O'Reilly geschriebenen Text (»Ask Tim«) in eine Textdatei namens Ask-Tim.txt kopiert, und zwar von *http://www.oreilly.com*. Die Datei habe ich in ein Unterverzeichnis namens *test\source* auf meinem Laufwerk C: platziert. Natürlich können Sie eine beliebige Datei in jedem beliebigen Unterverzeichnis verwenden.

In der Run()-Methode rufen Sie BeginRead() auf und lösen damit einen asynchronen Lesevorgang für die Datei aus:

```
inputStream.BeginRead(
    buffer, // Speicher für das Ergebnis
    0, // Offset
    buffer.Length, // Puffergröße
    myCallBack, // Callback-Delegate
    null); // Lokales Zustandsobjekt
```

Danach können Sie etwas anderes erledigen. In diesem Fall simulieren Sie irgendeine sinnvolle Tätigkeit, indem Sie bis 500.000 zählen und Ihre Fortschritte bei jedem 1.000. Durchgang anzeigen:

```
for (long i = 0; i < 500000; i++)
{
    if (i%1000 == 0)
    {
        Console.WriteLine("i: {0}", i);
    }
}
```

Wenn das Lesen beendet ist, ruft die CLR Ihre Callback-Methode auf:

```
void OnCompletedRead(IAsyncResult asyncResult)
{
```

Wenn Sie die Nachricht erhalten, dass das Lesen beendet ist, sollten Sie als Erstes feststellen, wie viele Bytes tatsächlich gelesen wurden. Dazu rufen Sie die Methode EndRead( ) des Stream-Objekts auf, wobei Sie das von der CLR übergebene Interface-Objekt IAsyncResult übergeben:

```
int bytesRead = inputStream.EndRead(asyncResult);
```

EndRead( ) gibt die Anzahl der gelesenen Bytes zurück. Wenn die Anzahl größer als null ist, konvertieren Sie den Puffer in einen String, schreiben ihn auf die Konsole und rufen dann erneut BeginRead( ) für einen weiteren asynchronen Lesevorgang auf:

```
if (bytesRead > 0)
{
    String s =
    Encoding.ASCII.GetString (buffer, 0, bytesRead);
    Console.WriteLine(s);
    inputStream.BeginRead(
        buffer, 0, buffer.Length,
        myCallBack, null);
}
```

Das Ganze bewirkt, dass Sie andere Arbeiten erledigen können, während das Lesen durchgeführt wird. Trotzdem können Sie immer, wenn der Puffer voll ist, die gelesenen Daten verarbeiten (in diesem Fall durch die Ausgabe auf der Konsole). Beispiel 22-7 enthält das vollständige Programm.

Beispiel 22-7: Asynchrone Ein-/Ausgabe implementieren

```
using System;
using System.IO;

namespace AsynchronousIO
{
    public class AsynchIOTester
    {
        private Stream inputStream;

        // Delegierte Methode
        private AsyncCallback myCallBack;

        // Puffer für die gelesenen Daten
        private byte[] buffer;

        // Größe des Puffers
        const int BufferSize = 256;

        // Konstruktor
        AsynchIOTester( )
        {
            // Öffne Stream für die Eingabe
            inputStream = File.OpenRead(
                @"C:\test\source\AskTim.txt");
```

Beispiel 22-7: Asynchrone Ein-/Ausgabe implementieren (Fortsetzung)

```csharp
        // Lege einen Puffer an
        buffer = new byte[BufferSize];

        // Weise die Callback-Methode zu
        myCallBack =
            new AsyncCallback(this.OnCompletedRead);
    }

    public static void Main()
    {
        // Erzeuge eine Instanz des AsynchIOTester,
        // und rufe dadurch den Konstruktor auf
        AsynchIOTester theApp = new AsynchIOTester();

        // Rufe die Instanzmethode auf
        theApp.Run();
    }

    void Run()
    {
        inputStream.BeginRead(
            buffer, // Speicher für das Ergebnis
            0, // Offset
            buffer.Length, // (Puffergröße)
            myCallBack, // Callback-Delegate
            null); // Lokales Zustandsobjekt

        // Tu etwas, solange die Daten gelesen werden
        for (long i = 0; i < 500000; i++)
        {
            if (i % 1000 == 0)
            {
                Console.WriteLine("i: {0}", i);
            }
        }
    }

    // Callback-Methode
    void OnCompletedRead(IAsyncResult asyncResult)
    {
        int bytesRead =
        inputStream.EndRead(asyncResult);

        // Wenn wir Bytes bekommen haben, wandle sie in einen
        // String um, zeige sie an, und fange von vorne an.
        // Andernfalls sind wir fertig.
        if (bytesRead > 0)
        {
            String s =
                Encoding.ASCII.GetString(buffer, 0, bytesRead);
            Console.WriteLine(s);
            inputStream.BeginRead(
```

Beispiel 22-7: Asynchrone Ein-/Ausgabe implementieren (Fortsetzung)

```
                    buffer, 0, buffer.Length, myCallBack, null);
            }
        }
    }
}


Ausgabe (Ausschnitt):
i: 47000
i: 48000
i: 49000
Date: January 2001
From: Dave Heisler
To: Ask Tim
Subject: Questions About O'Reilly
Dear Tim,
I've been a programmer for about ten years. I had heard of
O'Reilly books,then...
Dave,
You might be amazed at how many requests for help with
school projects I get;
i: 50000
i: 51000
i: 52000
```

Die Ausgabe macht deutlich, dass das Programm mit zwei Threads gleichzeitig arbeitet. Das Lesen vollzieht sich im Hintergrund, während der andere Thread die Tausenderdurchgänge zählt und anzeigt. Wenn der Lesevorgang beendet ist, wird der Text auf der Konsole angezeigt, und Sie kehren dann zum Zählen zurück (ich habe die Listings abgekürzt, um die Ausgabe zu illustrieren).

In einer echten Anwendung könnten Sie Benutzeranfragen bearbeiten oder Werte berechnen, während die asynchrone Ein-/Ausgabe mit dem Auslesen oder Speichern in einer Datei oder Datenbank beschäftigt ist.

Ein-/Ausgabe im Netzwerk

In ein entferntes Objekt im Internet zu schreiben ist kaum anders, als in eine Datei auf Ihrem lokalen Rechner zu schreiben. Diese Möglichkeit können Sie anwenden, wenn Ihr Programm seine Daten in einer Datei auf einem Rechner Ihres Netzwerks speichern muss oder wenn Sie ein Programm erstellt haben, das Informationen auf einem Monitor anzeigt, der mit einem anderen Computer im Netzwerk verbunden ist.

Die Netzwerk-Ein-/Ausgabe basiert auf der Verwendung von Streams, die mit Sockets angelegt werden. Sockets sind sehr nützlich bei Client/Server- sowie bei Peer-to-Peer- (P2P-)Anwendungen und beim Aufrufen entfernter Prozeduren (Remote Procedure Calls).

Ein *Socket* ist ein Objekt, das einen Endpunkt für die Kommunikation zwischen Prozessen repräsentiert, die über ein Netzwerk kommunizieren. Sockets können mit verschiedenartigen Protokollen arbeiten, darunter UDP und TCP. In diesem Abschnitt verwenden wir eine TCP/IP-Verbindung zwischen einem Server und einem Client. TCP/IP ist ein verbindungsorientiertes, stream-ähnliches Protokoll für die Netzwerkkommunikation. *Verbindungsorientiert* bedeutet dabei, dass, sobald eine Verbindung über TCP/IP hergestellt wurde, beide Prozesse miteinander kommunizieren können, als wären sie durch eine direkte Telefonleitung verbunden.

Obwohl TCP/IP eigentlich für die Kommunikation über das Netz vorgesehen ist, können Sie die Netzwerkkommunikation simulieren, indem Sie zwei Prozesse auf demselben Rechner laufen lassen.

Es ist möglich, dass auf einem bestimmten Computer mehrere Anwendungen jeweils mit verschiedenen Clients gleichzeitig kommunizieren (d.h., Sie können einen Webserver, einen FTP-Server und ein Programm, das bestimmte Berechnungen unterstützt, laufen lassen). Deshalb muss jede Anwendung eine eindeutige Kennung besitzen, damit der Client anzeigen kann, nach welcher Anwendung er sucht. Diese Kennung wird als *Port* bezeichnet. Stellen Sie sich einfach die IP-Adresse als Telefonnummer und den Port als Durchwahl vor.

Der Server instanziiert einen `TcpListener` und veranlasst diesen Listener, an einem bestimmten Port auf Verbindungsanforderungen zu warten. Der Konstruktor für den `TcpListener` hat zwei Parameter, eine IP-Adresse und ein `int`, das den Port repräsentiert, auf dem dieser Listener empfangen soll.

Client-Anwendungen verbinden sich mit spezifischen IP-Adressen. Beispielsweise ist die IP-Adresse von Yahoo 66.94.234.13. Außerdem müssen sich die Clients mit einem spezifischen Port verbinden. Webbrowser verbinden sich standardmäßig mit Port 80. Die Port-Nummern reichen von 0 bis 65.535 (zum Beispiel 216); allerdings sind einige Nummern reserviert.[4]

Die Ports werden in die folgenden Bereiche unterteilt:
- 0 bis 1023: wohlbekannte Ports
- 1024 bis 49151: registrierte Ports
- 49152 bis 65535: dynamische und/oder private Ports

Eine Liste aller wohlbekannten und registrierten Ports finden Sie unter *http://www.iana.org/assignments/port-numbers*.

Sobald der Listener angelegt ist, rufen Sie bei ihm `Start( )` auf, was den Listener dazu veranlasst, Netzwerkverbindungen zuzulassen. Sobald der Server bereit ist, Anfragen von Clients zu beantworten, rufen Sie `AcceptSocket( )` auf. Der Thread, in dem Sie Accept-

---
4 Wenn Sie Ihr Programm in einem durch Firewalls gesicherten Netzwerk laufen lassen, sollten Sie Ihren Netzwerkadministrator fragen, welche Ports geschlossen sind.

Socket( ) aufgerufen haben, blockiert (d.h. er sitzt traurig am Telefon, ringt mit seinen virtuellen Händen und hofft auf einen Anruf).

Stellen Sie sich vor, Sie bauen den einfachsten Listener der Welt. Er wartet geduldig darauf, dass ein Client ihn anruft. Wenn er eine Anfrage erhält, interagiert er mit diesem einen Client und schließt damit alle anderen Clients aus. Die nächsten paar anrufenden Clients können sich noch verbinden, werden aber automatisch in Warteschlange gebracht. Während sie die Musik anhören und ihnen mitgeteilt wird, dass ihr Anruf wichtig ist und in der eingegangenen Reihenfolge bearbeitet wird, blockieren sie ihre eigenen Threads. Sobald die Warteschleife gefüllt ist, erhalten die folgenden Anrufer das Äquivalent zu einem Besetztzeichen. Sie müssen auflegen und darauf warten, dass unser einfaches Socket die Verbindung mit dem momentanen Client beendet. Dieses Modell funktioniert gut bei Servern, die nur eine oder zwei Anfragen pro Woche erhalten, aber für reale Anwendungen lässt es sich nicht gut einsetzen. Die meisten Server müssen Tausende, sogar Zehntausende von Verbindungen pro Minute bearbeiten!

Anwendungen, die eine große Anzahl von Verbindungen abarbeiten sollen, setzen die asynchrone Ein-/Ausgabe ein, um die Anrufe entgegenzunehmen, und erzeugen bei jeder Client-Verbindung ein Socket. Der ursprüngliche Listener geht dann wieder auf Empfang und wartet auf den nächsten Client. Auf diese Weise kann Ihre Anwendung viele Anrufe bearbeiten; jedes Mal, wenn ein Anruf angenommen wird, wird ein neues Socket erzeugt.

Der Client bemerkt diesen Trick nicht, bei dem ein neues Socket erzeugt wird. Soweit es den Client betrifft, hat er sich mit der IP-Adresse und dem angefragten Port verbunden. Beachten Sie, dass das neue Socket eine Verbindung mit dem Client etabliert. Das ist anders als bei UDP, das ein verbindungsloses Protokoll ist. Bei der Verwendung von TCP/IP wissen Client und Server, sobald die Verbindung besteht, wie sie miteinander kommunizieren, und müssen nicht jedes Paket neu adressieren.

Ein Netzwerk-Server mit Streams

Um einen Netzwerk-Server für das TCP/IP-Streaming zu erzeugen, beginnen Sie mit dem Erstellen eines TcpListener-Objekts, das an dem von Ihnen gewählten TCP/IP-Port empfängt. Ich habe willkürlich Port 65000 aus den verfügbaren Port-IDs ausgewählt:

```
IPAddress localAddr = IPAddress.Parse("127.0.0.1");
TcpListener tcpListener = new TcpListener(localAddr, 65000);
```

Sobald das TcpListener-Objekt aufgebaut ist, kann es mit dem Empfang beginnen:

```
tcpListener.Start( );
```

Warten Sie nun auf einen Client, der eine Verbindungsanfrage stellt:

```
Socket socketForClient = tcpListener.AcceptSocket( );
```

Die AcceptSocket-Methode des TcpListener-Objekts gibt ein Socket-Objekt zurück, das ein *Berkeley Socket Interface* repräsentiert und das an einen spezifischen Endpunkt gebunden ist. AcceptSocket( ) ist eine synchrone Methode und kehrt erst wieder zurück, wenn sie eine Verbindungsanfrage erhalten hat.

Da dieses Modell bei Computer-Anbietern weithin akzeptiert ist, vereinfachen *Berkeley Sockets* die Portierung bestehender Quellprogramme auf Socket-Basis sowohl aus Windows- als auch aus Unix-Umgebungen.

Wenn Sie ein Socket haben, sind Sie in der Lage, die Datei zum Client zu senden. Erzeugen Sie dazu ein NetworkStream-Objekt, und übergeben Sie das Socket dem Konstruktor:

```
NetworkStream networkStream = new NetworkStream(socketForClient);
```

Dann erzeugen Sie ein StreamWriter-Objekt. Das funktioniert so ähnlich wie eben, nur geben Sie diesmal keine Datei, sondern den gerade erzeugten NetworkStream an:

```
System.IO.StreamWriter streamWriter = new
    System.IO.StreamWriter(networkStream);
```

Wenn Sie in diesen Stream schreiben, werden die Daten über das Netzwerk an den Client gesandt. Beispiel 22-8 zeigt den vollständigen Server. (Ich habe den Server auf seine wichtigsten Bestandteile reduziert. Bei einem Produktionsserver würden Sie höchstwahrscheinlich den Code zur Verarbeitung der Anfragen in einem Thread laufen lassen. Und sicher würden Sie die Logik in try-Blöcke einschließen, um mit Netzwerkproblemen umgehen zu können.)

Beispiel 22-8: Implementierung eines Network-Streaming-Servers

```
using System;
using System.Collections.Generic;
using System.Net;
using System.Net.Sockets;
using System.Text;

namespace NetworkStreamingServer
{
    public class NetworkIOServer
    {
        public static void Main( )
        {
            NetworkIOServer app = new NetworkIOServer( );
            app.Run( );
        }

        private void Run( )
        {
            // Erzeuge einen neuen TcpListener, und lasse ihn an
            // Port 65000 empfangen

            IPAddress localAddr = IPAddress.Parse("127.0.0.1");
            TcpListener tcpListener = new TcpListener(localAddr, 65000);
            tcpListener.Start();

            // Fahre mit dem Empfang bis zum Versand der Datei fort
            for (; ; )
            {
```

Beispiel 22-8: Implementierung eines Network-Streaming-Servers (Fortsetzung)

```csharp
            // Wenn sich ein Client verbindet, akzeptiere dies,
            // und gib ein neues Socket namens socketForClient
            // zurück, während tcpListener weiter empfängt
            Socket socketForClient =
            tcpListener.AcceptSocket();
            Console.WriteLine("Client verbunden");

            // Rufe die Hilfsmethode zum Versand der Datei auf
            SendFileToClient(socketForClient);

            Console.WriteLine("Client-Verbindung wird beendet ...");

            // Räume auf und mach Feierabend
            socketForClient.Close();
            Console.WriteLine("Ende ...");
            break;
        }
    }

    // Hilfsmethode zum Senden der Datei
    private void SendFileToClient(
    Socket socketForClient)
    {
        // Erzeuge einen Netzwerk-Stream und einen Stream-Writer
        // für diesen Netzwerk-Stream
        NetworkStream networkStream =
        new NetworkStream(socketForClient);
        System.IO.StreamWriter streamWriter =
        new System.IO.StreamWriter(networkStream);

        // Erzeuge einen Stream-Reader für die Datei
        System.IO.StreamReader streamReader =
            new System.IO.StreamReader(
                @"C:\test\source\myTest.txt");

        string theString;

        // Gehe in einer Schleife durch die Datei, und sende sie
        // zeilenweise an den Client
        do
        {
            theString = streamReader.ReadLine();

            if (theString != null)
            {
                Console.WriteLine(
                    "Sende {0}", theString);
                streamWriter.WriteLine(theString);
                streamWriter.Flush();
            }
        }
        while (theString != null);
```

Beispiel 22-8: Implementierung eines Network-Streaming-Servers (Fortsetzung)

```
            // Räume auf
            streamReader.Close();
            networkStream.Close();
            streamWriter.Close();
        }
    }
}
```

Ein Netzwerk-Client mit Streams

Der Client instanziiert eine `TcpClient`-Klasse, die eine TCP/IP-Client-Verbindung zu einem Host repräsentiert:

```
TcpClient socketForServer;
socketForServer = new TcpClient("localHost", 65000);
```

Mit diesem `TcpClient` können Sie einen `NetworkStream` erzeugen, und auf diesem Stream erzeugen Sie jetzt einen `StreamReader`:

```
NetworkStream networkStream = socketForServer.GetStream();
System.IO.StreamReader streamReader =
    new System.IO.StreamReader(networkStream);
```

Lesen Sie nun den Stream so lange, wie sich Daten in ihm befinden, wobei das Ergebnis als Konsolenausgabe erscheint:

```
do
{
    outputString = streamReader.ReadLine();

    if( outputString != null )
    {
        Console.WriteLine(outputString);
    }
}
while( outputString != null );
```

Beispiel 22-9 enthält den vollständigen Code für den Client.

Beispiel 22-9: Implementierung eines Netzwerk-Clients mit Streams

```
using System;
using System.Collections.Generic;
using System.Net.Sockets;
using System.Text;

namespace NetworkStreamingClient
{
    public class Client
    {
        static public void Main(string[] Args)
        {
            // Lege TcpClient für die Server-Kommunikation an
            TcpClient socketForServer;
```

Beispiel 22-9: Implementierung eines Netzwerk-Clients mit Streams (Fortsetzung)

```
            try
            {
                socketForServer =
                    new TcpClient("localHost", 65000);
            }
            catch
            {
                Console.WriteLine(
                    "Fehler bei der Verbindung mit Server bei {0}:65000",
                    "localhost");
                return;
            }

            // Erzeuge den Netzwerk-Stream und das StreamReader-Objekt
            NetworkStream networkStream =
                socketForServer.GetStream();
            System.IO.StreamReader streamReader =
                new System.IO.StreamReader(networkStream);

            try
            {
                string outputString;

                // Lies die Daten vom Host, und zeige sie an
                do
                {
                    outputString = streamReader.ReadLine();

                    if (outputString != null)
                    {
                        Console.WriteLine(outputString);
                    }
                }
                while (outputString != null);
            }
            catch
            {
                Console.WriteLine(
                "Exception beim Lesen vom Server");
            }

            // Räume auf
            networkStream.Close();
        }
    }
}
```

Um dies zu testen, habe ich eine einfache Datei namens *meinTest.txt* angelegt:

```
Das ist Zeile eins
Das ist Zeile zwei
Das ist Zeile drei
Das ist Zeile vier
```

Hier ist die Ausgabe vom Server und vom Client:

```
Ausgabe (Server):
Client verbunden
Sende Das ist Zeile eins
Sende Das ist Zeile zwei
Sende Das ist Zeile drei
Sende Das ist Zeile vier
Client-Verbindung wird beendet ...
Ende ...

Ausgabe (Client):
Das ist Zeile eins
Das ist Zeile zwei
Das ist Zeile drei
Das ist Zeile vier
```

Wenn Sie dies auf einem einzelnen Rechner testen, sollten Sie den Client und den Server in separaten Kommandofenstern oder in individuellen Instanzen der Entwicklungsumgebung laufen lassen. Starten Sie den Server zuerst, da sonst der Client den Dienst verweigert und mitteilt, dass er sich nicht verbinden kann. Wenn Sie die Programme nicht auf einem einzelnen Rechner laufen lassen, müssen Sie die Stellen, an denen 127.0.0.1 und localhost vorkommen, durch die Adresse des Rechners ersetzen, auf dem der Server läuft. Wenn Sie Windows XP Service Pack 2 mit den Standardeinstellungen haben, bekommen Sie einen Windows-Sicherheitsalarm mit der Frage, ob der Port freigegeben werden soll.

Mit mehreren Verbindungen arbeiten

Wie bereits erwähnt wurde, lässt sich dieses Beispiel nicht gut skalieren. Jeder Client erfordert die volle Aufmerksamkeit des Servers. Was benötigt wird, ist ein Server, der die Verbindung akzeptieren kann und sie dann an eine überlappende Ein-/Ausgabe weitergibt. Dadurch wird dieselbe asynchrone Lösung geboten, die Sie vorhin zum Lesen aus der Datei verwendet haben.

Um das zu bewältigen, erstellen Sie einen neuen Server, den AsynchNetworkServer, der eine innere Klasse namens ClientHandler enthält. Wenn Ihr AsynchNetworkServer eine Client-Verbindung erhält, instanziiert er einen ClientHandler und gibt das Socket an diese ClientHandler-Instanz weiter.

Der Konstruktor von ClientHandler erzeugt eine Kopie des Socket, sowie einen Puffer und öffnet einen neuen NetworkStream auf diesem Socket. Dann verwendet er eine überlappende Ein-/Ausgabe, um asynchron auf diesem Socket zu lesen und zu schreiben. Zur Veranschaulichung sendet er einfach jeden beliebigen vom Client gesendeten Text zurück an den Client und gibt ihn außerdem auf der Konsole aus.

Um eine asynchrone Ein-/Ausgabe aufzubauen, definiert der ClientHandler zwei Delegate-Methoden, OnReadComplete() und OnWriteComplete(), die die überlappende Ein-/Ausgabe der vom Client gesandten Strings übernehmen.

Der Rumpf der Methode Run( ) ähnelt beim Server sehr dem Methodenrumpf, den Sie bereits in Beispiel 22-8 gesehen haben. Sie erzeugen zuerst einen Listener und rufen dann Start( ) auf. Anschließend gehen Sie in eine Endlosschleife, in der Sie AcceptSocket( ) aufrufen. Sobald der Socket verbunden ist, erzeugen Sie jetzt – anstatt über die Verbindung zu kommunizieren – einen neuen ClientHandler und rufen StartRead( ) auf diesem Objekt auf.

Den vollständigen Quellcode für den Server zeigt Beispiel 22-10.

Beispiel 22-10: Implementierung eines asynchronen Netzwerk-Streaming-Servers

```
using System;
using System.Collections.Generic;
using System.Net;
using System.Net.Sockets;
using System.Text;

namespace AsynchNetworkServer
{
    public class AsynchNetworkServer
    {
        class ClientHandler
        {
            private byte[] buffer;
            private Socket socket;
            private NetworkStream networkStream;
            private AsyncCallback callbackRead;
            private AsyncCallback callbackWrite;

            public ClientHandler(Socket socketForClient)
            {
                socket = socketForClient;
                buffer = new byte[256];
                networkStream =
                    new NetworkStream(socketForClient);

                callbackRead =
                    new AsyncCallback(this.OnReadComplete);

                callbackWrite =
                    new AsyncCallback(this.OnWriteComplete);
            }

            // Beginne, den String vom Client zu lesen
            public void StartRead( )
            {
                networkStream.BeginRead(
                    buffer, 0, buffer.Length,
                    callbackRead, null);
            }

            // Zeige nach dem Lesen den String an,
            // und sende ihn an den Client zurück
```

Beispiel 22-10: Implementierung eines asynchronen Netzwerk-Streaming-Servers (Fortsetzung)

```csharp
            private void OnReadComplete(IAsyncResult ar)
            {
                int bytesRead = networkStream.EndRead(ar);

                if (bytesRead > 0)
                {
                    string s =
                        System.Text.Encoding.ASCII.GetString(
                            buffer, 0, bytesRead);
                    Console.Write(
                        "{0} Bytes vom Client erhalten: {1}",
                        bytesRead, s);
                    networkStream.BeginWrite(
                        buffer, 0, bytesRead, callbackWrite, null);
                }
                else
                {
                    Console.WriteLine("Leseverbindung beendet");
                    networkStream.Close( );
                    socket.Close( );
                    networkStream = null;
                    socket = null;
                }
            }

            // Gib nach dem Schreiben des Strings eine Meldung aus, und lies erneut
            private void OnWriteComplete(IAsyncResult ar)
            {
                networkStream.EndWrite(ar);
                Console.WriteLine("Schreiben beendet");
                networkStream.BeginRead(
                    buffer, 0, buffer.Length,
                    callbackRead, null);
            }
        }

        public static void Main( )
        {
            AsynchNetworkServer app = new AsynchNetworkServer( );
            app.Run( );
        }

        private void Run( )
        {
            // Erzeuge einen neuen TcpListener, und lasse ihn an
            // Port 65000 empfangen

            IPAddress localAddr = IPAddress.Parse("127.0.0.1");
            TcpListener tcpListener = new TcpListener(localAddr, 65000);
            tcpListener.Start( );

            // Fahre mit dem Empfang bis zum Versand der Datei fort
            for (; ; )
```

Beispiel 22-10: Implementierung eines asynchronen Netzwerk-Streaming-Servers (Fortsetzung)

```
            {
                // Wenn sich ein Client verbindet, akzeptiere dies,
                // und gib ein neues Socket namens socketForClient
                // zurück, während tcpListener weiter empfängt
                Socket socketForClient = tcpListener.AcceptSocket();
                Console.WriteLine("Client connected");
                ClientHandler handler =
                    new ClientHandler(socketForClient);
                handler.StartRead();
            }
        }
    }
}
```

Der Server fährt hoch und wartet an Port 65000. Wenn sich ein Client verbindet, instanziiert der Server einen `ClientHandler`, der die Ein-/Ausgabe mit dem Client übernimmt, während der Server auf den nächsten Client wartet.

In diesem Beispiel geben Sie den vom Client erhaltenen String in `OnReadComplete()` und `OnWriteComplete()` auf der Konsole aus. Das Schreiben auf der Konsole kann Ihren Thread so lange blockieren, bis der Schreibvorgang abgeschlossen ist. In einem Produktionsprogramm sollten Sie blockierende Aktionen in diesen Methoden vermeiden, weil Sie im Pool verwaltete Threads verwenden. Wenn `OnReadComplete()` oder `OnWriteComplete()` blockiert werden, kann dies dazu führen, dass der Thread-Pool um weitere Threads vergrößert wird, was ineffizient ist und sowohl die Performance als auch die Skalierbarkeit beeinträchtigt.

Der Clientcode ist sehr einfach. Der Client erzeugt ein `tcpSocket` für den Port, an dem der Server empfängt (65000) und erzeugt ein `NetworkStream`-Objekt für dieses Socket. Er schreibt dann eine Nachricht an den Stream und leert den Puffer. Danach erzeugt der Client einen `StreamReader`, um diesen Stream zu lesen, und schreibt alles, was er erhält, auf die Konsole. Den vollständigen Quelltext für den Client zeigt Beispiel 22-11.

Beispiel 22-11: Implementierung eines Clients für die synchrone Netzwerk-Ein-/Ausgabe

```
using System;
using System.Collections.Generic;
using System.Net.Sockets;
using System.Text;

namespace AsynchNetworkClient
{
    public class AsynchNetworkClient
    {
        private NetworkStream streamToServer;

        static public int Main()
        {
            AsynchNetworkClient client =
```

Beispiel 22-11: Implementierung eines Clients für die synchrone Netzwerk-Ein-/Ausgabe (Fortsetzung)

```csharp
                new AsynchNetworkClient();
            return client.Run();
        }

        AsynchNetworkClient()
        {
            string serverName = "localhost";
            Console.WriteLine("Verbinde mit {0}", serverName);
            TcpClient tcpSocket = new TcpClient(serverName, 65000);
            streamToServer = tcpSocket.GetStream();
        }

        private int Run()
        {
            string message = "Hallo Programmieren mit C#";
            Console.WriteLine(
                "Sending {0} to server.", message);

            // Erzeuge einen StreamWriter, und verwende ihn,
            // um einen String an den Server zu senden
            System.IO.StreamWriter writer =
                new System.IO.StreamWriter(streamToServer);
            writer.WriteLine(message);
            writer.Flush();

            // Lies Antworten
            System.IO.StreamReader reader =
                new System.IO.StreamReader(streamToServer);
            string strResponse = reader.ReadLine();
            Console.WriteLine("Received: {0}", strResponse);
            streamToServer.Close();
            return 0;
        }
    }
}
```

Ausgabe (Server):
Client verbunden
27 Bytes vom Client erhalten: Hallo Programmieren mit C#
Schreiben beendet
Leseverbindung beendet

Ausgabe (Client):
Verbinde mit localhost
Sende Hallo Programmieren mit C# an Server
Empfangen: Hallo Programmieren mit C#

In diesem Beispiel blockiert der Netzwerk-Server nicht, während er die Clientverbindungen bearbeitet, sondern delegiert den Umgang mit diesen Verbindungen an Instanzen des ClientHandler. Clients sollten keine Verzögerung erfahren, während sie darauf warten, dass der Server ihre Verbindungen bearbeitet.

Asynchrones File-Streaming

Sie können Ihr Wissen über das asynchrone Lesen von Dateien und über das Netzwerk-Streaming kombinieren, um ein Programm zu erstellen, das einem Client auf Anfrage eine Datei zusendet.

Ihr Server beginnt mit einem asynchronen Lesen auf dem Socket, bei dem er darauf wartet, einen Dateinamen vom Client zu erhalten. Wenn Sie den Dateinamen haben, können Sie einen asynchronen Lesevorgang für diese Datei auf dem Server anstoßen. Sobald ein Puffer voller Daten verfügbar wird, können Sie mit der asynchronen Übertragung an den Client beginnen. Nachdem diese beendet worden ist, stoßen Sie einen weiteren Lesevorgang der Datei an. Auf diese Weise springen Sie wie ein Pingpongball vor und zurück; dabei füllen Sie den Puffer mit der Datei und schreiben dann den Inhalt zum Client. Der Client muss nichts weiter tun, als den Stream vom Server lesen. Im folgenden Beispiel schreibt der Client den Inhalt der Datei auf die Konsole, aber Sie können leicht mit einem asynchronen Schreibvorgang auf dem Client für eine neue Datei beginnen. Dann haben Sie ein netzwerkbasiertes Programm zum Kopieren von Dateien.

Die Struktur des Servers ähnelt der von Beispiel 22-10. Wieder erzeugen Sie eine `Client-Handler`-Klasse, aber Sie fügen diesmal ein `AsyncCallback`-Objekt namens `myFileCallBack` hinzu, das Sie im Konstruktor zusammen mit den Callbacks für das Lesen und Schreiben über das Netzwerk initialisieren:

```
myFileCallBack =
    new AsyncCallback(this.OnFileCompletedRead);

callbackRead =
    new AsyncCallback(this.OnReadComplete);

callbackWrite =
    new AsyncCallback(this.OnWriteComplete);
```

Die Funktion `Run()` der äußeren Klasse, die jetzt `AsynchNetworkFileServer` heißt, bleibt unverändert. Wiederum erzeugen und starten Sie die Klasse `TcpListener`, und ebenso beginnen Sie eine Endlosschleife, in der Sie `AcceptSocket()` aufrufen. Wenn Sie ein Socket haben, instanziieren Sie den `ClientHandler` und rufen `StartRead()` auf. Wie in dem vorhergehenden Beispiel stößt `StartRead()` einen `BeginRead()` an, wobei der Puffer und das Delegate an `OnReadComplete` übergeben werden.

Wenn das Lesen aus dem Netzwerk-Stream beendet ist, wird Ihre delegierte Methode `OnReadComplete()` aufgerufen, und diese ermittelt den Dateinamen aus dem Puffer. Sofern Text zurückgegeben wird, liest `OnReadComplete()` einen String aus dem Puffer aus, wobei die statische Methode `System.Text.Encoding.ASCII.GetString()` verwendet wird:

```
if( bytesRead > 0 )
{
    string fileName =
        System.Text.Encoding.ASCII.GetString(
        buffer, 0, bytesRead);
```

Sie haben jetzt einen Dateinamen, mit dem Sie einen Stream für eine Datei öffnen und genau dasselbe asynchrone Dateilesen benutzen können, wie es in Beispiel 22-7 angewendet wird.

```
inputStream =
    File.OpenRead(fileName);

inputStream.BeginRead(
    buffer, // Puffer für das Ergebnis
    0, // Offset
    buffer.Length, // Puffergröße
    myFileCallBack, // Callback-Delegate
    null); // Lokales Zustandsobjekt
```

Dieses Lesen aus der Datei besitzt eine eigene Callback-Methode, die aufgerufen wird, wenn der Eingabe-Stream einen Puffer voll aus der Datei gelesen hat, die sich auf der Festplatte des Servers befindet.

> Wie schon gesagt wurde, sollte man normalerweise in einer überlappten Ein-/Ausgabe-Methode nichts unternehmen, was den Thread für eine gewisse Zeit blockieren könnte. Der Aufruf zum Öffnen der Datei und zum Beginnen des Lesevorgangs sollte eher in einen Hilfs-Thread ausgelagert und nicht in OnReadComplete() selbst erledigt werden. Das ist in diesem Beispiel etwas vereinfacht worden, um nicht vom eigentlichen Thema abzulenken.

Ist der Puffer voll, wird die Methode OnFileCompletedRead() aufgerufen, die überprüft, ob irgendwelche Bytes aus der Datei gelesen wurden. Wenn das der Fall ist, beginnt ein asynchroner Schreibvorgang in das Netzwerk:

```
if (bytesRead > 0)
{
    // Schreibe es an den Client
    networkStream.BeginWrite(
        buffer, 0, bytesRead, callbackWrite, null);
}
```

Wird OnFileCompletedRead aufgerufen, ohne dass Bytes gelesen wurden, bedeutet dies, dass bereits die gesamte Datei übersandt wurde. Der Server reagiert, indem er den NetworkStream und das Socket schließt. Dadurch erfährt der Client, dass die Transaktion beendet ist:

```
networkStream.Close();
socket.Close();
networkStream = null;
socket = null;
```

Wenn das Schreiben über das Netzwerk beendet ist, wird die Methode OnWriteComplete() aufgerufen, die wiederum ein erneutes Lesen der Datei anstößt:

```
private void OnWriteComplete( IAsyncResult ar )
{
    networkStream.EndWrite(ar);
    Console.WriteLine( "Write complete");
```

```
    inputStream.BeginRead(
        buffer, // Puffer für das Ergebnis
        0, // Offset
        buffer.Length, // Puffergröße
        myFileCallBack, // Callback-Delegate
        null); // Lokales Zustandsobjekt
}
```

Der Kreislauf beginnt erneut mit einem weiteren Lesen der Datei und fährt so lange fort, bis die Datei vollständig gelesen und an den Client weitergegeben wurde. Der Client-Code schreibt einfach einen Dateinamen in den Netzwerk-Stream, um das Lesen der Datei auszulösen:

```
string message = @"C:\test\source\Tim.txt";
System.IO.StreamWriter writer =
    new System.IO.StreamWriter(streamToServer);
writer.Write(message);
writer.Flush();
```

Der Client geht dann in eine Schleife, wobei er aus dem Netzwerk-Stream liest, bis keine Bytes mehr von dem Server geschickt werden. Wenn der Server fertig ist, wird der Netzwerk-Stream geschlossen. Beginnen Sie mit der Initialisierung einer Booleschen Variable auf false, und legen Sie einen Puffer an, um die vom Server gesendeten Bytes aufzunehmen:

```
bool fQuit = false;
while (!fQuit)
{
    char[] buffer = new char[BufferSize];
```

Jetzt können Sie einen neuen StreamReader aus streamToServer, der Member-Variablen vom Typ NetworkStream, erzeugen:

```
System.IO.StreamReader reader =
    new System.IO.StreamReader(streamToServer);
```

Der Aufruf von Read() enthält drei Parameter: den Puffer, das Offset, bei dem das Lesen beginnt, und die Puffergröße:

```
int bytesRead = reader.Read(buffer,0, BufferSize);
```

Überprüfen Sie, ob Read() mindestens ein Byte zurückgegeben hat; wenn nicht, sind Sie fertig und können die Boolesche Variable fQuit auf true setzen, wodurch die Schleife beendet wird:

```
if (bytesRead == 0)
    fQuit = true;
```

Falls Sie Bytes erhalten haben, können Sie diese auf die Konsole oder in eine Datei schreiben oder was auch immer Sie mit den vom Server gesendeten Werten vorhaben:

```
else
{
    string theString = new String(buffer);
    Console.WriteLine(theString);
}
}
```

Nachdem Sie die Schleife verlassen haben, schließen Sie den NetworkStream.

```
streamToServer.Close( );
```

Beispiel 22-12 zeigt das vollständige, kommentierte Quellprogramm des Servers, und später in Beispiel 22-13 folgt der Client.

Beispiel 22-12: Implementierung eines asynchronen Netzwerk-Fileservers

```
#region Using directives

using System;
using System.Collections.Generic;
using System.IO;
using System.Net;
using System.Net.Sockets;
using System.Text;

#endregion

namespace AsynchNetworkFileServer
{
   public class AsynchNetworkFileServer
   {
      class ClientHandler
      {
         private const int BufferSize = 256;
         private byte[] buffer;
         private Socket socket;
         private NetworkStream networkStream;
         private Stream inputStream;
         private AsyncCallback callbackRead;
         private AsyncCallback callbackWrite;
         private AsyncCallback myFileCallBack;

         // Konstruktor
         public ClientHandler(
            Socket socketForClient )
         {
            // Initialisiere die Member-Variable
            socket = socketForClient;

            // Initialisiere den Puffer für den Inhalt
            // der Datei
            buffer = new byte[256];

            // Erzeuge einen Netzwerk-Stream
            networkStream =
               new NetworkStream(socketForClient);

            // Setze das Datei-Callback für das Lesen
            // der Datei
            myFileCallBack =
               new AsyncCallback(this.OnFileCompletedRead);
```

Beispiel 22-12: Implementierung eines asynchronen Netzwerk-Fileservers (Fortsetzung)

```
      // Setze das Callback für das Lesen des
      // Netzwerk-Streams
      callbackRead =
         new AsyncCallback(this.OnReadComplete);

      // Setze das Callback für das Schreiben des
      // Netzwerk-Streams
      callbackWrite =
         new AsyncCallback(this.OnWriteComplete);
   }

   // Beginne mit dem Lesen des Strings vom Client
   public void StartRead( )
   {
      // Lies vom Netzwerk und
      // ermittle den Dateinamen
      networkStream.BeginRead(
         buffer, 0, buffer.Length,
         callbackRead, null);
   }

   // Nach dem Lesen wird der String angezeigt und
   // an den Client zurückgesandt
   private void OnReadComplete( IAsyncResult ar )
   {
      int bytesRead = networkStream.EndRead(ar);

      // Wenn ein String eingegangen ist ...
      if( bytesRead > 0 )
      {
         // Wandle String in Dateinamen um
         string fileName =
            System.Text.Encoding.ASCII.GetString(
            buffer, 0, bytesRead);

         // Gib Status auf der Konsole aus
         Console.WriteLine(
            "Öffne Datei {0}", fileName);

         // Öffne den Stream für die Dateieingabe
         inputStream =
            File.OpenRead(fileName);

         // Beginne mit dem Lesen der Datei
         inputStream.BeginRead(
            buffer,              // Puffer für das Ergebnis
            0,                   // Offset
            buffer.Length,       // Puffergröße
            myFileCallBack,      // Callback-Delegate
            null);               // Lokales Zustandsobjekt

      }
      else
```

Beispiel 22-12: Implementierung eines asynchronen Netzwerk-Fileservers (Fortsetzung)

```
            {
                Console.WriteLine( "Leseverbindung beendet");
                networkStream.Close( );
                socket.Close( );
                networkStream = null;
                socket = null;
            }
        }

        // Wenn der Puffer für die Datei voll ist
        void OnFileCompletedRead(IAsyncResult asyncResult)
        {
            int bytesRead =
                inputStream.EndRead(asyncResult);

            // Wenn etwas von der Datei gelesen worden ist
            if (bytesRead > 0)
            {
                // Sende es an den Client
                networkStream.BeginWrite(
                    buffer, 0, bytesRead, callbackWrite, null);
            }
            else
            {
                Console.WriteLine("Ende.");
                networkStream.Close( );
                socket.Close( );
                networkStream = null;
                socket = null;
            }
        }

        // Hole nach dem Senden weitere Daten aus der Datei
        private void OnWriteComplete( IAsyncResult ar )
        {
            networkStream.EndWrite(ar);
            Console.WriteLine( "Schreiben beendet");

            // Beginne mit dem Lesen aus der Datei
            inputStream.BeginRead(
                buffer,             // Puffer für das Ergebnis
                0,                  // Offset
                buffer.Length,      // Puffergröße
                myFileCallBack,     // Callback-Delegate
                null);              // Lokales Zustandsobjekt
        }
    }

    public static void Main( )
    {
        AsynchNetworkFileServer app =
```

Beispiel 22-12: Implementierung eines asynchronen Netzwerk-Fileservers (Fortsetzung)

```
            new AsynchNetworkFileServer( );
            app.Run( );
        }

        private void Run( )
        {
            // Erzeuge einen neuen TcpListener und lasse ihn an
            // Port 65000 empfangen

            IPAddress localAddr = IPAddress.Parse( "127.0.0.1" );
            TcpListener tcpListener = new TcpListener(localAddr, 65000);
            tcpListener.Start( );

            // Fahre mit dem Empfang bis zum Versand der Datei fort
            for (;;)
            {
                // Wenn sich ein Client verbindet, akzeptiere dies
                // und gib ein neues Socket namens socketForClient
                // zurück, während tcpListener weiter empfängt
                Socket socketForClient =
                    tcpListener.AcceptSocket( );
                if (socketForClient.Connected)
                {
                    Console.WriteLine("Client verbunden");
                    ClientHandler handler =
                        new ClientHandler( socketForClient );
                    handler.StartRead();
                }
            }
        }
    }
}
```

Beispiel 22-13: Implementierung eines Clients für einen asynchronen Netzwerk-Fileserver

```
using System;
using System.Net.Sockets;
using System.Threading;
using System.Text;

public class AsynchNetworkClient
{
    private const int BufferSize = 256;
    private NetworkStream streamToServer;

    static public int Main( )
    {
        AsynchNetworkClient client =
            new AsynchNetworkClient( );
        return client.Run( );
    }

    AsynchNetworkClient( )
```

Beispiel 22-13: Implementierung eines Clients für einen asynchronen Netzwerk-Fileserver (Fortsetzung)

```
    {
        string serverName = "localhost";
        Console.WriteLine("Verbinde mit {0}", serverName);
        TcpClient tcpSocket = new TcpClient(serverName, 65000);
        streamToServer = tcpSocket.GetStream( );
    }

    private int Run( )
    {
        string message = @"C:\test\source\AskTim.txt";
        Console.Write("Sende {0} an den Server.", message);

        // Erzeuge einen StreamWriter, und verwende ihn,
        // um einen String an den Server zu senden
        System.IO.StreamWriter writer =
            new System.IO.StreamWriter(streamToServer);
        writer.Write(message);
        writer.Flush( );

        bool fQuit = false;

        // Fahre mit dem Lesen fort, solange
        // Daten vom Server hereinkommen
        while (!fQuit)
        {
            // Puffer für die Antwort
            char[] buffer = new char[BufferSize];

            // Lies die Antwort
            System.IO.StreamReader reader =
                new System.IO.StreamReader(streamToServer);

            // Sieh nach, wie viele Bytes in den
            // Puffer gelesen worden sind
            int bytesRead = reader.Read(buffer, 0, BufferSize);
            if (bytesRead == 0) // Keine? Beenden!
                fQuit = true;
            else // Welche erhalten?
            {
                // Als String anzeigen
                string theString = new String(buffer);
                Console.WriteLine(theString);
            }
        }
        streamToServer.Close( ); // Aufräumen
        return 0;
    }
}
```

Dadurch, dass Sie das asynchrone Lesen einer Datei mit dem asynchronen Lesen über das Netzwerk kombiniert haben, haben Sie eine skalierbare Anwendung erstellt, die Anfragen von mehreren Clients bearbeiten kann.

Webstreams

Anstatt aus einem von einem spezifischen Server bereitgestellten Stream zu lesen, können Sie genauso einfach irgendeine Webseite aus dem Internet lesen.

Ein WebRequest ist ein Objekt, das eine Anfrage nach einer durch einen URI identifizierten Ressource, beispielsweise der URL für eine Webseite, durchführt. Mit einem WebRequest-Objekt können Sie ein WebResponse-Objekt erzeugen, in dem die Ressource gekapselt ist, auf die der URI verweist. Zu diesem Zweck rufen Sie GetResponse( ) beim WebRequest-Objekt auf und erhalten dann das vom URI bezeichnete Objekt. Was zurückgegeben wird, ist in einem WebResponse-Objekt gekapselt. Sie können dann dieses WebResponse-Objekt durch Aufruf von GetResponseStream( ) nach einem Stream-Objekt fragen. GetResponseStream( ) gibt einen Stream zurück, der wiederum den Inhalt der Ressource kapselt (z.B. einen Stream mit dem Inhalt der Webseite).

Das nächste Beispiel liest den Inhalt einer Webseite als Stream. Um die Webseite zu erhalten, können Sie HttpWebRequest verwenden. HttpWebRequest ist von WebRequest abgeleitet und bietet zusätzliche Unterstützung für die Interaktion über das HTTP-Protokoll.

Um einen HttpWebRequest zu erzeugen, wandeln Sie den WebRequest um, der von der statischen Methode Create( ) von WebRequest geliefert wird:

```
HttpWebRequest webRequest =
    (HttpWebRequest) WebRequest.Create
    ("http://www.libertyassociates.com/book_edit.htm");
```

Create( ) ist eine statische Methode von WebRequest. Wenn Sie einen URI übergeben, wird eine Instanz von HTTPWebRequest erzeugt.

Die Methode ist hinsichtlich des Parametertyps überladen. Sie gibt unterschiedliche, abgeleitete Typen zurück, je nachdem, was übergeben wurde. Wenn Sie zum Beispiel einen URI übergeben, wird ein Objekt des Typs HttpWebRequest erzeugt. Der Rückgabetyp ist jedoch immer WebRequest, und daher müssen Sie den zurückgegebenen Wert in einen HttpWebRequest umwandeln.

Indem Sie HTTPWebRequest erzeugen, stellen Sie eine Verbindung zu einer Seite auf Ihrem Webserver her. Was Sie von dem Host zurückbekommen, ist in einem HttpWebResponse-Objekt gekapselt, einer Unterklasse der allgemeineren WebResponse-Klasse, die für das HTTP-Protokoll spezifisch ist:

```
HttpWebResponse webResponse =
    (HttpWebResponse) webRequest.GetResponse();
```

Nun können Sie einen StreamReader für diese Seite öffnen, indem Sie die Methode GetResponseStream( ) beim WebResponse-Objekt aufrufen:

```
StreamReader streamReader = new StreamReader(
    webResponse.GetResponseStream( ), Encoding.ASCII);
```

Aus diesem Stream lesen Sie genau so, wie Sie aus einem Netzwerk-Stream lesen. Beispiel 22-14 zeigt das vollständige Listing.

Beispiel 22-14: Eine Webseite als HTML-Stream lesen

```
using System;
using System.Collections.Generic;
using System.IO;
using System.Net;
using System.Net.Sockets;
using System.Text;

namespace ReadingWebPageAsHTML
{
    public class Client
    {
        static public void Main(string[] Args)
        {
            // Erzeuge einen WebRequest für eine bestimmte Seite
            HttpWebRequest webRequest =
                (HttpWebRequest)WebRequest.Create
                    ("http://www.jesseliberty.com/");

            // Frage den Web-Request nach einer Web-Response, in der
            // diese Seite gekapselt ist
            HttpWebResponse webResponse =
                (HttpWebResponse)webRequest.GetResponse( );

            // Hole den StreamReader für die Antwort
            StreamReader streamReader = new StreamReader(
                webResponse.GetResponseStream( ), Encoding.ASCII);

            try
            {
                string outputString;
                outputString = streamReader.ReadToEnd( );
                Console.WriteLine(outputString);
            }
            catch
            {
                Console.WriteLine("Exception beim Lesen der Webseite");
            }
            streamReader.Close( );
        }
    }
}
Ausgabe (Ausschnitt):
<html>
<head>
<title>Liberty Associates</title>
<meta http-equiv="Content-Type" content="text/html; charset=iso-8859-1">
<script language="JavaScript">
<!--
isNS=(navigator.appName=="Netscape");
```

Beispiel 22-14: Eine Webseite als HTML-Stream lesen (Fortsetzung)

```
activeMenu="";
activeIndex=-1;
activeImg="";

window.onError = null;

function setImage(imgName,index) {
 if(activeImg==imgName)
 return true;
 document.images[imgName].src = rolloverImg[index].src;
 return true;
}

rolloverImg=new Array();
```

Wie die Ausgabe zeigt, wird durch den Stream der HTML-Code der von Ihnen angefragten Seite übersandt. Diese Möglichkeit können Sie für das *Screen-Scraping* benutzen, bei dem Sie eine Webseite in einen Puffer einlesen und dann die benötigten Informationen herausziehen.

Alle Beispiele für das Screen-Scraping in diesem Buch gehen davon aus, dass Sie eine Site lesen, für die Sie eine entsprechende Copyright-Erlaubnis besitzen.

Serialisierung

Wenn ein Objekt als Stream auf die Festplatte geschrieben werden soll, müssen die verschiedenen Member-Daten *serialisiert* werden, das heißt, sie werden als eine Folge von Bytes in einen Stream übertragen. Objekte werden auch serialisiert, wenn sie in einer Datenbank gespeichert oder über einen Kontext, eine App-Domain, einen Prozess oder über Rechnergrenzen hinweg gemarshalt werden.

Die CLR bietet Unterstützung für die Serialisierung eines *Objektgraphen* – also eines Objekts einschließlich aller seiner Member-Daten. Standardmäßig sind Typen nicht serialisierbar. Um ein Objekt serialisieren zu können, müssen Sie es explizit mit dem Attribut [Serializable] markieren.

Die CLR übernimmt die Serialisierung Ihrer Objekte. Da die CLR von allen einfachen Typen weiß, wie sie zu serialisieren sind, ist nichts weiter zu tun, wenn Ihr Objekt ausschließlich aus einfachen Typen besteht (also alle Member-Daten Integer-, Long-, String-Werte usw. sind). Wenn Ihr Objekt dagegen andere, benutzerdefinierte Typen (Klassen) enthält, müssen Sie sicherstellen, dass diese Typen ebenfalls serialisierbar sind. Die CLR versucht, jedes Objekt zu serialisieren, das in Ihrem Objekt enthalten ist (und auch alle darin enthaltenen Objekte), aber alle diese Objekte müssen entweder einfache Typen darstellen oder serialisierbar sein; andernfalls werden sie nicht serialisiert.

Ein Objekt muss für das Marshaling by value oder by reference serialisiert werden. Der Unterschied besteht nur darin, ob eine Kopie angelegt oder ob dem Client ein Proxy zur Verfügung gestellt wird. Das Marshaling wird für Objekte, die mit dem Attribut [Serializable] markiert sind, by value, und für solche, die von MarshalByRef abgeleitet sind, by reference durchgeführt. Beide werden jedoch serialisiert.

Einen Formatter verwenden

Nachdem Daten serialisiert worden sind, werden sie irgendwann auch wieder gelesen, sei es durch dasselbe Programm oder sei es durch ein anderes Programm auf demselben oder einem anderen Computer. In jedem Fall setzt der Code zum Lesen der Daten voraus, dass diese ein bestimmtes Format haben. Bei einer .NET-Anwendung ist das vorausgesetzte Format meist entweder ein natives binäres Format oder SOAP.

SOAP ist ein einfaches, leichtgewichtiges Protokoll auf Basis von XML für den Austausch von Informationen über das Web. SOAP ist hochgradig modular und stark erweiterbar. Außerdem baut es auf bestehenden Internet-Technologien wie HTTP und SMTP auf.

Beim Serialisieren von Daten wird das Format durch den von Ihnen angewendeten *Formatter* festgelegt. Alle Formatter-Klassen implementieren das Interface IFormatter. Sie haben auch die Möglichkeit, eigene Formatter-Klassen zu erstellen, allerdings werden nur sehr wenige Programmierer dies je tun müssen oder wollen! Die CLR bietet sowohl einen SoapFormatter für die Verwendung mit Webservices als auch einen BinaryFormatter, der für das schnelle lokale Abspeichern oder beim Remoting hilfreich ist.

Sie können diese Objekte mit ihren Standardkonstruktoren instanziieren:

```
BinaryFormatter binaryFormatter =
    new BinaryFormatter( );
```

Sobald Sie eine Instanz für einen Formatter besitzen, rufen Sie die Methode Serialize( ) auf und übergeben ihr einen Stream und ein zu serialisierendes Objekt. Das nächste Beispiel zeigt Ihnen, wie das funktioniert.

Mit Serialisierung arbeiten

Um zu sehen, wie die Serialisierung abläuft, benötigen Sie eine Beispielklasse, die Sie serialisieren und anschließend deserialisieren können. Beginnen Sie damit, eine Klasse namens SumOf mit drei Member-Variablen anzulegen:

```
private int startNumber = 1;
private int endNumber;
private int[] theSums;
```

Das Member-Array theSums enthält die Werte der Summen aller Zahlen von startNumber bis endNumber. Deshalb hat, wenn startNumber den Wert 1 und endNumber den Wert 10 hat, das Array folgenden Inhalt:

    1,3,6,10,15,21,28,36,45,55

Jeder Wert ist die Summe der vorherigen Werte plus dem nächsten in der Folge. Wenn die Folge also 1,2,3,4 lautet, ist der erste Wert in theSums 1. Der zweite Wert ist der vorherige Wert (1) plus dem nächsten in der Folge (2); deshalb enthält theSums[1] den Wert 3. Genauso ist der dritte Wert der vorherige Wert (3) plus dem nächsten in der Folge – theSums[2] ist also 6. Schließlich ist der vierte Wert in theSums der vorherige Wert (6) plus dem nächsten in der Folge (4), das ergibt 10.

Der Konstruktor des Objekts SumOf erwartet zwei Werte: die Anfangszahl und die Endzahl. Er weist diese den lokalen Variablen zu und ruft dann eine Hilfsfunktion auf, mit der das Array berechnet wird:

```
public SumOf(int start, int end)
{
    startNumber = start;
    endNumber = end;
    ComputeSums();
```

Die Hilfsfunktion ComputeSums trägt die Werte in das Array ein, indem sie die Summen in der Folge von startNumber bis endNumber berechnet:

```
private void ComputeSums()
{
    int count = endNumber - startNumber + 1;
    theSums = new int[count];
    theSums[0] = startNumber;
    for (int i=1,j=startNumber + 1;i<count;i++,j++)
    {
        theSums[i] = j + theSums[i-1];
    }
}
```

Sie können den Inhalt des Arrays zu jeder Zeit mithilfe einer foreach-Schleife anzeigen:

```
private void DisplaySums()
{
    foreach(int i in theSums)
    {
        Console.WriteLine("{0}, ",i);
    }
}
```

Das Objekt serialisieren

Kennzeichnen Sie nun die Klasse mit dem Attribut [Serializable] als serialisierbar:

```
[Serializable]
class SumOf
```

-

Um die Serialisierung auszulösen, benötigen Sie zunächst ein `fileStream`-Objekt für eine Datei, in die Sie das `SumOf`-Objekt serialisieren:

```
FileStream fileStream =
    new FileStream("DoSum.out",FileMode.Create);
```

Nun können Sie die Methode `Serialize()` des Formatters aufrufen, indem Sie den Stream und das zu serialisierende Objekt übergeben. Da dies in einer Methode von `SumOf` geschieht, können Sie `this` übergeben und damit auf das aktuelle Objekt verweisen:

```
binaryFormatter.Serialize(fileStream,this);
```

Damit wird das Objekt `SumOf` auf der Festplatte serialisiert.

Das Objekt deserialisieren

Um das Objekt wiederherzustellen, öffnen Sie die Datei und veranlassen einen binären Formatter, es zu deserialisieren:

```
public static SumOf DeSerialize(){
    FileStream fileStream =
        new FileStream("DoSum.out",FileMode.Open);
    BinaryFormatter binaryFormatter =
        new BinaryFormatter();
    SumOf retVal = (SumOf) binaryFormatter.Deserialize(fileStream);
    fileStream.Close();
    return retVal;}
```

Um sicher zu sein, dass alles richtig funktioniert, instanziieren Sie zunächst ein neues Objekt des Typs `SumOf` und beauftragen es damit, sich selbst zu serialisieren. Dann erzeugen Sie eine neue Instanz des Typs `SumOf`, indem Sie die statische Methode `DeSerialize` aufrufen, und lassen sich seine Werte anzeigen:

```
public static void Main()
{
    Console.WriteLine("Erzeuge das erste Objekt mit new ...");
    SumOf app = new SumOf(1,10);

    Console.WriteLine(
        "Erzeuge das zweite durch Deserialisierung ...");
    SumOf newInstance = SumOf.DeSerialize();
    newInstance.DisplaySums();
}
```

In Beispiel 22-15 sehen Sie den vollständigen Quellcode, der Serialisierung und Deserialisierung veranschaulicht.

Beispiel 22-15: Ein Objekt serialisieren und deserialisieren

```
using System;
using System.Collections.Generic;
using System.IO;
using System.Runtime.Serialization;
using System.Runtime.Serialization.Formatters.Binary;
using System.Text;
```

Beispiel 22-15: Ein Objekt serialisieren und deserialisieren (Fortsetzung)

```
namespace SerializingDeserializingAnObject
{
    [Serializable]
    class SumOf
    {
        private int startNumber = 1;
        private int endNumber;
        private int[] theSums;

        public static void Main()
        {
            Console.WriteLine("Erzeuge das erste Objekt mit new ...");
            SumOf app = new SumOf(1, 10);

            Console.WriteLine("Erzeuge das zweite durch Deserialisierung ...");
            SumOf newInstance = SumOf.DeSerialize();
            newInstance.DisplaySums();
        }

        public SumOf(int start, int end)
        {
            startNumber = start;
            endNumber = end;
            ComputeSums();
            DisplaySums();
            Serialize();
        }

        private void ComputeSums()
        {
            int count = endNumber - startNumber + 1;
            theSums = new int[count];
            theSums[0] = startNumber;
            for (int i = 1, j = startNumber + 1; i < count; i++, j++)
            {
                theSums[i] = j + theSums[i - 1];
            }
        }

        private void DisplaySums()
        {
            foreach (int i in theSums)
            {
                Console.WriteLine("{0}, ", i);
            }
        }

        private void Serialize()
        {
            Console.Write("Serialisiere ...");
            // Lege einen Datei-Stream zum Schreiben der Datei an
            FileStream fileStream =
```

Beispiel 22-15: Ein Objekt serialisieren und deserialisieren (Fortsetzung)

```
                new FileStream("DoSum.out", FileMode.Create);
            // Verwende den binären Formatter der CLR
            BinaryFormatter binaryFormatter =
                new BinaryFormatter();
            // Serialisiere auf die Platte
            binaryFormatter.Serialize(fileStream, this);
            Console.WriteLine("... Ende");
            fileStream.Close();
        }

        public static SumOf DeSerialize()
        {
            FileStream fileStream =
                new FileStream("DoSum.out", FileMode.Open);
            BinaryFormatter binaryFormatter =
                new BinaryFormatter();
            SumOf retVal = (SumOf)binaryFormatter.Deserialize(fileStream);
            fileStream.Close();
            return retVal;
        }
    }
}


Ausgabe:
Erzeuge das erste Objekt mit new ...
1,
3,
6,
10,
15,
21,
28,
36,
45,
55,
Serialisiere......Ende
Erzeuge das zweite durch Deserialisierung ...
1,
3,
6,
10,
15,
21,
28,
36,
45,
55,
```

Die Ausgabe zeigt, dass das Objekt erzeugt, angezeigt und dann serialisiert wurde. Anschließend wurde das Objekt deserialisiert und erneut ausgegeben, ohne dass dabei Daten verloren gegangen sind.

Mit transienten Daten umgehen

In gewisser Weise ist das in Beispiel 22-15 gezeigte Vorgehen bei der Serialisierung sehr verschwenderisch. Da Sie den Inhalt des Arrays jederzeit berechnen können, wenn die Anfangs- und die Endzahl bekannt sind, gibt es eigentlich keinen Grund, seine Elemente auf der Festplatte zu speichern. Zwar kostet dies bei einem kleinen Array nicht viel, bei einem sehr großen Array könnte es aber teuer werden.

Sie können den Serialisierer anweisen, einige Daten nicht zu serialisieren, indem Sie diese mit dem Attribut [NonSerialized] markieren:

```
[NonSerialized] private int[] theSums;
```

Wenn Sie das Array nicht serialisieren, ist das von Ihnen erzeugte Objekt jedoch nach der Deserialisierung nicht in einem korrekten Zustand. Das Array ist leer. Bedenken Sie, dass Sie beim Deserialisieren das Objekt einfach in seiner serialisierten Form auslesen und dass dabei keine Methoden laufen.

Um das Objekt vor der Rückgabe an den Aufrufer wieder zu vervollständigen, implementieren Sie das Interface IDeserializationCallback:

```
[Serializable]
class SumOf : IDeserializationCallback
```

Implementieren Sie außerdem die einzige Methode des Interfaces: OnDeserialization(). Die CLR verspricht, dass nach der vollständigen Deserialisierung des Objekt-Graphen die Methode OnDeserialization() der Klasse aufgerufen wird, wenn dieses Interface implementiert ist. Das ist genau, was Sie brauchen: Die CLR stellt wieder her, was Sie serialisiert haben, und anschließend haben Sie die Gelegenheit, nicht serialisierte Teile nachzubessern.

Diese Implementierung kann sehr einfach sein. Bringen Sie einfach das Objekt dazu, die Folge neu zu berechnen:

```
public virtual void OnDeserialization (Object sender)
{
    ComputeSums();
}
```

Dies ist eine klassische Wechselwirkung zwischen Raum und Zeit; indem Sie das Array nicht serialisieren, verlangsamen Sie die Deserialisierung (da Sie Zeit für die Neuberechnung des Arrays benötigen), aber verkleinern dabei die Datei. Um zu wissen, welche Wirkung der Verzicht auf die Serialisierung des Arrays hat, ließ ich das Programm mit den Zahlen 1 bis 5.000 laufen. Vor der Kennzeichnung des Arrays als [NonSerialized] betrug die Größe der serialisierten Datei 20 KB. Nach dem Setzen von [NonSerialized] war die Datei 1 KB groß. Nicht schlecht. Beispiel 22-16 zeigt den Quellcode dazu, wobei aber die Zahlen 1 bis 5 verwendet werden (um damit die Ausgabe zu verkürzen).

Beispiel 22-16: Mit einem nicht-serialisierten Objekt arbeiten

```csharp
using System;
using System.Collections.Generic;
using System.IO;
using System.Runtime.Serialization;
using System.Runtime.Serialization.Formatters.Binary;
using System.Text;

namespace WorkingWithNonSerializedObject
{
    [Serializable]
    class SumOf : IDeserializationCallback
    {
        private int startNumber = 1;
        private int endNumber;
        [NonSerialized]
        private int[] theSums;

        public static void Main()
        {
            Console.WriteLine("Erzeuge das erste Objekt mit new ...");
            SumOf app = new SumOf(1, 5);

            Console.WriteLine("Erzeuge das zweite durch Deserialisierung ...");
            SumOf newInstance = SumOf.DeSerialize();
            newInstance.DisplaySums();
        }

        public SumOf(int start, int end)
        {
            startNumber = start;
            endNumber = end;
            ComputeSums();
            DisplaySums();
            Serialize();
        }

        private void ComputeSums()
        {
            int count = endNumber - startNumber + 1;
            theSums = new int[count];
            theSums[0] = startNumber;
            for (int i = 1, j = startNumber + 1; i < count; i++, j++)
            {
                theSums[i] = j + theSums[i - 1];
            }
        }

        private void DisplaySums()
        {
            foreach (int i in theSums)
            {
                Console.WriteLine("{0}, ", i);
```

Beispiel 22-16: Mit einem nicht-serialisierten Objekt arbeiten (Fortsetzung)

```
        }
    }

    private void Serialize( )
    {
        Console.Write("Serialisiere ...");
        // Lege einen Datei-Stream zum Schreiben der Datei an
        FileStream fileStream =
            new FileStream("DoSum.out", FileMode.Create);
        // Verwende den binären Formatter der CLR
        BinaryFormatter binaryFormatter =
            new BinaryFormatter( );
        // Serialisiere auf die Platte
        binaryFormatter.Serialize(fileStream, this);
        Console.WriteLine("...Ende");
        fileStream.Close( );
    }

    public static SumOf DeSerialize( )
    {
        FileStream fileStream =
            new FileStream("DoSum.out", FileMode.Open);
        BinaryFormatter binaryFormatter =
            new BinaryFormatter( );
        SumOf retVal = (SumOf)binaryFormatter.Deserialize(fileStream);
        fileStream.Close( );
        return retVal;
    }

    // Ergänze die nicht-serialisierten Daten

    public virtual void OnDeserialization(Object sender)
    {
        ComputeSums( );
    }
    }
}
```

```
Ausgabe:
Erzeuge das erste Objekt mit new ...
1,
3,
6,
10,
15,
Serialisiere......Ende
Erzeuge das zweite durch Deserialisierung ...
1,
3,
6,
10,
15,
```

Sie sehen an der Ausgabe, dass die Daten erfolgreich auf der Festplatte serialisiert und dann durch die Deserialisierung wiederhergestellt wurden. Die Abwägung zwischen dem Speicherplatz auf der Festplatte und dem Zeitbedarf macht bei fünf Werten nicht viel Sinn, kann aber bei fünf Millionen Werten schon sehr bedeutsam werden.

Bis jetzt haben Sie Ihre Daten in einen Stream umgewandelt, um sie auf der Festplatte zu speichern oder die Kommunikation mit entfernten Programmen über das Netzwerk zu ermöglichen. Es gibt noch eine weitere Situation, in der es sinnvoll ist, Streams zu erzeugen: um benutzerbezogene Konfigurations- und Statusdaten dauerhaft zu speichern. Zu diesem Zweck bietet das .NET Framework *isolierten Speicher*.

Isolierte Speicher

Die .NET CLR ermöglicht isoliertes Speichern, damit Anwendungsentwickler Daten getrennt für jeden Benutzer speichern können. Isolierte Speicher bieten viel von der Funktionalität der traditionellen *.ini*-Dateien von Windows oder der neueren HKEY_CURRENT_USER-Schlüssel in der Windows-Registrierung.

Dazu speichert eine Anwendung Daten in einem *Data-Compartment*, das mit dieser Anwendung eindeutig verknüpft ist. Die CLR implementiert das Data-Compartment durch einen besonderen *Datenspeicher*, der typischerweise ein Verzeichnis im Dateisystem ist.

Administratoren haben die Möglichkeit, die Größe des isolierten Speichers für einzelne Anwendungen zu begrenzen. Außerdem können sie Sicherheitsvorkehrungen treffen, damit nicht Code, der als weniger vertrauenswürdig eingeschätzt wird, vertrauenswürdigeren Code aufrufen kann, um durch diesen auf isolierten Speicher zuzugreifen.

Das Wichtige am isolierten Speicher ist, dass die CLR einen standardmäßigen Ort bietet, wo Ihre Anwendung Daten ablegen kann. Dabei wird aber kein besonderes Layout und keine besondere Syntax für diese Daten verlangt (oder unterstützt). Kurz gesagt, Sie können alles, was Sie möchten, im isolierten Speicher aufbewahren.

Normalerweise speichern Sie Text ab, häufig in Form von Name/Wert-Paaren. Isolierte Speicher bieten einen guten Mechanismus zur Ablage von Konfigurationsinformationen von Benutzern, beispielsweise von Login-Namen, den Positionen diverser Fenster und Widgets sowie von weiteren anwendungsspezifischen und benutzerspezifischen Informationen. Die Daten werden für jeden Benutzer in einer separaten Datei abgelegt, können aber sogar noch weiter isoliert werden, indem man verschiedene Aspekte der Identität des Codes unterscheidet (nach der Assembly oder nach der ursprünglichen Anwendungs-Domain).

Die Verwendung isolierter Speicher ist ziemlich einfach. Um in den isolierten Speicher zu schreiben, erzeugen Sie eine Instanz von IsolatedStorageFileStream, die Sie mit einem Dateinamen und einem Dateimodus (erzeugen, anhängen usw.) initialisieren:

```
IsolatedStorageFileStream configFile =
  new IsolatedStorageFileStream
  ("Tester.cfg",FileMode.Create);
```

Erzeugen Sie nun einen StreamWriter für diese Datei:

```
StreamWriter writer =
  new StreamWriter(configFile);
```

Schreiben Sie anschließend genau so in diesen Stream, wie Sie es bei jedem anderen tun würden. Beispiel 22-17 veranschaulicht dies:

Beispiel 22-17: In einen isolierten Speicher schreiben

```
using System;
using System.Collections.Generic;
using System.IO;
using System.IO.IsolatedStorage;
using System.Text;

namespace WritingToIsolatedStorage
{
    public class Tester
    {
        public static void Main()
        {
            Tester app = new Tester();
            app.Run();
        }

        private void Run()
        {
            // Erzeuge einen Stream für die Konfigurationsdatei
            IsolatedStorageFileStream configFile =
                new IsolatedStorageFileStream
                    ("Tester.cfg", FileMode.Create);

            // Erzeuge einen Writer, um in die Datei zu schreiben
            StreamWriter writer =
                new StreamWriter(configFile);

            // Schreibe ein paar Daten in die Konfigurationsdatei
            String output;
            System.DateTime currentTime = System.DateTime.Now;
            output = "Letzter Zugriff: " + currentTime.ToString();
            writer.WriteLine(output);
            output = "Letzte Position: 27,35";
            writer.WriteLine(output);

            // Leere den Puffer, und räume auf
            writer.Close();
            configFile.Close();
        }
    }
}
```

Nachdem Sie diesen Code haben laufen lassen, können Sie Ihre Festplatte nach *Tester.cfg* durchsuchen. Auf meinem Rechner fand sich die Datei unter:

```
C:\Documents and Settings\Jesse\Local Settings\Application Data\
IsolatedStorage\mipjwcsz.iir\2hzvpjcc.p0y\StrongName.
mwoxzllzqpx3u0taclp1dti11kpddwyo\Url.a2f4v2g3ytucslmvlpt2wmdxhrhqg1pz\
Files
```

Sie können diese Datei in Notepad lesen, wenn Sie nur Text geschrieben haben:

```
Letzter Zugriff: 8/26/2007 10:00:57 AM
Letzte Position: 27,35
```

Sie können auf diese Daten aber auch programmgesteuert zugreifen. Um das zu tun, öffnen Sie die Datei erneut:

```
IsolatedStorageFileStream configFile =
    new IsolatedStorageFileStream
    ("Tester.cfg",FileMode.Open);
```

Erzeugen Sie ein `StreamReader`-Objekt:

```
StreamReader reader =
    new StreamReader(configFile);
```

Benutzen Sie das bei Streams übliche Vorgehen, um die Datei zu lesen:

```
string theEntry;
do
{
    theEntry = reader.ReadLine();
    Console.WriteLine(theEntry);
} while (theEntry != null);
Console.WriteLine(theEntry);
```

Der Geltungsbereich für isolierte Speicher wird durch die Assembly definiert (beispielsweise können Sie, wenn Sie Ihr Programm heruntergefahren und danach wieder gestartet haben, die von Ihnen erzeugte Konfigurationsdatei lesen, aber Sie können nicht die Konfiguration einer anderen Assembly lesen). Beispiel 22-18 enthält die zum Lesen der Datei benötigte Methode. Ersetzen Sie die Methode `Run( )` in dem vorhergehenden Beispiel, kompilieren Sie es erneut, und lassen Sie es laufen. (Ändern Sie aber nicht den Namen des Programms, sonst ist es nicht mehr möglich, auf den von Ihnen zuvor erzeugten isolierten Speicher zuzugreifen.)

Beispiel 22-18: Aus dem isolierten Speicher lesen

```
        private void Run( )
        {
            // Öffne Stream für die Konfigurationsdatei
            IsolatedStorageFileStream configFile =
                new IsolatedStorageFileStream
                    ("Tester.cfg", FileMode.Open);

            // Erzeuge normalen StreamReader
            StreamReader reader =
                new StreamReader(configFile);
```

Beispiel 22-18: Aus dem isolierten Speicher lesen (Fortsetzung)

```
            // Lies die Datei, und zeige den Inhalt an
            string theEntry;
            do
            {
                theEntry = reader.ReadLine( );
                Console.WriteLine(theEntry);
            } while (theEntry != null);

            reader.Close( );
            configFile.Close( );
        }
    }
```

Ausgabe:

```
Letzter Zugriff: 8/26/2007 11:19:51 PM
Letzte Position: 27,35
```

KAPITEL 23
Programmieren mit .NET und COM

Programmierer mögen unbeschriebene Blätter. Sicher wäre es schön, wenn wir einfach alle Programme, die wir jemals geschrieben haben, wegwerfen und neu beginnen könnten. Aber normalerweise ist dies für die meisten Firmen kein gangbarer Weg. Über die letzte Dekade hinweg haben Organisationen, die Software entwickeln, viel Geld in die Entwicklung und den Kauf von COM-Komponenten und ActiveX-Controls investiert. Microsoft hat sich dazu verpflichtet, dafür zu sorgen, dass diese vorhandenen Komponenten aus .NET heraus nutzbar sind und (was vielleicht etwas weniger wichtig ist) .NET-Komponenten aus COM leicht aufrufbar sind.

Dieses Kapitel beschreibt, welche Unterstützung .NET für den Import von ActiveX-Steuerelementen und COM-Komponenten in Ihre Anwendung, für den Export von .NET-Klassen für die Verwendung in COM-basierten Anwendungen sowie für direkte Aufrufe der Win32-API bietet. Sie werden außerdem einiges über C#-Zeiger erfahren sowie über Schlüsselwörter für den direkten Zugriff auf den Arbeitsspeicher – eine Technik, die in manchen Anwendungen unumgänglich ist.

ActiveX-Steuerelemente importieren

ActiveX-Controls (Steuerelemente) sind COM-Komponenten, die typischerweise durch Drag-and-Drop auf Formulare gelegt werden und die eine Benutzerschnittstelle haben können oder auch nicht. Nachdem Microsoft den OCX-Standard entwickelt hatte, der es Entwicklern ermöglichte, ActiveX-Controls unter VB zu erstellen und unter C++ einzusetzen (und umgekehrt), brach die ActiveX-Control-Revolution aus. In den letzten paar Jahren sind Tausende solcher Steuerelemente entwickelt, verkauft und eingesetzt worden. Sie sind klein, einfach zu benutzen und stellen ein effektives Beispiel für die Wiederverwendbarkeit von Binaries dar. ActiveX-Steuerelemente in .NET zu importieren ist überraschend einfach, wenn man bedenkt, wie stark sich COM-Objekte von .NET-Objekten unterscheiden. Visual Studio 2008 ist in der Lage, ActiveX-Steuerelemente »automagisch« zu importieren. Als Alternative zur Verwendung von Visual Studio hat Microsoft ein Befehlszeilen-Hilfsprogramm namens Aximp entwickelt, mit dessen Hilfe Sie die in einer .NET-Anwendung für solche Steuerelemente benötigten Assemblies erzeugen können.

Ein ActiveX-Control erstellen

Um zu zeigen, wie ein klassisches ActiveX-Control in einer .NET-Anwendung benutzt wird, entwickeln Sie zunächst unter VB6 einen einfachen Taschenrechner mit vier Funktionen als ActiveX-Control und testen es erst einmal in einer VB6-Anwendung. Wenn Sie VB6 nicht zur Verfügung haben oder sich nicht mit der Erstellung des Steuerelements aufhalten möchten, können Sie es hier herunterladen: *http://www.JesseLiberty.com*. (Klicken Sie die Book-Site an, dann auf *Books*. Scrollen Sie zu diesem Buch, und klicken dann auf den Quellcode.) Nachdem das Steuerelement einmal in der normalen Windows-Umgebung funktioniert, können Sie es in Ihre Windows-Forms-Anwendung importieren.

Um das Steuerelement zu erstellen, öffnen Sie VB6 und wählen als neuen Projekttyp *ActiveX Control*. Machen Sie das Projektformular so klein wie möglich, da dieses Steuerelement keine Benutzerschnittstelle benötigt. Klicken Sie mit der rechten Maustaste auf *UserControl1*, und wählen Sie *Properties* aus. Geben Sie ihm im *Properties*-Fenster den Namen *Calculator*. Klicken Sie dann das Projekt im Projekt-Explorer an, und benennen Sie es im *Properties*-Fenster in *CalcControl* um. Speichern Sie nun das Projekt, wobei Sie sowohl die Datei als auch das Projekt *CalcControl* nennen, wie es Abbildung 23-1 zeigt.

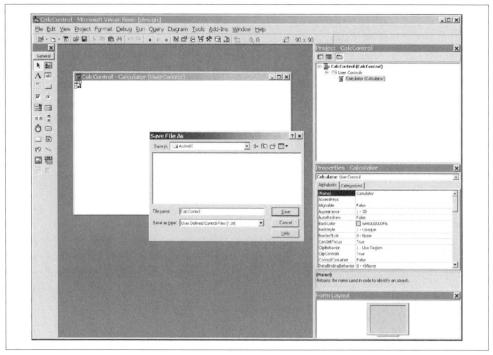

Abbildung 23-1: Ein ActiveX-Control unter Visual Basic erstellen

Nun können Sie die vier Rechenfunktionen hinzufügen, indem Sie das *CalcControl*-Formular rechts anklicken, im Pop-up-Menü *Code anzeigen* auswählen und das in Beispiel 23-1 dargestellte VB-Programm eintippen.

Beispiel 23-1: Implementierung des ActiveX-Controls CalcControl

```
Public Function _
Add(left As Double, right As Double) _
    As Double
    Add = left + right
End Function

Public Function _
Subtract(left As Double, right As Double) _
    As Double
    Subtract = left - right
End Function

Public Function _
Multiply(left As Double, right As Double) _
    As Double
    Multiply = left * right
End Function

Public Function _
Divide(left As Double, right As Double) _
    As Double
    Divide = left / right
End Function
```

Dies ist der gesamte Code für das Steuerelement. Kompilieren Sie es in eine Datei namens *CalcControl.ocx*, indem Sie in der Menüleiste von VB6 *File → Make CalcControl.ocx* anwählen. Legen Sie in VB ein zweites Projekt für ein normales ausführbares Programm (EXE) an. Nennen Sie das Formular TestForm und das Projekt CalcTest. Speichern Sie die Datei und das Projekt unter dem Namen CalcTest. Fügen Sie das ActiveX-Control als Komponente hinzu, indem Sie Strg-T drücken und in der *Controls*-Registerkarte *CalcControl* auswählen, wie Abbildung 23-2 zeigt.

Durch diese Aktion wird der Toolbox ein neues Steuerelement hinzugefügt; in Abbildung 23-3 ist es mit einem Kreis gekennzeichnet.

Ziehen Sie auf dem Formular TestForm einen Rahmen auf, der das Steuerelement repräsentiert, und nennen Sie es *CalcControl*. Beachten Sie, dass das neue Steuerelement nicht sichtbar ist, da es keine Benutzeroberfläche hat. Fügen Sie zwei Textfelder, vier Buttons und ein Label hinzu, wie Abbildung 23-4 zeigt.

Nennen Sie die Buttons btnAdd, btnSubtract, btnMultiply und btnDivide. Jetzt müssen nur noch die Methoden zur Behandlung der Klick-Events für die Rechen-Buttons implementiert werden.

Jedes Mal, wenn ein Button angeklickt wird, lesen Sie die Werte aus den beiden Textfeldern aus, wandeln sie mit der VB6-Funktion CDbl in double um (wie es vom CalcControl erwartet wird), rufen die entsprechende Funktion des CalcControl auf und geben das Ergebnis im Label-Steuerelement aus. Beispiel 23-2 enthält das vollständige Quellprogramm dafür.

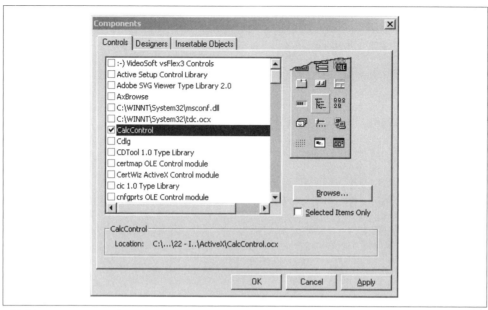

Abbildung 23-2: Das CalcControl in die VB6-Toolbox übernehmen

Abbildung 23-3: Das CalcControl, zu finden in der Toolbox von Visual Basic 6

Beispiel 23-2: Einsatz des ActiveX-Controls CalcControl in einem VB-Programm (TestForm)

```
Private Sub btnAdd_Click()
    Label1.Caption = _
        calcControl.Add(CDbl(Text1.Text), _
        CDbl(Text2.Text))
End Sub

Private Sub btnDivide_Click()
    Label1.Caption = _
        calcControl.Divide(CDbl(Text1.Text), _
        CDbl(Text2.Text))
End Sub

Private Sub btnMultiply_Click()
    Label1.Caption = _
        calcControl.Multiply(CDbl(Text1.Text), _
        CDbl(Text2.Text))
End Sub
```

Beispiel 23-2: Einsatz des ActiveX-Controls CalcControl in einem VB-Programm (TestForm) (Fortsetzung)

```
Private Sub btnSubtract_Click()
    Label1.Caption = _
        calcControl.Subtract(CDbl(Text1.Text), _
        CDbl(Text2.Text))
End Sub
```

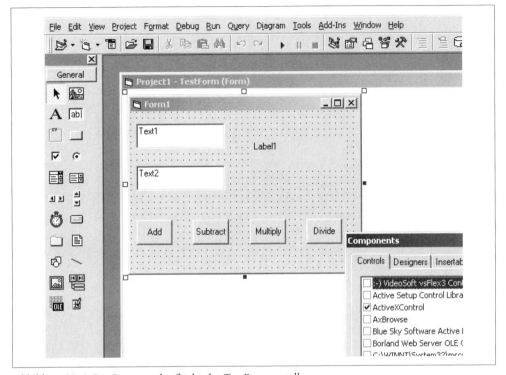

Abbildung 23-4: Die Benutzeroberfläche der TestForm erstellen

Ein Steuerelement in .NET importieren

Nachdem Sie festgestellt haben, dass das ActiveX-Control CalcControl funktioniert, können Sie die Datei *CalcControl.ocx* in Ihre .NET-Entwicklungsumgebung kopieren. Nach dem Kopieren sollten Sie sich daran erinnern, dass die *CalcControl.ocx* mit Regsvr32 registriert werden muss (wenn Sie unter Vista arbeiten, müssen Sie das als Administrator ausführen):

```
Regsvr32 CalcControl.ocx
```

Jetzt können Sie in .NET ein Testprogramm erstellen, das den Rechner benutzt.

Als Erstes erstellen Sie in Visual Studio 2008 eine Visual C# Windows Forms-Anwendung, nennen die Anwendung *InteropTest* und entwerfen ein Formular (wie das Formular TestForm, das Sie unter VB im vorigen Abschnitt erstellt haben), indem Sie die benötigten Steuerelemente darauf ziehen und ablegen. Nennen Sie das Formular *Test-Form*. Ein vollständiges Beispiel ist in Abbildung 23-5 zu sehen.

Abbildung 23-5: Eine Windows-Form zum Test des ActiveX-Controls CalcControl erstellen

Ein Steuerelement importieren

Es gibt zwei Möglichkeiten, ein ActiveX-Control in die Entwicklungsumgebung Visual Studio 2008 zu importieren. Sie können die Werkzeuge von Visual Studio 2008 selbst verwenden oder das Steuerelement manuell mit dem Hilfsprogramm *Aximp* importieren, das zusammen mit dem .NET Framework SDK geliefert wird. Wenn Sie Visual Studio 2008 verwenden wollen, klicken Sie mit der rechten Maustaste auf die Toolbox und fügen eine Registerkarte *COM* hinzu. Dann klicken Sie nochmals mit der rechten Maustaste und wählen *Choose Items*. Damit erhalten Sie das Dialogfeld *Choose Toolbox Items*. Wählen Sie hier die Registerkarte *COM Components*, wie in Abbildung 23-6 zu sehen ist.

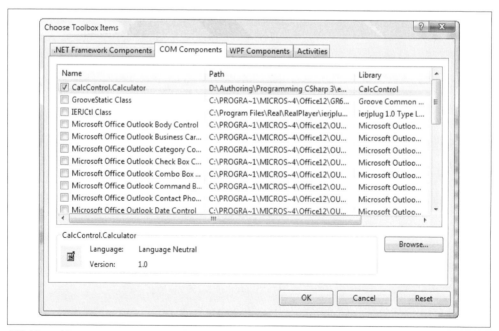

Abbildung 23-6: Das ActiveX-Control CalcControl in die Toolbox importieren

Das Steuerelement manuell importieren

Als Alternative können Sie auch die Eingabeaufforderung öffnen und das Steuerelement manuell importieren, indem Sie das Hilfsprogramm *Aximp.exe* aufrufen, wie es in Abbildung 23-7 gezeigt wird.

Abbildung 23-7: Aximp aufrufen

Aximp.exe benötigt ein Argument, und zwar das zu importierende ActiveX-Control (*CalcControl.ocx*). Es entstehen drei Dateien:

AxCalcControl.dll
    Ein Windows-Steuerelement für .NET

CalcControl.dll
    Eine .NET Proxy-Klassenbibliothek

AxCalcControl.pdb
    Eine Debug-Datei

Wenn es so weit ist, können Sie zum Fenster *Choose Toolbox Items* zurückkehren; diesmal wählen Sie jedoch *.NET Framework Components*. Nun können Sie zu der Stelle browsen, an der das .NET Windows-Steuerelement *AxCalcControl.dll* generiert wurde, und die Datei in die Toolbox importieren, wie es Abbildung 23-8 zeigt.

Das Steuerelement in das Formular einfügen

Nach dem Import erscheint das Steuerelement im Toolbox-Menü, wie in Abbildung 23-9 gezeigt.

Jetzt können Sie das Steuerelement in Ihr Windows-Formular ziehen und seine Funktionen nutzen, genau wie Sie es beim VB6-Beispiel taten.

Schreiben Sie für jeden der vier Buttons einen Event-Handler. Die Event-Handler delegieren ihre Aufgabe dann an das ActiveX-Control, das Sie in VB6 geschrieben und in .NET importiert haben.

Der Quellcode für die Event-Handler ist Beispiel 23-3 zu entnehmen.

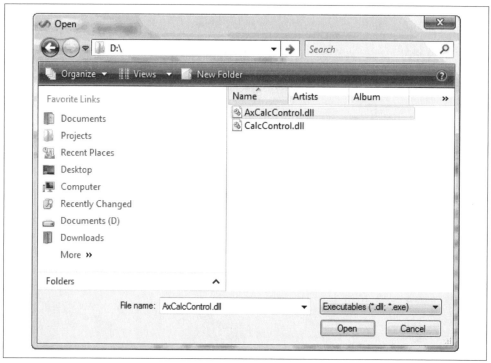

Abbildung 23-8: Das importierte Steuerelement suchen

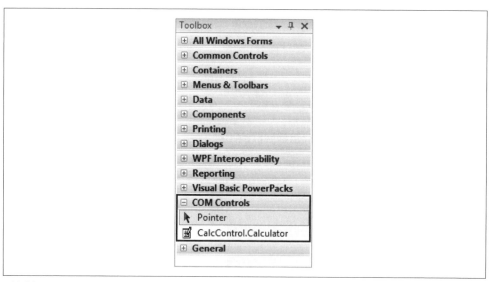

Abbildung 23-9: Das neue Steuerelement in der Toolbox

Beispiel 23-3: Implementierung der Event-Handler

```csharp
using System;
using System.Windows.Forms;

namespace InteropTest
{
    public partial class Form1 : Form
    {
        public Form1()
        {
            InitializeComponent();
        }

        private void btnAdd_Click(object sender, EventArgs e)
        {
            double left = double.Parse(textBox1.Text);
            double right = double.Parse(textBox2.Text);
            label1.Text = axCalculator1.Add(ref left, ref right).ToString();

        }

        private void btnSubtract_Click(object sender, EventArgs e)
        {
            double left = double.Parse(textBox1.Text);
            double right = double.Parse(textBox2.Text);
            label1.Text = axCalculator1.Subtract(ref left, ref right).ToString();

        }

        private void btnMultiply_Click(object sender, EventArgs e)
        {
            double left = double.Parse(textBox1.Text);
            double right = double.Parse(textBox2.Text);
            label1.Text = axCalculator1.Multiply(ref left, ref right).ToString();

        }

        private void btnDivide_Click(object sender, EventArgs e)
        {
            double left = double.Parse(textBox1.Text);
            double right = double.Parse(textBox2.Text);
            label1.Text = axCalculator1.Divide(ref left, ref right).ToString();

        }
    }
}
```

Jede der Methoden holt die Werte aus den Textfeldern, konvertiert sie mithilfe der statischen Methode `double.Parse()` in Double-Werte und übergibt diese an die Methoden des Taschenrechners. Die Ergebnisse werden in Strings zurückverwandelt und im Label angezeigt, wie es in Abbildung 23-10 zu sehen ist.

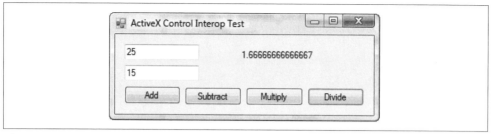

Abbildung 23-10: Testen des Interop-Steuerelements

P/Invoke

Es ist möglich, unmanaged Code aus C# heraus aufzurufen. In der Regel tun Sie das, um etwas zu erreichen, was mithilfe der FCL allein nicht möglich ist. Mit der Version 2.0 von .NET wird die Verwendung von P/Invoke jedoch nur noch relativ selten notwendig sein.

Ursprünglich sollte die .NET *platform invoke facility* (P/Invoke) nur den Zugriff auf die Windows-API ermöglichen; mit ihrer Hilfe können Sie aber auch Funktionen aus jeder beliebigen DLL zugänglich machen.

Um zu sehen, wie dies funktioniert, wollen wir uns noch einmal Beispiel 22-3 aus Kapitel 22 ansehen. Sie erinnern sich, dass wir die FileInfo-Klasse dazu verwendet haben, Dateien durch den Aufruf der Methode MoveTo( ) umzubenennen:

```
file.MoveTo(fullName + ".bak");
```

Dies können Sie auch dadurch erreichen, dass Sie die *kernel32.dll* von Windows verwenden und die Methode MoveFile aufrufen.[1] Dazu müssen Sie die Methode als static extern deklarieren und das Attribut DllImport anwenden:

```
[DllImport("kernel32.dll", EntryPoint="MoveFile",
 ExactSpelling=false, CharSet=CharSet.Unicode,
 SetLastError=true)]
static extern bool MoveFile(
  string sourceFile, string destinationFile);
```

Durch die Attributklasse DllImport wird festgelegt, dass eine Methode, die unmanaged Code enthält, mithilfe von P/Invoke aufgerufen werden soll. Die Parameter sind:

DLL-Name
: Der Name der aufzurufenden DLL.

EntryPoint
: Gibt den Namen des aufzurufenden DLL-Eintrittspunkts (der Methode) an.

ExactSpelling
: Erlaubt der CLR, auf der Basis des Wissens, das die CLR über Namenskonventionen hat, nach übereinstimmenden Methoden mit leicht abweichenden Namen zu suchen.

---

[1] Tatsächlich tut Fileinfo.Move( ) genau dies.

CharSet
: Gibt an, wie das Marshalling von String-Argumenten der Methode durchgeführt werden soll.

SetLastError
: Wenn dieser Parameter auf true gesetzt ist, besteht die Möglichkeit, Marshal.GetLastWin32 Error aufzurufen und dadurch zu prüfen, ob beim Aufruf der Methode ein Fehler aufgetreten ist.

Der Rest des Programms, mit Ausnahme des Methodenaufrufs von MoveFile( ) selbst, bleibt praktisch unverändert. Beachten Sie, dass MoveFile( ) als statische Klassenmethode deklariert ist. Daher muss auch die Semantik für den Aufruf statischer Methoden angewendet werden:

```
Tester.MoveFile(file.FullName,file.FullName + ".bak");
```

Wenn Sie den ursprünglichen Dateinamen und den neuen Namen übergeben, wird die Datei genau so umbenannt, als hätten Sie file.MoveTo( ) aufgerufen. Bei diesem Beispiel bringt die Verwendung von P/Invoke keinen Vorteil – wohl aber wesentliche Nachteile. Sie haben den managed Code verlassen, als Ergebnis haben Sie die Typsicherheit aufgegeben, und Ihr Programm läuft nicht mehr in Partial-trusted-Szenarien. Beispiel 23-4 zeigt das vollständige Quellprogramm für die Anwendung von P/Invoke zum Umbenennen von Dateien.

Beispiel 23-4: P/Invoke für den Aufruf einer Methode der Win32-API verwenden

```csharp
using System;
using System.IO;
using System.Runtime.InteropServices;

namespace UsingPInvoke
{
    class Tester
    {
        // Deklariere die mit P/Invoke aufzurufende WinAPI-Methode
        [DllImport("kernel32.dll", EntryPoint = "MoveFile",
        ExactSpelling = false, CharSet = CharSet.Unicode,
        SetLastError = true)]
        static extern bool MoveFile(
        string sourceFile, string destinationFile);

        public static void Main( )
        {
            // Erzeuge eine Instanz, und lass sie laufen
            Tester t = new Tester();
            string theDirectory = @"c:\test\media";
            DirectoryInfo dir =
            new DirectoryInfo(theDirectory);
            t.ExploreDirectory(dir);
        }
```

Beispiel 23-4: P/Invoke für den Aufruf einer Methode der Win32-API verwenden (Fortsetzung)

```csharp
        // Ist mit einem Verzeichnisnamen aufzurufen
        private void ExploreDirectory(DirectoryInfo dir)
        {

            // Erzeuge ein neues Unterverzeichnis
            string newDirectory = "newTest";
            DirectoryInfo newSubDir =
            dir.CreateSubdirectory(newDirectory);

            // Ermittle alle Dateien im Verzeichnis, und
            // kopiere sie in das neue Verzeichnis
            FileInfo[] filesInDir = dir.GetFiles();
            foreach (FileInfo file in filesInDir)
            {
                string fullName = newSubDir.FullName +
                "\\" + file.Name;
                file.CopyTo(fullName);
                Console.WriteLine("{0} kopiert nach newTest",
                file.FullName);
            }

            // Erzeuge eine Collection der hineinkopierten Dateien
            filesInDir = newSubDir.GetFiles();

            // Lösche einige, und benenne andere um
            int counter = 0;
            foreach (FileInfo file in filesInDir)
            {
                string fullName = file.FullName;

                if (counter++ % 2 == 0)
                {
                    // P/Invoke für die Win-API
                    Tester.MoveFile(fullName, fullName + ".bak");

                    Console.WriteLine("{0} umbenannt zu {1}",
                    fullName, file.FullName);
                }
                else
                {
                    file.Delete();
                    Console.WriteLine("{0} gelöscht.",
                    fullName);
                }
            }
            // Lösche das Unterverzeichnis
            newSubDir.Delete(true);
        }
    }
}
```

Beispiel 23-4: P/Invoke für den Aufruf einer Methode der Win32-API verwenden (Fortsetzung)

Ausgabe:

```
c:\test\media\chimes.wav kopiert nach newTest
c:\test\media\chord.wav kopiert nach newTest
c:\test\media\desktop.ini kopiert nach newTest
c:\test\media\ding.wav kopiert nach newTest
c:\test\media\dts.wav kopiert nach newTest
c:\test\media\flourish.mid kopiert nach newTest
c:\test\media\ir_begin.wav kopiert nach newTest
c:\test\media\ir_end.wav kopiert nach newTest
c:\test\media\ir_inter.wav kopiert nach newTest
c:\test\media\notify.wav kopiert nach newTest
c:\test\media\onestop.mid kopiert nach newTest
c:\test\media\recycle.wav kopiert nach newTest
c:\test\media\ringout.wav kopiert nach newTest
c:\test\media\Speech Disambiguation.wav kopiert nach newTest
c:\test\media\Speech Misrecognition.wav kopiert nach newTest
c:\test\media\newTest\chimes.wav umbenannt nach c:\test\media\newTest\chimes.wav.bak
c:\test\media\newTest\chord.wav gelöscht.
c:\test\media\newTest\desktop.ini umbenannt nach c:\test\media\newTest\desktop.ini.bak
c:\test\media\newTest\ding.wav gelöscht.
c:\test\media\newTest\dts.wav umbenannt nach c:\test\media\newTest\dts.wav.bak
c:\test\media\newTest\flourish.mid gelöscht.
c:\test\media\newTest\ir_begin.wav umbenannt nach c:\test\media\newTest\ir_begin.wav.bak
c:\test\media\newTest\ir_end.wav gelöscht.
c:\test\media\newTest\ir_inter.wav umbenannt nach c:\test\media\newTest\ir_inter.wav.bak
c:\test\media\newTest\notify.wav gelöscht.
c:\test\media\newTest\onestop.mid umbenannt nach c:\test\media\newTest\onestop.mid.bak
c:\test\media\newTest\recycle.wav gelöscht.
c:\test\media\newTest\ringout.wav umbenannt nach c:\test\media\newTest\ringout.wav.bak
c:\test\media\newTest\Speech Disambiguation.wav gelöscht.
```

Zeiger

In diesem Buch haben Sie bis jetzt noch keinen Code gesehen, der Zeiger im Stil von C/C++ verwendet. Nur hier, in den letzten Absätzen der letzten Seiten, kommt dieses Thema zur Sprache – und dies sogar, obwohl Zeiger in der Familie der C-Programmiersprachen eine zentrale Rolle spielen. Bei C# sind Zeiger in ungewöhnliche und fortgeschrittene Programmierprobleme verbannt; typischerweise werden sie nur mit P/Invoke verwendet.

C# unterstützt die üblichen C-Zeigeroperatoren, die in Tabelle 23-1 aufgeführt sind.

Tabelle 23-1: C#-Zeigeroperationen

Operator	Bedeutung
&	Der Operator *Adresse-von* liefert einen Zeiger auf die Adresse eines Werts.
*	Der *Dereferenzierungs*-Operator liefert den Wert an die Adresse eines Zeigers.
->	Der *Member-Zugriffs*-Operator wird für den Zugriff auf einen Member in einem Typ verwendet.

Die Verwendung von Zeigern ist fast nie notwendig, und fast immer ist davon abzuraten. Wollen Sie aber trotzdem Zeiger verwenden, müssen Sie Ihr Programm mit dem C#-Modifikator unsafe (unsicher) kennzeichnen. Der Code wird als unsicher gekennzeichnet, da Sie den Arbeitsspeicher mit Zeigern direkt manipulieren können. Normalerweise ist dies innerhalb eines C#-Programms nicht möglich. In unsicherem Code können Sie direkt auf den Arbeitsspeicher zugreifen, Zeiger in Integer-Typen (und umgekehrt) umwandeln, mit Adressen von Variablen arbeiten usw. Im Gegenzug verzichten Sie auf die Garbage Collection sowie auf den Schutz vor nicht-initialisierten Variablen, hängenden Zeigern und dem Zugriff außerhalb der Grenzen von Arrays. Kurz gesagt, unsicherer Code erzeugt eine Insel von C++-Code innerhalb einer ansonsten sicheren C#-Anwendung, und Ihr Programm läuft nicht mehr in Partial-trusted-Szenarien.

Als Beispiel für eine Situation, in der dies sinnvoll sein kann, geben Sie den Inhalt einer Datei auf der Konsole aus und wenden dabei zwei Aufrufe der Win32-API an: CreateFile und ReadFile. ReadFile benötigt als zweiten Parameter einen Zeiger auf einen Pufferbereich. Die Deklaration der beiden importierten Methoden sieht etwa so aus:

```
[DllImport("kernel32", SetLastError=true)]
static extern unsafe int CreateFile(
    string filename,
    uint desiredAccess,
    uint shareMode,
    uint attributes,
    uint creationDisposition,
    uint flagsAndAttributes,
    uint templateFile);

[DllImport("kernel32", SetLastError=true)]
static extern unsafe bool ReadFile(
    int hFile,
    void* lpBuffer,
    int nBytesToRead,
    int* nBytesRead,
    int overlapped);
```

Sie legen eine neue Klasse APIFileReader an, deren Konstruktor die Methode CreateFile( ) aufruft. Der Konstruktor empfängt als Parameter einen Dateinamen und gibt diesen an die Methode CreateFile( ) weiter:

```
public APIFileReader(string filename)
{
    fileHandle = CreateFile(
        filename, // filename
        GenericRead, // desiredAccess
        UseDefault, // shareMode
        UseDefault, // attributes
        OpenExisting, // creationDisposition
        UseDefault, // flagsAndAttributes
        UseDefault); // templateFile
}
```

Die Klasse `APIFileReader` implementiert nur eine einzige weitere Methode namens `Read()`, die ihrerseits `ReadFile()` aufruft. Sie übergibt das Datei-Handle, das im Konstruktor der Klasse erzeugt worden ist, zusammen mit einem Zeiger auf einen Puffer, einen Zähler für die zu lesenden Bytes und eine Referenz auf eine Variable, die die Anzahl der gelesenen Bytes aufnehmen soll. An dieser Stelle interessiert uns insbesondere der Zeiger auf den Puffer. Die Verwendung dieses API-Aufrufs ist ohne Zeiger nicht möglich.

Da Sie über einen Zeiger auf den Puffer zugreifen wollen, muss der Puffer im Arbeitsspeicher fixiert werden (diesen Vorgang bezeichnet man als *Pinning*). Das .NET Framework darf den Puffer bei der Garbage Collection nicht verschieben. Dazu verwenden Sie das C#-Schlüsselwort `fixed`, das es Ihnen ermöglicht, einen Zeiger auf den vom Puffer verwendeten Arbeitsspeicher zu bekommen, und gleichzeitig die Instanz als für den Garbage Collector nicht verschiebbar kennzeichnet.

Durch den auf das Schlüsselwort `fixed` folgenden Anweisungsblock wird ein Geltungsbereich definiert, in dem der Speicherbereich fixiert sein soll. Durch das Ende dieses `fixed`-Blocks wird die Instanz wieder als verschiebbar gekennzeichnet. Dies wird als *deklaratives Pinning* bezeichnet:

```
public unsafe int Read(byte[] buffer, int index, int count)
{
    int bytesRead = 0;
    fixed (byte* bytePointer = buffer)
    {
        ReadFile(
            fileHandle,
            bytePointer + index,
            count,
            &bytesRead, 0);
    }
    return bytesRead;
}
```

Beachten Sie, dass die Methode mit dem Schlüsselwort `unsafe` gekennzeichnet werden muss. Dadurch wird ein unsicherer Kontext erzeugt, in dem Sie Zeiger anlegen können. Zum Kompilieren müssen Sie die Compiler-Option `/unsafe` verwenden. Am einfachsten ist es, die Projekteigenschaften zu öffnen, auf die Registerkarte *Build* zu klicken und das Kontrollkästchen *Allow unsafe code* zu setzen, wie es in Abbildung 23-11 dargestellt ist.

Das Testprogramm instanziiert einen `APIFileReader` und ein `ASCIIEncoding`-Objekt. Es übergibt den Dateinamen (*8Swnn10.txt*) an den Konstruktor des `APIFileReader` und erzeugt dann eine Schleife, die wiederholt den Puffer durch Aufruf der Methode `Read()` füllt, die wiederum den API-Aufruf `ReadFile` verwendet. Dabei wird jeweils ein Array von Bytes zurückgegeben, das mit der Methode `GetString()` des `ASCIIEncoding`-Objekts in einen String konvertiert wird. Dieser String wird wiederum an die Methode `Console.Write()` weitergereicht, um auf der Konsole ausgegeben zu werden. Das vollständige Quellprogramm finden Sie in Beispiel 23-5.

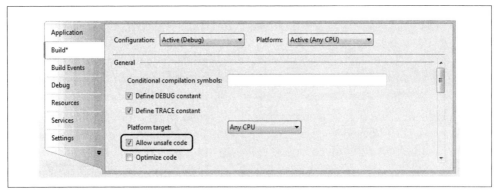

Abbildung 23-11: Unsicheren Code zulassen

Der eingelesene Test ist ein kurzer Ausschnitt aus *Swann's Way* (von Marcel Proust), das mittlerweile Public Domain ist und als Text von Project Gutenberg heruntergeladen werden kann (*http://www.gutenberg.org/wiki/Main_Page*).

Beispiel 23-5: Zeiger in einem C#-Programm verwenden

```
using System;
using System.Runtime.InteropServices;
using System.Text;

namespace UsingPointers
{
    class APIFileReader
    {
        const uint GenericRead = 0x80000000;
        const uint OpenExisting = 3;
        const uint UseDefault = 0;
        int fileHandle;

        [DllImport("kernel32", SetLastError = true)]
        static extern unsafe int CreateFile(
        string filename,
        uint desiredAccess,
        uint shareMode,
        uint attributes,
        uint creationDisposition,
        uint flagsAndAttributes,
        uint templateFile);

        [DllImport("kernel32", SetLastError = true)]
        static extern unsafe bool ReadFile(
        int hFile,
        void* lpBuffer,
        int nBytesToRead,
        int* nBytesRead,
        int overlapped);
```

Beispiel 23-5: Zeiger in einem C#-Programm verwenden (Fortsetzung)

```csharp
        // Der Konstruktor öffnet eine vorhandene Datei
        // und setzt den Member für das Datei-Handle
        public APIFileReader(string filename)
        {
            fileHandle = CreateFile(
            filename, // filename
            GenericRead, // desiredAccess
            UseDefault, // shareMode
            UseDefault, // attributes
            OpenExisting, // creationDisposition
            UseDefault, // flagsAndAttributes
            UseDefault); // templateFile
        }

        public unsafe int Read(byte[] buffer, int index, int count)
        {
            int bytesRead = 0;
            fixed (byte* bytePointer = buffer)
            {
                ReadFile(
                fileHandle, // hfile
                bytePointer + index, // lpBuffer
                count, // nBytesToRead
                &bytesRead, // nBytesRead
                0); // overlapped
            }
            return bytesRead;
        }
    }

    class Test
    {
        public static void Main()
        {
            // Erzeuge eine Instanz des APIFileReader, und
            // übergib den Namen einer vorhandenen Datei
            APIFileReader fileReader =
            new APIFileReader("8Swnn10.txt");

            // Erzeuge einen Puffer und einen ASCII-Kodierer
            const int BuffSize = 128;
            byte[] buffer = new byte[BuffSize];
            ASCIIEncoding asciiEncoder = new ASCIIEncoding();

            // Lies die Datei in den Puffer, und gib sie aus
            while (fileReader.Read(buffer, 0, BuffSize) != 0)
            {
                Console.Write("{0}", asciiEncoder.GetString(buffer));
            }
        }
    }
}
```

Der entscheidende Abschnitt des Programms, in dem Sie den Zeiger für den Puffer anlegen und ihn mithilfe des Schlüsselworts `fixed` im Arbeitsspeicher fixieren, ist fett gedruckt. Sie müssen hier einen Zeiger verwenden, da der API-Aufruf einen solchen erwartet.

Ausgabe:

```
Altogether, my aunt used to treat him with scant ceremony. Since she was
of the opinion that he ought to feel flattered by our invitations, she
thought it only right and proper that he should never come to see us in
summer without a basket of peaches or raspberries from his garden, and
that from each of his visits to Italy he should bring back some
photographs of old masters for me.

It seemed quite natural, therefore, to send to him whenever we wanted a
recipe for some special sauce or for a pineapple salad for one of our big
dinner-parties, to which he himself would not be invited, not seeming of
sufficient importance to be served up to new friends who might be in our
house for the first time. If the conversation turned upon the Princes of
the House of France, "Gentlemen, you and I will never know, will we, and
don't want to, do we?" my great-aunt would say tartly to Swann, who had,
perhaps, a letter from Twickenham in his pocket; she would make him play
accompaniments and turn over music on evenings when my grandmother's
sister sang; manipulating this creature, so rare and refined at other
times and in other places, with the rough simplicity of a child who will
play with some curio from the cabinet no more carefully than if it were a
penny toy. Certainly the Swann who was a familiar figure in all the clubs
of those days differed hugely from, the Swann created in my great-aunt's
mind when, of an evening, in our little garden at Combray, after the two
shy peals had sounded from the gate, she would vitalise, by injecting into
it everything she had ever heard about the Swann family, the vague and
unrecognisable shape which began to appear, with my grandmother in its
wake, against a background of shadows, and could at last be identified by
the sound of its voice. But then, even in the most insignificant details
of our daily life, none of us can be said to constitute a material whole,
which is identical for everyone, and need only be turned up like a page in
an account-book or the record of a will; our social personality is created
by the thoughts of other people. Even the simple act which we describe as
"seeing some one we know" is, to some extent, an intellectual process. We
pack the physical outline of the creature we see with all the ideas we
have already formed about him, and in the complete picture of him which we
compose in our minds those ideas have certainly the principal place. In
the end they come to fill out so completely the curve of his cheeks, to
follow so exactly the line of his nose, they blend so harmoniously in the
sound of his voice that these seem to be no more than a transparent
envelope, so that each time we see the face or hear the voice it is our
own ideas of him which we recognise and to which we listen. And so, no
doubt, from the Swann they had built up for their own purposes my family
had left out, in their ignorance, a whole crowd of the details of his
daily life in the world of fashion, details by means of which other
people, when they met him, saw all the Graces enthroned in his face and
stopping at the line of his arched nose as at a natural frontier; but they
contrived also to put into a face from which its distinction had been
evicted, a face vacant and roomy as an untenanted house, to plant in the
depths of its unvalued eyes a lingering sense, uncertain but not
```

unpleasing, half-memory and half-oblivion, of idle hours spent together after our weekly dinners, round the card-table or in the garden, during our companionable country life. Our friend's bodily frame had been so well lined with this sense, and with various earlier memories of his family, that their own special Swann had become to my people a complete and living creature; so that even now I have the feeling of leaving some one I know for another quite different person when, going back in memory, I pass from the Swann whom I knew later and more intimately to this early Swann--this early Swann in whom I can distinguish the charming mistakes of my childhood, and who, incidentally, is less like his successor than he is like the other people I knew at that time, as though one's life were a series of galleries in which all the portraits of any one period had a marked family likeness, the same (so to speak) tonality--this early Swann abounding in leisure, fragrant with the scent of the great chestnut-tree, of baskets of raspberries and of a sprig of tarragon.

And yet one day, when my grandmother had gone to ask some favour of a lady whom she had known at the Sacré Coeur (and with whom, because of our caste theory, she had not cared to keep up any degree of intimacy in spite of several common interests), the Marquise de Villeparisis, of the famous house of Bouillon, this lady had said to her:

"I think you know M. Swann very well; he is a great friend of my nephews, the des Laumes."

C#-Schlüsselwörter

abstract
: Ein Klassenmodifikator, der festlegt, dass eine Klasse nicht instanziiert werden kann und die vollständige Implementierung von einer abgeleiteten Klasse bereitgestellt werden muss.

  Ein Methodenmodifikator, der festlegt, dass eine Methode implizit virtuell und ohne Implementierung ist.

alias
: Folgt einer extern-Direktive.

as
: Binärer Typ-Operator, der den linken Operanden auf den Typ abbildet, der durch den rechten Operanden angegeben ist. Löst keine Exception aus, sondern liefert null, wenn die Abbildung scheitert.

ascending
: Ein Abfrage-Operator, der zusammen mit orderby genutzt wird.

base
: Variable mit der gleichen Bedeutung wie this, die aber auf die Basisklassen-Implementation eines Members zugreift.

bool
: Logischer Datentyp, der die Werte true (wahr) oder false (falsch) haben kann.

break
: Sprunganweisung, die den Block einer Schleife oder einer switch-Anweisung verlässt.

by
: Ein Abfrage-Operator, der zusammen mit group verwendet wird.

byte
: Ein Byte langer ganzzahliger Datentyp ohne Vorzeichen.

case
: Anweisung, die eine einzelne Auswahlalternative innerhalb einer switch-Anweisung kennzeichnet.

catch
: Ein Schlüsselwort für die Klausel in einer try-Anweisung, um Exceptions eines bestimmten Typs abzufangen.

char
: Zwei Bytes langer Datentyp für Unicode-Zeichen.

checked
: Anweisung oder Operator, der die Prüfung arithmetischer Grenzen in einem Ausdruck oder einem Anweisungsblock erzwingt.

class
: Ein Schlüsselwort zur Typ-Deklarierung für einen eigenen Referenztyp. Wird normalerweise als Blaupause für das Erstellen von Objekten genutzt.

    Ein generischer Typ-Constraint, der festlegt, dass der generische Typ ein Referenztyp sein muss.

const
: Ein Modifikator für eine lokale Variable oder eine Felddeklaration, der festlegt, dass der Wert statisch ausgewertet werden kann und sich nicht ändert.

continue
: Sprunganweisung, die die restlichen Anweisungen eines Anweisungsblocks überspringt und mit dem nächsten Schleifendurchgang fortfährt.

decimal
: 16 Bytes langer dezimaler Datentyp.

default
: Ein spezielles Label in einer switch-Anweisung, die angibt, welche Aktion durchgeführt werden soll, wenn keine case-Anweisung mit dem switch-Ausdruck übereinstimmt.

    Ein Operator, der den Standardwert eines Typs zurückgibt.

delegate
: Ein Schlüsselwort zur Typdeklaration, das ein Protokoll für eine Methode definiert.

descending
: Ein Abfrage-Operator, der zusammen mit orderby genutzt wird.

do
: Schleifenanweisung zur wiederholten Ausführung eines Anweisungsblocks, bis die Auswertung eines Ausdrucks am Ende der Schleife false ergibt.

double
: Acht Bytes langer Fließkomma-Datentyp.

else
: Bedingte Anweisung zur Definition einer Aktion, die dann ausgeführt werden soll, wenn die Auswertung eines vorangehenden if-Ausdrucks false ergibt.

enum
: Ein Schlüsselwort zur Typdeklaration, mit dem ein Wertetyp definiert wird, der eine Gruppe von benannten numerischen Konstanten darstellt.

equals
: Ein Abfrage-Operator, der einen Equijoin durchführt und der zusammen mit `join` verwendet wird.

event
: Member-Modifikator für ein Feld oder eine Eigenschaft eines Delegates, der anzeigt, dass nur auf die Methoden += und -= des Delegates zugegriffen werden kann.

explicit
: Operator, der eine explizite Konvertierung definiert.

extern
: Methodenmodifikator, der anzeigt, dass eine Methode mittels unmanaged Code implementiert ist.

: Eine Direktive, die eine Referenz auf einen externen Namensraum deklariert, der zu einem Argument passen muss, das an den C#-Compiler übergeben wurde.

false
: Ein Literal für den Typ `bool`.

finally
: Das Schlüsselwort in der Klausel einer `try`-Anweisung, das immer ausgeführt wird, wenn die Programmsteuerung den Geltungsbereich des `try`-Blocks verlässt.

fixed
: Eine Anweisung, durch die ein Referenztyp derart im Arbeitsspeicher fixiert wird, dass er vom Garbage Collector bei Operationen mit Zeigerarithmetik nicht verschoben werden kann.

: Ein Feld-Modifikator innerhalb eines unsicheren Struct, mit dem ein Array fester Länge deklariert wird.

float
: Vier Bytes langer Fließkomma-Datentyp.

for
: Schleifenanweisung, die eine Initialisierungsanweisung, eine Fortsetzungsbedingung und eine Iterationsanweisung in einer einzigen Anweisung kombiniert.

foreach
: Schleifenanweisung, die über eine Collection iteriert, die `IEnumerable` implementiert.

from
: Ein Abfrage-Operator, der die Daten definiert, aus denen abgefragt werden soll.

get
: Name der Zugriffsmethode, die den Wert einer Eigenschaft zurückgibt.

global
: Ein Schlüsselwort, das vor einem Bezeichner steht und festlegt, dass sich der Bezeichner im globalen Namensraum befindet.

goto
: Sprunganweisung, die zu einem Label verzweigt, das sich innerhalb derselben Methode und desselben Geltungsbereichs wie die Sprungstelle befindet.

group
: Ein Abfrage-Operator, der die Daten in Gruppen unterteilt, wobei ein Schlüsselwert zum Aufteilen der Gruppen mitgegeben wird.

if
: Bedingungsanweisung, die ihren Anweisungsblock nur ausführt, wenn die Auswertung eines Ausdrucks true ergibt.

implicit
: Operator, der eine implizite Konvertierung definiert.

in
: Der Operator zwischen einem Typ und einem IEnumerable innerhalb einer foreach-Anweisung.

: Ein Abfrage-Operator, der zusammen mit from genutzt wird.

int
: Ein eingebauter, vorzeichenbehafteter Ganzzahl-Datentyp mit 4 Byte Länge.

into
: Ein Abfrage-Operator, der einen Namen für die Ausgabe-Variable festlegt.

interface
: Ein Schlüsselwort in der Typ-Deklaration eines selbst definierten Referenztyps, das einen Vertrag für den Typ festlegt, bestimmte implizit abstrakte Member zu besitzen.

internal
: Zugriffsmodifikator, der anzeigt, dass auf einen Typ oder Typ-Member nur von anderen Typen aus derselben Assembly zugegriffen werden kann.

is
: Relationaler Operator, der true ergibt, wenn der Typ des linken Operanden mit dem des rechten Operanden übereinstimmt, von diesem abgeleitet ist oder diesen implementiert.

let
: Ein Abfrage-Operator, der eine neue Variable für jedes Element einer Datenmenge einführt.

lock
: Anweisung, die eine Sperre für ein Referenztyp-Objekt anfordert, um die Kooperation zwischen mehreren Threads zu ermöglichen.

long
: Acht Bytes langer ganzzahliger Datentyp mit Vorzeichen.

namespace
: Ein Schlüsselwort zum Definieren eines Namens, der eine Reihe von Typen in einer hierarchischen Struktur beschreibt.

new
: Operator, der den Konstruktor eines Typs aufruft und ein neues Objekt auf dem Heap anlegt, wenn der Typ ein Referenztyp ist, oder der das Objekt initialisiert, wenn es ein Werttyp ist.

Ein Modifikator für Typ-Member, der einen abgeleiteten Member durch einen neuen Member mit der gleichen Signatur verbirgt.

null
: Referenztyp-Literal, das anzeigt, dass kein Objekt referenziert wird.

object
: Ein vordefinierter Typ, der als Ausgangsbasisklasse für alle anderen Typen dient.

on
: Ein Abfrage-Operator, der zusammen mit join oder group verwendet wird.

operator
: Methodenmodifikator zum Überladen von Operatoren.

orderby
: Ein Abfrage-Operator, der Daten sortiert.

out
: Ein Modifikator für Parameter und Argumente, der festlegt, dass die Variable by reference übergeben wird und von der aufgerufenen Methode angegeben werden muss.

override
: Ein Methodenmodifikator, der festlegt, dass eine Methode einer Klasse eine virtuelle Methode überschreibt, die in einer geerbten Basisklasse definiert ist.

params
: Parametermodifikator, der angibt, dass an den letzten Parameter einer Methode mehrere Parameter desselben Typs übergeben werden können.

partial
: Ein Klassen- oder Methodenmodifikator, der festlegt, dass die Definition der Klasse oder Methode aufgeteilt ist (meist auf mehrere Dateien).

private
: Zugriffsmodifikator, der angibt, dass nur der Typ, der den Member enthält, darauf zugreifen kann.

protected
: Zugriffsmodifikator, der anzeigt, dass nur der Typ, der den Member enthält, sowie davon abgeleitete Typen darauf zugreifen können.

public
: Zugriffsmodifikator, der anzeigt, dass auf einen Typ oder Typ-Member von allen anderen Typen zugegriffen werden kann.

readonly
: Feldmodifikator, der festlegt, dass einem Feld nur einmal ein Wert zugewiesen werden kann. Dies kann entweder direkt bei der Deklaration geschehen oder im Konstruktor des Typs, der das Feld enthält.

ref
: Ein Parameter- und Argumentmodifikator, der festlegt, dass die Variable by reference übergeben und zugewiesen wird, bevor sie an die Methode übergeben wird.

return
: Sprunganweisung, die eine Methode verlässt. Dabei wird ein Rückgabewert angegeben, wenn die Methode nicht void ist.

sbyte
: Ein 1 Byte langer, eingebauter, vorzeichenbehafteter Ganzzahl-Datentyp.

sealed
: Klassenmodifikator, der anzeigt, dass von einer Klasse nicht abgeleitet werden kann.

set
: Name der Zugriffsmethode, die den Wert einer Eigenschaft setzt.

short
: Ein 2 Byte langer, eingebauter, vorzeichenbehafteter Ganzzahl-Datentyp.

sizeof
: Operator, der die Größe eines Structs in Bytes liefert.

stackalloc
: Operator, der die angegebene Anzahl von Exemplaren eines Werttyps auf dem Stack alloziert und einen Zeiger darauf zurückgibt.

static
: Modifikator für den Member-Typ, der anzeigt, dass der Member zum Typ gehört und nicht zu einer Instanz des Typs.

    Ein Klassen-Modifikator, der festlegt, dass die Klasse nur aus statischen Membern besteht und nicht instanziiert werden kann.

string
: Vordefinierter Referenztyp, der eine unveränderliche Folge von Unicode-Zeichen enthält.

struct
: Ein Schlüsselwort zur Typ-Deklaration für einen selbstdefinierten Wertetyp – wird meist als Blaupause für das Erstellen leichtgewichtiger Instanzen genutzt.

    Ein generischer Typ-Constraint, der festlegt, dass der Typ ein Wertetyp sein muss.

switch
: Auswahlanweisung, die es ermöglicht, abhängig vom Wert eines vordefinierten Typs eine Auswahl zu treffen.

this
: Variable, die die aktuelle Instanz einer Klasse oder eines Structs referenziert.

Ein Parameter-Modifikator für den ersten Parameter in einer statischen Methode, durch die diese zu einer Extension-Methode wird.

throw
: Sprunganweisung, die eine Exception beim Auftreten einer Unregelmäßigkeit im Programm erzeugt.

true
: Ein Literal für den Typ `bool`.

try
: Eine Anweisung, die einen Block definiert, in dem Fehler abgefangen und verarbeitet werden können.

typeof
: Operator, der den Typ eines Objekts als `System.Type`-Objekt zurückgibt.

uint
: Ein 4 Byte langer, eingebauter Ganzzahl-Datentyp ohne Vorzeichen.

ulong
: Ein 8 Byte langer, eingebauter Ganzzahl-Datentyp ohne Vorzeichen.

unchecked
: Anweisung oder Operator, der die Überprüfung arithmethischer Überläufe in einem Ausdruck unterdrückt.

unsafe
: Ein Typ-Modifikator, Member-Modifikator oder eine Anweisung, die es zulässt, nicht typ-sicheren Code auszuführen (was heißt, dass Zeiger-Arithmetik genutzt wird).

ushort
: Ein 2 Byte langer, eingebauter Ganzzahl-Datentyp ohne Vorzeichen.

using
: Eine Direktive, die festlegt, dass die Typen eines bestimmten Namensraums ohne voll qualifizierte Angabe des Typnamens referenziert werden können.

Eine Anweisung, die es einem Objekt ermöglicht, `IDisposable` zu implementieren, so dass es am Ende des Gültigkeitsbereichs der Anweisung wieder vernichtet wird.

value
: Ein Name, der für die implizite Variable verwendet wird, die von der Zugriffsmethode einer Eigenschaft gesetzt wird.

virtual
: Ein Modifikator für Klassenmethoden, der anzeigt, dass eine Methode durch eine abgeleitete Klasse überschrieben werden kann.

void
: Ein Schlüsselwort, das anstelle eines Typs bei Methoden verwendet wird, die keinen Rückgabewert liefern.

volatile
: Ein Feld-Modifikator, der festlegt, dass der Wert eines Feldes in einem Multi-Thread-Szenario verändert werden kann – und weder der Compiler noch die Runtime für dieses Feld Optimierungen vornehmen sollen.

while
: Eine Schleifenanweisung zum wiederholten Durchlaufen eines Anwendungsblocks, solange ein zu Beginn eines jeden Durchlaufs ausgewerteter Ausdruck true ergibt.

yield
: Eine Anweisung, die das nächste Element eines Interator-Blocks holt.

Index

Symbole

- (Subtraktions)-Operator 53
    Präzedenz 60
-- (Dekrementierungs)-Operator 60
! (nicht)-Operator 58
    Präzedenz 60
!= (ungleich)-Operator 57, 60, 127
" (doppelte Anführungszeichen), Escape-Zeichen verwenden 26
(Rautezeichen), spezielle Präprozessordirektiven untersuchen 62
% (Modulo)-Operator 48
    Divisionsrest zurückgeben 53
    Präzedenz 60
%= (Zuweisungs)-Operator 55, 60
& (Adresse-von)-Operator 577
& (logisches UND)-Operator 60
&& (UND)-Operator 58
&= (Zuweisungs)-Operator 60
' (einfache Anführungszeichen), Escape-Zeichen verwenden 26
* (Dereferenzierungs)-Operator 577
* (Multiplikations)-Operator 53
    Operatorpräzedenz 59
*= (Zuweisungs)-Operator 55, 60
+ (Pluszeichen)
    als Additionsoperator 53
        Präzedenz 59
    als Verkettungsoperator 231
++ (Inkrementierungs)-Operator 60
+= (Registrierungs)-Operator 275, 276
+= (Zuweisungs)-Operator 55, 60
@ (At-Zeichen)
    in XPath 330, 331
=> (Lambda)-Operator 282
-> (Member-Zugriffs)-Operator 577
/ (Slash), in XPath 329
<> (spitze Klammern), um XML-Tags 314

. (Member-Zugriffs)-Operator 13
    Text auf den Bildschirm schreiben 12
: (Doppelpunkt) 239
; (Semikola)
    abstrakte Klassen und 116
    Anweisungen beenden 36
< (kleiner als) relationaler Operator 39, 57, 127
    Präzedenz 60
<% und %>, Kennzeichen für Code 401
<<= (Zuweisungs)-Operator 60
<<-Operator 60
<= (relationaler) Operator 57, 60, 127
-= (Deregistrierungs)-Operator 277
-= (Zuweisungs)-Operator 55, 60
= (Zuweisungs)-Operator 52
    Präzedenz 59
    Verwenden statt des Registrierungs-Operators 276
== (gleich) relationaler Operator 39, 57, 127
    Konvertierungsoperatoren und 131
    Präzedenz 60
    Strings, bearbeiten 231
> (größer als) relationaler Operator 39, 57, 127
    Präzedenz 60
>= (relationaler) Operator 57, 60, 127
>>= (Zuweisungs)-Operator 60
>>-Operator 60
?: (ternärer)-Operator 60
@ (Verbatim-String-Literale) 225
    DirectoryInfo-Objekt, erzeugen 507
[ ] (eckige Klammern)
    Arrays deklarieren 166
    ungleichförmige Arrays und 177
    zur Indizierung 185, 221
    in Strings 231
\ (Backslashes), Escape-Zeichen verwenden 26, 225
\a (Alert-Escape-Zeichen) 26

\f (Seitenvorschub-Escape-Zeichen) 26
\n (Newline-Escape-Zeichen) 55
\r (Carriage-Return-Escape-Zeichen) 26
\t (Horizontaler-Tabulator-Escape-Zeichen) 26, 55
\v (Vertikaler-Tabulator-Escape-Zeichen) 26
^ (logisches XOR)-Operator 60
^= (Zuweisungs)-Operator 60
{ } (geschweifte Klammern) 50
   Array-Elemente, initialisieren 171
   Eigenschaften und Verhaltensweisen, definieren 9
   Klassen, definieren 67
{} (geschweifte Klammern)
   um Anweisungsblöcke 40
|= (Zuweisungs)-Operator 60
|| (oder)-Operator 58
~-Operator 60
/ (Divisions)-Operator 53, 60
/*...*/ (Kommentare im C-Stil) 11
/= (Zuweisungs)-Operator 55, 60
// (Slashes), verwenden für Kommentare 11

A

a[x]-Operator, Präzedenz 60
.aspx Dateierweiterung 399
Abbildung 520
Abfrageanweisung in SQL 382
Abfrageergebnisse sortieren 297–300
Abfragen
   testen 407
Abfragen, LINQ
   Bereichsvariablen 292
   Ergebnisse in anonymen Typen speichern 301
   Ergebnisse puffern 294
   erstellen 290–293, 363
   from-Klausel 292
   Gruppieren 300
   join-Klausel 296
   methodenbasierte Abfragen 308
   orderby-Klausel 297–300
   select-Klausel (Projektion) 293, 305
   verzögerte Ausführung 293
   where-Klausel (Filter) 293
abgekürzte Auswertung 59
abgeleitete Klassen 108
abstract-Modifikator 584

abstrakte Klassen 105, 116–119, 584
   Beschränkungen für 118
   Interfaces versus 154
   versiegelte 119
Accept( )-Methode 531
AcceptSocket( )-Methode 538
Achsen, XPath-Suchen verwenden mit 331
ActiveX-Steuerelemente 565–573
Add( )-Methode 126
   Dictionary 220
   indizieren und 188
   List 203
   XmlAttributeOverrides 347
Additionsoperator (+) 53
   Präzedenz 59
AddRange( )-Methode, List 203
AddSort( )-Methode, XPathExpression 340
ADO.NET 379
   erste Schritte mit 386–389
   Objektmodelle 384
      DataReader 386
Adresse-von-Operator (&) 577
Adventure Works LT (Beispieldatenbank) 349
AJAX 6
   (siehe auch Silverlight)
Alert-Escape-Zeichen (\a) 26
All-Attributziel 466
anonyme Klassen 301
anonyme Methoden 268, 281
anonyme Typen 301
Anweisungen 36–52
   bedingte Verzweigung 37–44
   catch 254–260
   finally 260–262
   Iteration
      continue und break 50–52
      do...while-Schleife 47
   Iterations- 45–52
   switch-Anweisung für String 44
   throw 252
   unbedingte Verzweigung 36
Anweisungsblöcke 40
Anwendungen
   Konsolen- 12
   webbasiert (siehe webbasierte Anwendungen)
   Windows Forms (siehe Windows Forms-Anwendungen)
   WPF-Anwendungen (siehe WPF)

Append( )-Methode 237
append-Argument 523
AppendChild( )-Methode, XML 319
AppendFormat( )-Methode 237
AppendText( )-Methode, File 511
AppendText( )-Methode, FileInfo 511
Arbeitsspeicher, Direktzugriff durch Zeiger 6
Argumente (siehe auch Parameter von
    Methoden) 9
    Event 395
    Methoden- 70
ArrayList-Klasse 203
Arrays 164–185
    deklarieren 166
    Elemente, Zugriff auf 168–169
    Grenzen 180
    Konvertierungen 181–183
    Listen 203–214
    mehrdimensionale 173–180
    Standardwerte, verstehen 167
as-Operator 60, 155, 584
ASP.NET 393
    Bücher 393
    C#-Programmierung und 393
    Code-behind-Dateien 399–401
    Code-Separation-Seiten in Version 2.0 394
    datengebundene Steuerelemente 404–416
    Debugging aktivieren 401
    Event-Handler 395
    Lebenszyklus, Umgang mit 396
    serverseitige Steuerelemente 402
    Server-Steuerelemente 404
        Status bei 396
    Steuerelemente, in Webformulare einfügen
        401–404
    Web Forms
        erstellen 398–401
        Überblick 394–398
    (siehe auch Web Forms)
ASP-Steuerelemente 404
.aspx Dateierweiterung
    Benutzeroberflächenseiten 394
AsReadOnly( )-Methode, List 204
AsReadOnly( )-Methode, System.Array 165
Assemblies 5, 114
Assembly.Load, statische Methode 474
Assembly-Attributziel 466
AsyncCallback-Delegate 283–286

asynchrone E/A 525–530
Attribute 5, 465–471
    anwenden 466
    benennen 468
    benutzerdefinierte 467–471
    deklarieren 468
    verwenden 469–471
    von Dateien 507, 511
    von XML-Elementen 320–323
    Ziel- 466
Attributes( )-Methode, FileInfo 511
Attributes-Eigenschaft, DirectoryInfo 507
At-Zeichen (@)
    in XPath 330, 331
Aufruf-Stacks 262
Ausdrücke 52
äußere Klassen 122
AutoPostBack-Eigenschaften 396
AxImp-Kommandozeilenprogramm 565, 571

B

Backslashes (\), Escape-Zeichen verwenden 26,
    225
base-Schlüsselwort 584
Basisklassen 108
    Konstruktoren, aufrufen 113
    polymorphe Methoden, erstellen 109
    versionieren mit den Schlüsselwörtern
        new/override 114
Basisliste 141
bedingte Ausdrücke
    C und C++, Hinweis für Programmierer 37
bedingte Verzweigungsanweisungen 36–44
    switch-Anweisung 42–44
Bedingungsausdrücke, verwenden mit logischen
    Operatoren 58
BeginRead( )-Methode
    asynchrone E/A und 525
    binärer Lesevorgang 518
BeginWrite( )-Methode
    asynchrone E/A und 525
    binärer Lesevorgang 518
Beispiele, Quell-Code für die XIII
benannter Parameter, Attribut erstellen 468
benutzerdefinierte Attribute 467–471
benutzerdefinierte Typen 23
Benutzeroberfläche (UI)
    Design-Tools 12

Benutzerschnittstelle 394
Bereichsvariable, LINQ 292
Berkeley Socket Interface 532
Bezeichner 34
    (siehe auch Namenskonventionen)
    definieren 62
    Definition aufheben 63
Binärdateien 518–520
BinaryFormatter-Klasse 553
BinaryReader-Klasse 518
BinarySearch( )-Methode, List 204
BinarySearch( )-Methode, System.Array 165
BinaryWriter-Klasse 518
BindingFlags-Parameter 477
Blöcke
    catch 254
    finally 260–262
Boolean-Variablen
    relationale Operatoren und 57
    while-Schleife und 46
bool-Typen 24, 584
    Standardwerte 73
Borland Delphi 4
break-Anweisung 37, 43, 45, 50–52, 584
Browser
    IP-Adressen und 531
Bücher
    Learning ASP.NET 2.0 with AJAX
        (Liberty et al.) 393
    Programming .NET 3.5 (Liberty, Horovitz)
        XII, 417
    Programming ASP.NET (Liberty, Hurwitz)
        393, 414
    Programming Silverlight (Liberty) 6, 7
    Programming WCF Services (Lowy) 340
    Programming WPF (Sells, Griffiths) 417
    Swann's Way (Proust) 580
BufferedStream-Klasse 518
Bugs 250
Buttons 435
    Datenanbindung und 405
    (siehe auch Steuerelemente)
Button-Steuerelemente, Windows Forms
    447–452
byte, ganzzahliger Typ 24, 584

C

C und C++, Hinweise für Programmierer
    bedingte Ausdrücke 37
    Copy-Konstruktor 77
    Destruktoren 85
    Exceptions, auslösen 251
    generische Typen (C#) versus C++-Templates 194
    implicit-Schlüsselwort 128
    Präprozessor 62
    Referenzparameter 95
    Strings 223, 224
    Structs 135
    Vererbung 120
C# XII
    ASP.NET und 393
    Buch über XII
    Features von 4–6
    Grundlagen 23–64
    .NET Framework 3–6
    neue Features in 3, 4
    Schlüsselwörter 584–591
C++ 3
    Kommentare 11
    Mehrfachvererbung, Äquivalent für 108
    private und geschützte Vererbung, kein
        Äquivalent für 108
    Zeiger für 577
Call Stack
    entladen 251
Callback-Methoden 283–286
Capacity-Eigenschaft, List 203
Capture-Collections 246–249
Carriage-Return-Escape-Zeichen (\r) 26
case-Anweisungen 42–44, 584
    VB6, Hinweis für Programmierer 43
Casten (explizite Konvertierung) 27
catch-Anweisungen 254–260, 585
    Aufruf-Stack, entladen 256
catch-Block 255
Chars-Eigenschaft
    String 227
CharSet-Parameter 575
Chars-Indexer 237
char-Typ 24, 26, 585
    Enumerationen und 32
    Standardwerte 73
checked-Operator 585
    Präzedenz 60

Class-Attributziel 466
class-Schlüsselwort 9, 66, 585
class-Typ 585
Clear( )-Methode 214
Clear( )-Methode, Dictionary 220
Clear( )-Methode, List 204
Clear( )-Methode, Stack 217
Clear( )-Methode, System.Array 165
Clients
    Network-Streaming-, erstellen 535–537
Clone( )-Methode 231
    ICloneable, Interface 77
    String-Klasse 225
Clone( )-Methode, System.Array 165
Close( )-Methode, implementieren 88
CLR (Common Language Runtime) 9, 72
    asynchrone E/A und 525
    Objekte serialisieren 552
    statische Konstruktoren 82
    Threads und 482
CLS (Common Language Specification) 24
Code, auskommentieren 11
Code-behind-Dateien 393, 394, 399–401
Code-Separation (Web Forms-Benutzerschnittstelle) 394
Coding-Richtlinien von Microsoft 15
Collections
    bearbeiten einer ListItems-Collection 402
    Capture-, verwenden 247–249
    Dictionaries 219–222
    indizieren 185
    Interfaces 194–197
        IComparable 198–203
        IEnumerable 195–197
    Item-Element für 204
    Namensräume 13
    Regex-Übereinstimmung und 241
COM (Component Object Model)
    ActiveX-Steuerelemente, importieren 565–573
    Programmierung 565–582
commandString-Parameter 386
Common Language Specification (CLS) 24
Compare( )-Methode, String 227
CompareTo( )-Methode 202
    IComparable, implementieren 206
    IComparer, implementieren 209
CompareTo( )-Methode, String 227
Compile( )-Methode, XPathNavigator 339

Component Object Model (siehe COM)
Concat( )-Methode 231
Concat( )-Methode, String 227
Configuration-Namensraum 13
connectionString-Parameter 386
Console.ReadLine-Methode 50
Console.Write( )-Methode 49, 128, 579
Console-Objekt
    Punktoperator und 13
    Text auf den Bildschirm schreiben 12
ConstrainedCopy( )-Methode, System.Array 165
Constraints 214
Constructor-Attributziel 466
const-Schlüsselwort 585
    Konstanten deklarieren mit 30
Contains( )-Methode
    Queue-Methoden und 214
Contains( )-Methode, List 204
Contains( )-Methode, Stack 217
ContainsKey( )-Methode, Dictionary 220
ContainsValue( )-Methode, Dictionary 220
continue-Anweisung 37, 45, 50–52, 585
ConvertAll( )-Methode, List 204
ConvertAll( )-Methode, System.Array 165
Copy( )-Methode, File 511
Copy( )-Methode, String 227
Copy( )-Methode, System.Array 165
Copy-Konstruktor 77
CopyTo( )-Methode
    Dateien, ändern 515
    Queue-Methoden und 215
CopyTo( )-Methode, FileInfo 511
CopyTo( )-Methode, List 204
CopyTo( )-Methode, Stack 217
CopyTo( )-Methode, String 227
CopyTo( )-Methode, System.Array 165
Cos( )-Methode 478
    aufrufen 480
Count-Eigenschaft 214, 215
    Dictionary 220
    List 203
    Stack 217
Create( )-Methode, DirectoryInfo 507
Create( )-Methode, File 511
Create( )-Methode, FileInfo 511
CreateAttribute( )-Methode, XML 321
CreateChildControls( )-Methode 397, 398
CreateComInstanceFrom( )-Methode, Objekte erzeugen mit 479

CreateDirectory( )-Methode, Directory 506
CreateElement( )-Methode, XML 319
CreateFile( )-Methode 578
CreateInstance( )-Methode 180
    Objekte erzeugen mit 479
CreateInstance( )-Methode, System.Array 165
CreateInstanceFrom( )-Methode, Objekte
    erzeugen mit 479
CreateNavigator( )-Methode, XmlDocument 338
CreateSubdirectory( )-Methode, DirectoryInfo 507
CreateText( )-Methode, File 511
CreationTime-Eigenschaft
    DirectoryInfo 507
    FileInfo 511

D

DataAdapter-Klasse, ADO.NET 386
DataColumnCollection-Objekte 384
DataContext-Objekt 353, 356, 359, 361
Data-Namensräume 13
DataReader-Objekte 386
DataRelation-Objekte 384
DataRow-Objekte 381
DataSet-Klasse 381, 384
DataTableCollection 384
DataTable-Objekte 381, 384
Dateien 506–518
    ändern 514–518
    arbeiten mit 510–514
    Binär- 518–520
    in Unterverzeichnissen 508–514
    Text-, arbeiten mit 523–525
    Zugriff in Vista, ausgelöste Exceptions 510, 514
Daten
    lesen und schreiben 518–525
    transiente, Umgang mit 558–561
Datenanbindung 404–416
    Abfrage testen 407
    Felder an Optionsfeld-Steuerelement binden (Beispiel) 408
    Steuerelemente und Events, einem Webformular hinzufügen 412–416
Datenbanken
    Adventure Works LT (Beispieldatenbank) 349
    beschädigte 354
    relationale 380–384

    suchen
        LINQ (siehe LINQ)
        Methoden zum 289
    verbinden mit LINQ (siehe LINQ)
Datensätze für Datenbanken 380
DBCommand-Objekt 385
DBConnection-Objekt 385
Deadlocks, Threads synchronisieren 503
Debug-Bezeichner 63
Debuggen, ASP.NET 401
Debugger 19–22
Debugger, Visual Studio
    Haltepunkte in 20
decimal-Datentyp 25, 26, 585
Decrementer-Methode 495
default-Schlüsselwort 585
#define-Anweisung 63
definitive Zuweisungen 29
    Parameter übergeben mit 92–95
deklarative Konstrukte 5
deklarative Programmierung 433
Deklarative Referentielle Integrität (DRI) 382
deklaratives Pinning 579
Dekrementierungsoperatoren 55
Delegate-Attributziel 466
Delegates 5, 267, 526
    Callbacks und 283–286
    Entwurfsmuster "Publizieren und Abonnieren" 268–276
    erstellen 267
    potenzielle Probleme 276
    verhindern, dass Methoden direkt aufgerufen werden 277–281
    verwenden 267
delegate-Schlüsselwort 267, 585
Delete( )-Methode, DirectoryInfo 507
Delete( )-Methode, File 511
Delete( )-Methode, FileInfo 511
Dequeue( )-Methode 215
Dereferenzierungs-Operator (*) 577
Deregistrierungs-Operator (-=) 277
Deserialize( )-Methode, XmlSerializer 343
Destruktoren 86
    versus Dispose 86
Dictionaries 219–222
    IDictionary-Interface 221
Dim- und New-Schlüsselwörter (VB6) 72
Dimensionen von Arrays 173
Directory-Eigenschaft, FileInfo 511

DirectoryInfo-Klasse 518
    Eigenschaften 507
    Methoden 507
Directory-Klasse 506, 518
Dispose( )-Methode 87, 398
Divisionsoperator (/) 60
Divisionsoperator (/) 53
DllImportAttribute-Klasse 574
DLLs (Dynamic Link Libraries) 5
do...while-Schleifen 47
do-Anweisung 585
    Schleifen- und Iterationsanweisungen kennzeichnen 36
    while-Schleife und 47
document-Element (siehe Root-Element)
DocumentElement-Eigenschaft, XML 319
Doppelpunkt (:) 239
doppelte Anführungszeichen ("), Escape-Zeichen verwenden 26
double-Typ 25, 26, 585
DrawWindow( )-Methode 21
DRI (Deklarative Referentielle Integrität) 382
Dynamic Link Libraries (siehe DLLs)
dynamische Strings, bearbeiten 236–238

E

eckige Klammern ([ ])
    Arrays deklarieren 166
    ungleichförmige Arrays und 177
    zur Indizierung 185, 221
        in Strings 231
Eigenschaften 5, 98–102
    Abbilden auf Datenbank-Spalten
        manuell 351–354
        mit Visual Studio 355–360
    Daten kapseln mit 98–104
    Namenskonventionen 15
    Reflection und 472
    Zugriffsmodifikatoren 102
einfache Anführungszeichen ('), Escape-Zeichen verwenden 26
eingebaute Typen 23, 24–27
    konvertieren 27
    wählen 26
Elemente (Array-) 168–169
Elemente, XML
    Attribute 320–323
    definieren 314
#elif-Anweisung 63
#else-Anweisung 63
else-Anweisung 38, 585
Eltern-Elemente, XML 314
Emacs, Programme kompilieren mit 16
Empty-Eigenschaft, String 227
#endif-Anweisung 63
Endlosscheifen 538, 542
EndRead( )-Methode 528
EndsWith( )-Methode 232
EndsWith( )-Methode, String 227
Enqueue( )-Methode 215
Enter( )-Methode, Monitore verwenden 497
Entladen des Stacks 251
EntryPoint-Parameter 574
Entwurfsmuster "Beobachter" 268
Entwurfsmuster "Publizieren und Abonnieren" 268–276
Enum-Attributziel 466
Enumerationen 30–34
enum-Typ 33, 585
    Standardwerte 73
Equals( )-Methode 120, 127, 132, 202
    zwei Strings auf Gleichheit prüfen 231
Equals( )-Methode, String 227
Erkundung
    Typ- 472
Escape-Zeichen 225
Event Trigger, WPF 424
EventArgs-Klasse 269
Event-Attributziel 466
Event-Handler 268, 395
    Web Forms 394
    Windows Forms 437, 443–452
    WPF 431
Events 5, 266
    beobachten 268
    deregistrieren 277
    einem Web-Formular hinzufügen 412–416
    publizieren 268, 272–274
    registrieren 268, 274
    Web Form 395
        Postback- versus Nonpostback-Events 396
Events abonnieren 268, 274
Events publizieren 268, 272–274
event-Schlüsselwort 277–281, 586
ExactSpelling-Parameter 574
Exceptions 250–265
    auslösen und abfangen 251–262
        throw-Anweisungen 252–253
        catch-Anweisungen und 254–260

fangen 254–260
finally-Anweisung und 260–262
Objekte 262–265
EXE (ausführbare Datei) 5
Exists( )-Methode, File 511
Exists( )-Methode, List 204
Exists( )-Methode, System.Array 165
Exists-Eigenschaft
    DirectoryInfo 507
    FileInfo 511
Exit( )-Methode, Monitore verwenden 498
explizite Interface-Implementierung 159–163
explizite Konvertierungen 27, 128–134, 586
eXtensible Application Markup Language (XAML) 417
eXtensible Markup Language (siehe XML)
Extension-Eigenschaft
    DirectoryInfo 507
    FileInfo 511
Extension-Methoden, LINQ 3, 303–304, 362
    Abfragen nutzen, als methodenbasierte Abfrage 308
    definieren und nutzen 304–307
    Einschränkungen 307
    mehrfache Implementierung für verschiedene Ziele 312
externe Methoden 586

F

f(x)-Operator, Präzedenz 60
false-Schlüsselwort 586
false-Werte 46
    relationale Operatoren 57
FCL (Framework Class Library)
    Namensräume und 12
    Web Forms-Klassen 394
Fehler 250
Field-Attributziel 466
FIFO (First In First Out)-Collections 214
FileInfo-Klasse 518
    Eigenschaften 511
    Methoden 511
File-Klasse 518
    Methoden 511
FileStream-Klasse 518
Filter für Abfragen 293
Finalize( )-Methode 120
final-Klasse (Java) 119
finally-Anweisung 260–262

finally-Blöcke 251, 586
finally-Schlüsselwort 586
Find( )-Methode, List 204
Find( )-Methode, System.Array 165
FindAll( )-Methode, List 204
FindAll( )-Methode, System.Array 165
FindIndex( )-Methode, List 204
FindIndex( )-Methode, System.Array 165
FindLast( )-Methode, List 204
FindLast( )-Methode, System.Array 165
FindLastIndex( )-Methode, List 204
FindLastIndex( )-Methode, System.Array 165
FindMembers( )-Methode 477
findString( ) 191
First In First Out (FIFO)-Collections 214
fixed-Anweisung 586
flache Kopie 77
float-Datentyp 25, 26, 71, 586
Flush( ), binärer Lesevorgang 518
Font-Objekt 89
for-Anweisung 47–49, 586
    Schleifen- und Iterationsanweisungen kennzeichnen 36
ForEach( )-Methode, List 204
ForEach( )-Methode, System.Array 165
foreach-Anweisung 49, 170–185, 474, 586
    IEnumerable-Interface, unterstützen 195
    IEnumerable-Interface, verwenden 197
    Schleifen- und Iterationsanweisungen kennzeichnen 36
Format( )-Methode, String 227
Formatierer
    verwenden zur Serialisierung von Daten 553–557
Forms (siehe Web Forms; Windows Forms-Anwendungen)
Fraction-Klasse 128, 131
Framework Class Library (FCL)
    Namensräume und 12
    Web Forms-Klassen 394
Fremdschlüssel 380
from-Klausel bei einer Abfrage 292
f-Suffix für eine Zahl 26
FullName-Eigenschaft
    DirectoryInfo 507
    FileInfo 511
Funktionen
    C# (siehe Methoden)
    Verzweigungsanweisungen 36
    XPath 333

G

Garbage Collector 25
    Objekte, zerstören 85
Geltungsbereich
    Schleifenvariablen 48
generische Typen
    Collection-Interfaces 194–197
    Constraints, verwenden 198–203
    IEnumerable-Interface 195–197
gepufferte Streams 521–523
geschachtelte Klassen 122
geschweifte Klammern ({ }) 50
    Array-Elemente, initialisieren 171
    Eigenschaften und Verhaltensweisen, definieren 9
    Klassen, definieren 67
geschweifte Klammern ({})
    um Anweisungsblöcke 40
get( )-Methode, indizieren 185
GetAttributes( )-Methode, File 511
GetCreationTime( )-Methode, Directory 506
GetCreationTime( )-Methode, File 511
GetDirectories( )-Methode, Directory 506
GetDirectories( )-Methode, DirectoryInfo 507
GetEnumerator( )-Methode 195, 215
GetEnumerator( )-Methode, Dictionary 220
GetEnumerator( )-Methode, List 204
GetEnumerator( )-Methode, Stack 217
GetEnumerator( )-Methode, System.Array 165
GetFiles( )-Methode 510
GetFiles( )-Methode, Directory 506
GetFiles( )-Methode, DirectoryInfo 507
GetFileSystemInfos( )-Methode, DirectoryInfo 507
GetHashCode( )-Methode 120
GetLastAccessTime( )-Methode, File 511
GetLastWriteTime( )-Methode, File 511
GetLength( )-Methode, System.Array 165
GetLogicalDrives( )-Methode, Directory 506
GetLongLength( )-Methode, System.Array 165
GetLowerBound( )-Methode, System.Array 165
GetMembers( )-Methode 475
GetObject( )-Methode, Objekte erzeugen mit 479
GetObjectData( )-Methode, Dictionary 220
GetParent( )-Methode, Directory 506
GetProperties( )-Methode, XmlAttribute-Overrides 347
GetRange( )-Methode, List 204

GetResponse( )-Methode 550
get-Schlüsselwort 586
GetString( )-Methode 579
GetType( )-Methode 120, 475
GetType( )-Methode, XmlSerializer 342
GetUpperBound( )-Methode, System.Array 165
GetValue( )-Methode, System.Array 165
get-Zugriffsmethode 101
gleich (==) relationaler Operator 39, 57, 127
    Konvertierungsoperatoren und 131
    Präzedenz 60
    Strings, bearbeiten 231
Gleichheitszeichen (=), in ASP.NET
    (siehe auch Zuweisungs-Operator (=))
goto-Anweisungen 37, 44–46, 586
Grids, WPF 420–421, 427
Groß- und Kleinschreibung unterscheiden 15, 230
größer als (>) relationaler Operator 39, 57, 127
    Präzedenz 60
Gruppieren in einer Abfrage 300

H

Haltepunkte im Debugger 20
HasAttributes-Eigenschaft, XmlElement 330
Heap 25
    Allokation von Array-Elementen 167
Hejlsberg, Anders (Entwickler) 4
Hello World-Programm 8–22
HelpLink-Eigenschaft 262
Hintergrund-Threads 488
Horizontaler-Tabulator-Escape-Zeichen (\t) 26
Horovitz, Alex (Programming .NET 3.5) XII, 417
HTML
    serverseitige Steuerelemente 404
    Steuerelemente, einem Webformular hinzufügen 401
HTTP-Sessions 396
Hurwitz, Dan (Programming ASP.NET) 393, 414

I

ICloneable-Interface 77
ICollection-Interface 195
IComparable-Interface 198–203
    implementieren 206–209
IComparer-Interface 195
    implementieren 209–214
    Constraints 214

IConvertible-Klassen 225
IDataReader-Interface 381
IDictionary-Interface 195, 221
IDL (Interface Definition Language) 5
IEnumerable-Interface 195–197
#if-Anweisung 62, 63
if-Anweisungen 38–42, 587
    schachteln 39
Iformatter-Interface 553
IList-Interface 195
Immutabilität von Strings 224
implizit typisierte lokale Variablen 302
implizite Konvertierungen 27
implizite Typen 24
impliziter Operator 128, 587
Incrementer-Methode 495
Indexer 185–194
    Operator ([ ]) für 185, 221
        Strings 231
    Zuweisung und 189
IndexOf( )-Methode 232
IndexOf( )-Methode, List 204
IndexOf( )-Methode, System.Array 166
Informationen
    (siehe auch Bücher; Website-Ressourcen)
Initialisierer 75–77
Initialize( )-Methode, System.Array 166
Inkrementierungsoperatoren 55
in-Operator 587
in-Schlüsselwort, Schleifen- und Iterationsan-
        weisungen kennzeichnen 36
Insert( )-Methode 237
Insert( )-Methode, List 204
InsertRange( )-Methode, List 204
Instanzen (siehe Objekte)
int, ganzzahliger Typ 24, 587
    get-Zugriffsmethode und 101
    Klassen definieren mit 71
    Konvertierungsoperatoren und 128
    rechteckige Arrays und 175
Interface Definition Language (IDL) 5
Interface-Attributziel 466
Interfaces 5, 140–163
    implementieren 140–155
        explizit 159–163
        mehrere 144
        überschreiben 155–159
        kombinieren 145–148

Member-Konstanten 140
    Polymorphie und potenzielle Probleme
        148–154
    Typen 587
    versus abstrakte Klassen 154
    Zugriffsmodifikatoren und 102
interface-Schlüsselwort 140
Interlocked-Klasse 495
internal protected-Schlüsselwort 114
internal-Schlüsselwort 114
internal-Zugriffsmodifikator 70, 587
Interrupt( )-Methode (Thread) 488
intrinsische Typen 21
int-Schlüsselwort 587
IsFixedSize-Eigenschaft, System.Array 166
isolierter Speicher 561–563
is-Operator 60, 587
IsReadOnly-Eigenschaft, System.Array 166
IsSynchronized-Eigenschaft, System.Array 166
Item( )-Methode, Dictionary 220
Item( )-Methode, List 203
Item-Eigenschaften (IDictionary) 221
Item-Element für Collection-Klassen 204
Iterationsanweisungen 45–52
    continue- und break-Anweisungen 50–52
    do...while-Schleife 47

J

Java 3
Java, Hinweise für Programmierer
    Member-Konstanten 140
    Namensräume 13
    Referenzparameter 89
    static-Konstruktoren 83
    statische Methoden, Aufruf 82
    versiegelte Klassen 119
Join( )-Methode 503
Join( )-Methode, LINQ 311
Join( )-Methode, String 227
join-Klausel bei einer Abfrage 296

K

Kapselung 66
KeepAlive-Flag 488
Keys-Eigenschaft, Dictionary 220
Kind-Elemente, XML 314, 319

Klassen 8–16, 65, 66–104
    abstrakte 116–119
    anonyme 301
    Basis- 108
    definieren 66–72
    Eigenschaften, Daten kapseln mit 98–104
    generierte, Methoden hinzufügen 359
    Indexer 185–194
    Instanziieren (siehe Objekte)
    Interfaces, implementieren 141–155
    Methoden, überladen 95–98
    Namenskonventionen für 15
    Objekte, Methoden für 120
    öffentliche 114
    Reflection 472
    schachteln 122
kleiner als (<) relationaler Operator 39, 57, 127
    Präzedenz 60
Kommentare 10
    für XML-basierte Dokumentation 12
    im C++-Stil 11
    im C-Stil (/* ... */) 11
    Richtlinien des Autors 329
    um Code herum 11
    verschachtelt 12
Kompilierung 18
    Normalisierung und 381
konkrete Klassen 118
Konsolenanwendungen 12
Konstanten
    Enumerationen und 32–34
    Namenskonventionen 15
Konstruktoren 72–75
    Basisklasse, aufrufen 113
    Default- 113
    definieren 73
    private, verwenden 84
    statische, verwenden 82
    überladen 95–98
Konventionen in diesem Buch XVII
Konvertierungen (Array-) 181–183
Konvertierungsoperatoren 128

L

Lambda-Ausdrücke
    in LINQ 308–312
    zur Definition von Delegates 282

Lambda-Operator (=>) 282
Language-INtegrated Query (siehe LINQ)
Last In First Out (LIFO)-Collection 217
LastAccessTime-Eigenschaft
    DirectoryInfo 507
    FileInfo 511
LastIndexOf( )-Methode, List 204
LastIndexOf( )-Methode, System.Array 166
LastWriteTime-Eigenschaft
    DirectoryInfo 507
    FileInfo 511
Learning ASP.NET 2.0 with AJAX (Liberty et al.) 393
Lebenzyklus von Web Forms 396
Leerschritte (Whitespace) 35
Length-Eigenschaft 237
    FileInfo 511
    String 227
    System.Array 166
Liberty, Jesse (Autor) XII
    Learning ASP.NET 2.0 with AJAX 393
    Programming .NET 3.5 XII, 417
    Programming ASP.NET 393, 414
    Programming Silverlight 6, 7
    Support durch XVII
    Website XIII
LIFO (Last In First Out)-Collection 217
LINQ (Language-INtegrated Query) 290
    Abbilden von Klassen-Eigenschaften auf Datenbank-Spalten
        manuell 351–354
        mit Visual Studio 355–360
    Abfragen
        Ergebnisse puffern 294
        erstellen 290–293, 363
        verzögerte Ausführung 293
    Daten aktualisieren 364–370
    Daten lesen 360–364
    Daten löschen 370–374
    Extension-Methoden 3, 295, 303–308, 312, 362
    Lambda-Ausdrücke 308–312
    Tabellen-Eigenschaften erstellen 361
    verbinden zur SQL-Datenbank 351
    Vergleich mit SQL 295
    XML-Ausgabe aus 374–378
Liste (Enumeratoren-) 32

Listen
    Constraints, in verketteten Listen verwenden 198–203
    Eigenschaften 203
    Methoden 203
ListItem-Collection-Editor 402
Literale 239
    Konstanten 30
    null-Schlüsselwort 588
    Werte 53
Load-Event 397
LoadPostData( )-Methode 397
LoadViewState( )-Methode 397
Locals-Fenster 20
Location-Struct 136
lock-Anweisung 587
logische Operatoren, verwenden mit Bedingungsausdrücken 58
logisches UND (&)-Operator 60
long, ganzzahliger Typ 25, 26, 587
    Konvertierungsoperatoren und 128
LongLength-Eigenschaft, System.Array 166
Lowy, Juval (Programming WCF Services) 340

M

Main( ) 9, 133
    asynchrone E/A und 527
    Aufruf-Stack, entladen 256–257
    indizieren mit 193
    Klassen definieren mit 69
    Konsolenanwendungen und 12
    Konstruktoren, definieren mit 74
    Parameter, übergeben mit 91
    static-Schlüsselwort und 16
    statische Methoden, aufrufen 82
    Structs, erstellen 138
    throw-Anweisung und 254
Manifest-Typen 24
mathematische Operatoren 53
mehrdimensionale Arrays 173–180
    Grenzen der Dimensionen 180
mehrere Verbindungen, Umgang mit 537–541
Member, verbergen 162
MemberFilter-Parameter 477
Member-Konstanten (Java) 140
MemberTypes-Parameter 477
MemberwiseClone( )-Methode 120
Member-Zugriffs-Operator (.) 13
    Text auf den Bildschirm schreiben 12

Member-Zugriffs-Operator (->) 577
MemoryStream-Klasse 518
Message-Eigenschaft 262
Metadaten 465
    Reflection und 472
Metazeichen 239
Method-Attributziel 466
Methoden 9
    anonyme 268, 281
    Callback-Methoden 283–286
    Deklaration 9
    explizite Implementierung und 160
    in Delegates kapseln (siehe Delegates)
    Interface- 140–155, 162
    Konstruktoren und 72
    LINQ-Extension-Methoden (siehe Extension-Methoden, LINQ)
    Namenskonventionen 15
    Parameter 9, 10
    polymorphe, erstellen 109
    Reflection und 472
    Rückgabewert 9, 10
        mehrere Werte 10
    Stack-Frame 25
    überladen 95–98
    zu generierten Klassen hinzufügen 359
Methodenargumente 70
methodenbasierte Abfragen 308
Methodensignaturen 95
Microsoft-Richtlinien zum Coding 15
Modifikatoren für schreibgeschützte Felder 103, 589
Module-Attributziel 466
Modulo (%)-Operator 48
    Divisionsrest zurückgeben 53
    Präzedenz 60
Monitore, Threads synchronisieren 497–502
Move( )-Methode, Directory 506
Move( )-Methode, File 511
MoveFile( )-Methode 575
MoveFirst( )-Methode 381
MoveNext( )-Methode, XPathNodeIterator 339
MoveTo( )-Methode
    P/Invoke und 574
MoveTo( )-Methode, DirectoryInfo 507
MoveTo( )-Methode, FileInfo 511
m-Suffix für eine Zahl 26
Multiplikationsoperator (*) 53
    Operatorpräzedenz 59

N

\n (Newline-Escape-Zeichen) 26
Named Pipes Protocol, aktivieren 349
Name-Eigenschaft
    DirectoryInfo 507
    FileInfo 511
Namen (Bezeichner) 34
    (siehe auch Namenskonventionen)
Namenskonventionen 35
Namensräume 12
    Java, Hinweis für Programmierer 13
    Namenskonventionen 15
namespace-Schlüsselwort 587
.NET
    ActiveX-Steuerelemente, importieren 565–573
    Programmierung 565–582
    sicheres Programmieren, Informationen über 412
    Steuerelemente, importieren 569–573
.NET Framework 3–6
.NET Plattform
    neue Features 6
Network-Streaming-Client, erstellen 535–537
Network-Streaming-Server, erstellen 532–535
NetworkStream-Klasse 518
Netzwerk-E/A 530–549
Newline-Escape-Zeichen (\n) 26
Newlines (Whitespace) 35
new-Operator 60
new-Schlüsselwort 588
    versionieren mit 114
Next( )-Methode 207
nicht (!)-Operator 58
    Präzedenz 60
Nonpostback-Events 396
Normalisierung 381
Northwind-Datenbank 380
Notepad
    Programme kompilieren mit 16
null (0), Escape-Zeichen verwenden 26
numerische Typen, Standardwerte 73

O

Object-Parameter 477
object-Typ 588
Objekte 8–16, 65–104
    ADO.NET 384
    als Referenz- und Werte-Typen 138
    als Referenz-Typen 25
    auf dem Heap 25
    durch Instanziierung erstellt 67
    Eigenschaften, Daten kapseln mit 98–104
    erzeugen 72–80
        ICloneable-Interface 77
    Exceptions 262–265
    gepufferter Stream 521
    Methoden für 120
        überladen 95–98
    serialisieren 552–561
        deserialisieren 555
    Threads synchronisieren und 492–502
    zerstören 85–89
        using-Anweisung 88
Objektgraph, Objekte serialisieren 552
Objektinitialisierer 301
Objektmodelle 384
objektorientierte Programmierung
    Typen verwenden 8
    VB6, Hinweis für Programmierer 105
Objekttyp 588
OCX-Standard 565
oder (||)-Operator 58
öffentliche statische Methoden
    Threads, suspendieren 487
OnDeserialization( )-Methode 558
OnLoad( )-Methode 397
OnPreRender( )-Methode 397
Open( )-Methode, FileInfo 512
OpenRead( )-Methode
    Binärdateien öffnen 519
OpenRead( )-Methode, File 511
OpenRead( )-Methode, FileInfo 512
OpenText( )-Methode, FileInfo 512
OpenWrite( )-Methode
    Binärdateien öffnen 519
OpenWrite( )-Methode, File 511
OpenWrite( )-Methode, FileInfo 512
Operatoren 52–62
    abgekürzte Auswertung 59
    C-Zeiger, von C# unterstützte 577
    erstellen 127
    häufige Programmierfehler mit 41
    Inkrement/Dekrement 55
    Konvertierung 128
    mathematische 53
    operator-Schlüsselwort und 125
    Präzedenz 58

relationale 57
    überladen 125–134
    Zuweisungs-Operator (=) 52
operator-Schlüsselwort 588
optionale Argumente, VB6, Hinweis für Programmierer 72
OrderBy( )-Methode, LINQ 312
orderby-Klausel bei einer Abfrage 297–300, 312
Ordner 506
out-Modifikator 588
out-Schlüsselwort 588
override-Schlüsselwort 110, 588
    Versionieren mit 114

P

P/Invoke (Platform Invoke Facility) 574–577
P2P (Peer-to-Peer) 530
Parameter 70
    benennen 126
    definitive Zuweisungen, übergeben mit 92–95
    übergeben 89–172
Parameter von Methoden 9, 10
    übergeben by reference 10
    übergeben by value 10
Parameter-Attributziel 466
params-Parametermodifikatoren 588
params-Schlüsselwort 172
    verwenden mit Split( )-Methode (String) 236
Parent-Eigenschaft, DirectoryInfo 507
Partial-Klassen und -Methoden
    partial-Schlüsselwort 588
partial-Schlüsselwort 359
Peek( )-Methode 215
Peek( )-Methode, Stack 217
Peer-to-Peer (P2P) 530
Perl5 (regexp) 239
Pinning von Puffern 579
Pluszeichen (+)
    als Additionsoperator 53
        Präzedenz 59
    als Verkettungsoperator 231
Polymorphie 105–124
    Methoden, erstellen 109–113
    Typen erstellen 109
Pop( )-Methode
    Stack-Elemente hinzufügen oder entfernen 217
Pop( )-Methode, Stack 217
Ports (Application-IDs) 531

positionsbezogener Parameter, Attribut erstellen 468
Postback-Events 396, 397
Postback-Informationen, verarbeiten 397
Postfixoperatoren 56
Prädikate (Suchbedingungen), XPath 330, 331–333
Präfixoperatoren 56
Präprozessor 62–64
    C und C++, Hinweise für Programmierer 62
Prerender-Phase im Lebenszyklus von Web Forms 397
Primärschlüssel 380
private Konstruktoren, verwenden 84
private-Schlüsselwort 114
private-Zugriffsmodifikatoren 70, 588
Programming .NET 3.5 (Liberty, Horovitz) XII, 417
Programming ASP.NET (Liberty, Hurwitz) 393, 414
Programming Silverlight (Liberty) 6, 7
Programming WCF Services (Lowy) 340
Programming WPF (Sells, Griffiths) 417
Project Gutenberg 580
Projektion von Abfragen 293, 305
Property-Attributziel 466
protected-Zugriffsmodifikator 70, 588
public-Schlüsselwort 67
public-Zugriffsmodifikator 70, 114
Pulse( )-Methode, Monitore verwenden 498
Punktoperator (.)
    Text auf den Bildschirm schreiben 12
Push( )-Methode
    Stack-Elemente hinzufügen oder entfernen 217
Push( )-Methode, Stack 217

Q

Quellcode für Beispiele XVII
Queues 214–216

R

Race Conditions, Threads synchronisieren 503
RAD (Rapid Application Development)
    Web Forms für 393
RaisePostDataChangedEvent( )-Methode 397
Rank-Eigenschaft, System.Array 166

Rapid Application Development (RAD)
    Web Forms für 393
Rautezeichen (#), spezielle Präprozessordirektiven untersuchen 62
Read( )-Methode 579
    Binärdateien und 518
    Interface implementieren 142
        explizit 160
        überschreiben 155–159
Reader-Klasse, ADO.NET 379
ReadFile( )-Methode 578
ReadLine( )-Methode, arbeiten mit Textdateien 523
rechteckige Arrays 173–177
ReferenceEquals( )-Methode 120
Referenzparameter 89
Referenztypen
    Objekte als 25, 138
    Schlüssel-Wert-Verknüpfungen und 222
    Standardwerte 73
Reflection 465, 472–481
    spätes Binden 478–481
    eines Typs 475–478
ref-Modifikator 589
Refresh( )-Methode, DirectoryInfo 507
Regex 239–241
    Gruppen 243–246
    Match Collections, verwenden 241
regexp 239
Registrierungs-Operator (+=) 275, 276
reguläre Ausdrücke 238–249
    Capture-Collections für 246–249
    regex, verwenden 239–241
RegularExpressions-Namensraum 241
relationale Datenbanken 380–384
relationale Operatoren 57
Remove( )-Methode
    StringBuilder-Methoden und 237
Remove( )-Methode, Dictionary 220
Remove( )-Methode, List 204
RemoveAll( )-Methode, List 204
RemoveAt( )-Methode, List 204
RemoveRange( )-Methode, List 204
Render( )-Methode 398
Replace( )-Methode 237
Resize( )-Methode, System.Array 166
Ressourcen
    erstellen, in WPF 423

Ressourcen (Informationen)
    (siehe auch Bücher; Website-Ressourcen)
return-Anweisung 37, 45, 589
ReturnValue-Attributziel 466
Reverse( )-Methode, List 204
Reverse( )-Methode, System.Array 166
Richtlinien für Coding, von Microsoft 15
Root-Eigenschaft, DirectoryInfo 507
Root-Element, XML 314, 319
Rows-Collection 385
Rückgabewert von Methoden 9
Run( )-Methode 542
    asynchrone E/A und 527
runat="server"-Attribut 400

S

SaveViewState( )-Methode 397
sbyte, ganzzahliger Typ 24, 589
sbyte-Schlüsselwort 589
Schleifenvariablen, VB6, Hinweis für Programmierer 48
Schlüssel-Wert-Verknüpfungen 221–222
    Referenztyp als Schlüssel 222
Schlüsselwörter
    Referenz 584–591
Schlüsselwörter für C# 584–591
Schriften, die in diesem Buch genutzt werden XVII
Screen-Scraping 552
Seitenvorschub-Escape-Zeichen (\f) 26
Select Case-Anweisung (VB6) 43
Select( )-Methode, XPathNavigator 339
select-Klausel bei einer Abfrage 293, 305
SelectNodes( )-Methode, XPath 332
SelectSingleNode( )-Methode, XPath 330, 331, 338
Sells, Chris (Programming WPF) 417
Semikola (;)
    abstrakte Klassen und 116
    Anweisungen beenden 36
Serialisierung 552–561
    arbeiten mit 553–557
    Formatierer, verwenden 553
    Objekte, Daten-Stream erzeugen 506
Serialisierung, XML 340–343
    Anpassung durch Attribute 343–345
    Anpassung zur Laufzeit 345–347
    Deserialisierung 343

Server
    Network-Streaming-Server, erstellen 532–535
serverseitige Steuerelemente 400
    in Webformulare einfügen 401
    Typen in Web Forms 404
    Validierungs-Steuerelemente 414
Server-Steuerelemente (ASP.NET) 404
Sessions, HTTP- 396
set( )-Methode, indizieren 185
SetAttributes( )-Methode, File 511
SetCreationTime( )-Methode, File 511
SetLastAccessTime( )-Methode, File 511
SetLastError-Parameter 575
SetLastWriteTime( )-Methode, File 511
set-Schlüsselwort 589
SetValue( )-Methode, System.Array 166
set-Zugriffsmethode 101
SGML (Standard Generalized Markup Language) 315
short, ganzzahliger Typ 589
short-Typ 24, 26
Sicherheit
    sicheres Programmieren in .NET 412
Sichtbarkeit einer Klasse und ihrer Member (siehe Zugriffsmodifikatoren)
Silverlight, Informationen über 6, 7
Simonyi, Charles (Erfinder der ungarischen Notation) 35
Simple Object Access Protocol (siehe SOAP)
sizeof-Operator 589
    Präzedenz 60
slash (/), in XPath 329
Slashes (//), verwenden für Kommentare 11
Sleep, öffentliche statische Methode 487
SOA, Buch über 340
SOAP (Simple Object Access Protocol) 553
SoapFormatter 553
Sockets 530
    mehrere Verbindungen, Umgang mit 537
Software-Anforderungen XII
Sort( )-Methode 115
    IComparable, implementieren 206
    IComparer, implementieren 209
Sort( )-Methode, List 204
Sort( )-Methode, System.Array 166
Spalten, Datenbank 380
spätes Binden 472, 478–481
Sperren, Threads synchronisieren 496
Spezialisierung 105–108
Spezialisierung von Klassen und Objekten 105

spezifischer Typ, ersetzen durch generischen Typ 194
spitze Klammern(<>), um XML-Tags 314
Split( )-Methode 241
String 227
    params-Schlüsselwort, Verwendung 236
Sprunganweisungen 37
SQL (Structured Query Language)
    LINQ-Syntax versus 295
    relationale Datenbanken und 380–384
    verbinden zu Datenbanken mit LINQ (siehe LINQ)
SQL Server 2005 Adventure Works LT (Beispieldatenbank) 349
SQL Server, in diesem Buch genutzte Version XII
Stack Panel, WPF 420–421, 428
Stack( )-Methode, Stack-Elemente hinzufügen oder entfernen 217
stackalloc-Operator 589
    Präzedenz 60
Stack-Frame 25, 251
Stacks 25, 217–219
    Aufruf- 262
    catch-Anweisungen und 256
Standard Generalized Markup Language (SGML) 315
Standardwerte
    von Arrays 167
    von Grundtypen 73
stark typisiert 24
Start( )-Methode 531
Startindex von Array-Dimensionen 180
StartRead( )-Methode 538, 542
starts-with( )-Funktion, XPath 333
StartsWith( )-Methode, String 227
static-Schlüsselwort 16, 589
    VB6, Hinweis für Programmierer 81
statisch typisiert 23
statische Member 81–85
    aufrufen 82
    Felder, verwenden 84
    Konstruktoren, verwenden 82
Steuerelemente 67
    ActiveX, importieren 565–573
    Daten anbinden 404–416
    importieren 569–573
    in Web-Formulare einbauen
        Server Controls 404
    in Webformulare einbauen 401–404

serverseitig (siehe serverseitige Steuer-
    elemente)
Web, serverseitig 400
Steuerelemente, Windows Forms
    befüllen 439–443
    Button-Steuerelemente 447–452
    erstellen 435
    TreeView-Steuerelemente 439–447
Streaming-Server, erstellen 532–535
Stream-Klasse 518
StreamReader-Klasse
    Textdateien, arbeiten mit 523
Streams 505–563
    asynchrone E/A 525–530
    asynchrones File-Streaming im Netzwerk
        542–549
    Binärdateien, lesen 518–520
    Daten lesen und schreiben 518–525
    gepufferte 521–523
    isolierter Speicher 561–563
    mehrere Verbindungen, Umgang mit
        537–541
    Network-Client, erstellen 535–537
    Network-Server, erstellen 532–535
    Netzwerk-E/A 530–549
    Objekt-Serialisierung
        Formatierer, anwenden 553
    transiente Daten, Umgang mit 558–561
    Web 550–552
StreamWriter-Klassen
    Textdateien, arbeiten mit 523
StringBuilder-Klasse 236–238
StringReader-Klasse 518
Strings 34, 223–249
    aufspalten 235–236
    bearbeiten 227–232
    dynamische, bearbeiten 236–238
    erstellen 225
    sortieren 224
    Teil-Strings, finden 233–235
    Typen erster Ordnung in C# 223
string-Typ 589
    switch und 44
StringWriter-Klasse 518
Struct-Attributziel 466
Structs 5, 135–139, 589
    definieren 136–137
    erzeugen 137–139
struct-Schlüsselwort 136, 589

Structured Query Language (siehe SQL)
Substring( )-Methode, String 227
Subtraktionsoperator (-) 53
    Präzedenz 60
Suchbedingungen (Prädikate), XPath 330,
    331–333
Suchen in Datenbanken (siehe LINQ)
Support für dieses Buch XVII
Swann's Way (Proust) 580
switch-Anweisungen 42–44, 589
symbolische Konstanten 30
symbolische Werte 53
synchrone E/A 525
SyncRoot-Eigenschaft, System.Array 166
System.Array-Typ 165
System.Exception-Objekt 262
System.Int32-Klasse 207
System.Reflection-Namensraum 472
System.String-Klasse 223
System.Text.RegularExpressions-Namensraum
    239
System.Web.Extension-Namensraum 394
System.Web.UI-Namensraum 394
System.Web-Namensraum 394
System.Xml.Serialization-Namensraum 340
System.Xml.XPath-Namensraum 323, 333
System.Xml-Namensraum 318
System-Namensraum 13
    Punktoperator, verwenden 13
    using-Schlüsselwort und 14

T

Tabellen 380
Tabulatoren (Whitespace) 35
Tags, XML 314
TCP/IP-Verbindungen 531
    Network-Streaming-Client, erstellen 535
TcpClient-Klasse 535
Teil-Strings, finden 233–235
ternärer (?:)-Operator 60
Tester-Klasse 137
Text lesen 518
Textdateien, arbeiten mit 523–525
Texteditoren, Programme kompilieren mit 16
TextReader-Klasse 518
TextWriter-Klasse 518
ThenBy( )-Methode, LINQ 312
this-Schlüsselwort 79, 590
ThreadAbortException-Exception 488

Index | 609

Thread-Klasse 483
   Interrupt( )-Methode 488
Threads 482–504
   beenden 488–492
   Deadlocks 503
   erzeugen 483–486
   Race Conditions 503
   starten 483–486
   suspendieren 487
   synchronisieren 492–502
      Interlocked-Klasse, verwenden 495
      Monitore, verwenden 497–502
      Sperren, verwenden 496
   vereinigen 486
throw-Anweisung 37, 252–253, 590
tiefes Kopieren 77
ToArray( )-Methode 215
ToArray( )-Methode, LINQ 294
ToArray( )-Methode, List 204
ToArray( )-Methode, Stack 217
ToList( )-Methode, LINQ 294
ToString( )-Methode 120, 226
   Structs, erstellen 138
   Zugriff auf Array-Elemente 169
ToString( )-Methode, Object 122
ToUpper( )-Methode, String 227
transiente Daten, Umgang mit 558–561
TreeView-Steuerelemente, Windows Forms
   Event Handling 443–447
   füllen 439–443
Trennzeichen 238
Trigger, WPF 424
Trim( )-Methode, String 227
TrimEnd( )-Methode, String 227
TrimExcess( )-Methode, List 204
TrimExcess( )-Methode, Stack 217
TrimToSize( )-Methode, List 204
TrueForAll( )-Methode, System.Array 166
true-Schlüsselwort 590
true-Werte 46
   relationale Operatoren und 57
try-Anweisung 590
try-Block 255
TryGetValue( )-Methode, Dictionary 220
(T)x-Operator 60
Turbo Pascal 4
Typen 8–16, 23
   eingebaute Typen 24–27
   neue erstellen 67

reflektieren 472, 475–477
Suffixe bei Zahlen 26
typeof (Typabruf)-Operator 472, 590
   Präzedenz 60
Typerkundung 472, 474
typsichere Collections (siehe generische Typen)

U

Übergabe by reference 10
Übergabe by value 10
UI (Benutzeroberfläche) 394
   Design-Tools 12
uint, ganzzahliger Typ 24, 590
ulong, ganzzahliger Typ 25, 590
Um 435
UML (Unified Modeling Language) 106
unbedingte Verzweigungsanweisungen 36
unchecked (arithmetischer Ausschalt-)-Operator 590
   Präzedenz 60
und (&&)-Operator 58
UnderlyingObject-Eigenschaft, XPathNavigator 338
ungarische Notation 35
ungleich (!=)-Operator 57, 127
   Präzedenz 60
ungleichförmige Arrays 177–180
Unicode-Zeichen, char-Typ verwenden 26
Unified Modeling Language (UML) 106
Uniform Resource Identifier (URI) 550
unsafe-Modifikator 590
unsafe-Schlüsselwort 590
Unterverzeichnisse
   Dateien aufführen 508–514
URI (Uniform Resource Identifier) 550
User Interface (UI) 394
ushort-Typ 24, 26, 590
using System-Anweisung 14
using-Anweisung 88
using-Schlüsselwort 14, 88, 590
   Bezeichner, definieren mit 62

V

Validierungs-Steuerelemente 414
value-Schlüsselwort 590
Values-Eigenschaft (Dictionary) 219

Variablen 27–35
    auf dem Stack 25
    implizit typisierte lokale Variablen 302
    Inkrementierungs-/Dekrementierungs-
        operatoren und 55
    Schleifen- 48
    VB6, Hinweis für Programmierer 29
    Werte zuweisen 52
VB (Visual Basic) 3
VB6 CDbl-Funktion 567
VB6, Hinweise für Programmierer
    ADO.NET 381
    Arrays 167
    case-Anweisungen 43
    new-Schlüsselwort 72
    Objektorientierte Technologie 105
    Objektvariablen 262
    optionale Argumente 72
    Schleifenvariablen 48
    static-Schlüsselwort 81
    Steuerlemente, Unterschiede 439
    Übergang zu ADO.NET 381
    Variablen 29
Verallgemeinerung 105
    von Klassen und Objekten 105
Verarbeitung von Postback-Daten 397
Verbatim-String-Literale (@) 225
    DirectoryInfo-Objekt, erzeugen 507
Verbindungen, mehrfache, Umgang mit
    537–541
Vererbung 105–124
    C und C++, Hinweis für Programmierer 120
    implementieren 108
    Structs, unterstützen 137
Verkettungsoperator (+) 231
verschachtelte Kommentare 12
versiegelte Klassen 105, 119, 589
versiegelte Structs 137
Vertikaler-Tabulator-Escape-Zeichen (\v) 26
Verzeichnisse 506–518
    arbeiten mit 506–507
    Dateien anzeigen 508–514
    DirectoryInfo-Objekt, erzeugen 507–510
Verzweigungen, Code kompilieren 36
ViewState Eigenschaften 397
virtual-Schlüsselwort 590
Visual Basic (VB) 3

Visual Studio
    ActiveX-Steuerelemente, importieren 565,
        569–573
    Debugger (siehe Debugger)
    in diesem Buch genutzte Version XII
    Konsolenanwendungen erstellen 16
    LINQ to SQL Designer 355–360
void-Schlüsselwort 10, 590

W

Wait( )-Methode, Monitore verwenden 498
Web Forms 393–395
    Code-behind-Dateien 393, 399–401
    Datenanbindung für Steuerelemente 404–416
    erstellen 398–401
        Code-behind-Dateien 399–401
    Steuerelemente einfügen 401–404
        serverseitige 404
    Überblick 394–398
        Abschnitte der Benutzerschnittstelle 394
        Events 395
        Lebenszyklus 396
Web-Steuerelemente
    (siehe ASP-Steuerelemente)
webbasierte Anwendungen
    Events 395
    Vorteile von 393
    Zustand 396
    (siehe ASP.NET; Web Forms)
Website-Ressourcen
    Adventure Works LT (Beispieldatenbank) 349
    Autor XIII, XVII
    Coding-Richtlinien von Microsoft 15
    Griffiths, Ian 312
    Northwind-Datenbank 380
    Project Gutenberg 580
    Quellcode für Beispiele XIII
    Silverlight 6, 7
    Support XVII
    ungarische Notation 35
    XPath 331
    XPath-Funktionen 333
Webstreams 550–552
Werttypen, Structs als 138
Where( )-Methode, LINQ 304
where-Klausel bei einer Abfrage 293

while-Schleifenanweisung 46, 51, 591
    Schleifen- und Iterationsanweisungen
        kennzeichnen 36
Whitespace 35, 50
Wiltamuth, Scott (Entwickler) 4
WindowClass 21
Windows Forms-Anwendungen
    Steuerelemente
        Button 447–452
        erstellen 434–436
        Event-Handler 437, 443–452
        füllen 439–443
        TreeView 439–447
Windows Presentation Foundation (siehe WPF)
Windows Vista
    geschützte Dateien, Zugriff auf 510, 514
    in diesem Buch genutzte Version XIII
wird zu-Operator (siehe Lambda-Operator)
WPF (Windows Presentation Foundation) 108
    Anwendungen erstellen 418–421
    benötigte Windows-Version XIII
    Bücher über 417
    Daten für Anwendungen 425, 427
    deklarative Natur 433
    Event-Handling 431
    Grids 420–421, 427
    Objekte deklarativ instanziieren 426
    Ressourcen erstellen 423
    Stack Panel 420–421, 428
    Trigger 424
Write( )-Methode
    Binärdateien und 518
    Interface implementieren 142
    überschreiben 155–159
WriteLine( )-Methode 13, 123
    arbeiten mit Textdateien 523
    Structs, erstellen 138
    Text auf den Bildschirm schreiben 12, 28

X

XAML (eXtensible Application Markup Language) 6, 417
XAttribute-Klasse 374
XDocument-Klasse 375
XElement-Klasse 375
XHTML 315
Xie, Donald (Autor) XII

XML (eXtensible Markup Language) 313, 315
    Dokumente erstellen 316–323
    Elemente in 314
    LINQ-Ausgabe nach 374–378
    Tags 314
    Versionen 313
XmlAttributeAttribute-Objekt 344, 347
XmlAttribute-Objekt 321
XmlAttributeOverrides-Klasse 347
XML-basierte Dokumentation, Kommentare für 12
XML-Editor 320
XmlNode-Klasse 330
XML-Serialisierung 340–343
    Anpassen durch Attribute 343–345
    Anpassen zur Laufzeit 345–347
    Deserialisierung 343
XmlSerializer-Objekt 342
XPath 323–329
    Funktionen 333
    Suchbedingungen (Prädikate) 330, 331–333
    Suchen entlang von Achsen 331
    Suchen mit dem XPathNavigator 333–340
    Suchen nach einem Knoten 329–330
    Website über 331, 333
XPathExpression-Objekt 339
XPathNavigator-Klasse 333, 338
XPathNodeIterator-Objekt 339

Y

yield-Schlüsselwort 195

Z

Zeiger 6, 577–583
    vermeiden 6
Ziele (Attribut-) 466
Zugriffsmodifikatoren 69, 114
    Eigenschaften 102
    Interface implementieren 141
Zustand bei Webanwendungen 396
    ViewState 397
Zustandsobjekte 526
Zuweisungen
    definitive 29
    Indexer und 189
Zuweisungs-Operator (=) 52
    verwenden statt Registrierungsoperator 276

Über die Autoren

Jesse Liberty, zurzeit Senior Program Manager im Silverlight-Entwicklungsteam bei Microsoft, ist Autor der O'Reilly-Bücher *Programming .NET 3.5* und *Learning ASP.NET with AJAX* sowie einer ganzen Reihe weiterer Bestseller zu Programmierthemen. Er ist ein anerkannter .NET-Experte, der seine weitreichenden Erfahrungen unter anderem als Software-Architekt bei PBS und als Distinguished Software Engineer bei AT&T gesammelt hat. Erreichbar ist er unter *http://www.JesseLiberty.com*.

Donald Xie war schon Programmierer, als Apple II noch als State of the Art galt. Er hat Applikationen mit verschiedensten Sprachen und Technologien geschrieben. Seit den späten 90-ern liegt sein Fokus auf der Entwicklung von Enterprise-Business-Anwendungen unter Verwendung von Microsoft-Technologien, speziell .NET.

Donald ist Koautor vieler Bücher über .NET und Programmierung im Allgemeinen, einschließlich *Pro Visual Studio .NET* (Apress), *Fast Track ADO.NET* und *Data-Centric .NET Programming with C#* (beide Peer Information, Inc.). Auch über C++ und Visual Basic hat er Bücher geschrieben. Momentan arbeitet er als Business Analyst bei Chevron.

Über die Übersetzer

Thomas Demmig ist Diplom-Physiker. Er arbeitet bei der SAP AG als Entwickler im Bereich CRM und hat in den letzten sechs Jahren einige Bücher aus den Bereichen Datenbanken, Programmierung und Betriebssysteme übersetzt. Zudem entstammen zwei Bücher seiner eigenen Feder: *MySQL lernen* (Addison-Wesley) und *Jetzt lerne ich LaTeX* (Markt + Technik). Wenn er seine Freizeit nicht gerade mit seiner Frau Annika und seinen zwei Töchtern Friederike und Henriette verbringt, liest er oder versucht sich am Klavier.

Jörg Staudemeyer, von Hause aus Wirtschaftswissenschaftler und eigentlich per Zufall an die »Computerei« geraten, ist als Senior-Consultant beim Berliner Systemhaus PSI AG tätig. Während seiner fast 20jährigen Beratertätigkeit im Kontext kommerzieller Großprojekte hatte er Gelegenheit, diverse Bereiche der Informationstechnik kennen zu lernen. In letzter Zeit hat sich für ihn die Tätigkeit als Fachübersetzer für den O'Reilly-Verlag (insbesondere zu Java und anderen Enterprise-Computing-Technologien) als willkommene Gelegenheit erwiesen, sprachliche und technische Interessen zu vereinen. Seine Partnerin, die Germanistin und Kreativ-Schreib-Expertin Brigitte Schulte, unterstützt ihn dabei, Texte in korrektem und verständlichem Deutsch zu produzieren. Beide lieben es, auf ausgedehnten Fahrradtouren körperliche Bewegung mit Natur- und Kulturgenuss zu kombinieren.

Dorothea Heymann-Reder ist Übersetzerin (Englisch, Französisch und Spanisch) und Linguistin. Sie übersetzt seit 1996 Informatik-Fachliteratur und betrieb einige Jahre lang das Übersetzungsbüro RederTranslations in Bonn. Seit 2002 arbeitet sie nun wegen Georg (9) und Lucie (8) wieder im Alleingang. Sie hat rund 50 Bücher (mit-)übersetzt, u.a. zu Java, Perl, Tcl/TK, C# und VB.NET, J2EE, UML, Oracle, MySQL, XML und XSLT. Ihre Freizeit verbringt sie am liebsten mit ihrer Familie, mit einem guten Buch oder mit ihrer Geige.

Kolophon

Das Tier auf dem Einband von *Programmieren mit C#, 2. Auflage* ist ein Afrikanischer Kronenkranich. Dieser große, schlanke Vogel stolziert durch die Sümpfe und Graslandschaften West- und Ostafrikas. Man unterscheidet zwischen dem Westafrikanischen Kronenkranich (*Balearica pavonina pavonina*) und dem Ostafrikanischen Kronenkranich (*Balearica regulorum gibbericeps*).

Ausgewachsene Kronenkraniche werden fast einen Meter groß und wiegen drei bis vier Kilogramm. In ihrem langen Hals – und teilweise aufgerollt im Brustbein – befindet sich eine anderthalb Meter lange Luftröhre. Die damit erzeugten Rufe sind über viele Kilometer zu hören. Kronenkraniche werden ca. 22 Jahre alt. Die meiste Zeit ihres Lebens verbringen sie damit, nach verschiedenen Pflanzen, kleinen Tieren, Insekten und anderem Fressbarem Ausschau zu halten. Eine Technik zur Nahrungssuche, die diese Vogelart in den etwa 38 bis 54 Millionen Jahren ihrer Existenz perfektioniert hat, ist es, beim Herumlaufen mit den Füßen auf den Boden zu stampfen, um schmackhafte Käfer hervorzulocken. Kronenkraniche sind die einzigen Kraniche, die sich auf Bäumen niederlassen, was sie vor allem nachts zum Schlafen tun.

Die sehr sozialen und geschwätzigen Kronenkraniche leben in Paaren oder Familien zusammen. Diese Kleingruppen schließen sich zu großen Schwärmen von mehr als 100 Vögeln zusammen. Der kunstvolle Balztanz der Kronenkraniche diente einigen afrikanischen Völkern als Vorlage für ihre Tänze.

Der Umschlagsentwurf dieses Buches basiert auf dem Reihenlayout von Edie Freedman und stammt von Karen Montgomery, die hierfür einen Stich aus dem 19. Jahrhundert verwendet hat. Das Coverlayout der deutschen Ausgabe wurde von Michael Oreal mit Adobe InDesign CS3 unter Verwendung der Schriftart ITC Garamond von Adobe erstellt. Als Textschrift verwenden wir die Linotype Birka, die Überschriftenschrift ist die Adobe Myriad Condensed und die Nichtproportionalschrift für Codes ist LucasFont's TheSans Mono Condensed. Die in diesem Buch enthaltenen Abbildungen stammen von Jessamyn Read und wurden mit Adobe Photoshop CS3 und Adobe Illustrator CS3 erzeugt. Leanne Soylemez und Joachim Kurtz haben das Kolophon geschrieben.

Windows

Windows Vista Security

Marcus Nasarek,
486 Seiten, 2007, 44,90 €
gebundene Ausgabe
ISBN 978-3-89721-466-8

Windows Vista Security ist ein Leitfaden für die sichere Konfiguration des Vista-Arbeitsplatzes. Vorgestellt werden alle neuen Sicherheitsfunktionen, die vor allem die Härtung des Systems, die Verwaltung von Zugriffsrechten und die Kommunikations- und Datensicherheit betreffen. Als ausgewiesener Sicherheitsexperte verfolgt Marcus Nasarek einen pragmatischen Ansatz: Er stellt Sicherheitskonzepte vor, die lösungsorientiert, einfach umzusetzen und gleichzeitig wirtschaftlich sind. Schritt-für-Schritt-Anleitungen, zahlreiche Checklisten und klare Empfehlungen des Experten runden den praxisbezogenen Charakter des Buchs ab.

Programmieren mit C# 3.0, 3. Auflage

Jesse Liberty & Donald Xie
636 Seiten, 2008, 49,90 €
gebundene Ausgabe
ISBN 978-3-89721-859-8

Die Version 3.0 von C# markiert eine deutliche Weiterentwicklung dieser innovativen Sprache. Die vielen neuen Features von C# machen es aber immer schwieriger, eine Einführung zu schreiben, die umfassend und gleichzeitig gut zu verstehen ist. Doch Jesse Liberty gelingt dies, mit Hilfe des .NET-Experten Donald Xie wurde der internationale Bestseller komplett überarbeitet, er deckt jetzt das .NET-Framework 3.5 und Visual Studio 2008 ab. Liberty kann nicht nur C# 3.0 optimal vermitteln, er schreibt auch über die Entwicklung der Sprache, ihre Integration in das .NET 3.5 Framework und die Programmierung in Visual Studio 2008. Ausgerüstet mit diesem Wissen können Programmierer attraktive und qualitativ hochwertige Anwendungen schreiben.

Windows Server Kochbuch

Robbie Allen, 750 Seiten, 2005, 48,- €
ISBN 978-3-89721-429-3

Sie erhalten mit diesem Buch Hunderte von praxiserprobten Rezepten, um Windows 2000 und den Windows Server 2003 zu administrieren. Durch präzise und praxisrelevante Lösungen sorgt das *Windows Server Kochbuch* zuverlässig dafür, dass Sie sich viele Stunden ersparen können, die Sie ansonsten mit der Fehlersuche in Ihrem System zubringen müssten. Mit diesem Buch ist endlich Schluss mit dem zähen, langwierigen Durchforsten diverser Microsoft-Dokumente oder Informationssuche in Internet-Diskussionsforen.

Schnelleinstieg in die Windows PowerShell

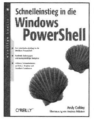

Andy Oakley, 224 Seiten, 2007, 24,90 €
ISBN 978-3-89721-487-3

Die Windows PowerShell ist die Zukunft der Windows-Administration – jetzt ist es an der Zeit einzusteigen. Dieses Buch ist die praktische Anleitung, die Sie benötigen, um die PowerShell, Microsofts neue interaktive Kommandozeilen-Shell und Skriptsprache für Windows, sofort nutzen zu können. Mehr als vierzig praxisbezogene Übungen und Skripte führen Sie in Konzepte und Funktionen der PowerShell ein und demonstrieren Ihnen die Flexibilität und Leistungsfähigkeit der neuen Shell. Jede Übung bietet klare Schritt-für-Schritt-Anleitungen und eine genaue Erläuterung der Ergebnisse. Eine Kurzreferenz der PowerShell-Syntax und -Grammatik sowie der Standard-Cmdlets, Funktionen und Aliase rundet diesen Schnelleinstieg ab.

C# Kochbuch

Jay Hilyard & Stephen Teilhet
768 Seiten, 2006, 54,90 €
ISBN 978-3-89721-464-4

Das *C# Kochbuch* bietet Praktikern einen schnellen Zugang zu konkreten Lösungsvorschlägen und Codebeispielen rund um C# 2.0, .NET 2.0 und Visual Studio 2005. Dieses Buch besteht aus »Rezepten«, die so aufgebaut sind, dass Sie die beschriebenen Probleme schnell verstehen, erfahren, wie Sie sie lösen, und mögliche Kompromisse und Auswirkungen abschätzen können. Es hat für jeden C#-Entwickler etwas zu bieten: Hunderte von erprobten Lösungen decken alle praxisrelevanten Themen ab, die Ihnen bei C#-Projekten begegnen. Für jedes Rezept gibt es herunterladbare Codebeispiele inklusive eines Testprogramms, das es Ihnen ermöglicht, den Code zu kompilieren und zu testen, um dann die relevanten Zeilen per Copy-and-Paste in Ihre eigenen Programme einzubauen.

Windows-Befehle für Vista & Server 2003, 2. Aufl.

Æleen Frisch & Helge Klein
208 Seiten, 2007, 12,- €, ISBN 978-3-89721-528-3

Der Bestseller in Neuauflage: *Windows-Befehle für Vista & Server 2003 – kurz & gut* beschreibt alle wesentlichen Befehle der Kommandozeilen von Windows Vista und Windows Server 2003 (sowie Windows 2000 und XP) mit ihren jeweiligen Optionen in knapper, aber umfassender Form. Die Befehle sind thematisch gruppiert und innerhalb der Themenbereiche alphabetisch aufgeführt.

Sicherheit

Netzwerksicherheit Hacks, 2. Auflage

Andrew Lockhart, 528 Seiten, 2007, 39,90 €
ISBN 978-3-89721-496-5

Mit seinen fortgeschrittenen Hacks für Unix- und Windows-Server beschäftigt sich dieses Buch vor allem mit dem Absichern von TCP/IP-basierten Diensten. Daneben bietet es auch eine ganze Reihe von raffinierten hostbasierten Sicherheitstechniken. Systemadministratoren, die schnelle Lösungen für reale Sicherheitsprobleme benötigen, finden hier prägnante Beispiele für Systemhärtung, angewandte Verschlüsselung, Intrusion Detection, sicheres Tunneling, Logging und Monitoring, Incident Response, Firewalling, Sicherheit in WLANs und Privatsphärensicherung.

SpamAssassin

Alan Schwartz, 248 Seiten, 2004, 25,- €
ISBN 978-3-89721-393-7

Spam, wer hat sich nicht schon über diesen Datenmüll geärgert? SpamAssassin ist das derzeit führende Open Source-Tool zur Bekämpfung dieser Geißel des Internets und Alan Schwartz, ein erfahrener Mail-Administrator, zeigt Ihnen, wie Sie dieses mächtige Tool erfolgreich einsetzen. Er beschreibt ausführlich die verschiedenen Konfigurations- und Integrationsmöglichkeiten für sendmail, Postfix, qmail und Exim, erklärt die von SpamAssassin verwendeten Regeln und behandelt SpamAssassin als Lernendes System und als Proxy.

OpenVPN – kurz & gut

Sven Riedel, 168 Seiten, 2007, 9,90 €
ISBN 978-3-89721-529-0

OpenVPN ist eine freie Software, mit der sich ein Virtuelles Privates Netzwerk über eine verschlüsselte SSL-Verbindung etablieren lässt. Das Buch zeigt, wie Sie OpenVPN installieren und konfigurieren, erklärt die Authentifizierungsmechanismen und typische Szenarien sowie wichtige Sicherheitsaspekte.

Linux iptables – kurz & gut

Gregor N. Purdy, 100 Seiten, 2004, 8,- €
ISBN 978-3-89721-506-1

Mit iptables hat der Netzwerkadministrator ein flexibles Werkzeug zur Hand, mit dem er Pakete über komplexe Regeln filtern kann. TCP/IP-Verbindungen lassen sich so leichter verwalten, einen Port bei einem Angriff schnell schließen und das Netzverkehrsaufkommen analysieren. In *Linux iptables – kurz & gut* findet der Leser eine hilfreiche Orientierung für die komplexe Syntax und Beispielwerte zur optimalen Sicherung des Systems.

Windows Vista Security

Marcus Nasarek, 488 Seiten, 2007, 44,90 €
gebundene Ausgabe
ISBN 978-3-89721-466-8

Windows Vista Security ist ein Leitfaden für die sichere Konfiguration des Vista-Arbeitsplatzes. Vorgestellt werden alle neuen Sicherheitsfunktionen, die vor allem die Härtung des Systems, die Verwaltung von Zugriffsrechten und die Kommunikations- und Datensicherheit betreffen. Als ausgewiesener Sicherheitsexperte verfolgt Marcus Nasarek einen pragmatischen Ansatz: Er stellt Sicherheitskonzepte vor, die lösungsorientiert, einfach umzusetzen und gleichzeitig wirtschaftlich sind. Schritt-für-Schritt-Anleitungen, Checklisten und klare Empfehlungen des Experten runden den praxisbezogenen Charakter des Buchs ab.

Mit Open Source-Tools Spam & Viren bekämpfen

Peter Eisentraut, Alexander Wirt
368 Seiten, 2005, 36,- €
ISBN 978-3-89721-377-7

Mit Open Source-Tools Spam & Viren bekämpfen behandelt die aktuellen Anti-Spam-Strategien, deren Implementierung in die wichtigsten Mail-Programme und erläutert konkrete, erprobte Software-Lösungen auf Open Source-Basis.

Linux Server-Sicherheit, 2. Auflage

Michael D. Bauer
608 Seiten, 2005, 44,- €
ISBN 978-3-89721-413-2

Linux Server-Sicherheit erklärt die Prinzipien verlässlicher Systeme und der Netzwerksicherheit, zeigt typische Risiken auf, gibt praktische Tips für gängige Sicherungsaufgaben und kombiniert das mit detaillierten Beschreibungen der Werkzeuge, die für den Einsatz empfohlen werden.

SSH – kurz & gut, 2. Auflage

Sven Riedel, 232 Seiten, 2004, 12,- €
ISBN 978-3-89721-523-8

Eine kompakte Referenz zur Verwendung und Konfiguration der SSH-Clients und -Server. Behandelt werden u.a. auch die Schlüsselverwaltung, Port-Forwarding und verschiedene Authentifizierungsmethoden.

Weitere Informationen zu unserem Sicherheits-Programm finden Sie unter:
www.oreilly.de/security

anfragen@oreilly.de • http://www.oreilly.de • +49 (0)221-97 31 60-0

Vorsicht
Sie könnten etwas lernen!

Lernen widerfährt einem nicht einfach so. Lernen ist etwas, was Sie tun. Sie können nicht lernen, ohne ein paar Neuronen zu strapazieren. Lernen heißt, neue Gedankenwege zu begehen, Brücken zwischen vorhandenem und neuem Wissen zu schlagen, Muster zu erkennen und Tatsachen und Informationen in Wissen umzusetzen (besser noch, in Erkenntnis).

Diese Lernphilosophie haben wir in einer innovativen Buchreihe umgesetzt – lassen Sie sich »von Kopf bis Fuß« begeistern!

Wir verwenden verschiedene Kniffe,

um Ihre Aufmerksamkeit zu erregen. Ein neues, schwieriges, technisches Thema zu erlernen muss ja nicht zwangsläufig langweilig sein. Die Abbildungen sind oft irritierend, zu groß geraten, lustig, sarkastisch oder skurril. Das Seitenlayout ist hochdynamisch – keine zwei Seiten gleichen sich, jede ist von Hand gebastelt, um die richtige Mischung aus Text und Abbildungen zu erreichen.

Wie Ihnen diese Reihe hilft

Wir erzählen Ihnen Geschichten in einer zwanglosen Sprache statt Vorträge zu halten. Wir nehmen uns nicht allzu ernst. Was fesselt Sie mehr – eine anregende Begegnung auf einer Party oder eine Vorlesung?

Wir setzen auf visuelle Reize.

Bilder lassen sich viel leichter merken als Worte allein, das Lernen wird durch sie viel effektiver. Und es macht definitiv mehr Spaß.

Außerdem erhältlich: Ajax von Kopf bis Fuß, SQL von Kopf bis Fuß und in englischer Sprache: Head First EJB, Head First Servlets and JSP. Weitere Themen sind in Planung, siehe www.oreilly.de/headfirst

O'REILLY®

anfragen@oreilly.de • http://www.oreilly.de • +49 (0)221-97 31 60-0